자바 웹 개발 워크북

자바 웹 개발 워크북

성장하는 개발자를 만드는 실무형 로드맵

초판 1쇄 2022년 8월 4일
 4쇄 2023년 11월 8일

지은이 구멍가게 코딩단
발행인 최홍석

발행처 (주)프리렉
출판신고 2000년 3월 7일 제 13-634호
주소 경기도 부천시 길주로 77번길 19 세진프라자 201호
전화 032-326-7282(代) **팩스** 032-326-5866
URL www.freelec.co.kr

편 집 고대광
표지디자인 황인옥
본문디자인 박경옥

ISBN 978-89-6540-334-0

이 책에 대한 의견이나 오탈자, 잘못된 내용의 수정 정보 등은 프리렉 홈페이지
(freelec.co.kr)또는 이메일(webmaster@freelec.co.kr)로 연락 바랍니다.

서블릿에서 스프링 부트까지 한 번에, API 서버를 위한 REST 방식과 JWT 처리까지

자바 웹 개발 워크북

성장하는 개발자를 만드는 실무형 로드맵

구멍가게 코딩단 지음

Servlet·JSP·JDBC
Spring·MyBatis
Spring Boot·
Spring Data JPA
Spring Security·
Social Login·JWT
AWS·Spring Boot

프리렉

　세상의 모든 분야는 시간이 오래될수록 세분화되어 많은 이야기가 존재하게 됩니다. 고대 그리스에서 이발사가 의사를 겸했던 것처럼 초창기의 두리뭉실함은 체계적이고 전문화되어 갑니다.

　기술 분야도 마찬가지로 인터넷에서 처음 물건을 주문할 수 있게 된 지 20여 년이 흐른 지금 무수한 이야기와 변화가 존재해 왔습니다.

　이 변화를 이해하기 위해서는 정말 많은 이야기가 필요합니다. 그리고 이미 출간된 수많은 책이나 자료의 도움도 필요합니다. 그리고 함께 보낼 시간은 말할 것도 없고요.

　이 책은 이러한 이야기들을 줄여서 요약해 본 것입니다. 주니어 개발자들에게 필요한 내용들을 하나의 목소리로 전달하고, 이를 코드를 통해서 제작해 보면서 몸으로도 체험해 볼 수 있는 말 그대로 '워크북'입니다.

　이 책은 자바 웹 프로그래밍의 과거와 현재 그리고 바로 다음 날에 대해 다룹니다.

　과거는 서블릿/JSP에 대한 이야기이고, 현재는 스프링과 스프링 부트에 대한 이야기입니다. 바로 다음 날의 이야기는 최근 개발을 주도하고 있는 API 서버에 대한 이야기입니다.

　이 책을 집필하는 일은 마치 세밀한 조각물을 만드는 기분이었습니다. 웹이라는 주제는 너무나 큰 바윗덩어리여서 이것을 쪼개고 나누고 중요한 것들을 추스르는 과정의 연속이었습니다.

　이 과정을 도와주신 출판사의 대광님과 사장님에게 감사 인사를 드리고, 항상 저의 고민을 덜어내고 맛난 음식과 이야기들로 채워주신 영진 선생님, 윤희 선생님, 도연 선생님 세 분께 특별히 감사의 말씀을 전합니다.

2022년 7월

구멍가게 코딩단

/ 들 어 가 며 /

이 책의 구성은 다음과 같습니다.

1 서블릿/JSP/JDBC/HTTP

웹 개발을 위해 이해가 필요한 필수적인 내용들을 간단한 실습과 함께 알아봅니다.

2 스프링과 마이바티스

프레임워크 시대로 들어오면서 MVC는 스프링 웹 MVC로, JDBC는 마이바티스로 대체되었습니다.

3 스프링 부트와 JPA

스프링 부트를 이용해서 스프링 프레임워크를 빠르고 쉽게 구축하고 JPA를 이용해서 데이터베이스에 독립적인 영속 처리를 학습합니다.

4 스프링 시큐리티와 소셜 로그인

로그인과 권한 처리, 자동 로그인, 소셜 로그인(Kakao) 처리를 학습합니다.

5 API 서버를 위한 JWT 인증

- API 서비스를 위한 Access Token/Refresh Token의 발행과 검증/예외처리
- Ajax의 보안 문제와 이에 대한 해결에 대해서 학습합니다.

5 AWS의 환경설정과 실습

- EC2 구성, 프로젝트 배포와 빌드 실습
- RDS를 이용한 원격 데이터베이스 연동 처리와 EC2 연동 처리
- S3 서비스를 이용한 첨부 파일의 처리

예제코드 내려받기

이 책에서 진행하는 모든 코드는 필자가 운영하는 카페나 깃허브에서 확인할 수 있습니다.

- 구멍가게 코딩단: https://cafe.naver.com/gugucoding
- 깃허브 코드 내려받기: https://github.com/ckck24

실습 환경

이 책의 예제는 기본적으로 다음과 같은 환경에서 실행됩니다.

- JDK 11버전
- Intellij ultimate(Servlet/JSP/Spring)
- Intellij community(Spring Boot)
- MariaDB 10

*깃허브가 익숙하지 않다면 그림과 같이 전체 코드를 내려받으면 됩니다.

웹 프로그래밍의 시작 · 15

1장

세션/쿠키/필터/리스너 ·169

3장

스프링과 스프링 Web MVC · 221   **4장**

스프링에서 스프링 부트로 · 401

5장

AJAX와 JSON · 509

6장

파일 업로드 처리 · 595

7장

스프링 부트를 AWS에서 · 877

1장

웹
프로그래밍의
시작

웹 프로그래밍은 기존의 프로그래밍 방식과 분명 다른 점들이 존재합니다. 웹 프로그래밍은 직접 작성하는 main( )을 실행하지도 않고, 단순히 JDK만으로 모든 개발이 완료되지도 않습니다. 개발자가 모든 처리 과정을 직접 설계하는 방식이 아니라 반대로, 개발자의 코드를 정해진 구조에 넣는 방식이기 때문에 전체적인 구조와 흐름을 이해해야만 합니다.

웹 프로그래밍은 별도의 서버 프로그램과 이를 이용하기 위한 별도의 API에 대한 학습과 환경 설정 등의 준비도 필요하기 때문에 1장에서는 웹 프로그래밍 개발 환경에 대해서 다루고 웹의 용어와 처리 방식 등을 학습하도록 구성했습니다.

자바를 이용해서 웹을 개발하는 경우 기존의 자바 개발 환경과 달리 여러 프로그램이 필요하고 실행하는 방식이나 구조 자체가 다르기 때문에 우선 기본 구조와 실습할 수 있는 환경을 구성해야만 합니다.

웹 프로젝트의 기본구조

대부분의 웹 프로젝트들은 기본적으로 다음과 같이 여러 프로그램이 같은 네트워크를 통해서 연결되는 구조로 이루어집니다.

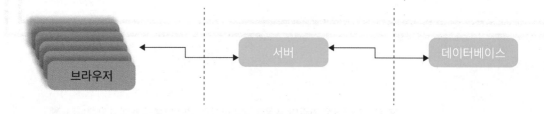

브라우저 혹은 클라이언트 프로그램

- 서버에서 전송한 결과를 화면에 보여주고(렌더링(rendering)) 사용자의 화면 조작을 이용해서 서버에 원하는 데이터를 보내고(요청 - request) 받는(응답 - response) 프로그램
- 관련 기술: HTML/CSS/자바스크립트 등

웹 서버(Web Server) 혹은 WAS(Web Application Server)

- 이미지와 같은 고정된 데이터를 제공 하거나(웹 서버) 동적으로 매번 새로운 데이터를 만들어 낼 수 있는 WAS(실제 운영 환경에서는 보통 웹 서버와 WAS를 분리해서 운영하지만, 대부분의 WAS는 웹 서버 기능도 겸하고 있으므로 실습 시에는 WAS만으로 구성 가능)
- 관련 기술: 서블릿/JSP, 각종 프레임워크와 언어들

데이터베이스

- 영구적으로 데이터를 보관하고 운영하기 위한 프로그램으로 기본적으로 관계형(relational) 패러다임을 이용한 관계형 데이터베이스를 사용

- 관련 기술: SQL, 데이터베이스 설계/구현

인텔리제이를 이용한 프로젝트 생성

자바 개발과 관련된 통합 개발 도구는 이클립스(Eclipse)나 VS Code 등을 활용할 수 있습니다만 최근에는 인텔리제이를 이용하는 경우가 늘고 있습니다. 인텔리제이는 무료로 사용 가능한 커뮤니티 버전과 상용으로 30일 무료 버전인 얼티메이트(Ultimate) 버전이 있습니다.

커뮤니티 버전의 경우 자바와 안드로이드(Android) 개발이 가능하지만 서블릿/JSP나 스프링 프레임워크에 대한 학습은 불가능하므로 책의 앞부분 학습에서는 반드시 얼티메이트 버전을 이용해야만 합니다. 반면에 책의 후반부를 구성하는 스프링 부트의 경우는 커뮤니티 버전으로도 가능합니다.

얼티메이트 버전은 웹 개발뿐만 아니라 데이터베이스 연동과 같은 기능도 가능하므로 이 책의 예제들을 모두 얼티메이트

Ultimate		Community	
웹 및 엔터프라이즈 개발용		JVM 및 Android 개발용	
다운로드	.exe ▼	다운로드	.exe ▼
30일 무료 평가 이용 가능		무료, 오픈 소스로 빌드됨	

	IntelliJ IDEA Ultimate	IntelliJ IDEA Community Edition ❶
Java, Kotlin, Groovy, Scala	✓	✓
Maven, Gradle, sbt	✓	✓
Git, GitHub, SVN, Mercurial, Perforce	✓	✓
디버거	✓	✓
Docker	✓	✓
프로파일링 도구 ❶	✓	
Spring, Jakarta EE, Java EE, Micronaut, Quarkus, Helidon 등 ❶	✓	
HTTP 클라이언트	✓	
JavaScript, TypeScript, HTML, CSS, Node.js, Angular, React, Vue.js	✓	
데이터베이스 도구, SQL	✓	
원격 개발(베타)	✓	
공동 개발	✓	☑

버전을 기준으로 작성합니다(30일 무료지만 대학생의 경우 1년 무료 사용이 가능합니다). 그림은 얼티메이트와 커뮤니티 버전의 기능 차이를 보여줍니다.

프로젝트 생성 시 JDK 버전

인텔리제이로 프로젝트를 생성할 때 원하는 버전의 JDK를 내려받거나 기존의 JDK 설정을 그대로 이용할 수 있습니다 이 책에서는 JDK 11 버전을 이용할 것이고 잠시 후 프로젝트 생성 시에 다음과 같은 화면을 통해서 자동으로 내려받을 수 있습니다.

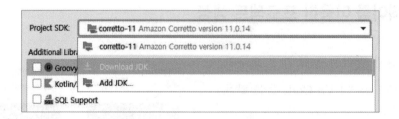

톰캣(Tomcat) 설정과 웹 프로젝트 생성

예제 프로젝트를 생성하려면 WAS(Web Application Server)가 필요합니다. WAS는 상용 제품들도 있으나 예제에서는 무료로 사용이 가능한 톰캣을 이용하도록 합니다(톰캣은 tomcat.apache.org 사이트를 통해서 내려받기가 가능합니다).

화면 왼쪽의 Download 메뉴를 이용해서 Tomcat 9 버전을 내려받도록 합니다. 내려받아야 하는 대상은 'Binary Distributions' 중에 'zip' 파일로 되어 있는 버전을 선택합니다. 톰캣 10 버전은 서블릿 버전이 5 버전으로 시작되면서 javax가 아닌 jakarta로 시작되는 형태로 패키지명이 변경되어 서블릿을 작성할 때 문제가 발생할 수 있습니다

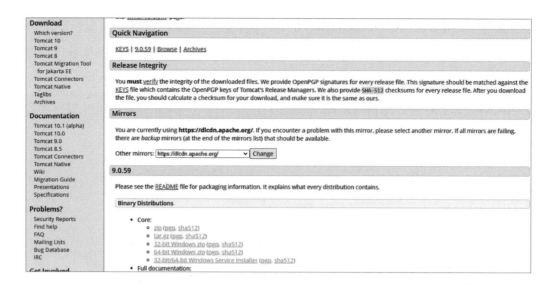

내려받은 톰캣은 압축파일로 되어 있으므로 원하는 경로에 압축을 풀어주어야 합니다. 책에서는 나중에 쉽게 찾기 위해서 C 드라이브 아래에 압축을 해제해 주었습니다

 톰캣의 경로에는 가능하면 중간에 한글이 들어가는 경로는 피하는 것이 좋습니다. 경로 안에 한글에 포함되는 경우 정상적으로 동작하지 않는 경우가 많기 때문에 조심해야 합니다.

Jakarta EE 프로젝트 생성

인텔리제이와 톰캣이 준비되었다면 프로젝트를 하나 생성해 보도록 합니다. 인텔리제이를 실행하고 [New Project]를 선택합니다(인텔리제이는 기본으로 어두운 테마가 적용되지만 책의 예제에서는 밝은 색상의 테마를 이용했습니다).

프로젝트를 생성할 때는 'Jakarta EE' 항목을 생성하고 'Project template' 항목은 'Web application'으로 지정합니다. 생성되는 프로젝의 Location은 기본적으로 사용자 폴더 아래에 ideaProjects라는 경로를 이용하고 프로젝트의 이름을 폴더로 이용하게 됩니다.

이때 다음 그림과 같이 'Application Server'라는 항목이 존재하고 내용은 비어 있는 것을 볼 수 있습니다.

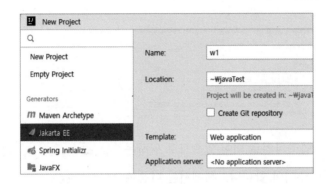

[New] 버튼을 눌러 'Tomcat Server'를 지정하고 압축을 풀어둔 경로를 지정합니다.

'Project SDK' 항목은 JDK 11을 선택합니다. 책의 예제는 'Amazon Corretto version'을 이용하도록 지정합니다.

개발하는 프로젝트의 경우 여러 라이브러리가 필요하므로 설정을 편하게 할 수 있는 빌드(build) 도구를 이용하도록 합니다. 보통 메이븐(Maven)이나 그레이들(Gradle) 도구를 이용

하는데 이 책에서는 그레이들을 이용하도록 합니다. 인텔리제이를 이용하는 경우 추가적인
설치 없이도 사용이 가능합니다.

　　Group 설정은 작성되는 코드들을 보관하
는 패키지가 되는데 예제에서는 'org.zerock'
라는 패키지를 기본으로 이용하도록 합니다.

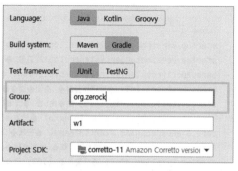

　　프로젝트의 생성 마지막에는 Java Enter-
prise와 관련된 여러 기술 라이브러리들을 설
정할 수 있습니다. 기본적으로 'Servlet'만 지
정되어 있으며 예제의 경우 추가적인 스펙을
사용할 필요는 없습니다(Version은 Java EE
8 버전을 선택합니다. Jakarta EE 9 버전은
패키지명이 다르므로 주의).

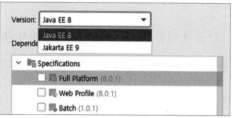

　　프로젝트가 생성되면 그레이들의 초기화가
이루어 지는데 약간의 시간(약 1,2분 정도)이 필요합니다. 그레이들 환경이 완성되면 다음과
같이 main/test 등의 폴더가 생성된 프로젝트의 기본 구조가 만들어 집니다.

　　프로젝트에 필요한 모든 구성이 완료되면 오른쪽 상단에 톰캣과 연동된 실행 도구를 볼 수
있고 옆의 아이콘을 이용해서 실행하거나 중지가 가능합니다.

• 윈도우 환경에서 한글 문제

톰캣을 실행하면 다음과 같이 톰캣이 실행되는 로그를 볼 수 있습니다. 윈도우의 경우 다음 그림과 같이 한글이 깨지는 현상이 발생합니다.

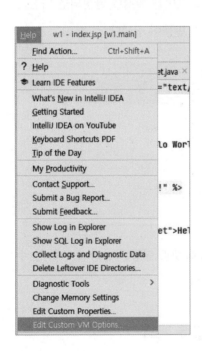

한글에 대한 처리는 [Help] 메뉴에서 [Edit Custom VM Options]를 이용해서 실행되는 환경을 수정해야 합니다.

 Tip 'Find Action'을 이용해서 'vm'이라는 키워드를 검색할 수도 있습니다.

[Edit Custom VM Options]를 선택하면 다음 그림과 같이 -Xmx 설정이 존재하는 것을 볼 수 있습니다 (Xmx는 인텔리제이가 사용할 최대 메모리를 의미합니다). 맨 아래에 '-Dfile.encoding=UTF-8'이라는 설정과 '-Dconsole.encoding=UTF-8' 설정을 추가해 주도록 합니다(대소문자 주의).

이후에는 반드시 인텔리제이를 종료하고 재시작 해야만 변경된 설정을 올바르게 반영할 수 있습니다.

재시작 후에 톰캣을 실행하면 다음과 같이 한글이 정상적으로 출력되는 것을 볼 수 있습니다.

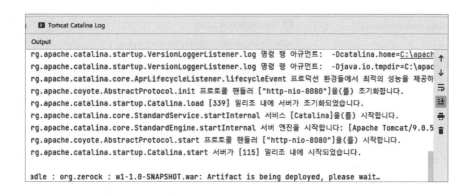

프로젝트의 경로 설정

프로젝트가 실행되면 자동으로 브라우저를 실행하면서 그림과 같은 화면을 볼 수 있습니다.

브라우저의 주소창을 보면 상당히 길고 복잡하게 출력되는 것을 볼 수 있는데 경로가 너무 길어서 사용하기 불편하므로 수정해 주도록 합니다.

실행 중인 톰캣을 중지하고 상단의 실행 메뉴에서 [Edit Configurations…]를 선택합니다.

상단의 탭 메뉴에서 [Deployment]를 선택하면 '…war'라는 이름으로 서버에서 실행되도록 지정된 것을 확인할 수 있습니다(만일 exploded로 되어 있다면 변경없이 그대로 사용합니다).

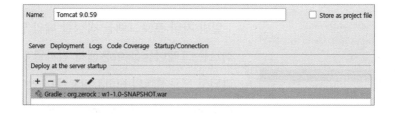

'war'은 'Web Application Archive'의 약자로 현재 프로젝트를 압축파일로 만들어서 톰캣에서 실행하는 방식입니다.

앞의 그림에서 [–]를 눌러 '.war'를 제거하고 다시 [+]를 눌러 'Artifact'를 '(exploded)'가 포함된 항목으로 지정합니다.

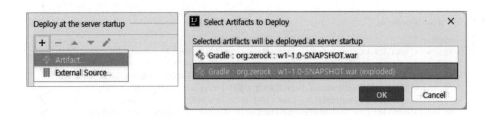

실행될 때의 경로로 지정되는 'Application Context'의 값은 '/'로 지정합니다.

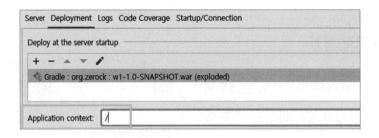

변경된 내용들을 저장하고 프로젝트를 실행해서 브라우저의 경로가 'localhost:8080'으로
지정되는지 확인합니다.

변경된 코드의 반영

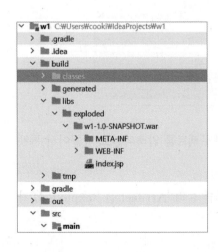

일반 자바 프로그램을 작성할 때와 달리 예제 프로
젝트는 그레이들을 이용해서 컴파일 등의 작업이 처
리되고 프로젝트의 build/libs 폴더 안에 내용은 톰캣
을 통해서 실행하기 때문에 코드를 변경한 후에는 다
시 톰캣을 재시작해야만 합니다.

톰캣의 재시작을 최소화하기 위해서 'Edit Config-
urations'의 'On Update action'과 'On frame deac-

tivation' 설정을 다음과 같이 조정합니다(톰캣을 위한 한글 설정도 VM options를 이용해서 조정합니다).

• 소스코드 수정해 보기

* Hello Servlet 링크를 눌러도 됩니다.

변경된 설정을 저장한 후에 톰캣을 실행하고 브라우저를 통해서 다음 경로의 동작 여부를 확인합니다(대소문자 주의).

앞의 화면을 구성하는 소스 코드인 src 폴더 내의 HelloServlet(/hello-servlet) 파일과 index.jsp 파일의 위치를 확인합니다.

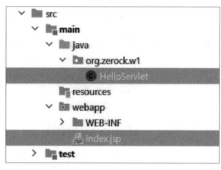

index.jsp 파일에 몇 개의 문자열을 다음과 같이 추가해 봅니다.

브라우저에서 'http://localhost:8080' 경로를 새로고침하면 별도의 작업 없이도 바로 다음과 같이 변경된 코드를 반영하는 것을 확인할 수 있습니다.

index.jsp는 소스코드를 변경하는 것만으로 반영되지만 HelloServlet과 같은 자바 코드의 변경은 조금 다르게 처리됩니다.

HelloServlet 소스 코드를 다음과 같이 수정해 봅니다.

```java
public class HelloServlet extends HttpServlet {
    private String message;

    public void init() { message = "Hello World!"; }

    public void doGet(HttpServletRequest request, HttpServletResponse response)
        response.setContentType("text/html");

        // Hello
        PrintWriter out = response.getWriter();
        out.println("<html><body>");
        out.println("<h1>" + message + "</h1>");
        out.println("<h1>" + message + "</h1>");
        out.println("<h1>" + message + "</h1>");
        out.println("<h1>" + message + "</h1>");
        out.println("</body></html>");
    }

    public void destroy() {
    }
}
```

소스를 변경한 후에 브라우저에서 'http://localhost:8080/hello-servlet'을 호출해도 변경된 결과가 반영되지 않는 것을 확인할 수 있습니다.

변경된 코드의 반영은 인텔리제이의 왼쪽 아래에 있는 'services' 항목에서 [Deploy All]을 실행해서 현재 코드를 다시 빌드하고 build/libs 폴더의 내용물을 수정하게 됩니다.

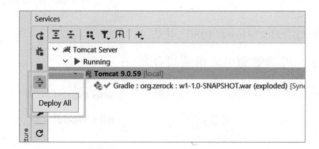

[Deploy All]을 실행하면 다음과 같은 로그들이 출력되면서 서버 내에 변경된 코드가 반영된 것을 알려줍니다.

```
Artifact Gradle : org.zerock : w1-1.0-SNAPSHOT.war (exploded): Artifact is being deployed, please wait…
Artifact Gradle : org.zerock : w1-1.0-SNAPSHOT.war (exploded): Artifact is deployed successfully
Artifact Gradle : org.zerock : w1-1.0-SNAPSHOT.war (exploded): Deploy took 706 milliseconds
```

최종적으로 브라우저를 통해서 확인해 보면 변경된 코드가 반영된 것을 확인할 수 있습니다.

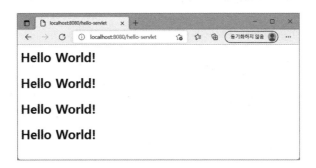

서블릿 코드 작성하기

톰캣에서 작성하는 자바 코드는 HttpServlet이라는 클래스를 상속해서 작성하는데 흔히 서블릿(Serlvet) 클래스를 생성한다고 표현합니다.

톰캣이 정상적으로 실행되고 있다면 서블릿이라는 것을 생성해 보고 결과를 확인해 보도록 합니다.

기존에 만들어져 있는 패키지를 선택하고 마우스 오른쪽 버튼을 눌러 [New-Java Class]를 선택해서 MyServlet이라는 클래스를 추가하도록 합니다.

MySerlvet은 HttpServlet이라는 클래스를 상속하고 @WebServlet이라는 어노테이션을 이용해서 해당 서블릿의 경로를 지정합니다.

```
package org.zerock.w1;


import javax.servlet.ServletException;
```

```
import javax.servlet.annotation.WebServlet;
import javax.servlet.http.HttpServlet;
import javax.servlet.http.HttpServletRequest;
import javax.servlet.http.HttpServletResponse;
import java.io.IOException;
import java.io.PrintWriter;

@WebServlet(name = "myServlet", urlPatterns = "/my")
public class MyServlet extends HttpServlet {

    @Override
    protected void doGet(HttpServletRequest req, HttpServletResponse resp) throws
                                            ServletException, IOException {
        resp.setContentType("text/html");

        PrintWriter out = resp.getWriter();
        out.println("<html><body>");
        out.println("<h1>MyServlet</h1>");
        out.println("</body></html>");
    }
}
```

@WebServlet은 조금 뒤에서 다루겠지만 브라우저의 경로와 해당 서블릿을 연결하는 설정을 위해서 사용됩니다.

 Tip 어노테이션(Annotation)은 단어 그대로의 뜻으로는 '주석이나 해석'이라고 할 수 있는데 주로 코드 상에 추가적인 정보를 남겨두기 위해서 사용합니다. 어노테이션은 연극 대본의 지문과 유사하게 특정한 코드에 대해 추가적인 처리나 설정을 위해서 사용합니다.

doGet( )은 브라우저의 주소를 직접 변경해서 접근하는 경우에 호출되는 메소드입니다(이에 대해서는 조금 더 뒤쪽에서 자세히 다루도록 합니다).

일반적인 자바 코드에서는 System.out.println( )을 이용해서 호출했던 것이 서블릿에서는 PrintWriter라는 객체를 이용해서 브라우저쪽으로 출력을 처리합니다. 시작하는 단계에서는 PrintWriter는 브라우저로 무언가를 출력하기 위한 용도라고 생각하면 됩니다.

프로젝트를 재시작하거나 'Deploy All'을 실행하고 'http://localhost:8080/my'를 호출했을 때 다음과 같은 결과를 볼 수 있어야 합니다.

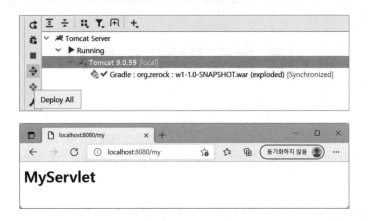

JSP 코드 작성하기

서블릿 코드 실행에 문제가 없다면 앞으로 화면을 구성
하는데 사용하는 .jsp 파일(이하 JSP)도 미리 확인해 두도
록 합니다. 프로젝트 생성 시에 존재하는 webapp 폴더에
test.jsp 파일을 생성합니다.

```
<%@ page contentType="text/html;charset=UTF-8" language="java" %>
<html>
<head>
    <title>Title</title>
</head>
<body>
    <h1>Test JSP PAGE</h1>
</body>
</html>
```

브라우저를 통해서 'http://localhost:8080/test.jsp'를 호출했을 때 다음과 같은 형태가 보
이는지 확인합니다.

1.2 웹 기본 동작 방식 이해하기

웹 애플리케이션을 작성하려면 우선 브라우저와 서버의 관계를 이해해야만 합니다. 이번 절에서는 서블릿과 JSP가 어떤 과정을 통해서 브라우저에 데이터를 전달하고, 브라우저에서 이를 어떤식으로 사용하게 되는지 알아보도록 합니다.

Request(요청) / Response (응답)

일반적으로는 브라우저는 자신이 원하는 정보를 전달하기 위해서 두 가지 방식을 이용합니다.

- **GET 방식:** 주소창에 직접 원하는 데이터를 적거나 링크를 클릭해서 호출

  원하는 웹의 주소를 호출할 때 필요한 데이터를 '?'와 '&,='를 이용해서 같이 전송하는 방식입니다. 주소와 필요한 데이터를 한번에 같이 보내기 때문에 단순 링크로 처리되므로 다른 사람들에게 메신저나 SNS 등을 통해서 쉽게 공유가 가능합니다. GET 방식은 주로 특정한 정보를 조회하는 용도로 사용됩니다.

- **POST 방식:** 입력 화면에서 필요한 내용을 작성한 후에 '전송'과 같은 버튼 등을 클릭해서 호출

  주소와 데이터를 따로 보내는 방식입니다. 보통 회원 가입이나 로그인 등의 처리가 이에 해당합니다. POST 방식은 웹 화면을 통해서 실제 처리가 필요한 작업을 하기 위해서 사용합니다.

브라우저에서 서버에 앞선 방식으로 데이터를 요구하는 것을 '요청(Request)'이라 하고, 서버는 이에 대한 '응답(Response)' 데이터를 만들어서 브라우저로 보내게 됩니다. 다음 그림은 하나의 서버에 여러 브라우저가 무언가를 요청(Request)하고 응답(Response)받는 구조를 표현한 것입니다.

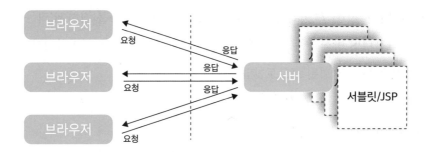

서버에서는 브라우저로 응답(Response)을 보내는 데 서버에서는 이를 정적인 데이터인지 동적인 데이터인지에 따라서 다르게 처리합니다.

- **정적(static) 데이터:** 항상 동일하게 고정된 데이터를 전송하는 방식으로 주로 파일로 고정된 HTML, CSS, 이미지 파일 등의 데이터

- **동적(dynamic) 데이터:** 매번 필요할 때마다 다른 데이터를 동적으로 구성해서 전송하는 방식. 예를 들어 메일함처럼 상황에 따라 동적으로 서버에서 데이터를 만들어 보내는 방식이라서 서버 사이드 프로그래밍(Server Side Programming)이라고 합니다.

항상 같은 정적(static) 데이터를 보내는 역할만을 수행하는 서버는 '웹 서버(Web Server)'라 칭하고, 동적(dynamic) 데이터를 만들어 보내는 경우는 '웹 애플리케이션 서버(Web Application Server, 이하 WAS)'라고 구분합니다.

앞서 설치한 톰캣의 경우 엄밀하게는 WAS로 보는 것이 좋지만, 대부분의 WAS는 웹 서버 기능도 같이 포함하므로 실습하는 과정에서 이미지나 CSS/JS 파일과 같은 정적인 자원들과 서블릿/JSP 같은 동적인 자원 모두를 처리할 수 있습니다.

HTTP 라는 약속

브라우저의 요청과 서버의 응답 사이에는 한 가지 중요한 약속을 통해서 처리되는 데 이러한 데이터 교환 약속을 '프로토콜(protocol)'이라하고, 웹에서는 HTTP(Hyper Text Transfer Protocol)라는 방식으로 데이터를 주고받습니다.

프로토콜   호스트(도메인)

https://www.google.com/

웹을 이용하면서 'http://... 혹은 https://..'로 시작하는 주소를 접하게 되는 데 이것은 HTTP 혹은 HTTPS 방식과 구조로 데이터를 주고받는다는 것을 의미합니다(HTTPS는 HTTP에 보안이 좀 더 강화된 프로토콜입니다).

· HTTP 메시지 확인

현재 대부분의 브라우저는 '개발자 도구'라는 기능을 지원하고 있습니다. 개발자 도구에서 'Network' 탭을 선택하면 어떤 데이터들이 오고 가는지를 확인할 수 있습니다.

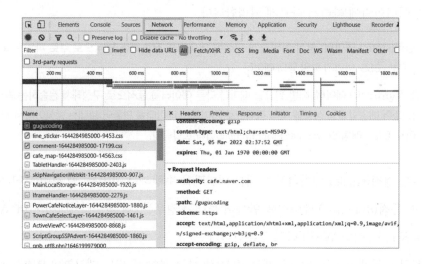

· HTTP 메시지 구성

HTTP 메시지는 브라우저에서 전송할 때 뿐 아니라 서버에서 데이터를 전송할 때도 사용됩니다. 다만 브라우저에서 데이터를 보낼 때(요청(Request))의 데이터와 서버에서 브라우저로 데이터를 보낼 때(응답(Response))의 메시지는 그 내용과 구성이 조금 다릅니다.

HTTP 메시지는 기본적으로 '헤더(Headers)'와 '몸체(Body)'로 구성되는 데 이를 쉽게 이해하려면 '편지'와 유사하다고 생각하면 됩니다. '편지'를 보내기 위해서는 편지의 내용물과 편지 봉투가 필요하듯이 HTTP의 헤더(Headers)가 '편지봉투'와 같다면 HTTP의 몸체(Body)는 '편지의 내용물'과 같은 개념입니다.

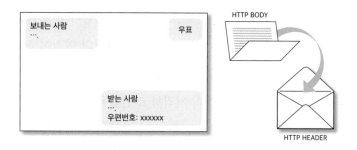

브라우저에서 특정한 URL을 호출하면 '요청(Request)과 응답(Response)'이 하나의 쌍으로 묶여서 처리되는 데, 개발자 도구에서는 [Network -> Headers] 항목에서 'Request Headers'와 'Reponse Headers'라는 항목이 같이 보여지게 처리되어 있습니다.

다음 그림과 같은 화면에서 왼쪽은 현재까지 몇 번이나 서버를 호출했는지 보여주는 데 각항목 하나당 요청과 응답이 하나의 단위로 처리됩니다. 이 항목들 중 하나를 선택하면 요청과 응답 시에 사용된 HTTP 메시지의 일부 정보를 눈으로 확인할 수 있습니다.

· 비연결성(Connectionless)

웹의 특성상 여러 명의 사용자가 브라우저를 통해서 서버를 호출하는 구조이기 때문에 서버에서는 최대한 많은 사용자에게 서비스를 제공하기 위한 고민이 필요합니다.

HTTP는 이를 위해서 '비연결성(Connectionless)'라는 방식을 선택하는 데 이는 하나의 요청과 응답을 처리한 후에 연결을 종료한다는 것을 의미합니다. 예를 들어 특정한 웹 페이지의 최신 결과를 다시 확인하기 위해서 '새로 고침'을 해본 경험이 한 번쯤은 있을 것입니다. 우리가 '새로 고침'을 해야 하는 이유는 이미 브라우저와 서버의 연결이 끝났기 때문에 다시 연결하지 않으면 과거의 결과만이 남아 있기 때문입니다.

서버에서는 하나의 요청(Request)을 빨리 처리하고 연결을 종료해서 다음 요청(Request)을 받을 수 있다면 적은 리소스를 이용해서 많은 수의 요청(Request)들을 처리할 수 있다는 장점이 있습니다.

자바 서버 사이드 프로그래밍

서버 사이드 프로그래밍은 서버 쪽에서 프로그래밍을 통해 데이터를 처리할 수 있도록 구성하는 것을 의미하는데 개발할 때는 다음과 같은 점들을 고려해야 합니다.

- 동시에 여러 요청(Request)이 들어온다면 어떻게 처리해야 하는가?
- 서버에서 문제가 생기면 이를 어떻게 처리해야 하는가?
- 어떤 방법으로 데이터 전송을 최적화할 수 있을까?
- 분산 환경이나 분산 처리와 같은 문제들은?

만일 새로운 서비스를 개발할 때마다 이런 고민을 새로 해야 한다면 엄청나게 많은 개발 비용과 시간을 소모해야만 할 것입니다. 자바의 경우 이러한 처리를 JavaEE라는 기술 스펙으로 정리해 두었고, Servlet과 JSP는 JavaEE의 여러 기술 중에 하나입니다.

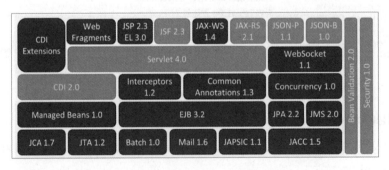

(출처-https://linux.systemv.pe.kr/jee-7-jee-8-and-jakarta-ee-8/ee-8-overview/)

• **서블릿(Servlet) 기술**

Java EE 기술 스펙은 엄청나게 방대하고 기술들 역시 많은 종류가 존재합니다. 이 중에서 가장 기본적인 기술이 서블릿과 JSP라고 할 수 있습니다. 서블릿 기술은 쉽게 말해서 서버에서 동적으로 요청과 응답을 처리할 수 있는 API들을 정의한 것이라고 할 수 있습니다.

서블릿을 지원하는 환경에서 개발자들은 서블릿에서 제공하는 API를 이용해서 코드를 작성하고 이를 설정하는 방식으로 서블릿 프로그램을 작성하게 됩니다(이런 이유로 톰캣 설치 시에는 어떤 서블릿 버전을 지원하는지 확인합니다.).

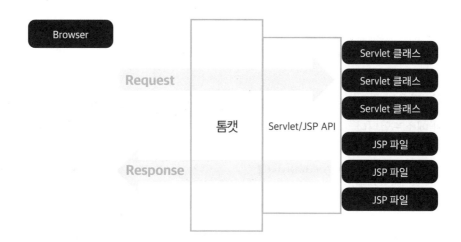

JSP는 근본적으로 서블릿과 같은 원리지만 좀 더 HTML을 쉽게 이용할 수 있는 방식으로 코드를 작성할 수 있기 때문에 '**서블릿으로는 코드를 이용한 처리, JSP로는 화면 개발**'과 같이 역할을 분담해서 개발하는 것이 일반적입니다.

서블릿의 실행은 톰캣과 같이 서블릿을 실행할 수 있는 환경에서 실행이 가능한데 이를 '서블릿 컨테이너(Servlet Container)'라고 하며 과거에는 '서블릿 엔진(Servlet Engine)'이라는 용어를 사용했습니다. 현재는 톰캣이 바로 '서블릿 컨테이너' 역할을 하고 있습니다.

서블릿 코드를 실행하는 주체는 톰캣과 같은 서블릿 컨테이너이므로, 일반 자바 프로그램과 비교했을때 다음과 같은 점들이 달라집니다.

- 객체를 생성하거나 호출하는 주체는 사용자가 아닌 서블릿 컨테이너가 하게 됩니다.
- 서블릿 클래스에서 생성하는 객체의 관리 자체가 서블릿 컨테이너에 의해서 관리됩니다.
- 서블릿/JSP의 코드 개발은 기본적인 자바 API와 더불어 서블릿 API도 같이 사용해야 합니다.

프로젝트 생성 시에 만들어진 HelloServlet의 코드를 살펴보면 이러한 점들을 확실하게 확인할 수 있습니다.

import의 경우 javax로 시작하는 서블릿 관련 API 를 사용하고 있는 것을 볼 수 있습니다.

```
import java.io.*;
import javax.servlet.http.*;
import javax.servlet.annotation.*;
```

HelloServlet 클래스의 클래스 선언 자체가 HttpServlet이라는 부모 클래스가 지정되어 있습니다.

```
@WebServlet(name = "helloServlet", value = "/hello-servlet")
public class HelloServlet extends HttpServlet {
```

내부에는 다음과 같이 init( ), doGet( ), destroy( )가 작성되어 있는데 이는 서블릿 API에서 지정된 메소드입니다.

```
public class HelloServlet extends HttpServlet {
    private String message;

    public void init() { message = "Hello World!"; }

    public void doGet(HttpServletRequest request, HttpServletResponse response) throws IOException {...}

    public void destroy() {}
}
```

init( ), doGet( ), destory( )의 호출의 주체는 개발자가 아닌 서블릿 컨테이너가 서블릿들을 관리하면서 호출됩니다. 이러한 메소드들은 일반적으로 서블릿의 라이프 사이클(life cycle)이라고 합니다.

· JSP 기술

JSP는 'Java Server Pages'의 약자로 서블릿 기술과 동일하게 서버에서 동적으로 데이터를 구성하는 기술입니다. 특이하게도 서블릿이 있는데도 불구하고 '동일한 목적'으로 JSP가 제공되는 이유는 두 기술의 목적 자체가 좀 다르기 때문입니다.

서블릿 코드와 JSP 코드를 비교해보면 이 차이가 좀 더 명확히 보입니다.

Servlet의 일부	JSP의 일부

```java
public void doGet(HttpServletRequest request, HttpServletResponse
    response.setContentType("text/html");

    // Hello
    PrintWriter out = response.getWriter();
    out.println("<html><body>");
    out.println("<h1>" + message + "</h1>");
    out.println("</body></html>");
}
```

```html
<head>
    <title>JSP - Hello World</title>
</head>
<body>

<h1><%= "Hello World!" %></h1>

<br/>
<a href="hello-servlet">Hello Servlet</a>
```

JSP 기술은 서블릿과 달리 HTML 코드를 그대로 이용하고 필요할때 약간의 자바 코드를 넣는 반면에 서블릿 코드는 자바 코드를 이용해서 HTML 문자열을 만들어내는 방식의 차이가 있습니다.

JSP 코드는 자바 코드가 아님에도 서블릿과 동일하게 처리되는 데 이것은 사실 JSP 파일도 서블릿 코드로 변환되어서 컴파일되고 실행되기 때문입니다. JSP 파일은 필요한 순간에 자바 파일로 생성되고, 이를 컴파일해서 class 파일로도 만들어 집니다. 이 과정에서 앞의 JSP 코드는 다음과 같은 형태의 코드로 변환됩니다.

```java
out.write("\n");
out.write("<!DOCTYPE html>\n");
out.write("<html>\n");
out.write("<head>\n");
out.write("    <title>JSP - Hello World</title>\n");
out.write("</head>\n");
out.write("<body>\n");
out.write("\n");
out.write("<h1>");
out.print( "Hello World!" );
out.write("</h1>\n");
out.write("\n");
out.write("<br/>\n");
out.write("<a href=\"hello-servlet\">Hello Servlet</a>\n");
out.write("</body>\n");
out.write("</html>");
```

Tip 윈도우의 경우 사용자 폴더 아래에 'AppData'라는 숨겨진 폴더가 있습니다. 이 폴더의 다음 경로 (AppData₩Local₩JetBrains₩...₩tomcat)를 따라 찾아보면 인텔리제이가 사용하는 톰캣 관련 실행 폴더가 있고 내부에 jsp 파일이 자바 파일로 변환된 코드를 확인할 수 있습니다.

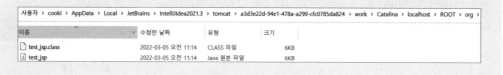

사용자 › cooki › AppData › Local › JetBrains › IntelliJIdea2021.3 › tomcat › a3d3e22d-94e1-478a-a299-cfc0785da824 › work › Catalina › localhost › ROOT › org ›

이름	수정한 날짜	유형	크기
test_jsp.class	2022-03-05 오전 11:14	CLASS 파일	6KB
test_jsp	2022-03-05 오전 11:14	Java 원본 파일	6KB

JSP는 서블릿 기술과 같은 목적이지만, 브라우저에 보내는 HTML 데이터를 만들어내는 데 좀 더 특화된 기술입니다.

정리해보자면 서블릿/JSP는 다음과 같이 요약할 수 있습니다.

- 서블릿/JSP 모두 Java EE 스펙의 일부
- 서블릿/JSP를 실행하기 위해서는 서블릿 컨테이너가 필요함
- 서블릿 컨테이너가 서블릿/JSP 객체를 생성하고 생명 주기를 관리함
- JSP는 내부적으로 서블릿과 같은 방식의 코드로 변환됨
- JSP는 HTML 내에 자바 코드를 추가하는 방식이고, 서블릿 방식은 자바 코드 안에 HTML 코드를 추가하는 방식임

JSP를 이용해서 GET/POST 처리하기

JSP 기술이 HTML 화면을 구성하기에 편리하므로 이를 이용해서 간단히 GET/POST 방식으로 데이터를 처리하는 코드를 작성해 보도록 합니다. 이 예제를 다루는 이유는 JSP 위주로 개발할 때의 문제점을 살펴보기 위해서입니다.

GET 방식은 입력과 조회

계산 프로그램을 만드는 예제를 간단한 예로 살펴보도록 합니다. 브라우저에서 계산할 숫자를 입력하기 위해 호출하는 경로는 주소창에서 바로 입력되거나 링크를 통해서 접근하는 경로이므로 GET 방식이라고 할 수 있습니다. 브라우저에서 직접 접근하는 GET 방식은 다음과 같은 경우에 주로 사용합니다.

- 원하는 데이터 조회
- 사용자가 입력할 수 있는 화면

프로젝트의 webapp 안에 calc라는 폴더를 만들고 input. jsp를 추가합니다.

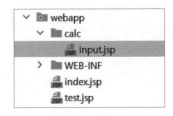

- **<form> 태그와 POST 방식**

input.jsp에는 <form> 태그와 <input> 태그를 이용해서 입력할 수 있는 화면을 구성합니다.

```
<%@ page contentType="text/html;charset=UTF-8" language="java" %>
<html>
<head>
    <title>Title</title>
</head>
<body>

<form>
    <input type="number" name="num1">
    <input type="number" name="num2">
    <button type="submit">SEND</button>
</form>

</body>
</html>
```

코드에는 <form> 태그가 사용되고 내부에 <input> 태그가 사용되었습니다.

<form> 태그는 단어의 뜻 그대로 '입력 양식'을 의미합니다. <form> 태그를 이용해서 사용자가 입력하는 내용들을 전송하는 용도로 사용합니다.

<input> 태그는 문자나 숫자 등을 입력하는 용도로 사용합니다. type이라는 속성을 이용해서 숫자 혹은 문자, 시간 등을 입력할 수 있습니다.

<button> 태그는 화면에 버튼을 보여주고 <form> 태그의 전송을 목적으로 하는 경우에는 type='submit'을 지정합니다.

프로젝트를 실행하고 브라우저에 '/calc/input.jsp' 주소를 입력하면 다음과 같은 화면을 GET 방식으로 볼 수 있게 됩니다.

현재 상황에서 [SEND] 버튼을 누르면 해당 주소를 다시 호출하게 됩니다. 화면상의 결과는 같지만 주소창의 내용은 다음과 같이 변경된 것을 볼 수 있습니다.

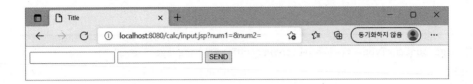

[SEND] 버튼은 'type=submit'으로 지정되어 있는데 이 경우 버튼을 클릭하면 <form> 태그 내에서 사용자가 입력한 값을 <input> 태그의 name 속성값과 함께 전송하게 됩니다. 예제는 <input> 태그의 name 속성값이 num1, num2로 지정되어 있기 때문에 'num1=&num2='와 같은 문자열을 구성하게 됩니다.

• 쿼리 스트링(query string)과 파라미터(parameter)

웹에서 주소창 뒤에 '?'로 시작하는 내용물을 쿼리 스트링(query string)이라고 합니다. 쿼리 스트링을 번역하면 '질의 문자열'이라고 할 수 있는데 말 그대로 무언가를 요구하거나 물어보는 용도로 데이터를 전달하기 위해서 사용합니다.

쿼리 스트링은 '키=값'의 형태로 데이터를 전달하는데 여러 개의 데이터가 필요한 경우 '&'를 이용해서 연결합니다. 이러한 '키=값'의 형태를 흔히 '파라미터(parameter) 이름과 값'이라고 합니다.

POST 방식은 처리를 위한 용도

<form>태그에는 action과 method라는 속성을 이용해서 말 그대로 '양식'을 어디에 어떤 방식으로 전송할 것인지를 결정할 수 있습니다. input.jsp의 코드를 다음과 같이 변경해 봅니다.

```
<form action="calcResult.jsp" method="post"> //action, method 속성 추가
    <input type="number" name="num1">
    <input type="number" name="num2">
    <button type="submit">SEND</button>
</form>
```

<form> 태그의 action을 'calcResult.jsp'로 전송하고, 전송방식(method)은 post로 변경되었습니다.

브라우저의 개발자 도구를 열어둔 상황에서 새로고침 후에 [SEND] 버튼을 클릭하면 다음과 같은 결과가 나오는 것을 볼 수 있습니다.

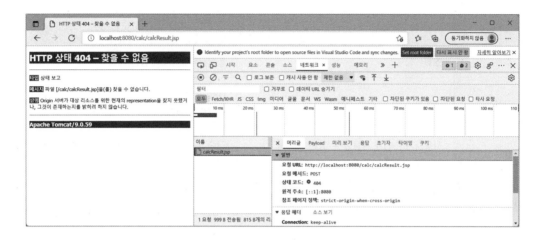

주소창을 살펴보면 GET 방식과 달리 POST 방식은 num1과 num2가 보이지 않는 것을 볼 수 있습니다. POST 방식은 주소와 전달하고자 하는 데이터를 분리해서 전송하는 방식이므로 브라우저를 통해서는 확인할 수 없고, 개발자 도구를 이용해야만 확인이 가능합니다.

만일 사용자가 num1, num2에 값을 입력하고 'SEND'를 호출하면 개발자 도구에서는 사용자가 입력한 내용을 확인할 수 있습니다.

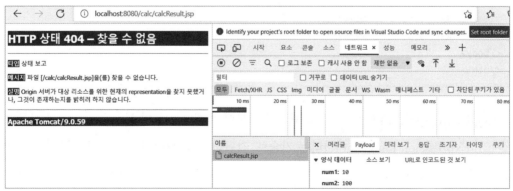

POST 방식은 '등록/수정/삭제'와 같은 작업을 수행하기 위해서 사용합니다. POST 방식은 GET 방식과 달리 정보의 확산이 목적이 아니므로 굳이 하나의 문자열로 모든 정보를 표현하지 않고, URL과 정보를 따로 구분해서 전달합니다.

GET 방식과 달리 POST 방식을 비교해 보면 다음과 같이 정리할 수 있습니다.

	GET	POST
주용도	조회	등록/수정/삭제와 같은 처리
구성	URL뒤의 '?" 와 쿼리 스트링	URL 전달 후 HTTP 몸체(Body)로 쿼리 스트링
효과	사용자가 손쉽게 사용할 수 있는 링크를 제공할 수 있음	단순 조회가 아니라 원하는 작업을 처리할 수 있게 됨
한계	· 브라우저에 따라 길이의 제한 · URL 뒤의 쿼리 스트링으로 모든 정보가 전달되는 단점 · 쿼리 스트링 길이에 대한 제한(일반적으로 2kb 혹은 브라우저마다 차이가 있음)	· GET 방식에 비해서 많은 양의 데이터를 전송함 · 주소창만으로는 테스트가 어려움

input.jsp에서 전달되는 num1/num2를 받아서 처리하는 calcResult.jsp를 작성합니다.

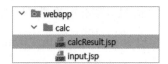

```jsp
<%@ page contentType="text/html;charset=UTF-8" language="java" %>
<html>
<head>
    <title>Title</title>
</head>
<body>
    <h1>NUM1 ${param.num1}</h1>
    <h1>NUM2 ${param.num2}</h1>
</body>
</html>
```

calcResult.jsp의 내부에는 '${ }'로 처리된 부분이 존재하는데 이 부분은 JSP에서 사용하는 EL(Expresssion Language)이라는 기술로, 간단히 말해 서버에서 데이터를 출력하는 용도로 웹에서 System.out.println( )과 유사한 역할을 한다고 생각하면 됩니다.

EL을 이용할 때는 param이라는 이름의 지정된 객체를 이용해서 현재 요청에 전달된 파라미터를 쉽게 추출할 수 있습니다. <form> 태그에서 num1이라는 이름의 전송된 데이터는 ${param.num1}과 같은 형태로 간편하게 사용할 수 있습니다.

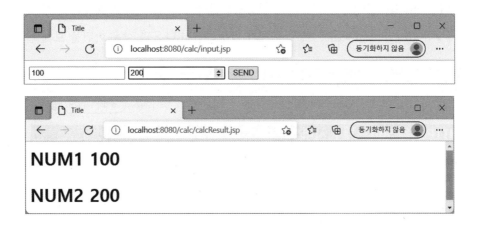

• 웹의 파라미터는 모두 문자열

JSP가 브라우저에 전달하고 싶은 데이터를 구성하는 데는 상당히 편리하지만 복잡한 코드를 넣는 데는 적합하지 않습니다. 예를 들어 num1과 num2처럼 전달되는 모든 데이터는 문자열로 처리되기 때문에 결과 데이터를 처리하기 위해서는 calcResult.jsp를 다음과 같이 Integer.parseInt( )를 적용해서 다시 '${ }'로 감싸서 처리해야 합니다.

```
<h1>NUM1 ${param.num1}</h1>
<h1>NUM2 ${param.num2}</h1>

<h1> SUM ${Integer.parseInt(param.num1) + Integer.parseInt(param.num2)}</h1>
```

JSP의 올바른 사용법

JSP는 기본적으로 GET/POST 방식의 호출을 구분하지 않기 때문에 POST 방식으로 접근해야 하는 calcResult.jsp를 GET 방식으로도 얼마든지 호출할 수 있다는 문제가 있습니다. 이 경우는 Integer.parseInt( )에서 문제가 발생하면서 다음과 같은 화면을 보게 됩니다.

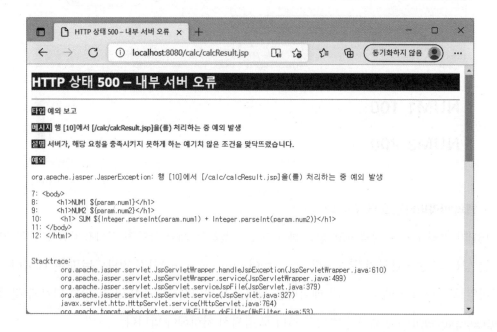

유지 보수 측면에서도 문제가 발생하는데 예를 들어 input.jsp 대신에 input2.jsp와 같이 다른 JSP 파일로 변경했을 경우 과거의 input.jsp만 알고 있는 사용자들에게는 다시 주소가 변경되었다는 점을 알려주어야 하는 작업이 발생하게 됩니다.

이러한 이유로 최근에 JSP는 다음과 같이 제한적인 용도로 사용합니다.

- JSP에서 쿼리 스트링이나 파라미터를 처리하지 않는다. - JSP 대신에 서블릿을 통해서 처리
- JSP는 입력 화면을 구성하거나 처리 결과를 보여주는 용도로만 사용
- 브라우저는 직접 JSP 경로를 호출하지 않고 서블릿 경로를 통해서 JSP를 보는 방식으로 사용

이러한 문제를 해결하기 위해서 등장한 방식이 '웹 MVC' 방식으로 JSP는 결과만 출력하고, 처리는 서블릿을 이용하는 방식으로 변화합니다.

1.3 Web MVC 방식

JSP를 이용한 개발 방식의 경우 유지 보수나 URL 변경 등은 유연하지 못하다는 단점이 부각되면서 2000년대 중반 이후의 개발은 거의 MVC 형식으로 서블릿과 JSP를 같이 이용하는 형태로 개발됩니다. 이 절에서는 웹 MVC의 구조를 살펴보고 서블릿과 JSP를 이용하는 방식에 대해서 알아보겠습니다.

MVC 구조와 서블릿/JSP

서블릿 코드의 경우 자바 코드를 그대로 이용할 수 있고, 상속이나 인터페이스의 처리도 가능합니다. 하지만 HTTP로 전달된 메시지를 구성하는 HTML을 처리할 때는 상당히 많은 양의 코드를 작성해야 합니다.

JSP의 경우 반대로 HTML 코드를 바로 사용할 수 있으므로 HTTP 메시지 작성에는 적합하지만, 그 안에 자바 코드를 재사용하는 문제나 자바 코드와 HTML이 혼재하는 것과 같은 여러 문제가 존재합니다.

이를 절충해서 다음과 같은 구조를 이용하게 됩니다. 브라우저의 요청은 해당 주소를 처리하는 서블릿에 전달되고 서블릿 내부에서는 응답에 필요한 재료 데이터들을 준비합니다.

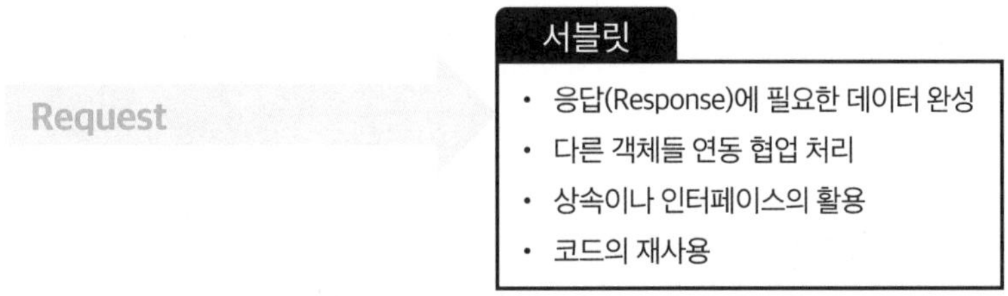

Request

서블릿
- 응답(Response)에 필요한 데이터 완성
- 다른 객체들 연동 협업 처리
- 상속이나 인터페이스의 활용
- 코드의 재사용

서블릿은 준비한 데이터들을 JSP로 전달하고 JSP에서는 EL을 이용해서 최종적인 결과 데이터를 생성합니다.

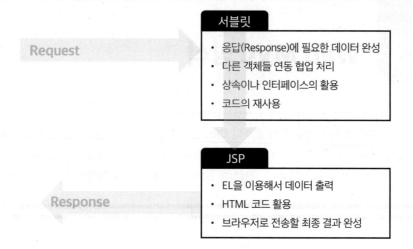

JSP를 이용해서 생성된 결과 화면은 톰캣을 통해서 브라우저로 전송됩니다.

웹 MVC라는 구조는 'Model – View – Controller'의 역할을 분리해서 처리하는 구조로 데이터는 컨트롤러(Controller)에서 결과는 뷰(View)에서 처리합니다. 앞선 설명에서는 서블릿이 바로 컨트롤러 역할이고 JSP가 뷰 역할이라고 할 수 있습니다.

컨트롤러 역할을 하는 서블릿은 JSP에 필요한 데이터를 가공하는 역할을 하는데 이때 필요한 데이터를 제공하는 객체를 모델(Model)이라고 합니다.

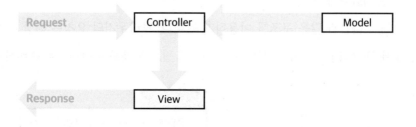

MVC 구조로 다시 설계하는 계산기

MVC 구조를 익히기 위해서 앞의 계산 프로그램을 다시 설계해 보도록 합니다. MVC 구조에서는 다음과 같은 원칙들을 명심해서 작업을 진행해야 합니다.

- 브라우저의 호출은 반드시 컨트롤러 역할을 하는 서블릿을 호출하도록 구성한다.

- JSP는 브라우저에서 직접 호출하지 않도록 하고 Controller를 통해서만 JSP에 접근하도록 구성한다.

• GET 입력 화면의 설계

입력 화면은 다음과 같이 설계 되어야 합니다.

1. 브라우저는 /input과 같이 특정한 주소를 호출합니다.
2. /input에 맞는 서블릿을 InputController로 작성하고, GET 방식일때만 동작하도록 작성합니다.
3. InputController의 화면 처리는 input.jsp를 이용하도록 지정합니다.
4. input.jsp에는 HTML 코드를 이용해 브라우저에서 볼 수 있는 결과를 생성합니다.

입력 화면의 경우 브라우저의 호출은 '/input' 이고 컨트롤러는 InputController, 뷰는 input.jsp가 됩니다.

• POST 처리의 설계

POST 방식으로 호출되는 화면은 다음과 같이 작성해야 합니다.

1. input.jsp의 <form> 태그의 action을 '/calcResult'와 같이 변경하고 이에 해당하는 CalcResultServlet 서블릿을 컨트롤러로 작성합니다.
2. CalcResultServlet은 <form>으로 전달되는 num1, num2 데이터를 읽어내서 결과 데이터를 만들어내야 합니다.
3. 만들어진 결과를 calcResult.jsp와 같이 JSP로 전달해야 하고 JSP에서는 결과 데이터를 출력합니다.

실습_01 컨트롤러에서 뷰(View)호출

예제 프로젝트에 MVC 구조를 적용하기 위해서 org.zerock.w1패키지에 calc라는 패키지를 추가하고 InputController를 다음과 같이 생성합니다.

InputController는 브라우저 주소창에서 GET 방식으로 '/calc/input' 경로를 호출했을 때를 처리하는 컨트롤러로 HttpServlet을 상속해서 구성합니다.

```
package org.zerock.w1.calc;

import javax.servlet.RequestDispatcher;
import javax.servlet.ServletException;
import javax.servlet.annotation.WebServlet;
import javax.servlet.http.HttpServlet;
import javax.servlet.http.HttpServletRequest;
import javax.servlet.http.HttpServletResponse;
import java.io.IOException;

@WebServlet(name = "inputController" , urlPatterns = "/calc/input")
public class InputController extends HttpServlet {

    @Override
    protected void doGet(HttpServletRequest req, HttpServletResponse resp) throws
                                            ServletException, IOException {

        System.out.println("InputController...doGet...");

        RequestDispatcher dispatcher = req.getRequestDispatcher("/WEB-INF/calc/
                                                          input.jsp");

        dispatcher.forward(req,resp);

    }
}
```

InputController는 @WebServlet으로 urlPatterns 속성을 지정해서 처리해야 하는 경로를 지정합니다 부모 클래스인 HttpServlet의 doGet( )을 재정의(오버라이드, 부모 클래스의 메소드를 하위 클래스에서 다시 작성)하고 GET 방식으로 들어오는 요청(Request)에 대해서만 처리하도록 구성합니다.

• **RequestDispatcher를 이용한 요청(Request) 배포**

InputController의 경우 가장 핵심적인 코드는 RequestDispatcher라는 존재를 이용해서 forward( )를 실행하는 부분입니다.

RequestDispatcher라는 존재는 말 그대로 서블릿에 전달된 요청(Request)을 다른 쪽으로 전달 혹은 배포 하는 역할을 하는 객체입니다. RequestDispatcher를 이용하면 InputController는 마치 버스 정류장처럼 '/WEB-INF/calc/input.jsp'라는 목적지로 가는 중간 경유지가 됩니다.

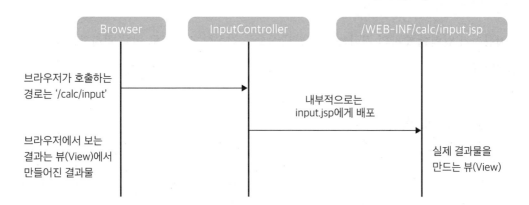

기존에 사용했던 input.jsp와 calcReult.jsp는 calc 폴더와 함께 WEB-INF 경로 밑으로 이동시킵니다. WEB-INF는 브라우저에서 직접 접근이 불가능한 경로로 상당히 특별한 경로입니다. WEB-INF 밑에 jsp 파일을 둔다는 의미는 브라우저에서 jsp로 직접 호출이 불가능하다는 것을 의미합니다.

프로젝트를 재시작해서 브라우저에서 '/calc/input'을 호출하면 다음 그림과 같이 input.jsp의 실행 결과를 그대로 확인할 수 있습니다. 여기서 중요한 사실은 이 과정의 중간에 InputController라는 서블릿이 실행된 결과라는 것입니다(서버가 실행된 로그를 보면 'Input-Controller... doGet..' 메시지가 출력된 것을 볼 수 있습니다).

실습_02 POST 방식을 통한 처리 요청

사용자가 입력한 숫자의 처리는 POST 방식으로 전송할 것이므로 이를 처리하는 컨트롤러를 생성합니다.

· CalcController의 생성

서블릿은 doPost( )라는 메소드를 오버라이드해서 POST 방식으로 들어오는 요청(Request)을 처리할 수 있기 때문에 기존의 InputController에 doPost( )를 추가하거나 Calc-Controller와 같이 새로운 서블릿을 생성해서 doPost( )를 작성하면 됩니다. 예제에서는 CalcController를 새로 추가해서 처리하도록 합니다.

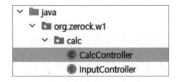

```java
package org.zerock.w1.calc;

import javax.servlet.ServletException;
import javax.servlet.annotation.WebServlet;
import javax.servlet.http.HttpServlet;
import javax.servlet.http.HttpServletRequest;
import javax.servlet.http.HttpServletResponse;
import java.io.IOException;

@WebServlet(name = "calcController" , urlPatterns = "/calc/makeResult")
public class CalcController extends HttpServlet {

    @Override
    protected void doPost(HttpServletRequest req, HttpServletResponse resp) throws
                                            ServletException, IOException {

        String num1 = req.getParameter("num1");
        String num2 = req.getParameter("num2");

        System.out.printf(" num1: %s", num1);
        System.out.printf(" num2: %s", num2);

    }
}
```

작성된 CalcController에서는 다음과 같은 점들을 주의 깊게 봐야 합니다.

- urlPatterns 속성값이 '/calc/makeResult'로 지정되어 있음 - 브라우저에서 <form> 태그의 submit 경로를 수정할 필요가 있습니다.

- doPost( )를 오버라이드 - 브라우저에서 POST 방식으로 호출하는 경우에만 호출이 가능하게 됩니다.

- req.getParameter( )라는 메소드를 이용해서 쿼리 스트링으로 전달되는 num1, num2 파라미터를 처리하고 있으며 이때 숫자가 아닌 문자열(String)로 처리하고 있습니다. JSP에서는 ${param.num1}과 같이 단순하게 사용하지만, 서블릿에서는 HttpServletRequest라는 API를 이용해야만 합니다.

CalcController의 doPost( )는 아직 JSP를 호출하지 않았으므로 화면에는 아무런 결과가 없을 것이지만 호출 자체는 가능합니다.

WEB-INF/calc/input.jsp에서는 <form> 태그의 action 속성값을 '/calc/makeResult'로 수정해 주어야 합니다.

```
<form action="/calc/makeResult" method="post">
    <input type="number" name="num1">
    <input type="number" name="num2">
    <button type="submit">SEND</button>
</form>
```

브라우저를 통해서 [SEND] 버튼을 누르면 다음 그림과 같이 POST 방식으로 CalcController의 doPost( )가 실행되는 결과를 볼 수 있습니다(CalcController에서 System.out.println( )만이 출력되고 브라우저에서는 아무 내용도 없는 화면이 보여집니다).

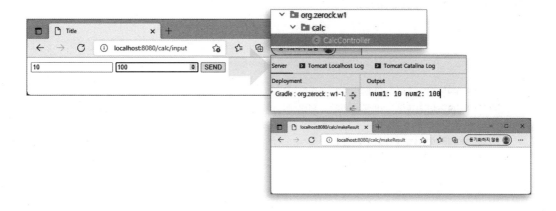

POST 방식의 처리는 가능하면 빨리 다른 페이지를 보도록 브라우저 화면을 이동시키는 것이 좋습니다. 예를 들어 지금 예제인 CalcController는 보여줄 결과를 만들지 않기 때문에 브라우저에는 아무런 변화가 없습니다.

그 때문에 브라우저에서는 [SEND] 버튼을 계속 클릭할 수 있게 되는데 브라우저에서는 다음과 같은 경고 메시지를 보여주는 방식으로 다시 POST 방식의 호출을 시도할 것인지 물어보게 됩니다.

POST 방식으로 처리하고 JSP를 이용해서 결과를 보여주는 방식을 이용할 때도 브라우저 창에서 앞선 방법과 같이 다시 호출할 수 있기 때문에 처리가 끝난 후에 다른 경로로 이동하게 하는 것이 일반적입니다. 이때 사용하는 메소드가 HttpServletResponse의 sendRedirect( )입니다.

CalcController의 doPost( )를 다음과 같이 수정해 봅니다.

```
@Override
protected void doPost(HttpServletRequest req, HttpServletResponse resp) throws
ServletException, IOException {

    String num1 = req.getParameter("num1");
    String num2 = req.getParameter("num2");

    System.out.printf(" num1: %s", num1);
    System.out.printf(" num2: %s", num2);

    resp.sendRedirect("/index");

}
```

프로젝트를 재실행해서 다시 입력해 보면 다음과 같은 흐름이 되는 것을 볼 수 있습니다.

앞선 결과가 나오는 이유는 CalcController의 응답이 브라우저에서 '/index' 경로로 가도록 했고, 브라우저는 '/index' 경로를 호출했기 때문입니다.

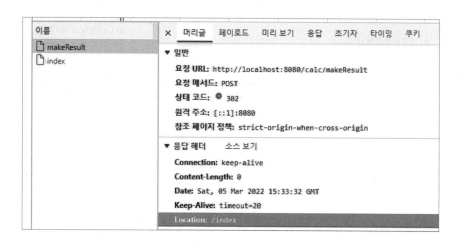

브라우저는 응답(Response) 헤더에 'Location'이 포함되면 브라우저의 주소창을 변경하고 해당 주소를 호출하게 됩니다(GET 방식으로 호출).

지금은 '/index'에 해당하는 컨트롤러가 존재하지 않기 때문에 404에러(해당 주소를 서버에서 찾을 수 없는 경우에 발생)가 발생합니다.

PRG 패턴(Post-Redirect-GET)

웹 MVC 구조에서 가장 흔하게 사용하는 패턴은 앞의 예제와 같이 POST 방식과 Redirect를 결합해서 사용하는 PRG 패턴입니다.

PRG 패턴은 다음과 같은 흐름으로 정리할 수 있습니다.

- 사용자는 컨트롤러에 원하는 작업을 POST 방식으로 처리하기를 요청

- POST 방식을 컨트롤러에서 처리하고 브라우저는 다른 경로로 이동(GET)하라는 응답(Redirect)
- 브라우저는 GET 방식으로 이동

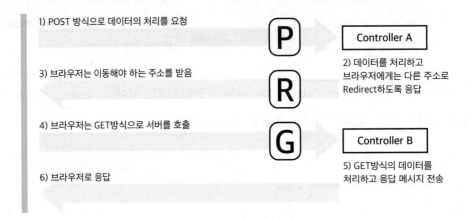

PRG 패턴은 일상 생활에서 접하는 게시판이 가장 대표적이라고 할 수 있습니다. 예를 들어 게시글을 새로 작성하는 흐름을 정리해 보면 주로 다음과 같습니다.

- 사용자가 새로운 게시글의 내용을 작성하고 POST 방식으로 전송
- 서버에서 새로운 게시글을 처리한 후에 브라우저의 주소를 목록 화면 경로로 이동하도록 응답 (Redirect)
- 브라우저는 목록 화면을 보여주고 사용자는 자신이 추가한 게시글이 추가된 결과를 확인

입력 화면까지 흐름에 포함하면 다음과 같은 그림으로 표현할 수 있습니다.

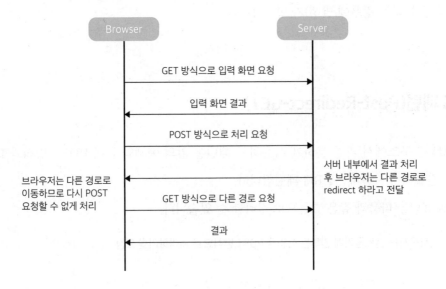

PRG 패턴은 POST 방식의 처리 후에 바로 다른 주소로 브라우저가 이동하기 때문에 반복적으로 POST 호출이 되는 상황을 막을 수도 있고, 사용자의 입장에서도 처리가 끝나고 다시 처음 단계로 돌아간다는 느낌을 주게 됩니다.

PRG 패턴을 이용한 와이어 프레임 작성하기

PRG 패턴을 예제를 통해서 직접 구성해 보도록 간단한 'Todo List'를 계획해 봅니다. 웹의 경우 여러 페이지를 만들 때 이동이 많기 때문에 우선 설계를 통해서 어떤 흐름으로 동작하게 되는지를 미리 구성해 보는데 이를 위해서 작성하는 것이 '와이어 프레임(wire frame)'입니다. 다음 그림은 와이어프레임 제작 도구로 작성한 화면들입니다.

와이어 프레임은 웹 뿐만 아니라 앱 등을 개발할 때도 많이 사용하는 방식으로 화면과 화면 사이에 어떤 일들이 처리되어야 하는지를 쉽게 구분하고 분류할 수 있다는 장점이 있습니다.

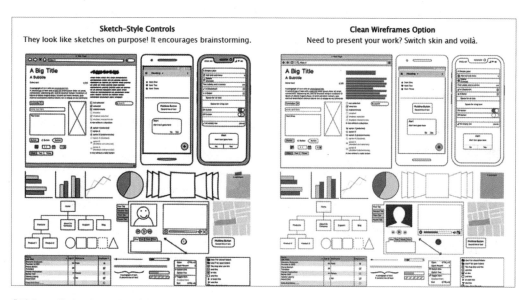

출처: https://balsamiq.com/wireframes/

 와이어 프레임을 작성하기 위해서는 어느 정도는 현실적인 화면 구성을 고민해야 하는데 이를 그림으로 표현하기 위해서 목업(Mockup) 도구를 이용하기도 합니다. 대표적인 제품으로 Balsamiq Wireframes나 Pencil Mockup 같은 제품이 있습니다. 와이어 프레임을 작성하기 위해서 반드시 목업(Mockup) 툴을 이용할 필요는 없습니다. 간단한 그림과 필기만으로 작성할 수도 있고, PPT와 같은 프로그램을 이용하는 경우도 많습니다.

Todo 웹 애플리케이션 와이어 프레임 그리기

지금까지 학습한 내용들만으로도 와이어 프레임을 구성하고 화면의 이동을 설계할 수 있습니다. 다만 조금 더 간단한 작성 요령 몇 가지를 설명하면 다음과 같습니다.

- 화면에는 해당 페이지를 볼 수 있는 경로(URL)를 명시한다.
- GET 방식으로 동작하고 눈에 보이는 것을 가장 먼저 구성한다.
- POST 방식으로 처리되는 컨트롤러는 다른 그림으로 표현한다.
- Redirect되어 보여지는 경우는 다른 선으로 표현한다.

· 목록 화면 (GET)

가장 먼저 작성할 것은 목록 화면에서 시작하는 것이 좋습니다. 목록 화면은 GET 방식으로 조회할 수 있는 화면이기도 하고, 등록/수정/삭제 후에도 결과를 확인할 수 있는 화면이 될 수 있기 때문입니다.

· 등록 화면 (GET)

등록을 위해서는 GET 방식으로 이동하기 때문에 등록 화면 역시 가장 우선적으로 작성되는 화면이 됩니다.

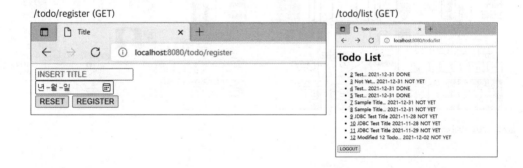

· 등록 화면 (POST)

등록 화면에서 입력한 내용들은 POST 방식으로 전송되기 때문에 별도의 컨트롤러를 추가하고 처리 후에는 Redirect 방식으로(PRG 패턴) 다시 목록 페이지를 보도록 설계합니다.

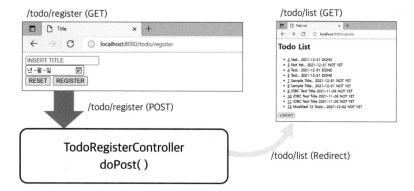

· 조회 화면 (GET)

조회 화면은 GET 방식으로 동작하게 설계합니다. 목록 화면에서 특정한 Todo 글 번호를
선택하면 동작하도록 설계합니다.

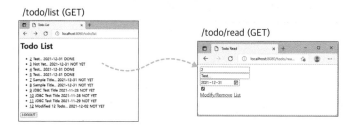

· 수정/삭제 화면 (GET)

수정/삭제 작업은 조회 화면에서 '수정/삭제'를 선택했을 때 GET 방식으로 이동이 가능
하도록 설계합니다. 수정/삭제 화면에서는 POST 방식으로 수정이나 삭제를 진행할 수 있는
버튼을 추가합니다.

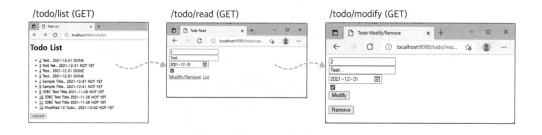

・수정 (POST)

실제 수정 작업은 POST 방식으로 처리되어야 하고, 이를 위해서 컨트롤러에서 수정 처리된 후에 다시 목록 화면으로 이동하도록 설계합니다.

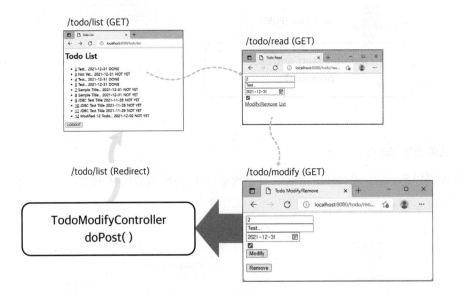

・삭제 (POST)

삭제 처리 역시 동일하게 POST 방식으로 처리하도록 설계하고, 삭제된 후에는 목록 화면으로 Redirect되도록 구성합니다.

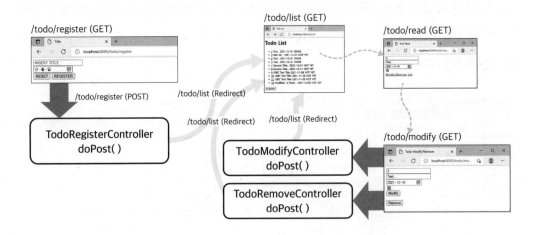

구현 목록의 정리

앞선 내용들을 정리하면 다음과 같이 작성해야 하는 컨트롤러(Serlvet)와 화면(JSP)의 전송 방식을 다음과 같이 작성할 수 있습니다.

기능	동작 방식	컨트롤러(org.zerock.w1.todo)	JSP
목록	GET	TodoListController	WEB-INF/todo/list.jsp
등록(입력)	GET	TodoRegisterController	WEB-INF/todo/register.jsp
등록(처리)	POST	TodoRegisterController	Redirect
조회	GET	TodoReadController	WEB-INF/todo/read.jsp
수정(입력)	GET	TodoModifyController	WEB-INF/todo/modify.jsp
수정(처리)	POST	TodoModifyController	Redirect
삭제(처리)	POST	TodoRemoveController	Redirect

1.4 HttpServlet

앞의 예제들에서 HttpServlet을 상속하는 별도의 서블릿들을 정의하고 이를 이용해 본 적이 있습니다. 해당 클래스를 정의할 때 HttpServlet 클래스를 상속해서 구현하는데 HttpServlet은 다음과 같은 특징을 가지고 있습니다.

- HttpServlet은 GET/POST 등에 맞게 doGet( ), doPost( ) 등을 제공하므로, 개발자들은 본인에게 필요한 메소드를 오버라이드하는 것만으로 GET/POST 방식 처리를 나누어서 처리할 수 있습니다.

- HttpServlet을 상속받은 클래스 객체는 톰캣과 같은 WAS의 내부에서 자동으로 객체를 생성하고 관리하기 때문에 개발자가 객체 관리에 신경 쓸 필요가 없습니다.

- HttpServlet은 멀티 스레드에 의해서 동시에 실행될 수 있도록 처리되기 때문에 개발자는 동시에 많은 사용자를 어떻게 처리해야 하는지에 대한 고민을 줄일 수 있습니다.

개발자가 작성하는 Servlet 클래스는 다음과 같은 상속 구조를 가지고 있습니다.

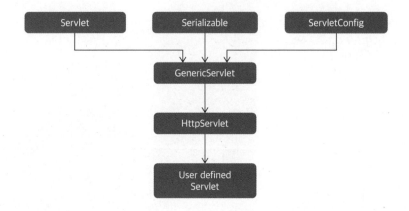

HttpServlet은 상위 클래스로 GenericServlet이라는 추상 클래스를 상속합니다. GenericServlet과 HttpServlet의 가장 큰 차이는 GenericServlet의 경우 HTTP 프로토콜에 특화되지 않는 요청(Request)과 응답(Reponse)에 대한 기능을 정의하고 있다는 점입니다.

HttpServlet의 라이프사이클

　서블릿은 기본적으로 요청(Request)을 처리해서 응답(Response)을 목적으로 설계되었습니다. 다만 서블릿은 웹이라는 특수한 환경으로 인해서 개발자가 직접 객체를 생성하는 대신에 톰캣에서 객체들을 관리합니다(이 때문에 서블릿 관점에서 톰캣은 서블릿 컨테이너라는 의미로 바라볼 수 있습니다).

　개발자가 작성하는 서블릿 클래스들은 다음과 같은 과정을 통해서 처리됩니다.

1) 브라우저가 톰캣에 서블릿이 처리해야 하는 특정한 경로를 호출합니다.

2) 톰캣은 해당 경로에 맞는 서블릿 클래스를 로딩하고 객체를 생성합니다. 이 과정에서 init( )라는 이름의 메소드를 실행해서 서블릿 객체가 동작하기 전에 수행해야 하는 일들을 처리할 수 있습니다(최초 필요한 시점에 서블릿 클래스를 로딩하는 대신에 톰캣 실행 시에 로딩하도록 하는 load-on-startup이라는 옵션도 있습니다).

3) 생성된 서블릿 객체는 브라우저의 요청(Request)에 대한 정보를 분석해서 GET/POST 등의 정보와 함께 같이 전달되는 파라미터(쿼리 스트링의 내용)들을 HttpServletRequest라는 타입의 파라미터로 전달받습니다. 이 과정에서 응답을 처리하는 데 필요한 기능들은 HttpServletResponse라는 타입의 객체로 전달 받습니다.

4) 서블릿 내부에서는 GET/POST에 맞게 doGet( )/doPost( ) 등의 메소드를 실행합니다. 이 후 동일한 주소의 호출이 있을 때 서블릿은 동일한 객체 하나만을 이용해서 이를 처리합니다.

5) 톰캣이 종료될 때는 서블릿의 destroy( )라는 메소드를 실행됩니다.

　앞의 과정에서 가장 중요한 점은 1)서블릿의 객체는 경로에 맞게 하나만 만들어 진다는 점과 2)매번 호출 시에는 자동으로 doGet( )/doPost( )를 이용해서 처리된다는 점입니다.

　실제 동작을 좀 더 알아보기 위해서 프로젝트 내에 SampleServlet 클래스를 작성합니다.

SampleServlet은 HttpServlet을 상속받고, 다음과 같이 몇 개의 메소드를 오버라이드 합니다.

```java
package org.zerock.w1;

import javax.servlet.ServletConfig;
import javax.servlet.ServletException;
import javax.servlet.annotation.WebServlet;
import javax.servlet.http.HttpServlet;
import javax.servlet.http.HttpServletRequest;
import javax.servlet.http.HttpServletResponse;
import java.io.IOException;

@WebServlet(name = "sampleServlet", urlPatterns = "/sample")
public class SampleServlet extends HttpServlet {

    @Override
    protected void doGet(HttpServletRequest req, HttpServletResponse resp) throws
                                            ServletException, IOException {

        System.out.println("doGet...." + this);
    }

    @Override
    public void destroy() {
        System.out.println("destory.......................");
    }

    @Override
    public void init(ServletConfig config) throws ServletException {
        System.out.println("init(ServletConfig).............");
    }
}
```

프로젝트를 실행하고 톰캣이 실행될 때에는 아무런 메시지도 출력되지 않는 것을 확인할 수 있습니다.

```
Artifact Gradle : org.zerock : w1-1.0-SNAPSHOT.war (exploded): Artifact is being deployed, please wait…
Artifact Gradle : org.zerock : w1-1.0-SNAPSHOT.war (exploded): Artifact is deployed successfully
Artifact Gradle : org.zerock : w1-1.0-SNAPSHOT.war (exploded): Deploy took 346 milliseconds
```

브라우저를 통해 SampleServlet 경로에 해당하는 '/sample'을 호출하면 init( )의 메소드와 doGet( )이 실행되는 것을 확인할 수 있습니다.

```
init(ServletConfig).............
doGet....org.zerock.w1.SampleServlet@66d5c910
```

이 상태에서 '/sample'을 여러 번 호출하면 'init..' 부분은 더이상 출력되지 않고, 'doGet...' 부분만 출력되는 것을 볼 수 있습니다. 중요한 점은 this의 결과로 출력되는 '@'이하의 값이 모두 같다는 점입니다. 이것은 동일하게 하나의 객체로 처리된다는 의미입니다.

```
doGet....org.zerock.w1.SampleServlet@6a64f070
doGet....org.zerock.w1.SampleServlet@6a64f070
doGet....org.zerock.w1.SampleServlet@6a64f070
doGet....org.zerock.w1.SampleServlet@6a64f070
doGet....org.zerock.w1.SampleServlet@6a64f070
```

마지막으로 톰캣을 종료하면 다음과 같이 destory( )가 호출되는 것을 볼 수 있습니다.

```
NOTE: Picked up JDK_JAVA_OPTIONS:  --a
16-Nov-2021 00:48:30.415 INFO [main] o
16-Nov-2021 00:48:30.416 INFO [main] o
16-Nov-2021 00:48:30.499 INFO [main] o
16-Nov-2021 00:48:30.513 INFO [main] o
destory.....................
16-Nov-2021 00:48:30.546 INFO [main] o
Disconnected from server
```

앞의 결과에서 알 수 있듯이 init( )와 destroy( )는 한 번씩만 호출되고 doGet( )/doPost( )는 동일한 객체를 이용해서 여러 번 호출됩니다.

HttpServletRequest의 주요 기능

서블릿 객체에서 최종적으로 요청(Request)을 처리하는 doGet( )/doPost( ) 등은 HttpServletRequest와 HttpServletResponse를 파라미터로 전달받습니다.

HttpServletRequest는 HTTP 메시지 형태로 들어오는 요청(Request)에 대한 정보를 파악하기 위해서 제공되는데 주요 기능은 다음과 같습니다.

기능	메소드	설명
HTTP 헤더 관련	getHeaderNames( ) getHeader(이름)	HTTP 헤더 내용들을 찾아내는 기능
사용자 관련	getRemoteAddress( )	접속한 사용자의 IP주소
요청 관련	getMethod( ) getRequestURL( ) getRequestURI( ) getServletPath( )	GET/POST 정보, 사용자가 호출에 사용한 URL 정보 등
쿼리 스트링 관련	getParameter( ) getParameterValues( ) getParameterNames( )	쿼리 스트링 등으로 전달되는 데이터를 추출하는 용도
쿠키 관련	getCookies( )	브라우저가 전송한 쿠키 정보
전달 관련	getRequestDispatcher( )	
데이터 저장	setAttribute( )	전달하기 전에 필요한 데이터를 저장하는 경우에 사용

getParameter( )

HttpServletRequest에서 가장 빈번하게 사용되는 메소드로 '?name=AAA&age=20'과 같은 쿼리 스트링에서 'name'이나 'age'라는 키(key)를 이용해서 값(value)을 얻는 역할을 위해서 사용합니다.

명심해야 하는 점은 getParameter( )의 결과는 항상 String이라는 점입니다. 만일 해당 파라미터가 존재하지 않는다면 null을 반환할 수 있습니다(이 때문에 항상 null 체크를 주의해야 합니다). 문자열로 반환되기 때문에 숫자를 처리할 때는 예외가 발생할 수 있으므로 주의할 필요가 있습니다.

getParameterValues( )

getParameter( )와 유사하게 getParameterValues( )는 동일한 이름의 파라미터가 여러

개 있는 경우에 사용합니다. 예를 들어 name이라는 이름의 파라미터가 여러 개 존재한다면 getParameterValues( )를 이용해서 String[ ] 타입으로 반환됩니다.

setAttribute( )

setAttribute( )는 JSP로 전달할 데이터를 추가할 때 사용합니다. setAttribute( )는 '키 (key)'와 '값(value)'의 형태로 데이터를 저장할 수 있습니다. 이때 키(key)는 문자열로 지정 하고, 값(value)은 모든 객체 타입을 이용할 수 있습니다. JSP에는 서블릿에서 setAttribute( )로 전달된 데이터를 화면에 출력하게 됩니다.

RequestDispatcher

웹 MVC 구조에서는 HttpServletRequest의 getRequestDispatcher( )를 이용해서 RequestDispatcher 타입의 객체를 구할 수 있습니다. RequestDispatcher는 현재의 요청(Request)을 다른 서버의 자원(서블릿 혹은 JSP)에게 전달하는 용도로 사용합니다. RequestDispatcher에는 2개의 메소드가 존재합니다.

- **forward( )**: 현재까지의 모든 응답(Response) 내용은 무시하고 JSP가 작성하는 내용만을 브라우 저로 전달
- **include( )**: 지금까지 만들어진 응답(Response) 내용 + JSP가 만든 내용을 브라우저로 전달

forward( )와 include( ) 메소드가 존재하기는 하지만 실제 개발에서는 거의 forward( )만 을 이용합니다.

HttpServletResponse의 주요 기능

HttpServletRequest가 주로 '읽는' 기능을 제공한다면 HttpServletResponse는 반대로 '쓰는' 기능을 담당하게 됩니다.

HttpServletReponse의 주요 기능은 다음과 같습니다.

기능	메소드	설명
MIME 타입	setContentType( )	응답 데이터의 종류를 지정(이미지/html/xml 등)
헤더 관련	setHeader( )	특정 이름의 HTTP 헤더 지정
상태 관련	setStatus( )	404, 200, 500 등 응답 상태 코드 지정
출력 관련	getWriter( )	PrintWriter를 이용해서 응답 메시지 작성
쿠키 관련	addCookie( )	응답 시에 특정 쿠키 추가
전달 관련	sendRedirect( )	브라우저에 이동을 지시

웹 MVC 구조에서 HttpServletResponse는 JSP에서 주로 처리되기 때문에 서블릿 내에서 직접 사용되는 일은 많지 않고 주로 sendRedirect( )를 이용하는 경우가 많습니다.

sendRedirect( )

웹 MVC 구조에서 HttpServle-tResponse의 메소드들 중에서 가장 많이 사용되는 메소드는 sendRedi-rect( )입니다. sendRedirect( )는 브라우저에게 '다른 곳으로 가라'는 응답(Response) 메시지를 전달합니다. HTTP에서 'Location' 이름의 HTTP 헤더로 전달되는데 브라우저는 'Loca-

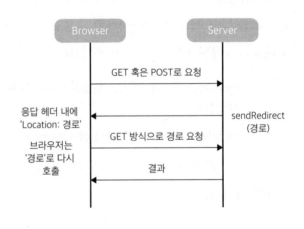

tion'이 있는 응답을 받으면 화면을 처리하는 대신에 주소창에 지정된 주소로 이동하고, 다시 호출하게 됩니다.

sendRedirect( )를 사용하면 브라우저의 주소가 아예 변경되기 때문에 사용자의 '새로고침'과 같은 요청을 미리 방지할 수 있고, 특정한 작업이 완전히 끝나고 새로 시작하는 흐름을 만들수 있습니다.

실습_01 **와이어 프레임의 구현**

앞서 1.3절 구현 목록 정리에 있는 컨트롤러 일부를 직접 구현하도록 합니다. 이때는 브라우저가 호출할 때 사용하는 URL을 다음과 같이 결정해 두고 작업을 진행합니다.

기능	동작 방식	컨트롤러 (org.zerock.w1.todo)	컨트롤러 URL	JSP
목록	GET	TodoListController	/todo/list	WEB-INF/todo/list.jsp
등록(입력)	GET	TodoRegisterController	/todo/register	WEB-INF/todo/register.jsp
등록(처리)	POST	TodoRegisterController	/todo/register	Redirect
조회	GET	TodoReadController	/todo/read	WEB-INF/todo/read.jsp
수정(입력)	GET	TodoModifyController	/todo/modify	WEB-INF/todo/modify.jsp
수정(처리)	POST	TodoModifyController	/todo/modify	Redirect
삭제(처리)	POST	TodoRemoveController	/todo/remove	Redirect

구현할 때는 GET/POST에 따라서 doGet( )/doPost( )를 오버라이드 합니다.

프로젝트 내에 todo 패키지를 다음과 같이 추가합니다.

실습_02 **TodoListController구현**

TodoListController는 GET 방식만 처리하므로 doGet( ) 만을 추가해서 다음과 같은 형태로 작성합니다.

```
package org.zerock.w1.todo;

import javax.servlet.ServletException;
import javax.servlet.annotation.WebServlet;
import javax.servlet.http.HttpServlet;
import javax.servlet.http.HttpServletRequest;
import javax.servlet.http.HttpServletResponse;
```

```
import java.io.IOException;

@WebServlet(name = "todoListController", urlPatterns = "/todo/list")
public class TodoListController extends HttpServlet {

    @Override
    protected void doGet(HttpServletRequest req, HttpServletResponse resp) throws
                                                ServletException, IOException {
        System.out.println("/todo/list");

        req.getRequestDispatcher("/WEB-INF/todo/list.jsp")
                .forward(req, resp);
    }
}
```

아직 JSP는 구현되지 않았으므로 System.out.println( )을 이용해서 동작 여부만 확인할
수 있도록 처리합니다.

앞의 코드를 추가한 후에 프로젝트를 실행하고 브라우저를 통해서 '/todo/list'를 호출하면
다음과 같이 해당 JSP를 찾을 수 없다는 결과를 보게 됩니다.

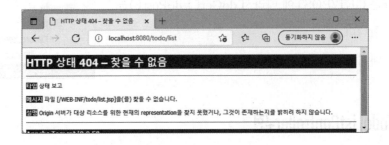

WEB-INF 아래에 todo 폴더를 생성하고 list.jsp 파일을
추가합니다(실제 데이터는 조금 뒤쪽에서 처리하도록 하고
화면만이라도 볼 수 있게 합니다).

```
<%@ page contentType="text/html;charset=UTF-8" language="java" %>
<html>
<head>
    <title>Title</title>
</head>
```

```
<body>
<h1>List Page</h1>
</body>
</html>
```

TodoReigsterController의 구현

TodoRegisterController는 특이하게도 GET 방식
으로 호출되는 경우에는 입력할 수 있는 화면을 보여
주고, POST 방식으로 호출되는 경우에는 등록이 처
리된 후에 다시 목록 페이지(/todo/list)를 호출하게
됩니다(sendRedirect( )).

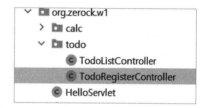

```java
package org.zerock.w1.todo;

import javax.servlet.ServletException;
import javax.servlet.annotation.WebServlet;
import javax.servlet.http.HttpServlet;
import javax.servlet.http.HttpServletRequest;
import javax.servlet.http.HttpServletResponse;
import java.io.IOException;

@WebServlet(name = "todoRegisterController", urlPatterns = "/todo/register")
public class TodoRegisterController extends HttpServlet {

    @Override
    protected void doGet(HttpServletRequest req, HttpServletResponse resp) throws
                                                ServletException, IOException {

        System.out.println("입력 화면을 볼 수 있도록 구성 ");
    }
```

```
@Override
protected void doPost(HttpServletRequest req, HttpServletResponse resp) throws
                                                ServletException, IOException {

    System.out.println("입력을 처리하고 목록 페이지로 이동 ");
    }
}
```

TodoRegisterController는 특이하게도 GET/POST를 모두 처리하도록 doGet( ), do-
Post( )를 모두 구현합니다.

와이어 프레임으로 보면 GET 방식으로 호출되는 경우 등록 화면을 보는 구조이므로, Re-
questDispatcher를 이용해서 JSP를 보도록 작성합니다.

TodoRegisterController의 doGet( )을 다음과 같이 수정합니다.

```
@Override
protected void doGet(HttpServletRequest req, HttpServletResponse resp) throws
                                                ServletException, IOException {

    System.out.println("입력 화면을 볼 수 있도록 구성 ");

    RequestDispatcher dispatcher = req.getRequestDispatcher("/WEB-INF/todo/
                                                register.jsp");

    dispatcher.forward(req,resp);

}
```

WEB-INF 폴더에 있는 todo 폴더에 register.jsp를
추가합니다.

register.jsp는 <form> 태그를 이용해서 POST 방식으
로 호출할 수 있는 태그들을 다음과 같이 작성합니다.

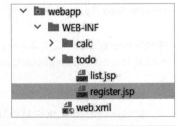

```
<%@ page contentType="text/html;charset=UTF-8" language="java" %>
<html>
<head>
    <title>Title</title>
```

```
</head>
<body>
<form action="/todo/register" method="post">
    <button type="submit">등록 처리</button>
</form>
</body>
</html>
```

<form> 태그의 action과 method 속성을 이용해서 화면상의 버튼을 클릭하면 POST 방식으로 TodoRegisterController를 호출하도록 구성합니다.

프로젝트를 실행해서 브라우저로 '/todo/register'를 호출하면 GET 방식으로 호출되면서 register.jsp가 실행되는 것을 확인할 수 있습니다.

화면상의 버튼을 클릭하면 POST 방식의 호출이 이루어지면서 서버에서 다음과 같은 메시지가 출력되는 것을 볼 수 있습니다.

입력 화면을 볼 수 있도록 구성
입력을 처리하고 목록 페이지로 이동

호출은 정상적으로 되었지만 화면은 아무런 내용도 없는 상태로 보여지게 됩니다.

이런 상황에서 '새로고침'을 하는 경우 계속해서 POST 방식의 호출이 됩니다. 브라우저는

POST 방식의 호출을 '새로고침'하는 경우 다음과 같이 확인 창을 보여주기는 하지만 근본적인 해결책이 되는 것은 아닙니다. 다음 그림에서 아래는 서버에서 동일한 호출이 여러 번 이루어질 때 보여지는 메시지입니다.

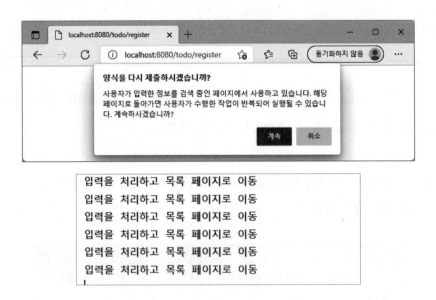

이를 막기 위해서 PRG 패턴을 적용하도록 sendRedirect( )가 필요합니다. sendRedirect( )는 브라우저를 아예 다른 주소로 이동시키기 때문에 사용자가 반복적인 POST 요청을 보내는 것을 막을 수 있습니다.

TodoRegisterController의 doPost( )를 다음과 같이 수정하고 프로젝트를 다시 실행해 봅니다.

```java
@Override
protected void doPost(HttpServletRequest req, HttpServletResponse resp) throws
                                                ServletException, IOException {

    System.out.println("입력을 처리하고 목록 페이지로 이동 ");

    //브라우저가 호출해야 하는 주소
    resp.sendRedirect("/todo/list");
}
```

브라우저를 통해서 POST 방식의 요청을 완료화면 다음과 같이 '/todo/list'로 이동하는 것을 볼 수 있습니다.

PRG 패턴은 등록 뿐 아니라 POST 방식으로 해야 하는 모든 기능에 적용할 수 있습니다. POST 방식은 무언가를 변경하거나 처리를 요구하는 작업이므로 수정/삭제 작업에서도 사용됩니다.

모델(Model)

웹 MVC 구조에서는 컨트롤러와 화면의 역할이 엄격하게 구분되어 있습니다. 컨트롤러에서는 화면에 필요한 데이터를 화면쪽으로 전달해주는데 이런 역할을 하는 객체를 모델(Model)이라고 합니다.

모델과 3티어

웹 MVC입장에서 모델은 컨트롤러에 필요한 기능이나 데이터를 처리해 주는 존재지만 시스템 전체 구조로 보면 모델은 컨트롤러와 뷰를 제외한 남은 부분입니다.

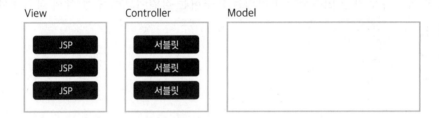

모델을 담당하는 영역을 다시 세분화 시켜서 데이터베이스를 담당하는 영역과 비즈니스 로직을 처리하는 영역으로 구분해서 '서비스(로직 처리) 계층'과 '영속(데이터 처리)' 계층으로 분리하기도 하는데 그림으로 표현하면 다음과 같습니다.

앞의 그림에서 MVC 구조를 제외하고 전체 시스템의 구조를 정리하면 다음과 같은 계층 3 티어 구조가 됩니다.

DTO(Data Transfer Object)

3 티어와 같이 계층을 분리하는 경우에는 반드시 계층이나 객체들 간에 데이터 교환이 이루어지게 됩니다. 이 경우 대부분은 한 개 이상의 데이터를 전달할 때가 많기 때문에 여러 개의 데이터를 묶어서 하나의 객체로 전달하는 것을 DTO(Data Transfer Object, 이하 DTO)라고 합니다.

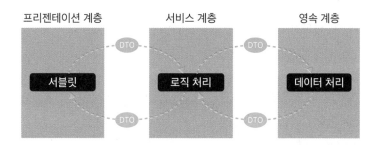

DTO는 여러 개의 데이터를 묶어서 필요한 곳에 전달하거나 호출을 결과로 받는 방식으로 사용하기 때문에 특별한 규격이나 제약이 있는 것은 아니지만, 대부분은 Java Beans 형태로 구성하는 경우가 많습니다. Java Beans는 다음과 같은 형식으로 구성됩니다.

- 생성자가 없거나 반드시 파라미터가 없는 생성자 함수를 가지는 형태
- 속성(멤버 변수)은 private으로 작성
- getter/setter를 제공할 것

이 외에도 Serializable 인터페이스를 구현해야 하는 등의 규칙이 존재하지만 최소한의 규칙은 앞의 3가지 규격을 지키면 됩니다.

컨트롤러는 DTO를 구성해서 서비스 계층을 호출하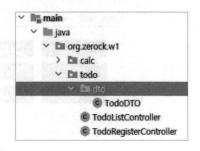
기도 하고, 반대로 서비스 계층에서 DTO를 받기도 하
기 때문에 서비스 계층 구성 전에 DTO를 위한 클래스
를 먼저 구성합니다.

프로젝트의 todo 패키지 아래에 dto 패키지를 구성하
고 TodoDTO 클래스를 생성합니다.

TodoDTO 클래스는 몇 개의 멤버 변수와 getter/setter, toString( )을 구현합니다.

```java
package org.zerock.w1.todo.dto;

import java.time.LocalDate;

public class TodoDTO {

    private Long tno;

    private String title;

    private LocalDate dueDate;

    private boolean finished;

    public Long getTno() {
        return tno;
    }

    public void setTno(Long tno) {
        this.tno = tno;
    }

    public String getTitle() {
        return title;
    }

    public void setTitle(String title) {
        this.title = title;
    }

    public LocalDate getDueDate() {
        return dueDate;
    }
}
```

```
    public void setDueDate(LocalDate dueDate) {
        this.dueDate = dueDate;
    }

    public boolean isFinished() {
        return finished;
    }

    public void setFinished(boolean finished) {
        this.finished = finished;
    }

    @Override
    public String toString() {
        return "TodoDTO{" +
                "tno=" + tno +
                ", title='" + title + '\'' +
                ", dueDate=" + dueDate +
                ", finished=" + finished +
                '}';
    }
}
```

서비스 객체

    DTO는 단순히 여러 개의 데이터를 묶어서 하나의 객체를 구성하는 용도로 사용하고 주로 서비스 객체 메소드들의 파라미터나 리턴 타입으로 사용됩니다.

    서비스 객체는 간단히 말하면 '기능(로직)들의 묶음'이라고 할 수 있습니다. 서비스 객체는 프로그램이 구현해야 하는 기능들의 실제 처리를 담당한다고 생각하면 됩니다.

    예를 들어 'CRUD(등록/조회/수정/삭제)' 기능들은 모두 서비스 객체에 모아서 구현됩니다.

    예제에서는 Todo라는 대상을 다루고 있으므로 이를 담당하는 서비스 객체는 TodoService라는 이름으로 클래스를 이용해서 처리하고, 앞의 컨트롤러들은 TodoService의 객체를 이용해서 자신이 원하는 작업을 처리하도록 구성합니다.

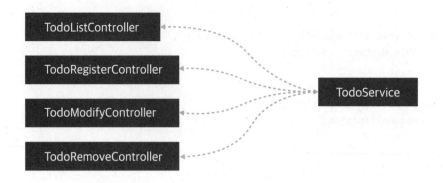

실습_04 **TodoService 클래스**

TodoService 클래스는 service라는 패키지에 다음과 같이 추가하고 구성합니다.

예제에서 TodoService는 enum 타입으로 구성했습니다.

```java
package org.zerock.w1.todo.service;

public enum TodoService {
    INSTANCE;
}
```

enum 타입으로 클래스를 작성하는 경우 가장 큰 장점은 정해진 수만큼만 객체를 생성할 수 있다는 점입니다. 앞의 코드는 INSTANCE라고 된 부분이 객체의 개수를 결정하는 부분으로 한 개만 지정되어 있으므로 하나의 객체만을 생성해서 사용하게 됩니다. 이 경우 객체를 사용할 때는 TodoService.INSTANCE와 같이 간단하게 사용 가능합니다. TodoService.INSTANCE는 항상 하나의 객체만을 가리키게 되는데 이처럼 객체를 하나만 생성해서 사용하는 패턴을 '싱글톤 패턴(singleton pattern)'이라고 합니다.

예제의 경우 여러 컨트롤러들이 TodoService 객체를 통해서 원하는 데이터를 주고받는 구조로 구성하기 때문에 TodoService 객체를 하나만 생성하도록 합니다.

· **TodoService의 메소드들**

TodoService 클래스에는 여러 개의 기능을 정의하고 구현합니다. 원칙적으로 서비스 객체

는 절대로 System.out.println( )과 같이 출력하면 안 되는 존재지만, 디버깅을 위한 용도로
는 사용할 수도 있습니다.

이전 절의 예제에는 '등록/목록'이 필요하므로 이를 다음과 같이 구현합니다.

```java
package org.zerock.w1.todo.service;

import org.zerock.w1.todo.dto.TodoDTO;

import java.time.LocalDate;
import java.util.List;
import java.util.stream.Collectors;
import java.util.stream.IntStream;

public enum TodoService {
    INSTANCE;

    public void register(TodoDTO todoDTO){

        System.out.println("DEBUG..........." + todoDTO);
    }

    public List<TodoDTO> getList(){

        List<TodoDTO> todoDTOS = IntStream.range(0,10).mapToObj(i -> {
            TodoDTO dto = new TodoDTO();
            dto.setTno((long)i);
            dto.setTitle("Todo.." +i);
            dto.setDueDate(LocalDate.now());

            return dto;
        }).collect(Collectors.toList());

        return todoDTOS;
    }

}
```

register( )의 경우 새로운 TodoDTO 객체를 받아서 확인할 수 있는 것을 목표로 작성하고,
getList( )는 10개의 TodoDTO 객체를 만들어서 반환하도록 구성합니다.

컨트롤러에서 모델 처리하기

웹 MVC 구조에서는 화면에 필요한 데이터를 처리하고자 컨트롤러는 서비스 객체의 힘을 빌려서 처리합니다. 예를 들어 화면에서 목록 데이터들이 필요하다면 TodoService의 get-List( )의 결과를 받아서 JSP까지 전달하고 이를 JSP에서 보여주는 방식입니다.

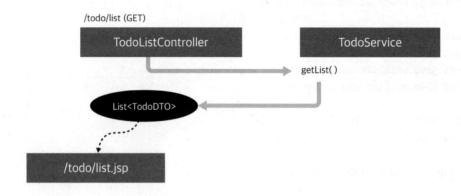

이 과정에서 가장 중요한 메소드는 HttpServletRequset의 setAttribute( )입니다. setAttribute( )는 '키(key)'와 '값(value)'의 형식으로 HttpServletRequest에 데이터를 보관하게 합니다. 이렇게 보관된 데이터는 JSP에서 꺼내서 사용하게 되는 방식입니다.

실습_05 TodoListController의 처리

TodoListController는 TodoService에서 제공하는 List<TodoDTO>를 가져와서 JSP로 전달하는 내용의 코드를 다음과 같이 작성합니다.

```
package org.zerock.w1.todo;

import org.zerock.w1.todo.dto.TodoDTO;
import org.zerock.w1.todo.service.TodoService;

import javax.servlet.ServletException;
import javax.servlet.annotation.WebServlet;
import javax.servlet.http.HttpServlet;
import javax.servlet.http.HttpServletRequest;
import javax.servlet.http.HttpServletResponse;
```

```
import java.io.IOException;
import java.util.List;

@WebServlet(name = "todoListController", urlPatterns = "/todo/list")
public class TodoListController extends HttpServlet {

    @Override
    protected void doGet(HttpServletRequest req, HttpServletResponse resp) throws
                                            ServletException, IOException {
        System.out.println("/todo/list");

        List<TodoDTO> dtoList = TodoService.INSTANCE.getList();

        req.setAttribute("list", dtoList);

        req.getRequestDispatcher("/WEB-INF/todo/list.jsp").forward(req,resp);
    }

}
```

doGet( )의 내부에는 setAttribute( )를 이용해서 'list'라는 이름으로 List<TodoDTO> 객체를 보관하도록 작성합니다.

setAttribute( )를 이용해서 보관된 데이터는 JSP에서 EL로 간단하게 확인할 수 있습니다. 예제의 경우 list.jsp에 다음과 같은 코드를 작성합니다.

```
<%@ page contentType="text/html;charset=UTF-8" language="java" %>
<html>
<head>
    <title>Title</title>
</head>
<body>
<h1>List Page</h1>

${list}

</body>
</html>
```

프로젝트를 실행하고 '/todo/list'를 호출하면 다음과 같이 List<TodoDTO>가 화면에 출력되는 것을 볼 수 있습니다.

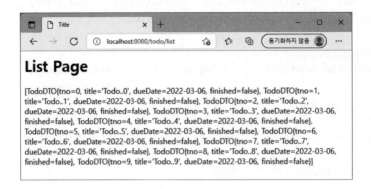

JSP - EL(Expression Language)

JSP 코드에서 사용한 '${ }'는 EL(Expression Language)의 표현식입니다. 과거에는 JSP에서 자바 문법을 이용해서 화면에 결과를 출력했지만 최근에는 JSP에 자바 코드를 사용해서 결과를 출력하는 일은 거의 없습니다.

JSP는 주로 HTML 태그들과 자바스크립트, CSS 등을 이용해서 코드를 작성합니다. 과거의 JSP에서는 자바코드를 직접 JSP 내부에서 사용했는데 문제는 내부에서 자바 코드가 같이 섞이면 import부터 시작해 모든 자바 문법이 사용되어야 하기 때문에 자바를 모르는 사람도 JSP 2.0 부터 간단하게 사용할 수 있는 출력용 언어인 EL을 개발하게 된 것입니다.

EL을 이용하면 자바 코드를 몰라도 getter/setter를 호출할 수 있고, 약간의 연산 등도 가능합니다.

EL을 이용한 출력

EL을 이용하는 경우에는 자동으로 getter를 호출하게 됩니다. 예를 들어 list.jsp에서 10개의 TodoDTO 중에서 첫 번째 TodoDTO의 tno와 title을 출력하고자 한다면 getTno(), get-Title( ) 대신에 다음과 같이 작성할 수 있습니다.

```
${list[0].tno} --- ${list[0].title}
```

브라우저에는 다음과 같은 모습으로 출력됩니다.

```
0 --- Todo..0
```

TodoDTO 클래스에서 tno, title은 private으로 처리되어 있으므로 자바 코드에서는 외부에서 바로 접근이 불가능하지만 EL은 getTno( ), getTitle( )을 자동으로 호출하게 됩니다.

EL은 말 그대로 표현식(expression)이기 때문에 '${ }'내부에 표현식이 결과를 만들어 낼 수만 있다면 언제든 사용이 가능합니다. 예를 들어 다음과 같은 코드도 가능합니다.

```
<h3>${1 + 2 + 3}</h3>                       6

<h3>${"AAA" += "BBB"}</h3>                  AAABBB

<h3>${"AAA".equals("AAA")}</h3>             true
```

EL이 자바 문법 없이도 작성이 가능하긴 하지만 원한다면 자바 코드를 그대로 이용하는 방식의 사용도 가능하긴 합니다. 다음 두 라인의 코드는 같은 결과를 출력합니다.

```
<h4>${list[0].title}</h4>

<h4>${list[0].getTitle()}</h4>
```

정리하자면 EL은 JSP에서 간단한 표현식을 이용해서 데이터를 출력하는 용도라고 할 수 있습니다. EL이 출력만을 담당하기 때문에 제어문이나 반복문과 같이 '식(expression)'이 아닌 '문(statement)'를 처리하기 위해서는 JSTL 라이브러리가 필요합니다.

JSTL

JSTL(JavaServer Pages Standard Tag Library)은 JSP에서 동작하는 새로운 태그들의 묶음이라고 할 수 있습니다. JSTL은 자바 문법보다 조금 더 간결하게 제어문이나 반복문, 선언문 등을 처리할 수 있고, 확장이 가능하도록 설계되었습니다.

JSTL을 이용하기 위해서는 라이브러리가 존재해야만 하므로 프로젝트 생성 시에 존재하는 build.gradle 파일에 의존성 라이브러리를 추가합니다. build.gradle 파일의 일부 코드는 다음과 같습니다.

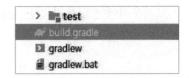

```
dependencies {
    compileOnly('javax.servlet:javax.servlet-api:4.0.1')

    testImplementation("org.junit.jupiter:junit-jupiter-api:${junitVersion}")
    testRuntimeOnly("org.junit.jupiter:junit-jupiter-engine:${junitVersion}")

    implementation group: 'jstl', name: 'jstl', version: '1.2'

}
```

라이브러리를 추가한 후에는 톰캣을 중지하고 그레이들을 새로고침 해 주어야 필요한 라이브러리를 내려받습니다.

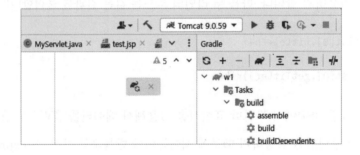

JSP 파일에서 JSTL사용하기

JSP에서 JSTL을 이용하기 위해서는 파일 상단에 다음과 같이 태그 관련 설정을 추가해야만 합니다.

```
<%@ taglib uri="http://java.sun.com/jsp/jstl/core" prefix="c" %>
```

JSP에서 '<%@ %>'로 작성되는 코드를 '지시자(directives)'라고 합니다. 추가한 설정은 태그 라이브러리 지시자라고 하는데 이 선언이 있어야만 JSP에서 JSTL을 이용할 수 있으므로 주의합니다.

• <c:forEach>

JSTL에서 가장 많이 사용하는 반복문 처리에는 <c:forEach>를 이용해서 작성합니다. <c:forEach>는 배열이나 리스트 등의 처리에 사용합니다.

<c:forEach>를 이용하는 경우 다음과 같은 속성들을 이용할 수 있습니다.

속성명	속성값
var	EL에서 사용될 변수 이름
items	List, Set, Map, Enumeration, Iterator 등의 컬렉션
begin/end	반복의 시작/끝 값

현재 예제의 경우 list라는 이름으로 List<TodoDTO>가 전달되고 있으므로 list.jsp는 다음과 같이 처리할 수 있습니다.

```jsp
<%@ page contentType="text/html;charset=UTF-8" language="java" %>
<%@ taglib uri="http://java.sun.com/jsp/jstl/core" prefix="c" %>

<html>
<head>
    <title>Title</title>
</head>
<body>
<h1>List Page</h1>

<ul>
    <c:forEach var="dto" items="${list}">
        <li>${dto}</li>
    </c:forEach>
</ul>

</body>
</html>
```

forEach의 경우 items는 배열이나 리스트를 의미하고 var는 반복문 내에서만 사용하는 변수의 이름이 됩니다. 앞의 코드는 반복 처리되는 TodoDTO객체를 의미하게 됩니다.

반복문의 경우 begin/end를 이용하는 경우도 종종 있습니다. 예를 들어 1부터 10까지의 숫자를 출력한다고 하면 다음과 같이 작성할 수 있습니다.

```
<ul>
    <c:forEach var="num" begin="1" end="10">
        <li>${num}</li>
    </c:forEach>
</ul>
```

• <c:if>, <c:choose>

JSTL의 제어문은 <c:if>, <c:choose>가 존재합니다. <c:if>의 경우 test라는 속성이 존재하는데 test 속성값으로는 true/false로 나올 수 있는 식이나 변수 등이 들어갈 수 있습니다.

<c:choose>의 경우 자바 언어의 switch 구문과 비슷한 역할을 합니다. <c:choose>는 내부에 <c:when test=..>, <c:otherwise>를 이용해서 'if ~ else if ~ else'의 처리가 가능합니다.

예로 list.jsp에서 List<TodoDTO>의 size( )를 이용해서 홀수/짝수 여부를 표시한다면 다음과 같이 작성할 수 있습니다.

```
<c:if test="${list.size() % 2 == 0}">
    짝수
</c:if>
<c:if test="${list.size() % 2 != 0}">
    홀수
</c:if>
```

<c:if>의 경우 else에 대한 처리가 없으므로 앞의 코드를 <c:choose>로 변경하면 다음과 같은 형태가 됩니다.

```
<c:choose>
    <c:when test="${list.size() % 2 == 0}">
        짝수
    </c:when>
    <c:otherwise>
        홀수
    </c:otherwise>
</c:choose>
```

· **<c:set>**

EL과 JSTL을 이용해서 반복문이나 제어문을 처리하다 보면 새로운 변수를 생성해야 하는 경우가 발생합니다. 이런 경우에는 <c:set>을 이용해서 변수를 생성하고 사용할 수 있습니다.

<c:set>은 var 속성으로 변수명을 지정할 수 있고, value 속성으로 값을 지정할 수 있습니다.

```
<c:set var="target" value="5"></c:set>

<ul>
    <c:forEach var="num" begin="1" end="10">
        <c:if test="${num == target}">
            num is target
        </c:if>
    </c:forEach>
</ul>
```

앞의 코드는 target이라는 변수를 선언하고 반복문 내부에서 <c:if>를 이용하는 방식으로 작성되었습니다.

Todo 조회

조회나 목록은 브라우저의 요청을 받아 컨트롤러에서 모델을 처리하는 좋은 예가 될 수 있습니다. 조회의 경우 대부분은 식별할 수 있는 값(식별키)을 GET 방식으로 같이 요청합니다. 예를 들어 상품의 번호나 회원의 아이디 같은 정보를 전달하고, 컨트롤러는 서비스 객체로 이를 반환해서 JSP로 전달하게 됩니다.

TodoService에 특정한 번호의 조회 기능을 다음과 같이 추가합니다.

```java
package org.zerock.w1.todo.service;

import com.sun.tools.javac.comp.Todo;
import org.zerock.w1.todo.dto.TodoDTO;

import java.time.LocalDate;
import java.util.List;
import java.util.stream.Collectors;
import java.util.stream.IntStream;

public enum TodoService {

    INSTANCE;

    ...생략...

    public TodoDTO get(Long tno){

        TodoDTO dto = new TodoDTO();
        dto.setTno(tno);
        dto.setTitle("Sample Todo");
        dto.setDueDate(LocalDate.now());
        dto.setFinished(true);

        return dto;
    }

}
```

추가된 get( ) 메소드는 특정한 번호의 TodoDTO를 구하는 기능이지만 예제에서는 샘플용 TodoDTO 객체를 생성해서 반환해 주도록 구현합니다.

조회 기능은 TodoReadController를 작성하고 GET 방식으로 동작하도록 doGet()을 작성합니다.

```java
package org.zerock.w1.todo;

import org.zerock.w1.todo.dto.TodoDTO;
import org.zerock.w1.todo.service.TodoService;

import javax.servlet.ServletException;
import javax.servlet.annotation.WebServlet;
import javax.servlet.http.HttpServlet;
import javax.servlet.http.HttpServletRequest;
import javax.servlet.http.HttpServletResponse;
import java.io.IOException;


@WebServlet(name = "todoReadController", urlPatterns = "/todo/read")
public class TodoReadController extends HttpServlet {

    @Override
    protected void doGet(HttpServletRequest req, HttpServletResponse resp) throws
                                        ServletException, IOException {
        System.out.println("/todo/read");

        // /todo/read?tno=123
        Long tno = Long.parseLong(req.getParameter("tno"));

        TodoDTO dto = TodoService.INSTANCE.get(tno);

        req.setAttribute("dto", dto);

        req.getRequestDispatcher("/WEB-INF/todo/read.jsp").forward(req,resp);
    }

}
```

doGet( ) 내부에는 브라우저의 주소창을 통해서 전달되는 tno(게시물 번호)라는 이름의 파라미터를 처리하도록 작성합니다. HttpServletRequest의 getParameter( )는 항상 문자열로만 결과가 나오기 때문에 Long 타입으로 처리하기 위해서는 변환이 필요합니다.

TodoService의 get( )을 통해서 나온 TodoDTO 객체는 'dto'라는 이름으로 JSP에 전달합니다.

WEB-INF/todo 폴더에는 read.jsp를 작성해 주어야 합니다.

```jsp
<%@ page contentType="text/html;charset=UTF-8" language="java" %>
<html>
<head>
    <title>Title</title>
</head>
<body>
    <div>${dto.tno}</div>
    <div>${dto.title}</div>
    <div>${dto.dueDate}</div>
    <div>${dto.finished}</div>
</body>
</html>
```

read.jsp의 경우 TodoReadController에서 보내준 TodoDTO 객체를 dto라는 이름으로 받아 EL을 통해서 출력합니다.

프로젝트를 실행하고 '/todo/read?tno=123'과 같이 특정한 번호를 파라미터로 전달하면 다음과 같이 TodoDTO 객체의 내용을 볼 수 있습니다.

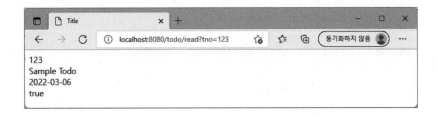

2장

웹과
데이터베이스

서버 사이드 프로그래밍에서 데이터베이스의 도움 없이 서비스가 운영되는 경우는 거의 없습니다. 데이터베이스에는 해당 애플리케이션의 실행에 필요하고, 실행 중에 발생하는 필요한 모든 데이터를 기록하는 데 이 과정에서 반드시 필요한 것이 바로 프로그램을 통해서 데이터베이스를 조작하는 일입니다. 2장에서는 데이터베이스에서 가장 많이 사용하는 관계형 데이터베이스 패러다임을 살펴보고 Maria DB를 통해서 자바 프로그램과 연동하는 JDBC 프로그래밍을 익히게 됩니다.

2.1 JDBC 프로그래밍 준비

애플리케이션 대부분은 실행 중에 발생한 데이터를 어떤 형태로든 보관하는 것이 일반적입니다. 이를 위해서 파일 시스템을 사용할 수도 있지만, 데이터베이스를 이용하는 것이 현실적으로 가장 보편적인 방식입니다. 이 절에서는 Maria DB를 설치하고 이를 자바에서 이용하는 JDBC(Java Database Connectivity)의 기본 구조를 알아봅니다.

MariaDB의 설치와 생성

데이터베이스는 말 그대로 데이터를 보관하고 관리하는 기능을 하는 SW입니다. 이 보관/관리 패러다임에 따라서 여러 종류가 존재하지만, 가장 일반적으로 관계형 데이터베이스(RDBMS -Relational DataBase Management System) 제품을 많이 사용하는데 대표적으로 오라클(Oracle) 데이터베이스나, MSSQL, MySQL, MariaDB, Postgresql 등이 있습니다.

이 책에서는 여러 DB 제품 중에서 MariaDB를 사용하도록 합니다. MariaDB는 MySQL과 비슷한 기능을 가지고 있지만, 무료로 사용할 수 있다는 점이 다릅니다.

MariaDB 설치

MariaDB는 https://mariadb.org/download/ 사이트를 통해서 운영체제에 맞는 버전을 내려받을 수 있습니다(단 Mac을 이용한다면 Homebrew를 이용하는 것이 편리합니다.). 윈도우의 경우 MSI 버전으로 받아 설치하는 것이 편리합니다. 이

책에서는 10.5.15 버전을 이용합니다.

내려받은 설치 파일을 실행해서 라이선스에 동의하면 설치 경로의 정보가 나오고 가장 중
요한 root 계정의 패스워드를 지정하는 부분이 나옵니다.

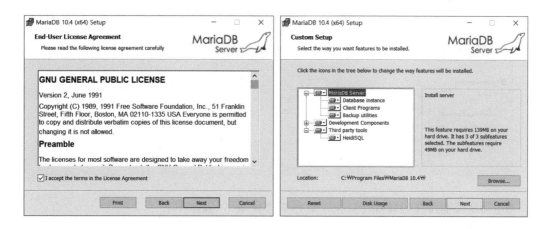

root 계정은 MariaDB에서 가장 중요한 계정이므로 이때 지정하는 패스워드를 분실하지
않도록 주의해야 합니다. 만일 root 계정을 외부에서도 접근해서 사용하고자 한다면 'Enable
access from remote.. ' 부분을 선택하면 됩니다.

이 화면에서 가장 중요한 설정은 서버의 문자셋을 UTF8로 지정하는 부분입니다.

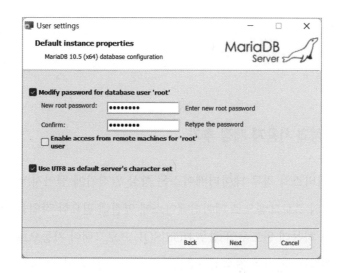

이후의 설정은 운영체제에서 사용하는 이름과 외부 프로그램이 데이터베이스와 연동할 때
사용하는 포트번호입니다. MySQL과 MariaDB는 기본적으로 3306 포트를 이용해서 외부

에서 들어오는 연결을 처리합니다. 만일 현재 운영체제에서 3306 포트를 사용하고 있어서 문제가 발생한다면 다른 포트로 변경해 주어야 합니다.

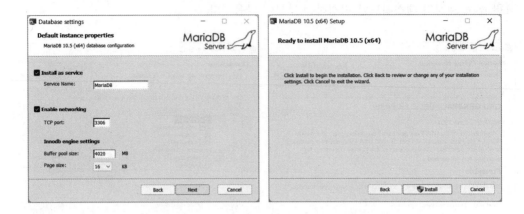

정상적으로 설치가 완료되면 다음과 같은 화면을 볼 수 있습니다.

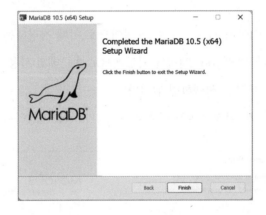

데이터베이스 생성과 사용자 계정 추가

실제 운영되는 서비스의 경우 데이터베이스는 항상 원격지에 떨어져 있는 경우가 많습니다. 이 때문에 별도의 프로그램으로 데이터베이스에 연결해 필요한 작업을 수행합니다. 흔히 SQL 에디터라고도 하는데 윈도우의 경우 HeidiSQL 프로그램이 자동으로 같이 설치 됩니다 (인텔리제이 얼티메이트 버전의 경우 Database 설정 및 사용이 가능합니다).

MariaDB가 설치된 후에는 HeidiSQL을 실행해서 세션 관리자로 데이터베이스와 연결을 시도합니다. 화면 아래의 [신규] 버튼을 눌러서 root 계정으로 연결을 시도합니다. 설치할 때 지정한 패스워드를 추가해 주어야 합니다.

정상으로 연결된다면 다음과 같은 화면을 볼 수 있습니다.

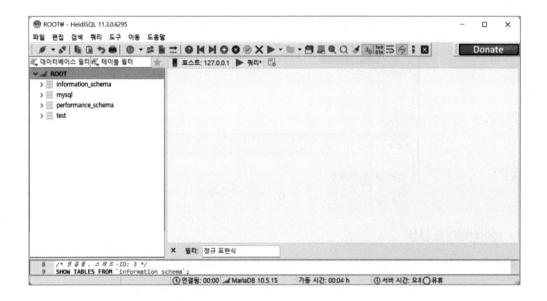

화면 오른쪽의 '쿼리'라는 탭을 클릭하면 빈 화면에 SQL을 작성해서 실행해 볼 수 있습니다.

간단하게 현재 시간을 조회하는 쿼리로 'select now( );'를 입력하고 실행 메뉴를 이용해서 실행해 봅니다.

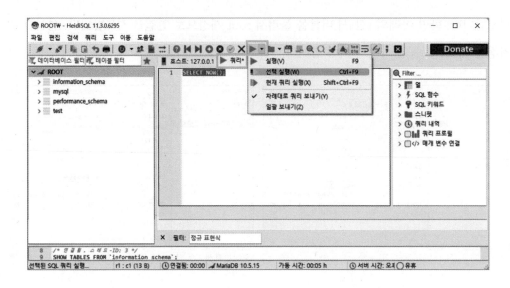

화면에 작성하는 SQL을 실행하면 아래쪽에 실행결과를 확인할 수 있습니다.

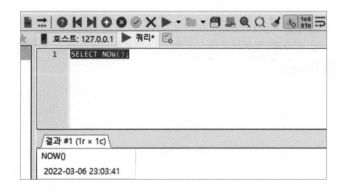

· **데이터베이스 생성**

실습을 위해서는 새로운 별도의 데이터베이스(스키마)를 생성하는 것이 편리합니다.

HeidiSQL을 이용하면 다음과 같이 화면에서 새로운 데이터베이스를 생성할 수 있습니다.

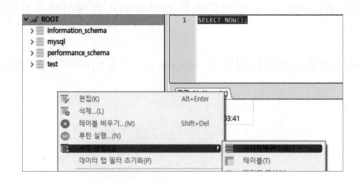

왼쪽 창에서 마우스 오른쪽 버튼을 눌러 데이터베이스를 생성합니다. 이 책의 예제는 'webdb'라는 이름의 데이터베이스를 생성합니다.

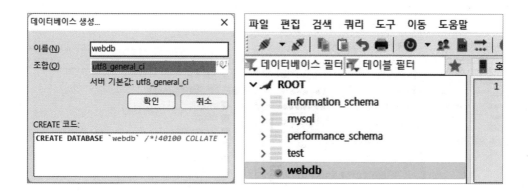

· **사용자 계정 생성과 권한 추가**

데이터베이스와 함께 생성된 데이터베이스를 이용하는 별도의 계정을 추가해 보도록 합니다.

프로그램 상단의 [도구] – [사용자 관리자] 메뉴를 이용하면 새로운 사용자를 추가할 수 있는 화면이 보여집니다. 다음 그림과 같이 [추가] 버튼을 눌러 계정을 생성하도록 합니다. 이 책에서는 사용자 이름에 'webuser'라는 계정을 생성해서 사용하도록 합니다(패스워드도 동일하게 webuser로 지정).

실습을 위한 사용자의 호스트 설정은 어디서든 연결이 가능하도록 '호스트'에서 폴딩 메뉴를 눌러 '%'(모든 곳에서 접근)로 지정합니다.

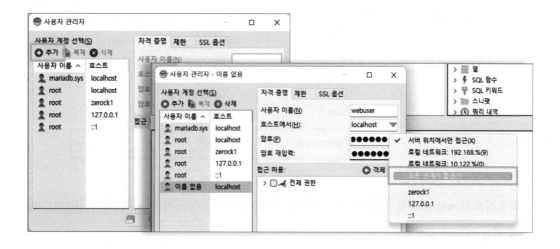

사용자 계정 생성 마지막 단계는 객체 추가 버튼을 눌러 생성하는 사용자가 사용할 수 있는 대상을 앞에서 생성한 'webdb' 데이터베이스로 지정합니다. 접근 허용 권한을 모두 선택합니다.

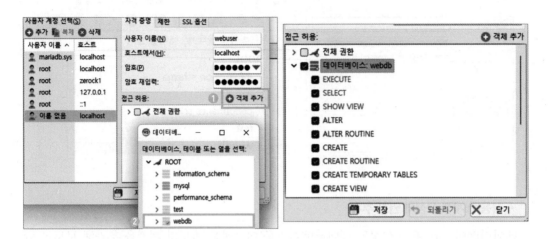

· 생성된 계정 확인

데이터베이스와 계정을 추가한 후에는 다시 한번 [파일] – [세션 관리자] 메뉴를 통해서 데이터베이스를 사용할 수 있는지 점검하도록 합니다. 설정 탭에서 앞서 설정한 사용자와 암호를 입력하고 데이터베이스는 webdb로 지정합니다.

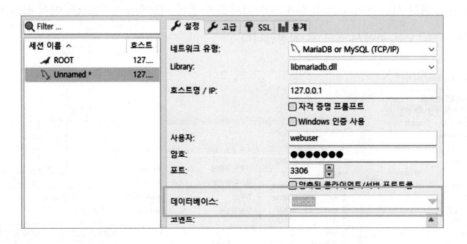

최종적으로 webuser로 접속된 환경에 문제가 없는지 확인하도록 합니다(데이터베이스에 연결 가능 여부만 확인).

프로젝트 생성과 MariaDB 준비

인텔리제이에서 새로운 jdbcex 프로젝트를 다음 그림과 같이 생성합니다. 프로젝의 이름은 jdbcex로 지정하고, Web Application과 Gradle을 이용하도록 구성합니다.

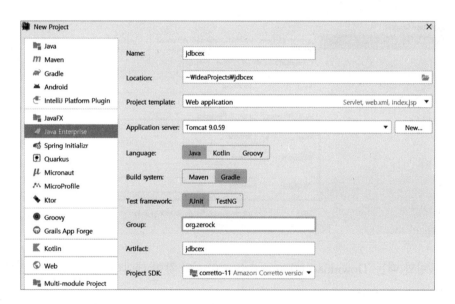

인텔리제이의 MariaDB 설정

인텔리제이 얼티메이트의 경우 Database 메뉴를 이용해서 현재 프로젝트에서 사용할 데이터베이스를 설정해서 사용할 수 있습니다. 화면에서 오른쪽 상단 가장자리 부근에 있는 [Database]에서 [+]를 눌러 MariaDB를 지정합니다.

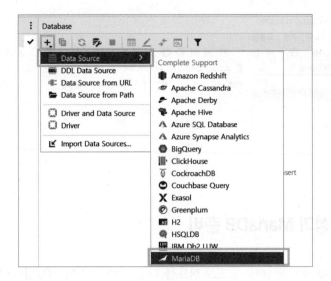

데이터베이스 관련 정보를 입력합니다(사용자 계정, 패스워드, 데이터베이스 이름).

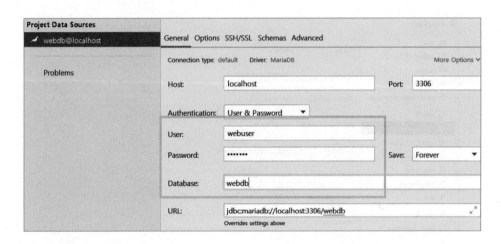

처음 세팅할 때는 'Download missing driver files'와 같이 데이터베이스 연결에 필요한 파일을 내려받아야 합니다.

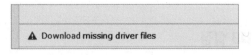

이후 'Test Connection'을 이용해서 데이터베이스와 연결이 이루어지는지 확인하고 [OK]를 선택합니다.

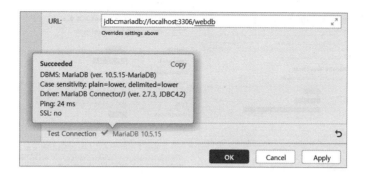

· 현재 시간 테스트

데이터베이스 연동 설정이 완료되면 SQL을 실행할 수 있는 창이 하나 생성됩니다. 이 창을 이용해서 SQL을 작성하고 실행할 수 있습니다. 가장 먼저 데이터베이스의 현재 시간을 가져오는 SQL을 다음과 같이 작성해 봅니다.

실행은 앞의 그림 왼쪽 상단의 화살표를 이용해서 실행할 수 있습니다. 만일 여러 개의 SQL 문을 작성할 때는 ';'로 구분해서 작성하고 실행할 수 있습니다.

프로젝트 내 MariaDB 설정

생성된 프로젝트는 자바 기반의 웹 프로젝트(Web Project)이므로 데이터베이스를 이용하기 위해서는 자바와 데이터베이스를 연동하기 위한 설정이 필요합니다. 흔히 JDBC 드라이버라고 부르는 라이브러리가 필요한데 이는 'mariadb maven'과 같은 키워드를 이용해서 검색한 결과를 build.gradle 설정에 추가해 줍니다.

 mvnrepository 사이트(https://mvnrepository.com/)에 접속해서 검색창에 'MariaDB Java Client'로 검색하면 필요한 라이브러리를 찾아서 추가할 수 있습니다.

오른쪽 그림 아래에 'Gradle' 혹은 'Gradle (Short)'의 내용을 복사해서 사용합니다.

build.gradle 파일의 dependencies 항목에 검색 결과로 찾은
라이브러리를 추가합니다.

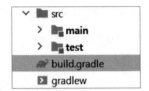

```
dependencies {
    compileOnly('javax.servlet:javax.servlet-api:4.0.1')

    testImplementation("org.junit.jupiter:junit-jupiter-api:${junitVersion}")
    testRuntimeOnly("org.junit.jupiter:junit-jupiter-engine:${junitVersion}")

    implementation 'org.mariadb.jdbc:mariadb-java-client:3.0.4'

}
```

라이브러리를 추가한 후에는 반드시 화면 오른쪽 상단 코끼리 모양의 그레이들 아이콘
( )을 통해 그레이들을 갱신해 주어야만 합니다.

· JDBC 프로그램의 구조

JDBC 프로그램은 'Java Database Connectivity'의 약자로 자바 프로그램과 데이터베이
스를 네트워크 상에서 연결해 데이터를 교환하는 프로그램으로 관련 API는 java.sql 패키지
와 javax.sql 패키지를 이용합니다.

JDBC 프로그램을 작성하려면 데이터베이스와 자바 프로그램 사이에서 네트워크 데이터

를 처리하는 코드가 필요한데 JDBC 드라이버가 이런 역할을 수행합니다.

JDBC 프로그램 작성 순서

JDBC 프로그램은 네트워크를 통해서 데이터베이스와 연결을 맺고, SQL을 전달해서 데이터베이스가 이를 실행하는 흐름이기 때문에 다음과 같은 순서대로 프로그램을 작성해야만 합니다.

1) 네트워크를 통해서 데이터베이스와 연결을 맺는 단계

2) 데이터베이스에 보낼 SQL을 작성하고 전송하는 단계

3) 필요하다면 데이터베이스가 보낸 결과를 받아서 처리하는 단계

4) 데이터베이스와 연결을 종료하는 단계

실습_01 테스트 프로그램 작성하기

본격적으로 JDBC 프로그램을 작성하기 전에 프로젝트 생성 시 테스트 환경을 통해서 미리 실행 가능 여부를 확인해 보도록 합니다.

프로젝트의 test 폴더에 org.zerock.dao 패키지를 생성하고, ConnectTests라는 이름의 클래스를 작성합니다.

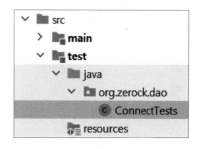

```java
package org.zerock.dao;

import org.junit.jupiter.api.Assertions;
import org.junit.jupiter.api.Test;

public class ConnectTests {

    @Test
    public void test1() {

        int v1 = 10;
```

```
        int v2 = 10;

        Assertions.assertEquals(v1,v2);

    }
}
```

ConnectionTests에는 @Test 어노테이션을 사용하는 메소드를 작성합니다. 이를 테스트 코드(혹은 메소드)라고 하는데 @Test를 적용하는 메소드는 반드시 public으로 선언되어야 하고, 파라미터나 리턴타입이 없이 작성합니다.

test1( )의 내용을 보면 v1,v2 변수를 지정하고 Assertions.assertEquals( )를 이용하는 것을 볼 수 있습니다. assertEquals( )는 말 그대로 '같다고 확신한다'는 의미이고, 두 변수의 내용이 같아야만 테스트가 성공하게 됩니다. 실제 코드를 보면 테스트 코드를 작성했을 때 옆에 실행할 수 있는 아이콘이 나오는 것을 확인할 수 있습니다.

test1( ) 왼쪽의 아이콘을 이용해서 테스트 코드를 실행하면 인텔리제이의 아래쪽에 녹색으로 된 결과를 확인할 수 있습니다.

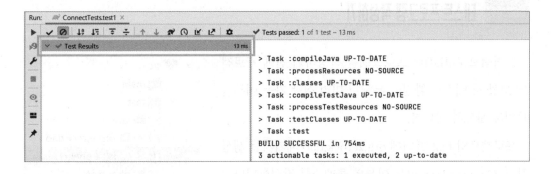

녹색으로 결과가 나오는 것은 테스트가 성공했다는 의미입니다. 만일 앞의 코드에서 두 변수의 값이 다르다면 다음 그림과 같은 결과를 보게 됩니다.

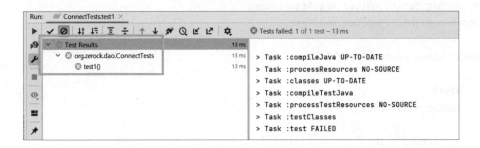

ConnectTests 클래스에 testConnection( )이라는 테스트 코드를 다음과 같이 작성합니다.

```
package org.zerock.dao;

import org.junit.jupiter.api.Assertions;
import org.junit.jupiter.api.Test;

import java.sql.Connection;
import java.sql.DriverManager;

public class ConnectTests {

    @Test
    public void testConnection() throws Exception {

        Class.forName("org.mariadb.jdbc.Driver");

        Connection connection = DriverManager.getConnection(
                "jdbc:mariadb://localhost:3306/webdb",
                "webuser",
                "webuser");

        Assertions.assertNotNull(connection);

        connection.close();
    }

}
```

testConnection( )은 자바 코드를 이용해서 설치된 MariaDB와 연결을 확인하는 용도의 코드입니다. 테스트 코드를 실행하면 단순히 실행의 성공여부 결과만 볼 수 있습니다.

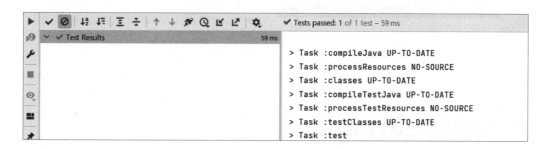

앞서 인텔리제이의 DataSource 메뉴를 이용해서 MariaDB에 연동을 확인했기 때문에 테

스트가 실패한다면 에러의 원인은 연결 자체에 있는 것이 아니라는 것을 알 수 있습니다.

testConnection( )의 각 라인은 상당히 중요한 의미의 코드들입니다.

- **Class.forName( )**: JDBC 드라이버 클래스를 메모리상으로 로딩하는 역할을 합니다. 이때 문자열은 패키지명과 클래스명의 대소문자까지 정확히 일치해야 합니다. 만일 JDBC 드라이버 파일이 없는 경우에는 이 부분에서 예외가 발생하게 됩니다.

- **Connection connection**: java.sql 패키지의 Connection 인터페이스 타입의 변수입니다. Connection은 데이터베이스와 네트워크 연결을 의미합니다.

- **DriverManager.getConnection( )**: 데이터베이스 내에 있는 여러 정보들을 통해서 특정한 데이터베이스(예제에서는 webdb)에 연결을 시도합니다.

- **-'jdbc:mariadb://localhost:3306/webdb'** 는 jdbc 프로토콜을 이용한다는 의미이고, localhost:3306은 네트워크 연결 정보를, webdb는 연결하려는 데이터베이스 정보를 의미합니다.

- **-webuser**: 연결을 위해서는 사용자의 계정과 패스워드가 필요합니다.

- **Assertions.assertNotNull( )**: 데이터베이스와 정상적으로 연결이 된다면 Connection 타입의 객체는 null이 아니라는 것을 확신한다는 의미입니다.

- **connection.close( )**: 데이터베이스와 연결을 종료합니다. JDBC 프로그램은 데이터베이스와 연결을 잠깐씩 맺고 종료하는 방식으로 처리됩니다. 따라서 반드시 작업이 완료되면 데이터베이스와의 연결을 종료해주어야만 합니다.

testConnection( )은 말 그대로 데이터베이스와 연결만 확인하는 용도지만, 현재 프로젝트가 실행 가능한 것인지를 확인하기 때문에 중요한 코드입니다. 테스트가 정상적으로 수행되었다면 다음 그림의 왼쪽과 같은 결과가 나타나지만, 다른 문제가 있어서 데이터베이스와 연결이 되지 않았다면 오른쪽 그림과 같은 결과를 보게됩니다.

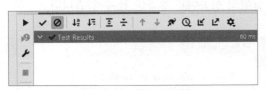

실습_02 ▨ **데이터베이스 테이블 생성**

관계형 데이터베이스에서 데이터를 저장하기 위해서는 테이블이라는 존재를 생성해야 합니다. 테이블은 여러 개의 칼럼(column)과 로우(row)로 구성되는데 각 칼럼에는 이름과 타입, 제약 조건 등이 결합됩니다.

MariaDB에서 사용하는 데이터 타입은 다음과 같습니다.

[숫자형 데이터 타입]

타입	용도	크기	설명
TINYINT	매우 작은 정수	1 byte	-128 ~ 127 (부호없이 0 ~ 255)
SMALLINT	작은 정수	2 byte	-32768 ~ 32767
MEDIUMINT	중간 크기의 정수	3 byte	-(-8388608) ~ -1(8388607)
INT	표준 정수	4 byte	-2147483648 ~ 2147483647 (0 ~ 4294967295)
BIGINT	큰 정수	8 byte	-2147483648 ~ 2147483647 (unsigned 0 ~ 4294967295)
FLOAT	단정도 부동 소수	4 byte	-9223372036854775808 ~ 9223372036854775807 (unsigned 0 ~ 18446744073709551615)
DOUBLE	배정도 부동 소수	8 byte	-1.7976E+320 ~ 1.7976E+320 (no unsigned)
DECIMAL(m,n)	고정 소수	m과 n에 따라 다르다	숫자 데이터지만 내부적으로 String 형태로 저장됨. 최대 65자.
BIT(n)	비트 필드	m에 따라 다르다	1 ~ 64bit 표현

[날짜형 데이터 타입]

데이터 타입	형태	크기	설명
DATE	YYYY-MM-DD	3 byte	1000-01-01 ~ 9999-12-31
DATETIME	YYYY-MM-DD hh:mm:ss	8 byte	1000-01-01 00:00:00 ~ 9999-12-31 23:59:59
TIMESTAMP	YYYY-MM-DD hh:mm:ss	4 byte	1970-01-01 00:00:00 ~ 2037
TIME	hh:mm:ss	3 byte	-839:59:59 ~ 839:59:59
YEAR	YYYY 또는 YY	1 byte	1901 ~ 2155

데이터 타입	용도	크기	설명
CHAR(n)	고정 길이 비이진(문자) 문자열	n byte	
VARCHAR(n)	가변 길이 비이진 문자열	Length + 1 byte	
BINARY(n)	고정 길이 이진 문자열	n byte	
VARBINARY(n)	가변 길이 이진 문자열	Length + 1 byte or 2 byte	
TINYBLOB	매우 작은 BLOB(Binary Large Object)	Length + 1 byte	
BLOB	작은 BLOB	Length + 2 byte	최대크기 64KB
MEDIUMBLOB,	중간 크기 BLOB	Length + 3 byte	최대크기 16MB
LONGBLOB	큰 BLOB	Length + 4 byte	최대크기 4GB
TINYTEXT	매우 작은 비이진 문자열	Length + 1 byte	
TEXT	작은 비이진 문자열	Length + 2 byte	최대크기 64KB
MEDIUMTEXT	중간 크기 비이진 문자열	Length + 3 byte	최대크기 16MB
LONGTEXT	큰 비이진 문자열	Length + 4 byte	최대크기 4GB

인텔리제이 Database 항목의 [New -> Query Console]을 이용해서 앞선 표의 정보로 다음과 같은 SQL 테이블을 생성합니다.

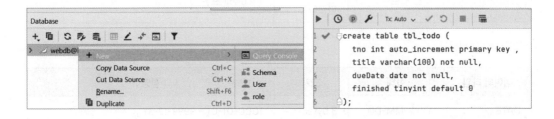

테이블의 생성은 'create table' 로 시작하고 테이블 이름을 지정해야 합니다. 예제에서는 tbl_todo라는 이름으로 생성하도록 합니다.

auto_increment는 식별키(primary key)를 지정하기 위해서 사용합니다. auto_increment는 새로운 데이터가 추가될 때 자동으로 새로운 번호가 생성됩니다. 이렇게 생성된 번호는 특별한 의미를 가지지는 않지만, 같은 번호가 생성되지 않기 때문에 고유한 식별을 위한 용도로 사용합니다.

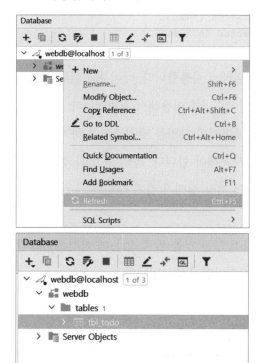

날짜는 여러 종류의 타입이 존재하지만 '년-월-일' 포맷을 기록할 수 있는 date 타입을 이용하도록 합니다.

MariaDB에서 boolean 값은 true/false 값 대신에 0과 1로 사용하는 경우가 많으므로 tinyint 타입을 이용해서 처리합니다.

정상적으로 테이블이 생성되었다면 데이터베이스 메뉴를 [refresh]해서 생성된 테이블을 확인할 수 있습니다.

데이터베이스에서 실행하는 SQL의 종류 중에 앞선 방식의 테이블을 생성하거나 특정한 객체들을 생성할 때 사용하는 SQL을 DDL(Data Definition Language)이라고 합니다.

실습_03 데이터 insert

테이블은 클래스와 유사하게 데이터의 '형식이나 틀'을 만드는 것이기 때문에 실제 데이터를 추가하는 작업은 별도로 진행해야 합니다. SQL 중에서 DML(Data Manipulation Language)이라고 하는데 '데이터를 조작'할 때 사용하는 SQL로 insert/update/delete 등을 사용합니다.

데이터의 추가를 위해서는 insert 문을 작성해야 하므로 SQL을 다음과 같이 작성해서 실행합니다.

```
insert into tbl_todo (title, dueDate, finished)
values ('Test...', '2022-12-31', 1);
```

insert 문을 실행하면 인텔리제이에서는 다음과 같은 실행 결과가 출력됩니다.

```
webdb> insert into tbl_todo (title, dueDate, finished)
       values ('Test...', '2022-12-31', 1)
[2022-03-06 23:54:24] 1 row affected in 2 ms
```

insert 문은 특정한 테이블에 데이터를 추가하기 위해서 사용합니다. 테이블과 칼럼을 지정하고, values를 이용해서 타입에 맞는 데이터를 모아서 '( )'를 이용해서 처리합니다.

데이터를 추가할 때는 칼럼의 타입과 추가하는 데이터의 타입을 맞춰주어야 하기 때문에 문자의 경우는 " 혹은 "", 날짜의 경우는 변환해서 사용해야 합니다. 앞의 SQL의 경우 dueDate는 조금 특이하게도 문자열의 포맷과 데이터의 저장 형태가 같기 때문에 사용할 수 있습니다.

앞선 insert 문을 자세히 보면 tno 칼럼을 지정하지 않는 것을 볼 수 있는데 이것은 tno 칼럼의 값이 자동으로 생성되는 auto_increment로 지정되었기 때문입니다.

 Tip auto_increment는 여러 데이터 중에서 특정한 데이터를 구분하기 위한 용도이므로 값이 연속적일 필요가 없고 단순히 구분이 가능한 숫자일 뿐이라고 생각해야 합니다.

'insert into...'를 여러 번 실행한 후에 tbl_todo 테이블의 모든 데이터들을 살펴보기 위해서 'select * from tbl_todo;'를 실행해 보면 테이블내 보관된 데이터들의 tno 값이 자동으로 생성된 것을 확인할 수 있습니다.

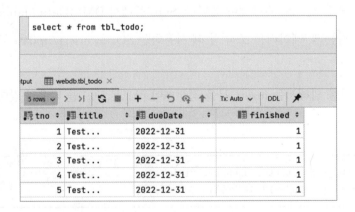

 **데이터 select**

데이터를 조회하는 SQL은 흔히 쿼리(query)라고 하며, 'select'를 이용해서 작성합니다. select 문은 'from절'을 이용해서 가져오려는 데이터의 대상 테이블 등을 지정하고, 'where 절'을 이용해서 대상에서 필터링을 지정합니다.

예를 들어 tbl_todo 테이블에서 tno가 1번인 데이터를 조회한다면 다음과 같은 쿼리를 작성하게 됩니다.

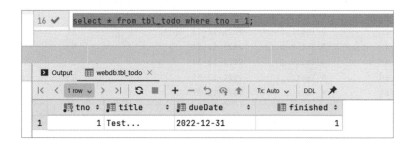

만일 where 조건에 해당하는 데이터가 여러 건이라면 모든 데이터를 다 가져오게 됩니다.

```
select * from tbl_todo where tno < 10;
```

 **데이터 update**

기존 데이터를 수정하려면 update 문을 이용해서 처리할 수 있습니다. update 문은 set을 이용해서 특정한 칼럼의 내용을 수정할 수 있고, where 조건을 이용해서 수정하는 대상 데이터들을 지정할 수 있습니다.

예를 들어 3번 데이터의 finished와 title의 값을 변경하고 싶다면 다음과 같이 작성할 수 있습니다.

```
update tbl_todo set finished = 0, title = 'Not Yet...' where tno = 3;
```

update 문의 실행 결과는 단순히 몇 개의 데이터가 영향을 받았는지만 나오기 때문에 se-lect를 통해서 확인하는 것이 좋습니다.

```
[2022-03-07 15:33:27] completed in 16 ms
webdb> update tbl_todo set finished = 0, title = 'Not Yet...' where tno = 3
[2022-03-07 15:33:27] 1 row affected in 0 ms
```

	tno ⇅	title ⇅	dueDate ⇅	finished ⇅
1	1	Test...	2021-12-31	1
2	2	Test...	2021-12-31	1
3	3	Not Yet...	2021-12-31	0
4	4	Test...	2021-12-31	1
5	5	Test...	2021-12-31	1
6	6	Test...	2021-12-31	1

실습_06 데이터 delete

데이터 삭제는 delete 문을 이용해서 작성할 수 있습니다. delete 문은 where 조건에 해당하는 데이터들을 삭제하기 때문에 주의해야 합니다. 예를 들어 where 조건이 없는 경우 모든 데이터를 삭제할 수 있는 위험성이 있으므로 다음과 같은 경고 메시지를 보여주고 실행되지 않도록 설정되어 있습니다.

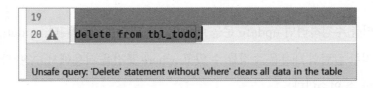

만일 tno가 5보다 큰 데이터들을 삭제하고 싶다면 다음과 같은 SQL을 작성할 수 있습니다.

```
delete from tbl_todo where tno > 5;
```

DML과 쿼리(select)의 차이

프로그램의 설계가 아닌 개발과 운영 단계에서는 DML에 해당하는 insert/update/delete 문과 select 문이 가장 많이 사용됩니다. DML과 쿼리(select) 문에는 다음과 같은 차이가 존재합니다.

- DML은 몇 개의 데이터가 처리되었는지 숫자로 결과 반환
- select 문은 데이터를 반환

insert/update/delete는 실행하고 나면 추가된 데이터를 보여주는 것이 아니라 '몇 개의 row가 추가/변경/삭제 되었는지'를 알려줍니다.

```
webdb> delete from tbl_todo where tno > 5
[2022-03-07 15:43:32] completed in 0 ms
```

update/delete의 경우 변경/삭제된 데이터가 없을 때도 잘못된 처리는 아니므로 필요하다면 프로그램상에서 변경/삭제된 데이터의 수를 확인할 필요가 있습니다.

반면, select의 경우 실제 데이터들을 반환합니다.

```
webdb> select * from tbl_todo where tno < 10
[2022-03-07 15:44:17] 5 rows retrieved starting from 1 in 329 ms (execution: 0 ms, fetching: 329 ms)
```

select 문의 결과는 프로그램을 통해서 다음과 같은 모습으로 보여주는 것이 일반적입니다.

	tno	title	dueDate	finished
1	1	Test...	2022-12-31	1
2	2	Test...	2022-12-31	1
3	3	Not Yet...	2022-12-31	0
4	4	Test...	2022-12-31	1
5	5	Test...	2022-12-31	1

자바를 이용해서 프로그램을 작성하게 되면 앞과 같은 결과 화면이 없기 때문에 항상 SQL 문을 미리 실행해서 올바르게 결과가 나오는 것을 확인하고 코드를 작성하는 것이 좋습니다.

DML과 쿼리의 차이에 대해서 주목해야 하는 이유는 결과에 대한 처리 방식 자체가 다르기 때문에 JDBC 프로그램을 작성할 때에도 이를 분리해서 작성해야 한다는 것을 의미합니다.

JDBC 프로그래밍을 위한 API와 용어들

자바를 이용해서 데이터베이스를 연동하는 프로그램을 작성하기 위해서는 먼저 몇 가지 필수적인 API와 용어들에 익숙해 질 필요가 있습니다.

• java.sql.Connection

Connection 인터페이스는 데이터베이스와 네트워크상의 연결을 의미합니다. 데이터베이스에 SQL을 실행하기 위해서는 반드시 정상적인 Connection 타입의 객체를 생성해야 합니다. 개발자들은 Connection이라는 인터페이스를 활용하고 실제 구현 클래스는 JDBC 드라이버 파일 내부의 클래스를 이용합니다.

JDBC 프로그래밍에서 가장 중요한 사실은 'Connection은 반드시 close( )해야 한다'입니다.

데이터베이스는 많은 연결을 처리해야 하는데 연결이 종료가 되지 않으면 새로운 연결을 받을 수 없는 상황이 발생합니다. Connection의 close( )는 데이터베이스쪽에 연결을 끊어도 좋다는 신호를 주고 네트워크 연결을 종료하는 역할을 합니다.

Connection 종료를 위해서는 코드 내에서 try ~ catch ~ finally를 이용해서 종료하거나 try-with-resources 방식을 이용합니다(try-with-resources를 이용하면 자동으로 close( )가 호출되는 것을 보장할 수 있습니다. 이에 대한 예제는 조금 뒤쪽에서 살펴봅니다).

Connection의 가장 중요한 기능은 바로 이어서 설명하는 Statement 혹은 Prepared-Statement와 같이 SQL을 실행할 수 있는 객체를 생성하는 기능입니다. 가장 많이 사용되는 코드는 다음과 같은 방식입니다.

```
Connection connection = ...
PreparedStatement preparedStatement = connection.prepareStatement("select * from
tbl_todo");
```

· java.sql.Statement/PreparedStatement

JDBC에서 SQL을 데이터베이스로 보내기 위해서는 Statement/PreparedStatement 타입을 이용합니다(이 외에도 데이터베이스 내 프로시저 등을 호출하기 위한 CallableStatement라는 것이 존재하긴 합니다만, 순수한 SQL은 Statement/PreparedStatement를 이용합니다).

Statement와 PreparedStatement는 SQL을 전달한다는 점에서 같지만 SQL 문을 미리 전달하고 나중에 데이터를 보내는 방식(PreparedStatement)과 SQL 문 내부에 모든 데이터를 같이 전송하는 방식(Statement)이라는 차이가 있습니다. 실제 개발에서는 PreparedStatement만을 이용하는 것이 관례입니다(SQL 내부에 고의적으로 다른 처리가 가능한 SQL 문자열을 심어서 보내는 SQL injection 공격을 막기 위함).

Statement/PreparedStatement에서 중요한 기능들은 다음과 같습니다.

- **setXXX( )**: setInt( ), setString( ), setDate( )와 같이 다양한 타입에 맞게 데이터를 세팅할 수 있습니다.
- **executeUpdate( )**: DML(insert/update/delete)을 실행하고 결과를 int 타입으로 반환합니다. 결과는 '몇 개의 행(row)이 영향을 받았는가'입니다. 예를 들어 1개의 데이터가 insert되었는지와 같은 결과를 알 수 있습니다.
- **executeQuery( )**: 말 그대로 쿼리(select)를 실행할 때 사용합니다. executeQuery() 경우에는 ResultSet이라는 리턴 타입을 이용합니다.

Statement 역시 마지막에는 Connection과 마찬가지로 close( )를 통해서 종료해 주어야만 데이터베이스 내부에서도 메모리와 같이 사용했던 자원들이 즉각적으로 정리됩니다.

· java.sql.ResultSet

PreparedStatement를 이용해서 insert/update/delete를 처리하는 DML의 경우에는 int로 반환되는 것과 달리 쿼리(select)를 실행했을 때, 데이터베이스에서 반환하는 데이터를 읽어 들이기 위해서는 특별하게 ResultSet이라는 인터페이스를 이용합니다. ResultSet은 자바 코드에서 데이터를 읽어 들이기 때문에 getInt( ), getString( ) 등의 메소드를 이용해서 필요한 타입으로 데이터를 읽어 들입니다.

ResultSet에는 next( )라는 특별한 메소드가 존재합니다. ResultSet은 데이터를 순차적으로 읽는 방식으로 구성되기 때문에 다음 그림과 같은 구조에서 next( )를 이용해 다음 행(row)의 데이터를 읽을 수 있도록 이동하는 작업이 필요합니다.

	tno	title	dueDate	finished
1	1	Test...	2021-12-31	1
2	2	Test...	2021-12-31	1
3	3	Not Yet...	2021-12-31	0
4	4	Test...	2021-12-31	1
5	5	Test...	2021-12-31	1

ResultSet 역시 네트워크를 통해서 데이터를 읽어 들이기 때문에 작업이 끝난 후에는 반드시 close( )를 해 주어야만 데이터베이스에서도 즉각적으로 자원을 회수합니다.

· Connection Pool과 DataSource

JDBC 프로그램은 기본적으로 필요한 순간에 잠깐 데이터베이스와 네트워크로 연결하고 데이터를 보내고 받는 방식으로 구성됩니다. 이 과정에서 데이터베이스와의 연결(Connection)을 맺는 작업은 많은 시간과 자원을 쓰기 때문에 여러 번 SQL을 실행할수록 성능 저하는 피할 수 없습니다.

JDBC에서는 보통 Connection Pool(커넥션 풀)이라는 것을 이용해서 이 문제를 해결합니다.

Connection Pool은 쉽게 말해서 미리 Connection들을 생성해서 보관하고, 필요할 때마다 꺼내서 쓰는 방식입니다. Connection Pool은 데이터베이스와 연결된 Connection들을 보관하기 때문에 데이터베이스와 연결에 걸리는 시간과 자원을 절약할 수 있으므로 실제 운영되는 웹 서비스들은 Connection Pool을 기본적으로 사용합니다.

javax.sql.DataSource 인터페이스(패키지 시작이 java가 아닌 javax로 시작)는 Connection Pool을 자바에서 API 형태로 지원하는 것으로 Connection Pool을 이용하는 라이브러리들은 모두 DataSource 인터페이스를 구현하고 있으므로 이를 활용해서 JDBC 코드를 작성하게 됩니다.

Connection Pool은 대부분 이미 작성된 라이브러리들을 이용하는 경우가 많습니다. DBCP나 C3PO와 같은 라이브러리들이 있지만, 이 책에서는 HikariCP 라이브러리를 이용하도록 합니다(HikariCP는 스프링 부트에서도 기본적으로 사용할 만큼 성능이나 안정성이 검증된 라이브러리입니다).

· DAO(Data Access Object)

DAO는 데이터를 전문적으로 처리하는 객체를 의미합니다. 일반적으로 데이터베이스의 접근과 처리를 전담하는 객체를 의미하는데 DAO는 주로 VO를 단위로 처리합니다. DAO를 호출하는 객체는 DAO가 내부에서 어떤식으로 데이터를 처리하는지 알 수 없도록 구성합니다. 이 때문에 JDBC프로그램을 작성한다는 의미는 실제로는 DAO를 작성한다는 의미가 됩니다.

· VO(Value Object) 혹은 엔티티(Entity)

객체지향 프로그램에서는 데이터를 객체라는 단위로 처리합니다. 예를 들어 테이블의 한 행(row)을 자바 프로그램에서는 하나의 객체가 됩니다.

데이터베이스에서는 하나의 데이터를 엔티티(entity)라고 하는데 자바 프로그램에서는 이를 처리하기 위해서 테이블과 유사한 구조의 클래스를 만들어서 객체로 처리하는 방식을 사용합니다. 이때 만든 객체는 '값을 보관하는 용도'라는 의미에서 VO(Value Object)라고 합니다.

VO는 DTO와 유사한 모습이지만 DTO가 각 계층을 오고 가는데 사용되는 택배 상자와 비슷하다면 VO는 데이터베이스의 엔티티를 자바 객체로 표현한 것이라고 생각할 수 있습니다.

DTO는 getter/setter를 이용해서 자유롭게 데이터를 가공할 수 있는데 비해 VO는 주로 데이터 자체를 의미하기 때문에 getter만을 이용하는 경우가 대부분입니다.

2.2 프로젝트 내 JDBC 구현

JDBC 프로그램을 구현하기 위해서는 연결이 가능한 데이터베이스와 JDBC 드라이버만 있다면 구현 자체는 가능합니다만 DAO를 위한 테스트 환경이라든가 Connection Pool 등의 환경이 갖춰지면 좀 더 편하게 개발을 진행할 수 있습니다.

Lombok 라이브러리

자바를 이용해서 클래스를 작성할 때 getter/setter 등을 생성하거나 생성자 함수를 정의하는 경우가 많습니다. 개발 도구에서 자동으로 만들어 주는 메뉴들을 이용해서 코드를 생성하기도 하지만 개발자 입장에서는 상당히 번거로운 작업입니다.

Lombok을 이용하면 이러한 작업을 간단한 어노테이션을 추가하는 것만으로 끝낼 수 있습니다. Lombok을 이용해서 다음과 같은 작업을 처리할 수 있습니다.

- **getter/setter 관련**: @Getter, @Setter, @Data 등을 이용해서 자동 생성
- **toString( )**: @ToString을 이용한 toString( ) 메소드 자동 생성
- **equals( )/hashCode( )**: @EqualsAndHashCode를 이용한 자동 생성
- **생성자 자동 생성**: @AllArgsConstructor, @NoArgsConstructor 등을 이용한 생성자 자동 생성
- **빌더 생성**: @Builder를 이용한 빌더 패턴 코드 생성(예제에서 설명)

Lombok 라이브러리 추가

Lombok을 사용하기 위해서는 Lombok 라이브러리를 추가하는 설정이 추가되어야 합니다. Lombok 라이브러리는 https://projectlombok.org을 이용해서 build.gradle에 필요한 설정을 추가할 수 있습니다.

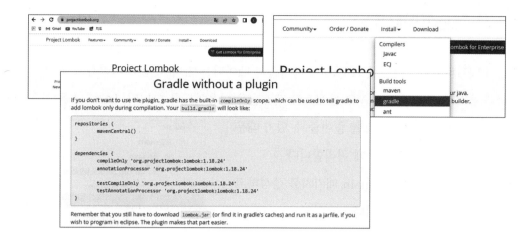

build.gradle의 dependencies 항목을 다음과 같이 수정
합니다.

```
dependencies {
    compileOnly('javax.servlet:javax.servlet-api:4.0.1')

    testImplementation("org.junit.jupiter:junit-jupiter-api:${junitVersion}")
    testRuntimeOnly("org.junit.jupiter:junit-jupiter-engine:${junitVersion}")

    implementation 'org.mariadb.jdbc:mariadb-java-client:3.0.4'

    compileOnly 'org.projectlombok:lombok:1.18.24'
    annotationProcessor 'org.projectlombok:lombok:1.18.24'

    testCompileOnly 'org.projectlombok:lombok:1.18.24'
    testAnnotationProcessor 'org.projectlombok:lombok:1.18.24'

}
```

build.gradle에서 변경된 내용은 Lombok 라이브러리를 추가한 것과 annotationProces-
sor 항목을 통해서 프로젝트를 빌드할 때 Lombok을 사용하도록 지정한 부분입니다. build.
gradle 파일을 수정한 후에는 반드시 그레이들의 코끼리 버튼(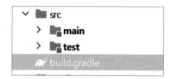)을 눌러 변경 사항을 반
영시켜주도록 합니다.

TodoVO 클래스의 작성

앞서 데이터베이스에 만든 tbl_todo 테이블의 데이터를 자바 객체로 처리하기 위해서 테이블과 유사한 구조의 TodoVO 클래스와 객체들을 이용하도록 합니다. Lombok을 이용하면 반복적으로 생성하는 코드를 줄여줄 수 있기 때문에 DTO나 VO 등을 작성할 때 편리합니다.

프로젝트 내 패키지에 domain 패키지를 생성하고 TodoVO 클래스를 추가합니다.

```java
package org.zerock.jdbcex.domain;

import lombok.Builder;
import lombok.Getter;
import lombok.ToString;

import java.time.LocalDate;

@Getter
@Builder
@ToString
public class TodoVO {

    private Long tno;

    private String title;

    private LocalDate dueDate;

    private boolean finished;

}
```

TodoVO 클래스는 데이터베이스 내에 생성한 tbl_todo 테이블의 칼럼들을 기준으로 작성합니다. VO는 주로 읽기 전용으로 사용하는 경우가 많으므로 @Getter를 추가했고, 객체 생성 시에 빌더 패턴을 이용하기 위해서 @Builder 어노테이션을 추가했습니다(빌더 패턴의 사용법은 잠시 후에 보도록 합니다). @Getter를 추가했기 때문에 나중에 getTno( ), getTitle(

) 등을 호출할 수 있고, @Builder를 이용해서 TodoVO.builder( ).build( )와 같은 형태로 객체를 생성할 수도 있습니다.

HikariCP의 설정

프로젝트에서 Connection의 생성은 Connection Pool인 HikariCP(https://github.com/brettwooldridge/HikariCP)를 이용하도록 합니다.

build.gradle 파일의 dependencies에 라이브러리를 다음과 같이 추가하고 그레이들에 변경 내용을 반영합니다.

```
dependencies {
    compileOnly('javax.servlet:javax.servlet-api:4.0.1')

    ...생략...

    implementation group: 'com.zaxxer', name: 'HikariCP', version: '5.0.0'

}
```

실습_02 Connection Pool 이용하기

HikariCP를 이용하기 위해서는 HikariConfig라는 타입의 객체를 생성해 주어야 합니다. HikariConfig는 Connection Pool을 설정하는데 있어서 필요한 정보를 가지고 있는 객체로 이를 이용해서 HikariDataSource라는 객체를 생성합니다.

HikariDataSource는 getConnection()을 제공하므로 이를 이용해서 Connection 객체를 얻어서 사용할 수 있게 됩니다(https://github.com/brettwooldridge/HikariCP#rocket-initialization).

이전에 만든 ConnectTests에서 HikariCP를 이용하는 테스트 메소드를 다음과 같이 작성합니다.

```
import com.zaxxer.hikari.HikariConfig;
import com.zaxxer.hikari.HikariDataSource;
..생략...

@Test
public void testHikariCP() throws Exception {

    HikariConfig config = new HikariConfig();
    config.setDriverClassName("org.mariadb.jdbc.Driver");
    config.setJdbcUrl("jdbc:mariadb://localhost:3306/webdb");
    config.setUsername("webuser");
    config.setPassword("webuser");
    config.addDataSourceProperty("cachePrepStmts", "true");
    config.addDataSourceProperty("prepStmtCacheSize", "250");
    config.addDataSourceProperty("prepStmtCacheSqlLimit", "2048");

    HikariDataSource ds = new HikariDataSource(config);
    Connection connection = ds.getConnection();

    System.out.println(connection);

    connection.close();

}
```

testHikariCP( )의 실행 결과는 기존과 동일하게 Connection을 얻어 내지만 HikariCP를
통해서 얻어온 것이라는 것을 출력 결과를 통해서 알 수 있습니다(@뒤의 값은 다를 수 있음).

```
HikariProxyConnection@1368862151 wrapping org.mariadb.jdbc.Connection@43b6123e
BUILD SUCCESSFUL in 2s
3 actionable tasks: 3 executed
```

데이터베이스 연결을 많이 할수록 HikariCP를 이용하는 것과 사용하지 않는 것에는 상당
한 성능의 차이가 발생합니다. 특히 데이터베이스가 원격지에 떨어져 있는 경우에는 네트워
크 연결에 더 많은 시간을 소비해야 하기 때문에 이 차이가 더 커집니다.

TodoDAO와 @Cleanup

HikariCP를 이용할 수 있게 되었다면 실제 SQL 처리를 전담하는 TodoDAO를 구성해 보

도록 합니다. TodoDAO는 이전 장에서 작성한 TodoService와 연동되어 최종적으로는 다음과 같은 형태의 구조로 사용하게 됩니다.

프로젝트의 패키지에 dao 패키지를 추가하고 TodoDAO 클래스를 다음과 같이 추가합니다.

TodoDAO에서는 필요한 작업을 수행할 때 HikariData-Source를 이용하게 되므로 이에 대한 처리를 쉽게 사용할 수 있도록 ConnectionUtil 클래스를 enum으로 구성해서 사용합니다.

```java
package org.zerock.jdbcex.dao;

import com.zaxxer.hikari.HikariConfig;
import com.zaxxer.hikari.HikariDataSource;

import java.sql.Connection;

public enum ConnectionUtil {

    INSTANCE;

    private HikariDataSource ds;

    ConnectionUtil() {
        HikariConfig config = new HikariConfig();
        config.setDriverClassName("org.mariadb.jdbc.Driver");
        config.setJdbcUrl("jdbc:mariadb://localhost:3306/webdb");
        config.setUsername("webuser");
        config.setPassword("webuser");
        config.addDataSourceProperty("cachePrepStmts", "true");
        config.addDataSourceProperty("prepStmtCacheSize", "250");
        config.addDataSourceProperty("prepStmtCacheSqlLimit", "2048");

        ds = new HikariDataSource(config);
    }
```

```
    public Connection getConnection()throws Exception {
        return ds.getConnection();
    }

}
```

ConnectionUtil은 하나의 객체를 만들어서 사용하는 방식으로 구성하는 데 HikariConfig
를 이용해서 하나의 HikariDataSource를 구성합니다. 구성된 HikariDataSource는 get-
Connection( )을 통해서 사용하게 되는데 외부에서는 ConnectionUtil.INSTANCE.get-
Connection( )을 통해서 Connection을 얻을 수 있도록 구성된 코드입니다.
　TodoDAO에 ConnectionUtil을 사용하는 코드를 다음과 같이 추가합니다.

```
package org.zerock.jdbcex.dao;

import java.sql.Connection;
import java.sql.PreparedStatement;
import java.sql.ResultSet;

public class TodoDAO {


    public String getTime(){

        String now = null;

        try(Connection connection = ConnectionUtil.INSTANCE.getConnection();
            PreparedStatement preparedStatement = connection.
                                            prepareStatement("select now()");
            ResultSet resultSet = preparedStatement.executeQuery();
            ) {

            resultSet.next();

            now = resultSet.getString(1);
        }catch(Exception e){
            e.printStackTrace();
        }
        return now;
    }

}
```

getTime( )은 try -with -resources 기능을 이용해서 try ( ) 내에 선언된 변수들이 자동으로 close( ) 될 수 있는 구조로 작성 되었습니다(try( ) 내에 선언된 변수들은 모두 Auto-Closeable이라는 인터페이스를 구현한 타입들이어야만 합니다).

DAO를 작성하면 항상 테스트 코드를 이용해서 동작에 문제가 없는지를 확인하는 것이 좋습니다. 프로젝트 생성 시에 만들어져 있는 test 폴더를 이용해서 TodoDAO-Tests 클래스를 추가합니다.

```java
package org.zerock.dao;

import org.junit.jupiter.api.BeforeEach;
import org.junit.jupiter.api.Test;
import org.zerock.jdbcex.dao.TodoDAO;

public class TodoDAOTests {

    private TodoDAO todoDAO;

    @BeforeEach
    public void ready(){
        todoDAO = new TodoDAO();
    }

    @Test
    public void testTime() throws Exception{

        System.out.println(todoDAO.getTime() );

    }
}
```

TodoDAOTests는 @BeforeEach를 이용하는 ready( )를 통해서 모든 테스트 전에 To-doDAO 타입의 객체를 생성하도록 하고, testTime( )을 이용해서 TodoDAO에 작성한 get-Time( )이 정상 동작하는지를 확인하도록 합니다.

testTime( )을 실행하면 다음과 같이 현재 시간을 출력하는 것을 볼 수 있습니다.

```
SLF4J: Failed to load class "org.slf4j.impl.StaticLoggerBinder".
SLF4J: Defaulting to no-operation (NOP) logger implementation
SLF4J: See http://www.slf4j.org/codes.html#StaticLoggerBinder for further details.
2022-03-07 16:11:06
BUILD SUCCESSFUL in 1s
```

· Lombok의 @Cleanup

try-with-resource를 이용하는 방식도 나쁘지 않지만, Lombok의 @Cleanup을 이용하면 좀 더 깔끔한 코드를 생성할 수 있습니다. 가끔은 try -catch 문 안에 다시 try-catch를 해야 하는 경우가 있습니다. 중첩으로 try-catch를 이용하는 경우 가독성이 상당히 나빠지게 되는데, 이런 경우에는 @Cleanup 적용을 고려해 볼 수 있습니다.

@Cleanup이 추가된 변수는 해당 메소드가 끝날 때 close( )가 호출되는 것을 보장합니다. 앞의 getTime( )에 @Cleanup을 적용하면 다음과 같은 형태로 작성할 수 있습니다.

TodoDAO에는 @Cleanup을 적용하는 새로운 테스트 코드를 추가합니다.

```java
public String getTime2() throws Exception {

    @Cleanup Connection connection = ConnectionUtil.INSTANCE.getConnection();
    @Cleanup PreparedStatement preparedStatement = connection.
                                        prepareStatement("select now()");
    @Cleanup ResultSet resultSet = preparedStatement.executeQuery();

    resultSet.next();

    String now = resultSet.getString(1);

    return now;
}
```

코드를 보면 try-catch 부분이 모두 없어지고 메소드 선언부에 throws Exception이 붙는 점만 달라집니다. 두 방식의 코드를 비교해보면 코드의 간결함에서 차이가 나는 것을 알 수 있습니다.

```java
public String getTime(){

    String now = null;

    try(Connection connection = ConnectionUtil.INSTANCE.getConnection();
        PreparedStatement preparedStatement = connection.prepareStatement( sql: "select now()");
        ResultSet resultSet = preparedStatement.executeQuery();
    ) {

        resultSet.next();

        now = resultSet.getString( columnIndex: 1);
    }catch(Exception e){
        e.printStackTrace();
    }
    return now;
}
```

```java
public String getTime2() throws Exception {

    @Cleanup Connection connection = ConnectionUtil.INSTANCE.getConnection();
    @Cleanup PreparedStatement preparedStatement = connection.prepareStatement( sql: "select now()");
    @Cleanup ResultSet resultSet = preparedStatement.executeQuery();

    resultSet.next();

    String now = resultSet.getString( columnIndex: 1);

    return now;
}
```

@Cleanup을 이용하면 Lombok 라이브러리에 상당히 종속적인 코드를 작성하게 된다는 부담이 있기는 하지만 최소한의 코드로 close( )가 보장되는 코드를 작성할 수 있다는 장점이 있습니다.

실습_03 TodoDAO의 등록 기능 구현하기

TodoDAO의 동작에 문제가 없는 것을 확인했다면 실제로 코드를 통해서 TodoVO 객체를 데이터베이스에 추가하는 기능을 개발해 봅니다. 개발하려는 기능은 TodoDAO에 insert( )라는 메소드를 구성해서 작성합니다.

```
import lombok.Cleanup;
import org.zerock.jdbcex.domain.TodoVO;

import java.sql.Connection;
import java.sql.Date;
import java.sql.PreparedStatement;
import java.sql.ResultSet;

..생략...
public void insert(TodoVO vo) throws Exception {
    String sql = "insert into tbl_todo (title, dueDate, finished) values (?, ?,
                                                                            ?)";

    @Cleanup Connection connection = ConnectionUtil.INSTANCE.getConnection();
    @Cleanup PreparedStatement preparedStatement = connection.
                                                        prepareStatement(sql);

    preparedStatement.setString(1, vo.getTitle());
    preparedStatement.setDate(2, Date.valueOf(vo.getDueDate()));
    preparedStatement.setBoolean(3, vo.isFinished());

    preparedStatement.executeUpdate();

}
```

insert( )는 파라미터로 입력된 TodoVO 객체의 정보를 이용해서 DML(insert/update/delete)을 실행하기 때문에 executeUpdate( )를 실행하도록 구성합니다.

PreparedStatement는 '?'를 이용해서 나중에 전달할 데이터들을 지정하는데 setXXX( )를 이용해서 실제 값들을 지정합니다. 이때 인덱스 번호가 0이 아닌 1부터 시작된다는 점을 주의해야 합니다. 예제의 경우 3개의 '?'가 존재하므로 setXXX( )역시 3개를 지정해야 합니다.

setXXX( )는 다양한 타입에 맞춰서 값을 지정할 수 있는데 날짜의 경우 LocalDate 타입을 지원하지 않고 있기 때문에 java.sql.Date 타입을 이용해 변환해서 추가하도록 합니다.

TodoDAO에 작성된 insert( ) 메소드를 테스트 하기 위해서 TodoDAOTests에 테스트 코드를 다음과 같이 작성합니다.

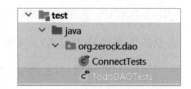

```
@Test
public void testInsert() throws Exception {
    TodoVO todoVO = TodoVO.builder()
            .title("Sample Title...")
            .dueDate(LocalDate.of(2021,12,31))
            .build();

    todoDAO.insert(todoVO);
}
```

testInsert( )는 TodoVO에 선언한 @Builder를 어떻게 사용하는지 보여줍니다. 빌더 패턴
은 생성자와 달리 필요한 만큼만 데이터를 세팅할 수 있다는 장점이 있습니다. 앞의 코드에
서도 finish 속성은 false로 기본 지정되어 있고, 변경할 필요가 없기 때문에 세팅하는 부분이
없는 것을 볼 수 있습니다.

testInsert()를 실행하고 문제가 없었다면 tbl_todo 테이블에 새로운 번호의 데이터가 추
가되었는지 확인합니다. 다음 결과 중에 일부는 finished(true)로 설정해서 테스트한 결과입
니다.

tno	title	dueDate	finished
1	Test...	2022-12-31	1
2	Test...	2022-12-31	1
3	Not Yet...	2022-12-31	0
4	Test...	2022-12-31	1
5	Test...	2022-12-31	1
6	Sample Title...	2021-12-31	0

실습_04 TodoDAO의 목록 기능 구현하기

TodoDAO를 이용해서 tbl_todo 내의 모든 데이터를 가져오는 기능을 구현해 봅니다. 테
이블의 각 행(row)은 하나의 TodoVO 객체가 될 것이고, 모든 TodoVO를 담을 수 있도록
List<TodoVO> 타입을 리턴 타입으로 지정합니다.

```
public List<TodoVO> selectAll()throws Exception  {

    String sql = "select * from tbl_todo";
```

```
@Cleanup Connection connection = ConnectionUtil.INSTANCE.getConnection();
@Cleanup PreparedStatement preparedStatement = connection.
                                               prepareStatement(sql);
@Cleanup ResultSet resultSet = preparedStatement.executeQuery();


List<TodoVO> list = new ArrayList<>();

while(resultSet.next()) {
    TodoVO vo = TodoVO.builder()
            .tno(resultSet.getLong("tno"))
            .title(resultSet.getString("title"))
            .dueDate( resultSet.getDate("dueDate").toLocalDate())
            .finished(resultSet.getBoolean("finished"))
            .build();

    list.add(vo);
}

    return list;
}
```

selectAll( )은 쿼리(select)를 실행해야 하기 때문에 PreparedStatement의 execute-Query( )를 이용해서 ResultSet을 구합니다.

ResultSet으로 각 행(row)을 이동하면서(next( )의 결과는 이동할 수 있는 행(row)이 존재하는 경우에는 true, 아닌 경우에는 false) 각 행(row)의 데이터를 TodoVO로 변환합니다.

TodoVO는 빌더 패턴을 이용해서 간편하게 TodoVO 객체를 생성할 수 있는데, tno/title 등의 속성값을 ResultSet에서 가져온 데이터로 처리합니다. ResultSet의 getXXX( )는 칼럼의 인덱스 번호를 이용하거나 칼럼의 이름을 지정해서 가져올 수 있는데 인덱스 번호를 이용하는 경우에는 반드시 1부터 시작한다는 점을 기억해야 합니다.

등록과 마찬가지로 TodoDAOTests를 이용해서 selectAll( ) 메소드를 테스트 하도록 합니다.

```
@Test
public void testList() throws Exception {

    List<TodoVO> list = todoDAO.selectAll();
```

```
    list.forEach(vo -> System.out.println(vo));

}
```

테스트 결과는 tbl_todo 테이블의 내용이 모두 출력되는지를 확인합니다.

```
TodoVO(tno=1, title=Test..., dueDate=2022-12-31, finished=true)
TodoVO(tno=2, title=Test..., dueDate=2022-12-31, finished=true)
TodoVO(tno=3, title=Not Yet..., dueDate=2022-12-31, finished=false)
TodoVO(tno=4, title=Test..., dueDate=2022-12-31, finished=true)
TodoVO(tno=5, title=Test..., dueDate=2022-12-31, finished=true)
TodoVO(tno=6, title=Sample Title..., dueDate=2021-12-31, finished=false)
BUILD SUCCESSFUL in 1s
```

실습_05 TodoDAO의 조회 기능 구현하기

selectAll( )은 tbl_todo의 모든 데이터를 TodoVO 객체로 만들어주는 기능이지만, 경우에 따라서는 특정한 번호(tno)의 데이터만 가져오는 기능도 필요합니다. 구현하는 메소드는 selectOne( )이라는 메소드로 작성하고 특정한 번호(tno)가 파라미터가 되고, TodoVO가 리턴타입으로 지정합니다. TodoDAO에 selectOne( )을 작성합니다.

```
public TodoVO selectOne(Long tno)throws Exception {

    String sql = "select * from tbl_todo where tno = ?";

    @Cleanup Connection connection = ConnectionUtil.INSTANCE.getConnection();
    @Cleanup PreparedStatement preparedStatement = connection.
                                                    prepareStatement(sql);

    preparedStatement.setLong(1, tno);

    @Cleanup ResultSet resultSet = preparedStatement.executeQuery();

    resultSet.next();
    TodoVO vo = TodoVO.builder()
            .tno(resultSet.getLong("tno"))
            .title(resultSet.getString("title"))
            .dueDate( resultSet.getDate("dueDate").toLocalDate())
```

```
            .finished(resultSet.getBoolean("finished"))
            .build();

    return vo;
}
```

selectOne( )은 selectAll( )과 마찬가지로 쿼리(select)를 실행하기 때문에 ResultSet이 필요합니다.

여러 개의 데이터가 나오는 selectAll( )과 달리 selectOne( )은 한 행(row)의 데이터만 나오기 때문에 while(resultSet.next( )) 대신에 한번만 resultSet.next( )를 실행하면 됩니다.

TodoDAOTests를 이용해서 selectOne( ) 기능의 동작을 확인합니다.

```
@Test
public void testSelectOne() throws Exception {

    Long tno = 1L; //반드시 존재하는 번호를 이용

    TodoVO vo = todoDAO.selectOne(tno);

    System.out.println(vo);
}
```

테스트할 때는 가능하면 tbl_todo 테이블에 존재하는 실제 번호를 이용해서 확인하도록 합니다. 정상적인 경우에는 다음과 같은 결과를 볼 수 있습니다.

```
TodoVO(tno=1, title=Test..., dueDate=2022-12-31, finished=true)
BUILD SUCCESSFUL in 1s
```

만일 존재하지 않는 번호의 글을 조회한다면 다음과 같이 예외가 발생합니다.

```
Current position is after the last row
java.sql.SQLDataException: Current position is after the last row
  at org.mariadb.jdbc.internal.com.read.resultset.SelectResultSet.checkObjectRange
(SelectResultSet.java:624)
```

예외 내용을 보면 쿼리(select)의 결과가 없기 때문에 ResultSet의 next( )로 이동할 수 없다는 메시지입니다.

 ## TodoDAO의 삭제/수정 기능 구현하기

삭제 기능은 조회와 비슷하지만 쿼리(select)가 아니라는 점이 조금 다릅니다. 삭제할 때도 특정한 번호(tno)가 필요하기 때문에 다음과 같은 형태로 작성합니다. TodoDAO에 delete-One( ) 메소드를 추가합니다.

```java
public void deleteOne(Long tno) throws Exception {

    String sql = "delete from tbl_todo where tno = ?";

    @Cleanup Connection connection = ConnectionUtil.INSTANCE.getConnection();
    @Cleanup PreparedStatement preparedStatement = connection.
                                                    prepareStatement(sql);

    preparedStatement.setLong(1, tno);

    preparedStatement.executeUpdate();
}
```

수정 기능은 특정한 번호(tno)를 가진 데이터의 제목(title)과 만료일(dueDate), 완료 여부(finish)를 update하도록 구성해야 합니다. TodoDAO에 updateOne( ) 메소드를 다음과 같이 작성합니다.

```java
public void updateOne(TodoVO todoVO)throws Exception{

    String sql = "update tbl_todo set title =?, dueDate = ?, finished = ? where
                                                                tno =?";

    @Cleanup Connection connection = ConnectionUtil.INSTANCE.getConnection();
    @Cleanup PreparedStatement preparedStatement = connection.
                                                    prepareStatement(sql);

    preparedStatement.setString(1, todoVO.getTitle());
```

```
    preparedStatement.setDate(2, Date.valueOf(todoVO.getDueDate()));
    preparedStatement.setBoolean(3, todoVO.isFinished());
    preparedStatement.setLong(4, todoVO.getTno());

    preparedStatement.executeUpdate();
}
```

updateOne( )은 파라미터로 모든 정보가 다 담겨있는 TodoVO를 받아서 executeUp-date( )를 실행합니다. 중요한 데이터의 처리는 PreparedStatement에 의해서 처리되는 데 'update tbl_todo ... '부분에 4개의 '?'가 있으므로 1부터 순번에 맞는 데이터를 TodoVO 객체의 getXXX( )를 통해서 지정합니다.

updateOne( )의 테스트 코드는 다음과 같이 작성할 수 있습니다.

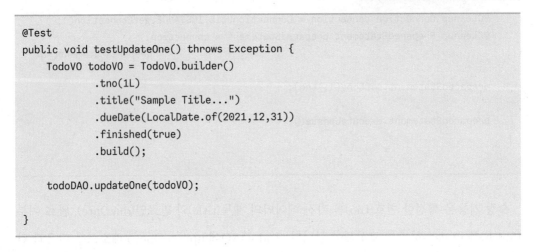

```
@Test
public void testUpdateOne() throws Exception {
    TodoVO todoVO = TodoVO.builder()
            .tno(1L)
            .title("Sample Title...")
            .dueDate(LocalDate.of(2021,12,31))
            .finished(true)
            .build();

    todoDAO.updateOne(todoVO);

}
```

1번 글이 존재했다면 testUpdateOne( ) 실행 이후에는 변경된 값을 가지게 됩니다.

tno	title	dueDate	finished
1	Sample Title...	2021-12-31	1
2	Test...	2022-12-31	1
3	Not Yet...	2022-12-31	0

가능하다면 TodoDAO의 모든 기능을 테스트해서 SQL의 잘못된 부분이 있는지 미리 확인해 두도록 합니다.

2.3 웹 MVC와 JDBC의 결합

JDBC를 이용해서 DAO를 구성한 후에는 서비스 객체와 컨트롤러 객체를 연동해서 최종적으로 실행 가능한 웹 애플리케이션을 제작해야 합니다.

이번 절에서는 이전의 학습한 내용을 결합해서 모든 기능이 동작하는 웹 애플리케이션을 완성하도록 합니다.

ModelMapper 라이브러리

TodoService와 TodoDTO는 이미 이전 예제에서 살펴본 적이 있습니다만, TodoDTO의 경우 Lombok을 이용하는 것이 더 좋기 때문에 간단하게 다시 구성하도록 합니다.

프로젝트 내에 dto 패키지를 추가하고 TodoDTO 클래스를 선언합니다.

```java
package org.zerock.jdbcex.dto;

import lombok.AllArgsConstructor;
import lombok.Builder;
import lombok.Data;
import lombok.NoArgsConstructor;


import java.time.LocalDate;

@Builder
@Data
@NoArgsConstructor
@AllArgsConstructor
public class TodoDTO {

    private Long tno;

    private String title;
```

```
    private LocalDate dueDate;

    private boolean finished;
}
```

현재 예제에서 TodoDTO 내부 구조를 보면 TodoVO와 완전히 같은 구조를 가지고 있습니다만, 적용된 어노테이션에는 조금 차이가 있습니다.

TodoDTO의 경우 @Data를 이용하고 있는데 @Data는 getter/setter/toString/equals/hashCode 등을 모두 컴파일할 때 생성해 줍니다. VO의 경우 getter만을 이용해서 읽기 전용으로 구성하는 것과 차이가 있습니다(가능하다면 VO는 주로 읽기 위주의 작업을 위해서만 사용합니다).

 개발자의 성향이나 프로젝트의 구조 혹은 여러 가지 이유로 DTO와 VO를 둘 다 만들어야만 하는가에 대한 논쟁은 존재합니다. DTO와 VO를 별도로 작성하는 경우 코드의 양이 많아지고 불편하다는 의견도 많고, DTO를 VO로 변환하거나 반대일 때도 역시 상당히 번거로워 보이기 때문입니다.
그럼에도 DTO와 VO를 구분해서 만드는 방식이 필자는 더 나은 방법이라고 생각합니다. 우선은 나중에 사용하게 될 JPA에서는 필수적이기 때문에 필요하기도 하고, 스프링에서도 DTO는 검증이나 변환에서 전혀 다른 어노테이션들이 필요합니다.

가장 번거로운 DTO ⇨ VO, VO ⇨ DTO 변환은 ModelMapper 라이브러리를 이용해서 처리합니다.

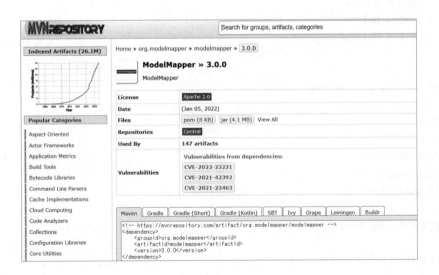

ModelMapper는 getter/setter 등을 이용해서 객체의 정보를 다른 객체로 복사하는 기능을 제공합니다. 검색을 통해서 ModelMapper 라이브러리를 찾아서 build.gradle 파일에 추가합니다.

```
dependencies {
    compileOnly('javax.servlet:javax.servlet-api:4.0.1')

    testImplementation("org.junit.jupiter:junit-jupiter-api:${junitVersion}")
    testRuntimeOnly("org.junit.jupiter:junit-jupiter-engine:${junitVersion}")

    implementation 'org.mariadb.jdbc:mariadb-java-client:3.0.4'

    compileOnly 'org.projectlombok:lombok:1.18.24'
    annotationProcessor 'org.projectlombok:lombok:1.18.24'

    testCompileOnly 'org.projectlombok:lombok:1.18.24'
    testAnnotationProcessor 'org.projectlombok:lombok:1.18.24'

    implementation group: 'com.zaxxer', name: 'HikariCP', version: '5.0.0'

    implementation group: 'org.modelmapper', name: 'modelmapper', version: '3.0.0'

}
```

현재 예제의 경우 DTO는 getter/setter를 모두 사용하지만 VO의 경우는 getter만을 사용하고 있으므로 이를 처리하기 위해 ModelMapper 설정을 변경해서 사용하도록 합니다.

ModelMapper를 이용할 때는 대상 클래스의 생성자를 이용할 수 있도록 다음과 같이 TodoVO에 생성자 관련 어노테이션들을 추가합니다.

```
package org.zerock.jdbcex.domain;

import lombok.*;

import java.time.LocalDate;

@Getter
```

```
@Builder
@ToString
@AllArgsConstructor
@NoArgsConstructor
public class TodoVO {

    private Long tno;

    private String title;

    private LocalDate dueDate;

    private boolean finished;

}
```

변경된 부분은 @AllArgsContstructor와 @NoArgsConstructior로 파라미터가 없는 생성자와 모든 필드값이 필요한 생성자를 만들어냅니다.

프로젝트에 util 패키지를 추가해서 ModelMapper의 설정을 변경하고 쉽게 사용할 수 있는 MapperUtil을 enum으로 생성합니다.

```
package org.zerock.jdbcex.util;

import org.modelmapper.ModelMapper;
import org.modelmapper.convention.MatchingStrategies;

public enum MapperUtil {
    INSTANCE;

    private ModelMapper modelMapper;

    MapperUtil() {
        this.modelMapper = new ModelMapper();
        this.modelMapper.getConfiguration()
                .setFieldMatchingEnabled(true)
                .setFieldAccessLevel(org.modelmapper.config.Configuration.
                                            AccessLevel.PRIVATE)
                .setMatchingStrategy(MatchingStrategies. STRICT);
```

```
    }

    public ModelMapper get() {
        return modelMapper;
    }
}
```

ModelMapper 설정을 변경하려면 getConfiguration( )을 이용해서 private으로 선언된 필드도 접근 가능하도록 설정을 변경하고 get( )을 이용해서 ModelMapper를 사용할 수 있도록 구성합니다.

TodoService와 ModelMapper 테스트

DTO와 VO를 둘 다 이용해야 하는 TodoService를 구성하고 ModelMapper의 동작을 확인해 보도록 합니다.

프로젝트 내에 service 패키지를 추가하고 TodoService를 enum으로 선언합니다.

TodoService는 ModelMapper와 TodoDAO를 이용할 수 있도록 구성하고, 새로운 TodoDTO를 등록하는 기능을 다음과 같이 추가합니다.

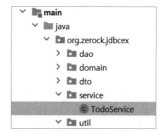

```
package org.zerock.jdbcex.service;

import org.modelmapper.ModelMapper;
import org.zerock.jdbcex.dao.TodoDAO;
import org.zerock.jdbcex.domain.TodoVO;
import org.zerock.jdbcex.dto.TodoDTO;
import org.zerock.jdbcex.util.MapperUtil;

public enum TodoService {
    INSTANCE;

    private TodoDAO dao;
    private ModelMapper modelMapper;
```

```
    TodoService() {

        dao = new TodoDAO();
        modelMapper = MapperUtil.INSTANCE.get();

    }

    public void register(TodoDTO todoDTO)throws Exception{

        TodoVO todoVO = modelMapper.map(todoDTO, TodoVO.class);

        System.out.println("todoVO: " + todoVO);

        dao.insert(todoVO); //int를 반환하므로 이를 이용해서 예외처리도 가능
    }

}
```

register( )는 TodoDTO를 파라미터로 받아서 TodoVO로 변환하는 과정이 필요합니다. 이를 확인하기 위해서 ModelMapper로 처리된 TodoVO를 System.out.println( )을 이용해서 확인하고 있습니다(이 기능은 Log4j2로 조금 뒤쪽에서 대체될 예정입니다). 마지막으로 TodoDAO를 이용해서 insert( )를 실행하고 TodoVO를 등록합니다.

· 테스트 코드를 통한 등록 확인

TodoService의 동작은 테스트 코드를 통해서 확인하도록 합니다. tset 폴더 내에 TodoServiceTests 클래스를 정의하고 테스트 코드를 작성합니다.

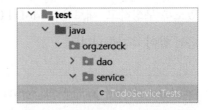

```
package org.zerock.service;

import org.junit.jupiter.api.BeforeEach;
import org.junit.jupiter.api.Test;
import org.zerock.jdbcex.dto.TodoDTO;
import org.zerock.jdbcex.service.TodoService;

import java.time.LocalDate;

public class TodoServiceTests {
```

```
    private TodoService todoService;

    @BeforeEach
    public void ready() {
        todoService = TodoService.INSTANCE;
    }

    @Test
    public void testRegister()throws Exception {

        TodoDTO todoDTO = TodoDTO.builder()
                .title("JDBC Test Title")
                .dueDate(LocalDate.now())
                .build();

        todoService.register(todoDTO);
    }
}
```

testRegister( )를 실행한 후에는 정상적으로 TodoVO의 내용이 출력되는지와 tbl_todo 테이블에 insert가 정상적으로 되었는지 확인하는 작업이 필요합니다.

```
todoVO: TodoVO(tno=null, title=JDBC Test Title, dueDate=2021-11-28,
finished=false)
SLF4J: Failed to load class "org.slf4j.impl.StaticLoggerBinder".
SLF4J: Defaulting to no-operation (NOP) logger implementation
SLF4J: See http://www.slf4j.org/codes.html#StaticLoggerBinder for further details.
BUILD SUCCESSFUL in 1s
```

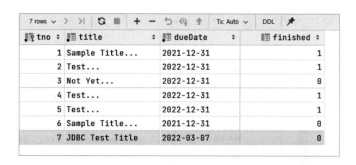

Log4j2와 @Log4j2

프로젝트를 개발하다 보면 많은 System.out.println( )을 이용하게 됩니다. 문제는 개발이 끝나고 난 후에는 대부분의 System.out.println( )은 필요없는 경우가 많아서 코드상에서 해당 부분을 모두 삭제하거나 주석 처리를 해야 하는 경우가 많습니다.

 Tip 2021년 말에 Log4j 관련 보안의 위험성에 대한 뉴스가 여러 번 보도되고, 이에 대한 피해의 우려가 컸다는 사실을 생각해보면 얼마나 많은 시스템에서 로그 관련 라이브러리가 사용되는지 짐작할 수 있습니다. 이 책의 예제에서는 해당 문제의 패치 버전인 2.17.0 이상 버전을 이용합니다.

로그(log) 기능은 이러한 문제를 해결하기 위한 기능으로 예제에서는 Log4j2를 이용할 것입니다.

Log4j2는 레벨(level)이라는 설정이 있어서 개발할 때, 필요한 레벨의 로그와 실제 운영 시에 필요한 로그를 쉽게 구분할 수 있습니다. Lombok의 경우 @Log4j2라는 어노테이션을 이용해서 간단히 소스 코드 내에 로그를 적용할 수 있습니다.

Log4j2에서 가장 핵심적인 개념은 로그의 레벨(level)과 어펜더(Appender)입니다. 어펜더(Appender)는 로그를 어떤 방식으로 기록할 것인지를 의미하는데 콘솔창에 출력할 것인지, 파일로 출력할 것인지 등을 결정합니다. System.out.println( ) 대신에는 '콘솔(console) 어펜더(Appender)'라는 것을 지정해서 사용합니다.

로그의 레벨(level)은 로그의 '중요도' 개념입니다. System.out.pritln( )으로 작성하면 모든 내용이 출력되지만 로그의 레벨을 지정하면 해당 레벨 이상의 로그들만 출력되기 때문에 개발할 때는 로그의 레벨을 많이 낮게 설정해서 개발하고 운영할 때는 중요한 로그들만 기록하게 설정합니다. 로그 레벨은 다음과 같습니다.

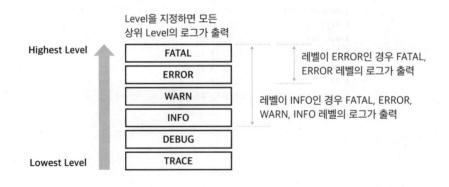

일반적으로 개발할 때는 Info 이하의 레벨을 이용해서 작성하고, 운영할 때는 Error나 Warn이상을 사용합니다.

Log4j2를 이용하기 위해서는 라이브러리를 설치하고, 설정 파일을 만들어 주어야 합니다. bulid.gradle 일부를 다음과 같이 수정합니다.

```
dependencies {
    compileOnly('javax.servlet:javax.servlet-api:4.0.1')

    ...생략

    implementation group: 'org.apache.logging.log4j', name: 'log4j-core', version:
                                                                          '2.17.2'
    implementation group: 'org.apache.logging.log4j', name: 'log4j-api', version:
                                                                          '2.17.2'
    implementation group: 'org.apache.logging.log4j', name: 'log4j-slf4j-impl',
                                                                version: '2.17.2'
}
```

log4j2.xml 설정파일

Log4j2 라이브러리의 설정은 log4j2.xml이라는 파일을 이용해서 설정합니다. 앞서 언급했던 어펜더(Appender)나 로그 레벨 설정을 하는 파일입니다. 파일을 통해서 설정하기 때문에 나중에 파일 내용만 변경하면 코드 수정 없이 바로 변경된 레벨을 활용할 수 있습니다.

프로젝트의 resources 폴더 내에 log4j2.xml이라는 파일을 생성해서 다음 내용들을 추가합니다(좀 더 자세한 설정은 https://logging.apache.org/log4j/2.x/manual/configuration.html을 참고하시기 바랍니다).

프로젝트의 resources 폴더 아래 log4j2.xml을 생성합니다.

```xml
<?xml version="1.0" encoding="UTF-8"?>
<Configuration status="WARN">
```

```
    <Appenders>
        <Console name="Console" target="SYSTEM_OUT">
            <PatternLayout pattern="%d{HH:mm:ss.SSS} [%t] %-5level %logger{36}
                                                            - %msg%n"/>

        </Console>
    </Appenders>
    <Loggers>
        <Root level="info">
            <AppenderRef ref="Console"/>
        </Root>
    </Loggers>
</Configuration>
```

@Log4j2 어노테이션

log4j2.xml의 설정이 정상으로 동작하는지 확인하기 위해 Lombok 기능을 활용해서 코드를 간단하게 수정해 봅니다.

기존의 TodoService 코드에 @Log4j2 어노테이션을 추가하고, System.out.println( ) 대신에 log.info( )와 같은 코드로 변경합니다.

```
package org.zerock.jdbcex.service;

import lombok.extern.log4j.Log4j2;
import org.modelmapper.ModelMapper;
import org.zerock.jdbcex.dao.TodoDAO;
import org.zerock.jdbcex.domain.TodoVO;
import org.zerock.jdbcex.dto.TodoDTO;
import org.zerock.jdbcex.util.MapperUtil;

@Log4j2
public enum TodoService {
    INSTANCE;

    private TodoDAO dao;
    private ModelMapper modelMapper;

    TodoService() {
        dao = new TodoDAO();
        modelMapper = MapperUtil.INSTANCE.get();
```

```
    }

    public void register(TodoDTO todoDTO)throws Exception{

        TodoVO todoVO = modelMapper.map(todoDTO, TodoVO.class);

        //System.out.println("todoVO: " + todoVO);
        log.info(todoVO);

        dao.insert(todoVO); //int를 반환하므로 이를 이용해서 예외처리도 가능
    }

}
```

TodoServiceTests를 이용해서 testRegister( )를 실행
하면 다음과 같이 변경된 로그가 출력되는 것을 볼 수 있
습니다.

```
16:48:54.030 [Test worker] INFO  org.zerock.jdbcex.service.TodoService - TodoVO(tno=null, title=JDBC Test Title, dueDate=2022-03-07, finished=false)
16:48:54.046 [Test worker] INFO  com.zaxxer.hikari.HikariDataSource - HikariPool-1 - Starting...
16:48:54.109 [Test worker] INFO  com.zaxxer.hikari.pool.HikariPool - HikariPool-1 - Added connection org.mariadb.jdbc.Connection@61533ae
16:48:54.109 [Test worker] INFO  com.zaxxer.hikari.HikariDataSource - HikariPool-1 - Start completed.
BUILD SUCCESSFUL in 1s
```

결과에서 눈여겨 봐야할 부분은 Log4j2를 적용한 후에 HikariCP의 로그 역시 다르게 출
력되고 있다는 점입니다. 이것은 HikariCP가 내부적으로 slf4j 라이브러리를 이용하고 있는
데, build.gradle의 log4j-slf4j-impl 라이브러리가 Lo4j2를 이용할 수 있도록 설정되기 때문
입니다.

· 테스트 환경에서 @Log4j2 사용하기

테스트 환경에서 @Log4j2 기능을 활용하기 위해서는 테스트 환경에서도 어노테이션을 처
리하는 testAnnotationProcessor와 testCompileOnly 설정을 추가해 주어야 합니다. build.
gradle 파일 내 설정이 존재하는지 확인합니다.

```
dependencies {
    compileOnly('javax.servlet:javax.servlet-api:4.0.1')

    ...
```

```
    testCompileOnly group: 'org.projectlombok', name: 'lombok', version: '1.18.24'
    testAnnotationProcessor group: 'org.projectlombok', name: 'lombok', version:
'1.18.24'
}
```

설정을 반영하고 테스트 코드를 다음과 같이 @Log4j2를 이용하도록 수정합니다.

```
package org.zerock.service;

import lombok.extern.log4j.Log4j2;
import org.junit.jupiter.api.BeforeEach;
import org.junit.jupiter.api.Test;
import org.zerock.jdbcex.dto.TodoDTO;
import org.zerock.jdbcex.service.TodoService;

import java.time.LocalDate;

@Log4j2
public class TodoServiceTests {

    private TodoService todoService;

    @BeforeEach
    public void ready() {
        todoService = TodoService.INSTANCE;
    }

    @Test
    public void testRegister()throws Exception {

        TodoDTO todoDTO = TodoDTO.builder()
                .title("JDBC Test Title")
                .dueDate(LocalDate.now())
                .build();

        log.info("--------------------------------"); //테스트 코드의 Log4j2설정 확인
        log.info(todoDTO);

        todoService.register(todoDTO);
    }

}
```

변경된 코드는 @Log4j2를 이용하도록 수정하고, log.info( )를 이용해서 로그를 출력합니다. testRegister( )를 실행하면 다음과 같이 테스트 코드에서 기록된 로그와 TodoService에서 실행되는 결과를 확인할 수 있습니다.

```
17:25:34.205 [Test worker] INFO  org.zerock.service.TodoServiceTests - -----------------------------------
17:25:34.205 [Test worker] INFO  org.zerock.service.TodoServiceTests - TodoDTO(tno=null, title=JDBC Test Title, dueDate=2022-03-07, finished=false)
17:25:34.220 [Test worker] INFO  org.zerock.jdbcex.service.TodoService - TodoVO(tno=null, title=JDBC Test Title, dueDate=2022-03-07, finished=false)
17:25:34.252 [Test worker] INFO  com.zaxxer.hikari.HikariDataSource - HikariPool-1 - Starting...
17:25:34.314 [Test worker] INFO  com.zaxxer.hikari.pool.HikariPool - HikariPool-1 - Added connection org.mariadb.jdbc.Connection@66434cc8
17:25:34.314 [Test worker] INFO  com.zaxxer.hikari.HikariDataSource - HikariPool-1 - Start completed.
```

컨트롤러와 서비스 객체의 연동

TodoService와 TodoDAO의 연동을 확인했다면 마지막으로는 서블릿으로 작성되는 컨트롤러와 TodoService를 연동하는 작업을 처리해 봅니다.

 Tip 예제에서는 아직 한글 처리를 하지 않은 상태로 구현되므로 작성하거나 수정하는 모든 문자는 영어를 기준으로 작성하도록 합니다. 한글 처리는 다음 장에서 필터(Filter)라는 방식을 이용해서 처리하도록 합니다.

이전 예제를 다시 생각해 보면 TodoRegisterController와 같이 여러 개의 컨트롤러가 존재하게 됩니다. 여러 개의 컨트롤러는 모두 하나의 TodoService를 통해서 자신이 원하는 기능을 전달하고 처리하는 구조로 이루어집니다.

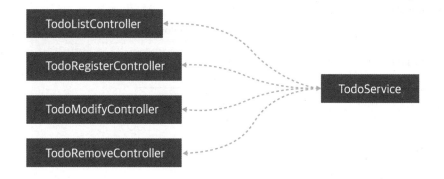

앞의 구조를 실습하기 위해서 프로젝트 내에 con-
troller 패키지를 생성합니다.

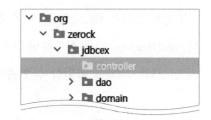

구현해야 하는 컨트롤러들을 다시 살펴보면 다음과 같습니다.

기능	동작 방식	컨트롤러	JSP
목록	GET	TodoListController	WEB-INF/todo/list.jsp
등록(입력)	GET	TodoRegisterController	WEB-INF/todo/register.jsp
등록(처리)	POST	TodoRegisterController	Redirect
조회	GET	TodoReadController	WEB-INF/todo/read.jsp
수정(입력)	GET	TodoModifyController	WEB-INF/todo/modify.jsp
수정(처리)	POST	TodoModifyController	Redirect
삭제(처리)	POST	TodoRemoveController	Redirect

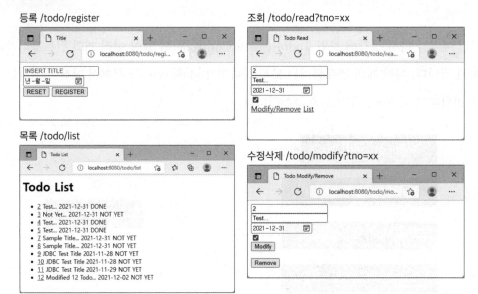

프로젝트의 실행 경로는 '/'를 이용하도록 수정하고 두 번째 탭 [Deployment]에도 explod-
ed로 변경합니다.

변경된 파일의 빠른 재실행을 위한 설정을 추가합니다.

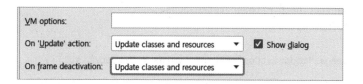

build.gradle에는 JSTL 라이브러리를 다음과 같이 추가합니다.

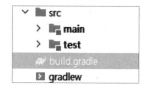

```
dependencies {
    compileOnly('javax.servlet:javax.servlet-api:4.0.1')

    ...생략...

    implementation group: 'jstl', name: 'jstl', version: '1.2'
}
```

실습_01 목록 기능 구현

목록 기능은 controller 패키지를 추가하고 TodoList-
Controller를 추가해서 처리합니다. GET 방식의 처리이
므로 doGet( )을 오버라이드해서 처리합니다.

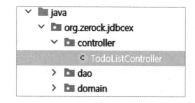

TodoListController는 @Log4j2를 이용해서 로그를 기록할 수 있고, TodoService 객체를 이용하도록 멤버변수로 TodoService를 선언합니다.

```java
package org.zerock.jdbcex.controller;

import lombok.extern.log4j.Log4j2;
import org.zerock.jdbcex.service.TodoService;

import javax.servlet.ServletException;
import javax.servlet.annotation.WebServlet;
import javax.servlet.http.HttpServlet;
import javax.servlet.http.HttpServletRequest;
import javax.servlet.http.HttpServletResponse;
import java.io.IOException;

@WebServlet(name = "todoListController", value = "/todo/list")
@Log4j2
public class TodoListController extends HttpServlet {

    private TodoService todoService = TodoService.INSTANCE;


    @Override
    protected void doGet(HttpServletRequest req, HttpServletResponse resp) throws
                                                ServletException, IOException {

        log.info("todo list.................");


    }
}
```

프로젝트를 실행하고 '/todo/list'를 실행했을 때 화면에는 아무런 내용이 나오지 않더라도 서버에서 정상적으로 log.info( )가 동작하는지 확인합니다.

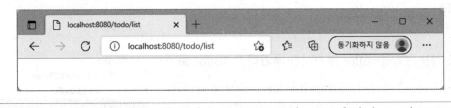

22:35:53.165 [http-nio-8080-exec-7] INFO org.zerock.jdbcex.controller.TodoListController - todo list.................

• TodoService의 목록 기능 구현

실제 개발은 DAO ⇨ Service ⇨ Controller의 순서대로 진행하는 것이 일반적입니다. TodoDAO의 개발은 이미 완료되었으므로 TodoService에 listAll( ) 기능을 추가해서 구현합니다.

```
package org.zerock.jdbcex.service;

import lombok.extern.log4j.Log4j2;
import org.modelmapper.ModelMapper;
import org.zerock.jdbcex.dao.TodoDAO;
import org.zerock.jdbcex.domain.TodoVO;
import org.zerock.jdbcex.dto.TodoDTO;
import org.zerock.jdbcex.util.MapperUtil;

import java.util.List;
import java.util.stream.Collectors;

@Log4j2
public enum TodoService {
    INSTANCE;

    private TodoDAO dao;
    private ModelMapper modelMapper;

    TodoService() {
        dao = new TodoDAO();
        modelMapper = MapperUtil.INSTANCE.get();
    }

    public void register(TodoDTO todoDTO)throws Exception{

        TodoVO todoVO = modelMapper.map(todoDTO, TodoVO.class);

        //System.out.println("todoVO: " + todoVO);
        log.info(todoVO);

        dao.insert(todoVO); //int 를 반환하므로 이를 이용해서 예외처리도 가능
    }
    public List<TodoDTO> listAll()throws Exception {

        List<TodoVO> voList = dao.selectAll();

        log.info("voList................");
```

```
        log.info(voList);

        List<TodoDTO> dtoList = voList.stream()
                .map(vo -> modelMapper.map(vo,TodoDTO.class))
                .collect(Collectors.toList());

        return dtoList;
    }

}
```

listAll( )은 TodoDAO에서 가져온 TodoVO의 목록을 모두 TodoDTO로 변환해서 반환
해야 합니다. 이때 ModelMapper와 Java Stream의 map( )을 이용하면 앞에서와 같이 간단
한 코드로 처리할 수 있습니다.

· **TodoListController 수정**

TodoListController에서는 HttpServletRequest의 setAttribute( )를 이용해서 TodoS-
ervice 객체가 반환하는 데이터를 저장하고 RequestDispatcher를 이용해서 JSP로 전달합
니다.

```
package org.zerock.jdbcex.controller;

import lombok.extern.log4j.Log4j2;
import org.zerock.jdbcex.dto.TodoDTO;
import org.zerock.jdbcex.service.TodoService;

import javax.servlet.ServletException;
import javax.servlet.annotation.WebServlet;
import javax.servlet.http.HttpServlet;
import javax.servlet.http.HttpServletRequest;
import javax.servlet.http.HttpServletResponse;
import java.io.IOException;
import java.util.List;

@WebServlet(name = "todoListController", value = "/todo/list")
@Log4j2
public class TodoListController extends HttpServlet {

    private TodoService todoService = TodoService.INSTANCE;
```

```java
@Override
protected void doGet(HttpServletRequest req, HttpServletResponse resp) throws
                                            ServletException, IOException {

    log.info("todo list.................");

    try {
        List<TodoDTO> dtoList = todoService.listAll();
        req.setAttribute("dtoList", dtoList);
        req.getRequestDispatcher("/WEB-INF/todo/list.jsp").forward(req,resp);
    } catch (Exception e) {
        log.error(e.getMessage());
        throw new ServletException("list error");
    }
}
}
```

프로젝트의 WEB-INF 폴더에 todo 디렉토리를 생성하고 list.jsp 파일을 다음과 같이 작성합니다.

```jsp
<%@ page contentType="text/html;charset=UTF-8" language="java" %>
<%@ taglib uri="http://java.sun.com/jsp/jstl/core" prefix="c" %>

<html>
<head>
    <title>Todo List</title>
</head>
<body>
<h1>Todo List</h1>

<ul>
    <c:forEach items="${dtoList}" var="dto">
        <li>${dto}</li>
    </c:forEach>
</ul>

</body>
</html>
```

톰캣을 실행하거나 'Deploy All' 후 '/todo/list'를 호출하면 다음과 같이 TodoDTO의 목록을 확인할 수 있습니다.

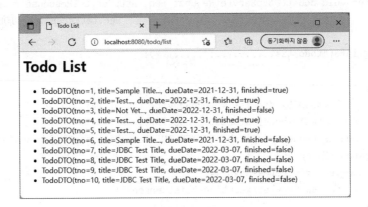

등록 기능 구현

Todo의 등록 기능은 GET 방식으로 등록 화면을 보고 <form> 태그 내에 입력 항목들을 채운 후에 POST 방식으로 처리합니다. 처리 후에는 목록화면으로 redirect하는 PRG(post-redirect-get) 패턴 방식입니다.

• TodoService의 등록 기능 구현

TodoService의 등록은 register( ) 메소드를 추가해서 다음과 같은 형태입니다.

```java
public void register(TodoDTO todoDTO)throws Exception{

    TodoVO todoVO = modelMapper.map(todoDTO, TodoVO.class);

    log.info(todoVO);
    dao.insert(todoVO);
}
```

reigster( )는 파라미터로 TodoDTO를 받아서 TodoVO로 변환하고, 이를 저장합니다.

• TodoRegisterController의 구현

TodoRegisterController는 controller 패키지에 HttpServlet을 상속받도록 선언하고, GET/POST 를 모두 사용하므로 doGet( ), doPost( )를 다음과 같이 구현합니다.

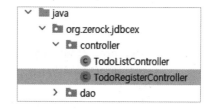

```java
package org.zerock.jdbcex.controller;

import lombok.extern.log4j.Log4j2;
import org.zerock.jdbcex.dto.TodoDTO;
import org.zerock.jdbcex.service.TodoService;

import javax.servlet.ServletException;
import javax.servlet.annotation.WebServlet;
import javax.servlet.http.HttpServlet;
import javax.servlet.http.HttpServletRequest;
import javax.servlet.http.HttpServletResponse;
import java.io.IOException;
import java.time.LocalDate;
import java.time.format.DateTimeFormatter;

@WebServlet(name = "todoRegisterController", value = "/todo/register")
@Log4j2
public class TodoRegisterController extends HttpServlet {

    private TodoService todoService = TodoService.INSTANCE;
    private final DateTimeFormatter DATEFORMATTER = DateTimeFormatter.
                                            ofPattern("yyyy-MM-dd");

    @Override
    protected void doGet(HttpServletRequest req, HttpServletResponse resp) throws
                                            ServletException, IOException {

        log.info("/todo/register GET .......");
        req.getRequestDispatcher("/WEB-INF/todo/register.jsp").forward(req,resp);

    }

    @Override
    protected void doPost(HttpServletRequest req, HttpServletResponse resp) throws
                                            ServletException, IOException {

        TodoDTO todoDTO = TodoDTO.builder()
```

```
                .title(req.getParameter("title"))
                .dueDate(LocalDate.parse(req.getParameter("dueDate"),DATEFORMATTER ))
                .build();

        log.info("/todo/register POST...");
        log.info(todoDTO);
        try {
            todoService.register(todoDTO);
        } catch (Exception e) {
            e.printStackTrace();
        }
        resp.sendRedirect("/todo/list");

    }
}
```

TodoRegisterController는 GET 방식으로 호출되는 경우에 '/WEB-INF/todo/register.jsp' 파일을 통해서 입력 화면을 보여줍니다.

```
<%@ page contentType="text/html;charset=UTF-8" language="java" %>
<html>
<head>
    <title>Title</title>
</head>
<body>
<form action="/todo/register" method="post">
    <div>
        <input type="text" name="title" placeholder="INSERT TITLE">
    </div>
    <div>
        <input type="date" name="dueDate">
    </div>
    <div>
        <button type="reset">RESET</button>
        <button type="submit">REGISTER</button>
    </div>
</form>
</body>
</html>
```

register.jsp에서는 \<form\> 태그 내에 title과 dueDate를 POST 방식으로 전송하도록 구성합니다. 만들어진 화면은 브라우저를 통해 다음과 같은 모습으로 보여집니다.

TodoRegisterController의 doPost( )에는 HttpServletRequest의 getParameter( )로 title/dueDate를 이용해서 TodoDTO를 구성하고 최종적으로는 TodoService의 register( )를 호출합니다.

정상적으로 등록된 후에는 GET 방식으로 바로 리다이렉트('/todo/list')하기 때문에 등록하자마자 바로 목록 화면으로 이동하게 됩니다.

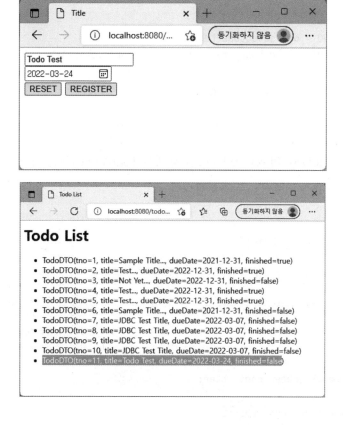

조회 기능 구현

조회 기능은 GET 방식으로 동작하고 '/todo/read?tno=12'와 같은 형태로 tno라는 파라
미터를 쿼리 스트링으로 번호를 전달하는 방식입니다(이때 번호는 데이터베이스 내에 존재
하는 tno 값 중에 하나여야 합니다). TodoService에서는 TodoDTO를 반환하고 이를 컨트롤
러에서 HttpServletRequest에 담아서 JSP에서 출력하게 됩니다.

• TodoService의 조회 기능 구현

TodoService에는 get( )이라는 메소드를 추가해서 구현합
니다.

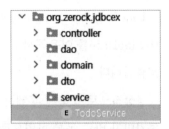

```java
public TodoDTO get(Long tno)throws Exception {

    log.info("tno: " + tno);
    TodoVO todoVO = dao.selectOne(tno);
    TodoDTO todoDTO = modelMapper.map(todoVO, TodoDTO.class);
    return todoDTO;
}
```

get( )에서는 TodoDAO의 selectOne( )을 통해서 TodoVO 객체를 가져오고, ModelMap-
per를 이용해서 이를 TodoDTO로 변환합니다.

• TodoReadController의 구현

TodoReadController는 doGet( )을 이용하고, '/
WEB-INF/todo/read.jsp'로 TodoDTO를 전달하도
록 구성합니다.

```java
package org.zerock.jdbcex.controller;

import lombok.extern.log4j.Log4j2;
import org.zerock.jdbcex.dto.TodoDTO;
```

```java
import org.zerock.jdbcex.service.TodoService;

import javax.servlet.ServletException;
import javax.servlet.annotation.WebServlet;
import javax.servlet.http.HttpServlet;
import javax.servlet.http.HttpServletRequest;
import javax.servlet.http.HttpServletResponse;
import java.io.IOException;

@WebServlet(name = "todoReadController", value = "/todo/read")
@Log4j2
public class TodoReadController extends HttpServlet {

    private TodoService todoService = TodoService.INSTANCE;

    @Override
    protected void doGet(HttpServletRequest req, HttpServletResponse resp) throws
                                        ServletException, IOException {

        try {
            Long tno = Long.parseLong(req.getParameter("tno"));

            TodoDTO todoDTO = todoService.get(tno);

            //데이터 담기
            req.setAttribute("dto", todoDTO);

            req.getRequestDispatcher("/WEB-INF/todo/read.jsp").forward(req, resp);

        }catch(Exception e){
            log.error(e.getMessage());
            throw new ServletException("read error");
        }
    }
}
```

    doGet( )에는 'dto'라는 이름으로 TodoDTO를 담아주고,
read.jsp는 EL을 이용해서 출력합니다.

```
<%@ page contentType="text/html;charset=UTF-8" language="java" %>
<html>
<head>
    <title>Todo Read</title>
</head>
<body>
    <div>
        <input type="text" name="tno" value="${dto.tno}" readonly>
    </div>
    <div>
        <input type="text" name="title" value="${dto.title}" readonly>
    </div>
    <div>
        <input type="date" name="dueDate" value="${dto.dueDate}">
    </div>
    <div>
        <input type="checkbox" name="finished" ${dto.finished ? "checked": ""}
                                                                    readonly >
    </div>
    <div>
        <a href="/todo/modify?tno=${dto.tno}">Modify/Remove</a>
        <a href="/todo/list">List</a>
    </div>
</body>
</html>
```

read.jsp는 등록과 비슷하지만 tno를 보여주거나 <form> 태그 대신에 아래쪽에 링크를 통해서 수정/삭제 기능으로 이동하는 점이 다릅니다.

프로젝트를 실행하고 브라우저를 통해서 '/todo/read?tno=12'와 같이 존재하는 번호를 지정하면 다음과 같은 결과를 볼 수 있습니다(존재하지 않는 번호에 대한 오류 처리는 조금 뒤쪽에서 다루도록 합니다).

· 목록에서 조회 링크 처리

조회 기능이 정상적으로 동작하는지 확인되었다면 목록 페이지에서 각 게시물에 링크를 추가해 줄 필요가 있습니다.

list.jsp의 각 Todo에 대해서 다음과 같이 링크를 처리합니다.

```
<%@ page contentType="text/html;charset=UTF-8" language="java" %>
<%@ taglib uri="http://java.sun.com/jsp/jstl/core" prefix="c" %>

<html>
<head>
    <title>Todo List</title>
</head>
<body>
<h1>Todo List</h1>

<ul>
    <c:forEach items="${dtoList}" var="dto">
        <li>
            <span><a href="/todo/read?tno=${dto.tno}">${dto.tno}</a></span>
            <span>${dto.title}</span>
            <span>${dto.dueDate}</span>
            <span>${dto.finished? "DONE": "NOT YET"}</span>
        </li>
    </c:forEach>
</ul>

</body>
</html>
```

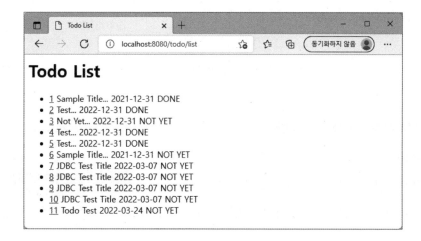

수정/삭제 기능 구현

수정과 삭제는 특이하게도 하나의 화면에서 다른 동작을 선택해서 이루어집니다. 수정과 삭제 모두 POST 방식으로 처리되므로 화면에 두 개의 <form> 태그를 작성해서 처리하거나 자바스크립트를 이용해서 하나의 <form> 태그의 action 속성을 변경해서 처리할 수 있습니다.

• TodoService의 수정/삭제 기능 구현

TodoService에서는 remove( )와 modify( ) 메소드를 추가해서 기능들을 구현합니다. remove( )의 경우에는 번호(tno)만을 이용할 수 있고, modify( )의 경우에는 TodoDTO 타입을 파라미터로 이용합니다.

```java
public void remove(Long tno)throws Exception {

    log.info("tno: " + tno);
    dao.deleteOne(tno);
}

public void modify(TodoDTO todoDTO)throws Exception {

    log.info("todoDTO: " + todoDTO );

    TodoVO todoVO = modelMapper.map(todoDTO, TodoVO.class);

    dao.updateOne(todoVO);

}
```

• TodoModifyController의 구현

TodoModifyController는 GET 방식으로 tno 파라미터를 이용해서 수정/삭제가 가능한 화면에 내용들을 보여주고, POST 방식으로 수정 작업을 처리할 수 있도

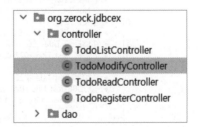

록 구성합니다.

GET 방식으로 특정 TodoDTO를 보는 기능은 조회 기능과 동일합니다.

```java
package org.zerock.jdbcex.controller;

import lombok.extern.log4j.Log4j2;
import org.zerock.jdbcex.dto.TodoDTO;
import org.zerock.jdbcex.service.TodoService;

import javax.servlet.ServletException;
import javax.servlet.annotation.WebServlet;
import javax.servlet.http.HttpServlet;
import javax.servlet.http.HttpServletRequest;
import javax.servlet.http.HttpServletResponse;
import java.io.IOException;
import java.time.LocalDate;
import java.time.format.DateTimeFormatter;

@WebServlet(name = "todoModifyController", value = "/todo/modify")
@Log4j2
public class TodoModifyController  extends HttpServlet {

    private TodoService todoService = TodoService.INSTANCE;
    private final DateTimeFormatter DATEFORMATTER = DateTimeFormatter.
                                              ofPattern("yyyy-MM-dd");


    @Override
    protected void doGet(HttpServletRequest req, HttpServletResponse resp) throws
                                              ServletException, IOException {
        try {
            Long tno = Long.parseLong(req.getParameter("tno"));
            TodoDTO todoDTO = todoService.get(tno);
            //데이터 담기
            req.setAttribute("dto", todoDTO);
            req.getRequestDispatcher("/WEB-INF/todo/modify.jsp").forward(req,
                                                                resp);

        }catch(Exception e){
            log.error(e.getMessage());
            throw new ServletException("modify get... error");
        }
    }
}
```

수정 작업은 '/WEB-INF/todo/modify.jsp'에서 이루
어집니다.

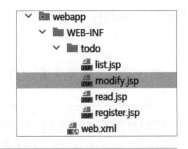

```jsp
<%@ page contentType="text/html;charset=UTF-8" language="java" %>
<html>
<head>
    <title>Todo Modify/Remove </title>
</head>
<body>

<form id="form1" action="/todo/modify" method="post">
    <div>
        <input type="text" name="tno" value="${dto.tno}" readonly>
    </div>
    <div>
        <input type="text" name="title" value="${dto.title}" >
    </div>
    <div>
        <input type="date" name="dueDate" value="${dto.dueDate}">
    </div>
    <div>
        <input type="checkbox" name="finished" ${dto.finished ? "checked": ""} >
    </div>

    <div>
        <button type="submit">Modify</button>
    </div>
</form>

<form id="form2" action="/todo/remove" method="post">
    <input type="hidden" name="tno" value="${dto.tno}" readonly>
    <div>
        <button type="submit">Remove</button>
    </div>
</form>


</body>
</html>
```

modify.jsp에는 2개의 <form> 태그를 이용해서 수정/삭제 작업을 분리합니다. 삭제의 경우에는 tno 값이 보이지 않도록 <input type='hidden'>으로 처리합니다.

수정 작업의 경우 TodoModifyController에서 POST 방식으로 동작하는 doPost()를 이용해서 처리합니다.

```java
@Override
protected void doPost(HttpServletRequest req, HttpServletResponse resp) throws
                                                ServletException, IOException {

    String finishedStr = req.getParameter("finished");

    TodoDTO todoDTO = TodoDTO.builder()
            .tno(Long.parseLong(req.getParameter("tno")))
            .title(req.getParameter("title"))
            .dueDate(LocalDate.parse(req.getParameter("dueDate"),DATEFORMATTER ))
            .finished( finishedStr !=null && finishedStr.equals("on")  )
            .build();

    log.info("/todo/modify POST...");
    log.info(todoDTO);
    try {
        todoService.modify(todoDTO);
    } catch (Exception e) {
        e.printStackTrace();
    }
    resp.sendRedirect("/todo/list");

}
```

doPost( )의 내용은 <form> 태그에서 전송된 title, finished 등을 이용해서 TodoDTO를 구성하는 것입니다. 이때 주의해야 하는 항목이 boolean 타입으로 처리된 finished입니다.

만들어진 TodoDTO는 TodoService 객체로 전달되고, 목록 화면으로 다시 이동하면서 수정된 결과를 볼 수 있습니다. 다음 그림들은 수정하기 전의 GET 방식 화면(왼쪽)과 수정한 내용(오른쪽)을 통해서 다시 목록 화면으로 이동하는 것을 보여줍니다.

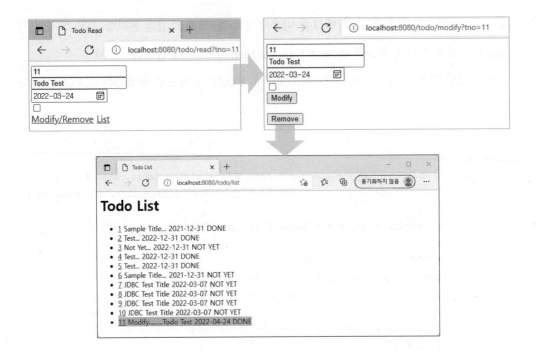

· TodoRemoveController의 구현

마지막으로 삭제 작업은 TodoRemoveController를
구성하고 POST 방식에 대한 처리를 작성합니다.

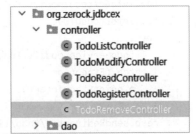

```java
package org.zerock.jdbcex.controller;

import lombok.extern.log4j.Log4j2;
import org.zerock.jdbcex.service.TodoService;

import javax.servlet.ServletException;
import javax.servlet.annotation.WebServlet;
import javax.servlet.http.HttpServlet;
import javax.servlet.http.HttpServletRequest;
import javax.servlet.http.HttpServletResponse;
import java.io.IOException;

@WebServlet(name = "todoRemoveController", value = "/todo/remove")
@Log4j2
public class TodoRemoveController extends HttpServlet {

    private TodoService todoService = TodoService.INSTANCE;
```

```
@Override
protected void doPost(HttpServletRequest req, HttpServletResponse resp) throws
                                        ServletException, IOException {

    Long tno = Long.parseLong(req.getParameter("tno"));
    log.info("tno: " + tno);

    try{
        todoService.remove(tno);
    }catch(Exception e){
        log.error(e.getMessage());
        throw new ServletException("read error");
    }
    resp.sendRedirect("/todo/list");

    }
}
```

doPost( )에서는 특정한 번호를 이용해서 삭제하고 HttpServletResponse의 sendRedirect( )를 이용해서 '/todo/list'로 이동하도록 처리합니다.

브라우저에서 특정 번호(그림에서는 6번)를 선택하고 [Remove]를 누르면 해당 데이터가 삭제된 목록을 볼 수 있게 됩니다.

코드의 개선 사항들

웹 MVC 구조를 이용하면 좀 더 확실하게 책임과 역할을 구분해서 작업을 진행할 수 있는 장점도 존재하지만 여러 개의 코드를 만들어야 하는 단점도 분명 존재합니다.

작성했던 코드들을 보면 다음과 같은 사항들은 좀 더 개선할 필요가 있습니다.

- **여러 개의 컨트롤러를 작성하는 번거로움 -** TodoDAO나 TodoService와 달리 HttpServlet을 상속하는 여러 개의 컨트롤러를 작성해야 하는 불편함

- **동일한 로직의 반복적인 사용 -** 게시물의 조회나 수정 작업은 둘다 GET 방식으로 동작하지만, 결과를 보여주는 JSP만 다른 형태인 상황. 결국 동일한 코드를 여러 번 작성하는 번거로움이 발생

- **예외 처리의 부재 -** 예외가 발생하면 어떤 식으로 처리해야 하는 지에 대한 설계가 없었기 때문에 비정상적인 호출이 발생했을 경우 대비가 안 되는 문제

- **반복적인 메소드 호출 -** HttpServletRequest나 HttpServletResponse를 이용해서 TodoDTO를 구성하는 작업 등이 동일한 코드들로 작성되어서 이에 대한 개선이 필요하고 Long.parseLong( ) 과 같은 코드들도 많이 반복되는 문제

이 외에도 자세히 살펴보면 자바의 객체지향 기법들을 이용해서 좀 더 간결하게 코드를 만들 수 있는 많은 방법들이 존재한다는 것을 알 수 있습니다.

웹 MVC에 대한 이러한 고민의 결과는 나중에 프레임워크의 형태로 이어지게 되는데 조금 뒤쪽에서 배우는 스프링 프레임워크가 이러한 문제를 어떤식으로 해결하는지 좋은 예가 될 것입니다.

세션/쿠키/
필터/리스너

웹 MVC의 기본 흐름은 컨트롤러와 뷰(view)로 구성되지만 이 사이에는 많은
종류의 객체들도 같이 동작하게 됩니다. 이 장에서는 서블릿 API에서 보조적
이긴 하지만 알아야 하는 필수적인 개념들을 보충해서 학습하도록 합니다.

세션과 필터

웹은 기본적으로 과거의 상태를 유지하지 않는 무상태(stateless) 연결입니다. 요청(Request)과 응답 (Response)을 하나의 단위로 처리하면서 기존 사용자에 대한 정보는 기억하지 않습니다.

무상태라는 특징으로 인해 기존의 방문자를 기억하기 위해서는 특별한 메커니즘을 사용하게 되는데 세션 (HttpSession)이나 쿠키(Cookie)라는 존재를 이용하기도 하고, 특정한 문자(토큰)을 이용하기도 합니다. 로그인 유지를 위한 모든 기능을 웹에서는 세션 트랙킹(session tracking)이라고 합니다.

무상태에서 과거를 기억하는 법

HTTP는 기본적으로 무상태(stateless)이므로 과거의 요청 기록을 알 수 없습니다. HTTP 가 무상태를 선택한 가장 큰 이유는 역시 적은 자원으로 여러 개의 요청(Request)을 처리할 수 있다는 장점이 있기 때문이지만, 덕분에 과거의 방문 기록을 추적하는 기법이 필요하게 됩니다. 이러한 기법들을 세션 트랙킹(session tracking)이라고 합니다.

HTTP에서 세션 트랙킹은 '쿠키(Cookie)'라는 존재를 이용합니다. '쿠키'는 문자열로 만들 어진 데이터의 조각으로 서버와 브라우저 사이에서 요청(Request)이나 응답(Response) 시 에 주고받는 형태로 사용됩니다.

쿠키는 문자열로 되어있는 정보로 가장 기본적인 형태는 '이름(name)'과 '값(value)'의 구 조입니다. 브라우저에서는 개발자 도구의 '애플리케이션(application)' 메뉴를 이용해서 확 인할 수 있습니다.

어떤 웹 사이트를 방문해서 개발자 도구를 살펴보면 여러 개의 쿠키가 사용되는 것을 볼 수 있습니다.

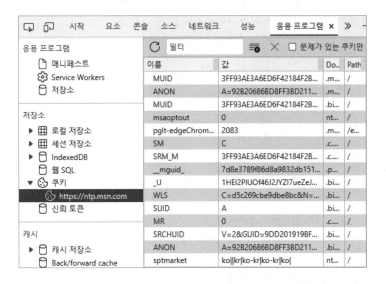

쿠키를 주고받는 기본적인 시나리오는 다음과 같습니다.

- 브라우저에서 최초로 서버를 호출하는 경우에 해당 서버에서 발행한 쿠키가 없다면 브라우저는 아무것도 전송하지 않습니다.

- 서버에서는 응답(Response) 메시지를 보낼 때 브라우저에게 쿠키를 보내주는데 이때 'Set-Cookie'라는 HTTP 헤더를 이용합니다.

- 브라우저는 쿠키를 받은 후에 이에 대한 정보를 읽고, 이를 파일 형태로 보관할 것인지 메모리상에서만 처리할 것인지를 결정합니다. 이 판단은 쿠키에 있는 "유효기간(만료기간)"을 보고 판단합니다.

- 브라우저가 보관하는 쿠키는 다음에 다시 브라우저가 서버에 요청(Request)할 때 HTTP 헤더에 'Cookie'라는 헤더 이름과 함께 전달합니다(쿠키에는 경로(path)를 지정할 수 있어서 해당 경로에 맞는 쿠키가 전송).

- 서버에서는 필요에 따라서 브라우저가 보낸 쿠키를 읽고 이를 사용합니다.

쿠키를 생성하는 방법

서버에서 쿠키를 발행하는 것은 서버에서 자동으로 발행되는 방식과 개발자가 코드를 통해 직접 발행하는 두 가지 방식이 존재합니다.

- **서버에서 자동으로 생성하는 쿠키:** 응답 메시지를 작성할 때 정해진 쿠키가 없는 경우 자동으로 발행 - WAS에서 발행되며 이름은 WAS마다 고유한 이름을 사용해서 쿠키를 생성합니다. 톰캣은 'JSESSIONID'라는 이름을 이용합니다.

    - 서버에서 발행하는 쿠키는 기본적으로 브라우저의 메모리상에 보관합니다. 그렇기 때문에 브라

우저를 종료하면 서버에서 발행한 쿠키는 삭제됩니다.

- 서버에서 발행하는 쿠키의 경로는 '/'로 지정됩니다.

■ **개발자가 생성하는 쿠키**: 개발자가 생성하는 쿠키는 서버에서 생성되는 쿠키와 다음과 같은 점들이 다릅니다.

- 이름을 원하는대로 지정할 수 있습니다.

- 유효기간을 지정할 수 있습니다(유효기간이 지정되면 브라우저가 이를 파일의 형태로 보관).

- 반드시 직접 응답(Reponse)에 추가해 주어야 합니다.

- 경로나 도메인 등을 지정할 수 있습니다(특정한 서버의 경로를 호출하는 경우에만 쿠키를 사용).

서블릿 컨텍스트와 세션 저장소

서버에서 생성하는 쿠키를 이해하기 위해서는 서블릿 컨텍스트(ServletContext)나 세션 저장소(Session Repository) 등의 추가적인 개념들이 필요합니다. 이번 절에서 서버는 현재 사용하고 있는 톰캣이라고 칭하도록 하겠습니다.

하나의 톰캣은 여러 개의 웹 애플리케이션(웹 프로젝트)을 실행할 수 있습니다. 실제 운영의 경우 나의 웹 애플리케이션마다 별도의 도메인으로 분리해서 운영됩니다(다음 그림의 경우 4개의 웹 애플리케이션이 실행되는 톰캣 구조를 표현). 프로젝트의 실행 경로를 '/'외에 다른 이름으로 각각 지정해서 실행하면 하나의 톰캣 내에서 여러 웹 애플리케이션를 다음과 같이 실행할 수 있게 됩니다.

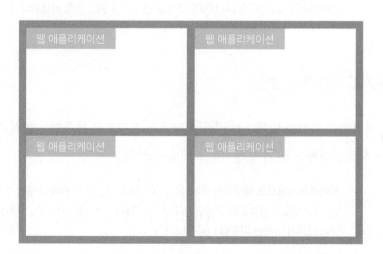

각각의 웹 애플리케이션은 자신만이 사용하는 고유의 메모리 영역을 하나 생성해서 이 공간에 서블릿이나 JSP 등을 인스턴스로 만들어 서비스를 제공합니다. 이 영역을 서블릿 API에서는 서블릿 컨텍스트라고 합니다.

각각의 웹 애플리케이션을 생성할 때는 톰캣이 발행하는 쿠키(개발자가 생성하는 쿠키와 구분하기 위해서 세션 쿠키라고 함)들을 관리하기 위한 메모리 영역이 하나 더 생성되는데 이 영역을 세션 저장소(Session Repository)라고 합니다.

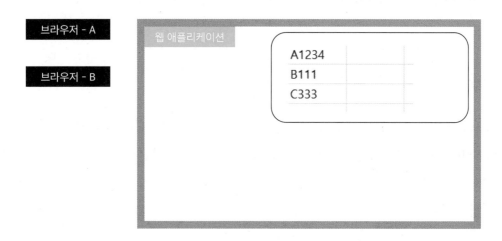

세션 저장소는 기본적으로는 '키(key)'와 '값(value)'을 보관하는 구조입니다. 이때 키가 되는 역할을 하는 것이 톰캣에서 JSESSIONID라는 쿠키의 값이 됩니다.

이전 예제 프로젝트를 실행했을 때에도 다음 그림과 같이 JSESSIONID라는 이름의 쿠키가 생성되고 서버에서 만든 문자열이 값으로 사용되는 것을 볼 수 있습니다.

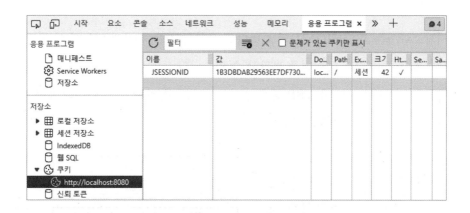

서버에서는 브라우저가 가지는 JSSESSIONID 쿠키의 값을 키(key)로 보관하게 됩니다.

톰캣 내부의 세션 저장소는 발행된 쿠키들의 정보를 보관하는 역할을 하게 되는데 문제는 새로운 JSESSIONID 쿠키가 만들어 질때마다 메모리 공간을 차지해야 한다는 점입니다. 이 문제를 해결하기 위해서 톰캣은 주기적으로 세션 저장소를 조사하면서 더 이상 사용하지 않는 값들을 정리하는 방식으로 동작합니다.

 값을 정리하는 방식은 session-timeout 설정을 이용합니다. 지정된 시간보다 오래된 값들은 주기적인 검사과정에서 삭제하는 방식입니다. 톰캣의 경우 기본은 30분 입니다.

세션을 통한 상태 유지 메커니즘

코드상에서 HttpServletRequest의 getSession( )이라는 메소드를 실행하면 톰캣에서는 JSESSIONID 이름의 쿠키가 요청(Request)할 때 있었는지 확인하고 없다면 새로운 값을 만들어 세션 저장소에서 보관합니다. 예를 들어 3개의 브라우저가 처음으로 세션이 필요한 경로를 요청했다고 가정하고, JSESSIONID 값이 각각 'A1234', 'B111', 'C333'과 같았다고 가정해보면 세션 저장소는 다음과 같은 구조가 됩니다.

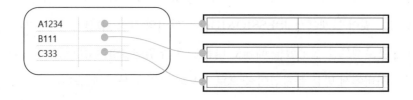

세션 저장소에서는 JSESSIONID의 값마다 고유한 공간을 가지게 되는데 이 공간은 다시 '키(key)'와 '값(value)'으로 데이터를 보관할 수 있습니다.

이 공간들을 이용해서 서블릿/JSP 등은 원하는 객체들을 보관할 수 있는데 사용자들마다 다른 객체들을 다음과 같은 형태로 보관할 수 있게 됩니다.

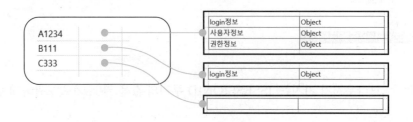

앞의 그림의 경우 'A1234'와 'B111'은 자신이 사용하는 공간에 'login 정보'가 존재하는데 서버에서 프로그램을 작성할 때에는 이를 이용해서 해당 사용자가 로그인했다는 것을 인정하는 방식입니다.

서블릿 API에서는 HttpServletRequest를 통해 getSession( )이라는 메소드로 각 JSESSIONID의 공간에 접근할 수 있습니다.

프로젝트의 생성과 복사

실습에 필요한 프로젝트는 이전 프로젝트를 그대로 두고, 새로운 프로젝트를 생성한 후에 기존 프로젝트의 코드를 복사해서 활용할 수 있습니다. 책에서는 기존 프로젝트의 코드들을 복사해서 사용하는 방식으로 실습합니다.

인텔리제이를 이용해서 'w2' 프로젝트를 생성합니다. 프로젝트의 템플릿을 'Web applications'로 지정하고 'Gradle'을 이용하도록 구성합니다. 프로젝트의 Grop에는 'org.zerock'을 지정합니다.

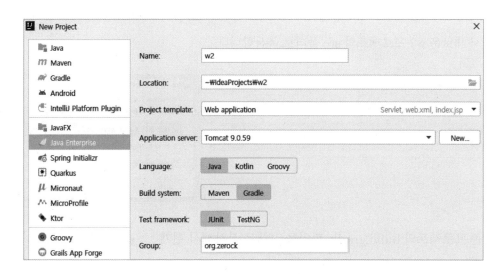

프로젝트 생성 후에는 경로와 재시작 관련된 설정을 변경합니다.

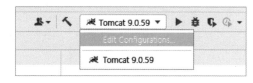

프로젝트의 [Deployment] 항목의 값은 exploaded로 변경합니다.

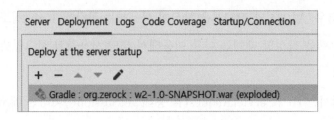

프로젝트의 실행 경로를 '/'로 조정해 두도록 합니다.

프로젝트를 복사하기 위해 현재 실행 중인 인텔리제이를 종료하고 현재 프로젝트(w2)의 src 폴더의 위치를 찾아둡니다(만일 이전 예제가 없다면 https://github.com/ckck24/PART2 코드를 내려받아 이용합니다).

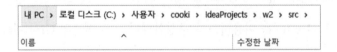

(내려받은) 기존의 프로젝트(jdbcex) 경로를 찾아 src 폴더에 main 폴더와 test 폴더를 복사해서 새로운 w2 프로젝트의 src 폴더로 복사합니다.

기존 프로젝트의 build.gradle 파일을 그대로 복사해서 현재 w2 프로젝트에 추가합니다.

인텔리제이를 실행해서 프로젝트의 구조를 보면 jdbcex 패키지와 w2 패키지가 같이 존재하는 것을 확인할 수 있습니다. jdbcex 패키지의 하위 패키지들을 w2 패키지 아래로 이동시키고 jdbcex 패키지는 삭제합니다.

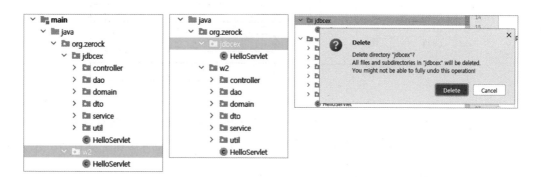

마지막으로 프로젝트를 실행해서 '/todo/list' 실행에 문제가 없는지 확인하도록 합니다.

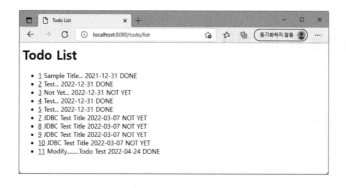

HttpServletRequest의 getSession( )

HttpServletRequest의 getSession( )은 브라우저가 보내는 정보를 이용해서 다음과 같은 작업을 수행합니다.

- **JSESSIONID가 없는 경우:** 세션 저장소에 새로운 번호로 공간을 만들고 해당 공간에 접근할 수 있는 객체를 반환. 새로운 번호는 브라우저에 JSESSIONID의 값으로 전송(세션 쿠키)
- **JSESSIONID가 있는 경우:** 세션 저장소에서 JSESSIONID 값을 이용해서 할당된 공간을 찾고 이 공간에 접근할 수 있는 객체를 반환

getSession( )의 결과물은 세션 저장소 내의 공간인데 이 공간을 의미하는 타입은 HttpSession 타입이라고 하고 해당 공간은 '세션 컨텍스트(Session Context) 혹은 세션(Session)'이라고 합니다.

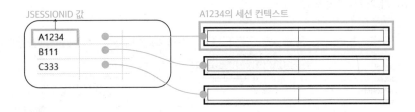

HttpSession 타입의 객체를 이용하며 현재 사용자만의 공간에 원하는 객체를 저장하거나 수정/삭제할 수 있습니다. 또한 isNew( )와 같은 메소드로 새롭게 공간을 만들어 낸것인지 기존의 공간을 재사용하는지를 구분할 수 있습니다.

세션을 이용하는 로그인 체크

세션을 이용하는 로그인 체크는 다음과 같은 시나리오로 구성됩니다.

- 사용자가 로그인에 성공하면 HttpSession을 이용해서 해당 사용자의 공간(세션 컨텍스트)에 특정한 객체를 이름(key)과 함께 저장합니다.
- 로그인 체크가 필요한 컨트롤러에서는 현재 사용자의 공간에 지정된 이름(key)으로 객체가 저장되어 있는지를 확인합니다. 만일 객체가 존재한다면 해당 사용자는 로그인된 사용자로 간주하고 그렇지 않다면 로그인 페이지로 이동시킵니다.

실습_01 등록할 때, 로그인 체크 하기

로그인한 사용자만이 Todo를 등록할 수 있다고 가정해서 예제를 작성해 보도록 합니다.

TodoRegisterController에서 doGet( )은 다음과 같이 수정되어야 합니다.

```java
@Override
protected void doGet(HttpServletRequest req, HttpServletResponse resp) throws
ServletException, IOException {

    log.info("/todo/register GET .......");


    HttpSession session = req.getSession();

    if(session.isNew()) { //기존에 JSESSIONID가 없는 새로운 사용자
        log.info("JSESSIONID 쿠키가 새로 만들어진 사용자");
        resp.sendRedirect("/login");
        return;
    }

    //JSESSIONID는 있지만 해당 세션 컨텍스트에 loginInfo라는 이름으로 저장된
    //객체가 없는 경우
    if(session.getAttribute("loginInfo") == null) {
        log.info("로그인한 정보가 없는 사용자.");
        resp.sendRedirect("/login");
        return;
    }

    //정상적인 경우라면 입력 화면으로
    req.getRequestDispatcher("/WEB-INF/todo/register.jsp").forward(req,resp);

}
```

브라우저의 개발자 도구에서 응용 프로그램 항목의 JSESSIONID 쿠키를 삭제합니다.

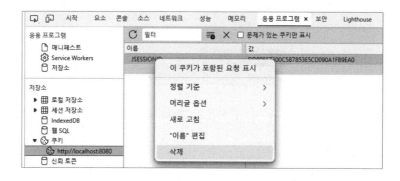

JSESSIONID 쿠키를 삭제한 후에 '/todo/register'를 호출하면 다음과 같은 로그가 출력
됩니다.

```
01:11:03.595 [http-nio-8080-exec-4] INFO  org.zerock.w2.controller.TodoRegisterController - /todo/register GET .......
01:11:03.595 [http-nio-8080-exec-4] INFO  org.zerock.w2.controller.TodoRegisterController - JSESSIONID 쿠키가 새로 만들어진 사용자
```

브라우저는 '/login' 경로로 리다이렉트된 것을 볼 수 있습니다.

코드에서 HttpServletRequest의 getSession( )을 호출했기 때문에 새로운 값이 생성되어 브라우저로 전송되었고, 앞의 그림에서 오른쪽과 같이 저장되었습니다. 서버에서는 새로운 값을 'Set-Cookie'라는 헤더를 이용해서 저장하도록 합니다.

브라우저에 JSESSIONID 쿠키가 없는 상태에서 '/todo/register'를 호출했을 때 응답 헤더를 보면 'Set-Cookie' 헤더가 전송된 것을 확인할 수 있습니다.

만일 JSESSIONID가 있었다면 '/todo/register'를 호출했을 때 다음과 같은 로그가 기록됩니다.

```
01:11:43.717 [http-nio-8080-exec-9] INFO  org.zerock.w2.controller.TodoRegisterController - /todo/register GET .......
01:11:43.717 [http-nio-8080-exec-9] INFO  org.zerock.w2.controller.TodoRegisterController - 로그인한 정보가 없는 사용자.
```

브라우저를 보면 '/todo/register'를 호출했을 때 '/login' 경로로 리다이렉트 되는 것을 확인할 수 있습니다.

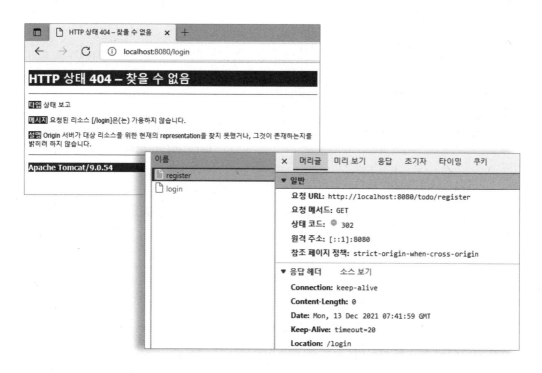

로그인 처리 컨트롤러 작성하기

로그인은 '/login'이라는 경로에서 GET 방식은 로그인 화면을 보여주고, POST 방식으로는 실제 로그인을 처리하도록 구성해 봅니다.

우선 controller 패키지 내에 LoginController 클래스를 생성하고 GET 방식으로 화면을 볼 수 있도록 doGet( )만을 우선 처리합니다.

```java
package org.zerock.w2.controller;


import lombok.extern.log4j.Log4j2;

import javax.servlet.ServletException;
import javax.servlet.annotation.WebServlet;
```

```java
import javax.servlet.http.HttpServlet;
import javax.servlet.http.HttpServletRequest;
import javax.servlet.http.HttpServletResponse;
import java.io.IOException;

@WebServlet("/login")
@Log
public class LoginController extends HttpServlet {

    @Override
    protected void doGet(HttpServletRequest req, HttpServletResponse resp) throws
                                            ServletException, IOException {

        log.info("login get.............");

        req.getRequestDispatcher("/WEB-INF/login.jsp").forward(req,resp);
    }
}
```

WEB-INF 폴더에는 login.jsp를 추가합니다.

login.jsp는 <form> 태그를 구성하고 POST 방식으로 '/login' 경로로 로그인에 필요한 아이디(mid)와 패스워드(mpw) 데이터를 전송하도록 구성합니다.

```jsp
<%@ page contentType="text/html;charset=UTF-8" language="java" %>
<html>
<head>
    <title>Title</title>
</head>
<body>
    <form action="/login" method="post">
        <input type="text" name="mid">
        <input type="text" name="mpw">
        <button type="submit">LOGIN</button>
    </form>
</body>
</html>
```

· 로그인 처리와 HttpSession의 setAttribute( )

LoginController에서는 POST 방식으로 파라미터를 수집하고, HttpSession에 'loginInfo'

이름을 이용해서 간단한 문자열을 저장하도록 구성합니다.

　doPost( )에서는 사용자의 mid와 mpw를 수집하고 이를 이용해서 문자열을 구성합니다(현재 예제에서는 문자열이지만 나중에는 DTO로 변경). 구성된 문자열을 HttpSession은 이용하는 공간에 저장합니다.

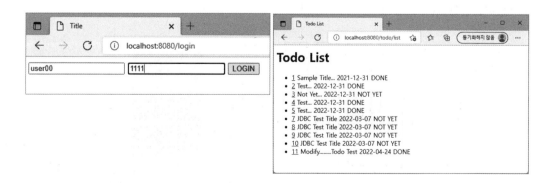

```java
@Override
protected void doPost(HttpServletRequest req, HttpServletResponse resp) throws
ServletException, IOException {

    log.info("login post........");

    String mid = req.getParameter("mid");
    String mpw = req.getParameter("mpw");

    String str = mid+mpw;

    HttpSession session = req.getSession();

    session.setAttribute("loginInfo", str);

    resp.sendRedirect("/todo/list");

}
```

　앞선 코드에서 가장 중요한 부분은 HttpSession을 이용해서 setAttribute( )를 사용자 공간에 'loginInfo'라는 이름으로 문자열을 보관하는 부분입니다.

　브라우저를 실행해서 '/login' 화면에 다음과 같이 입력합니다. [LOGIN] 버튼을 누르면 POST 방식으로 처리되고, '/todo/list'로 이동하게 됩니다.

　로그인이 처리된 후에는 '/todo/list'로 리다이렉트 하는지를 실행해서 확인합니다.

로그인된 후에는 로그인한 사용자만 접근 가능한 '/todo/register'를 호출하면 로그인한 사용자로 간주되어서(HttpSession에 loginInfo가 있으므로) 정상적으로 작성화면이 보여집니다.

만일 개발자 도구를 이용해서 JSESSIONID를 삭제한 후에 새로고침을 한다면 다시 '/login' 경로로 이동하게 됩니다.

필터를 이용한 로그인 체크

로그인 여부를 체크해야 하는 컨트롤러마다 동일하게 체크하는 로직을 작성하면 같은 코드를 계속 작성해야 하기 때문에 대부분은 필터(Servlet Filter)라는 것을 이용해서 처리합니다.

필터는 말 그대로 특정한 서블릿이나 JSP 등에 도달하는 과정에서 필터링하는 역할을 위해서 존재하는 서블릿 API의 특별한 객체입니다. @WebFilter 어노테이션을 이용해서 특정한 경로에 접근할 때 필터가 동작하도록 설계하면 동일한 로직을 필터로 분리할 수 있습니다.

필터는 한 개 이상, 여러 개를 적용할 수 있어서 여러 개의 필터를 적용하면 다음 그림과 같은 형태를 구성할 수 있습니다.

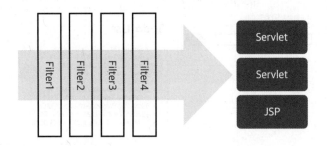

프로젝트에 filter라는 패키지를 구성하고 LoginCheckFilter 클래스를 추가합니다.

```
package org.zerock.w2.filter;

import lombok.extern.log4j.Log4j2;

import javax.servlet.*;
import javax.servlet.annotation.WebFilter;
import java.io.IOException;


@WebFilter(urlPatterns = {"/todo/*"})
@Log4j2
public class LoginCheckFilter implements Filter {
    @Override
    public void doFilter(ServletRequest request, ServletResponse response,
                         FilterChain chain) throws IOException, ServletException {

        log.info("Login check filter....");

        chain.doFilter(request, response);
    }
}
```

Filter 인터페이스를 import 할 때는 javax.servlet의 Filter 인터페이스를 사용해야 하는 점을 주의합니다. Filter 인터페이스에는 doFilter라는 추상 메소드가 존재하는 데 doFilter()는 필터가 필터링이 필요한 로직을 구현하는 부분입니다.

필터를 적용하기 위해서는 @WebFilter 어노테이션을 추가해야 합니다. @WebFilter는 특정한 경로를 지정해서 해당 경로의 요청(Request)에 대해서 doFilter()를 실행하는 구조입니다. LoginCheckFilter의 경우 '/todo/*'로 지정되어 브라우저에서 '/todo/...'로 시작하는 모든 경로에 대해서 필터링을 시도합니다.

doFilter()의 마지막에는 다음 필터나 목적지(서블릿, JSP)로 갈 수 있도록 FilterChain의 doFilter()를 실행합니다. 만일 문제가 생겨서 더 이상 진행할 수 없다면 다음 단계로 진행하지 않고 다른 방식으로 리다이렉트 처리를 할 수 있습니다.

실습_03 로그인 체크 구현

LoginCheckFilter는 '/todo/..'로 시작하는 모든 자원에 접근할 때 동작하도록 설정되어 있고, Todo라는 작업 자체가 개인적인 작업이기 때문에 로그인 여부를 체크하도록 다음과 같이 수정합니다.

```java
package org.zerock.w2.filter;

import lombok.extern.log4j.Log4j2;

import javax.servlet.*;
import javax.servlet.annotation.WebFilter;
import javax.servlet.http.HttpServletRequest;
import javax.servlet.http.HttpServletResponse;
import javax.servlet.http.HttpSession;
import java.io.IOException;


@WebFilter(urlPatterns = {"/todo/*"})
@Log4j2
public class LoginCheckFilter implements Filter {

    @Override
    public void doFilter(ServletRequest request, ServletResponse response,
                         FilterChain chain) throws IOException, ServletException {

        log.info("Login check filter....");

        HttpServletRequest req = (HttpServletRequest)request;
        HttpServletResponse resp = (HttpServletResponse)response;

        HttpSession session = req.getSession();

        if(session.getAttribute("loginInfo") == null){

            resp.sendRedirect("/login");

            return;
        }
```

```
        chain.doFilter(request, response);
    }

}
```

javax.servlet.Filter 인터페이스의 doFilter( )는 HttpServletRequest/HttpServletResponse보다 상위 타입의 파라미터를 사용하므로 HTTP와 관련된 작업을 하려면 (HttpServletRequest)request와 같이 다운캐스팅 해주어야 합니다.

앞의 코드는 HttpSession을 구하고, 만약 세션에 'loginInfo' 이름의 값이 존재하지 않는다면 '/login'으로 이동하도록 작성되었습니다.

서버를 실행하고 주소창에 '/todo/list'와 같이 이동하려고 하면 브라우저는 LoginCheckFilter를 통해서 '/login'으로 이동하게 됩니다.

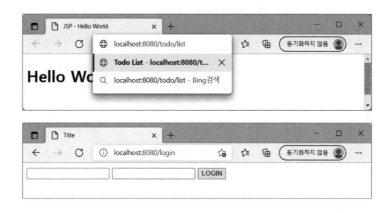

서버의 로그를 통해서 LoginCheckFilter의 동작 여부를 확인할 수 있습니다.

```
[http-nio-8080-exec-7] INFO  org.zerock.w2.filter.LoginCheckFilter - Login check filter....
[http-nio-8080-exec-8] INFO  org.zerock.w2.controller.LoginController - login get............
```

사용자가 어떤 값이든 '/login'에서 로그인 정보를 전달해서 로그인이 처리되면 이후로는 '/todo/..' 경로를 이용할 수 있습니다.

UTF-8 처리 필터

현재 POST 방식으로 '/todo/register'를 통해서 전달되는 문자열은 한글이 깨진 상태로 저장됩니다. 이를 해결하려면 HttpServletRequest의 데이터를 setCharacterEncoding("UTF-8")을 적용해 주어야만 하는데 POST 방식으로 한글 처리를 하는 곳은 '/todo'가 아니어도 많이 존재하기 때문에 필터로 처리해 두면 매번 같은 기능을 개발하지 않아도 됩니다.

GET 방식으로 보여지는 '/todo/register' 화면의 값을 POST 방식으로 전송하면 다음과 같이 한글이 깨지는 상황을 볼 수 있습니다.

```
INFO  org.zerock.w2.controller.TodoRegisterController - /todo/register POST...
INFO  org.zerock.w2.controller.TodoRegisterController - TodoDTO(tno=null, title=ì00ê¸ì00ì0¤ì0¸, dueDate=2022-03-16, finished=false)
```

filter 패키지에 UTF8Filter를 추가하고 모든 경로에 적용되도록 설정합니다.

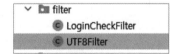

```java
package org.zerock.w2.filter;

import lombok.extern.log4j.Log4j2;

import javax.servlet.*;
import javax.servlet.annotation.WebFilter;
import javax.servlet.http.HttpServletRequest;
import java.io.IOException;

@WebFilter(urlPatterns = {"/*"})
@Log4j2
public class UTF8Filter implements Filter {

    @Override
    public void doFilter(ServletRequest request, ServletResponse response,
                        FilterChain chain) throws IOException, ServletException {

        log.info("UTF8  filter....");
```

```
        HttpServletRequest req = (HttpServletRequest)request;

        req.setCharacterEncoding("UTF-8");

        chain.doFilter(request, response);
    }
}
```

앞의 필터가 적용되면 POST 방식으로 전달되는 한글이 정상적으로 처리되는 것을 볼 수 있습니다.

```
org.zerock.w2.controller.TodoRegisterController - /todo/register POST...
org.zerock.w2.controller.TodoRegisterController - TodoDTO(tno=null, title=한글테스트, dueDate=2022-03-16, finished=false)
```

세션을 이용하는 로그아웃 처리

HttpSession을 이용하는 경우 로그아웃 처리는 간단하게 로그인 확인 시에 사용했던 정보를 삭제하는 방식으로 구현하거나 현재의 HttpSession이 더이상 유효하지 않다고 invalidate( ) 시키는 방식을 이용합니다.

프로젝트에 LogoutController를 추가하고 '/logout' 경로를 처리하도록 구성합니다.

```
package org.zerock.w2.controller;

import lombok.extern.log4j.Log4j2;

import javax.servlet.ServletException;
import javax.servlet.annotation.WebServlet;
import javax.servlet.http.HttpServlet;
import javax.servlet.http.HttpServletRequest;
import javax.servlet.http.HttpServletResponse;
import javax.servlet.http.HttpSession;
import java.io.IOException;

@WebServlet("/logout")
@Log4j2
```

```java
public class LogoutController extends HttpServlet {

    @Override
    protected void doPost(HttpServletRequest req, HttpServletResponse resp) throws
                                                ServletException, IOException {

        log.info("log out..................");

        HttpSession session = req.getSession();

        session.removeAttribute("loginInfo");
        session.invalidate();

        resp.sendRedirect("/");

    }
}
```

'/logout'은 중요한 처리 작업이기 때문에 POST 방식인 경우에만 동작하도록 doPost( )로 설계합니다. 로그아웃 후에는 '/'로 이동하도록 설정합니다.

로그아웃을 실행하려면 /WEB-INF/todo/list.jsp에 서 <form> 태그를 이용해 로그아웃을 실행할 수 있도록 수정합니다.

```html
<ul>
    <c:forEach items="${dtoList}" var="dto">
        <li>
            <span><a href="/todo/read?tno=${dto.tno}">${dto.tno}</a></span>
            <span>${dto.title}</span>
            <span>${dto.dueDate}</span>
            <span>${dto.finished? "DONE": "NOT YET"}</span>
        </li>
    </c:forEach>
</ul>

<form action="/logout" method="post">
    <button>LOGOUT</button>
</form>
```

프로젝트를 실행해서 로그인한 후에 '/todo/list'에서 로그아웃을 테스트 합니다. 로그아웃 후에는 '/'로 이동하는지 확인합니다.

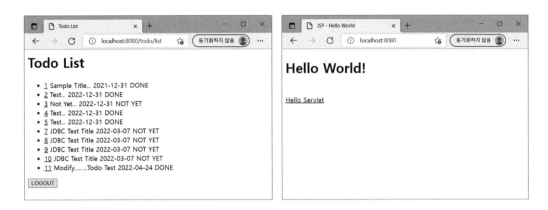

로그아웃된 후에는 다시 '/todo/list'로 접근해 '/login'으로 이동하는지 확인합니다.

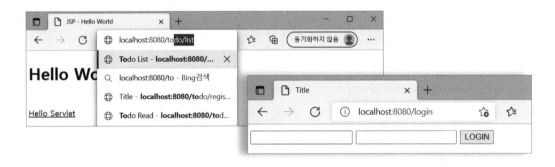

데이터베이스에서 회원 정보 이용하기

로그인과 로그아웃의 동작 여부를 확인했다면 실제 데이터베이스를 이용해서 회원 정보를 구성하고 이를 활용해 보도록 합니다.

인텔리제이의 [Database] 메뉴를 이용해서 현재 사용하고 있는 webdb와 프로젝트를 연결합니다.

예제에서 사용하고 있는 webdb에 tbl_member 테이블을 생성합니다. tbl_member 테이블에는 나중에 쿠키를 이용하면서 수정될 것이지만 현재는 최소한의 정보만을 저장하도록

아이디(mid), 패스워드(mpw), 사용자 이름(mname)만을 칼럼으로 지정합니다.

```
create table tbl_member (
    mid varchar(50) primary key,
    mpw varchar(50) not null,
    mname varchar(100) not null
);
```

만들어진 테이블에 테스트를 위한 사용자 계정을 몇 개 생성합니다.

```
insert into tbl_member (mid, mpw, mname) values ('user00','1111','사용자0');
insert into tbl_member (mid, mpw, mname) values ('user01','1111','사용자1');
insert into tbl_member (mid, mpw, mname) values ('user02','1111','사용자2');
```

실제 로그인 시에 이용할 SQL도 미리 테스트 합니다. 사용자의 mid와 mpw를 이용해서 해당 사용자의 정보를 조회하는 쿼리를 작성해서 확인합니다.

```
select * from tbl_member where mid ='user00' and mpw = '1111';
```

실습_05 자바에서 회원 데이터 처리하기

데이터베이스가 준비되었다면 자바에서 객체로 처리하도록 VO/DAO 등을 구현합니다.

• MemberVO와 MemberDAO 구현

프로젝트에 있는 domain 패키지에 MemberVO를 다음과 같이 구성합니다.

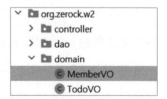

```
package org.zerock.w2.domain;

import lombok.*;

@Getter
@ToString
@Builder
@AllArgsConstructor
@NoArgsConstructor
public class MemberVO {

    private String mid;
    private String mpw;
    private String mname;
}
```

dao 패키지에서는 MemberDAO를 구성합니다.

```
package org.zerock.w2.dao;

import lombok.Cleanup;
import org.zerock.w2.domain.MemberVO;

import java.sql.Connection;
import java.sql.PreparedStatement;
import java.sql.ResultSet;

public class MemberDAO {

    public MemberVO getWithPassword(String mid, String mpw) throws Exception {

        String query = "select mid, mpw, mname from tbl_member where mid =? and
                                                                  mpw = ?";

        MemberVO memberVO = null;

        @Cleanup Connection connection = ConnectionUtil.INSTANCE.getConnection();
        @Cleanup PreparedStatement preparedStatement =
                connection.prepareStatement(query);
```

```
        preparedStatement.setString(1, mid);
        preparedStatement.setString(2, mpw);

        @Cleanup ResultSet resultSet = preparedStatement.executeQuery();

        resultSet.next();

        memberVO = MemberVO.builder()
                .mid(resultSet.getString(1))
                .mpw(resultSet.getString(2))
                .mname(resultSet.getString(3))
                .build();

        return memberVO;
    }
}
```

• MemberDTO와 MemberService 구현

서비스 계층과 컨트롤러에서 사용할 MemberDTO를 dto 패키지에 추가합니다.

```
package org.zerock.w2.dto;

import lombok.AllArgsConstructor;
import lombok.Builder;
import lombok.Data;
import lombok.NoArgsConstructor;

@Data
@Builder
@AllArgsConstructor
@NoArgsConstructor
public class MemberDTO {

    private String mid;
    private String mpw;
    private String mname;
}
```

MemberDTO를 사용하는 MemberService를 service 패키지에 추가합니다.

```
package org.zerock.w2.service;

import lombok.extern.log4j.Log4j2;
import org.modelmapper.ModelMapper;
import org.zerock.w2.dao.MemberDAO;
import org.zerock.w2.util.MapperUtil;

@Log4j2
public enum MemberService {

    INSTANCE;

    private MemberDAO dao;
    private ModelMapper modelMapper;

    MemberService() {

        dao = new MemberDAO();
        modelMapper = MapperUtil.INSTANCE.get();

    }

}
```

MemberService는 여러 곳에서도 동일한 객체를 사용할 수 있도록 enum으로 하나의 객체만을 구성하고 MemberDAO를 이용하도록 구성합니다.

MemberService 내에는 로그인 처리를 위한 login( ) 메소드를 작성합니다.

```
public MemberDTO login(String mid, String mpw)throws Exception {

    MemberVO vo = dao.getWithPassword(mid, mpw);

    MemberDTO memberDTO = modelMapper.map(vo, MemberDTO.class);
```

```
        return memberDTO;
    }
}
```

실습_06 **컨트롤러에서 로그인 연동**

　LoginController의 doPost( )에서는 MemberService를 연동해서 실제로 로그인이 되도록 코드를 수정합니다.

```java
package org.zerock.w2.controller;


import lombok.extern.log4j.Log4j2;
import org.zerock.w2.dto.MemberDTO;
import org.zerock.w2.service.MemberService;

import javax.servlet.ServletException;
import javax.servlet.annotation.WebServlet;
import javax.servlet.http.HttpServlet;
import javax.servlet.http.HttpServletRequest;
import javax.servlet.http.HttpServletResponse;
import javax.servlet.http.HttpSession;
import java.io.IOException;

@WebServlet("/login")
@Log4j2
public class LoginController extends HttpServlet {

    @Override
    protected void doGet(HttpServletRequest req, HttpServletResponse resp) throws
                                            ServletException, IOException {

        log.info("login get.............");

        req.getRequestDispatcher("/WEB-INF/login.jsp").forward(req,resp);
    }


    @Override
    protected void doPost(HttpServletRequest req, HttpServletResponse resp) throws
                                            ServletException, IOException {
```

```
        log.info("login post........");

        String mid = req.getParameter("mid");
        String mpw = req.getParameter("mpw");

        try {
            MemberDTO memberDTO = MemberService.INSTANCE.login(mid, mpw);
            HttpSession session = req.getSession();
            session.setAttribute("loginInfo", memberDTO);
            resp.sendRedirect("/todo/list");

        } catch (Exception e) {
            resp.sendRedirect("/login?result=error");
        }
    }
}
```

코드에서 변경된 내용은 다음과 같습니다.

- 정상적으로 로그인 된 경우에는 HttpSession을 이용해서 'loginInfo' 이름으로 객체를 저장합니다.

- 예외가 발생하는 경우에는 '/login'으로 이동합니다. '/login'으로 이동할 때 'result'라는 파라미터를 전달해서 문제가 발생했다는 사실을 같이 전달합니다.

· EL에서 쿼리 스트링 처리

/WEB-INF/login.jsp에는 EL에서 기본으로 제공하는 param이라는 객체를 이용해서 result라는 이름으로 전달한 값을 확인할 수 있습니다.

login.jsp는 JSTL을 이용하도록 수정하고 ${param.result}를 이용해서 에러가 발생하는 경우에는 다른 메시지를 보여주도록 처리합니다.

```
<%@ page contentType="text/html;charset=UTF-8" language="java" %>
<%@ taglib uri="http://java.sun.com/jsp/jstl/core" prefix="c" %>
<html>
<head>
    <title>Title</title>
```

```
</head>
<body>

<c:if test="${param.result == 'error'}">
    <h1>로그인 에러</h1>
</c:if>

<form action="/login" method="post">
    <input type="text" name="mid">
    <input type="text" name="mpw">
    <button type="submit">LOGIN</button>
</form>
</body>
</html>
```

코드 중간에 있는 ${param.result == 'error'} 부분을 통해 잘못된 로그인은 '로그인 에러' 메시지를 볼 수 있게 됩니다.

· EL의 Scope와 HttpSession접근하기

EL을 이용해서 HttpServletRequest에 setAttribute( )로 저장한 객체를 사용할 수 있다는 사실은 이미 예제를 작성하면서 본 적이 있습니다.

EL은 특별하게도 HttpServletRequest에 저장(setAttribute( ))된 객체를 찾을 수 없다면 자동으로 HttpSession에서 저장된 객체를 찾아내는 방식으로 동작합니다. 이것을 EL의 스코프(scope)라고 하는 데 변수의 범위가 있는 것과 같은 개념입니다.

EL의 스코프는 HttpServletRequest나 HttpSession 등에서 setAttribute( )로 되어 있는 데이터를 찾을 때 사용됩니다. EL의 스코프를 이용해서 접근하는 변수는 다음과 같이 4가지 종류가 있습니다.

- **Page Scope:** JSP에서 EL을 이용해 <c:set>으로 저장한 변수

- **Request Scope:** HttpServletRequest에 setAttribute( )로 저장한 변수

- **Session Scope:** HttpSession을 이용해서 setAttribute( )로 저장한 변수

- **Application Scope:** ServletContext를 이용해서 setAttribute( )로 저장한 변수

예를 들어 EL로 ${obj}라고 하면 앞의 스코프들이 순차적으로 page ⇨ request ⇨ session ⇨ application의 순서대로 'obj'라는 이름으로 저장된 객체를 찾는 방식으로 동작합니다.

예제의 경우 HttpSession을 이용해서 'loginInfo'라는 이름으로 MemberDTO를 저장했다면 JSP에는 기존의 방식대로 ${loginInfo}라는 이름으로 접근할 수 있습니다.

/WEB-INF/todo/list.jsp는 이제 로그인한 사용자만 접근할 수 있는 경로이므로 list.jsp에 현재 로그인한 사용자의 이름을 보여주고 싶다면 다음과 같이 코드를 추가합니다.

```
<h2>${loginInfo}</h2>
<h3>${loginInfo.mname}</h3>
```

앞의 코드가 적용된 결과는 다음 화면과 같이 로그인한 사용자의 정보를 볼 수 있게 됩니다.

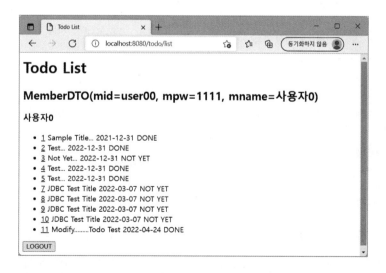

3.2 사용자 정의 쿠키(Cookie)

HttpSession을 이용할 때는 JSESSIONID와 같은 쿠키를 이용하지만, 이는 개발자가 직접 정의하는 일반적인 쿠키와 다르기 때문에 '세션 쿠키(session cookie)'라는 이름을 이용해서 별개로 구분해 사용하는 경우가 많습니다.

일반적으로 쿠키(Cookie)라고 하면 개발자의 필요에 의해서 생성되어 브라우저에 전송하는 '사용자 정의 쿠키'를 일컫는 경우가 많습니다.

쿠키의 생성/전송

사용자가 정의하는 쿠키의 경우 서버에서 자동으로 발행되는 쿠키(JSESSIONID)와 비교했을 때 다음과 같은 점들이 다릅니다.

	사용자 정의 쿠키	WAS에서 발행하는 쿠키 (세션 쿠키)
생성	개발자가 직접 newCookie( )로 생성 경로도 지정 가능	자동
전송	반드시 HttpServletResponse에 addCookie()를 통해야만 전송	
유효기간	쿠키 생성할 때 초 단위로 지정할 수 있음	지정불가
브라우저의 보관방식	유효기간이 없는 경우에는 메모리상에만 보관 유효기간이 있는 경우에는 파일이나 기타 방식으로 보관	메모리상에만 보관
쿠키의 크기	4kb	4kb

개발자가 직접 쿠키를 생성할 때는 newCookie( )를 이용해서 생성합니다. 이때 반드시 문자열로 된 이름(name)과 값(value)이 필요합니다. 값(value)은 일반적인 문자열로 저장이 불가능하기 때문에 URLEncoding된 문자열로 저장해야 합니다(한글저장 불가).

쿠키를 사용하는 경우

쿠키는 서버와 브라우저 사이를 오가기 때문에 보안에 취약한 단점이 있습니다. 이 때문에 쿠키의 용도는 상당히 제한적일 수밖에 없습니다. 예를 들어 오랜 시간 보관해야 하는 데이터는 항상 서버에 보관하고, 약간의 편의를 제공하기 위한 데이터는 쿠키로 보관하는 방식을 사용합니다. 예를 들어 '오늘 하루 이 창 열지 않기'나 '최근 본 상품 목록'과 같이 조금은 사소하고 서버에서 보관할 필요가 없는 데이터들은 쿠키를 이용해서 처리됩니다.

쿠키의 위상이 변하게 된 가장 큰 이유는 모바일에서 시작된 '자동 로그인'입니다. 쿠키의 유효기간을 지정하는 경우 브라우저가 종료되더라도 보관되는 방식으로 동작하게 되는데 모바일에서는 매번 사용자가 로그인하는 수고로움을 덜어줄 수 있게 됩니다.

실습_07 조회한 Todo 확인하기

Todo 목록에서 조회했던 Todo 번호(tno)들을 쿠키를 이용해서 보관해 보도록 합니다. 이 작업은 다음과 같은 방식으로 동작하게 됩니다.

- 브라우저에서 전송된 쿠키가 있는지 확인 - 있다면 해당 쿠키의 값(value)을 활용하고 없다면 새로운 문자열을 생성
- 쿠키의 이름은 'viewTodos'로 지정
- 문자열 내에 현재 Todo의 번호를 문자열로 연결
- '2-3-4-'와 같은 형태로 연결하고 이미 조회한 번호는 추가하지 않음
- 쿠키의 유효기간은 24시간으로 지정하고 쿠키를 담아서 전송

TodoReadController에는 다음과 같은 코드들을 추가합니다.

- 현재 요청(Request)에 있는 모든 쿠키 중에 조회 목록 쿠키(viewTodos)를 찾아내는 메소드
- 특정한 tno가 쿠키의 내용물이 있는지 확인하는 코드

```java
    @Override
    protected void doGet(HttpServletRequest req, HttpServletResponse resp) throws
                                                        ServletException, IOException {

        try {
            Long tno = Long.parseLong(req.getParameter("tno"));

            TodoDTO todoDTO = todoService.get(tno);

            //모델 담기
            req.setAttribute("dto", todoDTO);

            //쿠키 찾기
            Cookie viewTodoCookie = findCookie(req.getCookies(), "viewTodos");
            String todoListStr = viewTodoCookie.getValue();
            boolean exist = false;

            if(todoListStr != null && todoListStr.indexOf(tno+"-") >= 0){
                exist = true;
            }

            log.info("exist: " + exist);

            if(!exist) {
                todoListStr += tno+"-";
                viewTodoCookie.setValue(todoListStr);
                viewTodoCookie.setMaxAge(60* 60* 24);
                viewTodoCookie.setPath("/");
                resp.addCookie(viewTodoCookie);
            }
            req.getRequestDispatcher("/WEB-INF/todo/read.jsp").forward(req, resp);

        }catch(Exception e){
            e.printStackTrace();
            log.error(e.getMessage());
            throw new ServletException("read error");
        }
    }

private Cookie findCookie(Cookie[] cookies, String cookieName) {

        Cookie targetCookie = null;

        if(cookies != null && cookies.length > 0){
            for (Cookie ck:cookies) {
                if(ck.getName().equals(cookieName)){
```

```
                        targetCookie = ck;
                        break;
                    }
                }
            }

            if(targetCookie == null){
                targetCookie = new Cookie(cookieName, "");
                targetCookie.setPath("/");
                targetCookie.setMaxAge(60*60*24);
            }

            return targetCookie;
        }
```

doGet( )에서 변경된 부분은 'viewTodos' 이름의 쿠키를 찾고(findCookie()), 쿠키의 내용물을 검사한 후에 만일 조회한 적이 없는 번호라면 쿠키의 내용물을 갱신해서 브라우저로 보내주는 것입니다. 쿠키를 변경할 때에는 다시 경로나 유효시간을 세팅해야 하는 점을 주의하도록 합니다.

앞의 코드를 적용하면 조회했던 번호들은 다음과 같은 쿠키 형태로 보관되고, 24시간 동안 유지됩니다.

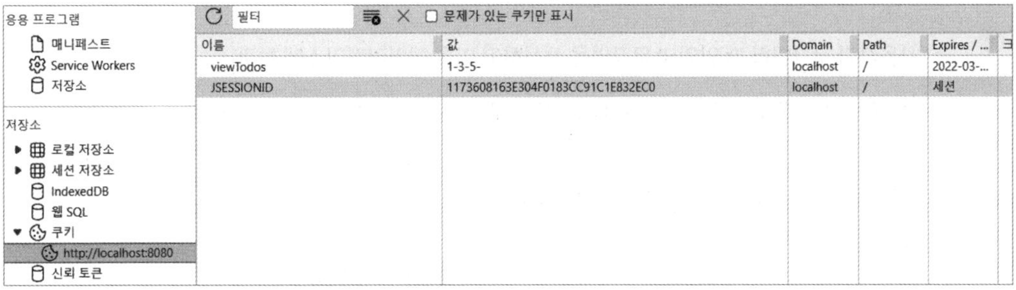

응용 프로그램					
🗋 매니페스트	↻ 필터		☰ ✕ □ 문제가 있는 쿠키만 표시		
⚙ Service Workers	이름	값		Domain	Path	Expires / ...	크
🗋 저장소	viewTodos	1-3-5-		localhost	/	2022-03-...	
	JSESSIONID	1173608163E304F0183CC91C1E832EC0		localhost	/	세션	
저장소					
▶ ⊞ 로컬 저장소					
▶ ⊞ 세션 저장소					
🗋 IndexedDB					
🗋 웹 SQL					
▼ 🍪 쿠키					
🍪 http://localhost:8080					
🗋 신뢰 토큰					

앞의 그림과 같이 하루동안 조회했던 목록을 이용해서 '조회수'를 처리하거나 '최근 본 상품 목록'을 처리할 수 있습니다.

쿠키와 세션을 같이 활용하기

작성된 코드를 실행하면 '/todo/..'로 시작하는 모든 경로에 대해서 로그인이 필요하기 때문에 매번 로그인해야 하는 불편함이 존재합니다.

이런 경우 쿠키를 이용한 '자동 로그인'을 고민해 볼 수 있습니다. '자동 로그인'은 'remember-me'라는 이름으로 부르기도 하는데 로그인한 사용자의 정보를 쿠키에 보관하고 이를 이용해서 사용자의 정보를 HttpSession에 담는 방식입니다.

사실 자동 로그인 처리를 제대로 작성하려면 생각보다 많은 것을 고려해야 합니다. 이에 대한 구현은 뒤쪽에서 스프링 부트와 시큐리티에서 다시 다루도록 하고, 예제에서는 간단히 아이디어를 검증하는 수준으로 구현합니다.

자동 로그인 준비

자동 로그인을 위해서는 쿠키에 어떤 값을 보관하게 할 것인지를 결정해야 하고, 이 값의 유효시간도 고려해야 합니다.

로그인은 다음과 같은 방식으로 구현합니다.

- 사용자가 로그인할 때 임의의 문자열을 생성하고 이를 데이터베이스에 보관
- 쿠키에는 생성된 문자열을 값으로 삼고 유효기간은 1주일로 지정

로그인 체크는 다음과 같은 방식으로 구현합니다.

- 현재 사용자의 HttpSession에 로그인 정보가 없는 경우에만 쿠키를 확인
- 쿠키의 값과 데이터베이스의 값을 비교하고 같다면 사용자의 정보를 읽어와서 HttpSession에 사용자 정보를 추가

 Tip 앞선 방식의 경우 현실적으로 쿠키의 값을 탈취당하면 문제가 발생할 수 있기 때문에 좀 더 안전하게 하기 위해서는 주기적으로 쿠키의 값을 갱신하는 부분이 추가되어야만 합니다만 우선은 UUID를 이용한 임의의 문자열을 이용하도록 합니다. UUID(universally unique identifier)는 범용 고유 식별자로 고유한 번호를 랜덤으로 생성할 때 많이 사용합니다. 자바에서는 java.util 패키지를 이용해서 이를 처리할 수 있습니다.

구현을 위해서 tbl_member 테이블에 임의의 문자열을 보관하기 위한 uuid라는 이름의 칼럼을 추가합니다.

```
alter table tbl_member add column uuid varchar(50);
```

실습_08 자동 로그인 처리

우선은 login.jsp에 자동 로그인 여부를 묻는 체크박스를 추가하여 구성합니다.

```html
<form action="/login" method="post">
    <input type="text" name="mid">
    <input type="text" name="mpw">
    <input type="checkbox" name="auto">
    <button type="submit">LOGIN</button>
</form>
```

로그인을 처리하는 LoginController의 doPost( )에서는 'auto'라는 이름으로 체크박스에서 전송되는 값이 'on'인지를 확인합니다.

```java
log.info("login post........");

String mid = req.getParameter("mid");
String mpw = req.getParameter("mpw");

String auto  = req.getParameter("auto");

boolean rememberMe = auto != null && auto.equals("on");
```

rememberMe라는 변수가 true라면 java.util의 UUID를 이용해서 임의의 번호를 생성합
니다.

```
if(rememberMe){
    String uuid = UUID.randomUUID().toString();
}
```

· **MemberVO, MemberDTO의 수정**

새롭게 uuid가 추가되었으므로 이를 MemberVO와 MemberDTO에 반영합니다.

```
public class MemberVO {

    private String mid;
    private String mpw;
    private String mname;
    private String uuid;
}
```

```
public class MemberDTO {

    private String mid;
    private String mpw;
    private String mname;
    private String uuid;
}
```

rememberMe가 true라면 tbl_member 테이블에 사용자의 정보에 uuid를 수정하도록
MemberDAO에 추가적인 기능을 작성합니다.

```
public void updateUuid(String mid, String uuid) throws  Exception {

    String sql = "update tbl_member set uuid =? where mid = ?";

    @Cleanup Connection connection = ConnectionUtil.INSTANCE.getConnection();
    @Cleanup PreparedStatement preparedStatement =
            connection.prepareStatement(sql);

    preparedStatement.setString(1, uuid);
    preparedStatement.setString(2, mid);
```

```
        preparedStatement.executeUpdate();

}
```

MemberService에도 메소드를 추가합니다.

```java
public void updateUuid(String mid, String uuid)throws Exception {

    dao.updateUuid(mid, uuid);

}
```

LoginController에서는 로그인 후에 이를 반영합니다.

```java
package org.zerock.w2.controller;


import lombok.extern.log4j.Log4j2;
import org.zerock.w2.dto.MemberDTO;
import org.zerock.w2.service.MemberService;

import javax.servlet.ServletException;
import javax.servlet.annotation.WebServlet;
import javax.servlet.http.HttpServlet;
import javax.servlet.http.HttpServletRequest;
import javax.servlet.http.HttpServletResponse;
import javax.servlet.http.HttpSession;
import java.io.IOException;
import java.util.UUID;

@WebServlet("/login")
```

```java
@Log4j2
public class LoginController extends HttpServlet {

    ...생략...


    @Override
    protected void doPost(HttpServletRequest req, HttpServletResponse resp) throws
                                                ServletException, IOException {

        log.info("login post........");

        String mid = req.getParameter("mid");
        String mpw = req.getParameter("mpw");

        String auto  = req.getParameter("auto");

        boolean rememberMe = auto != null && auto.equals("on");

        try {
            MemberDTO memberDTO = MemberService.INSTANCE.login(mid, mpw);

            if(rememberMe){
                String uuid = UUID.randomUUID().toString();

                MemberService.INSTANCE.updateUuid(mid, uuid);
                memberDTO.setUuid(uuid);
            }


            HttpSession session = req.getSession();
            session.setAttribute("loginInfo", memberDTO);
            resp.sendRedirect("/todo/list");

        } catch (Exception e) {
            resp.sendRedirect("/login?result=error");
        }
    }

}
```

프로젝트를 실행하고 로그인 시에 체크박스를 체크하면 데이터베이스에 임의의 값이 생성
되는 것을 확인할 수 있습니다.

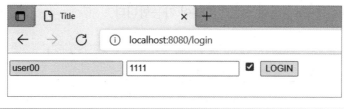

· 쿠키 생성 및 전송

쿠키에 들어가야 하는 문자열이 제대로 처리되었다면 이제 브라우저에 remember-me 이름의 쿠키를 생성해서 전송합니다.

```java
if(rememberMe){
    String uuid = UUID.randomUUID().toString();

    MemberService.INSTANCE.updateUuid(mid, uuid);
    memberDTO.setUuid(uuid);

    Cookie rememberCookie =
            new Cookie("remember-me", uuid);
    rememberCookie.setMaxAge(60*60*24*7);    //쿠키의 유효기간은 1주일
    rememberCookie.setPath("/");

    resp.addCookie(rememberCookie);

}
```

앞의 코드가 적용되면 로그인 처리 후에 다음과 같은 응답 메시지가 전송됩니다.

```
▼ 응답 헤더    소스 보기
  Connection: keep-alive
  Content-Length: 0
  Date: Tue, 08 Mar 2022 07:15:44 GMT
  Keep-Alive: timeout=20
  Location: /todo/list
  Set-Cookie: remember-me=a8eab850-4644-41f9-b56f-8a0e1df2e713; Max-Age=604800; Expires=Tue, 15-Mar-2022 07:15:44 GMT; Path=/
```

브라우저 내에 쿠키들이 존재하는지 확인이 가능합니다.

이름	값	Domain	Path	Expires / Max-Age
remember-me	a8eab850-4644-41f9-b56f-8a0e1df2e713	localhost	/	2022-03-15T07:15:...
JSESSIONID	B3BF2F038447448B76D79D9E680D8918	localhost	/	세션
viewTodos	1-3-5-	localhost	/	2022-03-09T06:56:...

· **쿠키의 값을 이용한 사용자 조회**

쿠키 안에 UUID로 생성된 값을 저장했다면 쿠키의 값을 이용해서 해당 사용자의 정보를 로딩해 오는 기능도 필요합니다.

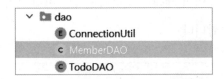

MemberDAO에는 selectUUID( ) 기능을 새롭게 추가합니다.

```java
public MemberVO selectUUID(String uuid) throws Exception{

    String query = "select mid, mpw, mname, uuid from tbl_member where uuid =?";

    @Cleanup Connection connection = ConnectionUtil.INSTANCE.getConnection();
    @Cleanup PreparedStatement preparedStatement =
            connection.prepareStatement(query);
    preparedStatement.setString(1, uuid);

    @Cleanup ResultSet resultSet = preparedStatement.executeQuery();

    resultSet.next();

    MemberVO memberVO = MemberVO.builder()
            .mid(resultSet.getString(1))
            .mpw(resultSet.getString(2))
            .mname(resultSet.getString(3))
            .uuid(resultSet.getString(4))
            .build();
```

```
        return memberVO;

}
```

MemberService에도 uuid 값으로 사용자를 찾을 수 있도록 getByUUID()를 추가합니다.

```
public MemberDTO getByUUID(String uuid) throws  Exception {

    MemberVO vo = dao.selectUUID(uuid);

    MemberDTO memberDTO = modelMapper.map(vo, MemberDTO.class);

    return memberDTO;
}
```

· LoginCheckFilter에서의 쿠키 체크

과거에 LoginCheckFilter는 HttpSession에 'loginIn-
fo'라는 이름으로 객체가 저장된 것인지만을 확인했지만
이제는 HttpSession에는 없고, 쿠키에 UUID 값만 있는
경우를 고려해야 합니다.

전체 진행과정을 정리해 보면 다음과 같은 방식으로 로그인 체크가 이루어 집니다.

- HttpServletRequest를 이용해서 모든 쿠키 중에서 'remember-me' 이름의 쿠키를 검색

- 해당 쿠키의 value를 이용해서 MemberService를 통해 MemberDTO를 구성

- HttpSession을 이용해서 'loginInfo'라는 이름으로 MemberDTO를 setAttribute( )

- 정상적으로 FilterChain의 doFilter( )를 수행

```java
package org.zerock.w2.filter;

import lombok.extern.log4j.Log4j2;
import org.zerock.w2.dto.MemberDTO;
import org.zerock.w2.service.MemberService;

import javax.servlet.*;
import javax.servlet.annotation.WebFilter;
import javax.servlet.http.Cookie;
import javax.servlet.http.HttpServletRequest;
import javax.servlet.http.HttpServletResponse;
import javax.servlet.http.HttpSession;
import java.io.IOException;
import java.util.Arrays;
import java.util.Optional;


@WebFilter(urlPatterns = {"/todo/*"})
@Log4j2
public class LoginCheckFilter implements Filter {

    @Override
    public void doFilter(ServletRequest request, ServletResponse response,
                        FilterChain chain) throws IOException, ServletException {

        log.info("Login check filter....");

        HttpServletRequest req = (HttpServletRequest)request;
        HttpServletResponse resp = (HttpServletResponse)response;

        HttpSession session = req.getSession();

        if(session.getAttribute("loginInfo") != null){
            chain.doFilter(request,response);
            return;
        }

        //session에 loginInfo 값이 없다면
        //쿠키를 체크
        Cookie cookie = findCookie(req.getCookies(), "remember-me");

        //세션에도 없고 쿠키도 없다면 그냥 로그인으로
        if(cookie == null) {
            resp.sendRedirect("/login");
            return;
        }
```

```java
            //쿠키가 존재하는 상황이라면
            log.info("cookie는 존재하는 상황");
            //uuid값
            String uuid = cookie.getValue();

            try {
                //데이터베이스 확인
                MemberDTO memberDTO = MemberService.INSTANCE.getByUUID(uuid);

                log.info("쿠키의 값으로 조회한 사용자 정보: " + memberDTO );
                if(memberDTO == null){
                    throw new Exception("Cookie value is not valid");
                }
                //회원 정보를 세션에 추가
                session.setAttribute("loginInfo", memberDTO);
                chain.doFilter(request, response);

            } catch (Exception e) {
                e.printStackTrace();
                resp.sendRedirect("/login");
            }
        }
    }

    private Cookie findCookie(Cookie[] cookies, String name){

        if(cookies == null || cookies.length == 0){
            return null;
        }

        Optional<Cookie> result = Arrays.stream(cookies)
                .filter(ck -> ck.getName().equals(name))
                .findFirst();

        return result.isPresent()?result.get():null;
    }
}
```

앞의 코드가 적용된 후에 '/todo/list'를 호출하는 경우를 생각해 보면 다음과 같습니다.

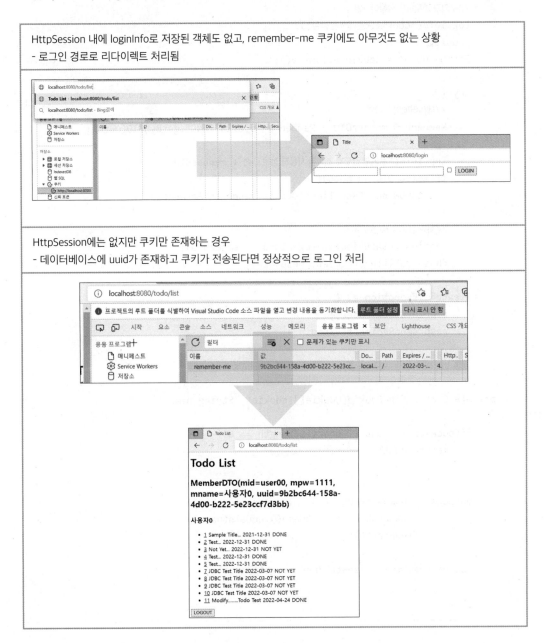

앞선 방식의 단점은 쿠키가 가진 UUID 값에 어느 정도 갱신을 위한 추가적인 장치가 있어야 한다는 점입니다. 주기적으로 UUID 값을 바꾸는 방식을 적용해서 좀 더 안전한 자동 로그인을 구현할 수 있습니다.

3.3 리스너(Listener)

서블릿 API에는 리스너(Listener)라는 이름이 붙은 특별한 인터페이스들이 존재합니다. 리스너 객체들은 아주 특별해서 이벤트(Event)라는 특정한 데이터가 발생하면 자동으로 실행되는 특징이 있습니다.

리스너를 이용하면 어떤 정보가 발생(이벤트(event))했을 때 미리 약속해둔 동작을 수행할 수 있으므로 기존의 코드를 변경하지 않고도 추가적인 기능을 수행할 수 있습니다.

이 절에서 리스너를 살펴보는 이유는 스프링 MVC가 리스너를 통해서 동작하기 때문입니다.

리스너의 개념과 용도

프로그램을 작성하다 보면 어떤 작업의 영향으로 다른 작업이 같이 실행되어야 하는 경우가 있습니다. 예를 들어 현재 서버에 접속한 모든 사용자의 IP를 로그로 남겨야 하는 경우를 생각해 봅니다. 가장 무식한 방법은 모든 컨트롤러의 코드를 열어서 doGet( )/doPost( )에 로그를 기록하는 것입니다.

이러한 문제를 해결하기 위해서 사용하는 패턴이 '옵저버(observer) 패턴'입니다. 옵저버 패턴은 특정한 변화를 '구독(subscribe)'하는 객체들을 보관하고 있다가 변화가 발생(발행 (publish)이라고 표현)하면 구독 객체들을 실행하는 방식입니다.

실생활에서 '재난 감시 시스템'이 이러한 좋은 예가 될 수 있습니다. 예를 들어 지진 감지 센서가 데이터를 발생한다면 이를 이벤트(Event)라고 하고, 해당 이벤트 관제 센터에 통보됩니다. 관제 센터에서는 산하 기관들에 '지진이 발생했음'을 알려주게 되는데 마지막 산하 기관들이 바로 '이벤트 리스너'라고 하는 존재가 됩니다.

서블릿 API는 여러 이벤트(Event)에 맞는 리스너들을 인터페이스들로 정의해 두었는데 이를 이용해서 다음과 같은 작업을 처리할 수 있습니다.

- 해당 웹 애플리케이션이 시작되거나 종료될 때 특정한 작업을 수행

- HttpSession에 특정한 작업에 대한 감시와 처리

- HttpServletRequest에 특정한 작업에 대한 감시와 처리

 ## ServletContextListener

프로젝트를 개발하다 보면 해당 프로젝트가 실행되자마자
실행되었으면 하는 작업이 있을 수 있습니다. ServletCon-
textListener는 이러한 작업을 위해서 사용합니다.

프로젝트 내에 listener라는 패키지를 생성하고 패키지 내
에 W2AppListener 클래스를 생성합니다.

```java
package org.zerock.w2.listener;

import lombok.extern.log4j.Log4j2;

import javax.servlet.ServletContextEvent;
import javax.servlet.ServletContextListener;
import javax.servlet.annotation.WebListener;

@WebListener
@Log4j2
public class W2AppListener implements ServletContextListener {

    @Override
    public void contextInitialized(ServletContextEvent sce) {

        log.info("---------init-----------------------");
        log.info("---------init-----------------------");
        log.info("---------init-----------------------");
    }

    @Override
    public void contextDestroyed(ServletContextEvent sce) {

        log.info("---------destroy------------------------");
        log.info("---------destroy------------------------");
        log.info("---------destroy------------------------");


    }
}
```

W2AppListener는 ServletContextListener 인터페이스를 구현하도록 구현하고, @We-bListener라는 어노테이션을 추가합니다.

클래스 내부에는 contextInitialized( )와 contextDestroyed( )를 오버라이드 합니다.

프로젝트를 실행하면 로그가 출력되는 것을 확인할 수 있고, 종료할 때도 로그가 기록됩니다.

```
16:54:44.496 [RMI TCP Connection(3)-127.0.0.1] INFO  org.zerock.w2.listener.W2AppListener - ----------init--------------------------
16:54:44.503 [RMI TCP Connection(3)-127.0.0.1] INFO  org.zerock.w2.listener.W2AppListener - ----------init--------------------------
16:54:44.503 [RMI TCP Connection(3)-127.0.0.1] INFO  org.zerock.w2.listener.W2AppListener - ----------init--------------------------
```

...

```
16:55:11.422 [main] INFO  org.zerock.w2.listener.W2AppListener - ----------destroy--------------------------
16:55:11.422 [main] INFO  org.zerock.w2.listener.W2AppListener - ----------destroy--------------------------
16:55:11.422 [main] INFO  org.zerock.w2.listener.W2AppListener - ----------destroy--------------------------
08-Mar-2022 16:55:11.428 정보 [main] org.apache.coyote.AbstractProtocol.stop 프로토콜 핸들러 ["http-nio-8080"]을(를) 중지시킵니다.
```

• ServletContextEvent와 ServletContext

contextInitialized( )와 contextDestroyed( )에는 파라미터로는 특별한 객체인 Servlet-ContextEvent라는 객체가 전달됩니다. ServletContextEvent를 이용하면 현재 애플리케이션이 실행되는 공간인 ServletContext를 접근할 수 있습니다.

ServletContext는 쉽게 말해서 현재의 웹 애플리케이션 내 모든 자원들을 같이 사용하는 공간이므로 이 공간에 무언가를 저장하면 모든 컨트롤러나 JSP 등에서 이를 활용할 수 있게 됩니다.

ServletContext에는 setAttribute( )를 이용해서 원하는 이름으로 객체를 보관할 수 있습니다. 예를 들어 'appName'이라는 이름으로 'W2'라는 이름을 지정한다면 다음과 같은 구조가 됩니다.

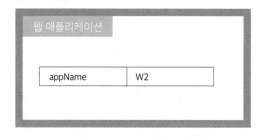

이렇게 ServletContext를 이용해서 저장된 객체는 서블릿 JSP/EL에 공유해서 사용할 수 있습니다.

특히 EL의 경우 ${appName}과 같이 단순한 이름만을 이용해도 이를 활용할 수 있습니다.

W2AppListener의 코드를 다음과 같이 수정해 봅니다.

```java
@Override
public void contextInitialized(ServletContextEvent sce) {

    log.info("----------init----------------------------");
    log.info("----------init----------------------------");
    log.info("----------init----------------------------");

    ServletContext servletContext = sce.getServletContext();

    servletContext.setAttribute("appName", "W2");

}
```

HttpServletRequest에는 getServletContext( ) 메소드를 이용해서 ServletContext를 이용할 수 있는데 예를 들어 TodoListController에서 이를 활용한다면 다음과 같이 사용할 수 있습니다.

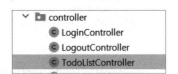

```java
@Override
protected void doGet(HttpServletRequest req, HttpServletResponse resp) throws
ServletException, IOException {

    log.info("todo list.................");

    ServletContext servletContext = req.getServletContext();

    log.info("appName:  " + servletContext.getAttribute("appName"));

    try {
        List<TodoDTO> dtoList = todoService.listAll();
        req.setAttribute("dtoList", dtoList);
        req.getRequestDispatcher("/WEB-INF/todo/list.jsp").forward(req,resp);
    } catch (Exception e) {
        log.error(e.getMessage());
        throw new ServletException("list error");
    }
}
```

/WEB-INF/todo/list.jsp에는 다음과 같이 코드를 작성할 수 있습니다.

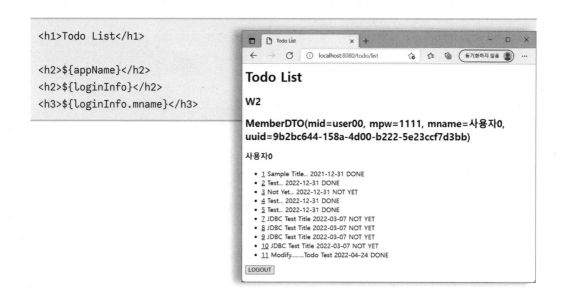

```
<h1>Todo List</h1>

<h2>${appName}</h2>
<h2>${loginInfo}</h2>
<h3>${loginInfo.mname}</h3>
```

・ **ServletContextListener와 스프링 프레임워크**

ServletContextListener와 ServletContext를 이용하면 프로젝트가 실행될 때 필요한 객체들을 준비하는 작업을 처리할 수 있습니다.

예를 들어 커넥션 풀을 초기화하거나 TodoService와 같은 객체들을 미리 생성해서 보관할 수 있습니다. 예제에서는 같은 객체를 사용하기 위해서 enum으로 객체를 하나만 생성해서 사용했던 모든 예제를 처리할 수 있습니다.

ServletContextListener를 설명하는 진짜 이유는 스프링 프레임워크와 관련이 있기 때문입니다. 스프링 프레임워크를 웹 프로젝트에서 미리 로딩하는 작업을 처리할 때 ServletContextListener를 이용합니다.

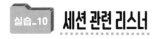 **세션 관련 리스너**

서블릿의 리스너 중에는 HttpSession 관련 작업을 감시하는 리스너들을 등록할 수 있습니다. HttpSessionListener나 HttpSessionAttributeListener 등이 바로 그러한 예인데 이를 이용해서 HttpSession이 생성되거나 setAttribute( ) 등의 작업이 이루어질 때 이를 감지할 수 있습니다.

listener 패키지에 LoginListener 클래스를 추가합니다.

```
package org.zerock.w2.listener;

import lombok.extern.log4j.Log4j2;

import javax.servlet.annotation.WebListener;
import javax.servlet.http.HttpSessionAttributeListener;
import javax.servlet.http.HttpSessionBindingEvent;

@WebListener
@Log4j2
public class LoginListener implements HttpSessionAttributeListener {

    @Override
    public void attributeAdded(HttpSessionBindingEvent event) {

        String name = event.getName();

        Object obj = event.getValue();

        if(name.equals("loginInfo")){
            log.info("A user logined...........");
            log.info(obj);
        }
    }
}
```

LoginListener는 HttpSessionAttributeListener 인터페이스를 구현했는 데 HttpSession-AttributeListener 인터페이스는 attributeAdded(), attributeRemoved(), attributeReplaced( )를 이용해서 HttpSession에 setAttribute( )/removeAttribute( ) 등의 작업을 감지할 수 있습니다.

앞의 코드가 적용된 후에 새로운 로그인이 발생하면 로그에는 다음과 같은 메시지가 출력됩니다.

```
org.zerock.jdbcex.listener.LoginListener - A user logined..........
org.zerock.jdbcex.listener.LoginListener - MemberDTO(mid=user00, mpw=1111, mname=사용자0, uuid=null)
org.zerock.jdbcex.filter.LoginCheckFilter - Login check filter....
org.zerock.jdbcex.controller.TodoListController - todo list.................
```

4장

스프링과
스프링 Web
MVC

최근 자바를 이용하는 웹 개발의 기본은 서블릿/JSP이기 보다는 스프링 프레임워크를 이용하는 것이 기본처럼 여겨지고 있습니다. 이번 장에서는 앞에서 배운 개념들이 스프링 프레임워크를 만나 어떻게 변경되었는지 살펴보고 이를 실습하도록 합니다.

스프링 프레임워크의 필요성은 이 책의 후반부 스프링 부트를 이용하기 위해서라도 기본적인 개념과 처리 방식을 알아둘 필요가 있습니다.

의존성 주입과 스프링

스프링 프레임워크가 가장 많이 사용되는 곳은 웹 개발 프로젝트이긴 하지만, 스프링 프레임워크의 출발점은 객체지향이나 설계와 관련된 내용들이 주를 이루고 있습니다.

이번 절에서는 스프링을 이해하기 위한 핵심적인 내용으로 '의존성 주입(dependency injection)'을 학습하도록 합니다.

스프링의 시작

스프링 프레임워크는 원래 웹이라는 제한적인 용도로만 쓰이는 것이 아니라 객체지향의 '의존성 주입(dependency injection)' 기법을 적용할 수 있는 객체지향 프레임워크였습니다.

스프링 프레임워크는 로드 존슨이 2002년도에 집필했던 'J2EE 설계 및 개발(wrox)'이라는 책의 예제 코드에서 시작되었는데 말 그대로 효과적이고 가볍게 J2EE를 이용할 수 있다는 것을 증명하면서 예제의 코드들을 발전시킨 것입니다.

2000년 당시 자바 진영에서 JavaEE의 여러 가지 스펙을 정의하고 비대해지는 동안 스프링 프레임워크는 반대로 '경량(light weight) 프레임워크'를 목표로 만들어졌습니다. 그 당시 자바 진영에서는 EJB라는 기술을 기업용 애플리케이션 개발에 사용하기를 권장했습니다만 어마어마한 비용과 복잡함으로 인해 많은 비판이 있었습니다.

스프링이 등장할 때 여러 종류의 프레임워크들이 비슷한 사상으로 등장했지만 다른 프레임워크들과 달리 스프링 프레임워크는 개발과 설계 전반에 관련된 문제들을 같이 다루었기 때문에 결론적으로 가장 성공한 프레임워크로 기록되었습니다.

스프링 프레임워크는 가장 중요한 '코어(core)' 역할을 하는 라이브러리와 여러 개의 추가적인 라이브러리를 결합하는 형태로 프로젝트를 구성하는데 가장 대표적으로 웹 MVC 구현을 쉽게 할 수 있는 'Spring Web MVC'나 JDBC 처리를 쉽게 할 수 있는 'MyBatis'를 연동하는 'mybatis-spring'과 같은 라이브러리가 그러한 예입니다.

의존성 주입

　스프링이 객체지향 구조를 설계할 때 받아들인 개념은 '의존성 주입(Dependency Injection)'이라는 사상입니다. 의존성 주입은 어떻게 하면 '객체와 객체 간의 관계를 더 유연하게 유지할 것인가?'에 대한 고민으로 객체의 생성과 관계를 효과적으로 분리할 수 있는 방법에 대한 고민입니다.

　예를 들어 이전 예제들에서 모든 컨트롤러들은 TodoService 혹은 MemberService와 같은 서비스 객체를 이용해야만 합니다. 이 경우 컨트롤러는 서비스 객체에 의존적(dependent)이라고 표현합니다.

　즉 의존성이란 하나의 객체가 자신이 해야 하는 일을 하기 위해서 다른 객체의 도움이 필수적인 관계를 의미합니다.

　과거에는 의존성을 해결하기 위해 컨트롤러에서 직접 서비스 객체를 생성하거나 앞의 예제들과 같이 하나의 객체만을 생성해서 활용하는 등의 다양한 패턴을 설계해서 적용해 왔는데 스프링 프레임워크는 바로 이런 점을 프레임워크 자체에서 지원하고 있습니다.

　스프링 프레임워크는 다양한 방식으로 필요한 객체를 찾아서 사용할 수 있도록 XML 설정이나 자바 설정 등을 이용할 수 있습니다. 이 책에서는 XML 설정을 이용하고, 뒤쪽의 스프링 부트편에서는 자바 설정을 이용하도록 합니다.

프로젝트 생성

　의존성 주입을 테스트하기 위한 프로젝트는 'springex'라는 이름의 프로젝트를 생성해서 사용하도록 합니다. 프로젝트는 'Web application'으로 지정하고 다음 그림과 같이 Java와 Gradle을 이용하고 Group은 'org.zerock'을 지정합니다(Java EE 8 버전 이용 설정을 주의합니다).

프로젝트 생성 후에는 톰캣 관련 설정을 조정합니다.

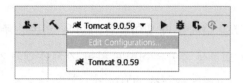

우선 프로젝트의 빠른 로딩을 위해서 [deployment] 설정을 변경합니다. 'war(exploded)'
로 지정하고 경로를 '/'로 조정합니다.

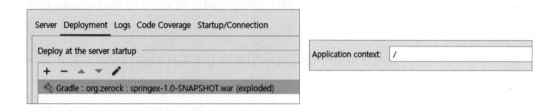

[Server] 탭에서는 톰캣의 인코딩 설정과 재시작 옵션을 조정합니다.

VM options:	-Dfile.encoding=UTF-8	
On 'Update' action:	Update classes and resources	☑ Show dialog
On frame deactivation:	Update classes and resources	

스프링 라이브러리 추가

프로젝트 생성 후에는 기본적으로 스프링을 구동하는 데 필요한 라이브러리들을 추가해
주어야 합니다. 스프링 프레임워크는 추가하는 jar 파일에 따라서 사용할 수 있는 기능들이
달라집니다.

프레임워크 관련 라이브러리 버전은 구글을 이용해서 메이븐 저장소를 찾을 수 있습니다.

가장 먼저 다음 그림과 같이 'Spring Core'라는 라이브러리를 찾아봅니다.

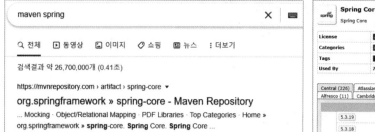
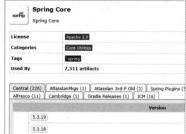

여러 라이브러리를 추가할 때는 같은 버전을 이용하도록 주의해야 합니다. 라이브러리 버전이 다른 경우에는 제대로 동작하지 않을 수 있습니다.

프로젝트에 생성된 build.gradle 파일을 조정합니다. 스프링과 관련해서 'core, context, test' 라이브러리를 우선적으로 추가합니다.

```
dependencies {
    compileOnly('javax.servlet:javax.servlet-api:4.0.1')

    testImplementation("org.junit.jupiter:junit-jupiter-api:${junitVersion}")
    testRuntimeOnly("org.junit.jupiter:junit-jupiter-engine:${junitVersion}")

    implementation group: 'org.springframework', name: 'spring-core', version:
                                                                        '5.3.19'
    implementation group: 'org.springframework', name: 'spring-context', version:
                                                                        '5.3.19'
    implementation group: 'org.springframework', name: 'spring-test', version:
                                                                        '5.3.19'
}
```

라이브러리들을 추가할 때는 버전을 통일해 주는 것이 좋습니다. 버전이 다를 경우 동작하지 않거나 오작동의 우려가 있습니다.

· Lombok 라이브러리의 추가

build.gradle의 dependencies 항목에 Lombok 라이브러리를 추가합니다. 테스트 환경에서도 사용할 수 있도록 테스트 관련 설정도 한번에 추가합니다.

```
compileOnly 'org.projectlombok:lombok:1.18.24'
annotationProcessor 'org.projectlombok:lombok:1.18.24'
```

```
testCompileOnly 'org.projectlombok:lombok:1.18.24'
testAnnotationProcessor 'org.projectlombok:lombok:1.18.24'
```

• Log4j2라이브러리 추가

Lombok을 이용해서 @Log4j2를 이용하려면 Log4j2 관련 라이브러리들을 추가합니다.

```
implementation group: 'org.apache.logging.log4j', name: 'log4j-core', version:
                                                                        '2.17.2'
implementation group: 'org.apache.logging.log4j', name: 'log4j-api', version:
                                                                        '2.17.2'
implementation group: 'org.apache.logging.log4j', name: 'log4j-slf4j-impl',
                                                            version: '2.17.2'
```

라이브러리를 추가한 후에는 resources 폴더에 log4j2.xml
을 추가합니다.

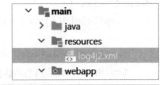

```xml
<?xml version="1.0" encoding="UTF-8"?>

<configuration status="INFO">

    <Appenders>
        <!-- 콘솔 -->
        <Console name="console" target="SYSTEM_OUT">
            <PatternLayout charset="UTF-8" pattern="%d{hh:mm:ss} %5p [%c] %m%n"/>
        </Console>
    </Appenders>

    <loggers>
        <logger name="org.springframework" level="INFO" additivity="false">
            <appender-ref ref="console" />
        </logger>

        <logger name="org.zerock" level="INFO" additivity="false">
            <appender-ref ref="console" />
        </logger>

        <root level="INFO" additivity="false">
            <AppenderRef ref="console"/>
        </root>
```

```
    </loggers>

</configuration>
```

• JSTL 라이브러리의 추가

프로젝트에서는 JSP를 이용해 화면을 구성할 것이므로 JSP에서 사용할 JSTL 라이브러리 역시 build.gradle에 추가합니다.

```
implementation group: 'jstl', name: 'jstl', version: '1.2'
```

실습_01 의존성 주입하기

개발 환경이 갖추어졌다면 스프링을 이용해서 의존성 주입을 실습해 봅니다. 프로젝트에 sample이라는 패키지를 작성하고 아무 내용이 없는 SampleService와 SampleDAO 클래스를 추가합니다.

• 설정 파일 추가

스프링 프레임워크는 자체적으로 객체를 생성하고 관리하면서 필요한 곳으로 객체를 주입(inject)하는 역할을 하는데 이를 위해서는 설정 파일이나 어노테이션 등을 이용해야 합니다.

스프링이 관리하는 객체들은 빈(Bean)이라는 이름으로 불리는데 프로젝트 내에서 어떤 빈(객체)들을 어떻게 관리할 것인지를 설정하는 설정 파일을 작성할 수 있습니다.

스프링의 빈 설정은 XML을 이용하거나 별도의 클래스를 이용하는 자바 설정이 가능합니다. 예제에서는 우선 XML 설정을 이용하도록 하고, 스프링 부트에서 자바 설정을 이용해 보도록 합니다.

프로젝트의 'WEB-INF' 폴더에서 [New ⇨ XML Configuration File ⇨ Spring Config]를 선택합니다.

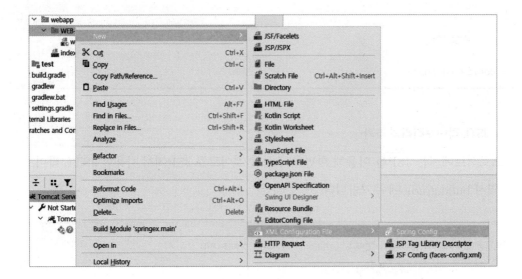

파일의 이름은 'root-context.xml'으로 지정합니다.

생성된 root-context.xml 파일을 열면 오른쪽 상단에 [Configure application context]라는 설정 메뉴가 보이는데 이는 현재 프로젝트를 인텔리제이에서 스프링 프레임워크로 인식하고 필요한 기능들을 지원하기 위한 설정입니다.

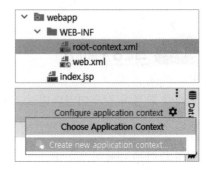

[Create new application context...] 항목을 선택하고 [root-context.xml]을 선택합니다.

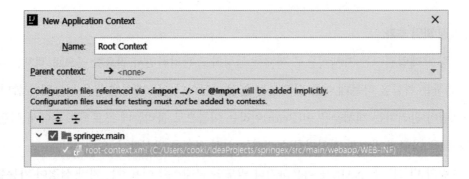

생성된 root-context.xml은 다음과 같은 구조로 생성됩니다.

```xml
<?xml version="1.0" encoding="UTF-8"?>
<beans xmlns="http://www.springframework.org/schema/beans"
       xmlns:xsi="http://www.w3.org/2001/XMLSchema-instance"
       xsi:schemaLocation="http://www.springframework.org/schema/beans http://www.
```

```
                       springframework.org/schema/beans/spring-beans.xsd">

</beans>
```

root-context.xml의 내부에 <bean>이라는 태그를 이용해서 SampleService와 SampleD-AO를 다음과 같이 설정해 봅니다(자동 완성 기능을 지원하기 때문에 간단히 추가할 수 있습니다).

```
<?xml version="1.0" encoding="UTF-8"?>
<beans xmlns="http://www.springframework.org/schema/beans"
      xmlns:xsi="http://www.w3.org/2001/XMLSchema-instance"
      xsi:schemaLocation="http://www.springframework.org/schema/beans http://www.
                           springframework.org/schema/beans/spring-beans.xsd">

    <bean class="org.zerock.springex.sample.SampleDAO"></bean>

    <bean class="org.zerock.springex.sample.SampleService"></bean>

</beans>
```

프로젝트 아래에 있는 spring 메뉴를 이용하면 root-context.xml에 설정된 객체들이 아이콘으로 확인할 수 있습니다.

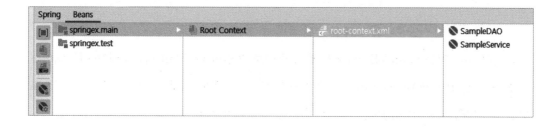

• 스프링의 빈 설정 테스트

스프링으로 프로젝트를 구성하는 경우 상당히 많은 객체를 설정하기 때문에 나중에 한 번의 에러가 발생했을 때 원인을 찾으려고 하면 상당히 어려운 경우가 많습니다. 따라서 가능하다면 개발 단계에서 많은 테스트를 진행하면서 개발하는 것이 좋습니다.

프로젝트 생성 시에 추가된 test 폴더에 프로젝트와 동일하게 org.zerock.springex.sample 패키지를 생성하고 SampleTests 클래스를 추가해 봅니다.

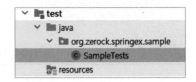

```java
package org.zerock.springex.sample;

import lombok.extern.log4j.Log4j2;
import org.junit.jupiter.api.Assertions;
import org.junit.jupiter.api.Test;
import org.junit.jupiter.api.extension.ExtendWith;
import org.springframework.beans.factory.annotation.Autowired;
import org.springframework.test.context.ContextConfiguration;
import org.springframework.test.context.junit.jupiter.SpringExtension;

@Log4j2
@ExtendWith(SpringExtension.class)
@ContextConfiguration(locations="file:src/main/webapp/WEB-INF/root-context.xml")
public class SampleTests {

    @Autowired
    private SampleService sampleService;

    @Test
    public void testService1() {
        log.info(sampleService);
        Assertions.assertNotNull(sampleService);
    }
}
```

SampleTests에는 SampleService를 멤버 변수로 선언하고 @Autowired라는 어노테이션을 적용해 봅니다. @Autowired는 스프링에서 사용하는 의존성 주입 관련 어노테이션으로 '만일 해당 타입의 빈(Bean)이 존재하면 여기에 주입해 주기를 원한다'라는 의미입니다.

@ExtendWith(SpringExtension.class)는 JUnit5 버전에서 'spring-test'를 이용하기 위한 설정입니다(JUnit4 버전에서는 @Runwith).

@ContextConfiguration 어노테이션은 스프링의 설정 정보를 로딩하기 위해서 사용합니다. 현재 프로젝트의 경우 XML로 설정되어 있기 때문에 @ContextConfiguration의 locations 속성을 이용하고, 자바 설정을 이용하는 경우에는 classes 속성을 이용합니다.

testService1( )을 실행해 보면 다음과 같이 스프링에서 생성하고 관리하는 객체를 확인할 수 있습니다.

```
> Task :test
12:14:51  INFO [org.springframework.test.context.support.DefaultTestContextBootstrapper] Loaded default TestExecutionListener class
12:14:51  INFO [org.springframework.test.context.support.DefaultTestContextBootstrapper] Using TestExecutionListeners: [org.springfr
12:14:51  INFO [org.zerock.springex.sample.SampleTests] org.zerock.springex.sample.SampleService@46d9aec8
BUILD SUCCESSFUL in 1s
```

만일 root-context.xml에 SampleService에 대한 설정이 없었다면 다음과 같은 에러가 발생하게 됩니다.

```
12:15:54  INFO [org.springframework.test.context.support.DefaultTestContextBootstrapper] Loaded default TestExecutionListener class names f
12:15:54  INFO [org.springframework.test.context.support.DefaultTestContextBootstrapper] Using TestExecutionListeners: [org.springframework
12:15:54  ERROR [org.springframework.test.context.TestContextManager] Caught exception while allowing TestExecutionListener [org.springframe
org.springframework.beans.factory.UnsatisfiedDependencyException Create breakpoint : Error creating bean with name 'org.zerock.springex.sample.S
    at org.springframework.beans.factory.annotation.AutowiredAnnotationBeanPostProcessor$AutowiredFieldElement.resolveFieldValue(AutowiredA
    at org.springframework.beans.factory.annotation.AutowiredAnnotationBeanPostProcessor$AutowiredFieldElement.inject(AutowiredAnnotationBe
    at org.springframework.beans.factory.annotation.InjectionMetadata.inject(InjectionMetadata.java:119) ~[spring-beans-5.3.16.jar:5.3.16]
```

이 중에서 다음과 같이 핵심적인 에러 메시지를 자세히 살펴보도록 하겠습니다.

```
org.springframework.beans.factory.UnsatisfiedDependencyException: Error creating
bean with name 'org.zerock.springex.sample.SampleTests': Unsatisfied dependency
expressed through field 'sampleService'; nested exception is org.springframework.
beans.factory.NoSuchBeanDefinitionException: No qualifying bean of type 'org.
zerock.springex.sample.SampleService' available: expected at least 1 bean which
qualifies as autowire candidate.
```

에러의 내용은 SampleService 타입의 객체를 주입하려고 하지만 해당 타입의 객체가 스프링 내에 등록된 것이 없다는 메시지(NoSuchBeanDefinitionException)가 출력됩니다.

ApplicationContext와 빈(Bean)

테스트가 성공했다면 좀 더 본격적으로 어떤 과정을 통해서 이러한 결과가 발생했는지를 알아야 할 필요가 있습니다. 이때 꼭 필요한 용어가 ApplicationContext라는 용어입니다.

웹을 공부할 때 서블릿이 존재하는 공간을 서블릿 컨텍스트(Servlet Context)라고 했던 것처럼, 스프링에서는 빈(Bean)이라고 부르는 객체들을 관리하기 위해서 ApplicationContext 라는 존재를 활용합니다.

예제의 경우 ApplicationContext는 root-context. xml을 이용해서 스프링이 실행되고 ApplicationContext 객체가 생성됩니다.

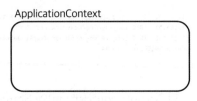

root-context.xml을 읽으면 SampleService와 SampleDAO가 <bean>으로 지정되어 있기 때문에 해당 클래스의 객체를 생성해서 관리하기 시작합니다.

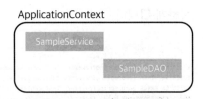

@Autowired의 의미와 필드 주입

다음 그림은 테스트 코드에서도 의존성 주입이 일어나고 있는데 SampleService 타입의 변수가 선언되어 있고, 이를 @Autowired로 처리된 부분입니다.

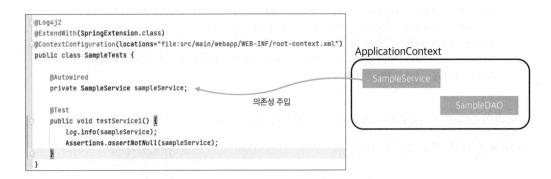

테스트를 실행하면 @Autowired가 처리된 부분에 맞는 타입의 빈(Bean)이 존재하는지를 확인하고 이를 테스트 코드 실행 시에 주입하게 됩니다. 멤버 변수에 직접 @Autowired를 선언하는 방식을 '필드 주입(Field Injection)' 방식이라고 합니다.

SampleDAO 주입하기

@Autowired를 이용하면 필요한 타입을 주입받을
수 있다는 사실을 이용해서 SampleService를 다음과
같이 변경해 봅니다.

```
package org.zerock.springex.sample;


import lombok.ToString;
import org.springframework.beans.factory.annotation.Autowired;

@ToString
public class SampleService {

    @Autowired
    private SampleDAO sampleDAO;

}
```

SampleService는 Lombok의 @ToString을 적용한 부분과 SampleDAO를 변수로 선언하
고 @Autowired를 적용해 보았습니다.

테스트 코드를 실행하면 SampleService 객체 안에 SampleDAO 객체가 주입된 것을 확인
할 수 있습니다.

```
INFO [org.springframework.test.context.support.DefaultTestContextBootstrapper] Loaded default TestExecutionListener class
INFO [org.springframework.test.context.support.DefaultTestContextBootstrapper] Using TestExecutionListeners: [org.springfr
INFO [org.zerock.springex.sample.SampleTests] SampleService(sampleDAO=org.zerock.springex.sample.SampleDAO@14379273)
```

테스트 코드가 실행되는 환경은 다음과 같은 구조가
됩니다.

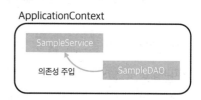

<context:component-scan>

스프링을 이용할 때는 클래스를 작성하거나 객체를 직접 생성하지 않습니다. 이 역할은 스프링 내부에서 이루어지며 ApplicationContext가 생성된 객체들을 관리하게 됩니다.

이처럼 개발자가 직접 객체를 생성하지 않는 방식은 마치 서블릿과도 상당히 유사합니다. 서블릿을 생성하면 톰캣이 웹 애플리케이션을 실행하고 필요할 때 서블릿 객체를 만드는 것과 비슷한 방식입니다.

과거에는 서블릿 기술도 web.xml에 <servlet>이라는 태그를 이용해서 서블릿 클래스의 이름과 경로를 전부 기록해야만 했지만, 최근에는 @WebServlet 어노테이션이 이를 대신하고 있습니다.

스프링도 비슷한 방식으로 발전해 왔습니다. 초기 스프링 버전에서는 XML 파일에 <bean>이라는 것을 이용해서 설정하는 방식이 2.5버전 이후에 어노테이션 형태로 변화되면서 예전에 비해 편리하게 설정이 가능해졌습니다.

실습_03 @Service,@Repository

서블릿에서도 @WebServlet이나 @WebFilter와 같이 다양한 어노테이션이 존재하듯이 스프링 프레임워크는 애플리케이션 전체를 커버하기 때문에 다양한 종류의 어노테이션을 사용하도록 작성되었습니다(스프링 2.5버전 이후).

- @Controller: MVC의 컨트롤러를 위한 어노테이션
- @Service: 서비스 계층의 객체를 위한 어노테이션
- @Repository: DAO와 같은 객체를 위한 어노테이션
- @Component: 일반 객체나 유틸리티 객체를 위한 어노테이션

어노테이션 이름으로 알 수 있듯이 스프링이 사용하는 어노테이션의 경우 웹 영역뿐만 아니라 애플리케이션 전체에 사용할 수 있는 객체들을 망라하고 있습니다. 어노테이션을 이용하게 되면 스프링 설정은 '해당 패키지를 조사해서 클래스의 어노테이션들을 이용'하는 설정으로 변경됩니다.

root-context.xml의 설정은 다음과 같이 변경합니다.

```xml
<?xml version="1.0" encoding="UTF-8"?>
<beans xmlns="http://www.springframework.org/schema/beans"
        xmlns:xsi="http://www.w3.org/2001/XMLSchema-instance"
        xmlns:context="http://www.springframework.org/schema/context"
        xsi:schemaLocation="http://www.springframework.org/schema/beans http://www.
springframework.org/schema/beans/spring-beans.xsd http://www.springframework.org/
schema/context https://www.springframework.org/schema/context/spring-context.xsd">

    <context:component-scan base-package="org.zerock.springex.sample"/>


</beans>
```

기존 설정과 비교해 보면 XML 위쪽의 xmlns(네임 스페이스)가 추가되고 schemaLoca-tion이 변경되었습니다(인텔리제이는 해당 작업이 자동으로 처리됩니다).

내용에는 'component-scan'이 추가되었는데 속성값으로는 패키지를 지정하게 됩니다. 'component-scan'은 해당 패키지를 스캔해서 스프링의 어노테이션들을 인식합니다.

SampleDAO는 해당 클래스의 객체가 스프링에서 빈(Bean)으로 관리될 수 있도록 @Reposiotry라는 어노테이션을 추가합니다.

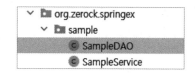

```java
package org.zerock.springex.sample;

import org.springframework.stereotype.Repository;

@Repository
public class SampleDAO {
}
```

SampleService에는 @Service 어노테이션을 추가합니다.

```
package org.zerock.springex.sample;

import lombok.ToString;
import org.springframework.beans.factory.annotation.Autowired;
import org.springframework.stereotype.Service;

@Service
@ToString
public class SampleService {

    @Autowired
    private SampleDAO sampleDAO;

}
```

기존의 테스트 코드를 실행해서 정상적으로 동작하는지를 확인합니다.

```
INFO [org.springframework.test.context.support.DefaultTestContextBootstrapper] Loaded default TestExecutionListener (
INFO [org.springframework.test.context.support.DefaultTestContextBootstrapper] Using TestExecutionListeners: [org.sp
INFO [org.zerock.springex.sample.SampleTests] SampleService(sampleDAO=org.zerock.springex.sample.SampleDAO@67110f71)
```

생성자 주입 방식

초기 스프링에서는 @Autowired를 멤버 변수에 할당하거나, Setter를 작성하는 방식을 많이 이용해 왔지만, 스프링 3 이후에는 생성자 주입 방식이라고 부르는 방식을 더 많이 활용하고 있습니다.

생성자 주입 방식은 다음과 같은 규칙으로 작성됩니다.

- 주입 받아야 하는 객체의 변수는 final로 작성합니다.
- 생성자를 이용해서 해당 변수를 생성자의 파라미터로 지정합니다.

생성자 주입 방식은 객체를 생성할 때 문제가 발생하는지를 미리 확인할 수 있기 때문에 필드 주입이나 Setter 주입 방식보다 선호되는 방식입니다.

Lombok에서는 생성자 주입을 보다 간단히 작성할 수 있는데 @RequiredArgsConstructor를 이용해서 필요한 생성자 함수를 자동으로 작성할 수 있기 때문입니다.

SampleService를 다음과 같이 수정할 수 있습니다.

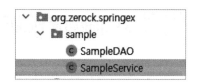

```
package org.zerock.springex.sample;

import lombok.RequiredArgsConstructor;
import lombok.ToString;
import org.springframework.beans.factory.annotation.Autowired;
import org.springframework.stereotype.Service;

@Service
@ToString
@RequiredArgsConstructor
public class SampleService {

    private final SampleDAO sampleDAO;

}
```

변경된 부분은 SampleDAO가 final로 지정된 것과 @RequiredArgsConstructor 어노테이션이 추가된 것입니다.

인터페이스를 이용한 느슨한 결합

스프링이 의존성 주입을 가능하게 하지만 좀 더 근본적으로 유연한 프로그램을 설계하기 위해서는 인터페이스를 이용해서 나중에 다른 클래스의 객체로 쉽게 변경할 수 있도록 하는 것이 좋습니다.

예를 들어 앞의 예제에서 SampleDAO를 다른 객체로 변경하려면 결론적으로 SampleService 코드 역시 수정되어야만 합니다. 추상화된 타입을 이용하면 이러한 문제를 피할 수 있는데 가장 대표적인 것이 인터페이스입니다. 인터페이스를 이용하면 실제 객체를 모르고 타입만을 이용해서 코드를 작성하는 일이 가능해 집니다.

SampleDAO를 인터페이스로 변경하기

클래스로 작성된 SampleDAO를 다음과 같이 인터페이스 타입으로 수정해 봅니다.

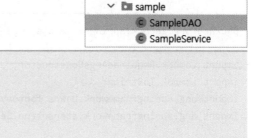

```
package org.zerock.springex.sample;

public interface SampleDAO {
}
```

SampleService는 SampleDAO라는 인터페이스를 보게 되었지만 코드상의 변경은 필요하지 않습니다.

SampleDAO 인터페이스는 실체가 없기 때문에 SampleDAO 인터페이스를 구현한 클래스를 SampleDAO-Impl이라는 이름으로 선언해 봅니다.

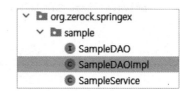

```
package org.zerock.springex.sample;

import org.springframework.stereotype.Repository;

@Repository
public class SampleDAOImpl implements SampleDAO{
}
```

SampleDAOImpl에는 @Repository를 이용해서 해당 클래스의 객체를 스프링의 빈 (Bean)으로 처리되도록 구성합니다.

SampleService의 입장에서는 인터페이스만 바라보고 있기 때문에 실제 객체가 SampleDAOImpl의 인스턴스인지 알 수 없지만, 코드를 작성하는 데에는 아무런 문제가 없습니다. 이처럼 객체와 객체의 의존 관계의 실제 객체를 몰라도 가능하게 하는 방식을 '느슨한 결합 (loose coupling)'이라고 합니다.

느슨한 결합을 이용하면 나중에 SampleDAO 타입의 객체를 다른 객체로 변경하더라도

SampleService 타입을 이용하는 코드를 수정할 일이 없기 때문에 보다 유연한 구조가 된다고 말할 수 있습니다.

• 다른 SampleDAO 객체로 변경해 보기

예를 들어 특정한 기간에만 SampleDAO를 다른 객체로 변경해야 하는 경우를 생각해 봅시다. EvenSampleDAO-Impl이라는 클래스를 다음과 같이 작성해 보겠습니다.

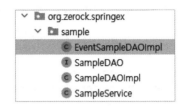

```
package org.zerock.springex.sample;

import org.springframework.stereotype.Repository;

@Repository
public class EventSampleDAOImpl implements SampleDAO{
}
```

이렇게 되면 SampleService에 필요한 SampleDAO 타입의 빈(Bean)이 두 개(SampleD-AOImpl, EventSampleDAOImpl)가 되기 때문에 스프링의 입장에서는 어떤 것을 주입해야 하는지 알 수 없게 됩니다.

또한, 테스트 코드를 실행하면 어떤 클래스의 객체를 사용해야 하는지 알 수 없으므로 에러가 발생하게 됩니다.

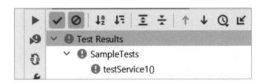

에러 메시지를 살펴보면 다음과 같은 메시지를 찾을 수 있습니다.

```
[org.springframework.test.context.support.DefaultTestContextBootstrapper] Loaded default TestExecutionListener class names
[org.springframework.test.context.support.DefaultTestContextBootstrapper] Using TestExecutionListeners: [org.springframewo
[org.zerock.springex.sample.SampleTests] SampleService(sampleDAO=org.zerock.springex.sample.EventSampleDAOImpl@3533df16)
```

에러 메시지의 핵심부분은 다음과 같습니다.

```
Error creating bean with name 'sampleService' defined in file ...생략... nested
exception is org.springframework.beans.factory.NoUniqueBeanDefinitionException: No
qualifying bean of type 'org.zerock.springex.sample.SampleDAO' available: expected
single matching bean but found 2: eventSampleDAOImpl,sampleDAOImpl
```

내용을 보면 스프링이 기대하는 것은 SampleDAO 타입의 객체가 하나(single)이길 기대했지만 2개가 발견되었다는 것입니다.

이를 해결하는 가장 간단한 방법은 두 클래스 중에 하나를 @Primary라는 어노테이션으로 지정해 주는 것입니다. 예를 들어 EventSampleDAOImpl을 지금 사용하고 싶다면 다음과 같이 @Primary로 지정합니다.

```
package org.zerock.springex.sample;

import org.springframework.beans.factory.annotation.Qualifier;
import org.springframework.context.annotation.Primary;
import org.springframework.stereotype.Repository;

@Repository
@Primary
public class EventSampleDAOImpl implements SampleDAO{
}
```

테스트 코드를 실행했을 때 정상적으로 실행되고 EventSampleDAOImpl 타입의 객체가 주입된 것을 확인할 수 있습니다.

```
[org.springframework.test.context.support.DefaultTestContextBootstrapper] Loaded default TestExecutionListener class names
[org.springframework.test.context.support.DefaultTestContextBootstrapper] Using TestExecutionListeners: [org.springframewo
[org.zerock.springex.sample.SampleTests] SampleService(sampleDAO=org.zerock.springex.sample.EventSampleDAOImpl@3533df16)
```

· @Qualifier 이용하기

@Primary를 이용하는 방식 외에도 @Qualifier를 이용하는 방식도 있습니다. @Qualifier는 이름을 지정해서 특정한 이름의 객체를 주입받는 방식입니다.

Lombok과 @Qualifier를 같이 이용하기 위해서는 src/main/java 폴더에 lombok.config 파일을 생성합니다.

lombok.config 파일의 내용은 다음과 같이 작성합니다.

```
lombok.copyableAnnotations += org.springframework.beans.factory.annotation.
Qualifier
```

동작을 확인하기 위해서 SampleDAOImpl과 EventSam-pleDAOImpl에는 @Qualifier를 적용합니다.

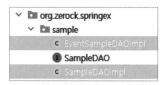

SampleDAOImpl에는 'normal'이라는 이름을 지정합니다.

```
package org.zerock.springex.sample;

import org.springframework.beans.factory.annotation.Qualifier;
import org.springframework.stereotype.Repository;

@Repository
@Qualifier("normal")
public class SampleDAOImpl implements SampleDAO{
}
```

EventSampleDAOImpl에는 'event'라는 이름을 지정합니다.

```
package org.zerock.springex.sample;

import org.springframework.beans.factory.annotation.Qualifier;
import org.springframework.stereotype.Repository;

@Repository
@Qualifier("event")
public class EventSampleDAOImpl implements SampleDAO{
}
```

SampleService에는 특정한 이름의 객체를 사용하도록 수정합니다.

```
package org.zerock.springex.sample;

import lombok.RequiredArgsConstructor;
import lombok.ToString;

import org.springframework.beans.factory.annotation.Qualifier;
```

```
import org.springframework.stereotype.Service;

@Service
@ToString
@RequiredArgsConstructor
public class SampleService {

    @Qualifier("normal")
    private final SampleDAO sampleDAO;

}
```

변경된 코드는 테스트 코드를 실행해서 정상적으로 동작하는지 확인합니다. 예제에서는 'normal' 이름을 가진 SampleDAOImpl이 주입되는 것을 확인합니다.

```
[org.springframework.test.context.support.DefaultTestContextBootstrapper] Loaded default TestExecutionListener class names
[org.springframework.test.context.support.DefaultTestContextBootstrapper] Using TestExecutionListeners: [org.springframewo
[org.zerock.springex.sample.SampleTests] SampleService(sampleDAO=org.zerock.springex.sample.SampleDAOImpl@563a89b5)
```

• 스프링의 빈(Bean)으로 지정되는 객체들

스프링 프레임워크를 이용해서 객체를 생성하고 의존성 주입을 이용할 수 있다는 사실을 알았지만 작성되는 모든 클래스의 객체가 스프링의 빈(Bean)으로 처리되는 것은 아닙니다.

스프링의 빈(Bean)으로 등록되는 객체들은 쉽게 말해서 '핵심 배역'을 하는 객체들입니다. 스프링의 빈으로 등록되는 객체들은 주로 오랜 시간 동안 프로그램 내에 상주하면서 중요한 역할을 하는 '역할' 중심의 객체들입니다.

반대로 말하면 DTO나 VO와 같이 '역할'보다는 '데이터'에 중점을 두고 설계된 객체들은 스프링의 빈(Bean)으로 등록되지 않는다는 것입니다. 특히 DTO의 경우 생명주기가 굉장히 짧고, 데이터 보관이 주된 역할이기 때문에 스프링의 빈(Bean)으로 처리하지 않습니다.

• XML이나 어노테이션으로 처리하는 객체

빈(Bean)으로 처리할 때 XML 설정을 이용할 수도 있고, 어노테이션을 처리할 수도 있지만, 이에 대한 기준은 '코드를 수정할 수 있는가'로 판단하면 됩니다.

예를 들어 jar 파일로 추가되는 클래스의 객체를 스프링의 빈(Bean)으로 처리해야 한다면 해당 코드가 존재하지 않기 때문에 어노테이션을 추가할 수가 없다는 문제가 생깁니다. 이러한 객체들은 XML에서 <bean>을 이용해서 처리하고, 직접 작성되는 클래스는 어노테이션을 이용하는 것이 좋습니다.

웹 프로젝트를 위한 스프링 준비

스프링의 구조를 보면 ApplicationContext라는 객체가 존재하고 빈(Bean)으로 등록된 객체들은 ApplicationContext 내에 생성되어서 관리되는 구조입니다.

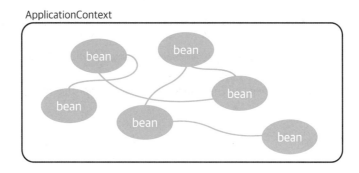

이렇게 만들어진 ApplicationContext가 웹 애플리케이션에서 동작하려면 웹 애플리케이션이 실행될 때 스프링을 로딩해서 해당 웹 애플리케이션 내부에 스프링의 ApplicationContext를 생성하는 작업이 필요하게 되는데 이를 위해서는 web.xml을 이용해서 리스너를 설정합니다.

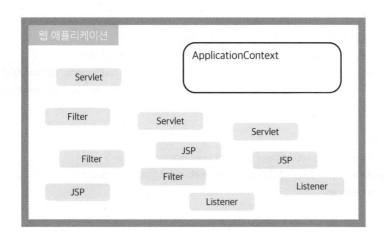

스프링 프레임워크의 웹과 관련된 작업은 'spring-webmvc' 라이브러리를 추가해야만 설정이 가능합니다.

프로젝트의 build.gradle 파일에 spring-webmvc 라이브러리를 추가합니다.

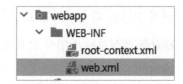

```gradle
dependencies {
    compileOnly('javax.servlet:javax.servlet-api:4.0.1')

    testImplementation("org.junit.jupiter:junit-jupiter-api:${junitVersion}")
    testRuntimeOnly("org.junit.jupiter:junit-jupiter-engine:${junitVersion}")

    implementation group: 'org.springframework', name: 'spring-core', version:
                                                                        '5.3.16'
    implementation group: 'org.springframework', name: 'spring-context', version:
                                                                        '5.3.16'
    implementation group: 'org.springframework', name: 'spring-test', version:
                                                                        '5.3.16'
    implementation group: 'org.springframework', name: 'spring-webmvc', version:
                                                                        '5.3.16'

    ...생략...
}
```

WEB-INF 폴더 아래 web.xml에 <listener> 설정과 <listener>에 필요한 <context-param>을 추가합니다.

```xml
<?xml version="1.0" encoding="UTF-8"?>
<web-app xmlns="http://xmlns.jcp.org/xml/ns/javaee"
        xmlns:xsi="http://www.w3.org/2001/XMLSchema-instance"
        xsi:schemaLocation="http://xmlns.jcp.org/xml/ns/javaee http://xmlns.jcp.
                                org/xml/ns/javaee/web-app_4_0.xsd"
        version="4.0">

    <context-param>
        <param-name>contextConfigLocation</param-name>
        <param-value>/WEB-INF/root-context.xml</param-value>
    </context-param>

    <listener>
```

```
        <listener-class>org.springframework.web.context.ContextLoaderListener</
                                                          listener-class>
    </listener>
</web-app>
```

앞의 설정이 추가된 후에 톰캣을 실행하면 스프링과 관련된 로그가 기록되면서 실행되는 것을 확인할 수 있습니다.

```
12:53:26  INFO [org.springframework.web.context.ContextLoader] Root WebApplicationContext: initialization started
12:53:26  INFO [org.springframework.web.context.ContextLoader] Root WebApplicationContext initialized in 394 ms
```

DataSource 구성하기

톰캣과 스프링이 연동되는 구조를 완성했다면 웹 애플리케이션에서 필수인 데이터베이스 관련 설정을 추가해 봅니다.

예제에서는 MariaDB를 이용하고 있으므로 build.gradle에 MariaDB 드라이버와 HikariCP 관련 라이브러리를 추가합니다.

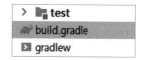

```
dependencies {
    compileOnly('javax.servlet:javax.servlet-api:4.0.1')

    ...생략...

    implementation 'org.mariadb.jdbc:mariadb-java-client:3.0.4'
    implementation group: 'com.zaxxer', name: 'HikariCP', version: '5.0.1'
}
```

• root-context.xml에 HikariCP 설정하기

이전 웹 프로젝트에서는 HikariCP를 사용하기 위해서 HikariConfig 객체와 HikariData-Source를 초기화해야만 했습니다. 이를 위해서 ConnectionUtil이라는 클래스를 다음과 같이 작성해야만 했습니다.

```
    HikariConfig config = new HikariConfig();
     config.setDriverClassName("org.mariadb.jdbc.Driver");
    config.setJdbcUrl("jdbc:mariadb://localhost:3306/webdb");
    config.setUsername("webuser");
    config.setPassword("webuser");
    config.addDataSourceProperty("cachePrepStmts", "true");
    config.addDataSourceProperty("prepStmtCacheSize", "250");
    config.addDataSourceProperty("prepStmtCacheSqlLimit", "2048");

    ds = new HikariDataSource(config);
```

*설명을 위한 코드이므로 타이핑하지 않습니다.

스프링을 이용한다면 이 설정은 스프링의 빈(Bean)으로 처리되어야 합니다.

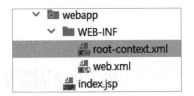

root-context.xml을 이용해서 HikariConfig와 HikariDataSource 객체를 다음과 같이 설정합니다.

```xml
<?xml version="1.0" encoding="UTF-8"?>
<beans xmlns="http://www.springframework.org/schema/beans"
      xmlns:xsi="http://www.w3.org/2001/XMLSchema-instance"
      xmlns:context="http://www.springframework.org/schema/context"
      xsi:schemaLocation="http://www.springframework.org/schema/beans http://www.
springframework.org/schema/beans/spring-beans.xsd http://www.springframework.org/
schema/context https://www.springframework.org/schema/context/spring-context.xsd">

    <context:component-scan base-package="org.zerock.springex.sample"></
                                                    context:component-scan>


    <bean id="hikariConfig" class="com.zaxxer.hikari.HikariConfig">
        <property name="driverClassName" value="org.mariadb.jdbc.Driver"></
                                                                    property>
        <property name="jdbcUrl" value="jdbc:mariadb://localhost:3306/webdb"></
                                                                    property>
        <property name="username" value="webuser"></property>
        <property name="password" value="webuser"></property>
        <property name="dataSourceProperties">
            <props>
                <prop key="cachePrepStmts">true</prop>
                <prop key="prepStmtCacheSize">250</prop>
                <prop key="prepStmtCacheSqlLimit">2048</prop>
            </props>
        </property>
```

```
      </bean>

      <bean id="dataSource" class="com.zaxxer.hikari.HikariDataSource"
        destroy-method="close">
          <constructor-arg ref="hikariConfig" />
      </bean>

</beans>
```

root-context.xml에 추가된 HikariConfig에는 id 속성이 적용되어 있고 HikariData-
Source는 <constructor-arg ref="hikariConfig" />로 id 값을 참조해서 사용하고 있습니다.

HikariDataSource는 javax.sql의 DataSource
인터페이스 구현체이므로 테스트 코드를 통해서
설정에 문제가 없는지 확인합니다.

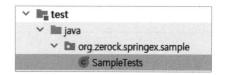

```
package org.zerock.springex.sample;

import lombok.extern.log4j.Log4j2;
import org.junit.jupiter.api.Assertions;
import org.junit.jupiter.api.Test;
import org.junit.jupiter.api.extension.ExtendWith;
import org.springframework.beans.factory.annotation.Autowired;
import org.springframework.test.context.ContextConfiguration;
import org.springframework.test.context.junit.jupiter.SpringExtension;

import javax.sql.DataSource;
import java.sql.Connection;

@Log4j2
@ExtendWith(SpringExtension.class)
@ContextConfiguration(locations="file:src/main/webapp/WEB-INF/root-context.xml")
public class SampleTests {

    @Autowired
    private SampleService sampleService;

    @Autowired
    private DataSource dataSource;

    @Test
```

```
    public void testService1() {
        log.info(sampleService);
        Assertions.assertNotNull(sampleService);
    }

    @Test
    public void testConnection() throws Exception{

        Connection connection = dataSource.getConnection();
        log.info(connection);
        Assertions.assertNotNull(connection);

        connection.close();

    }
}
```

SampleTests에는 root-context.xml에 선언된 HikariCP를 주입받기 위해서 DataSource 타입의 변수를 선언하고 @Autowired를 이용해서 주입 받도록 구성되어 있습니다.

testConnection( )에서는 주입 받은 DataSource를 이용해서 데이터베이스와의 연결이 가능한지 확인합니다. 정상적인 경우 다음과 같은 로그가 출력됩니다.

```
INFO [org.springframework.test.context.support.DefaultTestContextBootstrapper] Loaded default TestExecutionListener class name
INFO [org.springframework.test.context.support.DefaultTestContextBootstrapper] Using TestExecutionListeners: [org.springframew
INFO [com.zaxxer.hikari.HikariDataSource] HikariPool-1 - Starting...
INFO [com.zaxxer.hikari.pool.HikariPool] HikariPool-1 - Added connection org.mariadb.jdbc.Connection@63411512
INFO [com.zaxxer.hikari.HikariDataSource] HikariPool-1 - Start completed.
INFO [org.zerock.springex.sample.SampleTests] HikariProxyConnection@1118998513 wrapping org.mariadb.jdbc.Connection@63411512
```

테스트에서 볼 수 있듯이 스프링은 필요한 객체를 스프링에서 주입해 주기 때문에 개별적으로 클래스를 작성해서 빈(Bean)으로 등록해 두기만 하면 원하는 곳에서 쉽게 다른 객체를 사용할 수 있습니다.

이런 특징으로 인해 스프링 프레임워크는 웹이나 데이터베이스와 같이 특정한 영역이 아닌 전체 애플리케이션의 구조를 설계할 때 사용됩니다.

다음 절에서는 스프링과 연동해서 많이 사용하는 MyBatis 프레임워크를 살펴보도록 합니다.

4.2 MyBatis와 스프링 연동

스프링 프레임워크의 중요한 특징 중 하나는 다른 프레임워크들을 쉽게 결합해서 사용할 수 있다는 점입니다. 이것은 스프링 프레임워크가 웹이나 데이터베이스와 같이 특정한 영역을 구애받지 않고 시스템의 객체지향 구조를 만드는 데 이용된다는 성격 때문입니다.

데이터베이스와 관련해서 스프링 프레임워크는 자체적으로 'spring-jdbc'와 같은 라이브러리를 이용해서 구현할 수도 있고, MyBatis나 JPA 프레임워크를 이용하는 방식도 존재합니다.

이 절에서는 JDBC를 익힌 후에 가장 쉽게 사용할 수 있는 MyBatis를 이용해서 프로젝트에 적용하도록 합니다.

MyBatis 소개

MyBatis는 'Sql Mapping Framework'라고 표현됩니다. 'Sql Mapping'이라는 단어가 의미하는 바는 SQL의 실행 결과를 객체지향으로 '매핑'해 준다는 뜻입니다.

*MyBatis의 한국어 페이지(https://mybatis.org/mybatis-3/ko/index.html)

MyBatis를 이용하면 기존의 SQL을 그대로 사용할 수 있고 다음과 같은 점들이 편리해집니다.

- PreparedStatement/ResultSet의 처리 - 기존에 프로그램을 작성해서 하나씩 처리해야 하는 파라미터나 ResultSet의 getXXX( )를 MyBatis가 알아서 처리해 주기 때문에 기존에 비해서 많은 양의 코드를 줄일 수 있습니다.

- Connection/PreparedStatement/ResultSet의 close( ) 처리 - MyBatis와 스프링을 연동해서 사용하는 방식을 이용하면 자동으로 close( ) 처리를 할 수 있습니다.

- SQL의 분리 - MyBatis를 이용하면 별도의 파일이나 어노테이션 등을 이용해서 SQL을 선언합니다. 파일을 이용하는 경우에는 SQL을 별도의 파일로 분리해서 운영이 가능합니다.

MyBatis와 스프링의 연동 방식

MyBatis는 단독으로도 실행이 가능한 완전히 독립적인 프레임워크이지만, 스프링 프레임워크는 MyBatis와 연동을 쉽게 처리할 수 있는 라이브러리와 API들을 제공합니다. 스프링에서 제공하는 라이브러리를 이용하는지 여부에 따라서 다음과 같은 방식 중에 하나로 개발이 가능합니다.

- MyBatis를 단독으로 개발하고 스프링에서 DAO를 작성해서 처리하는 방식 - 기존의 DAO에서 SQL의 처리를 MyBatis를 이용하는 구조로써 완전히 MyBatis와 스프링 프레임워크를 독립적인 존재로 바라보고 개발하는 방식

- MyBatis와 스프링을 연동하고 Mapper 인터페이스만 이용하는 방식 - 스프링과 MyBatis 사이에 'mybatis-spring'이라는 라이브러리를 이용해서 스프링이 데이터베이스 전체에 대한 처리를 하고 MyBatis는 일부 기능 개발에 활용하는 방식. 개발 시에는 Mapper 인터페이스라는 방식을 이용해서 인터페이스만으로 모든 개발이 가능한 방식

앞선 방식 중 예제에서는 최소한의 코드로 개발이 가능한 'mybatis-spring'을 같이 연동해서 Mapper 인터페이스를 이용하는 방식을 이용하도록 합니다.

· MyBatis를 위한 라이브러리들

MyBatis를 이용하려면 다음과 같은 라이브러리들이 필요합니다.

- 스프링 관련: spring-jdbc, spring-tx

- MyBatis관련: mybatis, mybatis-spring

스프링 관련 라이브러리들은 프로젝트의 build.gradle 파일에 추가되어 있는 다른 스프링 관련 라이블러리들과 버전을 같도록 통일해서 추가합니다.

```
dependencies {
    compileOnly('javax.servlet:javax.servlet-api:4.0.1')

    ...

    implementation group: 'org.springframework', name: 'spring-jdbc', version:
                                                                        '5.3.19'
```

```
    implementation group: 'org.springframework', name: 'spring-tx', version:
                                                                    '5.3.19'

    ...

}
```

MyBatis 관련 라이브러리는 검색을 이용해서 추가하도록 합니다. MyBatis 버전과 myba-
tis-spring 라이브러리의 버전은 일치하지 않으므로 주의해서 사용합니다.

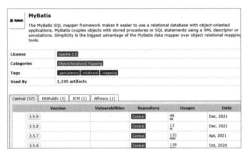

```
dependencies {

    ...
  implementation 'org.mybatis:mybatis:3.5.9'
  implementation 'org.mybatis:mybatis-spring:2.0.7'
}
```

• MyBatis를 위한 스프링의 설정 - SqlSessionFactory

MyBatis를 이용하기 위해서는 스프링에 설정해둔
HikariDataSource를 이용해서 SqlSessionFactory라는
빈(Bean)을 설정합니다.

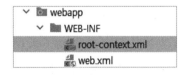

root-context.xml에 'mybatis-spring' 라이브러리에 있는 클래스를 이용해서 <bean>을
등록합니다.

```
<bean id="hikariConfig" class="com.zaxxer.hikari.HikariConfig">
    <property name="driverClassName" value="org.mariadb.jdbc.Driver"></property>
```

```xml
        <property name="jdbcUrl" value="jdbc:mariadb://localhost:3306/webdb"></
                                                                        property>

        <property name="username" value="webuser"></property>
        <property name="password" value="webuser"></property>
        <property name="dataSourceProperties">
            <props>
                <prop key="cachePrepStmts">true</prop>
                <prop key="prepStmtCacheSize">250</prop>
                <prop key="prepStmtCacheSqlLimit">2048</prop>
            </props>
        </property>
</bean>

<bean id="dataSource" class="com.zaxxer.hikari.HikariDataSource"
        destroy-method="close">
    <constructor-arg ref="hikariConfig" />
</bean>

<bean id="sqlSessionFactory" class="org.mybatis.spring.SqlSessionFactoryBean">
    <property name="dataSource" ref="dataSource" />
</bean>
```

앞의 설정이 완료된 상황에서 프로젝트를 실행하고 정상적으로 실행되는지 확인하도록 합니다. 만일 'spring-jdbc, spring-tx'가 없는 경우에는 에러가 발생할 수 있으니 이 단계에서 미리 확인하도록 합니다.

실습_01 Mapper 인터페이스 활용하기

MyBatis는 SQL 파일을 별도로 처리할 수 있지만 인터페이스와 어노테이션만으로도 처리가 가능합니다.

프로젝트에 'mapper'라는 이름의 패키지를 구성하고 현재 시간을 처리하는 TimeMapper 인터페이스를 선언합니다.

```
✓ ▶ main
  ✓ ▶ java
    ✓ ▶ org.zerock.springex
      ✓ ▶ mapper
           ① TimeMapper
```

```java
package org.zerock.springex.mapper;

import org.apache.ibatis.annotations.Select;

public interface TimeMapper {
```

```
    @Select("select now()")
    String getTime();
}
```

TimeMapper는 데이터베이스의 현재 시각을 문자열로 처리하도록 구성합니다. MyBatis
에는 @Select 어노테이션을 이용해서 쿼리를 작성할 수 있는데 JDBC와 마찬가지로 ';'을
이용하지 않으므로 주의해야 합니다.

작성된 인터페이스를 매퍼(Mapper) 인터페이스라고 하는데 마지막으로 어떠한 매퍼 인터
페이스를 설정했는지 root-context.xml에 등록해 주어야 합니다.

root-context.xml에는 <mybatis:scan> 태그를 이용해서 매퍼 인터페이스의 설정을 추가
합니다. root-context.xml 파일 상단의 xmlns, xsi 설정에 mybatis-spring 관련 설정이 추
가되어야 합니다. 인텔리제이가 자동으로 추가하긴 하
지만 문제가 생기면 다음 코드를 참고해서 추가하도록
합니다.

```
<beans xmlns="http://www.springframework.org/schema/beans"
       xmlns:xsi="http://www.w3.org/2001/XMLSchema-instance"
       xmlns:context="http://www.springframework.org/schema/context"
       xmlns:mybatis="http://mybatis.org/schema/mybatis-spring"
       xsi:schemaLocation="http://www.springframework.org/schema/beans http://www.
springframework.org/schema/beans/spring-beans.xsd http://www.springframework.org/
schema/context https://www.springframework.org/schema/context/spring-context.xsd
http://mybatis.org/schema/mybatis-spring http://mybatis.org/schema/mybatis-spring.
xsd">

    <context:component-scan base-package="org.zerock.springex.sample"/>

    ...

    <bean id="sqlSessionFactory" class="org.mybatis.spring.SqlSessionFactoryBean">
        <property name="dataSource" ref="dataSource" />
    </bean>

    <mybatis:scan base-package="org.zerock.springex.mapper"></mybatis:scan>
</beans>
```

• 테스트 코드를 통한 확인

MyBatis의 최종 설정은 test 폴더에 mapper 패키지와 TimeMapperTests 테스트 클래스를 작성해서 확인합니다.

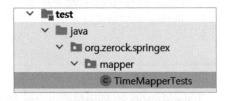

```java
package org.zerock.springex.mapper;

import lombok.extern.log4j.Log4j2;
import org.junit.jupiter.api.Test;
import org.junit.jupiter.api.extension.ExtendWith;
import org.springframework.beans.factory.annotation.Autowired;
import org.springframework.test.context.ContextConfiguration;
import org.springframework.test.context.junit.jupiter.SpringExtension;

@Log4j2
@ExtendWith(SpringExtension.class)
@ContextConfiguration(locations="file:src/main/webapp/WEB-INF/root-context.xml")
public class TimeMapperTests {

    @Autowired(required = false)
    private TimeMapper timeMapper;

    @Test
    public void testGetTime() {

        log.info(timeMapper.getTime());

    }
}
```

테스트 코드에서는 @Autowired 내에 required 속성을 지정했습니다. @Autowired(required =false)로 지정하면 해당 객체를 주입 받지 못하더라도 예외가 발생하지 않는데 인텔리제이의 경우 아래 @Service, @Repository...와 같이 직접 스프링의 빈(Bean)으로 등록된 경우가 아니면 그림과 같은 경고가 발생하므로 이를 방지하기 위해서 사용합니다.

```java
public class TimeMapperTests {

    @Autowired
    private TimeMapper timeMapper;
```

MyBatis와 스프링을 연동하고 매퍼 인터페이스를 활용하는 방식은 개발자가 실제 동작하는 클래스와 객체를 생성하지 않고, 스프링에서 자동으로 생성되는 방식을 이용하게 됩니다.

스프링에서 자동으로 생성된 객체를 이용하기 때문에 개발자가 직접 코드를 수정할 수 없다는 단점이 있기는 하지만 인터페이스만으로도 개발을 완료할 수 있다는 장점도 있습니다.

테스트 코드를 실행하면 정상적으로 SQL이 처리되는 것을 확인할 수 있습니다.

```
10:00:42  INFO [org.springframework.test.context.support.DefaultTestContextBootstrapper] Loaded default TestExecutionLi
10:00:42  INFO [org.springframework.test.context.support.DefaultTestContextBootstrapper] Using TestExecutionListeners:
10:00:42  INFO [com.zaxxer.hikari.HikariDataSource] HikariPool-1 - Starting...
10:00:42  INFO [com.zaxxer.hikari.pool.HikariPool] HikariPool-1 - Added connection org.mariadb.jdbc.Connection@aa4d8cc
10:00:42  INFO [com.zaxxer.hikari.HikariDataSource] HikariPool-1 - Start completed.
10:00:42  INFO [org.zerock.springex.mapper.TimeMapperTests] 2022-03-09 10:00:42
```

실습_02 XML로 SQL 분리하기

MyBatis를 이용할 때 SQL은 @Select와 같은 어노테이션을 이용해서 사용하기도 합니다만 대부분은 SQL을 별도의 파일로 분리하는 것을 권장합니다. XML을 이용하는 이유는 SQL이 길어지면 이를 어노테이션으로 처리하기가 복잡해지기 때문이기도 하고 어노테이션이 나중에 변경되면 프로젝트 전체를 다시 빌드하는 작업이 필요하기 때문에 단순 파일로 사용하는 것이 편리합니다.

XML과 매퍼 인터페이스를 같이 결합할 때는 다음과 같은 과정으로 작성합니다.

- 매퍼 인터페이스를 정의하고 메소드를 선언
- 해당 XML 파일을 작성(파일 이름과 매퍼 인터페이스 이름을 같게)하고 <select>와 같은 태그를 이용해서 SQL을 작성
- <select>, <insert> 등의 태그에 id 속성 값을 매퍼 인터페이스의 메소드 이름과 같게 작성

예제를 위해 TimeMapper2 매퍼 인터페이스를 정의합니다.

```
package org.zerock.springex.mapper;

public interface TimeMapper2 {

    String getNow();

}
```

TimeMapper2에는 어노테이션이 없는 getNow( ) 메소드만을 작성합니다. main/resources 폴더에 mappers 폴더를 추가합니다.

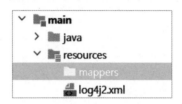

mappers 폴더에는 TimeMapper2.xml을 다음과 같이 작성합니다(매퍼 인터페이스와 같은 이름으로 대소문자 주의).

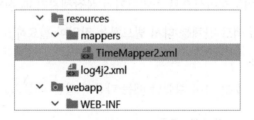

```
<?xml version="1.0" encoding="UTF-8" ?>
<!DOCTYPE mapper
        PUBLIC "-//mybatis.org//DTD Mapper 3.0//EN"
        "http://mybatis.org/dtd/mybatis-3-mapper.dtd">
<mapper namespace="org.zerock.springex.mapper.TimeMapper2">

    <select id="getNow" resultType="string">
        select now()
    </select>

</mapper>
```

TimeMapper2.xml을 작성할 때는 <mapper> 태그의 namespace 속성을 반드시 매퍼 인터페이스의 이름과 동일하게 지정해야만 합니다.

<select> 태그는 반드시 resultType이나 resultMap이라는 속성을 지정해야만 합니다. resultType은 말 그대로 select 문의 결과를 어떤 타입으로 처리할지에 대한 설정으로 java.lang.String과 같이 전체 이름을 써야 하지만 자주 사용하는 타입은 string과 같이 사용할 수 있습니다(타입 별칭이라고 하는데 자세한 내용은 https://mybatis.org/mybatis-3/ko/configuration.html 참고).

마지막으로 root-context.xml에 있는 MyBatis 설정에 XML 파일들을 인식하도록 설정을 추가합니다.

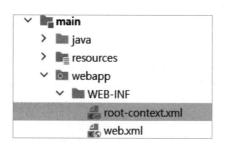

```
<bean id="sqlSessionFactory" class="org.mybatis.spring.SqlSessionFactoryBean">
    <property name="dataSource" ref="dataSource" />
    <property name="mapperLocations" value="classpath:/mappers/**/*.xml"></property>
</bean>
```

추가된 mapperLocations는 말 그대로 XML 매퍼 파일들의 위치를 의미합니다. resources의 경우 'classpath:' 접두어를 이용해서 인식되는 경로이고 mappers 폴더 밑에 폴더가 있어도 관계없도록 '**'와 모든 '.xml'을 의미하는 '*.xml'을 지정합니다.

XML 설정이 정상적인지는 테스트를 통해서 확인합니다. 기존에 만들어진 TimeMapperTests를 이용합니다.

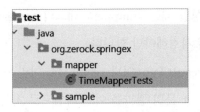

```
@Log4j2
@ExtendWith(SpringExtension.class)
@ContextConfiguration(locations="file:src/main/webapp/WEB-INF/root-context.xml")
public class TimeMapperTests {

    @Autowired(required = false)
    private TimeMapper2 timeMapper2;

    @Test
    public void testNow() {

        log.info(timeMapper2.getNow());
    }

}
```

testNow( )의 실행 결과를 확인해서 정상적으로 모든 설정이 완료되었는지 확인합니다.

```
10:08:50  INFO [org.springframework.test.context.support.DefaultTestContextBootstrapper] Loaded default TestExecutionLis
10:08:50  INFO [org.springframework.test.context.support.DefaultTestContextBootstrapper] Using TestExecutionListeners: [
10:08:50  INFO [com.zaxxer.hikari.HikariDataSource] HikariPool-1 - Starting...
10:08:50  INFO [com.zaxxer.hikari.pool.HikariPool] HikariPool-1 - Added connection org.mariadb.jdbc.Connection@4487c0c2
10:08:50  INFO [com.zaxxer.hikari.HikariDataSource] HikariPool-1 - Start completed.
10:08:50  INFO [org.zerock.springex.mapper.TimeMapperTests] 2022-03-09 10:08:50
BUILD SUCCESSFUL in 1s
```

과거에는 MyBatis를 단독으로 이용하는 경우가 간혹 있었지만 최근 프로젝트에서는 스프링과 MyBatis의 연동은 기본 설정처럼 사용되고 있으므로 반드시 문제가 없는지 확인해 주어야 합니다.

스프링과 MyBatis의 연동을 통해서 데이터베이스까지의 처리가 가능하다면 다음 절에서는 Web 영역을 스프링으로 처리하는 방법을 살펴봅니다.

4.3 스프링 Web MVC 기초

스프링 프레임워크가 지금의 위치를 차지하는 데 가장 크게 기여한 부분은 '의존성 주입'이라고 할 수 있지만 개인적으로 그다음은 Web MVC의 영향이라고 생각합니다.

스프링의 Web MVC는 기본적으로 서블릿 API를 좀 더 추상화된 형태로 작성된 라이브러리지만 기존의 서블릿/JSP를 사용할 때 필요한 많은 기능들을 기본적으로 제공해서 개발의 생산성과 안정성을 획기적으로 높여주었습니다.

스프링 Web MVC의 특징

스프링 Web MVC(이하 스프링 MVC)는 이름에서 알 수 있듯이 Web MVC 패턴으로 구현된 구조입니다. 따라서 기본적인 흐름은 이전에 다루었던 것과 같고 컨트롤러, 뷰, 모델 등의 용어들 역시 그대로 사용합니다.

스프링 MVC가 기존 구조에 약간의 변화를 주는 부분은 다음과 같습니다.

- Front-Controller 패턴을 이용해서 모든 흐름의 사전/사후 처리를 가능하도록 설계된 점
- 어노테이션을 적극적으로 활용해서 최소한의 코드로 많은 처리가 가능하도록 설계된 점
- HttpServletRequest/HttpServletResponse를 이용하지 않아도 될 만큼 추상화된 방식으로 개발 가능

스프링 MVC의 전체 흐름은 다음 그림과 같이 이루어 집니다(다음 그림은 스프링 MVC의 공식 문서의 그림).

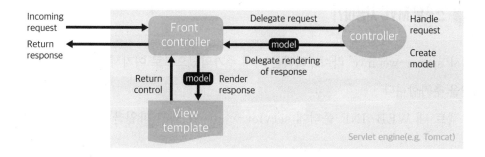

DispatcherServlet과 Front Controller

스프링 MVC에서 가장 중요한 사실은 모든 요청(Request)이 반드시 DispatcherServlet이라는 존재를 통해서 실행된다는 사실입니다.

 객체지향에서 이렇게 모든 흐름이 하나의 객체를 통해서 진행되는 패턴을 '퍼사드(facade) 패턴'이라고 하는데 웹 구조에서는 'Front-Controller 패턴'이라고 부르고 있습니다.

Front-Contorller 패턴을 이용하면 모든 요청이 반드시 하나의 객체(이하 프론트 컨트롤러)를 지나서 처리되기 때문에 모든 공통적인 처리를 프론트 컨트롤러에서 처리할 수 있게 됩니다.

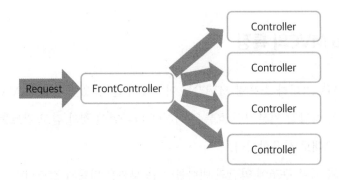

스프링 MVC에서는 DispatcherServlet이라는 객체가 프론트 컨트롤러의 역할을 수행합니다.

프론트 컨트롤러가 사전/사후에 대한 처리를 하게 되면 중간에 매번 다른 처리를 하는 부분만 별도로 처리하는 구조를 만들게 됩니다. 스프링 MVC에서는 이를 컨트롤러라고 하는데 @Controller를 이용해서 처리합니다.

스프링 MVC 사용하기

앞에서 'spring-webmvc' 라이브러리는 이미 추가되었으므로 여기서는 스프링 MVC 관련 설정만을 추가합니다.

프로젝트 내 WEB-INF 폴더에 servlet-context.xml 파일을 생성합니다. 기존의

root-context.xml을 이용할 수도 있기는 하지만 일반적으로 3 티어(tier) 구조를 분리하듯이 다루는 영역이 웹이므로 별도의 설정 파일을 이용하는 것이 일반적입니다.

 생성된 servlet-context.xml은 에디터 상단에 프로젝트 설정 파일 여부를 확인하는데 이 설정은 조금 뒤쪽에서 모든 설정이 완료되면 자동으로 처리되니 지금은 신경쓰지 않아도 됩니다.

프로젝트 내부에는 webapp 폴더 아래에 'resources'라는 폴더를 하나 더 생성해 둡니다. resources 폴더는 나중에 정적 파일들(html, css, js, 이미지 등)을 서비스하기 위한 경로입니다.

· servlet-context.xml의 설정

작성한 servlet-context.xml은 '<mvc:..'라는 접두어로 설정에 활용해서 다음과 같은 내용으로 작성합니다.

```xml
<?xml version="1.0" encoding="UTF-8"?>
<beans xmlns="http://www.springframework.org/schema/beans"
       xmlns:xsi="http://www.w3.org/2001/XMLSchema-instance" xmlns:mvc="http://
                                    www.springframework.org/schema/mvc"
       xsi:schemaLocation="http://www.springframework.org/schema/beans http://www.
springframework.org/schema/beans/spring-beans.xsd http://www.springframework.org/
schema/mvc https://www.springframework.org/schema/mvc/spring-mvc.xsd">

    <mvc:annotation-driven></mvc:annotation-driven>

    <mvc:resources mapping="/resources/**" location="/resources/"></mvc:resources>

    <bean class="org.springframework.web.servlet.view.
                                        InternalResourceViewResolver">
        <property name="prefix" value="/WEB-INF/views/"></property>
        <property name="suffix" value=".jsp"></property>
    </bean>

</beans>
```

<mvc:annotation-driven> 설정은 스프링 MVC 설정을 어노테이션 기반으로 처리한다는 의미와 스프링 MVC의 여러 객체들을 자동으로 스프링의 빈(Bean)으로 등록하게 하는 기능을 합니다.

<mvc:resources> 설정은 이미지나 html 파일과 같이 정적인 파일의 경로를 지정합니다. 예제에서 사용한 '/resources' 경로 들어오는 요청은 정적 파일을 요구하는 것이라고 생각하고 스프링 MVC에서 처리하지 않는다는 의미입니다. location 속성 값은 webapp 폴더에 만들어둔 폴더를 의미합니다(굳이 예제에서 resources와 같은 폴더나 경로를 이용하는 이유는 이클립스를 이용해서 생성하는 프로젝트와 구조를 동일하게 하기 위함입니다. 경로나 폴더는 임의로 변경이 가능합니다.).

servlet-context.xml에는 InternalResourceViewResolver라는 이름의 클래스로 빈(Bean)이 설정되어 있습니다. InternalResourceViewResolver는 스프링 MVC에서 제공하는 뷰(view)를 어떻게 결정하는지에 대한 설정을 담당합니다. prefix와 suffix의 내용을 보면 MVC에서 사용했던 WEB-INF 경로와 '.jsp'라는 확장자를 지정한 것을 볼 수 있는데 이를 통해서 예전에는 직접 '/WEB-INF/....jsp'와 같은 설정을 생략할 수 있게 됩니다.

web.xml의 DispatcherServlet 설정

스프링 MVC를 실행하려면 프론트 컨트롤러 역할을
하는 DispatcherServlet을 설정해 주어야만 합니다. 이
작업은 web.xml을 이용해서 처리합니다.

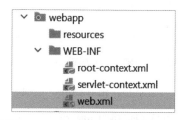

```xml
<?xml version="1.0" encoding="UTF-8"?>
<web-app xmlns="http://xmlns.jcp.org/xml/ns/javaee"
         xmlns:xsi="http://www.w3.org/2001/XMLSchema-instance"
         xsi:schemaLocation="http://xmlns.jcp.org/xml/ns/javaee http://xmlns.jcp.
                                                org/xml/ns/javaee/web-app_4_0.xsd"
         version="4.0">

    <context-param>
        <param-name>contextConfigLocation</param-name>
        <param-value>/WEB-INF/root-context.xml</param-value>
    </context-param>

    <listener>
        <listener-class>org.springframework.web.context.ContextLoaderListener</
                                                                listener-class>
    </listener>

    <servlet>
        <servlet-name>appServlet</servlet-name>
        <servlet-class>org.springframework.web.servlet.DispatcherServlet</servlet-
                                                                        class>
        <init-param>
            <param-name>contextConfigLocation</param-name>
            <param-value>/WEB-INF/servlet-context.xml</param-value>
        </init-param>
        <load-on-startup>1</load-on-startup>
    </servlet>

    <servlet-mapping>
        <servlet-name>appServlet</servlet-name>
        <url-pattern>/</url-pattern>
    </servlet-mapping>

</web-app>
```

web.xml에는 <servlet> 설정과 <servlet-mapping> 설정이 추가되었습니다. <servlet> 설정은 DispatcherServlet을 등록하는데 DispatcherServlet이 로딩할 때 servlet-context.xml을 이용하도록 설정합니다. load-on-startup 설정의 경우 톰캣 로딩 시에 클래스를 미리 로딩해 두기 위한 설정입니다.

<servlet-mapping> 설정은 DispatcherServlet이 모든 경로의 요청(Request)에 대한 처리를 담당하기 때문에 '/'로 지정합니다.

스프링과 스프링 MVC의 모든 설정은 이것이 전부입니다. 처음 시도해보면 조금 복잡해 보일 수도 있지만 공통적인 설정은 설정을 그대로 복사해서 사용하기 때문에 익숙해지는 것이 중요합니다.

프로젝트를 실행해서 발생하는 로그에 스프링 관련 로그들이 출력되는지 확인하는 것이 중요합니다. 프로젝트가 정상적으로 실행되면 마지막 부근에 DispatcherServlet이 초기화되었다는 메시지가 출력됩니다.

```
10:35:00  INFO [org.springframework.web.context.ContextLoader] Root WebApplicationContext: initialization started
10:35:01  INFO [com.zaxxer.hikari.HikariDataSource] HikariPool-1 - Starting...
10:35:01  INFO [com.zaxxer.hikari.pool.HikariPool] HikariPool-1 - Added connection org.mariadb.jdbc.Connection@69f81537
10:35:01  INFO [com.zaxxer.hikari.HikariDataSource] HikariPool-1 - Start completed.
10:35:01  INFO [org.springframework.web.context.ContextLoader] Root WebApplicationContext initialized in 768 ms
10:35:01  INFO [org.springframework.web.servlet.DispatcherServlet] Initializing Servlet 'appServlet'
10:35:02  INFO [org.springframework.web.servlet.DispatcherServlet] Completed initialization in 345 ms
```

실습_02 스프링 MVC 컨트롤러

스프링 MVC 컨트롤러는 전통적인 자바의 클래스 구현 방식과 여러모로 상당히 다릅니다. 과거의 많은 프레임워크들은 상속이나 인터페이스를 기반으로 구현되는 방식을 선호했다면 스프링 MVC의 컨트롤러들은 다음과 같은 점들이 다릅니다.

- 상속이나 인터페이스를 구현하는 방식을 사용하지 않고 어노테이션만으로 처리가 가능
- 오버라이드 없이 필요한 메소드들을 정의
- 메소드의 파라미터를 기본 자료형이나 객체 자료형을 마음대로 지정
- 메소드의 리턴타입도 void, String, 객체 등 다양한 타입을 사용할 수 있음

스프링 MVC 컨트롤러는 웹 개발에서 필수이므로 다양한 예제를 실습할 필요가 있습니다.

예제로 작성하는 컨트롤러들은 프로젝트 내에 con-troller라는 패키지를 추가하고 이곳에 클래스 파일들을 작성하도록 합니다.

생성된 controller 패키지에 SampleController 클래스를 추가합니다.

```java
package org.zerock.springex.controller;

import lombok.extern.log4j.Log4j2;
import org.springframework.stereotype.Controller;
import org.springframework.web.bind.annotation.GetMapping;

@Controller
@Log4j2
public class SampleController {

    @GetMapping("/hello")
    public void hello(){
        log.info("hello........");
    }

}
```

SampleController에는 몇 가지 특이한 어노테이션들이 사용됩니다. @Controller는 해당 클래스가 스프링 MVC에서 컨트롤러 역할을 한다는 것을 의미하고 스프링의 빈(Bean)으로 처리되기 위해서 사용합니다.

@GetMapping은 조금 뒤에 자세히 설명하겠지만 GET 방식으로 들어오는 요청(Request)을 처리하기 위해서 사용합니다. 앞의 코드의 경우 '/hello'라는 경로를 호출할 때 동작하게 됩니다.

servlet-context.xml의 component-scan

controller 패키지에 존재하는 컨트롤러 클래스들을 스프링으로 인식하기 위해서는 해당 패키지를 스캔해서 @Controller 어노테이션이 추가된 클래스들의 객체들을 스프링의 빈 (Bean)으로 설정되게 만들어야 합니다.

servlet-context.xml에 component-scan을 다음과 같이 적용합니다.

```xml
<?xml version="1.0" encoding="UTF-8"?>
<beans xmlns="http://www.springframework.org/schema/beans"
       xmlns:xsi="http://www.w3.org/2001/XMLSchema-instance" xmlns:mvc="http://
                                              www.springframework.org/schema/mvc"
       xmlns:context="http://www.springframework.org/schema/context"
       xsi:schemaLocation="http://www.springframework.org/schema/beans http://www.
springframework.org/schema/beans/spring-beans.xsd http://www.springframework.org/
schema/mvc https://www.springframework.org/schema/mvc/spring-mvc.xsd http://www.
springframework.org/schema/context https://www.springframework.org/schema/context/
spring-context.xsd">

    <mvc:annotation-driven></mvc:annotation-driven>

    <mvc:resources mapping="/resources/**" location="/resources/"></mvc:resources>

    <bean class="org.springframework.web.servlet.view.
                                                InternalResourceViewResolver">
        <property name="prefix" value="/WEB-INF/views/"></property>
        <property name="suffix" value=".jsp"></property>
    </bean>

    <context:component-scan base-package="org.zerock.springex.controller"/>

</beans>
```

프로젝트를 실행해서 브라우저상에 '/hello' 경로를 호출했을 때 다음과 같은 화면이 보인다면 설정이 완료된 것입니다.

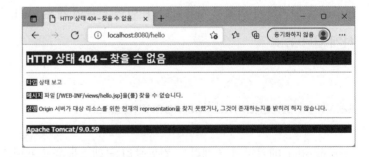

화면의 내용을 자세히 살펴보면 에러의 원인은 '/WEB-INF/views/hello.jsp' 파일이 존재하지 않기 때문이라는 것을 알 수 있습니다.

WEB-INF 아래 views 폴더를 생성하고 hello.jsp 파일을 추가합니다.

```jsp
<%@ page contentType="text/html;charset=UTF-8" language="java" %>
<html>
<head>
    <title>Title</title>
</head>
<body>
  <h1>Hello JSP </h1>
</body>
</html>
```

프로젝트를 다시 실행하거나 로딩해서 hello.jsp가 정상적으로 처리되는지를 확인합니다.

@RequestMapping와 파생 어노테이션들

스프링 컨트롤러에서 가장 많이 사용하는 어노테이션은 @RequestMapping입니다. @RequestMapping은 말 그대로 '특정한 경로의 요청(Request)을 지정'하기 위해서 사용합니다. @RequestMapping은 컨트롤러 클래스의 선언부에도 사용할 수 있고, 컨트롤러의 메소드에도 사용할 수 있습니다.

 서블릿 중심의 MVC의 경우 Servlet을 상속받아서 doGet( )/doPost( )와 같은 제한적인 메소드를 오버라이드 해서 사용했지만 스프링 MVC의 경우 하나의 컨트롤러를 이용해서 여러 경로의 호출을 모두 처리할 수 있습니다.

예를 들어 '/todo/list'와 '/todo/register'를 하나의 컨트롤러로 작성한다면 어떤 식으로 작성하는지 살펴보도록 하겠습니다.

controller 패키지에 TodoController 클래스를 추가합니다.

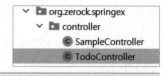

```java
package org.zerock.springex.controller;

import lombok.extern.log4j.Log4j2;
import org.springframework.stereotype.Controller;
import org.springframework.web.bind.annotation.RequestMapping;
import org.springframework.web.bind.annotation.RequestMethod;

@Controller
@RequestMapping("/todo")
@Log4j2
public class TodoController {

    @RequestMapping("/list")
    public void list(){
        log.info("todo list.......");
    }

    @RequestMapping(value = "/register", method = RequestMethod.GET)
    public void register() {
        log.info("todo register.......");
    }

}
```

TodoController의 @RequestMapping의 value 값은 '/todo'이고 list( )는 '/list'이므로 최종 경로는 '/todo/list'가 됩니다.

JSP 파일이 없기 때문에 브라우저에서는 에러가 발생하지만, 다음 그림과 같이 브라우저에서 '/todo/list'를 실행하면 list( ) 메소드가 실행되면서 로그가 출력되는 것을 확인할 수 있습니다.

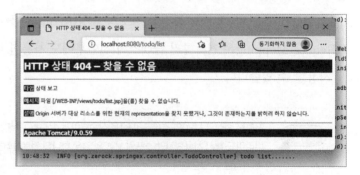

@RequestMapping에는 method라는 속성을 이용해서 GET/POST 방식을 구분해서 처리했지만, 스프링 4버전 이후에는 @GetMapping, @PostMapping 어노테이션이 추가되면서 GET/POST 방식을 구분해서 처리할 수 있게 되었습니다.

예를 들어 Todo 등록의 경우 GET 방식으로 '/todo/register'를 이용하면 입력 가능한 화면을 보여주고, POST 방식은 처리를 해야 합니다. 이런 예를 설계한다면 다음과 같은 코드를 작성하게 됩니다.

```java
package org.zerock.springex.controller;

import lombok.extern.log4j.Log4j2;
import org.springframework.stereotype.Controller;
import org.springframework.web.bind.annotation.GetMapping;
import org.springframework.web.bind.annotation.PostMapping;
import org.springframework.web.bind.annotation.RequestMapping;
import org.springframework.web.bind.annotation.RequestMethod;

@Controller
@RequestMapping("/todo")
@Log4j2
public class TodoController {

    @RequestMapping("/list")
    public void list(){
        log.info("todo list.......");
    }

    //@RequestMapping(value = "/register", method = RequestMethod.GET)
    @GetMapping("/register")
    public void registerGET() {
        log.info("GET todo register.......");
    }

    @PostMapping("/register")
    public void registerPost() {
        log.info("POST todo register.....");
```

```
        }

}
```

파라미터 자동 수집과 변환

스프링 MVC가 인기를 끌게 된 여러 이유 중에는 개발 시간을 단축할 수 있는 편리한 기능들이 많기 때문입니다. 그 중에서 개발자들에게 가장 필요한 파라미터 자동 수집에 대해서 알아보도록 합니다.

파라미터 자동 수집은 간단히 말해서 DTO나 VO 등을 메소드의 파라미터로 설정하면 자동으로 전달되는 HttpServletRequest의 파라미터들을 수집해 주는 기능입니다.

단순히 문자열만이 아니라 숫자도 가능하고, 배열이나 리스트, 첨부 파일도 가능합니다. 파라미터 수집은 다음과 같은 기준으로 동작합니다.

- 기본 자료형의 경우는 자동으로 형 변환처리가 가능합니다.
- 객체 자료형의 경우는 setXXX()의 동작을 통해서 처리됩니다.
- 객체 자료형의 경우 생성자가 없거나 파라미터가 없는 생성자가 필요(Java Beans)

실습_03 단순 파라미터의 자동 수집

SampleController를 이용해서 다음과 같이 ex1( )을 추가합니다.

```
@Controller
@Log4j2
public class SampleController {

    ...

    @GetMapping("/ex1")
    public void ex1(String name, int age){
        log.info("ex1........");
        log.info("name: " + name);
```

```
            log.info("age: " + age);
    }
}
```

ex1( )에는 문자열 name과 int 타입의 age를 선언했습니다. 프로젝트를 실행하고 브라우저를 이용해서 name과 age를 지정하면 '/ex1?name=AAA&age=16'과 같이 호출되었을 때 자동으로 처리되는 것을 확인할 수 있습니다(한글에 대한 처리는 추가 설정 필요).

```
10:52:42  INFO [org.zerock.springex.controller.SampleController] ex1.......
10:52:42  INFO [org.zerock.springex.controller.SampleController] name: AAA
10:52:42  INFO [org.zerock.springex.controller.SampleController] age: 16
```

다만 JSP가 없으므로 브라우저에서는 다음과 같이 404 에러가 발생하게 됩니다.

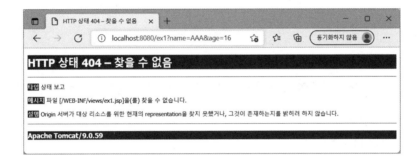

• **@RequestParam**

스프링 MVC의 파라미터는 기본적으로 요청(request)에 전달된 파라미터 이름을 기준으로 동작하지만 간혹 파라미터가 전달되지 않으면 문제가 발생할 수 있습니다. 이런 경우라면 @RequestParam이라는 어노테이션을 고려해 볼 수 있습니다.

@RequestParam은 defaultValue라는 속성이 있어서 말 그대로 '기본값'을 지정할 수 있습니다. SampleController에는 ex2( )를 다음과 같이 작성해 봅니다.

```
@GetMapping("/ex2")
public void ex2(@RequestParam(name = "name", defaultValue = "AAA") String name,
                @RequestParam(name = "age", defaultValue = "20")int age){
    log.info("ex2........");
    log.info("name: " + name);
    log.info("age: " + age);
}
```

프로젝트를 시작하고 '/ex2'를 실행해 보면 서버쪽에는 기본값으로 처리된 것을 확인할 수 있습니다.

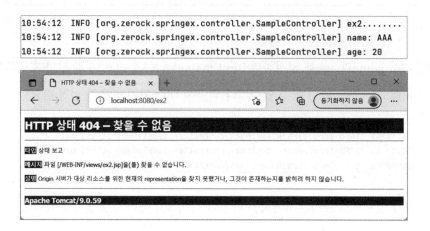

```
10:54:12  INFO [org.zerock.springex.controller.SampleController] ex2.......
10:54:12  INFO [org.zerock.springex.controller.SampleController] name: AAA
10:54:12  INFO [org.zerock.springex.controller.SampleController] age: 20
```

• Formatter를 이용한 파라미터의 커스텀 처리

기본적으로 HTTP는 문자열로 데이터를 전달하기 때문에 컨트롤러는 문자열을 기준으로 특정한 클래스의 객체로 처리하는 작업이 진행됩니다. 이때 개발에서 가장 문제가 되는 타입이 바로 날짜 관련 타입입니다.

브라우저에서 '2020-10-10'과 같은 형태의 문자열을 Date나 LocalDate, LocalDateTime 등으로 변환하는 작업은 많이 필요하지만 이에 대한 파라미터 수집은 에러가 발생합니다.

SampleController를 이용해서 java.time의 LocalDate를 파라미터로 하는 경우를 확인해 봅니다.

```
@GetMapping("/ex3")
public void ex3(LocalDate dueDate){
    log.info("ex3........");
    log.info("dueDate: " + dueDate);
}
```

브라우저를 이용해서 '/ex3?dueDate=2020-10-10'의 경로를 호출하면 다음과 같은 에러 메시지를 보게 됩니다.

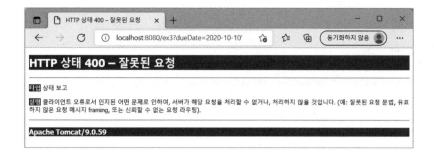

서버쪽의 에러 메시지를 살펴보면 String 타입을 java.time.LocalDate로 변환할 수 없어서 생긴 에러라는 것을 알 수 있습니다.

```
Could not resolve parameter [0] in public void org.zerock.springex.controller.
SampleController.ex3(java.time.LocalDate): Failed to convert value of type 'java.
lang.String' to required type 'java.time.LocalDate'; nested exception is org.
springframework.core.convert.ConversionFailedException: Failed to convert from
type [java.lang.String] to type [java.time.LocalDate] for value '2020-10-10';
nested exception is java.lang.IllegalArgumentException: Parse attempt failed for
value [2020-10-10]
```

이런 경우에는 특정한 타입을 처리하는 Formatter라는 것을 이용할 수 있습니다. Formatter는 말 그대로 문자열을 포맷을 이용해서 특정한 객체로 변환하는 경우에 사용합니다.

controller 패키지에 formmater 패키지를 작성하고 LocalDateFormatter 클래스를 작성합니다. Formatter 인터페이스는 parse( )와 print( ) 메소드가 존재합니다.

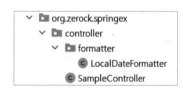

```java
package org.zerock.springex.controller.formatter;

import org.springframework.format.Formatter;

import java.time.LocalDate;
import java.time.format.DateTimeFormatter;
import java.util.Locale;


public class LocalDateFormatter implements Formatter<LocalDate> {

    @Override
    public LocalDate parse(String text, Locale locale) {
        return LocalDate.parse(text, DateTimeFormatter.ofPattern("yyyy-MM-dd"));
```

```
    }

    @Override
    public String print(LocalDate object, Locale locale) {
        return DateTimeFormatter.ofPattern("yyyy-MM-dd").format(object);
    }
}
```

Formatter를 servlet-context.xml에 적용하기 위해서는
조금 복잡한 과정이 필요합니다. FormattingConversion-
ServiceFactoryBean 객체를 스프링의 빈(Bean)으로 등록
해야 하고 이 안에 작성한 LocalDateFormatter를 추가해야
만 합니다.

```
<bean id="conversionService" class="org.springframework.format.support.FormattingC
onversionServiceFactoryBean">
    <property name="formatters">
        <set>
            <bean class="org.zerock.springex.controller.formatter.
                                                    LocalDateFormatter"/>
        </set>
    </property>
</bean>
```

conversionService라는 빈(Bean)을 등록한 후에는 스프링 MVC를 처리할 때 <mvc:anno-
tation-driven>에 이를 이용한다는 것을 지정해야만 합니다.

```
<mvc:annotation-driven  conversion-service="conversionService" />
```

앞선 설정이 모두 반영되었다면 프로젝트를 재시작하고 브라우저를 이용해서 '/ex3?due-
Date=2020-10-10'의 경로를 호출하면 서버에서 문제없이 파라미터가 수집된 것을 확인할
수 있습니다(브라우저에서는 아직 404 에러가 발생).

```
11:03:54  INFO [org.zerock.springex.controller.SampleController] ex3........
11:03:54  INFO [org.zerock.springex.controller.SampleController] dueDate: 2020-10-10
```

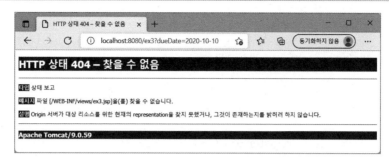

객체 자료형의 파라미터 수집

기본 자료형과 달리 객체 자료형을 파라미터로 처리하기 위해서는 객체가 생성되고 setXXX( )을 이용해서 처리합니다. Lombok을 활용한다면 @Setter나 @Data를 이용하는 것이 가장 간단한 방법입니다.

프로젝트에 dto 패키지를 추가하고 TodoDTO 클래스를 추가합니다.

TodoDTO는 이전 예제에서 사용했던 TodoDTO에 작성자를 의미하는 writer를 추가해서 작성합니다.

```java
package org.zerock.springex.dto;

import lombok.*;
import javax.validation.constraints.NotBlank;
import javax.validation.constraints.NotNull;
import java.time.LocalDate;

@ToString
@Data
@Builder
@AllArgsConstructor
@NoArgsConstructor
public class TodoDTO {

    private Long tno;

    private String title;
```

```
    private LocalDate dueDate;

    private boolean finished;

    private String writer;  // 새로 추가됨

}
```

TodoController의 '/todo/register'를 POST 방식으로 처리하는 메소드에 TodoDTO를 파라미터로 적용해 봅니다.

```java
package org.zerock.springex.controller;

import lombok.extern.log4j.Log4j2;
import org.springframework.stereotype.Controller;
import org.springframework.web.bind.annotation.GetMapping;
import org.springframework.web.bind.annotation.PostMapping;
import org.springframework.web.bind.annotation.RequestMapping;
import org.zerock.springex.dto.TodoDTO;

@Controller
@RequestMapping("/todo")
@Log4j2
public class TodoController {

    @RequestMapping("/list")
    public void list(){
        log.info("todo list.......");
    }

    @GetMapping("/register")
    public void registerGET() {
        log.info("GET todo register.......");
    }

    @PostMapping("/register")
    public void registerPost(TodoDTO todoDTO) {
        log.info("POST todo register.....");
        log.info(todoDTO);
    }
}
```

수정된 registerPost( )의 파라미터는 TodoDTO를 사용하도록 수정되었습니다. 자동으로 형 변환이 처리되기 때문에 TodoDTO과 같이 다양한 타입의 멤버 변수들의 처리가 자동으로 이루어지게 됩니다.

WEB-INF/views에는 todo 폴더를 생성하고 register.jsp 를 추가합니다.

```
<%@ taglib prefix="form" uri="http://www.springframework.org/tags/form" %>

<%@ page contentType="text/html;charset=UTF-8" language="java" %>
<html>
<head>
    <title>Title</title>
</head>
<body>
  <form action="/todo/register" method="post">
    <div>
        Title: <input type="text" name="title" >
    </div>
    <div>
        DueDate: <input type="date" name="dueDate" value="2022-12-25" >
    </div>
    <div>
        Writer: <input type="text" name="writer" >
    </div>
    <div>
        Finished: <input type="checkbox" name="finished">
    </div>
    <div>
        <button type="submit">Register</button>
    </div>
  </form>
</body>
</html>
```

GET 방식으로 '/todo/register'를 호출하면 다음과 같은 화면을 볼 수 있고 내용을 조정할 수 있습니다.

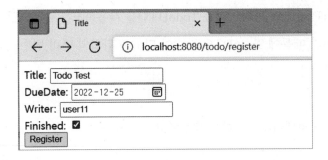

<form>을 POST 방식으로 submit했을 때 서버에서는 다음과 같은 로그가 기록됩니다(아직 한글은 깨지는 현상이 발생합니다.).

```
TodoController] GET todo register.......
TodoController] POST todo register.....
TodoController] TodoDTO(tno=null, title=Todo Test, dueDate=2022-12-25, finished=true, writer=user11)
```

Model이라는 특별한 파라미터

스프링 MVC는 기본적으로 웹 MVC와 동일한 방식이므로 모델이라고 부르는 데이터를 JSP까지 전달할 필요가 있습니다. 순수한 서블릿 방식에서는 request.setAttribute( )를 이용해서 데이터를 담아 JSP까지 전달했지만 스프링 MVC 방식에서는 Model이라는 객체를 이용해서 처리할 수 있습니다.

초기 스프링 MVC에서는 ModelAndView라는 객체를 생성하는 방식으로 사용했지만, 스프링 MVC 3 버전 이후에는 Model(org.springframework.ui.Model)이라는 파라미터만 추가하면 되기 때문에 더 이상 ModelAndView 객체를 생성할 필요는 없습니다.

Model에는 addAttribute( )라는 메소드를 이용해서 뷰(View)에 전달할 '이름'과 '값(객체)'을 지정할 수 있습니다.

SampleController를 통해서 이를 확인하는 예제를 작성해 봅니다.

```
@GetMapping("/ex4")
public void ex4(Model model){

    log.info("----------------------");
```

```
        model.addAttribute("message", "Hello World");
}
```

/WEB-INF/views 폴더에는 ex4.jsp를 생성합니다. ex4.jsp는 다음과 같이 구성합니다.

```
<%@ page contentType="text/html;charset=UTF-8" language="java" %>
<%@ taglib uri="http://java.sun.com/jsp/jstl/core" prefix="c" %>
<html>
<head>
    <title>Title</title>
</head>
<body>
    <h1>${message}</h1>

    <h1><c:out value="${message}"></c:out></h1>
</body>
</html>
```

Model에 담긴 데이터는 내부적으로 HttpServletRequest의 setAttribute()와 동일한 동작을 수행하기 때문에 JSP에서는 EL을 이용해서 별다른 처리없이 바로 사용할 수 있습니다.

• Java Beans와 @ModelAttribute

스프링 MVC의 컨트롤러는 특이하게도 파라미터로 getter/setter를 이용하는 Java Beans의 형식의 사용자 정의 클래스가 파라미터인 경우에는 자동으로 화면까지 객체를 전달합니다.

예를 들어 파라미터로 TodoDTO를 받는 경우를 작성하면 다음과 같이 작성할 수 있습니다.

```
@GetMapping("/ex4_1")
public void ex4Extra(TodoDTO todoDTO, Model model){

    log.info(todoDTO);

}
```

이런 경우 JSP에서는 별도의 처리 없이 ${todoDTO}를 이용할 수 있게 됩니다. ${ }의 변수명은 타입의 앞글자만 소문자로 변경되어서 처리됩니다.

만일 자동으로 생성된 변수명 todoDTO라는 이름 외에 다른 이름을 사용하고 싶다면 명시적으로 @ModelAttribute( )를 지정할 수 있습니다.

앞의 코드에 @ModelAttribute( )를 적용한다면 다음과 같이 작성됩니다.

```
@GetMapping("/ex4_1")
public void ex4Extra(@ModelAttribute("dto") TodoDTO todoDTO, Model model){

    log.info(todoDTO);

}
```

이 경우 JSP에서는 ${dto}와 같은 이름의 변수로 처리할 수 있습니다.

RedirectAttributes와 리다이렉션

POST 방식으로 어떤 처리를 하고 Redirect를 해서 GET 방식으로 특정한 페이지로 이동하는 (PRG)패턴을 처리하기 위해서 스프링 MVC에서는 RedirectAttributes라는 특별한 타입을 제공합니다. RedirectAttributes 역시 Model과 마찬가지로 파라미터로 추가해 주기만 하면 자동으로 생성되는 방식으로 개발할 때 사용할 수 있습니다.

RedirectAttributes에서 중요한 메소드는 다음과 같습니다.

- addAttribute(키,값): 리다이렉트할 때 쿼리 스트링이 되는 값을 지정
- addFlashAttribute(키,값): 일회용으로만 데이터를 전달하고 삭제되는 값을 지정

addAttribute( )로 데이터를 추가하면 리다이렉트할 URL에 쿼리 스트링으로 추가되고, addFlashAttribute( )를 이용하면 URL에 보이지는 않지만, JSP에서는 일회용으로 사용할 수 있습니다.

SampleController에 다음 코드를 추가합니다.

```java
@GetMapping("/ex5")
public String ex5(RedirectAttributes redirectAttributes){

    redirectAttributes.addAttribute("name","ABC");
    redirectAttributes.addFlashAttribute("result", "success");

    return "redirect:/ex6";
}

@GetMapping("/ex6")
public void ex6() {

}
```

ex5( )는 RedirectAttributes를 파라미터로 추가하고, addAttribute( )와 addFlashAttribute( )를 이용해서 name과 result라는 이름의 데이터를 전달합니다.

스프링 MVC에서 리다이렉트하기 위해서는 'redirect:'라는 접두어를 붙여서 문자열로 반환합니다. 브라우저에서 '/ex5'를 호출하면 서버에서는 다시 '/ex6' 경로를 호출하라고 알려주게 됩니다.

WEB-INF/views에서는 '/ex5'에 해당하는 JSP는 필요하지 않으므로 ex6.jsp 파일만을 작성합니다.

ex6.jsp 파일에서는 addFlashAttribute( )로 전달된 'result'라는 이름의 데이터를 확인할 수 있도록 작성합니다.

```jsp
<%@ page contentType="text/html;charset=UTF-8" language="java" %>
<html>
<head>
    <title>Title</title>
</head>
```

```
<body>
  <h1>ADD FLASH ATTRIBUTE: ${result}</h1>
</body>
</html>
```

'/ex5'를 호출했을 때의 최종 화면은 '/ex6'를 다시 호출하게 됩니다. 이때 addAttribute( )로 추가한 name 데이터는 쿼리 스트링이 된 것을 볼 수 있습니다.

반면에 addFlashAttribute( )로 추가한 result는 눈에 보이지는 않지만 JSP에서는 사용가능한 것을 볼 수 있습니다. addFlashAttribute( )로 추가한 데이터는 일회용으로 사용되므로 현재 'http://localhost:8080/ ex6?name=ABC' 상태에서 새로고침해보면 result 변수가 더 이상 존재하지 않는 것을 확인할 수 있습니다.

다양한 리턴 타입

스프링 MVC는 파라미터를 자유롭게 상황에 맞춰 지정할 수 있듯이, 컨트롤러 내에 선언하는 메소드의 리턴 타입도 다양하게 사용할 수 있습니다. 주로 사용하는 리턴 타입은 다음과 같습니다.

- void
- 문자열
- 객체나 배열, 기본 자료형
- ResponseEnity

앞의 항목 중에 일반적으로 화면이 따로 있는 경우에는 주로 void나 문자열을 이용하고, 나중에 JSON 타입을 활용할 때에는 객체나 ResponseEntity 타입을 주로 사용합니다(이에 대해서는 뒤에서 REST 방식을 처리할 때 사용하도록 합니다).

void는 컨트롤러의 @RequestMapping 값과 @GetMapping 등 메소드에서 선언된 값을 그대로 뷰(View)의 이름으로 사용하게 됩니다. void는 주로 상황에 관계없이 동일한 화면을 보여주는 경우에 사용합니다.

문자열은 상황에 따라서 다른 화면을 보여주는 경우에 사용합니다. 문자열의 경우 특별한 접두어를 사용할 수 있는데 다음과 같습니다.

- redirect: 리다이렉션을 이용하는 경우
- forward: 브라우저의 URL은 고정하고 내부적으로 다른 URL로 처리하는 경우

특별한 경우가 아니라면 'forward:'를 이용하는 경우는 없고 주로 'redirect:'만을 이용합니다.

스프링 MVC에서 주로 사용하는 어노테이션들

스프링 MVC에서는 여러 종류의 어노테이션들이 사용되기 때문에 이들을 정리해 둔다면 도움이 될 것입니다. 어노테이션의 위치별로 구분해 보면 다음과 같습니다.

• 컨트롤러 선언부에 사용하는 어노테이션

컨트롤러 클래스의 선언부에는 다음과 같은 어노테이션이 사용됩니다.

- @Controller: 스프링 빈의 처리됨을 명시
- @RestController: REST 방식의 처리를 위한 컨트롤러임을 명시(뒤쪽에서 학습)
- @RequestMapping: 특정한 URL 패턴에 맞는 컨트롤러인지를 명시

• 메소드 선언부에 사용하는 어노테이션

- @GetMapping/@PostMapping/@DeleteMapping/@PutMapping.. : HTTP 전송 방식 (method)에 따라 해당 메소드를 지정하는 경우에 사용, 일반적으로 @GetMapping과 @PostMapping이 주로 사용

- @RequestMapping: GET/POST 방식 모두를 지원하는 경우에 사용

- @ResponseBody: REST 방식에서 사용

- **메소드의 파라미터에 사용하는 어노테이션**

  - @RequestParam: Request에 있는 특정한 이름의 데이터를 파라미터로 받아서 처리하는 경우에 사용

  - @PathVariable: URL 경로의 일부를 변수로 삼아서 처리하기 위해서 사용

  - @ModelAttribute: 해당 파라미터는 반드시 Model에 포함되어서 다시 뷰(View)로 전달됨을 명시(주로 기본 자료형이나 Wrapper 클래스, 문자열에 사용)

  - 기타: @SessionAttribute, @Valid, @RequestBody 등

스프링 MVC의 예외 처리

스프링 MVC의 컨트롤러에서 발생하는 예외를 처리하는 가장 일반적인 방식은 @ControllerAdvice를 이용하는 것입니다. @ControllerAdvice는 컨트롤러에서 발생하는 예외에 맞게 처리할 수 있는 기능을 제공하는데 @ControllerAdvice가 선언된 클래스 역시 스프링의 빈(bean)으로 처리됩니다.

실습을 위해 controller 패키지에 하위로 exception 패키지를 추가하고 CommonExceptionAdvice 이름의 클래스를 생성합니다.

```
package org.zerock.springex.controller.exception;

import lombok.extern.log4j.Log4j2;
import org.springframework.web.bind.annotation.ControllerAdvice;

@ControllerAdvice
@Log4j2
public class CommonExceptionAdvice {


}
```

@ExceptionHandler

@ControllerAdvice의 메소드들에는 특별하게 @ExceptionHandler라는 어노테이션을 사용할 수 있습니다. 이를 이용해서 전달되는 Exception 객체들을 지정하고 메소드의 파라미터에서는 이를 이용할 수 있습니다.

@ControllerAdvice의 동작을 확인하기 위해 고의로 예외를 발생하는 코드를 SampleController에 추가합니다.

```
@GetMapping("/ex7")
public void ex7(String p1, int p2){
    log.info("p1........."+p1);
    log.info("p2........."+p2);
}
```

ex7( )은 문자열과 숫자(int)를 파라미터로 처리합니다. 만일 브라우저에서 숫자 대신에 알파벳을 보낸다면 NumberFormatException이 발생하게 될 것입니다.

톰캣을 실행해서 '/ex7?p1=AAA&p2=BBB'와 같이 고의로 예외가 발생할 만한 쿼리 스트링을 전달해 봅니다.

실행 결과는 '잘못된 요청(400)'이 발생합니다. p2 값이 int 타입으로 변환할 수 없기 때문에 서버 내부에서는 다음과 같은 메시지가 출력됩니다.

```
required type 'int'; nested exception is java.lang.NumberFormatException: For input string: "BBB"]
```

이를 해결하기 위해서 CommonExceptionAd-
vice에 NumberFormatException을 처리하도록
지정해 줍니다.

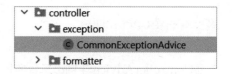

```java
package org.zerock.springex.controller.exception;

import lombok.extern.log4j.Log4j2;
import org.springframework.web.bind.annotation.ControllerAdvice;
import org.springframework.web.bind.annotation.ExceptionHandler;
import org.springframework.web.bind.annotation.ResponseBody;

@ControllerAdvice
@Log4j2
public class CommonExceptionAdvice {

    @ResponseBody
    @ExceptionHandler(NumberFormatException.class)
    public String exceptNumber(NumberFormatException numberFormatException){

        log.error("----------------------------------");
        log.error(numberFormatException.getMessage());

        return "NUMBER FORMAT EXCEPTION";

    }

}
```

추가된 exceptNumber( )에는 @ExceptionHandler가 지정되어 있고, NumberFormate-
Exception 타입을 지정하고 있습니다. @ExceptionHandler를 가진 모든 메소드는 해당 타
입의 예외를 파라미터로 전달받을 수 있습니다.

exceptNumber( )는 @ResponseBody를 이용해서 만들어진 문자열을 그대로 브라우저에
전송하는 방식을 이용했습니다(@ResponseBody는 REST 방식에서 다시 설명하겠지만 문
자열이나 JSON 데이터를 그대로 전송할 때 사용되는 어노테이션입니다.).
같은 예외가 발생하더라도 이제 결과는 다음과 같이 달라지는 것을 볼 수 있습니다.

NUMBER FORMAT EXCEPTION

범용적인 예외처리

개발을 하다보면 어디선가 문제가 발생하고 이를 자세한 메시지로 확인하고 싶은 경우가 많습니다. 이를 위해서 예외 처리의 상위 타입인 Exception 타입을 처리하도록 구성하면 다음과 같이 작성할 수 있습니다.

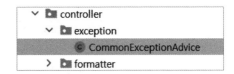

CommonExceptionAdvice에 다음과 같은 코드를 추가합니다.

```java
@ResponseBody
@ExceptionHandler(Exception.class)
public String exceptCommon(Exception exception){

    log.error("--------------------------------");
    log.error(exception.getMessage());

    StringBuffer buffer = new StringBuffer("<ul>");

    buffer.append("<li>" +exception.getMessage()+"</li>");

    Arrays.stream(exception.getStackTrace()).forEach(stackTraceElement -> {
        buffer.append("<li>"+stackTraceElement+"</li>");
    });
    buffer.append("</ul>");

    return buffer.toString();
}
```

exceptCommon( )은 Exception 타입을 처리하기 때문에 사실상 거의 모든 예외를 처리하는 용도로 사용할 수 있습니다. 앞의 예제를 동일하게 NumberFormatException이 발생하도록 처리해 보면 다음과 같은 결과를 볼 수 있습니다.

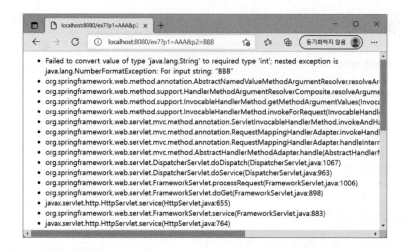

개발할 때는 예외 메시지가 자세하게 출력되는 것이 좋을 때가 많기 때문에 디버깅용으로 예외처리를 해 두고 나중에 배포할 때는 별도의 에러 페이지를 만들어서 사용하는 것이 좋습니다.

404 에러 페이지와 @ResponseStatus

서버 내부에서 생긴 문제가 아니라 시작부터 잘못된 URL을 호출하게 되면 404(Not Found) 예외가 발생하면서 톰캣이 보내는 메시지를 보게 됩니다. 예를 들어 현재 존재하지 않는 '/aaa/bbb'와 같이 존재하지 않는 URL을 호출하면 다음과 같이 톰캣이 만들어낸 화면을 보게됩니다.

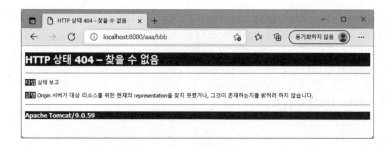

@ControllerAdvice에 작성하는 메소드에 @ResponseStatus를 이용하면 404 상태에 맞는 화면을 별도로 작성할 수 있습니다.

CommonExceptionAdvice에 새로운 메소드를 다음과 같이 추가합니다.

```
@ExceptionHandler(NoHandlerFoundException.class)
@ResponseStatus(HttpStatus.NOT_FOUND)
public String notFound(){

    return "custom404";
}
```

WEB-INF/views 폴더에는 custom404.jsp 파일을 추가합니다.

```
<%@ page contentType="text/html;charset=UTF-8" language="java" %>
<html>
<head>
    <title>Title</title>
</head>
<body>
  <h1>Oops! 페이지를 찾을 수 없습니다!</h1>
</body>
</html>
```

web.xml에서는 DispatcherServlet의 설정을 조정해야 합니다. <servlet> 태그 내에 <init-param>을 추가하고 throwExceptionIfNoHandlerFound라는 파라미터 설정을 추가해야 합니다.

```
<servlet>
    <servlet-name>appServlet</servlet-name>
    <servlet-class>org.springframework.web.servlet.DispatcherServlet</servlet-class>
    <init-param>
        <param-name>contextConfigLocation</param-name>
        <param-value>/WEB-INF/servlet-context.xml</param-value>
    </init-param>

    <init-param>
        <param-name>throwExceptionIfNoHandlerFound</param-name>
        <param-value>true</param-value>
    </init-param>
```

```
    <load-on-startup>1</load-on-startup>
</servlet>
```

web.xml을 수정하면 프로젝트를 재시작해야만 변경된 내용이 반영됩니다. 재시작 후에 존재하지 않는 경로에 접근하면 기존과 다르게 custom404.jsp의 결과를 볼 수 있습니다.

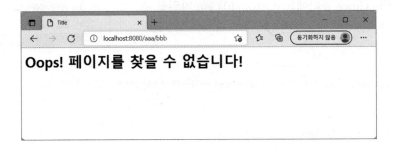

스프링 Web MVC 구현하기

스프링 프레임워크와 스프링 MVC을 결합해서 이전에 웹 MVC로 개발했던 Todo 예제를 개발한다면 어떤 식으로 개발해야 하는지 전체적인 구조를 살펴보고 적용해 보도록 합니다.

이 절에서 작성하려는 예제는 스프링과 MyBatis, 스프링 MVC를 모두 결합하는 구조입니다. 기존과 동일하게 CRUD 기능을 개발하고 목록은 페이징 처리와 검색 기능을 구현해 보도록 합니다.

프로젝트의 구현 목표와 준비

이번 절에서 구성하려는 예제 프로젝트의 전체 구조는 다음과 같습니다.

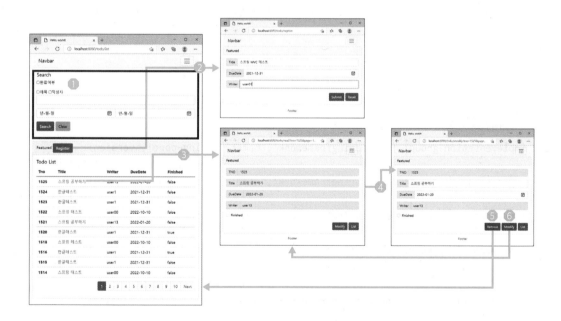

① 검색과 필터링을 적용할 수 있는 화면을 구성하고 MyBatis의 동적 쿼리를 이용해서 상황에 맞는 Todo들을 검색합니다.

② 새로운 Todo를 등록할 때 문자열, boolean, LocalDate를 자동으로 처리하도록 합니다.

③ 목록에서 조회 화면으로 이동할 때 모든 검색 ,필터링, 페이징 조건을 유지하도록 구성합니다.

④ 조회 화면에서는 모든 조건을 유지한 채로 수정/삭제 화면으로 이동하도록 구성합니다.

⑤ 삭제 시에는 다시 목록 화면으로 이동합니다.

⑥ 수정 시에는 다시 조회 화면으로 이동하지만, 검색, 필터링, 페이징 조건은 초기화 합니다.

예제 프로젝트 구성은 3티어의 구성으로 다음과 같습니다.

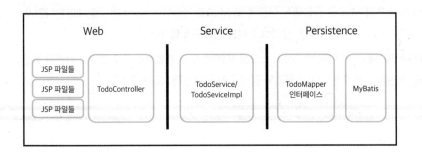

프로젝트의 준비

프로젝트의 기본 설정은 이전 장에서 사용했던 설정들을 그대로 이용하지만 몇 개의 새로운 라이브러리들이 필요합니다.

build.gradle에 다음과 같은 라이브러리들을 확인합니다.

```
스프링 관련

implementation group: 'org.springframework', name: 'spring-core', version:
                                                                  '5.3.19'
implementation group: 'org.springframework', name: 'spring-context', version:
                                                                  '5.3.19'
implementation group: 'org.springframework', name: 'spring-test', version:
                                                                  '5.3.19'
implementation group: 'org.springframework', name: 'spring-webmvc', version:
                                                                  '5.3.19'

implementation group: 'org.springframework', name: 'spring-jdbc', version:
                                                                  '5.3.19'
implementation group: 'org.springframework', name: 'spring-tx', version: '5.3.19'
```

```
implementation 'org.mariadb.jdbc:mariadb-java-client:3.0.4'
implementation group: 'com.zaxxer', name: 'HikariCP', version: '5.0.1'

implementation 'org.mybatis:mybatis:3.5.9'
implementation 'org.mybatis:mybatis-spring:2.0.7'
```

JSTL

```
implementation group: 'jstl', name: 'jstl', version: '1.2'
```

실습을 위해서 새롭게 필요한 라이브러리들은 다음과 같습니다. build.gradle에 다음과 같은 라이브러리들을 추가합니다.

DTO와 VO의 변환을 위한 ModelMapper

```
implementation group: 'org.modelmapper', name: 'modelmapper', version: '3.0.0'
```

DTO의 검증을 위한 Validate관련 라이브러리

```
implementation group: 'org.hibernate', name: 'hibernate-validator', version:
'6.2.1.Final'
```

프로젝트의 폴더/패키지 구조

프로젝트의 폴더와 패키지 구조는 개발 전에 조금 수정해서 정리를 한 상태에서 개발을 시작하도록 합니다.

이전 예제의 패키기 구조에서는 사용하지 않는 sample 패키지와 기본적으로 만들어지는 HelloServlet을 삭제해서 정리합니다.

webapp 폴더의 구조는 SampleController가 사용했던 JSP 파일들을 삭제하고 todo는 그대로 이용하도록 합니다.

test 폴더에서도 sample과 관련된 모든 기능은 삭제하도록 합니다.

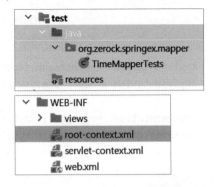

root-context.xml에서도 sample 패키지를 사용하는 부분은 삭제하도록 합니다.

삭제하는 코드는 다음과 같습니다.

```
<context:component-scan base-package="org.zerock.springex.sample">
</context:component-scan>
```

마지막으로 프로젝트를 실행해서 서버가 정상으로 로딩되는지 확인합니다. 스프링은 하나의 설정이라도 문제가 생기면 프로젝트가 실행되지 않습니다.

· 테이블 수정

이전 예제에서는 webdb에 tbl_todo 테이블을 이용해서 개발이 진행되었습니다. 현재 프로젝트의 'Database' 설정을 이용해서 webdb와 연결합니다.

기존 테이블과 달리 프로젝트에서 사용하는 tbl_todo은 기존 테이블에 writer라는 칼럼을 추가해서 작성합니다. 기존 테이블은 'drop table tbl_todo'를 이용해서 삭제하고 새롭게 테이블을 구성해 줍니다.

```
drop table tbl_todo;

create table tbl_todo (
    tno int auto_increment primary key ,
    title varchar(100) not null,
    dueDate date not null,
    writer varchar(50) not null,
    finished tinyint default 0
);
```

• 서비스 패키지 설정

프로젝트 내에 controller나 mapper 패키지는 존재하지만
서비스 영역을 담당하기 위한 패키지는 없으므로 service 패
키지를 추가합니다.

ModelMapper 설정과 @Configuration

프로젝트 개발에는 DTO를 VO로 변환하거나 VO를 DTO로 변환해야 하는 작업이 빈번
하므로 이를 처리하기 위해서 ModelMapper를 스프링의 빈(Bean)으로 등록해서 처리합
니다.

ModelMapper를 설정하기 위해서 config 패키지를 추
가하고 ModelMapperConfig 클래스를 추가합니다.

ModelMapperConfig는 기존의 MapperUtil 클래스를
스프링으로 변경한 버전으로 @Configuration을 이용합
니다. @Configuration은 해당 클래스가 스프링 빈(Bean)
에 대한 설정을 하는 클래스임을 명시합니다.

```
package org.zerock.springex.config;

import org.modelmapper.ModelMapper;
import org.modelmapper.convention.MatchingStrategies;
import org.springframework.context.annotation.Bean;
import org.springframework.context.annotation.Configuration;


@Configuration
public class ModelMapperConfig {

    @Bean
    public ModelMapper getMapper() {
```

```
        ModelMapper modelMapper = new ModelMapper();
        modelMapper.getConfiguration()
                .setFieldMatchingEnabled(true)
                .setFieldAccessLevel(org.modelmapper.config.Configuration.
                                                AccessLevel.PRIVATE)
                .setMatchingStrategy(MatchingStrategies.STRICT);

        return modelMapper;
    }

}
```

ModelMapperConfig를 스프링 빈(Bean)으로 인식할
수 있도록 root-context.xml에 config 패키지를 compo-
nent-scan을 이용해서 추가합니다.

```
<context:component-scan base-package="org.zerock.springex.config"/>
```

ModelMapperConfig 클래스 내에는 getMapper( )라는 메소드가 ModelMapper를 반환
하도록 설계되었습니다. 중요한 점은 getMapper() 선언부에 있는 @Bean 어노테이션입니
다. @Bean은 해당 메소드의 실행 결과로 반환된 객체를 스프링의 빈(Bean)으로 등록시키는
역할을 합니다.

스프링3 이후로 XML 설정 외에 Java 설정을 이용하는 경우가 늘고 있는데 @Configura-
tion과 @Bean이 바로 Java 설정에서 가장 많이 사용되는 설정입니다.

화면 디자인 - 부트스트랩 적용

JSP 파일을 작성하기 전, 프로젝트의 시작 단계에서 화면 디자인을 결정해 두는 것이 좋습
니다. 화면 디자인 없이 개발을 진행할 때는 나중에 코드를 다시 입혀야 하는 작업을 할 수도
있기 때문입니다.

최근에는 부트스트랩(bootstrap)이나 머터리얼(Material Design)과 같이 쉽게 웹 화면을 디자인할 수 있는 라이브러리들 덕분에 전문적인 웹 디자이너의 도움 없이도 어느정도 완성도가 있는 디자인 작업이 가능해 졌습니다. 실제 프로젝트에서는 완성도 높은 무료 혹은 유료 디자인을 선정해서 사용합니다만 이번 예제에서는 부트스트랩을 간단하게 활용하는 수준으로 디자인을 구성해서 사용하도록 합니다.

화면 디자인을 위해서 html 파일을 작성하거나 현재 프로젝트 내에 jsp 파일을 추가해서 디자인을 확인할 수 있습니다. 예제에서는 webapp의 resources 폴더에 test. html을 작성해서 부트스트랩을 적용하는 페이지를 작성해 보도록 합니다.

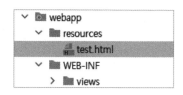

부트스트랩 적용은 최대한 간단하게 작성할 것이지만 필요한 부분은 공식 문서(https://getbootstrap.com/)를 보면서 추가하도록 합니다.

https://getbootstrap.com/docs/5.1/getting-started/introduction/을 보면 'Starter Template'이 제공되어 부트스트랩으로 화면을 구성하기 편리하게 되어 있습니다.

test.html의 내용을 Starter Template 내용으로 변경합니다(코드상에서의 html 주석은 삭제했습니다).

```
<!doctype html>
<html lang="en">
<head>
    <meta charset="utf-8">
    <meta name="viewport" content="width=device-width, initial-scale=1">

    <!-- Bootstrap CSS -->
    <link href="https://cdn.jsdelivr.net/npm/bootstrap@5.1.3/dist/css/bootstrap.
min.css" rel="stylesheet" integrity="sha384-1BmE4kWBq78iYhFldvKuhfTAU6auU8tT94WrHf
tjDbrCEXSU1oBoqyl2QvZ6jIW3" crossorigin="anonymous">

    <title>Hello, world!</title>
</head>
<body>
<h1>Hello, world!</h1>

<script src="https://cdn.jsdelivr.net/npm/bootstrap@5.1.3/dist/js/bootstrap.
bundle.min.js" integrity="sha384-ka7Sk0Gln4gmtz2MlQnikT1wXgYsOg+OMhuP+IlRH9sENBO0L
Rn5q+8nbTov4+1p" crossorigin="anonymous"></script>
```

```
</body>
</html>
```

프로젝트를 실행해서 '/resources/test.html'을 브라우저로 확인해 봅니다.

부트스트랩의 container, row 적용

Starter Template의 경우 <body> 태그에 'Hello, world'만이 작성되어 있으므로 레이아웃을 간단하게 구성해 주어야 합니다. 부트스트랩 화면 구성에서 사용하는 'container'와 'row'를 이용해서 test.html <body>의 내용으로 <div>들을 다음과 같이 구성합니다.

```
<body>

<div class="container-fluid">
    <div class="row">
        <h1>Header</h1>
    </div>
    <div class="row content">

        <h1>Content</h1>
    </div>
    <div class="row footer">
        <h1>Footer</h1>
    </div>
</div>
```

Card 컴포넌트 적용하기

부트스트랩에는 화면을 쉽게 제작
할 수 있는 여러 종류의 컴포넌트를 제
공합니다. 이 중에서 Card라는 컴포넌
트를 적용해서 현재의 화면에서 'Con-
tent'라는 영역을 변경해 보도록 합니
다. 부트스트랩 사이트의 Components
메뉴에서는 [Card -> Header and
footer] 부분의 코드를 찾아봅니다.

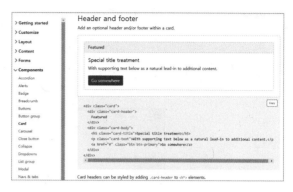

*https://getbootstrap.com/docs/5.1/components/card/

현재 test.html에는 <div class="row content"> 부분에 <div class='col'>를 추가하고 Card
컴포넌트의 코드를 복사해서 추가합니다. <body> 태그의 안쪽은 다음과 같은 코드로 구성
합니다.

```
<div class="container-fluid">
    <div class="row">
        <h1>Header</h1>
        <div class="row content">
            <div class="col">
                <div class="card">
                    <div class="card-header">
                        Featured
                    </div>
                    <div class="card-body">
                        <h5 class="card-title">Special title treatment</h5>
                        <p class="card-text">With supporting text below as a
                                natural lead-in to additional content.</p>
                        <a href="#" class="btn btn-primary">Go somewhere</a>
                    </div>
                </div>
            </div>
        </div>

    </div>
    <div class="row content">

    </div>
```

```
    <div class="row footer">
        <h1>Footer</h1>
    </div>
</div>
```

브라우저를 통해서 결과를 확인합니다.

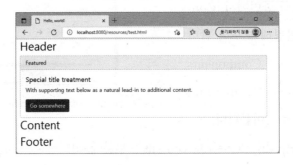

• Navbar 컴포넌트의 적용

화면 상단에는 간단한 메뉴를 보여줄 수 있는 Nav 혹은 Navbar 컴포넌트를 적용하도록
합니다. 공식 문서의 Navbar의 예제를 선택해서 'Header'라고 출력되는 부분에 적용합니다.
(https://getbootstrap.com/docs/5.1/components/navbar/)

기존의 test.html의 상단 부분은 단순 <h1> 태그
만 존재합니다.

웹의 코드를 복사해서 <h1> 태그 부분을 다음과 같이 변경합니다.

```
<!-- 기존의 <h1>Header</h1> -->
<div class="row">
    <div class="col">
        <nav class="navbar navbar-expand-lg navbar-light bg-light">
            <div class="container-fluid">
                <a class="navbar-brand" href="#">Navbar</a>
                <button class="navbar-toggler" type="button" data-bs-
                        toggle="collapse" data-bs-target="#navbarNavAltMarkup" aria-
                controls="navbarNavAltMarkup" aria-expanded="false" aria-label="Toggle
                                                                        navigation">
                    <span class="navbar-toggler-icon"></span>
                </button>
```

```
                <div class="collapse navbar-collapse" id="navbarNavAltMarkup">
                    <div class="navbar-nav">
                        <a class="nav-link active" aria-current="page"
                                                        href="#">Home</a>
                        <a class="nav-link" href="#">Features</a>
                        <a class="nav-link" href="#">Pricing</a>
                        <a class="nav-link disabled">Disabled</a>
                    </div>
                </div>
            </div>
        </nav>
    </div>
</div>
<!-- header end -->
<!-- 기존의 <h1>Header</h1>끝 -->
```

Navbar가 적용되면 반응형으로 동작하기 때문에 브라우저의 크기에 따라서 메뉴들이 보이거나 사라지게 됩니다.

· Footer 처리

맨 아래 <div class='row'>에는 간단한 <footer>를 적용합니다. 해당 <div>를 맨 아래쪽으로 고정하기 위해서 'fixed-bottom'을 적용합니다. 내용이 많은 경우에는 Footer 영역으로 인해 가려질 수 있는 부분이 있으므로 'z-index' 값은 음수로 처리해서 가려질 수 있도록 구성합니다.

```
<div class="row footer">
    <!--<h1>Footer</h1>-->

    <div class="row   fixed-bottom" style="z-index: -100">
        <footer class="py-1 my-1 ">
            <p class="text-center text-muted">Footer</p>
```

```
                    </footer>
    </div>


</div>
```

Footer 영역을 수정하면 다음 그림과 같이 화면 아래
쪽으로 고정되는 영역이 생긴 것을 볼 수 있습니다.

test.html의 전체 코드는 다음과 같습니다.

```
<!doctype html>
<html lang="en">
<head>
    <meta charset="utf-8">
    <meta name="viewport" content="width=device-width, initial-scale=1">

    <!-- Bootstrap CSS -->
    <link href="https://cdn.jsdelivr.net/npm/bootstrap@5.1.3/dist/css/bootstrap.
min.css" rel="stylesheet" integrity="sha384-1BmE4kWBq78iYhFldvKuhfTAU6auU8tT94WrHf
tjDbrCEXSU1oBoqyl2QvZ6jIW3" crossorigin="anonymous">

    <title>Hello, world!</title>
</head>
<body>

<div class="container-fluid">
    <div class="row">
        <!-- 기존의 <h1>Header</h1> -->
        <div class="row">
            <div class="col">
                <nav class="navbar navbar-expand-lg navbar-light bg-light">
                    <div class="container-fluid">
                        <a class="navbar-brand" href="#">Navbar</a>
                        <button class="navbar-toggler" type="button" data-bs-
                            toggle="collapse" data-bs-target="#navbarNavAltMarkup"
                        aria-controls="navbarNavAltMarkup" aria-expanded="false"
                                        aria-label="Toggle navigation">
```

```html
                    <span class="navbar-toggler-icon"></span>
                </button>
                <div class="collapse navbar-collapse"
                                            id="navbarNavAltMarkup">
                    <div class="navbar-nav">
                        <a class="nav-link active" aria-current="page"
                                            href="#">Home</a>
                        <a class="nav-link" href="#">Features</a>
                        <a class="nav-link" href="#">Pricing</a>
                        <a class="nav-link disabled">Disabled</a>
                    </div>
                </div>
            </nav>
        </div>
    </div>
    <!-- header end -->
    <!-- 기존의 <h1>Header</h1>끝-->

    <div class="row content">
        <div class="col">
            <div class="card">
                <div class="card-header">
                    Featured
                </div>
                <div class="card-body">
                    <h5 class="card-title">Special title treatment</h5>
                    <p class="card-text">With supporting text below as a
                                natural lead-in to additional content.</p>
                    <a href="#" class="btn btn-primary">Go somewhere</a>
                </div>
            </div>
        </div>
    </div>

</div>
<div class="row content">

    <h1>Content</h1>
</div>
<div class="row footer">
    <!--<h1>Footer</h1>-->

    <div class="row   fixed-bottom" style="z-index: -100">
        <footer class="py-1 my-1 ">
            <p class="text-center text-muted">Footer</p>
        </footer>
```

```
        </div>

    </div>
</div>

<script src="https://cdn.jsdelivr.net/npm/bootstrap@5.1.3/dist/js/bootstrap.
bundle.min.js" integrity="sha384-ka7Sk0Gln4gmtz2MlQnikT1wXgYsOg+OMhuP+IlRH9sENBO0L
Rn5q+8nbTov4+1p" crossorigin="anonymous"></script>

</body>
</html>
```

MyBatis와 스프링을 이용한 영속 처리

프로젝트 개발은 데이터베이스 처리부터 시작해 보도록 하겠습니다. MyBatis와 스프링을
연동하기 때문에 기존의 JDBC에 비해서 적은 양의 코드만으로 개발이 가능합니다.

MyBatis를 이용하는 개발 단계는 다음과 같습니다.

1. VO 선언   3. XML의 개발
2. Mappper 인터페이스의 개발   4. 테스트 코드의 개발

프로젝트에 domain 패키지를 선언하고 TodoVO 클래스
를 추가합니다.

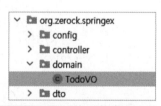

```
package org.zerock.springex.domain;

import lombok.*;

import java.time.LocalDate;

@Getter
@ToString
@AllArgsConstructor
@NoArgsConstructor
@Builder
```

```java
public class TodoVO {

    private Long tno;
    private String title;
    private LocalDate dueDate;
    private String writer;
    private boolean finished;
}
```

TodoMapper 인터페이스와 XML

TodoVO는 매퍼 인터페이스의 파라미터나 리턴 타입이 될 수 있기 때문에 먼저 정의하고 이를 이용해서 mapper 패키지에 TodoMapper 인터페이스를 정의합니다.

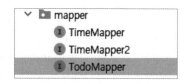

```java
package org.zerock.springex.mapper;

public interface TodoMapper {

    String getTime();
}
```

resources/mappers 폴더에 TodoMapper.xml을 선언하고 getTime( )에 해당하는 내용을 작성합니다.

XML을 작성할 때 namespace 값은 인터페이스의 이름, 메소드의 이름은 <select> 태그의 id와 반드시 일치시켜야 하는 점을 주의합니다.

```xml
<?xml version="1.0" encoding="UTF-8" ?>
<!DOCTYPE mapper
        PUBLIC "-//mybatis.org//DTD Mapper 3.0//EN"
        "http://mybatis.org/dtd/mybatis-3-mapper.dtd">
<mapper namespace="org.zerock.springex.mapper.TodoMapper">

    <select id="getTime" resultType="string">
```

```
        select now()
    </select>

</mapper>
```

마지막으로 테스트 코드를 통해서 동작 여부를 확인합
니다.

```java
package org.zerock.springex.mapper;

import lombok.extern.log4j.Log4j2;
import org.junit.jupiter.api.Test;
import org.junit.jupiter.api.extension.ExtendWith;
import org.springframework.beans.factory.annotation.Autowired;
import org.springframework.test.context.ContextConfiguration;
import org.springframework.test.context.junit.jupiter.SpringExtension;

@Log4j2
@ExtendWith(SpringExtension.class)
@ContextConfiguration(locations="file:src/main/webapp/WEB-INF/root-context.xml")
public class TodoMapperTests {

    @Autowired(required = false)
    private TodoMapper todoMapper;

    @Test
    public void testGetTime() {
        log.info(todoMapper.getTime());
    }
}
```

testGetTime( )을 실행해서 정상적으로 MyBatis의 세팅이 완료되었는지 확인합니다.

```
09:14:34  INFO [org.springframework.test.context.support.DefaultTestContextBootstrapper] Loaded default TestExecutionLi
09:14:34  INFO [org.springframework.test.context.support.DefaultTestContextBootstrapper] Using TestExecutionListeners:
09:14:35  INFO [com.zaxxer.hikari.HikariDataSource] HikariPool-1 - Starting...
09:14:35  INFO [com.zaxxer.hikari.pool.HikariPool] HikariPool-1 - Added connection org.mariadb.jdbc.Connection@7e7f0216
09:14:35  INFO [com.zaxxer.hikari.HikariDataSource] HikariPool-1 - Start completed.
09:14:35  INFO [org.zerock.springex.mapper.TodoMapperTests] 2022-03-09 21:14:35
BUILD SUCCESSFUL in 2s
```

SQL의 실행 로그를 좀 더 자세하게 보고 싶다면 org.zerock.
springex.mapper 패키지 로그는 TRACE 레벨로 기록하도록
log4j2.xml에 다음 코드를 추가합니다.

```xml
<loggers>
    <logger name="org.springframework" level="INFO" additivity="false">
        <appender-ref ref="console" />
    </logger>

    <logger name="org.zerock" level="INFO" additivity="false">
        <appender-ref ref="console" />
    </logger>

    <logger name="org.zerock.springex.mapper" level="TRACE" additivity="false">
        <appender-ref ref="console" />
    </logger>

    <root level="INFO" additivity="false">
        <AppenderRef ref="console"/>
    </root>

</loggers>
```

동일한 testGetTime( )을 실행하면 실행되는 SQL이 출력되는 것을 확인할 수 있습니다.

```
09:16:09  INFO [org.springframework.test.context.support.DefaultTestContextBootstrapper] Loaded default TestExecutionLis
09:16:09  INFO [org.springframework.test.context.support.DefaultTestContextBootstrapper] Using TestExecutionListeners: [
09:16:09  INFO [com.zaxxer.hikari.HikariDataSource] HikariPool-1 - Starting...
09:16:09  INFO [com.zaxxer.hikari.pool.HikariPool] HikariPool-1 - Added connection org.mariadb.jdbc.Connection@4339baec
09:16:09  INFO [com.zaxxer.hikari.HikariDataSource] HikariPool-1 - Start completed.
09:16:09 DEBUG [org.zerock.springex.mapper.TodoMapper.getTime] ==>  Preparing: select now()
09:16:09 DEBUG [org.zerock.springex.mapper.TodoMapper.getTime] ==> Parameters:
09:16:09 TRACE [org.zerock.springex.mapper.TodoMapper.getTime] <==    Columns: now()
09:16:09 TRACE [org.zerock.springex.mapper.TodoMapper.getTime] <==        Row: 2022-03-09 21:16:09
09:16:09 DEBUG [org.zerock.springex.mapper.TodoMapper.getTime] <==      Total: 1
09:16:09  INFO [org.zerock.springex.mapper.TodoMapperTests] 2022-03-09 21:16:09
```

 예전에는 log4jdbc-log4j2와 같은 별도의 라이브러리를 이용했지만 2013년 이후로는 버전업도 없
는 상황이고 데이터베이스마다 호환성의 문제가 있으므로 이 책에서는 사용하지 않습니다.

Todo 기능 개발

가장 먼저 등록 작업을 처리해 봅니다. 등록 작업의 경우 TodoMapper ⇨ TodoService ⇨ TodoController ⇨ JSP의 순서로 처리하도록 합니다.

TodoMapper 개발 및 테스트

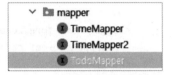

TodoMapper에는 TodoVO를 파라미터로 입력받는 insert( )를 추가합니다.

```java
package org.zerock.springex.mapper;

import org.zerock.springex.domain.TodoVO;

public interface TodoMapper {

    String getTime();

    void insert(TodoVO todoVO);
}
```

mappers 폴더에 만들어둔 TodoMapper.xml에 insert를 다음과 같이 구현합니다.

```xml
<?xml version="1.0" encoding="UTF-8" ?>
<!DOCTYPE mapper
        PUBLIC "-//mybatis.org//DTD Mapper 3.0//EN"
        "http://mybatis.org/dtd/mybatis-3-mapper.dtd">
<mapper namespace="org.zerock.springex.mapper.TodoMapper">

    <select id="getTime" resultType="string">
        select now()
    </select>

    <insert id="insert">
        insert into tbl_todo (title, dueDate, writer) values  ( #{title},
                                                #{dueDate}, #{writer})
    </insert>

</mapper>
```

MyBatis를 이용하면 '?' 대신에 '#{title}'과 같이 파라미터를 처리합니다. '#{title}' 부분은 PreparedStatement로 다시 변경되면서 '?'로 처리되고, 주어진 객체의 getTitle( )을 호출한 결과를 적용하게 됩니다.

테스트 코드를 이용해서 TodoVO의 입력을 확인합니다.

```java
package org.zerock.springex.mapper;

import lombok.extern.log4j.Log4j2;
import org.junit.jupiter.api.Test;
import org.junit.jupiter.api.extension.ExtendWith;
import org.springframework.beans.factory.annotation.Autowired;
import org.springframework.test.context.ContextConfiguration;
import org.springframework.test.context.junit.jupiter.SpringExtension;
import org.zerock.springex.domain.TodoVO;

import java.time.LocalDate;

@Log4j2
@ExtendWith(SpringExtension.class)
@ContextConfiguration(locations="file:src/main/webapp/WEB-INF/root-context.xml")
public class TodoMapperTests {

    @Autowired(required = false)
    private TodoMapper todoMapper;

    ...

    @Test
    public void testInsert() {

        TodoVO todoVO = TodoVO.builder()
                .title("스프링 테스트 ")
                .dueDate(LocalDate.of(2022,10,10))
                .writer("user00")
                .build();

        todoMapper.insert(todoVO);

    }

}
```

testInsert( )를 실행한 후에 tbl_todo 테이블을 조회해서 insert가 완료되었는지를 확인합니다.

```
09:23:34 DEBUG [org.zerock.springex.mapper.TodoMapper.insert] ==> Preparing: insert into tbl_todo (title, dueDate, writer) values ( ?, ?, ?)
09:23:34 DEBUG [org.zerock.springex.mapper.TodoMapper.insert] ==> Parameters: 스프링 테스트 (String), 2022-10-10(LocalDate), user00(String)
09:23:34 DEBUG [org.zerock.springex.mapper.TodoMapper.insert] <==      Updates: 1
BUILD SUCCESSFUL in 2s
```

	tno	title	dueDate	writer	finished
1	1	스프링 테스트	2022-10-10	user00	0

TodoService와 TodoServiceImpl 클래스

TodoMapper와 TodoController 사이에는 서비스 계층을 설계해서 적용하도록 합니다. TodoService 인터페이스를 먼저 추가하고, 이를 구현한 TodoServiceImpl을 스프링 빈(Bean)으로 처리합니다.

```java
package org.zerock.springex.service;

import org.zerock.springex.dto.TodoDTO;

public interface TodoService {

    void register(TodoDTO todoDTO);
}
```

TodoService 인터페이스 추가한 register( )는 여러 개의 파라미터 대신에 TodoDTO로 묶어서 전달 받도록 구성합니다.

TodoService 인터페이스를 구현하는 TodoServiceImpl에는 의존성 주입을 이용해서 데이터베이스 처리를 하는 TodoMapper와 DTO, VO의 변환을 처리하는 ModelMapper를 주입합니다.

```
package org.zerock.springex.service;

import lombok.RequiredArgsConstructor;
import lombok.extern.log4j.Log4j2;
import org.modelmapper.ModelMapper;
import org.springframework.stereotype.Service;
import org.zerock.springex.domain.TodoVO;
import org.zerock.springex.dto.TodoDTO;
import org.zerock.springex.mapper.TodoMapper;

@Service
@Log4j2
@RequiredArgsConstructor
public class TodoServiceImpl implements TodoService{

    private final TodoMapper todoMapper;

    private final ModelMapper modelMapper;

    @Override
    public void register(TodoDTO todoDTO) {

        log.info(modelMapper);

        TodoVO todoVO = modelMapper.map(todoDTO, TodoVO.class );

        log.info(todoVO);

        todoMapper.insert(todoVO);

    }
}
```

TodoServiceImpl은 의존성 주입이 사용되는 방식을 눈여겨 볼 필요가 있습니다. 의존성 주입이 필요한 객체의 타입을 final로 고정하고 @RequiredArgsConstructor를 이용해서 생성자를 생성하는 방식을 사용합니다.

register( )에서는 주입된 ModelMapper를 이용해서 TodoDTO를 TodoVO로 변환하고 이를 TodoMapper를 통해서 insert 처리하게 됩니다.

service 패키지는 root-context.xml에서 compo-nent-scan 패키지로 추가해 줍니다.

```
<mybatis:scan base-package="org.zerock.springex.mapper"></mybatis:scan>

<context:component-scan base-package="org.zerock.springex.config"/>
<context:component-scan base-package="org.zerock.springex.service"/>
```

TodoService 테스트

예제는 서비스 계층에서 DTO를 VO로 변환하는
작업을 처리하기 때문에 가능하면 테스트를 진행해서
문제가 없는지 확인하는 것이 좋습니다.

test 폴더 내에 service 관련 패키지를 생성하고 To-
doServiceTests 클래스를 작성합니다.

```
package org.zerock.springex.service;

import lombok.extern.log4j.Log4j2;
import org.junit.jupiter.api.Test;
import org.junit.jupiter.api.extension.ExtendWith;
import org.springframework.beans.factory.annotation.Autowired;
import org.springframework.test.context.ContextConfiguration;
import org.springframework.test.context.junit.jupiter.SpringExtension;
import org.zerock.springex.dto.TodoDTO;

import java.time.LocalDate;

@Log4j2
@ExtendWith(SpringExtension.class)
@ContextConfiguration(locations="file:src/main/webapp/WEB-INF/root-context.xml")
public class TodoServiceTests {

    @Autowired
    private TodoService todoService;

    @Test
    public void testRegister(){

        TodoDTO todoDTO = TodoDTO.builder()
                .title("Test......")
                .dueDate(LocalDate.now())
                .writer("user1")
```

```
                .build();

        todoService.register(todoDTO);

    }
}
```

새로운 Todo를 등록할 때에는 '제목(title), 만료일(dueDate), 작성자(writer)'가 필요하므로 이를 TodoDTO로 구성해서 TodoServiceImpl을 테스트 합니다. 로그를 통해서 TodoServiceImpl이 동작하는 것을 확인할 수 있습니다.

```
09:32:03  INFO [org.zerock.springex.service.TodoServiceImpl] org.modelmapper.ModelMapper@329548d0
09:32:03  INFO [org.zerock.springex.service.TodoServiceImpl] TodoVO(tno=null, title=Test......, dueDate=2022-03-09, writer=user1, finished=false)
09:32:03 DEBUG [org.zerock.springex.mapper.TodoMapper.insert] ==> Preparing: insert into tbl_todo (title, dueDate, writer) values ( ?, ?, ?)
09:32:03 DEBUG [org.zerock.springex.mapper.TodoMapper.insert] ==> Parameters: Test......(String), 2022-03-09(LocalDate), user1(String)
09:32:03 DEBUG [org.zerock.springex.mapper.TodoMapper.insert] <==      Updates: 1
```

데이터베이스 내에도 정상적으로 추가되었는지를 확인합니다.

	tno	title	dueDate	writer	finished
1	1	스프링 테스트	2022-10-10	user00	0
2	2	Test......	2022-03-09	user1	0

TodoController의 GET/POST처리

서비스 계층까지 문제 없이 동작하는 것을 확인했다면 스프링 MVC를 처리하도록 합니다. 우선은 입력할 수 있는 화면이 필요합니다. controller 패키지의 TodoController를 확인합니다.

TodoController에 GET 방식으로 '/todo/register'가 실행 가능한지 확인합니다.

```
package org.zerock.springex.controller;


import lombok.extern.log4j.Log4j2;
import org.springframework.stereotype.Controller;
```

```
import org.springframework.ui.Model;
import org.springframework.web.bind.annotation.GetMapping;
import org.springframework.web.bind.annotation.RequestMapping;


@Controller
@RequestMapping("/todo")
@Log4j2
public class TodoController {

    @RequestMapping("/list")
    public void list(Model model){
        log.info("todo list.......");
    }

    @GetMapping("/register")
    public void registerGET() {
        log.info("GET todo register.......");
    }

}
```

/WEB-INF/views/todo 폴더에 register.jsp를 확인하
고 없다면 생성해 주도록 합니다.

register.jsp는 test.html을 복사해서 구성합니다. 상단에
JSP 관련 설정을 추가해 주어야 하는 점을 주의합니다.

```
<%@ page contentType="text/html; charset=UTF-8" pageEncoding="UTF-8" %>
```

register.jsp에 class 속성이 'card-body'로 지정된 부분의 코드를 다음과 같이 수정합니
다(입력하는 화면의 디자인은 https://getbootstrap.com/docs/5.1/forms/form-control/
참고).

```
<div class="card-body">
    <form action="/todo/register" method="post">
        <div class="input-group mb-3">
            <span class="input-group-text">Title</span>
            <input type="text" name="title" class="form-control"
                                                placeholder="Title">
```

```
        </div>

        <div class="input-group mb-3">
            <span class="input-group-text">DueDate</span>
            <input type="date" name="dueDate" class="form-control"
                                                    placeholder="Writer">
        </div>

        <div class="input-group mb-3">
            <span class="input-group-text">Writer</span>
            <input type="text" name="writer" class="form-control"
                                                    placeholder="Writer">
        </div>

        <div class="my-4">
            <div class="float-end">
                <button type="submit" class="btn btn-primary">Submit</button>
                <button type="result" class="btn btn-secondary">Reset</button>
            </div>
        </div>
    </form>
</div>
```

프로젝트를 실행한 후에 '/todo/regis-
ter'를 호출하면 다음과 같은 화면이 나오
는지를 확인합니다.

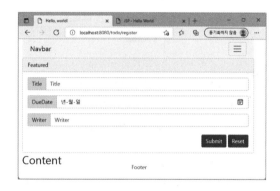

앞의 화면을 확인한 후에 <h1>Content</h1> 부분은 삭제하도록 합니다.

• POST 방식의 처리

register.jsp의 <form action="/todo/register"
method="post"> 태그에 의해서 [Submit] 버튼을 클릭하
면 POST 방식으로 'title, dueDate, writer'를 전송하게

됩니다.

TodoController에서는 TodoDTO로 바로 전달된 파라미터의 값들을 수집합니다.

POST 방식으로 처리한 후에는 '/todo/list'로 이동해야 하므로 'redirect:/todo/list'로 이동할 수 있도록 문자열을 반환할 수 있게 처리합니다.

```
@PostMapping("/register")
public String registerPost(TodoDTO todoDTO, RedirectAttributes redirectAttributes)
{
    log.info("POST todo register.......");

    log.info(todoDTO);

    return "redirect:/todo/list";
}
```

한글 문제가 있기는 하지만 브라우저에서 입력한 데이터들이 수집되고 '/todo/list'로 이동하는 기능에는 문제가 없는 것을 확인할 수 있습니다.

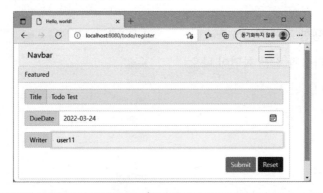

```
INFO [org.zerock.springex.controller.TodoController] POST todo register.......
INFO [org.zerock.springex.controller.TodoController] TodoDTO(tno=null, title=Todo Test, dueDate=2022-03-24, finished=false, writer=user11)
INFO [org.zerock.springex.controller.TodoController] todo list.......
```

정상적으로 데이터가 수집되기는 하지만 몇 가지 개선의 여지가 있습니다.

- 한글이 깨지는 문제
- 적당한 데이터를 전달하지 않았을 때 발생할 수 있는 문제

한글 처리를 위한 필터 설정

브라우저에서 한글을 입력하면 문제가 발생하게 됩니다. 이 경우에는 브라우저에서 서버로 데이터를 전송할 때 한글이 깨지는지 서버에서 데이터를 수집할 때 깨지는지를 먼저 알아야 합니다.

브라우저에서 보내는 데이터는 개발자 도구 'Network'에서 '/todo/register' 항목을 이용해서 확인이 가능합니다.

브라우저에서 보내는 데 문제가 없다면 서버에서 다음과 같이 한글에 문제가 있는 것을 확인할 수 있습니다.

```
POST todo register.......
TodoDTO(tno=null, title=Todo Test ïêì, dueDate=2022-03-25, finished=false, writer=user11)
todo list.......
```

서버의 한글 처리에 대한 설정은 스프링 MVC에서 제공하는 필터로 쉽게 처리할 수 있습니다. web.xml에 필터에 대한 설정을 추가합니다(<web-app> 태그가 끝나기 전에 추가).

```
<filter>
    <filter-name>encoding</filter-name>
    <filter-class>org.springframework.web.filter.CharacterEncodingFilter</filter-
                                                                          class>
    <init-param>
        <param-name>encoding</param-name>
        <param-value>UTF-8</param-value>
```

```
        </init-param>
    </filter>

    <filter-mapping>
        <filter-name>encoding</filter-name>
        <servlet-name>appServlet</servlet-name>
    </filter-mapping>
```

web.xml의 설정은 서버를 재시작해야 올바
르게 반영되므로 톰캣을 재시작하고 한글 처리
를 확인합니다.

```
POST todo register.......
TodoDTO(tno=null, title=Todo Test 한글, dueDate=2022-03-31, finished=false, writer=user11)
todo list.......
```

@Valid를 이용한 서버사이드 검증

과거의 웹 개발에는 자바스크립트를 이용해서 브라우저에서만 유효성 검사를 진행하는 방
식이 많았지만, 모바일과 같이 다양한 환경에서 서버를 이용하는 현재에는 브라우저를 사용
하는 프론트쪽에서의 검증과 더불어 서버에서도 입력되는 값들을 검증하는 것이 일반적입
니다.

이러한 검증 작업은 컨트롤러에서 진행하는데 스프링 MVC의 경우 @Valid와 BindingRe-
sult라는 존재를 이용해서 간단하게 처리할 수가 있습니다.

스프링 MVC에서 검증을 처리하기 위해서는 hibernate-validate 라이브러리가 필요합니
다만 주의해야 할 점은 7버전부터는 jakarta 패키지를 쓰는 문제로 인해서 제한이 있으므로
예제에서는 6.2.1.Final을 이용하도록 합니다.

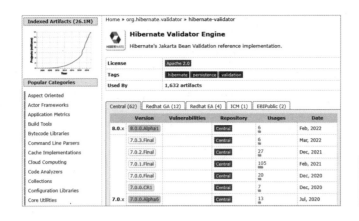

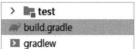

```
//Validate 관련
implementation group: 'org.hibernate', name: 'hibernate-validator', version:
'6.2.1.Final'
```

hibernate-validator를 이용해서 사용하는 대표적인 어노테이션은 다음과 같습니다.

@NotNull	Null 불가
@Null	Null만 입력 가능
@NotEmpty	Null, 빈 문자열 불가
@NotBlank	Null, 빈 문자열, 스페이스만 있는 문자열 불가
@Size(min=,max=)	문자열, 배열 등의 크기가 만족하는가?
@Pattern(regex=)	정규식을 만족하는가?
@Max(num)	지정 값 이하인가?
@Min(num)	지정 값 이상인가?
@Future	현재 보다 미래인가?
@Past	현재 보다 과거인가?
@Positive	양수만 가능
@PositiveOrZero	양수와 0만 가능
@Negative	음수만 가능
@NegativeOrZero	음수와 0만 가능

• TodoDTO검증하기

TodoDTO에 간단한 어노테이션을 적용해서 다음과 같이
수정합니다.

```java
package org.zerock.springex.dto;

import lombok.*;

import javax.validation.constraints.Future;
import javax.validation.constraints.NotEmpty;
import java.time.LocalDate;

@ToString
@Data
@Builder
@AllArgsConstructor
@NoArgsConstructor
public class TodoDTO {

    private Long tno;

    @NotEmpty
    private String title;

    @Future
    private LocalDate dueDate;

    private boolean finished;

    @NotEmpty
    private String writer;

}
```

TodoController에서는 POST 방식으로 처리할 때 이
를 반영하도록 BindingResult와 @Valid 어노테이션을
적용합니다.

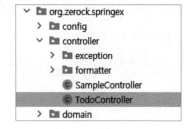

```
package org.zerock.springex.controller;

import lombok.RequiredArgsConstructor;
import lombok.extern.log4j.Log4j2;
import org.springframework.stereotype.Controller;
import org.springframework.ui.Model;
import org.springframework.validation.BindingResult;
import org.springframework.web.bind.annotation.GetMapping;
import org.springframework.web.bind.annotation.PostMapping;
import org.springframework.web.bind.annotation.RequestMapping;
import org.springframework.web.servlet.mvc.support.RedirectAttributes;
import org.zerock.springex.dto.TodoDTO;
import org.zerock.springex.service.TodoService;

import javax.validation.Valid;

@Controller
@RequestMapping("/todo")
@Log4j2
@RequiredArgsConstructor
public class TodoController {

    private final TodoService todoService;

    @RequestMapping("/list")
    public void list(Model model){

        log.info("todo list.......");
    }

    @GetMapping("/register")
    public void registerGET() {
        log.info("GET todo register.......");
    }

    @PostMapping("/register")
    public String registerPost(@Valid TodoDTO todoDTO,
                               BindingResult bindingResult,
                               RedirectAttributes redirectAttributes) {

        log.info("POST todo register.......");

        if(bindingResult.hasErrors()) {
            log.info("has errors.......");
            redirectAttributes.addFlashAttribute("errors", bindingResult.
                                                      getAllErrors() );
```

```
            return "redirect:/todo/register";
        }

        log.info(todoDTO);

        return "redirect:/todo/list";
    }
}
```

TodoDTO에는 @Valid를 적용하고, BindingResult 타입을 파라미터로 새롭게 추가합니다.

registerPost( )에서는 hasErrors( )를 이용해서 검증에 문제가 있다면 다시 입력 화면으로 리다이렉트되도록 처리합니다. 다만 처리 과정에서 잘못된 결과는 RedirectAttributes의 addFlashAttribute( )를 이용해서 전달합니다.

TodoDTO의 writer는 @NotEmpty가 적용되어 있으므로 다음 그림의 왼쪽 화면과 같이 'Writer' 항목이 없다면 다시 처음 입력 화면으로 돌아가는 것을 볼 수 있습니다.

```
[org.zerock.springex.controller.TodoController] has errors.......
[org.zerock.springex.controller.TodoController] GET todo register.......
```

• JSP에서 검증 에러 메시지 확인하기

register.jsp에는 검증된 결과를 확인하기 위해서 JSP 상단에 태그 라이브러리를 추가합니다.

```
<%@ page contentType="text/html;charset=UTF-8" language="java" %>
<%@ taglib prefix="c" uri="http://java.sun.com/jsp/jstl/core" %>
```

과거에는 에러 메시지를 확인할 때 주로 스프링 MVC가 제공하는 태그 라이브러리를 이용해서 처리하는 경우가 많았습니다만, 필자는 화면에 대한 제약이 너무 많기 때문에 좋지 않다고 생각합니다.

대신에 자바스크립트 객체를 생성해 둔다면 필요할 때 화면에서 처리가 가능하므로 예제에서는 자바스크립트 객체를 생성해 내는 방식으로 처리하도록 합니다.

화면에서 <form> 태그가 끝난 후에 <script> 태그를 추가합니다.

```
</form>
<script>

    const serverValidResult = {}

    <c:forEach items="${errors}" var="error">

    serverValidResult['${error.getField()}'] = '${error.defaultMessage}'

    </c:forEach>

    console.log(serverValidResult)

</script>
```

GET 방식으로 '/todo/register'를 호출했을 때는 아무런 코드가 만들어지지 않습니다.

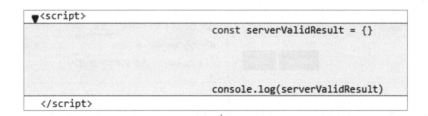

사용자가 아무것도 입력하지 않은 상태에서 [Submit]을 누르면 다음과 같은 코드가 생성됩니다.

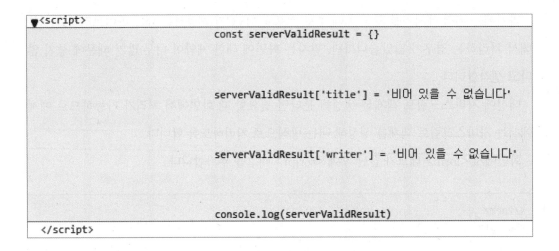

```
<script>
                    const serverValidResult = {}


                    serverValidResult['title'] = '비어 있을 수 없습니다'


                    serverValidResult['writer'] = '비어 있을 수 없습니다'



                    console.log(serverValidResult)
</script>
```

콘솔 창에는 serverValidResult 객체에 대한 내용이 출력됩니다.

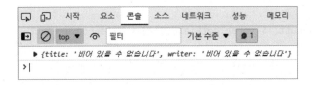

날짜(dueDate)를 과거로 선택해도 메시지를 만들어 냅니다.

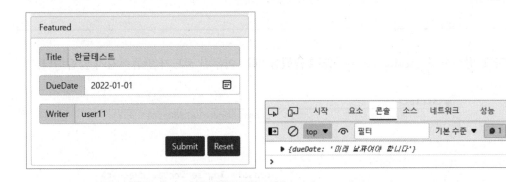

자바스크립트를 이용해서 오류 객체를 생성하면 나중에 화면에서 자유롭게 처리할 수가 있다는 장점이 있습니다.

 Tip 과거에는 검증한 결과를 처리하기 위해서 스프링에서 지원하는 태그를 이용하는 경우가 많았지만 최근에는 가능하면 JSON과 같이 자바스크립트에서 처리할 수 있는 방식을 선호하는 방향으로 많이 전환되고 있습니다.

Todo 등록 기능 완성

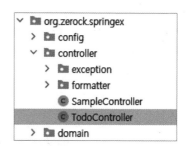

입력값의 검증까지 끝났다면 최종적으로 TodoService를 주입하고, 연동하도록 구성합니다. TodoController의 클래스 선언부에서 TodoService를 주입합니다.

```
@Controller
@RequestMapping("/todo")
@Log4j2
@RequiredArgsConstructor
public class TodoController {

    private final TodoService todoService;
...
```

registerPost( )에서는 TodoService의 기능을 호출하도록 구성합니다.

```
@PostMapping("/register")
public String registerPost(@Valid TodoDTO todoDTO,
                            BindingResult bindingResult,
                            RedirectAttributes redirectAttributes) {

    log.info("POST todo register.......");

    if(bindingResult.hasErrors()) {
        log.info("has errors.......");
        return "/todo/register";
    }

    log.info(todoDTO);

    todoService.register(todoDTO);

    return "redirect:/todo/list";
}
```

모든 기능의 개발이 완료되었다면 등록 후에 '/todo/list'로 이동하게 됩니다. 아직 '/todo/list'의 개발은 완료되지 않았으니 데이터베이스를 이용해서 최종 확인하도록 합니다.

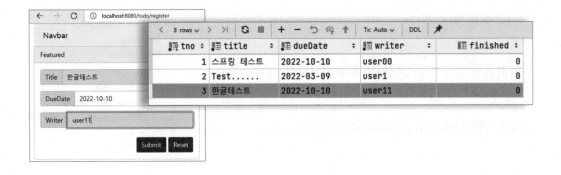

Todo 목록 기능 개발

등록 기능의 개발이 완료된 후 결과 화면은 목록으로 이동하게 됩니다. 목록의 경우 나중에 페이징 처리나 검색 기능이 필요하지만 시작하는 단계에서는 목록 데이터를 출력하는 수준 으로 작성합니다.

・ TodoMapper의 개발

TodoMapper 인터페이스에는 가장 최근에 등록된 TodoVO가 우선적으로 나올 수 있도록 selectAll( )를 추 가합니다.

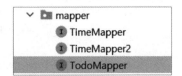

```java
package org.zerock.springex.mapper;

import org.zerock.springex.domain.TodoVO;

import java.util.List;

public interface TodoMapper {

    String getTime();

    void insert(TodoVO todoVO);

    List<TodoVO> selectAll();

}
```

TodoMapper.xml에서는 selectAll( )의 실제 쿼리문을 작성합니다 <select> 태그의 경우 resultType을 지정하는 것을 주의합니다. resultTyped은 JDBC의 ResultSet의 한 행(row)을 어떤 타입의 객체로 만들것인지를 지정합니다.

```xml
<mapper namespace="org.zerock.springex.mapper.TodoMapper">

    <select id="getTime" resultType="string">
        select now()
    </select>

    <insert id="insert">
        insert into tbl_todo (title, dueDate, writer) values  ( #{title},
                                                #{dueDate}, #{writer})
    </insert>

    <select id="selectAll" resultType="org.zerock.springex.domain.TodoVO">
        select * from tbl_todo order by tno desc
    </select>

</mapper>
```

마지막으로 test 폴더 내에 작성해둔 TodoMapperTests 클래스를 이용해서 테스트 코드를 작성합니다.

```java
@Test
public void testSelectAll() {

    List<TodoVO> voList = todoMapper.selectAll();

    voList.forEach(vo -> log.info(vo));

}
```

테스트 실행 결과는 다음과 같이 가장 나중에 추가된 데이터를 우선적으로 보여줍니다.

```
02:08:17 DEBUG [org.zerock.springex.mapper.TodoMapper.selectAll] ==>  Preparing: select * from tbl_todo order by tno desc
02:08:17 DEBUG [org.zerock.springex.mapper.TodoMapper.selectAll] ==> Parameters:
02:08:17 TRACE [org.zerock.springex.mapper.TodoMapper.selectAll] <==    Columns: tno, title, dueDate, writer, finished
02:08:17 TRACE [org.zerock.springex.mapper.TodoMapper.selectAll] <==        Row: 3, 한글테스트, 2022-10-10, user11, 0
02:08:17 TRACE [org.zerock.springex.mapper.TodoMapper.selectAll] <==        Row: 2, Test......, 2022-03-09, user1, 0
02:08:17 TRACE [org.zerock.springex.mapper.TodoMapper.selectAll] <==        Row: 1, 스프링 테스트 , 2022-10-10, user00, 0
02:08:17 DEBUG [org.zerock.springex.mapper.TodoMapper.selectAll] <==      Total: 3
02:08:17  INFO [org.zerock.springex.mapper.TodoMapperTests] TodoVO(tno=3, title=한글테스트, dueDate=2022-10-10, writer=user11, finished=false)
02:08:17  INFO [org.zerock.springex.mapper.TodoMapperTests] TodoVO(tno=2, title=Test......, dueDate=2022-03-09, writer=user1, finished=false)
02:08:17  INFO [org.zerock.springex.mapper.TodoMapperTests] TodoVO(tno=1, title=스프링 테스트 , dueDate=2022-10-10, writer=user00, finished=false)
BUILD SUCCESSFUL in 12s
```

• TodoService/TodoServiceImpl의 개발

서비스 계층의 개발은 특별한 파라미터가 없는 경우 TodoMapper를 호출하는 것이 전부입니다. 다만 TodoMapper가 반환하는 데이터의 타입이 List<TodoVO>이기 때문에 이를 List<TodoDTO>로 변환하는 작업이 필요합니다.

TodoService 인터페이스에 getAll( ) 기능을 추가합니다.

```java
package org.zerock.springex.service;

import org.zerock.springex.dto.TodoDTO;

import java.util.List;

public interface TodoService {

    void register(TodoDTO todoDTO);

    List<TodoDTO> getAll();
}
```

TodoServiceImpl에서 getAll( )은 다음과 같이 개발합니다.

```java
@Override
public List<TodoDTO> getAll() {

    List<TodoDTO> dtoList = todoMapper.selectAll().stream()
            .map(vo -> modelMapper.map(vo, TodoDTO.class))
            .collect(Collectors.toList());

    return dtoList;
}
```

List<TodoVO>를 List<TodoDTO>로 변환하는 작업은 java8부터 지원하는 stream을 이용해서 각 TodoVO는 map( )을 통해서 TodoDTO로 바꾸고 collect( )를 이용해서 List<TodoDTO>로 묶어 줍니다.

· TodoController의 처리

TodoController의 list( ) 기능에서 TodoService를 처리하고 Model에 데이터를 담아서 JSP로 전달해야 합니다.

```java
@RequestMapping("/list")
public void list(Model model){

    log.info("todo list.......");

    model.addAttribute("dtoList", todoService.getAll());

}
```

Model에는 'dtoList'라는 이름으로 목록 데이터를 담았기 때문에 JSP에서는 JSTL을 이용해서 목록을 출력합니다(화면 디자인은 부트스트랩의 tables 항목(https://getbootstrap.com/docs/5.1/content/tables/)을 참고해서 작성합니다.).

/WEB-INF/views/todo/list.jsp는 페이지 상단에 JSP 관련 설정과 JSTL 설정을 추가합니다.

```jsp
<%@ page contentType="text/html;charset=UTF-8" language="java" %>

<%@ taglib prefix="c" uri="http://java.sun.com/jsp/jstl/core" %>
```

list.jsp는 test.html의 코드를 복사해서 이용하고 <div class='card-body'> 부분은 다음과 같이 수정합니다.

```html
<div class="card-body">
    <h5 class="card-title">Special title treatment</h5>
    <table class="table">
        <thead>
        <tr>
            <th scope="col">Tno</th>
            <th scope="col">Title</th>
            <th scope="col">Writer</th>
            <th scope="col">DueDate</th>
```

```
            <th scope="col">Finished</th>
        </tr>
        </thead>
        <tbody>
        <c:forEach items="${dtoList}" var="dto">
        <tr>
            <th scope="row"><c:out value="${dto.tno}"/></th>
            <td><c:out value="${dto.title}"/></td>
            <td><c:out value="${dto.writer}"/></td>
            <td><c:out value="${dto.dueDate}"/></td>
            <td><c:out value="${dto.finished}"/></td>
        </tr>
        </c:forEach>
        </tbody>
    </table>
</div>
```

프로젝트를 실행하고 브라우저를 통해서 결과를 확인하면 다음과 같은 화면을 볼 수 있습니다.

Todo 조회 기능 개발

목록 화면에서 제목(Title)을 눌렀을 때 '/todo/read?tno=xx'와 같이 TodoController를 호출하도록 개발해 봅니다.

• TodoMapper 조회 기능 개발

TodoMapper의 개발은 selectOne( )이라는 메소드를 추가합니다. 파라미터는 Long 타입으로 tno를 받도록 설계하고, TodoVO 객체를 반환하도록 구성합니다.

```java
public interface TodoMapper {

    String getTime();

    void insert(TodoVO todoVO);

    List<TodoVO> selectAll();

    TodoVO selectOne(Long tno);

}
```

TodoMapper.xml에는 selectOne을 다음과 같이 추가합니다.

```xml
<mapper namespace="org.zerock.springex.mapper.TodoMapper">

    ...

    <select id="selectOne" resultType="org.zerock.springex.domain.TodoVO">
        select * from tbl_todo where tno  = #{tno}
    </select>

</mapper>
```

테스트 코드를 통해서 현재 데이터베이스에 존재하는 번호로 결과를 확인합니다.

```java
@Test
public void testSelectOne() {

    TodoVO todoVO = todoMapper.selectOne(3L);

    log.info(todoVO);
}
```

```
DEBUG [org.zerock.springex.mapper.TodoMapper.selectOne] ==>  Preparing: select * from tbl_todo where tno = ?
DEBUG [org.zerock.springex.mapper.TodoMapper.selectOne] ==> Parameters: 3(Long)
TRACE [org.zerock.springex.mapper.TodoMapper.selectOne] <==    Columns: tno, title, dueDate, writer, finished
TRACE [org.zerock.springex.mapper.TodoMapper.selectOne] <==        Row: 3, 한글테스트, 2022-10-10, user11, 0
DEBUG [org.zerock.springex.mapper.TodoMapper.selectOne] <==      Total: 1
 INFO [org.zerock.springex.mapper.TodoMapperTests] TodoVO(tno=3, title=한글테스트, dueDate=2022-10-10, writer=user11, finished=false)
```

• TodoService/TodoServiceImpl의 개발

TodoService에는 getOne( )이라는 메소드를 추가합니다.

```java
public interface TodoService {

    void register(TodoDTO todoDTO);

    List<TodoDTO> getAll();

    TodoDTO getOne(Long tno);
}
```

TodoServiceImpl의 구현은 다음과 같습니다.

```java
@Override
public TodoDTO getOne(Long tno) {

    TodoVO todoVO = todoMapper.selectOne(tno);

    TodoDTO todoDTO = modelMapper.map(todoVO, TodoDTO.class);

    return todoDTO;
}
```

• TodoController의 개발

TodoController는 GET 방식으로 동작하는 read( ) 기능을 개발합니다.

```java
@GetMapping("/read")
public void read(Long tno, Model model){

    TodoDTO todoDTO = todoService.getOne(tno);
    log.info(todoDTO);

    model.addAttribute("dto", todoDTO);

}
```

/WEB-INF/views/todo/read.jsp를 추가합니다. read.
jsp에는 JSTL 관련 설정을 추가합니다.

```
<%@ page contentType="text/html;charset=UTF-8" language="java" %>
<%@ taglib prefix="c" uri="http://java.sun.com/jsp/jstl/core" %>
```

화면상의 'card-body' 부분에 dto라는 이름으로 전달된 TodoDTO를 출력합니다.

```
<div class="card-body">
    <div class="input-group mb-3">
        <span class="input-group-text">TNO</span>
        <input type="text" name="tno" class="form-control"
                value=<c:out value="${dto.tno}"></c:out> readonly>
    </div>
    <div class="input-group mb-3">
        <span class="input-group-text">Title</span>
        <input type="text" name="title" class="form-control"
                value='<c:out value="${dto.title}"></c:out>' readonly>
    </div>

    <div class="input-group mb-3">
        <span class="input-group-text">DueDate</span>
        <input type="date" name="dueDate" class="form-control"
                value=<c:out value="${dto.dueDate}"></c:out> readonly>

    </div>

    <div class="input-group mb-3">
        <span class="input-group-text">Writer</span>
        <input type="text" name="writer" class="form-control"
                value=<c:out value="${dto.writer}"></c:out> readonly>

    </div>

    <div class="form-check">
        <label class="form-check-label" >
            Finished  
        </label>
        <input class="form-check-input" type="checkbox" name="finished" ${dto.
                                        finished?"checked":""} disabled >
    </div>
```

```
    <div class="my-4">
        <div class="float-end">
            <button type="button" class="btn btn-primary">Modify</button>
            <button type="button" class="btn btn-secondary">List</button>
        </div>
    </div>
</div>
```

브라우저에서는 '/todo/read?tno=3'과 같이 존재하는 tno 값을 이용해서 정상적으로 화면
이 출력되는지를 우선 확인합니다.

· 수정/삭제를 위한 링크 처리

조회 화면에는 수정/삭제를 위해서 [Modify] 버튼을 누르면 GET 방식의 수정/삭제 선택
이 가능한 화면으로 이동하게 됩니다. 이를 위해서 자바스크립트를 이용해서 이벤트 처리해
두도록 합니다.

```
<div class="my-4">
    <div class="float-end">
        <button type="button" class="btn btn-primary">Modify</button>
        <button type="button" class="btn btn-secondary">List</button>
    </div>
</div>

<script>
    document.querySelector(".btn-primary").addEventListener("click", function(e){
```

```
        self.location = "/todo/modify?tno="+${dto.tno}
    },false)

    document.querySelector(".btn-secondary").addEventListener("click", function(e)
{
        self.location = "/todo/list";
    },false)
</script>
```

· list.jsp의 링크 처리

list.jsp에서는 각 TodoDTO의 제목(title)에 '/todo/read?tno=xxx'와 같이 이동 가능하도
록 링크를 처리해 줍니다.

```
<tr>
    <th scope="row"><c:out value="${dto.tno}"/></th>
    <td><a href="/todo/read?tno=${dto.tno}" class="text-decoration-none"><c:out
value="${dto.title}"/></a></td>
    <td><c:out value="${dto.writer}"/></td>
    <td><c:out value="${dto.dueDate}"/></td>
    <td><c:out value="${dto.finished}"/></td>
</tr>
```

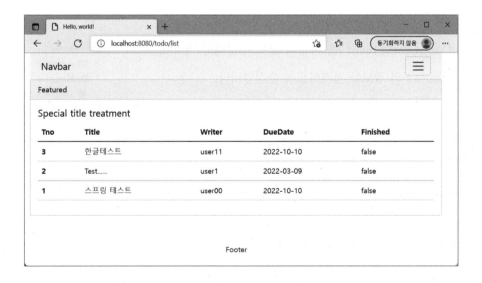

Todo의 삭제 기능 개발

수정과 삭제는 GET 방식으로 조회한 후에 POST 방식으로 처리합니다. 사실상 GET 방식의 내용은 조회 화면과 같지만 스프링 MVC에는 여러 개의 경로를 배열과 같은 표기법을 이용해서 하나의 @GetMapping으로 처리할 수 있기 때문에 read( ) 기능을 수정해서 수정과 삭제에도 같은 메소드를 이용하도록 합니다.

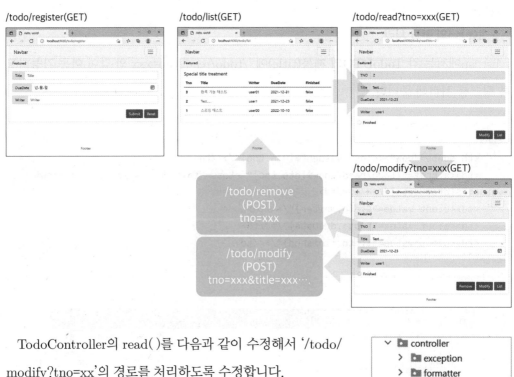

TodoController의 read( )를 다음과 같이 수정해서 '/todo/modify?tno=xx'의 경로를 처리하도록 수정합니다.

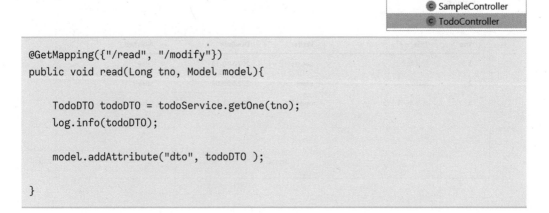

```
@GetMapping({"/read", "/modify"})
public void read(Long tno, Model model){

    TodoDTO todoDTO = todoService.getOne(tno);
    log.info(todoDTO);

    model.addAttribute("dto", todoDTO );

}
```

/WEB-INF/views/todo 폴더에는 read.jsp를 그대로 복사해서 modify.jsp를 구성합니다.

modify.jsp에서는 수정과 삭제 작업이 POST 방식으로 처리될 예정이므로 이를 위한 <form> 태그를 구성하고 수정이 가능한 항목들은 편집이 가능하도록 합니다.

```html
<div class="card-body">
    <form action="/todo/modify" method="post">
    <div class="input-group mb-3">
        <span class="input-group-text">TNO</span>
        <input type="text" name="tno" class="form-control"
                value=<c:out value="${dto.tno}"></c:out> readonly>
    </div>
    <div class="input-group mb-3">
    <span class="input-group-text">Title</span>
    <input type="text" name="title" class="form-control"
            value='<c:out value="${dto.title}"></c:out>' >

    </div>


    <div class="input-group mb-3">
        <span class="input-group-text">DueDate</span>
        <input type="date" name="dueDate" class="form-control"
                value=<c:out value="${dto.dueDate}"></c:out> >

    </div>

    <div class="input-group mb-3">
        <span class="input-group-text">Writer</span>
        <input type="text" name="writer" class="form-control"
                value=<c:out value="${dto.writer}"></c:out> readonly>

    </div>

    <div class="form-check">
        <label class="form-check-label" >
            Finished  
        </label>
        <input class="form-check-input" type="checkbox" name="finished" ${dto.
                                                finished?"checked":""} >
    </div>

    <div class="my-4">
```

```
            <div class="float-end">
                <button type="button" class="btn btn-danger">Remove</button>
                <button type="button" class="btn btn-primary">Modify</button>
                <button type="button" class="btn btn-secondary">List</button>
            </div>
        </div>
        </form>
</div>
```

modify.jsp에는 제목(title)/만료일(dueDate)/완료(finished)는 수정이 가능하도록 수정되었습니다.

화면 아래 버튼들은 '삭제(Remove), 수정(Modify), 목록(List)' 버튼이 추가되었습니다.

브라우저를 통해서 '/todo/modify?tno=xxx'와 같은 경로로 다음과 같은 화면을 볼 수 있습니다.

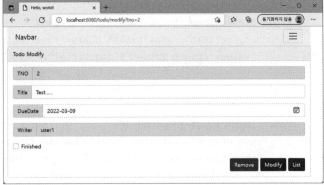

· **Remove 버튼의 처리**

Remove 버튼의 클릭은 자바스크립트를 이용해서 <form> 태그의 action을 조정하는 방식으로 동작하게 구성합니다.

```
    </form>
</div>

<script>

    const formObj = document.querySelector("form")

    document.querySelector(".btn-danger").addEventListener("click",function(e) {

        e.preventDefault()
        e.stopPropagation()
```

```
            formObj.action ="/todo/remove"
            formObj.method ="post"

            formObj.submit()

    },false);

</script>
```

Remove 버튼은 class 속성이 'btn-danger'이므로 이를 이용해서 클릭 이벤트를 처리합니다.

TodoController에는 POST 방식으로 동작하는 remove( ) 메소드를 설계합니다.

```
@PostMapping("/remove")
public String remove(Long tno, RedirectAttributes redirectAttributes){

    log.info("------------remove------------------");
    log.info("tno: " + tno);

    return "redirect:/todo/list";
}
```

remove( ) 메소드는 우선 tno 파라미터가 정상적으로 전달되는지 확인하고 목록으로 이동하도록 구성합니다.

[Remove] 버튼을 누르면 다음과 같은 로그들이 출력되어야 합니다.

```
INFO [org.zerock.springex.controller.TodoController] ------------remove------------------
INFO [org.zerock.springex.controller.TodoController] tno: 2
INFO [org.zerock.springex.controller.TodoController] todo list......
```

· TodoMapper와 TodoService 처리

TodoMapper에는 delete( ) 메소드를 추가하고 TodoMapper.xml에는 SQL을 추가합니다.

```java
public interface TodoMapper {

    String getTime();

    void insert(TodoVO todoVO);

    List<TodoVO> selectAll();

    TodoVO selectOne(Long tno);

    void delete(Long tno);
}
```

TodoMapper.xml의 처리는 다음과 같습니다.

```xml
<mapper namespace="org.zerock.springex.mapper.TodoMapper">

    ...

    <delete id="delete">
        delete from tbl_todo where tno = #{tno}
    </delete>

</mapper>
```

TodoService/TodoServiceImpl에는 remove( )라는 메소드를 작성합니다.

```java
public interface TodoService {

    void register(TodoDTO todoDTO);

    List<TodoDTO> getAll();

    TodoDTO getOne(Long tno);

    void remove(Long tno);
}

public class TodoServiceImpl implements TodoService{

    ...
```

```
@Override
public void remove(Long tno) {

    todoMapper.delete(tno);

}
}
```

최종적으로 TodoController에서 TodoService의 remove( )를 호출하는 코드를 추가합니다.

```
@PostMapping("/remove")
public String remove(Long tno, RedirectAttributes redirectAttributes){

    log.info("------------remove-----------------");
    log.info("tno: " + tno);

    todoService.remove(tno);

    return "redirect:/todo/list";
}
```

브라우저를 통해서 특정한 번호를 가진 Todo가 삭제되는지를 확인합니다.

Todo의 수정 기능 개발

Todo의 수정 기능은 수정이 가능한 항목들만 변경되어야 하므로 SQL이 조금 복잡해 집니다. 우선은 TodoMapper에서 작업을 시작합니다.

```java
public interface TodoMapper {

    String getTime();

    void insert(TodoVO todoVO);

    List<TodoVO> selectAll();

    TodoVO selectOne(Long tno);

    void delete(Long tno);

    void update(TodoVO todoVO);
}
```

TodoMapper.xml은 다음과 같이 변경가능한 title, dueDate, finished를 위주로 작성하게 됩니다.

```xml
<update id="update">
    update tbl_todo set title = #{title} , dueDate = #{dueDate}, finished=
#{finished} where tno = #{tno}
</update>
```

TodoService/TodoServiceImpl에서는 TodoDTO를 TodoVO로 변환해서 처리해야 합니다. TodoService 인터페이스에는 modify( ) 기능을 추가합니다.

```java
public interface TodoService {

    void register(TodoDTO todoDTO);

    List<TodoDTO> getAll();
```

```
    TodoDTO getOne(Long tno);

    void remove(Long tno);

    void modify(TodoDTO todoDTO);
}
```

TodoServiceImpl의 modify( )는 파라미터로 전달되는 TodoDTO를 TodoVO로 변환하고 이를 이용해서 todoMapper의 update( )를 호출합니다.

```
@Override
public void modify(TodoDTO todoDTO) {

    TodoVO todoVO = modelMapper.map(todoDTO, TodoVO.class );

    todoMapper.update(todoVO);

}
```

· checkbox를 위한 Formatter

수정 작업에서는 화면에서 체크박스를 이용해서 완료여부(finished)를 처리하게 됩니다. 문제는 브라우저가 체크박스가 클릭된 상태일때 전송되는 값은 'on'이라는 값을 전달한다는 것입니다.

```
title: 한글테스트
dueDate: 2021-12-31
writer: user1
finished: on
```

TodoDTO로 데이터를 수집할 때에는 문자열 'on'을 boolean 타입으로 처리할 수 있어야 하므로 컨트롤러에서 데이터를 수집할 때 타입을 변경해 주기 위한 CheckboxFormatter를 formmater 패키지에 추가해서 개발합니다.

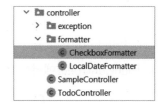

```
package org.zerock.springex.controller.formatter;
import org.springframework.format.Formatter;

import java.text.ParseException;
import java.util.Locale;

public class CheckboxFormatter implements Formatter<Boolean> {

    @Override
    public Boolean parse(String text, Locale locale) throws ParseException {
        if(text == null ) {
            return false;
        }
        return text.equals("on");
    }

    @Override
    public String print(Boolean object, Locale locale) {
        return object.toString();
    }
}
```

추가한 CheckbokFormatter는 servlet-context.xml에 등
록해 줍니다.

```
<bean id="conversionService" class="org.springframework.format.support.FormattingC
onversionServiceFactoryBean">
    <property name="formatters">
        <set>
            <bean class="org.zerock.springex.controller.formatter.
LocalDateFormatter"/>
            <bean class="org.zerock.springex.controller.formatter.
CheckboxFormatter"/>
        </set>
    </property>
</bean>
```

· **TodoController의 modify( )**

TodoController에서는 POST 방식으로 동작하는 modify( )를 작성합니다.

```
@PostMapping("/modify")
public String modify(@Valid TodoDTO todoDTO,
                     BindingResult bindingResult,
                     RedirectAttributes redirectAttributes){

    if(bindingResult.hasErrors()) {
        log.info("has errors.......");
        redirectAttributes.addFlashAttribute("errors", bindingResult.
                                                        getAllErrors() );
        redirectAttributes.addAttribute("tno", todoDTO.getTno() );
        return "redirect:/todo/modify";
    }

    log.info(todoDTO);

    todoService.modify(todoDTO);

    return "redirect:/todo/list";
}
```

　modify( )는 @Valid를 이용해서 필요한 내용들을 검증하고 문제가 있는 경우에는 다시 '/todo/modify'로 이동 시키는 방식을 이용합니다. '/todo/modify'로 이동할 때에는 tno 파라미터가 필요하므로 RedirectAttributes를 이용해서 addAttribute( )를 이용하고 errors라는 이름으로 BindingResult의 모든 에러들을 전달합니다.

　/WEB-INF/views/todo/modify.jsp에는 검증된 정보를 처리하는 코드를 추가합니다. <form> 태그가 끝난 후에는 <script> 태그를 이용해서 만일 @Valid에서 문제가 발생했다면 이를 자바스크립트 객체로 필요할 때 사용할 수 있도록 합니다.

```
</form>
</div>

<script>

    const serverValidResult = {}

    <c:forEach items="${errors}" var="error">

    serverValidResult['${error.getField()}'] = '${error.defaultMessage}'
```

```
    </c:forEach>

    console.log(serverValidResult)
</script>
```

실제 'Modify' 버튼의 이벤트 처리에는 <form> 태그를 전송합니다. 이전에 만든 <script> 태그 내에 내용을 추가합니다.

```
<script>

    const formObj = document.querySelector("form")

    document.querySelector(".btn-danger").addEventListener("click",function(e) {

        ...

    },false);

    document.querySelector(".btn-primary").addEventListener("click",function(e) {

        e.preventDefault()
        e.stopPropagation()

        formObj.action ="/todo/modify"
        formObj.method ="post"

        formObj.submit()

    },false);

</script>
```

프로젝트를 실행하고 정상으로 수정되면 다시 목록 화면으로 이동하는 것을 확인할 수 있습니다. 만일 날짜가 과거 날짜로 수정되면 다음과 같이 자바스크립트에서 처리됩니다.

마지막으로 'List' 버튼의 클릭 이벤트를 처리해 두도록 합니다.

```
document.querySelector(".btn-secondary").addEventListener("click",function(e) {

    e.preventDefault()
    e.stopPropagation()

    self.location = "/todo/list";

},false);
```

페이징 처리를 위한 TodoMapper

Todo 데이터의 수가 많아진다면 목록 페이지를 가져올 때 문제가 생기게 됩니다. 일단 데이터베이스에서 많은 시간이 걸릴 수 있고, 화면에서 이를 출력하는 데에도 많은 시간과 자원이 소모됩니다.

일반적으로는 많은 데이터를 보여주는 작업은 페이징 처리를 해서 최소한의 데이터들을 보여주는 방식을 선호합니다. 페이징 처리를 하게 되면 데이터베이스에서 필요한 만큼의 최소한의 데이터를 가져오고 이를 출력하기 때문에 성능 개선에도 많은 도움이 됩니다.

페이징 처리에서 가장 중요한 부분은 데이터베이스에서 필요한 데이터만 가져오도록 하는 것입니다. MySQL/MariaDB에서는 limit라는 기능을 이용해서 비교적 쉽게 페이징 처리가 구현 가능합니다.

페이징을 위한 SQL 연습

자바 혹은 MyBatis를 개발하기 전에 우선 필요한 작업은 데이터베이스 상에서 원하는 동작을 미리 구현해 보는 것입니다. 이를 위해서 테스트용 데이터를 추가하고 쿼리를 연습할 필요가 있습니다.

• 더미 데이터 추가하기

본격적인 개발을 시작하기 전에 우선 필요한 것은 많은 양의 데이터를 미리 만들어 두는 것입니다.

 흔히 더미(dummy) 데이터 혹은 토이(toy) 데이터라고 하는데 테스트를 위한 데이터들을 일컫는 용어입니다.

예제에서는 더미 데이터들을 추가하기 위해서 다음과 같이 SQL을 여러 번 실행합니다.

```
insert into tbl_todo (title, dueDate, writer) (select title, dueDate, writer from tbl_todo);
```

작성된 SQL을 보면 insert 할 때 select 결과를 넣는 것을 볼 수 있는데 흔히 재귀(recursive) 복사라고 하는 방식으로 기존의 tbl_todo 테이블의 내용을 다시 같은 테이블로 insert 하는 방식입니다.

앞의 SQL을 여러 번 실행하면 다음과 같이 기존 테이블의 데이터의 수만큼 insert가 일어나게 됩니다.

```
_todo (title, dueDate, writer) (select title, dueDate, writer from tbl_todo)
2 rows affected in 2 ms
_todo (title, dueDate, writer) (select title, dueDate, writer from tbl_todo)
4 rows affected in 0 ms
_todo (title, dueDate, writer) (select title, dueDate, writer from tbl_todo)
8 rows affected in 0 ms
_todo (title, dueDate, writer) (select title, dueDate, writer from tbl_todo)
16 rows affected in 6 ms
_todo (title, dueDate, writer) (select title, dueDate, writer from tbl_todo)
32 rows affected in 4 ms
```

예를 들어 앞의 화면에서 512개의 데이터가 추가되었다면 실제 데이터의 수는 1024(기존 512 + 신규512)가 됩니다. 처음에는 천 개정도만 넣어서 실습하고 나중에 늘려는 방식으로 하는 것이 좋습니다.

```
select  * from tbl_todo order by tno desc;
```

tno	title	dueDate	writer	finished
1527	한글테스트	2022-10-10	user11	0
1526	스프링 제목 수정	2022-10-10	user00	0
1525	한글테스트	2022-10-10	user11	0
1524	스프링 제목 수정	2022-10-10	user00	0
1523	한글테스트	2022-10-10	user11	0
1522	스프링 제목 수정	2022-10-10	user00	0
1521	한글테스트	2022-10-10	user11	0
1520	스프링 제목 수정	2022-10-10	user00	0
1519	한글테스트	2022-10-10	user11	0
1518	스프링 제목 수정	2022-10-10	user00	0
1517	한글테스트	2022-10-10	user11	0
1516	스프링 제목 수정	2022-10-10	user00	0
1515	한글테스트	2022-10-10	user11	0
1514	스프링 제목 수정	2022-10-10	user00	0
1513	한글테스트	2022-10-10	user11	0

 Tip 이 과정에서 중간에 빈 번호가 있을 수 있습니다만 auto_increment의 의미가 중복되지 않는 값을 만드는 데 의미가 있으므로 굳이 의미를 부여할 필요는 없습니다. 한 번에 여러 개의 데이터를 넣으면서 생기는 현상입니다.

최종적으로 데이터의 수를 확인해 두도록 합니다.

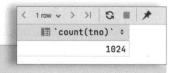

```
select count(tno) from tbl_todo;
```

- **limit 실습**

MariaDB/MySQL에서 페이징 처리를 위해서는 select의 마지막 부분에는 limit 처리를 이용합니다. limit 뒤에는 하나 혹은 두 개의 값을 전달하는데 데이터의 수에 따라서 다음과 같은 의미를 가집니다.

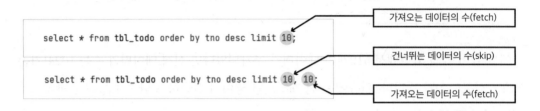

일반적으로 웹에서는 가장 최근에 등록된 데이터를 우선으로 보여주므로 tbl_todo에서도 가장 마지막에 등록된 데이터가 순차적으로 보이도록 쿼리를 작성합니다.

```
select * from tbl_todo order by tno desc;
```

tno	title	dueDate	writer	finished
1527	한글테스트	2022-10-10	user11	0
1526	스프링 제목 수정	2022-10-10	user00	0
1525	한글테스트	2022-10-10	user11	0
1524	스프링 제목 수정	2022-10-10	user00	0
1523	한글테스트	2022-10-10	user11	0
1522	스프링 제목 수정	2022-10-10	user00	0
1521	한글테스트	2022-10-10	user11	0
1520	스프링 제목 수정	2022-10-10	user00	0
1519	한글테스트	2022-10-10	user11	0
1518	스프링 제목 수정	2022-10-10	user00	0

앞의 그림의 경우 1527번이 가장 최근에 등록된 데이터입니다. 만일 한 페이지에 10개씩 글이 출력된다고 가정하면 2페이지부터는 11번째 데이터인 1517번부터 출력되어야 합니다. 우선 현재 1527번부터 10개의 데이터를 가져온다면 다음과 같이 작성합니다.

```
select * from tbl_todo order by tno desc limit 10;
```

tno	title	dueDate	writer	finished
1527	한글테스트	2022-10-10	user11	0
1526	스프링 제목 수정	2022-10-10	user00	0
1525	한글테스트	2022-10-10	user11	0
1524	스프링 제목 수정	2022-10-10	user00	0
1523	한글테스트	2022-10-10	user11	0
1522	스프링 제목 수정	2022-10-10	user00	0
1521	한글테스트	2022-10-10	user11	0
1520	스프링 제목 수정	2022-10-10	user00	0
1519	한글테스트	2022-10-10	user11	0
1518	스프링 제목 수정	2022-10-10	user00	0

limit 뒤의 값이 한 개만 존재하는 경우는 가져와야 하는 데이터의 수를 의미합니다.

limit에 두 개의 값을 전달하는 경우 limit (skip), (fetch)가 됩니다. 예를 들어 10개를 건너뛰고, 다음 10개를 가져와야 하는 경우라면 limit 10, 10이 됩니다.

```
select * from tbl_todo order by tno desc limit 10, 10;
```

tno	title	dueDate	writer	finished
1517	한글테스트	2022-10-10	user11	0
1516	스프링 제목 수정	2022-10-10	user00	0
1515	한글테스트	2022-10-10	user11	0
1514	스프링 제목 수정	2022-10-10	user00	0
1513	한글테스트	2022-10-10	user11	0
1512	스프링 제목 수정	2022-10-10	user00	0
1511	한글테스트	2022-10-10	user11	0
1510	스프링 제목 수정	2022-10-10	user00	0
1509	한글테스트	2022-10-10	user11	0
1508	스프링 제목 수정	2022-10-10	user00	0

실행 결과를 보면 1527번이 아닌 1517번으로 시작하는 것을 볼 수 있습니다. 만일 한 페이지에 10개씩 데이터를 보여준다고 가정하면 다음과 같이 처리가 되어야 합니다.

- 2페이지: 10개 skip => limit 10, 10
- 5페이지: 40개 skip => limit 40, 10

· limit의 단점

limit가 상당히 편리한 페이징 처리 기능을 제공하지만 limit 뒤에 식(expression)은 사용이 불가능하고 오직 값(value)만을 주어야 한다는 단점이 존재합니다.

```
  8
  9 ●   select * from tbl_todo order by tno desc limit_(2-1 * 10), 10;



[42000][1064] You have an error in your SQL syntax; check the manual that corresponds to your MariaDB server version for the right syntax to use near '(2-1 * 10), 10' at line 1
```

앞의 코드의 2 페이지는 앞의 10개를 건너뛰어야(skip)하는 상황이라 간단한 계산식을 만들었지만 에러가 발생하는 것을 볼 수 있습니다.

• count( )의 필요성

페이징 처리를 하기 위해서는 전체 데이터의 개수도 필요합니다. 전체 데이터의 개수는 페이지 번호를 구성할 때 필요합니다. 예를 들어 데이터가 30개면 3 페이지까지만 출력해야 하는 작업에서 사용됩니다.

```
select count(tno) from tbl_todo;
```

페이지 처리를 위한 DTO

페이지 처리는 현재 페이지의 번호(page), 한 페이지당 보여주는 데이터의 수(size)가 기본적으로 필요합니다. 2개의 숫자를 매번 전달할 수도 있겠지만 나중에 확장 여부를 고려해서라도 별도의 DTO로 만들어 두는 것이 좋습니다.

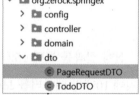

dto 패키지에 PageRequestDTO 클래스를 정의해 봅니다.

```
package org.zerock.springex.dto;

import lombok.*;

import javax.validation.constraints.Max;
import javax.validation.constraints.Min;
import javax.validation.constraints.Positive;

@Builder
```

```
@Data
@AllArgsConstructor
@NoArgsConstructor
public class PageRequestDTO {

    @Builder.Default
    @Min(value = 1)
    @Positive
    private int page = 1;

    @Builder.Default
    @Min(value = 10)
    @Max(value = 100)
    @Positive
    private int size = 10;

    public int getSkip(){
        return (page -1) * 10;
    }
}
```

PageRequestDTO는 페이지 번호(page)와 한 페이지당 개수(size)를 보관하는 용도 외에도 limit에서 사용하는 건너뛰기(skip)의 수를 getSkip( )을 만들어서 사용합니다.

page나 size는 기본값을 가지기 위해서 Lombok의 @Builder.Default를 이용합니다. @Min, @Max를 이용해서 외부에서 조작하는 것에 대해서도 대비하도록 구성합니다.

TodoMapper의 목록 처리

TodoMapper 인터페이스는 PageRequestDTO를 파라미터로 처리하는 selectList( )를 추가합니다.

```
public interface TodoMapper {

    ...

    List<TodoVO> selectList(PageRequestDTO pageRequestDTO);
}
```

TodoMapper.xml 내에서 selectList는 다음과 같이 구현합니다.

```
<select id="selectList" resultType="org.zerock.springex.domain.TodoVO">
    select * from tbl_todo order by tno desc limit #{skip}, #{size}
</select>
```

MyBatis는 기본적으로 getXXX, setXXX를 통해서 동작하기 때문에 #{skip}의 경우는 getSkip( )을 호출하게 됩니다.

테스트 코드를 이용해서 TodoMapper의 selectList( )
가 정상적으로 동작하는지 확인해 봅니다.

```
@Test
public void testSelectList() {

    PageRequestDTO pageRequestDTO = PageRequestDTO.builder()
            .page(1)
            .size(10)
            .build();

    List<TodoVO> voList = todoMapper.selectList(pageRequestDTO);

    voList.forEach(vo -> log.info(vo));

}
```

실행 결과는 데이터가 충분할 경우 10개만 출력됩니다.

```
==>  Preparing: select * from tbl_todo order by tno desc limit ?, ?
==> Parameters: 0(Integer), 10(Integer)
<==    Columns: tno, title, dueDate, writer, finished
<==        Row: 1527, 한글테스트, 2022-10-10, user11, 0
<==        Row: 1526, 스프링 제목 수정 , 2022-10-10, user00, 0
<==        Row: 1525, 한글테스트, 2022-10-10, user11, 0
<==        Row: 1524, 스프링 제목 수정 , 2022-10-10, user00, 0
<==        Row: 1523, 한글테스트, 2022-10-10, user11, 0
<==        Row: 1522, 스프링 제목 수정 , 2022-10-10, user00, 0
<==        Row: 1521, 한글테스트, 2022-10-10, user11, 0
<==        Row: 1520, 스프링 제목 수정 , 2022-10-10, user00, 0
<==        Row: 1519, 한글테스트, 2022-10-10, user11, 0
<==        Row: 1518, 스프링 제목 수정 , 2022-10-10, user00, 0
<==      Total: 10
```

TodoMapper의 count 처리

화면에 페이지 번호들을 구성하기 위해서는 전체 데이터의 수를 알아야만 가능합니다. 예를 들어 마지막 페이지가 7에서 끝나야 하는 상황이 생긴다면 화면상에서도 페이지 번호를 조정해야 하기 때문입니다.

TodoMapper에 getCount( )를 추가합니다. getCount( )는 나중에 검색을 대비해서 PageRequestDTO를 파라미터로 받도록 설계합니다.

```java
public interface TodoMapper {

    String getTime();

    void insert(TodoVO todoVO);

    List<TodoVO> selectAll();

    TodoVO selectOne(Long tno);

    void delete(Long tno);

    void update(TodoVO todoVO);

    List<TodoVO> selectList(PageRequestDTO pageRequestDTO);

    int getCount(PageRequestDTO pageRequestDTO);
}
```

TodoMapper.xml은 우선은 전체 개수를 반환하도록 구성합니다.

```xml
<select id="getCount" resultType="int">
    select count(tno) from tbl_todo
</select>
```

목록 데이터를 위한 DTO와 서비스 계층

TodoMapper에서 TodoVO의 목록과 전체 데이터의 수를 가져온다면 이를 서비스 계층에서 한 번에 담아서 처리하도록 DTO를 구성하는 것이 좋습니다.

작성하려는 DTO는 PageResponseDTO라는 이름으로 생성하고 다음과 같은 데이터와 기능을 가지도록 구성합니다.

- TodoDTO의 목록
- 전체 데이터의 수
- 페이지 번호의 처리를 위한 데이터들(시작 페이지 번호/끝 페이지 번호)

화면상에서 페이지 번호들을 출력하려면 현재 페이지 번호(page)와 페이지당 데이터의 수 (size)를 이용해서 계산할 필요가 있습니다. 이때문에 작성하려는 PageResponseDTO는 생성자를 통해서 필요한 page나 size 등을 전달받도록 구성해야 합니다.

PageResponseDTO가 가져야 하는 데이터를 정리해서 클래스를 구성해보면 다음과 같습니다.

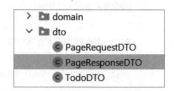

```java
package org.zerock.springex.dto;

import java.util.List;

public class PageResponseDTO<E> {

    private int page;
    private int size;
    private int total;

    //시작 페이지 번호
    private int start;
    //끝 페이지 번호
    private int end;

    //이전 페이지의 존재 여부
    private boolean prev;
    //다음 페이지의 존재 여부
    private boolean next;
```

```
    private List<E> dtoList;

}
```

PageResponseDTO는 제네릭을 이용해서 설계합니다. 제네릭을 이용하는 이유는 나중에 다른 종류의 객체를 이용해서 PageResponseDTO를 구성할 수 있도록 하기 위해서 입니다. 예를 들어 게시판이나 회원 정보 등도 페이징 처리가 필요할 수 있기 때문에 공통적인 처리를 위해서 제네릭으로 구성합니다.

PageResponseDTO는 여러 정보를 생성자를 이용해서 받아서 처리하는 것이 안전합니다. 예를 들어 PageRequestDTO에 있는 page, size 값이 필요하고, TodoDTO 목록 데이터와 전체 데이터의 개수도 필요합니다.

PageResponseDTO의 생성자는 Lombok의 @Builder를 적용합니다.

```
@Builder(builderMethodName = "withAll")
public PageResponseDTO(PageRequestDTO pageRequestDTO, List<E> dtoList, int total){

    this.page = pageRequestDTO.getPage();
    this.size = pageRequestDTO.getSize();

    this.total = total;
    this.dtoList = dtoList;

}
```

페이지 번호의 계산

페이지 번호를 계산하려면 우선 현재 페이지의 번호(page)가 필요합니다. 화면에 10개의 페이지 번호를 출력한다고 했을 때 다음과 같은 경우들이 생길 수 있습니다.

- page가 1인 경우: 시작 페이지(start)는 1, 마지막 페이지(end)는 10
- page가 10인 경우: 시작 페이지(start)는 1, 마지막 페이지(end)는 10
- page가 11인 경우: 시작 페이지(start)는 11, 마지막 페이지(end)는 20

· 마지막 페이지/시작 페이지 번호의 계산

흔히들 처음에 구해야 하는 것이 start라고 생각하지만, 마지막 페이지(end)를 구하는 계산이 더 편할 수 있습니다. end는 현재의 페이지 번호를 기준으로 계산합니다.

```
this.end =   (int)(Math.ceil(this.page / 10.0 )) *  10;
```

```
page를 10으로 나눈 값을 올림 처리 한 후 * 10
 1 / 10 => 0.1 => 1  => 10
11 / 10 => 1.1 => 2  => 20
10 / 10 => 1.0 => 1  => 10
```

마지막 페이지를 먼저 계산하는 진짜 이유는 시작 페이지(start)의 계산을 쉽게 하기 위함입니다. 시작 페이지(start)의 경우 계산한 마지막 페이지에서 9를 빼면 되기 때문입니다.

```
this.start = this.end - 9;
```

시작 페이지의 구성은 끝났지만 마지막 페이지의 경우 다시 전체 개수(total)를 고려해야합니다. 만일 10개씩(size) 보여주는 경우 전체 개수(total)가 75라면 마지막 페이지는 10이아닌 8이 되어야 하기 때문입니다.

```
int last = (int)(Math.ceil((total/(double)size)));
```

```
123 / 10.0 => 12.3 => 13
100 / 10.0 => 10.0 => 10
 75 / 10.0 => 7.5  => 8
```

마지막 페이지(end)는 앞에서 구한 last 값보다 작은 경우에 last 값이 end가 되어야만 합니다.

```
int last = (int)(Math.ceil((total/(double)siz
this.end = end > last ? last: end;
```

· 이전(prev)/다음(next)의 계산

이전(prev) 페이지의 존재 여부는 시작 페이지(start)가 1이 아니라면 무조건 true가 되어야 합니다. 다음(next)은 마지막 페이지(end)와 페이지당 개수(size)를 곱한 값보다 전체 개수(total)가 더 많은지를 보고 판단해야 합니다.

```
this.prev = this.start > 1;
this.next =  total > this.end * this.size;
```

PageResponseDTO는 최종적으로 Lombok의 @Getter를 적용해서 다음과 같은 형태가

됩니다.

```
package org.zerock.springex.dto;

import lombok.Builder;
import lombok.Getter;
import lombok.ToString;

import java.util.List;

@Getter
@ToString
public class PageResponseDTO<E> {

    private int page;
    private int size;
    private int total;

    //시작 페이지 번호
    private int start;
    //끝 페이지 번호
    private int end;

    //이전 페이지의 존재 여부
    private boolean prev;
    //다음 페이지의 존재 여부
    private boolean next;

    private List<E> dtoList;

    @Builder(builderMethodName = "withAll")
    public PageResponseDTO(PageRequestDTO pageRequestDTO, List<E> dtoList, int
                                                                          total){

        this.page = pageRequestDTO.getPage();
        this.size = pageRequestDTO.getSize();

        this.total = total;
        this.dtoList = dtoList;
```

```
        this.end =   (int)(Math.ceil(this.page / 10.0 )) *  10;

        this.start = this.end - 9;

        int last =  (int)(Math.ceil((total/(double)size)));

        this.end =  end > last ? last: end;

        this.prev = this.start > 1;

        this.next =  total > this.end * this.size;

    }

}
```

TodoService/TodoServiceImpl

TodoService와 TodoServiceImpl에서는 작성된 PageResponseDTO를 반환 타입으로 지정해서 getList( )를 구성합니다(기존의 getAll( )을 대체).

```
package org.zerock.springex.service;

import org.zerock.springex.dto.PageRequestDTO;
import org.zerock.springex.dto.PageResponseDTO;
import org.zerock.springex.dto.TodoDTO;

public interface TodoService {

    void register(TodoDTO todoDTO);

    //List<TodoDTO> getAll();

    PageResponseDTO<TodoDTO> getList(PageRequestDTO pageRequestDTO);

    TodoDTO getOne(Long tno);

    void remove(Long tno);

    void modify(TodoDTO todoDTO);
}
```

TodoServiceImpl에서는 getList( )는 다음과 같이 구현합니다.

```java
@Override
public PageResponseDTO<TodoDTO> getList(PageRequestDTO pageRequestDTO) {

    List<TodoVO> voList = todoMapper.selectList(pageRequestDTO);
    List<TodoDTO> dtoList = voList.stream()
            .map(vo -> modelMapper.map(vo, TodoDTO.class))
            .collect(Collectors.toList());

    int total = todoMapper.getCount(pageRequestDTO);

    PageResponseDTO<TodoDTO> pageResponseDTO = PageResponseDTO.<TodoDTO>withAll()
            .dtoList(dtoList)
            .total(total)
            .pageRequestDTO(pageRequestDTO)
            .build();

    return pageResponseDTO;

}
```

TodoService의 getList()는 테스트를 통해서 결과를 확인해 주도록 합니다. TodoServiceTests에서는 기존의 getAll( )을 사용하는 부분은 삭제하고 새로운 테스트 코드를 작성합니다.

```java
@Test
public void testPaging() {

    PageRequestDTO pageRequestDTO = PageRequestDTO.builder().page(1).size(10).
build();

    PageResponseDTO<TodoDTO> responseDTO = todoService.getList(pageRequestDTO);

    log.info(responseDTO);

    responseDTO.getDtoList().stream().forEach(todoDTO -> log.info(todoDTO));

}
```

testPaging( )의 실행 결과에서는 start/end/prev/next 등이 제대로 처리되었는지 확인해줍니다.

```
PageResponseDTO(page=1, size=10, total=1024, start=1, end=10, prev=false, next=true, dtoList=
TodoDTO(tno=1527, title=한글테스트, dueDate=2022-10-10, finished=false, writer=user11)
TodoDTO(tno=1526, title=스프링 제목 수정 , dueDate=2022-10-10, finished=false, writer=user00)
TodoDTO(tno=1525, title=한글테스트, dueDate=2022-10-10, finished=false, writer=user11)
TodoDTO(tno=1524, title=스프링 제목 수정 , dueDate=2022-10-10, finished=false, writer=user00)
TodoDTO(tno=1523, title=한글테스트, dueDate=2022-10-10, finished=false, writer=user11)
TodoDTO(tno=1522, title=스프링 제목 수정 , dueDate=2022-10-10, finished=false, writer=user00)
TodoDTO(tno=1521, title=한글테스트, dueDate=2022-10-10, finished=false, writer=user11)
TodoDTO(tno=1520, title=스프링 제목 수정 , dueDate=2022-10-10, finished=false, writer=user00)
TodoDTO(tno=1519, title=한글테스트, dueDate=2022-10-10, finished=false, writer=user11)
TodoDTO(tno=1518, title=스프링 제목 수정 , dueDate=2022-10-10, finished=false, writer=user00)
```

앞의 테스트 결과를 보면 1페이지이므로 마지막 페이지(end)는 10, 다음(next)으로 갈 수 있으며, 전체 데이터의 수는 1024라는 사실을 알 수 있습니다.

TodoController와 JSP처리

TodoController의 list( )에서는 PageRequestDTO를 파라미터로 처리하고, Model에 PageResponseDTO의 데이터들을 담을 수 있도록 변경합니다.

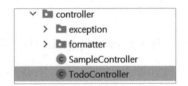

```
@GetMapping("/list")
public void list(@Valid PageRequestDTO pageRequestDTO, BindingResult
bindingResult, Model model){

    log.info(pageRequestDTO);

    if(bindingResult.hasErrors()){
        pageRequestDTO = PageRequestDTO.builder().build();
    }
    model.addAttribute("responseDTO", todoService.getList(pageRequestDTO));
}
```

TodoController의 list( )는 @Valid를 이용해서 잘못된 파라미터 값들이 들어오는 경우 page는 1, size는 10으로 고정된 값을 처리하도록 구성합니다.

기존과 달리 Model에 'responseDTO'라는 이름으로
PageResponseDTO를 담아주었기 때문에 list.jsp는 기존
의 코드를 많이 수정해야 합니다.

목록을 출력하는 부분은 dtoList가 아니라 responseDTO.
dtoList의 형태로 변경합니다.

```
<c:forEach items="${responseDTO.dtoList}" var="dto">
<tr>
    <th scope="row"><c:out value="${dto.tno}"/></th>
    <td><a href="/todo/read?tno=${dto.tno}" class="text-decoration-none"><c:out
                                                    value="${dto.title}"/></a></td>
    <td><c:out value="${dto.writer}"/></td>
    <td><c:out value="${dto.dueDate}"/></td>
    <td><c:out value="${dto.finished}"/></td>
</tr>
</c:forEach>
```

프로젝트를 실행하고 브라우저에서 '/todo/list'를 호출했을 때 1페이지에 해당하는 데이
터들이 출력되는 것을 확인합니다.

페이지 이동 확인

    화면을 추가로 개발 전에 '/todo/list?page=xx&size=xx'를 호출해서 결과가 정상적으로 처리되는지를 확인합니다(page의 경우는 음수가 될 수 없고, size는 100을 넘을 수 없습니다).

http://localhost:8080/todo/list   http://localhost:8080/todo/list?page=12

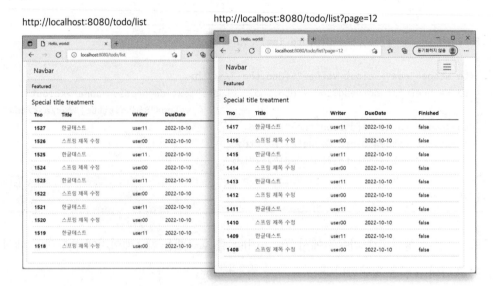

· 화면에 페이지 이동을 위한 번호 출력

    브라우저를 통해서 페이지의 이동에 문제가 없다는 것을 확인했다면 화면 아래쪽에 페이지 번호들을 출력하도록 구성합니다. 페이지의 번호는 부트스트랩의 pagination이라는 컴포넌트를 적용합니다.

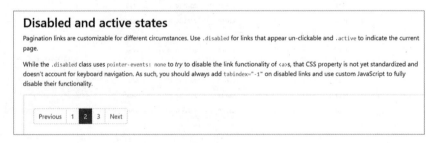

*https://getbootstrap.com/docs/5.1/components/pagination/

    list.jsp에 \<table\> 태그가 끝난 후에 \<div\>를 구성해서 다음과 같이 화면을 작성합니다.

```
</table>

<div class="float-end">
    <ul class="pagination flex-wrap">
        <c:forEach begin="${responseDTO.start}" end="${responseDTO.end}"
                                                                var="num">
        <li class="page-item"><a class="page-link" href="#">${num}</a></li>
        </c:forEach>
    </ul>
</div>
```

브라우저에서는 화면 오른쪽 하단에 페이지 번호들이 출력됩니다. 브라우저에서 page나 size를 변경하면 다음과 같이 페이지 번호들이 변경되는지를 확인합니다.

http://localhost:8080/todo/list

http://localhost:8080/todo/list?page=12

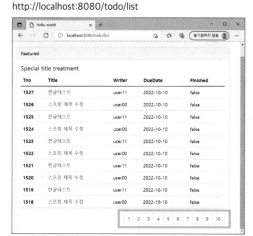

• 화면에서 prev/next/현재 페이지

페이지 번호들이 정상적으로 출력된다면 '이전/다음'을 다음과 같이 처리해 줍니다.

```
<div class="float-end">
    <ul class="pagination flex-wrap">
        <c:if test="${responseDTO.prev}">
            <li class="page-item">
                <a class="page-link">Previous</a>
            </li>
        </c:if>

        <c:forEach begin="${responseDTO.start}" end="${responseDTO.end}"
```

```
                                                                    var="num">
        <li class="page-item"><a class="page-link" href="#">${num}</a></li>
    </c:forEach>

    <c:if test="${responseDTO.next}">
        <li class="page-item">
            <a class="page-link">Next</a>
        </li>
    </c:if>
    </ul>
</div>
```

<c:if>를 이용해서 prev/next를 처리하면 11페이지 이상되었을 때 [Previous] 버튼이 보이기 시작합니다.

| Previous | 11 | 12 | 13 | 14 | 15 | 16 | 17 | 18 | 19 | 20 | Next |

1에서 10페이지의 경우에는 [Previous] 버튼은 보이지 않게 됩니다.

| 1 | 2 | 3 | 4 | 5 | 6 | 7 | 8 | 9 | 10 | Next |

현재 페이지의 번호는 class 속성에 'active'라는 속성값이 추가되어야 합니다. 삼항 연산자를 이용해서 다음과 같이 처리합니다.

```
<c:forEach begin="${responseDTO.start}" end="${responseDTO.end}" var="num">
    <li class="page-item ${responseDTO.page == num? "active":""} "><a class="page-
                                            link" href="#">${num}</a></li>
</c:forEach>
```

'page=2'와 같이 호출되는 경우 다음과 같은 모습으로 보이게 됩니다.

| 1 | 2 | 3 | 4 | 5 | 6 | 7 | 8 | 9 | 10 | Next |

• 페이지의 이벤트 처리

화면에서 페이지 번호를 누르면 이동하는 처리는 자바스크립트를 이용해서 처리해야 합니다. 화면의 페이지 번호를 의미하는 <a> 태그에 직접 'onclick'을 적용할 수도 있지만, 한 번에 <ul> 태그에 이벤트를 이용해서 처리하도록 합니다.

우선은 각 페이지 번호에 적절한 페이지 번호를 가지도록 구성합니다. 이때는 'data-' 속성을 이용해서 필요한 속성을 추가해주는 방식이 좋습니다.

예제에서는 'data-num'이라는 속성을 추가해서 페이지 번호를 보관하도록 구성합니다.

```html
<ul class="pagination flex-wrap">
    <c:if test="${responseDTO.prev}">
        <li class="page-item">
            <a class="page-link" data-num="${responseDTO.start -1}">Previous</a>
        </li>
    </c:if>

    <c:forEach begin="${responseDTO.start}" end="${responseDTO.end}" var="num">
        <li class="page-item ${responseDTO.page == num? "active":""} ">
            <a class="page-link"  data-num="${num}">${num}</a></li>
    </c:forEach>

    <c:if test="${responseDTO.next}">
        <li class="page-item">
            <a class="page-link"  data-num="${responseDTO.end + 1}">Next</a>
        </li>
    </c:if>
</ul>
```

브라우저에서는 다음과 같은 결과를 만들어 내게 됩니다.

```
▼<ul class="pagination flex-wrap"> flex
  ▼<li class="page-item  ">
      <a class="page-link" data-num="1">1</a> == $0
   </li>
  ▼<li class="page-item active ">
      <a class="page-link" data-num="2">2</a>
   </li>
```

이에 대한 이벤트 처리는 다음과 같이 <ul> 태그가 끝난 부분에 작성합니다.

```
</ul>
</div>

<script>

    document.querySelector(".pagination").addEventListener("click", function (e) {
        e.preventDefault()
        e.stopPropagation()

        const target = e.target

        if(target.tagName !== 'A') {
            return
        }
        const num = target.getAttribute("data-num")

        self.location = `/todo/list?page=\${num}` //백틱(` `)을 이용해서 템플릿 처리
    },false)

</script>
```

자바스크립트의 이벤트 처리는 \<ul\> 태그에 이벤트를 등록하고 \<a\> 태그를 클릭했을 때만
data-num 속성값을 읽어와서 현재 주소(self.location)를 변경하는 방식으로 작성합니다.

자바스크립트에서 백틱(``)을 이용하면 문자열 결합에 '+'를 이용해야 하는 불편함을 줄일
수 있습니다. 대신에 JSP의 EL이 아니라는 것을 표시하기 위해서 '₩${ }'로 처리해야만 합
니다.

자바스크립트 처리가 완료되면 화면상의 페이지 번호를 클릭해서 페이지 이동이 가능해집
니다.

· 조회 페이지로의 이동

목록 페이지는 특정한 Todo의 제목(title)을 눌러서 조회 페이지로 이동하는 기능이 존재합니다. 기존에는 단순히 tno만을 전달해서 '/todo/read?tno=33'과 같은 방식으로 이동했지만, 페이지 번호가 붙을 때는 page와 size 등을 같이 전달해 주어야만 조회 페이지에서 다시 목록으로 이동할 때 기존 페이지를 볼 수 있게 됩니다.

이를 위해 list.jsp에는 각 Todo의 링크 처리 부분을 수정할 필요가 있습니다. 페이지 이동 정보는 PageRequestDTO 안에 있으므로 PageRequestDTO 내부에 간단한 메소드를 작성해서 필요한 링크를 생성할 때 사용합니다(파라미터로 전달되는 PageRequestDTO는 Model로 자동 전달되기 때문에 별도의 처리가 필요하지 않습니다).

```java
public class PageRequestDTO {

    ...

    private String link;

    public int getSkip(){

        return (page -1) * 10;
    }

    public String getLink() {
        if(link == null){
            StringBuilder builder = new StringBuilder();
            builder.append("page=" + this.page);
            builder.append("&size=" + this.size);
            link = builder.toString();
        }
        return link;
    }
}
```

PageRequestDTO에는 'link'라는 속성을 추가하고 getLink( )를 추가해서 GET 방식으로 페이지 이동에 필요한 링크들을 생성합니다.

이를 list.jsp에서는 다음과 같이 사용합니다.

```
<c:forEach items="${responseDTO.dtoList}" var="dto">
<tr>
    <th scope="row"><c:out value="${dto.tno}"/></th>
    <td>
        <a href="/todo/read?tno=${dto.tno}&${pageRequestDTO.link}" class="text-
                                          decoration-none" data-tno="${dto.tno}" >
           <c:out value="${dto.title}"/>
        </a>
    </td>
    <td><c:out value="${dto.writer}"/></td>
    <td><c:out value="${dto.dueDate}"/></td>
    <td><c:out value="${dto.finished}"/></td>
</tr>
</c:forEach>
```

기존의 'tno=xx' 뒤에 '&'를 추가하고 PageRequestDTO의 getLink( )의 결과인 문자열을 생성하게 되면 각 Todo의 링크는 다음과 같이 기존 링크에 page와 size가 추가된 형태가 됩니다.

```
▼<tr>
   <th scope="row">1385</th>
  ▼<td>
    ▶<a href="/todo/read?tno=1385&page=15&size=10" class="text-decoration-none" data-tno="1385">…</a>
   </td>
   <td>user11</td>
   <td>2022-10-10</td>
   <td>false</td>
 </tr>
▼<tr>
   <th scope="row">1384</th>
  ▼<td>
   ▶<a href="/todo/read?tno=1384&page=15&size=10" class="text-decoration-none" data-tno="1384">…</a>
   </td>
   <td>user00</td>
```

예를 들어 4페이지에서 특정한 번호의 Todo를 클릭하면 'http://localhost:8080/todo/read?tno=1493&page=4&size=10'와 같은 형태의 링크로 이동하게 됩니다.

· 조회에서 목록으로

조회 화면에서는 기존과 달리 PageRequestDTO를 추가로 이용하도록 TodoController를 수정해야 합니다.

TodoController의 read( ) 메소드는 PageRequestDTO 파라미터를 추가해서 다음과 같이 수정합니다.

```
@GetMapping({"/read", "/modify"})
public void read(Long tno, PageRequestDTO pageRequestDTO, Model model){

    TodoDTO todoDTO = todoService.getOne(tno);
    log.info(todoDTO);

    model.addAttribute("dto", todoDTO );

}
```

read.jsp에서는 'List' 버튼의 링크를 다시 처리해 주어야 합니다.

```
//목록 페이지로 이동하는 이벤트 처리
document.querySelector(".btn-secondary").addEventListener("click", function(e){

    self.location = "/todo/list?${pageRequestDTO.link}"

},false)
```

브라우저는 특정한 페이지에서 조회 페이지로 이동해서 [List] 버튼을 눌렀을 때 정상적으로 이동하는지 확인합니다.

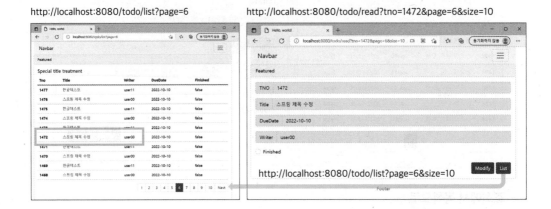

http://localhost:8080/todo/list?page=6　　　　http://localhost:8080/todo/read?tno=1472&page=6&size=10

· 조회에서 수정으로

조회 화면에서 수정 화면으로 이동할 때도 현재 페이지 정보를 유지해야 하기 때문에 read.jsp에서는 링크 처리 부분은 다음과 같이 수정합니다.

```
document.querySelector(".btn-primary").addEventListener("click", function(e){

    self.location = `/todo/modify?tno=${dto.tno}&${pageRequestDTO.link}`

},false)
```

브라우저에서 처리된 결과는 다음과 같은 형식의 링크를 생성하게 됩니다.

```
document.querySelector(".btn-primary").addEventListener("click", function(e){

    self.location = `/todo/modify?tno=1476&page=6&size=10`

},false)
```

화면에서 [Modify] 버튼을 누르면 다음과 유사하게 동작하게 됩니다.

http://localhost:8080/todo/read?tno=1472&page=6&size=10   http://localhost:8080/todo/modify?tno=1476&page=6&size=10

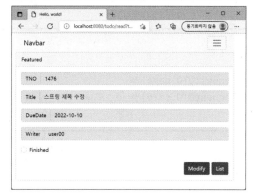

• 수정 화면에서의 링크 처리

수정 화면에서도 다시 목록으로 가는 링크가 필요합니다. 다행히도 TodoController의 read( ) 메소드는 GET 방식으로 동작하는 '/todo/modify'에도 동일하게 처리되므로 JSP에서 PageRequestDTO를 사용할 수 있습니다.

modify.jsp의 'List' 버튼을 누르는 자바스크립트의 이벤트 부분은 다음과 같이 변경합니다.

```
document.querySelector(".btn-secondary").addEventListener("click",function(e) {

    e.preventDefault()
    e.stopPropagation()

    self.location= `/todo/list?${pageRequestDTO.link}`

},false);
```

• 수정/삭제 처리 후 페이지 이동

실제 수정/삭제 작업은 POST 방식으로 처리되고 삭제 처리가 된 후에는 다시 목록으로 이동할 필요가 있습니다. 그렇기 때문에 수정 화면에서 <form> 태그로 데이터를 전송할 때 페이지와 관련된 정보를 같이 추가해서 전달해야만 합니다.

이 작업은 modify.jsp에 <input type='hidden'>을 이용해서 추가합니다.

```
<form action="/todo/modify" method="post">

<input type="hidden" name="page" value="${pageRequestDTO.page}">
<input type="hidden" name="size" value="${pageRequestDTO.size}">
```

브라우저에서 'http://localhost:8080/todo/modify?tno=1463&page=7&size=10'와 같은
링크가 있다면 만들어진 결과는 다음과 같은 태그들이 생성됩니다.

```
▼<form action="/todo/modify" method="post">
    <input type="hidden" name="page" value="6">
    <input type="hidden" name="size" value="10">
  ▶<div class="input-group mb-3">…</div> (flex)
  ▼<div class="input-group mb-3"> (flex)
```

TodoController에서 POST 방식으로 이루어지는 삭제 처리에도 PageRequestDTO를
이용해서 <form> 태그로 전송되는 태그들을 수집하고 수정 후에 목록 페이지로 이동할 때
page는 무조건 1페이지로 이동해서 size 정보를 활용합니다.

```
@PostMapping("/remove")
public String remove(Long tno, PageRequestDTO pageRequestDTO, RedirectAttributes
redirectAttributes){

    log.info("------------remove-----------------");
    log.info("tno: " + tno);

    todoService.remove(tno);

    redirectAttributes.addAttribute("page", 1);
    redirectAttributes.addAttribute("size", pageRequestDTO.getSize());
    return "redirect:/todo/list";
}
```

브라우저는 목록에서 특정한 Todo를 조회 ⇨ 수정/삭제 화면 ⇨ 삭제 후 이동이 정상적으
로 이루어지는지 확인합니다.

· 수정 처리 후 이동

Todo를 수정한 후에 목록으로 이동할 때는 페이지 정보를 이용해야 하므로 TodoControl-ler의 modify( )에서는 PageRequestDTO를 받아서 처리하도록 변경합니다.

```
@PostMapping("/modify")
public String modify(PageRequestDTO pageRequestDTO,
                     @Valid TodoDTO todoDTO,
                     BindingResult bindingResult,
                     RedirectAttributes redirectAttributes){

    if(bindingResult.hasErrors()) {
        log.info("has errors.......");
        redirectAttributes.addFlashAttribute("errors", bindingResult.
                                                        getAllErrors() );
        redirectAttributes.addAttribute("tno", todoDTO.getTno() );
        return "redirect:/todo/modify";
    }

    log.info(todoDTO);

    todoService.modify(todoDTO);

    redirectAttributes.addAttribute("page", pageRequestDTO.getPage());
    redirectAttributes.addAttribute("size", pageRequestDTO.getSize());

    return "redirect:/todo/list";
}
```

정상적으로 수정된 후에는 '/todo/list'로 이동할 때 필요한 page나 size를 유지할 수 있도록 구성합니다.

검색/필터링 조건의 정의

대부분의 서비스에서는 검색 기능을 제공합니다. 단순히 제목이나 내용 등을 검색하는 경우도 있고, 복잡한 검색 조건을 필터링(filtering)하는 경우도 있습니다.

검색과 필터링을 구분하자면 검색(search)은 'A 혹은 B 혹은 C'와 같이 찾고자 하는 경우입니다. 예를 들어 '제목 or 내용 or 작성자'가 XXX인 경우와 같이 데이터가 있을수도 있고, 없을 수도 있습니다. 검색 조건들은 주로 OR 조건으로 연결되는 경우가 많습니다.

반면에 예제에서 말하는 필터링(filtering)은 'A인 동시에 B에도 해당'한다는 개념입니다. 필터링은 주로 특정한 범위나 범주의 값으로 걸러내는 방식입니다. 예를 들어 '완료된 일 중에서 특정 날짜까지 끝난 Todo'는 'A & B'와 같이 AND라는 개념의 필터링이 적용됩니다.

예제에서는 다음과 같은 검색과 필터링 조건을 구성하고 처리할 예정입니다.

완료여부와 기간은 AND 필터링

' 제목/작성자 ' 는 OR 검색

Search
☐완료여부
☐제목 ☐작성자

년-월-일   년-월-일

Search   Clear

- 제목(title)과 작성자(writer)는 키워드(keywrod)를 이용하는 검색 처리
- 완료 여부를 필터링 처리
- 특정한 기간을 지정(from, to)한 필터링 처리

검색과 필터링에 필요한 데이터는 다음과 같이 구분됩니다.

- 제목, 작성자 검색에 사용하는 문자열 – keyword
- 완료 여부에 사용되는 boolean 타입 – finished
- 특정 기간 검색을 위한 LocalDate 변수 2개 – from, to

검색/필터링 조건의 결정

검색 기능을 개발할 때는 우선 검색 기능의 경우의 수를 구분하는 작업이 필요합니다. 예제에서는 검색/필터링의 종류가 '완료 여부, 제목, 작성자, 기간'들의 조합으로 구성됩니다.

예제에서는 검색 종류를 types라고 지정하고 '제목(t), 작성자(w)'로 구분해서 검색의 실제 값은 검색 종류에 따라 키워드(keyword)를 이용합니다.

검색은 목록 기능에 사용하는 PageRequestDTO에 필요한 변수들을 추가해서 구성합니다.

PageRequestDTO에는 types와 keyword, finished, from, to 변수를 새롭게 추가합니다.

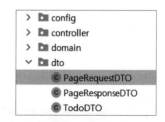

```
public class PageRequestDTO {
```

```
    ...

    private String[] types;

    private String keyword;

    private boolean finished;

    private LocalDate from;

    private LocalDate to;

    ...
}
```

types 에 따른 동적 쿼리

MyBatis에는 실행 시에 쿼리를 만들수 있는 여러 태그들을 제공합니다.

- if
- choose(when, otherwise)
- trim(where, set)
- foreach

이 중에서 가장 먼저 foreach와 if를 알아보도록 합니다. <foreach>는 짐작대로 반복 처리를 위해 제공됩니다. <foreach>의 대상은 배열이나 List, Map, Set과 같은 컬렉션 계열이나 배열을 이용할 수 있습니다.

실습을 위해 {"t","w"}와 같은 types를 PageRequestDTO에 설정하고 테스트를 진행해 봅니다. 기존의 TodoMapperTests 클래스에 새로운 메소드를 다음과 같이 추가합니다.

```
@Test
public void testSelectSearch() {

    PageRequestDTO pageRequestDTO = PageRequestDTO.builder()
            .page(1)
```

```
            .size(10)
            .types(new String[]{"t","w"})
            .keyword("AAAA")
            .build();

    List<TodoVO> voList = todoMapper.selectList(pageRequestDTO);

    voList.forEach(vo -> log.info(vo));

}
```

TodoMapper의 selectList( )는 PageRequestDTO를 파라미터로 받고 있기 때문에 변경 없이 바로 사용 가능하므로 TodoMapper.xml만 수정하면 됩니다.

TodoMapper.xml에서는 <select id='selectList'> 태그에 MyBatis의 <foreach>를 적용합니다.

```
<select id="selectList" resultType="org.zerock.springex.domain.TodoVO">
    select * from tbl_todo
    <foreach collection="types" item="type">
        #{type}
    </foreach>
    order by tno desc limit #{skip}, #{size}
</select>
```

현재 PageRequestDTO의 types는 {"t","w"}이므로 테스트 코드를 실행하면 다음과 같은 쿼리가 만들어지는 것을 확인할 수 있습니다(쿼리문이 아직 정상적이지 않으므로 에러가 발생).

```
The error occurred while setting parameters
SQL: select * from tbl_todo                    ?                        ?                    order by tno desc limit ?, ?
Cause: java.sql.SQLSyntaxErrorException: (conn=73) You have an error in your SQL syntax; check the manual that corresponds to
```

SQL 부분만 보면 다음과 같은 SQL이 실행됩니다.

```
select * from tbl_todo ? ? order by tno desc limit ?, ?
```

't'와 'w'가 전달되었기 때문에 'from tbl_todo ' 뒤에 두 개의 '?'가 생성된 것을 볼 수 있습니다.

<if>를 적용하면 좀 더 현실적인 쿼리를 만들어 낼 수 있습니다.

```xml
<select id="selectList" resultType="org.zerock.springex.domain.TodoVO">
    select * from tbl_todo
    <foreach collection="types" item="type">
        <if test="type == 't'.toString()">
            title like concat('%', #{keyword}, '%')
        </if>
        <if test="type == 'w'.toString()">
            writer like concat('%', #{keyword}, '%')
        </if>
    </foreach>
    order by tno desc limit #{skip}, #{size}
</select>
```

<if>를 이용해서 문자열을 비교할 때에는 't'.toString( )과 같은 방식을 이용해야만 하는 점을 제외하면 그다지 복잡하지는 않습니다.

실행 결과는 다음과 같은 쿼리가 생성됩니다(설명을 위해 임의로 라인 변경.실행은 불가).

```sql
select * from tbl_todo
title like concat('%', ?, '%')
writer like concat('%', ?, '%')
order by tno desc limit ?, ?
```

만들어진 코드를 보면 where 키워드도 필요하고 중간에는 OR이나 '( )'에 대한 처리가 필요합니다.

<foreach>에 open, close, seperator 속성을 적용해서 다음과 같이 수정합니다.

```xml
<foreach collection="types" item="type" open="(" close=")" separator=" OR ">
    <if test="type == 't'.toString()">
```

```
        title like concat('%', #{keyword}, '%')
    </if>
    <if test="type == 'w'.toString()">
        writer like concat('%', #{keyword}, '%')
    </if>
</foreach>
```

open과 close를 이용해서 '( )'와 배열을 처리하면서 중간에는 OR이 추가되므로 다음과 같은 쿼리가 생성됩니다(줄바꿈은 임의로 처리).

```
select * from tbl_todo
    (
    title like concat('%', ?, '%')
    OR
    writer like concat('%', ?, '%')
    )
order by tno desc limit ?, ?
```

- **<where>**

앞의 쿼리를 보면 where 키워드가 빠져있는데 이것은 만일 types가 없는 경우에는 쿼리문에 where를 생성하지 않기 위해서 입니다. <where>는 태그 안쪽에서 문자열이 생성되어야만 where 키워드를 추가합니다.

이를 이용해서 types가 null이 아닌 경우를 같이 적용하면 다음과 같이 작성됩니다.

```
<select id="selectList" resultType="org.zerock.springex.domain.TodoVO">
    select * from tbl_todo
    <where>
        <if test="types != null and types.length > 0">
            <foreach collection="types" item="type" open="(" close=")"
                                                         separator=" OR ">
                <if test="type == 't'.toString()">
                    title like concat('%', #{keyword}, '%')
                </if>
                <if test="type == 'w'.toString()">
                    writer like concat('%', #{keyword}, '%')
                </if>
            </foreach>
        </if>
```

```
    </where>
    order by tno desc limit #{skip}, #{size}
</select>
```

테스트 코드를 실행하면 다음과 같은 SQL이 실행됩니다.

```
Preparing: select * from tbl_todo WHERE ( title like concat('%', ?, '%') OR writer like concat('%', ?, '%') ) order by tno desc limit ?, ?
Parameters: AAAA(String), AAAA(String), 0(Integer), 10(Integer)
```

만일 types가 null이라면 안쪽에서 아무런 SQL 문자열도 생성되지 않기 때문에 where 문자열도 생성되지 않습니다. 약간의 경우의 수를 생각해 보면 다음과 같습니다.

- tyeps가 null인 경우
  - select * from tbl_todo order by tno desc limit ?, ?

- types가 't' 혹은 'w'인 경우('t'인 경우).
  - select * from tbl_todo WHERE (title like concat('%', ?, '%')) order by tno desc limit ?, ?

• <trim>과 완료 여부/만료일 필터링

'제목(t), 작성자(w)'에 대한 검색 처리는 어느정도 완성되었지만 '완료 여부(f)'와 '만료 기간(d)'에 대한 처리는 남았습니다.

완료 여부는 PageRequestDTO의 finished 변수 값이 true인 경우에만 'finished = 1'과 같은 문자열이 만들어지도록 구성해야 합니다.

여기서 걸림돌이 되는 내용은 앞에 검색 조건이 있는 경우에는 'and finished = 1'의 형태로 만들어져야 하고, 그렇지 않은 경우에는 바로 'finished = 1'이 되어야 한다는 점입니다.

MyBatis의 <trim>은 이런 경우에 유용합니다. <where>과 유사하게 동작하면서 필요한 문자열을 생성하거나 제거할 수 있습니다.

```
<where>
    <if test="types != null and types.length > 0">
        <foreach collection="types" item="type" open="(" close=") "
                                                        separator=" OR ">
```

```
        <if test="type == 't'.toString()">
            title like concat('%', #{keyword}, '%')
        </if>
        <if test="type == 'w'.toString()">
            writer like concat('%', #{keyword}, '%')
        </if>
    </foreach>
  </if>

  <if test="finished">
    <trim prefix="and">
        finished = 1
    </trim>
  </if>
</where>
```

마지막에 추가된 <if>는 finished 값을 이용해서 SQL 문을 생성해 내는데 <trim>을 적용하고 있습니다. <trim>을 적용해서 prefix를 하게 되면 상황에 따라서 'and'가 추가됩니다.

테스트 코드를 조금 수정해서 확인해 보도록 합니다.

```
@Test
public void testSelectSearch() {

    PageRequestDTO pageRequestDTO = PageRequestDTO.builder()
            .page(1)
            .size(10)
            .types(new String[]{"t","w"})
            .keyword("스프링")
            .finished(true)
            .build();

    List<TodoVO> voList = todoMapper.selectList(pageRequestDTO);

    voList.forEach(vo -> log.info(vo));

}
```

검색 조건이 있는 상황에서 생성되는 쿼리는 다음과 같이 'and'가 생성됩니다.

```
select * from tbl_todo
    WHERE ( title like concat('%', ?, '%') OR writer like concat('%', ?, '%') )
    and finished = 1
order by tno desc limit ?, ?
```

만일 검색 조건인 types가 없는 상태라면 'and'가 없는 쿼리가 생성됩니다.

```
select * from tbl_todo
    WHERE finished = 1
order by tno desc limit ?, ?
```

같은 방식으로 만료일(dueDate)를 처리하면 다음과 같습니다.

```xml
<where>
    <if test="types != null and types.length > 0">
        <foreach collection="types" item="type" open="(" close=") " separator=" OR ">
            <if test="type == 't'.toString()">
                title like concat('%', #{keyword}, '%')
            </if>
            <if test="type == 'w'.toString()">
                writer like concat('%', #{keyword}, '%')
            </if>
        </foreach>
    </if>

    <if test="finished">
      <trim prefix="and">
         finished = 1
      </trim>
    </if>

    <if test="from != null and to != null">
        <trim prefix="and">
            dueDate between  #{from} and #{to}
        </trim>
    </if>

</where>
```

만일 아무 조건 없이 from, to만 지정된다면 다음과 같은 쿼리가 생성됩니다.

```
select * from tbl_todo WHERE dueDate between ? and ? order by tno desc limit ?, ?
```

• <sql>과 <include>

MyBatis의 동적 쿼리 적용은 단순히 목록 데이터를 가져오는 부분과 전체 개수를 가져오는 부분에도 적용되어야만 합니다.

전체 개수를 가져오는 TodoMapper의 getCount( )에 파라미터로 PageReuqestDTO 타입을 지정한 이유 역시 동적 쿼리를 적용하기 위해서입니다.

MyBatis에는 <sql> 태그를 이용해서 동일한 SQL 조각을 재사용할 수 있는 방법을 제공합니다.

동적 쿼리 부분을 <sql>로 분리하고 동일하게 동적 쿼리가 적용될 부분은 <include>를 이용해서 작성합니다.

TodoMapper.xml에서 <sql id='search'>로 동적 쿼리 부분을 분리합니다.

```xml
<sql id="search">
    <where>
        <if test="types != null and types.length > 0">
            <foreach collection="types" item="type" open="(" close=") "
                                                            separator=" OR ">
                <if test="type == 't'.toString()">
                    title like concat('%', #{keyword}, '%')
                </if>
                <if test="type == 'w'.toString()">
                    writer like concat('%', #{keyword}, '%')
                </if>
            </foreach>
        </if>

        <if test="finished">
            <trim prefix="and">
                finished = 1
            </trim>
        </if>

        <if test="from != null and to != null">
            <trim prefix="and">
```

```
                dueDate between  #{from} and #{to}
            </trim>
        </if>
    </where>
</sql>

<select id="selectList" resultType="org.zerock.springex.domain.TodoVO">
    select * from tbl_todo

    <include refid="search"></include>

    order by tno desc limit #{skip}, #{size}
</select>

<select id="getCount" resultType="int">
    select count(tno) from tbl_todo
    <include refid="search"></include>
</select>
```

테스트 코드에서는 TodoMapper의 selectList( )와 getCount( )를 호출해서 결과를 확인
하도록 합니다.

```
@Test
public void testSelectSearch() {

    PageRequestDTO pageRequestDTO = PageRequestDTO.builder()
            .page(1)
            .size(10)
            .types(new String[]{"t","w"})
            .keyword("스프링")
            //.finished(true)
            .from(LocalDate.of(2021,12,01))
            .to(LocalDate.of(2022,12,31))
            .build();

    List<TodoVO> voList = todoMapper.selectList(pageRequestDTO);

    voList.forEach(vo -> log.info(vo));

    log.info( todoMapper.getCount(pageRequestDTO));

}
```

selectList( ) 쿼리는 다음과 같은 검색 조건과 만료일 필터링이 적용됩니다.

```
select * from tbl_todo WHERE ( title like concat('%', ?, '%') OR writer like
concat('%', ?, '%') ) and dueDate between ? and ? order by tno desc limit ?, ?
```

getCount( ) 호출 결과는 다음과 같은 쿼리가 생성됩니다.

```
select count(tno) from tbl_todo WHERE ( title like concat('%', ?, '%') OR writer
like concat('%', ?, '%') ) and dueDate between ? and ?
```

검색 조건을 위한 화면 처리

검색 기능은 /WEB-INF/views/todo/list.jsp에서 이루어지므로 list.jsp에 검색 관련된 화면을 작성하기 위해서 <div class='card'>를 하나 추가하고 검색에 필요한 내용들을 담을 수 있도록 구성합니다.

```html
<!-- 기존의 <h1>Header</h1>끝-->

<!--추가하는 코드-->
<div class="row content">
    <div class="col">
        <div class="card">
            <div class="card-body">
                <h5 class="card-title">Search </h5>
                <form action="/todo/list" method="get">
                    <input type="hidden" name="size" value="${pageRequestDTO.size}">
                    <div class="mb-3">
                        <input type="checkbox" name="finished" >완료여부
                    </div>
                    <div class="mb-3">
                        <input type="checkbox" name="types" value="t">제목
                        <input type="checkbox" name="types" value="w">작성자
                        <input type="text"  name="keyword" class="form-control" >
                    </div>
                    <div class="input-group mb-3 dueDateDiv">
                        <input type="date" name="from" class="form-control">
                        <input type="date" name="to" class="form-control">
                    </div>
```

```
                    <div class="input-group mb-3">
                        <div class="float-end">
                            <button class="btn btn-primary" type="submit">Search</
                                                                            button>
                            <button class="btn btn-info" type="reset">Clear</button>
                        </div>
                    </div>
                </form>
            </div>
        </div>
    </div>
</div>

<!--기존의 코드-->
<div class="row content">
    <div class="col">
        <div class="card">
            <div class="card-header">
                Featured
            </div>
```

브라우저를 통해서 다음과 같은 모습으로 화면이 나오는지를 확인합니다.

화면에는 <form> 태그를 이용해서 검색 조건을 전송할 수 있도록 구성합니다. 검색을 하는 경우 무조건 페이지는 1페이지가 되므로 별도의 파라미터를 지정하진 않았습니다.

TodoController에서는 log.info( )를 이용해서 파라미터가 정상적으로 수집되는지를 확인합니다.

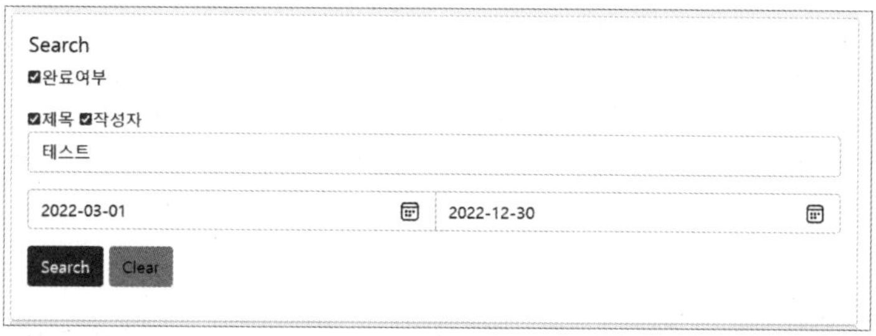

앞의 그림과 같을 때 PageRequetDTO에는 다음과 같은 내용들을 가지게 됩니다.

```
INFO [org.zerock.springex.controller.TodoController] PageRequestDTO(page=1,
size=10, link=page=1&size=10, types=[t, w], keyword=테스트, finished=true,
from=2022-03-01, to=2022-12-30)
```

실행되는 SQL은 다음과 같습니다.

```
select * from tbl_todo WHERE ( title like concat('%', ?, '%') OR writer like
concat('%', ?, '%') ) and finished = 1 and dueDate between ? and ? order by tno
desc limit ?, ?

select count(tno) from tbl_todo WHERE ( title like concat('%', ?, '%') OR writer
like concat('%', ?, '%') ) and finished = 1 and dueDate between ? and ?
```

검색 조건에 해당하는 Todo가 존재한다면 다음과 같이 페이징 처리와 목록이 보이게 됩니다.

Tno	Title	Writer	DueDate	Finished
1527	한글테스트	user11	2022-10-10	true
1525	한글테스트	user11	2022-10-10	true
1523	한글테스트	user11	2022-10-10	true
1521	한글테스트	user11	2022-10-10	true
1519	한글테스트	user11	2022-10-10	true
1517	한글테스트	user11	2022-10-10	true
1515	한글테스트	user11	2022-10-10	true
1513	한글테스트	user11	2022-10-10	true
1511	한글테스트	user11	2022-10-10	true
1509	한글테스트	user11	2022-10-10	true

`1` `2` `3` `4` `5` `6` `7` `8` `9` `10` `Next`

브라우저의 주소창에는 모든 검색조건이 GET 방식의 쿼리 스트링으로 만들어진 것을 볼 수 있습니다.

localhost:8080/todo/list?size=10&finished=on&types=t&types=w&keyword=테스트&from=2022-03-018&to=2022-12-30

*http://localhost:8080/todo/list?size=10&finished=on&types=t&types=w&keyword=%ED%85%8C%EC%8A%A4%ED%8A%B8&from=2021-12-29&to=2021-12-31

화면에 검색 조건 표시하기

검색이 처리되기는 하지만 PageRequestDTO의 정보를 EL로 처리하지 않았기 때문에 검색 후에는 검색 부분이 초기화되는 문제가 있습니다.

작성된 <div>에 EL을 적용할 때 가장 문제가 되는 부분은 제목(title), 작성자(writer)를 배열로 처리하고 있으므로 화면에서 처리할 때 좀 더 편하게 사용하기 위해서 PageRequestD-TO에 별도의 메소드를 구성하도록 합니다.

```
∨ 📁 dto
     ⓒ PageRequestDTO
     ⓒ PageResponseDTO
```

```java
public boolean checkType(String type){

    if(types == null || types.length == 0){
        return false;
    }
    return Arrays.stream(types).anyMatch(type::equals);
}
```

화면에서 EL을 적용하면 다음과 같이 됩니다.

```html
<form action="/todo/list" method="get">
    <input type="hidden" name="size" value="${pageRequestDTO.size}">
    <div class="mb-3">
        <input type="checkbox" name="finished" ${pageRequestDTO.
                                         finished?"checked":""} >완료여부
    </div>
    <div class="mb-3">
        <input type="checkbox" name="types" value="t" ${pageRequestDTO.
                                         checkType("t")?"checked":""}>제목
        <input type="checkbox" name="types" value="w"  ${pageRequestDTO.
                                         checkType("w")?"checked":""}>작성자
        <input type="text"  name="keyword" class="form-control" value ='<c:out
                                value="${pageRequestDTO.keyword}"/>' >
    </div>
    <div class="input-group mb-3 dueDateDiv">
        <input type="date" name="from" class="form-control"
                                            value="${pageRequestDTO.from}">
        <input type="date" name="to" class="form-control"
                                            value="${pageRequestDTO.to}">
    </div>
    <div class="input-group mb-3">
        <div class="float-end">
            <button class="btn btn-primary" type="submit">Search</button>
            <button class="btn btn-info" type="reset">Clear</button>
        </div>
    </div>
</form>
```

이제 화면에는 검색 조건이 있는 경우에 반영됩니다.

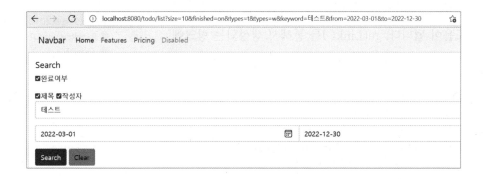

• 검색 조건 초기화 시키기

검색 영역에 [Clear] 버튼을 누르면 모든 검색 조건은 무효화 시키도록 '/todo/list'를 호출하도록 수정합니다. 화면의 버튼에 'clearBtn'이라는 class 속성을 추가합니다.

```html
<div class="input-group mb-3">
    <div class="float-end">
        <button class="btn btn-primary" type="submit">Search</button>
        <button class="btn btn-info clearBtn" type="reset">Clear</button>
    </div>
</div>
```

<script> 태그의 내부에는 버튼 클릭 이벤트를 처리합니다.

```javascript
document.querySelector(".clearBtn").addEventListener("click", function (e){
    e.preventDefault()
    e.stopPropagation()

    self.location ='/todo/list'

},false)
```

조회를 위한 링크 처리

검색 기능이 추가되면 문제 되는 것은 조회나 수정 화면에 있는 'List' 버튼입니다. 기존과 달리 검색 조건들을 그대로 유지해야 하므로 상당히 복잡한 처리가 필요합니다.

다행히도 PageRequestDTO의 getLink( )는 이런 경우에 크게 도움이 됩니다. getLink( )를 통해서 생성되는 링크에서 검색 조건 등을 반영해 주도록 수정합니다.

```java
public String getLink() {
    StringBuilder builder = new StringBuilder();
    builder.append("page=" + this.page);
    builder.append("&size=" + this.size);
```

```
    if(finished){
        builder.append("&finished=on");
    }

    if(types != null && types.length > 0){
        for (int i = 0; i < types.length ; i++) {
            builder.append("&types=" + types[i]);
        }
    }

    if(keyword != null){
        try {
            builder.append("&keyword=" + URLEncoder.encode(keyword,"UTF-8"));
        } catch (UnsupportedEncodingException e) {
            e.printStackTrace();
        }
    }

    if(from != null){
        builder.append("&from=" + from.toString());
    }

    if(to != null){
        builder.append("&to=" + to.toString());
    }

    return builder.toString();
}
```

getLink( )는 모든 검색/필터링 조건을 쿼리 스트링으로 구성해야 하기 때문에 조금 지저분하게 구성될 수 밖에 없습니다. 이렇게 하지 않는다면 화면에서 모든 링크를 수정해야 하기 때문에 더 복잡해 지게 됩니다. 특히 눈여겨 봐야 하는 부분은 한글이 가능한 keyword 부분은 URLEncoder를 이용해서 링크로 처리할 수 있도록 처리해야 한다는 점입니다.

getLink( )가 수정되면 화면에서 '/todo/read?tno=xxx'와 같은 링크가 자동으로 모든 검색조건을 반영하게 수정된 것을 확인할 수 있습니다.

```
▼<tr>
   <th scope="row">1527</th>
 ▼<td>
    ▶<a href="/todo/read?tno=1527&page=1&size=10&finished-on&types=t&types=w&keyword=%ED%85%8C%EC%8A%A4%ED%8A%B8&from=2022-03-01&to=2022-12-30"
     class="text-decoration-none" data-tno="1527">…</a> == $0
    </td>
    <td>user11</td>
    <td>2022-10-10</td>
    <td>true</td>
</tr>
```

만일 검색 조건이 없다면 기존과 동일하게 페이지 관련 쿼리 스트링만 처리됩니다.

```
▼<td>
   ▼<a href="/todo/read?tno=1527&page=1&size=10" class="text-decoration-none"
      " 한글테스트 "
    </a>
   </td>
   <td>user11</td>
   <td>2022-10-10</td>
   <td>true</td>
</tr>
▼<tr>
   <th scope="row">1526</th>
 ▼<td>
    ▶<a href="/todo/read?tno=1526&page=1&size=10" class="text-decoration-none"
    </td>
```

페이지 이동 링크 처리

페이지 이동에도 검색/필터링 조건은 필요하므로 자바스크립트로 동작하는 부분을 수정해야 합니다.

기존에는 자바스크립트에서 직접 쿼리 스트링을 추가해서 구성했지만, 검색/필터링 부분에 name이 page인 부분만 추가해서 `<form>` 태그를 submit으로 처리해 주면 검색/필터링 조건을 유지하면서도 페이지 번호만 변경하는 것이 가능합니다.

```
document.querySelector(".pagination").addEventListener("click", function (e) {
    e.preventDefault()
    e.stopPropagation()

    const target = e.target

    if(target.tagName !== 'A') {
        return
    }
    const num = target.getAttribute("data-num")
```

```
        const formObj = document.querySelector("form")

        formObj.innerHTML += `<input type='hidden' name='page' value='\${num}'>`

        formObj.submit();

},false)
```

화면상의 버튼을 누르면 검색/필터링 조건은 유지하면서 페이지가 이동하는 것을 확인할수 있습니다.

조회 화면에서 검색/필터링 유지

조회 화면(read.jsp)에서 목록 화면으로 이동하는 작업은 PageRequestDTO의 getLink( )를 이용하므로 아무런 처리가 없어도 정상적으로 동작합니다. [Modify] 버튼 클릭 역시 동일하게 동작하므로 추가 개발이 필요하지 않습니다.

수정 화면에서의 링크 처리

수정 화면인 modify.jsp에는 [Remove], [Modify], [List] 버튼이 존재하고 각 버튼에 대한 클릭 이벤트가 처리되어 있습니다.

· List 버튼 처리

'List' 버튼은 PageRequestDTO의 getLink( )를 이용해서 처리할 수 있습니다.

```
document.querySelector(".btn-secondary").addEventListener("click",function(e) {

    e.preventDefault()
    e.stopPropagation()

    self.location= `/todo/list?${pageRequestDTO.link}`

},false);
```

실제 화면에서는 검색/필터링의 링크가 같이 처리된 상태에서 동작하게 됩니다.

```
document.querySelector(".btn-secondary").addEventListener("click",function(e) {

    e.preventDefault()
    e.stopPropagation()

    self.location= `/todo/list?page=6&size=10&finished=on&types=t&keyword=%ED%85%8C%EC%8A%A4%ED%8A%B8&from=2022-03-18&to=2022-12-30`

},false);
```

· Remove 버튼 처리

Remove는 삭제된 후에 1페이지로 이동해도 문제가 되지 않지만 삭제 후에도 기존 페이지와 검색/필터링 정보를 유지하고 싶다면 PageRequestDTO를 이용할 수 있습니다.

'Remove' 버튼의 이벤트 처리는 다음과 같이 변경합니다.

```
//삭제 이벤트
document.querySelector(".btn-danger").addEventListener("click",function(e) {

    e.preventDefault()
    e.stopPropagation()

    formObj.action =`/todo/remove?${pageRequestDTO.link}`
    formObj.method ="post"

    formObj.submit()

},false);
```

TodoController에서는 remove( ) 메소드가 이미 PageRequestDTO를 파라미터로 받고 있기 때문에 삭제 처리를 하고나서 리다이렉트하는 경로에 getLink( )의 결과를 반영하도록 수정하면 됩니다.

```
@PostMapping("/remove")
public String remove(Long tno, PageRequestDTO pageRequestDTO, RedirectAttributes
redirectAttributes){

    log.info("-------------remove------------------");
    log.info("tno: " + tno);

    todoService.remove(tno);

    return "redirect:/todo/list?" + pageRequestDTO.getLink();
}
```

브라우저는 수정/삭제에서 유지된 검색/필터링 정보가 유지된 채로 삭제되는 것을 확인할 수 있습니다.

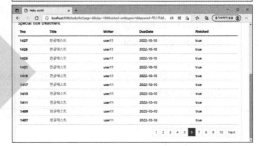

http://localhost:8080/todo/modify?tno=1415&page=6&size=10&finished=on&types=t&keyword=%ED%85%8C%EC%8A%A4%ED%8A%B8&from=2022-03-18&to=2022-12-30

http://localhost:8080/todo/list?page=6&size=10&finished=on&types=t&keyword=%ED%85%8C%EC%8A%A4%ED%8A%B8&from=2022-03-18&to=2022-12-30

• Modify 버튼 처리

'Modify' 버튼 처리는 기존과 좀 많이 달라집니다. 검색/필터링 기능이 추가되면 Todo의 내용이 수정되면서 검색/필터링 조건에 맞지 않게 될 수 있기 때문입니다. 예를 들어 검색/필터링에 날짜로 검색했는데 수정하면서 조건에 맞지 않게 되거나, 제목을 수정하면서 검색/필터링 조건에 맞지 않을 수도 있게 됩니다.

따라서 안전하게 하려면 검색/필터링의 경우 수정한 후에 조회 페이지로 이동하게 하고, 검색/필터링 조건은 없애는 것이 안전합니다.

검색/필터링 조건을 유지하지 않는다면 modify.jsp에 선언된 <input type='hidden'> 태그의 내용은 필요하지 않으므로 삭제합니다.

```
<form action="/todo/modify" method="post">

<div class="input-group mb-3">
    <span class="input-group-text">TNO</span>
    <input type="text" name="tno" class="form-control"
            value=<c:out value="${dto.tno}"></c:out> readonly>
</div>
```

TodoController에서는 '/todo/list'가 아닌 '/todo/read'로 이동하도록 수정합니다.

```
@PostMapping("/modify")
public String modify(@Valid TodoDTO todoDTO,
                    PageRequestDTO pageRequestDTO,
                    BindingResult bindingResult,
```

```
                    RedirectAttributes redirectAttributes){

    if(bindingResult.hasErrors()) {
        log.info("has errors.......");
        redirectAttributes.addFlashAttribute("errors", bindingResult.
                                                    getAllErrors() );
        redirectAttributes.addAttribute("tno", todoDTO.getTno() );
        return "redirect:/todo/modify";
    }

    log.info(todoDTO);

    todoService.modify(todoDTO);

    redirectAttributes.addAttribute("tno", todoDTO.getTno());

    return "redirect:/todo/read";
}
```

조회 화면에서 수정 작업이 처리되는 전체 흐름은 다음 그림과 같습니다.

http://localhost:8080/todo/read?tno=1501&page=3&size=10&
finished=on&keyword=&from=2022-03-18&to=2022-12-30

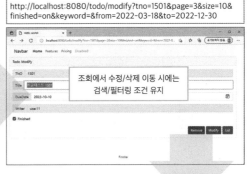

http://localhost:8080/todo/modify?tno=1501&page=3&size=10&
finished=on&keyword=&from=2022-03-18&to=2022-12-30

조회에서 수정/삭제 이동 시에는
검색/필터링 조건 유지

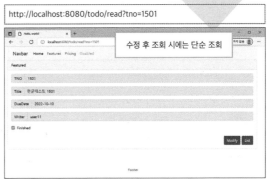

http://localhost:8080/todo/read?tno=1501

수정 후 조회 시에는 단순 조회

본격적으로 스프링 부트를 학습하기 전에 스프링 MVC와 MyBatis를 학습하는 이유는 스프링 자체에 익숙해질 필요가 있기 때문입니다. 스프링 부트 역시 스프링을 기반으로 작성되기 때문에 어느 정도는 스프링을 사용해본 경험이 있는 것이 당연히 유리합니다.

스프링의 범위는 생각보다 넓어서 AOP나 트랜잭션 등 다루어야 하는 내용이 방대합니다. 이 책의 경우 스프링의 의존성 주입과 웹 MVC 정도만을 익혀두고 나머지 추가 내용들은 스프링 부트를 통해서 다루도록 합니다.

스프링에서
스프링 부트로

스프링 부트는 스프링 프레임워크를 이용해서 개발에 필요한 많은 것을 제공하는 도구입니다. 스프링의 많은 설정이나 WAS의 연동 등의 작업이 필요하지 않기 때문에 개발의 편의성이나 생산성 면에서도 좋은 효과를 볼 수 있습니다. 스프링 부트는 단독으로 실행 가능한 수준의 배포가 가능하기 때문에 여러 서비스를 연동하는 구조의 마이크로 서비스 아키텍쳐에서도 유용하게 사용될 수 있습니다.

스프링 부트에서는 MyBatis를 이용하는 경우도 많지만 이 책에서는 Spring Data JPA를 이용해서 최소한의 코드로 데이터베이스까지의 처리 방법을 학습하도록 합니다.

5.1 스프링 부트 소개

　스프링 부트는 스프링에서 파생된 여러 서브 프로젝트에서 시작해서 이제는 완전한 메인 프로젝트가 되어버린 특이한 케이스 입니다. 스프링 부트를 엄밀하게 말하면 '스프링 프레임워크 개발 도구'라고 봐야할 것입니다. 스프링 부트는 엔터프라이즈급 애플리케이션을 개발하기 위해서 필요한 기능들을 제공하는 개발 도구 입니다.

　최근 해외의 추세를 보면 스프링 부트를 기반으로 만들어지는 스프링 프레임워크가 점점 늘고 있습니다. 공식 사이트에서도 스프링과 스프링 부트는 동의어로 처리되고 있는 상황입니다.

　스프링 부트의 중요한 특징으로 Auto Configuration(자동 설정)을 내세울 수 있습니다. 예를 들어 스프링 부트는 데이터베이스와 관련된 모듈을 추가하면 자동으로 데이터베이스 관련 설정을 찾아서 실행합니다. 스프링만을 이용하는 경우와 비교해보면 추가한 모듈 설정이 전혀 필요하지 않고, 설정 자체도 단순합니다.

　또다른 특징으로는 '내장 톰캣'과 단독 실행 가능한 도구라는 것입니다. 스프링 부트는 별도의 서버 설정 없이도 개발이 가능하고, 실행도 가능합니다(물론 다른 WAS에 스프링 부트로 작성된 코드를 올려서 실행하는 것도 가능합니다).

　이를 이용해서 스프링 부트 프로젝트를 실행 가능한 jar 파일로 만들고 다른 운영체제에서 실행하는 등의 작업이 가능합니다.

기존 개발에서 달라지는 점들

　서블릿에서 스프링으로 넘어오는 과정은 기존의 코드를 재활용할 수 없기 때문에 러닝커

브(learning curve)가 상당히 큰 편이었습니다. 반면 스프링에서 스프링 부트로 넘어오는 일은 기존의 코드나 개념이 그대로 유지되기 때문에 현실적으로 뭔가 새로운 개념이 필요하지 않습니다.

설정과 관련해서는 직접 필요한 라이브러리를 기존 build.gradle 파일에 추가하는 설정이 상당히 단순하기도 하지만 자동으로 처리됩니다. 특히 톰캣이 내장된 상태로 프로젝트가 생성되기 때문에 WAS의 추가 설정이 필요하지 않다는 점도 편리합니다.

빈 설정은 XML을 대신에 자바 설정을 이용하는 것으로 약간의 변경이 있습니다만 이 역시 새로운 기법일 뿐이고 기존과 다른 개념은 아닙니다.

스프링 MVC에서는 JSP를 이용할 수는 있지만 스프링 부트는 Thymeleaf라는 템플릿 엔진을 활용하는 경우가 많습니다. 최근 스프링 부트는 화면을 구성하지 않고 데이터만을 제공하는 API 서버라는 형태를 이용하기도 합니다.

스프링 부트에서도 MyBatis를 이용할 수 있지만, 이 책에서는 JPA를 이용하는 예제들을 구성합니다. JPA를 이용하면 객체지향으로 구성된 객체들을 데이터베이스에 반영할 수 있는데 이를 자동으로 처리할 수 있으므로 별도의 SQL의 개발 없이도 개발이 가능합니다.

스프링 부트의 프로젝트 생성 방식

스프링 부트를 위한 프로젝트의 생성 방법은 크게 2가지로 볼 수 있습니다.

1) Spring Initializr를 이용한 자동 생성
2) Maven이나 Gradle을 이용한 직접 생성

앞서 언급했듯이 스프링 부트는 스프링을 쉽게 사용하기 위한 도구이므로 스프링 예제와 동일하게 프로젝트를 생성하고 필요한 라이브러리들을 추가하는 형태의 개발도 가능합니다.

하지만 스프링 부트는 거의 모든 개발에 1) 방식을 이용하는데 Spring Initializr가 프로젝트의 기본 템플릿 구조를 만들어 주기 때문입니다. 또한 웹 사이트에서 생성하거나, 이클립스나 인텔리제이, VS Code 등에서도 Spring Initializr를 지원하기 때문에 호환성 면에서도 유리합니다.

Spring Initializr를 이용한 프로젝트 생성

스프링 부트를 사용하면서 가장 좋다고 생각되는 부분은 역시 'Spring Initializr'를 이용한 라이브러리들의 설정입니다.

Spring Initializr는 이클립스나 인텔리제이, VS code 등에서 사용할 수도 있고, 웹 사이트 (https://start.spring.io/)에서 프로젝트를 생성해서 내려받을 수 있습니다.

인텔리제이에서는 Spring Initializr를 이용해서 'b01'으로 프로젝트를 생성합니다. 프로젝트의 생성 시에는 개발 언어를 Java로 선택하고, 빌드 타입은 Gradle을 지정합니다. Grop명과 패키지 이름은 'org.zerock'으로 지정합니다.

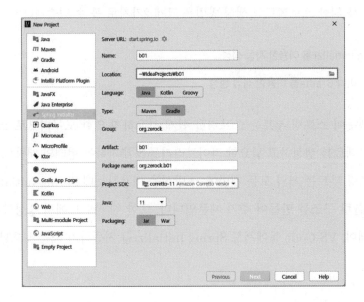

'Dependencies' 항목에서 다음과 같은 목록들을 체크합니다.

- Spring Boot DevTools
- Lombok
- Spring Web
- Thymeleaf
- Spring Data JPA
- MariaDB Driver

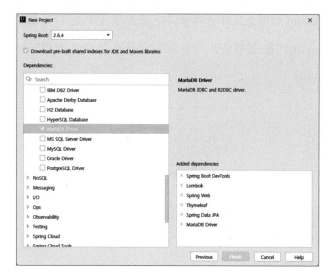

프로젝트를 생성하면 라이브러리 파일들이 자동으로 받아지고 잠시 후에 프로젝트가 활성화됩니다(초기화에 필요한 라이브러리들이 자동으로 내려지므로 약간의 시간이 필요합니다).

생성된 프로젝트를 살펴보면 프로젝트의 내부에는 많은 jar 파일들이 받아지고 프로젝트의 기본 구조도 완성된 것을 확인할 수 있습니다. 기존의 스프링을 이용하기 위해서 필요한 모든 라이브러리들을 직접 내려받아서 설정했던 것과 비교해보면 그 차이를 실감할 수 있습니다.

프로젝트의 실행

스프링 부트의 프로젝트는 이미 서버를 내장한 상태에서 만들어지기 때문에 스프링만을 이용할 때와 달리 별도의 WAS(Web Application Server) 설정이 필요하지 않고 특이하게도 main( )의 실행을 통해서 프로젝트를 실행합니다.

프로젝트를 초기화할 때 이미 실행 메뉴에 'B01Application'이라는 이름으로 실행 메뉴가 구성됩니다.

이를 이용해서 프로젝트를 실행할 수 있습니다.

또 다른 방법으로는 완성된 프로젝트에는 'B01Application' 파일이 하나 생성되어 있고 main( ) 메소드가 존재합니다. 스프링 부트는 단독으로 실행이 가능하다는 장점이 있으므로 main( )을 실행하면 자동으로 내장된 톰캣이 실행되는 것을 로그를 통해서 확인할 수 있습니다.

```
  .   ____          _            __ _ _
 /\\ / ___'_ __ _ _(_)_ __  __ _ \ \ \ \
( ( )\___ | '_ | '_| | '_ \/ _` | \ \ \ \
 \\/  ___)| |_)| | | | | || (_| |  ) ) ) )
  '  |____| .__|_| |_|_| |_\__, | / / / /
 =========|_|==============|___/=/_/_/_/
 :: Spring Boot ::                (v2.6.4)
```

```
***************************
APPLICATION FAILED TO START
***************************

Description:

Failed to configure a DataSource: 'url' attribute is not specified and no embedded datasource could be configured.

Reason: Failed to determine a suitable driver class
```

첫 실행 결과는 앞의 그림과 같은 에러가 발생합니다. 이것은 스프링 부트가 자동 설정을 통해서 인식한 Spring Data JPA를 실행할 때 DB와 관련된 설정을 찾을 수가 없어서 발생한 에러입니다. 에러가 발생하긴 했지만, 신기하게도 아무런 설정이 없는 상태인데 자동으로 데이터베이스 관련 설정을 이용한다는 사실 자체가 중요합니다. 이와 같이 라이브러리만으로 설정을 인식하려는 특성을 '자동 설정(auto configuration)'이라고 합니다.

스프링 부트 설정은 프로젝트 생성 시에 만들어진 application.properties 파일을 이용하거나 application.yml(YAML이라고 합니다.) 파일을 이용할 수 있습니다. 만일 파일 설정을 피하고 싶다면 @Configuration이 있는 클래스 파일을 만들어서 필요한 설정을 추가할 수 있습니다.

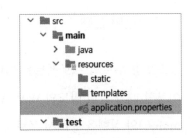

대부분의 스프링을 지원하는 개발 도구(IDE)에서는 application.properties 파일에 들어갈 수 있는 내용을 쉽게 완성해 주는 기능을 제공합니다. application.properties 파일에 예제에서 사용했던 데이터베이스 설정을 다음과 같이 추가합니다.

```
spring.datasource.driver-class-name=org.mariadb.jdbc.Driver
spring.datasource.url=jdbc:mariadb://localhost:3306/webdb
```

```
spring.datasource.username=webuser
spring.datasource.password=webuser
```

앞의 설정을 추가한 후에 다시 프로젝트를 실행해 보면 다음과 같이 8080 포트로 톰캣이
실행되는 것을 볼 수 있습니다.

```
com.zaxxer.hikari.HikariDataSource          : HikariPool-1 - Start completed.
o.hibernate.jpa.internal.util.LogHelper     : HHH000204: Processing PersistenceUnitInfo [name: default]
org.hibernate.Version                       : HHH000412: Hibernate ORM core version 5.6.5.Final
o.hibernate.annotations.common.Version      : HCANN000001: Hibernate Commons Annotations {5.1.2.Final}
org.hibernate.dialect.Dialect               : HHH000400: Using dialect: org.hibernate.dialect.MariaDB103Dialect
o.h.e.t.j.p.i.JtaPlatformInitiator          : HHH000490: Using JtaPlatform implementation: [org.hibernate.engine.
j.LocalContainerEntityManagerFactoryBean    : Initialized JPA EntityManagerFactory for persistence unit 'default'
JpaBaseConfiguration$JpaWebConfiguration     : spring.jpa.open-in-view is enabled by default. Therefore, database
o.s.b.d.a.OptionalLiveReloadServer          : LiveReload server is running on port 35729
o.s.b.w.embedded.tomcat.TomcatWebServer     : Tomcat started on port(s): 8080 (http) with context path ''
```

스프링과 스프링 부트를 이용하는 과정을 비교해 보면 별도의 HikariCP 라이브러리를 가
져오거나 HikariConfig 객체를 구성하는 등의 모든 과정이 생략된 것을 볼 수 있습니다(스프
링 부트는 HikariCP를 기본으로 이용합니다.).

만일 8080 포트가 다른 프로젝트에서 실행되고 있다면 포트번호를 application.properties
에서 server.port를 지정해서 변경할 수 있습니다.

편의성을 높이는 몇 가지 설정

DataSource를 이용하는 것만으로도 스프링 부트가 편리하다는 사실을 충분히 알 수 있지
만, 추가적인 설정 몇 가지를 더한다면 개발 시간을 더욱 단축할 수 있습니다.

· 자동 리로딩 설정

웹 개발 시에 코드를 수정하고 다시 deploy를
하는 과정을 자동으로 설정할 수 있습니다. [Edit

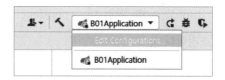

Configurations] 메뉴를 실행해서 [Build and run] 메뉴에 있는 [Modify options]를 선택합니다.

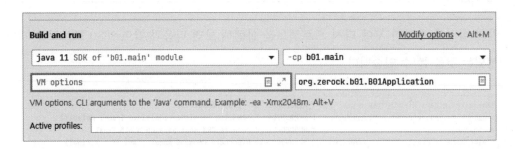

여러 옵션 중에 'On update action, On freme deactivation'의 옵션 값을 [Update classeds and resources]로 지정합니다.

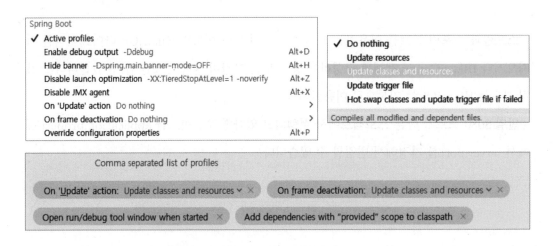

앞의 설정이 추가된 후에 수정하고 다른 작업을 하면 자동으로 빌드와 배포가 이루어 집니다(재시작 필요).

• Lombok을 테스트 환경에서도 사용하기

스프링 부트는 체크박스를 선택하는 것만으로 Lombok 라이브러리를 추가하지만 테스트 환경에서는 설정이 빠져 있습니다.

build.gradle 파일 내 dependencies 항목에 test 관련 설정을 조정합니다.

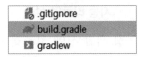

```
dependencies {

    ...

    testCompileOnly 'org.projectlombok:lombok'
    testAnnotationProcessor 'org.projectlombok:lombok'

}
```

· 로그 레벨의 설정

스프링 부트는 기본적으로 Log4j2가 추가되어 있기 때문에 라이브러리를 추가하지 않아도
되고, application.properties 파일을 이용해서 간단하게 로그 설정을 추가할 수 있습니다.
예제 프로젝트는 다음과 같은 설정을 이용합니다.

```
logging.level.org.springframework=info
logging.level.org.zerock=debug
```

· 인텔리제이의 DataSource 설정

인텔리제이 얼티메이트의 경우 JPA관련 플러그인이 이미 설치되어 있기 때문에 Data-
Source를 설정해두면 나중에 엔티티 클래스의 생성이나 기타 클래스의 생성과 설정 시에 도
움이 됩니다. 스프링 프로젝트와 마찬가지로 현재 사용하는 MariaDB를 설정합니다.

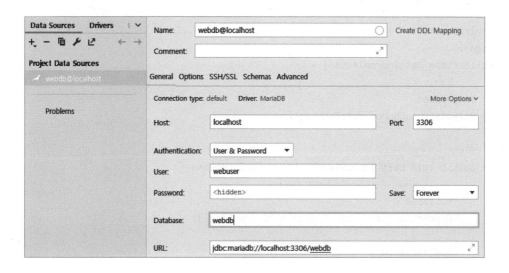

• 테스트 환경과 의존성 주입 테스트

스프링에는 'spring-test-xxx' 라이브러리를 추가해야 하고 JUnit 등도 직접 추가해야만 하지만, 스프링 부트는 프로젝트 생성할 때 이미 테스트 관련 설정이 완료되고 테스트 코드도 하나 생성되어 있습니다.

생성되어 있는 B01ApplicationTests에는 이미 테스트 가능한 코드가 있으므로 바로 테스트를 실행해 볼 수 있습니다.

테스트 코드의 실행을 점검하기 위해서 Data-SourceTests를 작성해서 HikariCP의 테스트와 Lombok을 확인해 보도록 합니다.

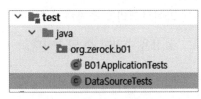

```java
package org.zerock.b01;

import lombok.Cleanup;
import lombok.extern.log4j.Log4j2;
import org.junit.jupiter.api.Assertions;
import org.junit.jupiter.api.Test;
import org.springframework.beans.factory.annotation.Autowired;
import org.springframework.boot.test.context.SpringBootTest;

import javax.sql.DataSource;
import java.sql.Connection;
import java.sql.SQLException;

@SpringBootTest
@Log4j2
public class DataSourceTests {

    @Autowired
    private DataSource dataSource;

    @Test
    public void testConnection() throws SQLException {

        @Cleanup
        Connection con = dataSource.getConnection();

        log.info(con);
```

```
        Assertions.assertNotNull(con);
    }
}
```

작성된 DataSourcTestes에는 @Log4j2 어노테이션을 통해서 테스트 환경에서도 Lombok을 사용할 수 있다는 것을 확인할 수 있습니다.

```
JpaBaseConfiguration$JpaWebConfiguration : spring.jpa.open-in-view is enabled by default. Therefore, database queries may be performed
org.zerock.b01.DataSourceTests           : Started DataSourceTests in 2.249 seconds (JVM running for 3.271)
org.zerock.b01.DataSourcTests            : HikariProxyConnection@2086483651 wrapping org.mariadb.jdbc.MariaDbConnection@31de27c
j.LocalContainerEntityManagerFactoryBean : Closing JPA EntityManagerFactory for persistence unit 'default'
com.zaxxer.hikari.HikariDataSource       : HikariPool-1 - Shutdown initiated...
com.zaxxer.hikari.HikariDataSource       : HikariPool-1 - Shutdown completed.
```

DataSource는 application.properties에 설정된 DataSource관련 설정을 통해서 생성된 빈(bean)이고, 이에 대한 별도의 설정 없이 스프링에서 바로 사용이 가능합니다.

· Spring Data JPA를 위한 설정

DataSource 설정까지 모든 테스트가 완료되었다면 Spring Data JPA를 이용할 때 필요한 설정을 추가하도록 합니다.

application.properties에 다음과 같은 내용을 추가하도록 합니다.

```
spring.jpa.hibernate.ddl-auto=update
spring.jpa.properties.hibernate.format_sql=true
spring.jpa.show-sql=true
```

spring.jpa.hibernate.ddl-auto 속성은 프로젝트 실행 시 DDL 문을 처리할 것인지를 명시합니다. 속성값은 다음과 같이 지정할 수 있습니다.

속성값	의미
none	DDL을 하지 않음
create-drop	실행할 때 DDL을 실행하고 종료 시에 만들어진 테이블 등을 모두 삭제
create	실행할 때마다 새롭게 테이블을 생성
update	기존과 다르게 변경된 부분이 있을 때는 새로 생성
validate	변경된 부분만 알려주고 종료

update 속성값의 경우 테이블이 없을 때는 자동으로 생성하고 변경이 필요할 때는 alter table이 실행됩니다. 테이블뿐만 아니라 인덱스나 외래키 등도 자동으로 처리됩니다.

spring.jpa.properties.hibernate.format_sql 속성은 실제로 실행되는 SQL을 포맷팅해서 알아보기 쉽게 출력해 줍니다. spring.jpa.show-sql은 JPA가 실행하는 SQL을 같이 출력하도록 합니다.

스프링 부트에서 웹 개발

스프링 부트를 이용해서 웹을 개발하는 일은 컨트롤러나 화면을 개발하는 것은 유사하지만 web.xml이나 servlet-context.xml과 같은 웹 관련 설정 파일들이 없기 때문에 이를 대신하는 클래스를 작성해 준다는 점이 다릅니다.

컨트롤러와 Thymeleaf 만들기

프로젝트에 우선 controller라는 패키지를 생성하고 SampleController 클래스를 생성해 봅니다.

SampleController 자체의 개발은 기존의 스프링 MVC를 그대로 이용합니다.

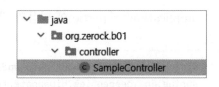

```
package org.zerock.b01.controller;


import lombok.extern.log4j.Log4j2;
import org.springframework.stereotype.Controller;
import org.springframework.ui.Model;
import org.springframework.web.bind.annotation.GetMapping;

@Controller
@Log4j2
public class SampleController {

    @GetMapping("/hello")
    public void hello(Model model) {
```

```
        log.info("hello...............");

        model.addAttribute("msg", "HELLO WORLD");
    }
}
```

화면은 Thymeleaf를 이용하는데 위치를 주의해서 작성해야 합니다. 프로젝트 생성 시에 만들어져 있는 templates 폴더에 hello.html을 작성합니다.

hello.html에서 가장 중요한 부분은 Thymeleaf의 네임스페이스(namespace)를 추가하는 것입니다.

```html
<!DOCTYPE html>
<html xmlns:th="http://www.thymeleaf.org">
<head>
    <meta charset="UTF-8">
    <title>Title</title>
</head>
<body>
  <h1 th:text="${msg}"></h1>
</body>
</html>
```

프로젝트를 실행하고 브라우저에 '/hello'를 실행하면 다음과 같은 화면을 볼 수 있습니다.

Thymeleaf는 JSP와 동일하게 서버에서 결과물을 생성해서 보내는 방식이지만 좀더 HTML에 가깝게 작성할 수 있고 다양한 기능들을 가지고 있습니다(이에 대해서는 조금 뒤에서 설명하도록 합니다.).

JSON 데이터 만들기

스프링 부트를 이용해서 웹 프로젝트를 구성할 때는 'API 서버'라는 것을 구성하는 경우도 많습니다. API 서버는 JSP나 Thymeleaf처럼 서버에서 화면과 관련된 내용을 만들어 내는 것이 아니라 순수한 데이터만 전송하는 방식입니다.

예를 들어 모바일 환경은 앱을 개발하고 네트워크로 데이터를 가져와 이를 앱에서 실행하는 방식입니다. 이런 경우 앱에서 화면을 구성하기 때문에 서버는 데이터만 보내는데 과거에는 주로 XML을 이용했지만, 최근에는 JSON을 이용하는 것이 일반적입니다.

JSON은 뒤에서 자세히 다루겠지만 'JavaScript Object Notation'의 약자로 구조를 가진 데이터(객체)를 자바스크립트의 '객체 표기법'으로 표현한 순수한 문자열입니다. JSON은 문자열이기 때문에 데이터 교환 시에 프로그램 언어에 독립적이라는 장점이 있습니다.

스프링을 이용할 때는 jackson-databind라는 별도의 라이브러리를 추가한 후에 개발할 수 있지만, 스프링 부트는 'web' 항목을 추가할 때 자동으로 포함되므로 별도의 설정 없이 바로 개발할 수 있습니다.

controller 패키지에 SampleJSONController라는 클래스를 다음과 같이 작성해 봅니다.

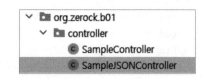

```
package org.zerock.b01.controller;

import lombok.extern.log4j.Log4j2;
import org.springframework.web.bind.annotation.GetMapping;
import org.springframework.web.bind.annotation.RestController;

@RestController
@Log4j2
public class SampleJSONController {

    @GetMapping("/helloArr")
    public String[] helloArr(){

        log.info("helloArr.................");

        return new String[]{"AAA","BBB","CCC"};
```

```
    }

}
```

브라우저에서 '/helloArr' 경로를 호출하면 배열이 그대로 출력되는 것을 볼 수 있는데 중
요한 점은 서버에서 해당 데이터는 'application/json'이라는 것을 전송했다는 점입니다.

스프링 부트를 이용하는 웹 개발의 형태는 앞의 그림과 같이 2가지의 형태를 많이 이용하
므로 이 책에서는 Thymeleaf를 이용하는 서버와 API 서버를 제작하는 예제를 별도로 다루
도록 합니다.

5.2 Thymeleaf

스프링과 마찬가지로 스프링 부트도 다양한 뷰(View) 관련 기술을 적용할 수 있습니다. 스프링 대부분은 JSP를 위주로 개발하는 경우가 많지만 스프링 부트는 Thymeleaf라는 템플릿 엔진을 이용합니다.

Thymeleaf는 '템플릿'이기 때문에 JSP처럼 직접 데이터를 생성하지 않고 만들어진 결과에 데이터를 맞춰서 보여주는 방식입니다. JSP와 마찬가지로 서버에서 동작하기는 하지만 Thymleaf는 HTML을 기반으로 화면을 구성하기 때문에 HTML에 조금 더 가까운 방식으로 작성됩니다.

이 절에서는 데이터를 처리하기 전에 Thymeleaf를 이용하는 방법들을 살펴봅니다.

Thymeleaf 기초 문법

Thymeleaf는 JSP를 대신하는 목적으로 작성된 라이브러리이므로, JSP에서 필요한 기능들을 Thymeleaf로 구성해 볼 필요가 있습니다.

인텔리제이 설정

앞에서 작성된 '/hello'를 처리했던 templates/hello.html을 다시 살펴보도록 합니다.

```html
<!DOCTYPE html>
<html xmlns:th="http://www.thymeleaf.org">
<head>
    <meta charset="UTF-8">
    <title>Title</title>
</head>
<body>
  <h1 th:text="${msg}"></h1>
</body>
</html>
```

Thymeleaf를 이용하기 위해서 가장 중요한 설정은 '네임스페이스(xmlns)'에 Thymeleaf를 지정하는 것입니다. 네임스페이스를 지정하면 'th:'와 같은 Thymeleaf의 모든 기능을 사용할 수 있게 됩니다.

작성된 hello.html은 다음과 같이 'th:'로 시작하는 기능을 사용할 수는 있지만 Model에 담긴 데이터를 사용할 때는 '해당 변수를 찾을 수 없다'는 방식으로 에러가 날 수 있습니다(인텔리제이 버전에 따라 차이가 있을 수 있습니다).

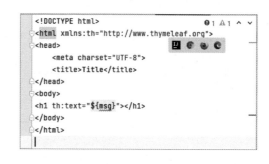

만일 에러가 발생하는 경우에는 인텔리제이의 설정을 조금 변경해서 에러 없는 화면을 보는 것이 더 좋기 때문에 [Settings] 메뉴에서 'Thymeleaf'를 검색하고 [Unresolved references...] 체크를 해제해 주도록 합니다.

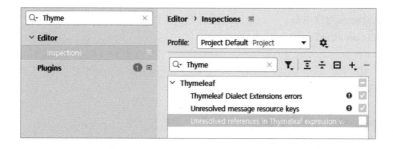

설정을 변경하고 기존에 열려있는 hello.html 에디터를 종료한 후에 다시 에디터로 보면 다음과 같이 변수에 대한 검사를 하지 않는 것을 볼 수 있습니다.

· **Thymeleaf 출력**

Thymeleaf는 Model로 전달된 데이터를 출력하기 위해서 HTML 태그 내에 'th:,,'로 시작하는 속성을 이용하거나 inlining(이하 인라인)을 이용합니다.

SampleController에서 ex1( )을 추가해서 '/ex/ex1'이라
는 경로를 호출할 때 동작하도록 구성합니다.

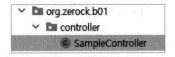

```
@GetMapping("/ex/ex1")
public void ex1(Model model){

    List<String> list = Arrays.asList("AAA","BBB","CCC","DDD");

    model.addAttribute("list", list);

}
```

ex1( )의 결과 화면은 templates 내에 ex 디렉토리를 생성
하고 ex1.html을 추가합니다.

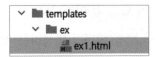

```
<!DOCTYPE html>
<html xmlns:th="http://www.thymeleaf.org">
<head>
    <meta charset="UTF-8">
    <title>Title</title>
</head>
<body>
    <h4>[[${list}]]</h4>
    <hr/>
    <h4 th:text="${list}"></h4>
</body>

</html>
```

프로젝트를 실행하고 '/ex/ex1'을 호출하면 다음 화면과 같은 결과가 출력되는 것을 볼 수
있습니다.

• Thymeleaf 주석 처리

Thymeleaf가 작성하는 단계에서는 단순해 보이지만 디버깅을 할 때에는 상황이 좀 다릅니다. 에러가 발생하게 되면 에러의 원인을 찾아내기가 힘듭니다.

에러가 난 부분을 찾기 위해서 주석 처리를 해야할 때는 '<!--/* ... */-->'를 이용하는 것이 좋습니다.

주석은 Thymelelaf가 파싱 처리할 때 삭제되어 처리되기 때문에 잘못된 문법에 대한 체크도 건너뛸수 있고, 삭제된 상태에서 처리되므로 브라우저에서는 아예 해당 부분은 결과 자체가 없습니다.

```html
<body>
  <h1 th:text="${msg}"></h1>

<!--/*   <h3 th:each="${sos}">SOS</h3> */-->

  <!--/* ${aaaa + bbb } */-->
  <!--/*
   <div>
      <h1>AAAA</h1>
   </div>
  */-->

</body>
```

앞의 코드 대부분은 주석 처리되어 있으므로 Thymeleaf의 처리 대상이 아니게 되고, 브라우저에서는 다음과 같은 단순 결과만 보게 됩니다.

· th:with를 이용한 변수 선언

Thymeleaf를 이용하는 과정에서 임시로 변수를 선언해야 하는 상황에서는 'th:with'를
이용해서 간단히 처리할 수 있습니다. 'th:with'로 만드는 변수는 '변수명 = 값'의 형태로 ','
를 이용해서 여러 개를 선언할 수도 있습니다.

```
<div th:with="num1 = ${10}, num2 = ${20}">
    <h4 th:text="${num1 + num2}"></h4>
</div>
```

반복문과 제어문 처리

화면 구성에서 가장 많이 사용되는 반복문과 제어문 처리를 먼저 살펴보도록 합니다. Sam-
pleController의 ex1( )에서는 Model을 이용해 'List<String>'을 담고 ex1.html을 이용해서
출력하도록 구성되어 있습니다.

```
<!DOCTYPE html>
<html xmlns:th="http://www.thymeleaf.org">
<head>
    <meta charset="UTF-8">
    <title>Title</title>
</head>
<body>
    <h4>[[${list}]]</h4>
    <hr/>
    <h4 th:text="${list}"></h4>
</body>

</html>
```

반복문 처리는 크게 2가지 방법을 이용할 수 있습니다.

- 반복이 필요한 태그에 'th:each'를 적용하는 방법
- \<th:block>이라는 별도의 태그를 이용하는 방법

두 방식을 이용한 코드는 다음과 같이 작성할 수 있습니다. 'th:each' 속성을 이용하할 때는 기존의 HTML을 그대로 둔 상태에서 반복 처리를 할 수 있다는 장점이 있지만 JSTL과는 조금 이질적인 형태이고, \<th:block>을 이용할 때는 추가로 태그가 들어가는 단점이 있습니다.

ex1.html의 \<body> 내용을 다음과 같이 변경해 봅니다.

```
<ul>
    <li th:each="str: ${list}" th:text="${str}"></li>
</ul>

<ul>
    <th:block th:each="str: ${list}">
        <li>[[${str}]]</li>
    </th:block>
</ul>
```

앞의 두 가지 방식 중 어떤 방식을 이용하더라도 결과는 동일하게 출력됩니다.

- **반복문의 status 변수**

Thymeleaf는 th:each를 처리할 때 현재 반복문의 내부 상태에 변수를 추가해서 사용할 수

있습니다. 일명 status 변수라고 하는데 index/count/size/first/last/odd/even 등을 이용해서 자주 사용하는 값들을 출력할 수 있습니다.

```
<ul>
    <li th:each="str,status: ${list}">
        [[${status.index}]] -- [[${str}]]
    </li>
</ul>
```

status 변수명은 사용자가 지정할 수 있고, index는 0부터 시작하는 번호를 의미합니다 (count는 1부터 시작). 앞의 코드는 다음과 같은 결과물을 만들어 냅니다.

- 0 -- AAA
- 1 -- BBB
- 2 -- CCC
- 3 -- DDD

· th:if / th:unless / th:switch

Thymeleaf는 제어문의 형태로 th:if/th:unless/th:switch를 이용할 수 있습니다.

th:if 와 th:unless는 사실상 별도의 속성으로 사용할 수 있으므로 if~else와는 조금 다르게 사용됩니다. 예를 들어 반복문의 홀수/짝수를 구분해서 처리하고 싶다면 다음과 같이 작성할 수 있습니다.

```
<ul>
    <li th:each="str,status: ${list}">
        <span th:if="${status.odd}"> ODD -- [[${str}]]</span>
        <span th:unless="${status.odd}"> EVEN -- [[${str}]]</span>
    </li>
</ul>
```

- ODD -- AAA
- EVEN -- BBB
- ODD -- CCC
- EVEN -- DDD

'?'를 이용하면 앞선 방식보다는 좀 더 편하게 이항 혹은 삼항 처리가 가능합니다. 예를 들어 반복 중에 홀수 번째만 무언가를 보여주고 싶다면 다음과 같이 '?' 뒤에 하나만 표현식을 줄 수 있습니다.

```html
<ul>
    <li th:each="str,status: ${list}">
        <span th:text="${status.odd} ?'ODD ---'+${str}"></span>
    </li>
</ul>
```

- ODD ---AAA
-
- ODD ---CCC
-

'?' 를 삼항연산자 그대로 사용할 수도 있습니다.

```html
<ul>
    <li th:each="str,status: ${list}">
        <span th:text="${status.odd} ?'ODD ---'+${str} : 'EVEN ---'+${str}"></span>
    </li>
</ul>
```

- ODD ---AAA
- EVEN ---BBB
- ODD ---CCC
- EVEN ---DDD

th:switch는 th:case와 같이 사용해서 Switch 문을 처리할 때 사용할 수 있습니다.

```html
<ul>
    <li th:each="str,status: ${list}">
        <th:block th:switch="${status.index % 3}">
            <span th:case="0">0</span>
            <span th:case="1">1</span>
            <span th:case="2">2</span>
        </th:block>
    </li>
</ul>
```

처리 결과는 다음과 같은 형태가 됩니다.

- 0
- 1
- 2
- 0

Thymeleaf 링크 처리

Thymeleaf의 링크 처리는 JSP에 비하면 상당히 잘 만들어져 있습니다. JSP를 이용할 때 '/'로 시작하는 것과 특정 프로젝트의 경로부터 시작하는 것을 모두 고려하는 건 번거롭지만 Thymeleaf는 '@'로 링크를 작성하기만 됩니다.

```
<a th:href="@{/hello}">Go to /hello</a>
```

· 링크의 쿼리 스트링 처리

링크를 'key=value'의 형태로 필요한 파라미터를 처리해야 할 때 상당히 편리합니다. 쿼리 스트링은 '( )'를 이용해서 파라미터의 이름과 값을 지정합니다.

```
<a th:href="@{/hello(name='AAA', age= 16)}">Go to /hello</a>
```

앞의 코드를 처리한 결과는 다음과 같은 쿼리 스트링을 만들어 냅니다.

```
<a href="/hello?name=AAA&age=16">Go to /hello</a>
```

GET 방식으로 처리되는 링크에서 한글이나 공백 문자는 항상 주의해야 하는 부분입니다. Thymeleaf를 이용하면 이에 대한 URL 인코딩 처리가 자동으로 이루어집니다.

```
<a th:href="@{/hello(name='한글처리', age= 16)}">Go to /hello</a>
```

```
<a href="/hello?name=%ED%95%9C%EA%B8%80%20%EC%B2%98%EB%A6%AC&age=16">Go to /hello
</a> == $0
```

만일 링크를 만드는 값이 배열과 같이 여러 개일 때는 자동으로 같은 이름의 파라미터를 처리합니다(에디터 화면에서는 에러로 나오지만 실제로 동작).

```
<a th:href="@{/hello(types=${ {'AA','BB','CC'} }, age= 16)}">Go to /hello</a>
```

```
<a href="/hello?types=AA&types=BB&types=CC&age=16">Go to /hello</a>
```

Thymeleaf의 특별한 기능들

Thymeleaf를 처음 접하면 그저 JSTL과 유사하다고 생각되지만 Thymeleaf의 고유한 기능들은 분명 JSP보다 더 발전한 형태입니다.

예제에서는 인라인 처리와 레이아웃을 구성하는 방법을 알아봅니다.

인라인 처리

Thymeleaf는 여러 편리한 점이 있지만 상황에 따라서 동일한 데이터를 다르게 출력해 주는 인라인 기능은 자바스크립트를 사용할 때 편리한 기능입니다.

다양한 종류의 데이터를 Model로 담아서 전달하는 메소드를 SampleController에 추가해 봅니다.

```
package org.zerock.b01.controller;


import lombok.extern.log4j.Log4j2;
import org.springframework.stereotype.Controller;
import org.springframework.ui.Model;
import org.springframework.web.bind.annotation.GetMapping;


import java.util.Arrays;
```

```java
import java.util.HashMap;
import java.util.List;
import java.util.Map;
import java.util.stream.Collectors;
import java.util.stream.IntStream;

@Controller
@Log4j2
public class SampleController {

    ...

    class SampleDTO {
        private String p1,p2,p3;

        public String getP1() {
            return p1;
        }
        public String getP2() {
            return p2;
        }
        public String getP3() {
            return p3;
        }
    }

    @GetMapping("/ex/ex2")
    public void ex2(Model model) {

        log.info("ex/ex2...............");

        List<String> strList = IntStream.range(1,10)
                .mapToObj(i -> "Data"+i)
                .collect(Collectors.toList());

        model.addAttribute("list", strList);

        Map<String, String> map = new HashMap<>();
        map.put("A","AAAA");
        map.put("B","BBBB");

        model.addAttribute("map", map);

        SampleDTO sampleDTO = new SampleDTO();
        sampleDTO.p1 ="Value -- p1";
        sampleDTO.p2 ="Value -- p2";
```

```
            sampleDTO.p3 ="Value -- p3";

            model.addAttribute("dto", sampleDTO);
        }
    }
```

추가된 코드는 ex2( )와 SampleDTO의 내부 클래스입니다. SampleDTO를 정의할 때는
반드시 getter들을 만들어 주도록 합니다.

Thymeleaf로 화면을 구성하기 위해 ex2.html을 추가합니다.
templates/ex/ex2.html은 다음과 같이 작성합니다.

```html
<!DOCTYPE html>
<html xmlns:th="http://www.thymeleaf.org">
<head>
    <meta charset="UTF-8">
    <title>Title</title>
</head>
<body>
    <div th:text="${list}"></div>
    <div th:text="${map}"></div>
    <div th:text="${dto}"></div>

    <script th:inline="javascript">

        const list = [[${list}]]

        const map = [[${map}]]

        const dto = [[${dto}]]

        console.log(list)
        console.log(map)
        console.log(dto)

    </script>

</body>
</html>
```

작성된 코드를 보면 HTML 코드를 이용하거나 자바스크립트 코드를 이용할 때 같은 객체들을 사용하는 것을 볼 수 있습니다. 다만 차이점은 <script th:inline='javascript'>가 지정된 것 뿐입니다.

프로젝트를 실행해서 만들어진 결과를 보면 HTML은 기존처럼 출력되고, <script> 부분은 자바스크립트에 맞는 문법으로 만들어지는 것을 확인할 수 있습니다.

```html
<script>
        const list = ["Data1","Data2","Data3","Data4","Data5","Data6","Data7","Data8","Data9"]

        const map = {"A":"AAAA","B":"BBBB"}

        const dto = {"p1":"Value -- p1","p2":"Value -- p2","p3":"Value -- p3"}

        console.log(list)
        console.log(map)
        console.log(dto)
</script>
```

Thymeleaf의 레이아웃 기능

Thymeleaf의 <th:block>을 이용하면 레이아웃을 만들고 특정한 페이지에서는 필요한 부분만을 작성하는 방식으로 개발이 가능합니다.

레이아웃 기능을 위해서 별도의 라이브러리가 필요하므로 build. 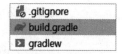 gradle를 수정합니다.

```
dependencies {
    ...

    implementation 'nz.net.ultraq.thymeleaf:thymeleaf-layout-dialect:3.1.0'
}
```

templates에 layout 폴더를 생성하고 레이아웃을 위한 lay-
out1.html를 작성합니다.

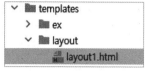

```html
<!DOCTYPE html>
<html xmlns:layout="http://www.ultraq.net.nz/thymeleaf/layout"
      xmlns:th="http://www.thymeleaf.org">
<head>
    <title>Layout page</title>
</head>
<body>

<div>
    <h3>Sample Layout Header</h3>
</div>

<div layout:fragment="content">
    <p>Page content goes here</p>
</div>

<div>
    <h3>Sample Layout Footer</h3>
</div>


<th:block layout:fragment="script" >

</th:block>

</body>
</html>
```

코드 위쪽에는 http://www.ultraq.net.nz/thymeleaf/layout을 이용해서 Thymeleaf의
Layout을 적용하기 위한 네임스페이스를 지정합니다.

코드 중간에는 layout:fragment 속성을 이용해서 해당 영역은 나중에 다른 파일에서 해당
부분만을 개발할 수 있습니다.

layout1.html에는 'content'와 'script' 부분을 fragment로 지정하였습니다. 새로운 화면
을 작성할 때는 layout1.html을 그대로 활용하면서 'content/script' 중 원하는 영역만을 작
성할 수 있습니다.

SampleController에 레이아웃 예제를 위한 ex3( )을 추가합니다.

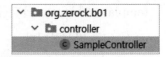

```
@GetMapping("/ex/ex3")
public void ex3(Model model) {

    model.addAttribute("arr", new String[]{"AAA","BBB","CCC"});

}
```

templates의 ex 폴더에 ex3.html을 생성합니다.

ex3.html에서 가장 중요한 부분은 <html>에 사용된 레이아웃 관련 설정입니다.

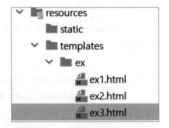

```
<!DOCTYPE html>
<html xmlns:th="http://www.thymeleaf.org"
      xmlns:layout="http://www.ultraq.net.nz/thymeleaf/layout"
      layout:decorate="~{layout/layout1.html}">

<div layout:fragment="content">

    <h1>ex3.html</h1>

</div>
```

앞서 작성된 코드를 보면 fragment 중에 content 부분만 작성한 것을 볼 수 있는데 브라우저로 '/ex/ex3'을 확인해 보면 위, 아래쪽으로 layout1.html의 내용이 같이 처리되는 것을 볼 수 있습니다.

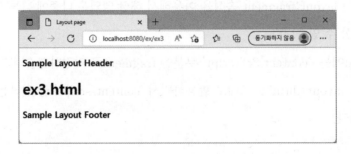

layout1.html에는 content와 script 영역을 따로 구성했으므로 이를 이용해 자바스크립트를 처리하고 싶다면 별도의 영역을 구성하고 fragment를 지정합니다.

```html
<!DOCTYPE html>
<html xmlns:th="http://www.thymeleaf.org"
    xmlns:layout="http://www.ultraq.net.nz/thymeleaf/layout"
    layout:decorate="~{layout/layout1.html}">

<div layout:fragment="content">

    <h1>ex3.html</h1>

</div>

<script layout:fragment="script" th:inline="javascript">

    const arr = [[${arr}]]

</script>
```

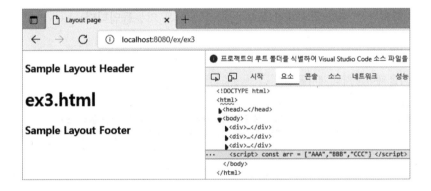

이 밖에도 Thymeleaf에는 여러 빌트인 객체와 기능들이 존재합니다만 필요한 내용들은 예제를 작성하는 과정에서 조금씩 사용해 보도록 합니다.

JPA(Java Persistence API)라는 기술은 간단하게 '자바로 영속 영역을 처리하는 API'라고 해석할 수 있습니다. JPA의 상위 개념은 ORM(Object Relational Mapping)이라는 패러다임으로 이어지는데 이는 '객체 지향'으로 구성한 시스템을 '관계형 데이터베이스'에 매핑하는 패러다임입니다.

JPA는 스프링과 연동할 때 Spring Data JPA라는 라이브러리를 사용합니다. Spring Data JPA는 JPA를 단독으로 활용할 때 보다 더 적은 양의 코드로 많은 기능을 활용할 수 있다는 장점이 있습니다.

이 절에서는 가장 흔한 예제인 '게시물'을 Spring Data JPA를 이용한다면 어떻게 구성하는지 알아보도록 합니다.

프로그램 개발 목표

예제로 개발하는 프로그램의 개발 목표는 다음과 같은 기능들입니다.

- 게시물 등록/수정/삭제/조회
- 게시물 페이징 처리/게시물 검색

❷ 게시물의 등록

❶ 게시물의 목록/검색/페이지 처리

❸ 게시물의 조회

❺ POST 후 모달 창

❹ 게시물의 수정/삭제

목록화면❶에서는 '제목/내용/작성자'에 대한 검색과 페이지 처리를 합니다. 이런 경우에는 검색 조건에 따라서 다른 쿼리가 실행될 수 있도록 해야하는데 Spring Data JPA의 경우 Querydsl이나 jOOQ등을 이용합니다 예제에서는 국내에서 많이 사용되는 Querydsl을 이용할 예정입니다.

등록 화면❷에는 등록 시간/수정 시간이 없지만 코드에서는 자동으로 처리될 수 있도록 작성하고 등록이 완료되면 화면❺와 같이 처리되면서 모달창을 보여주도록 구성합니다.

조회 화면❸에는 특정한 번호의 게시물을 조회하는데 이때 페이지/검색 조건을 그대로 유지하도록 구성합니다.

조회 화면에서는 수정/삭제 화면❹으로 이동하거나 목록 화면❷으로 이동할 수 있고 수정하고 나서는 다시 조회화면으로, 삭제하고 나서는 모달창이 나오는 ❺번 화면으로 이동합니다.

Board 엔티티와 JpaRepository

JPA를 이용하는 개발의 핵심은 객체지향을 통해서 영속 계층을 처리하는 데 있습니다. 따라서 JPA를 이용할 때는 테이블과 SQL을 다루는 것이 아니라 데이터에 해당하는 객체를 엔티티 객체라는 것으로 다루고 JPA로 이를 데이터베이스와 연동해서 관리하게 됩니다.

엔티티 객체는 쉽게 말해서 PK(기본키)를 가지는 자바의 객체입니다. 엔티티 객체는 고유의 식별을 위해 @Id를 이용해서 객체를 구분하고 관리합니다.

Spring Data JPA는 엔티티 객체를 이용해서 JPA를 이용하는데 더욱 편리한 방법들을 제공하는 스프링 관련 라이브러리입니다. Spring Data JPA는 자동으로 객체를 생성하고 이를 통해서 예외 처리 등을 자동으로 처리하는데 이를 위해서 제공되는 인터페이스가 JpaRepository입니다.

개발의 첫 단계는 엔티티 객체를 생성하기 위한 엔티티 클래스를 정의하는 것입니다. 엔티티 클래스는 반드시 @Entity가 존재하고 해당 엔티티 객체의 구분을 위한 @Id가 필요합니다.

프로젝트에 domain 패키지를 구성하고 게시물을 위한 Board 엔티티를 작성합니다.

```java
package org.zerock.b01.domain;


import javax.persistence.Entity;
import javax.persistence.GeneratedValue;
import javax.persistence.GenerationType;
import javax.persistence.Id;

@Entity
public class Board {

    @Id
    @GeneratedValue(strategy = GenerationType.IDENTITY)
    private Long bno;

    private String title;

    private String content;

    private String writer;

}
```

엔티티 객체를 위한 엔티티 클래스는 반드시 @Entity를 적용해야 하고 @Id가 필요합니다. 게시물은 데이터베이스에 추가될 때 생성되는 번호(auto increment)를 이용할 것이므로 이런 경우에 '키 생성 전략(key generate strategy)' 중에 GenerationType.IDENTITY로 데이터베이스에서 알아서 결정하는 방식을 이용합니다.

자동으로 키를 생성하는 전략은 다음과 같습니다.

- IDENTITY: 데이터베이스에 위임(MYSQL/MariaDB) - auto_increment
- SEQUENCE: 데이터베이스 시퀀스 오브젝트 사용(ORACLE)- @SequenceGenerator 필요
- TABLE: 키 생성용 테이블 사용, 모든 DB에서 사용 - @TableGenerator 필요
- AUTO: 방언에 따라 자동 지정, 기본값

Tip
표준 SQL 문법 외에 독자적인 기능을 가진 다양한 데이터베이스 제품이 존재하므로 각각의 데이터베이스가 제공하는 문법과 함수에는 차이가 있습니다. 이러한 차이를 방언(dialect)이라고 하며 JPA는 종속되지 않은 추상화된 방언 클래스를 제공하고 있어 변경된 DBMS라도 자동으로 처리할 수 있어 시간과 비용을 아낄 수 있습니다.

@MappedSuperClass를 이용한 공통 속성 처리

데이터베이스의 거의 모든 테이블에는 데이터가 추가된 시간이나 수정된 시간 등이 칼럼으로 작성됩니다. 자바에서는 이를 쉽게 처리하고자 @MappedSuperClass를 이용해서 공통으로 사용되는 칼럼들을 지정하고 해당 클래스를 상속해서 이를 손쉽게 처리합니다.

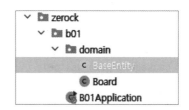

프로젝트의 domain 패키지에 BaseEntity 클래스를 다음과 같이 추가합니다.

```java
package org.zerock.b01.domain;


import lombok.Getter;
import org.springframework.data.annotation.CreatedDate;
import org.springframework.data.annotation.LastModifiedDate;
import org.springframework.data.jpa.domain.support.AuditingEntityListener;

import javax.persistence.Column;
import javax.persistence.EntityListeners;
import javax.persistence.MappedSuperclass;
import java.time.LocalDateTime;

@MappedSuperclass
@EntityListeners(value = { AuditingEntityListener.class })
@Getter
abstract class BaseEntity {

    @CreatedDate
    @Column(name = "regdate", updatable = false)
    private LocalDateTime regDate;

    @LastModifiedDate
    @Column(name ="moddate" )
```

```
        private LocalDateTime modDate;

}
```

BaseEntity에서 가장 중요한 부분은 자동으로 Spring Data JPA의 AuditingEntityLis-tener를 지정하는 부분입니다. AuditingEntityListener를 적용하면 엔티티가 데이터베이스에 추가되거나 변경될 때 자동으로 시간 값을 지정할 수 있습니다.

AuditingEntityListener를 활성화 시키기 위해서는 프로젝트의 설정에 @EnableJpaAuditing을 추가해 주어야만 합니다.

```
package org.zerock.b01;

import org.springframework.boot.SpringApplication;
import org.springframework.boot.autoconfigure.SpringBootApplication;
import org.springframework.data.jpa.repository.config.EnableJpaAuditing;

@SpringBootApplication
@EnableJpaAuditing
public class B01Application {

    public static void main(String[] args) {
        SpringApplication.run(B01Application.class, args);
    }

}
```

기존의 Board 클래스는 BaseEntity를 상속하도록 변경하고 추가적인 어노테이션들을 적용합니다.

```
package org.zerock.b01.domain;


import lombok.*;

import javax.persistence.*;
```

```
@Entity
@Getter
@Builder
@AllArgsConstructor
@NoArgsConstructor
@ToString
public class Board extends BaseEntity{
    @Id
    @GeneratedValue(strategy = GenerationType.IDENTITY)
    private Long bno;

    @Column(length = 500, nullable = false) //칼럼의 길이와 null허용여부
    private String title;

    @Column(length = 2000, nullable = false)
    private String content;

    @Column(length = 50, nullable = false)
    private String writer;

}
```

JpaRepository 인터페이스

Spring Data JPA를 이용할 때는 JpaRepository라는 인터페이스를 이용해서 인터페이스 선언만으로 데이터베이스 관련 작업을 어느 정도 처리할 수 있습니다(마치 MyBatis를 이용할 때 매퍼 인터페이스만을 선언하는 것과 유사합니다).

개발 단계에서 JpaRepository 인터페이스를 상속하는 인터페이스를 선언하는 것만으로 CRUD와 페이징 처리가 모두 완료됩니다.

프로젝트에 repository 패키지를 구성하고 BoardRepository 인터페이스를 선언합니다.

```
package org.zerock.b01.repository;

import org.springframework.data.jpa.repository.JpaRepository;
import org.zerock.b01.domain.Board;
```

```
public interface BoardRepository extends JpaRepository<Board, Long> {
}
```

JpaRepository 인터페이스를 상속할 때에는 엔티티 타입과 @Id 타입을 지정해 주어야 하는 점을 제외하면 아무런 코드가 없이도 개발이 가능합니다.

BoardRepository 내에 아무런 코드가 없기 때문에 나중에 확장 문제가 있을 수 있다고 생각할 수 있습니다. 이 문제는 조금 뒤쪽에서 쿼리 메소드라는 기능(메소드의 이름이 쿼리가 되는 기능)이나 Querydsl을 이용하는 방법으로 해결합니다.

테스트 코드를 통한 CRUD/페이징 처리 확인

Spring Data JPA를 이용하면 SQL의 개발도 거의 없고, JPA의 많은 기능을 활용할 수 있지만 항상 테스트 코드로 동작 여부를 확인하는 것이 좋습니다.

프로젝트에 존재하는 test 폴더에 repository 패키지를 추가하고 BoardRepositoryTests 클래스를 추가합니다.

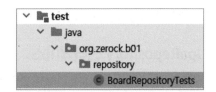

```
package org.zerock.b01.repository;

import lombok.extern.log4j.Log4j2;
import org.springframework.beans.factory.annotation.Autowired;
import org.springframework.boot.test.context.SpringBootTest;

@SpringBootTest
@Log4j2
public class BoardRepositoryTests {

    @Autowired
    private BoardRepository boardRepository;

}
```

· insert 기능 테스트

데이터베이스에 insert를 실행하는 기능은 JpaRepository의 save( )를 통해서 이루어 집니다. save( )는 현재의 영속 컨텍스트 내에 데이터가 존재하는지 찾아보고 해당 엔티티 객체가 없을 때는 insert를, 존재할 때는 update를 자동으로 실행합니다.

BoardRepositoryTests에 테스트 코드를 추가합니다.

```java
@Test
public void testInsert() {
    IntStream.rangeClosed(1,100).forEach(i -> {
        Board board = Board.builder()
                .title("title..." +i)
                .content("content..." + i)
                .writer("user"+ (i % 10))
                .build();

        Board result = boardRepository.save(board);
        log.info("BNO: " + result.getBno());
    });
}
```

```
create table board (
    bno bigint not null auto_increment,
    moddate datetime(6),
    regdate datetime(6),
    content varchar(2000) not null,
    title varchar(500) not null,
    writer varchar(50) not null,
    primary key (bno)
) engine=InnoDB
```

```
Hibernate:
    insert
    into
        board
        (moddate, regdate, content, title, writer)
    values
        (?, ?, ?, ?, ?)
```

```
[    Test worker] o.z.b01.repository.BoardRepositoryTests  : BNO: 1
```

save( )의 결과는 데이터베이스에 저장된 데이터와 동기화된 Board 객체가 반환됩니다. 최종적으로 테스트 실행 후에 데이터베이스를 조회해 보면 100개의 데이터가 생성된 것을 확인할 수 있습니다(테스트 코드의 경우 @Id 값이 null이므로 insert만 실행됩니다).

```
select * from board order by bno desc;
```

	🔑 bno ÷	🔲 moddate	÷	🔲 regdate	÷	🔲 content	÷	🔲 title	÷	🔲 writer	÷
1	100	2022-03-12 00:27:46.650438		2022-03-12 00:27:46.650438		content...100		title...100		user0	
2	99	2022-03-12 00:27:46.647434		2022-03-12 00:27:46.647434		content...99		title...99		user9	
3	98	2022-03-12 00:27:46.644433		2022-03-12 00:27:46.644433		content...98		title...98		user8	
4	97	2022-03-12 00:27:46.641435		2022-03-12 00:27:46.641435		content...97		title...97		user7	
5	96	2022-03-12 00:27:46.637435		2022-03-12 00:27:46.637435		content...96		title...96		user6	
6	95	2022-03-12 00:27:46.635435		2022-03-12 00:27:46.635435		content...95		title...95		user5	
7	94	2022-03-12 00:27:46.632435		2022-03-12 00:27:46.632435		content...94		title...94		user4	
8	93	2022-03-12 00:27:46.630435		2022-03-12 00:27:46.630435		content...93		title...93		user3	
9	92	2022-03-12 00:27:46.627432		2022-03-12 00:27:46.627432		content...92		title...92		user2	
10	91	2022-03-12 00:27:46.625433		2022-03-12 00:27:46.625433		content...91		title...91		user1	
11	90	2022-03-12 00:27:46.621436		2022-03-12 00:27:46.621436		content...90		title...90		user0	

· **select 기능 테스트**

특정한 번호의 게시물을 조회하는 기능은 findById( )를 이용해서 처리합니다. 특이하게도 findById( )의 리턴 타입은 Optional<T>입니다.

```java
@Test
public void testSelect() {
    Long bno = 100L;

    Optional<Board> result = boardRepository.findById(bno);

    Board board = result.orElseThrow();

    log.info(board);

}
```

```
select
    board0_.bno as bno1_0_0_,
    board0_.moddate as moddate2_0_0_,
    board0_.regdate as regdate3_0_0_,
    board0_.content as content4_0_0_,
    board0_.title as title5_0_0_,
    board0_.writer as writer6_0_0_
from
    board board0_
where
    board0_.bno=?
```

```
Board(bno=100, title=title...100, content=content...100, writer=user0)
```

· update 기능 테스트

update 기능은 insert와 동일하게 save( )를 통해서 처리됩니다. 동일한 @Id 값을 가지는 객체를 생성해서 처리할 수 있습니다. update는 등록 시간이 필요하므로 가능하면 findBy-Id( )로 가져온 객체를 이용해서 약간의 수정을 통해서 처리하도록 합니다.

일반적으로 엔티티 객체는 가능하면 최소한의 변경이나 변경이 없는 불변(immutable)하게 설계하는 것이 좋습니다만, 반드시 강제적인 사항은 아니므로 Board 클래스에 수정이 가능한 부분을 미리 메소드로 설계합니다.

Board의 경우에는 '제목/내용'은 수정이 가능하므로 이에 맞도록 change( )라는 메소드를 다음과 같이 추가합니다.

```java
public class Board extends BaseEntity{
    @Id
    @GeneratedValue(strategy = GenerationType.IDENTITY)
    private Long bno;

    ...

    public void change(String title, String content){
        this.title = title;
        this.content = content;
    }

}
```

테스트 코드에서는 이를 활용해서 update를 실행하는 테스트 코드를 작성합니다.

```java
@Test
public void testUpdate() {

    Long bno = 100L;

    Optional<Board> result = boardRepository.findById(bno);

    Board board = result.orElseThrow();
```

```
    board.change("update..title 100", "update content 100");

    boardRepository.save(board);

}
```

테스트 실행 결과를 보면 findById( )를 실행할 때 다음 그림에서 ❶번이 실행되고, save( )
를 처리할 때는 같은 번호가 있는지 다시 ❷검사한 후에 update가 실행되는 것을 볼 수 있습
니다.

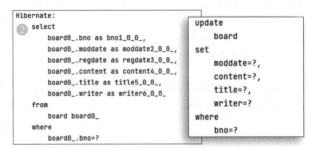

update가 실행된 후에는 moddate가 변경되는 것을 확인할 수 있습니다.

bno	moddate	regdate	content	title	writer
100	2022-03-12 00:34:31.716713	2022-03-12 00:27:46.650438	update content 100	update..title 100	user0

· **delete 기능 테스트**

delete는 @Id에 해당하는 값으로 deleteById( )를 통해서 실행할 수 있습니다.

```
@Test
public void testDelete() {
    Long bno = 1L;

    boardRepository.deleteById(bno);
}
```

deleteById( ) 역시 데이터베이스 내부에 같은 @Id가 존재하는지 먼저 확인하고 delete 문이 실행됩니다.

```
select
    board0_.bno as bno1_0_0_,
    board0_.moddate as moddate2_0_0_,
    board0_.regdate as regdate3_0_0_,
    board0_.content as content4_0_0_,
    board0_.title as title5_0_0_,
    board0_.writer as writer6_0_0_
from
    board board0_
where
    board0_.bno=?
```

```
delete
from
    board
where
    bno=?
```

수정이나 삭제 시에 굳이 select 문이 먼저 실행되는 이유를 조금 고민해 볼 필요가 있습니다. JPA를 이용하는 것은 엄밀하게 말하면 영속 컨텍스트와 데이터베이스를 동기화해서 관리한다는 의미입니다.

그러므로 특정한 엔티티 객체가 추가되면 영속 컨텍스트에 추가하고, 데이터베이스와 동기화가 이루어져야만 합니다. 마찬가지로 수정이나 삭제를 한다면 영속 컨텍스트에 해당 엔티티 객체가 존재해야만 하므로 먼저 select로 엔티티 객체를 영속 컨텍스트에 저장해서 이를 삭제한 후에 delete가 이루어지게 되는 것입니다.

• Pageable과 Page<E> 타입

Spring Data JPA를 이용해서 별도의 코드 없이도 CRUD가 실행 가능하다는 사실도 멋지지만, 개발자들에게는 개발 속도를 빠르게 하는 페이징 처리는 정말 매력적인 기능입니다.

페이징 처리는 Pageable이라는 타입의 객체를 구성해서 파라미터로 전달하면 됩니다. Pageable은 인터페이스로 설계되어 있고, 일반적으로는 PageRequest.of( )라는 기능을 이용해서 개발이 가능합니다.

- PageRequest.of(페이지 번호, 사이즈): 페이지 번호는 0 부터
- PageRequest.of(페이지 번호, 사이즈, Sort): 정렬 조건 추가
- PageRequest.of(페이지 번호, 사이즈, Sort.Direction, 속성...): 정렬 방향과 여러 속성 지정

파라미터로 Pageable을 이용하면 리턴 타입은 Page<T> 타입을 이용할 수 있는 데 이는 단순 목록뿐 아니라 페이징 처리에 데이터가 많은 경우에는 count 처리를 자동으로 실행합니다. 대부분의 Pageable 파라미터는 메소드 마지막에 사용하고, 파라미터에 Pageable이 있는 경우에는 메소드의 리턴 타입을 Page<T> 타입으로 설계합니다.

JpaRepository에는 findAll( )이라는 기능을 제공하여 기본적인 페이징 처리를 지원합니다.

```java
@Test
public void testPaging() {

    //1 page order by bno desc
    Pageable pageable = PageRequest.of(0,10, Sort.by("bno").descending());

    Page<Board> result = boardRepository.findAll(pageable);

}
```

테스트 실행 결과를 보면 흥미롭게도 전체 데이터의 개수를 처리하는 쿼리가 같이 실행되는 것을 확인할 수 있습니다.

```
select
    board0_.bno as bno1_0_,
    board0_.moddate as moddate2_0_,
    board0_.regdate as regdate3_0_,
    board0_.content as content4_0_,
    board0_.title as title5_0_,
    board0_.writer as writer6_0_
from
    board board0_
order by
    board0_.bno desc limit ?
```

```
select
    count(board0_.bno) as col_0_0_
from
    board board0_
```

findAll( )의 리턴 타입으로 나오는 Page<T> 타입은 내부적으로 페이징 처리에 필요한 여러 정보를 처리합니다. 예를 들어 다음 페이지가 존재하는지, 이전 페이지가 존재하는지, 전체 데이터의 개수는 몇 개 인지 등의 기능들을 모두 알아낼 수 있습니다.

```
Page<Board> result = boardRepository.findAll(pageable);

log.info("total count: "+result.getTotalElements());
log.info( "total pages:" +result.getTotalPages());
log.info("page number: "+result.getNumber());
log.info("page size: "+result.getSize());

List<Board> todoList = result.getContent();

todoList.forEach(board -> log.info(board));
```

```
.BoardRepositoryTests : total count: 99
.BoardRepositoryTests : total pages:10
.BoardRepositoryTests : page number: 0
.BoardRepositoryTests : page size: 10
.BoardRepositoryTests : Board(bno=100, title=update..title 100, content=update content 100, w
.BoardRepositoryTests : Board(bno=99, title=title...99, content=content...99, writer=user9)
.BoardRepositoryTests : Board(bno=98, title=title...98, content=content...98, writer=user8)
.BoardRepositoryTests : Board(bno=97, title=title...97, content=content...97, writer=user7)
.BoardRepositoryTests : Board(bno=96, title=title...96, content=content...96, writer=user6)
.BoardRepositoryTests : Board(bno=95, title=title...95, content=content...95, writer=user5)
.BoardRepositoryTests : Board(bno=94, title=title...94, content=content...94, writer=user4)
.BoardRepositoryTests : Board(bno=93, title=title...93, content=content...93, writer=user3)
.BoardRepositoryTests : Board(bno=92, title=title...92, content=content...92, writer=user2)
.BoardRepositoryTests : Board(bno=91, title=title...91, content=content...91, writer=user1)
```

· **쿼리 메소드와 @Query**

쿼리 메소드는 보통 SQL에서 사용하는 키워드와 칼럼들을 같이 결합해서 구성하면 그 자체가 JPA에서 사용하는 쿼리가 되는 기능입니다. 일반적으로는 메소드 이름은 'findBy..' 혹은 'get..'으로 시작하고 칼럼명과 키워드를 결합하는 방식으로 구성합니다(각 키워드의 사용법은 https://bit.ly/spring.io/projects/spring-data-jpa의 문서를 참고하시기 바랍니다.).

인텔리제이 얼티메이트는 자동완성 기능으로 쿼리 메소드를 작성할 수 있는 기능을 지원합니다.

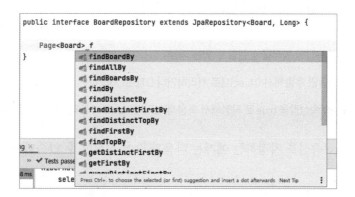

쿼리 메소드는 상당히 매력적인 기능이지만 실제로 사용하려면 상당히 길고 복잡한 메소드를 작성하게 되는 경우가 많습니다. 예를 들어 '제목'에 특정한 '키워드'가 존재하는 게시글들을 bno의 역순으로 정렬해서 가져오고 싶다면 다음과 같이 복잡한 메소드를 생성하게 됩니다.

```
Page<Board> findByTitleContainingOrderByBnoDesc(String keyword, Pageable
pageable);
```

쿼리 메소드는 주로 단순한 쿼리를 작성할 때 사용하고 실제 개발에서는 많이 사용되지 않습니다.

쿼리 메소드와 유사하게 별도의 처리 없이 @Query로 JPQL을 이용할 수 있습니다. @Query 어노테이션의 value로 작성하는 문자열을 JPQL이라고 하는데 SQL과 유사하게 JPA에서 사용하는 쿼리 언어(query language)라고 생각하면 됩니다. JPA는 데이터베이스에 독립적으로 개발이 가능하므로 특정한 데이터베이스에서만 동작하는 SQL 대신에 JPA에 맞게 사용하는 JPQL을 이용하는 것입니다.

JPQL은 테이블 대신에 엔티티 타입을 이용하고 칼럼 대신에 엔티티의 속성을 이용해서 작성됩니다. JPQL은 SQL을 대신하는 용도로 사용하기 때문에 SQL에 존재하는 여러 키워드나 기능들이 거의 유사하게 제공됩니다.

앞선 쿼리 메소드에 @Query를 이용한다면 다음과 같이 작성됩니다.

```
@Query("select b from Board b where b.title like concat('%',:keyword,'%')")
Page<Board> findKeyword(String keyword, Pageable pageable);
```

작성된 JPQL을 보면 SQL과 상당히 유사하다는 것을 알 수 있습니다.

@Query를 이용하면 크게 쿼리 메소드가 할 수 없는 몇 가지 기능을 할 수 있습니다.

- 조인과 같이 복잡한 쿼리를 실행할 수 있는 기능
- 원하는 속성들만 추출해서 Object[]로 처리하거나 DTO로 처리하는 기능
- nativeQuery 속성값을 true로 지정해서 특정 데이터베이스에서 동작하는 SQL을 사용하는 기능

이 중에서 native 속성을 지정하는 예제는 다음과 같이 작성할 수 있습니다.

```
@Query(value = "select now()", nativeQuery = true)
String getTime();
```

Querydsl을 이용한 동적 쿼리 처리

데이터베이스를 이용해야 할 때 JPA나 JPQL을 이용하면 SQL을 작성하거나 쿼리를 처리하는 소스 부분이 줄어들기 때문에 무척 편리하지만 어노테이션을 이용해서 지정하기 때문에 고정된 형태라는 단점이 있습니다.

예를 들어 Board의 경우 '검색'이라는 기능이 필요한데 '제목/내용/작성자'와 같은 단일 조건으로 검색되는 경우도 있지만 '제목과 내용, 제목과 작성자'와 같이 복합적인 검색 조건이 생길 수 있습니다. 만일 여러 종류의 속성들이 존재한다면 모든 경우의 수를 별도의 메소드로 작성하는 일이 더 어려울 수 있습니다.

이러한 문제의 근본 원인은 JPQL이 정적으로 고정되기 때문입니다. JPQL은 코드를 통해서 생성해야 하는데 이 문제를 해결하기 위해 다양한 방법들이 존재하지만 국내에서 가장 많이 사용되는 방식은 Querydsl입니다.

엄밀하게 말하면 Querydsl은 JPA의 구현체인 Hibernate 프레임워크가 사용하는 HQL(Hibernate Query Language)을 동적으로 생성할 수 있는 프레임워크지만 JPA를 지원하고 있습니다. Querydsl을 이용하면 자바 코드를 이용하기 때문에 타입의 안정성을 유지한 상태에서 원하는 쿼리를 작성할 수 있습니다.

Querydsl을 이용하기 위해서는 Q도메인이라는 존재가 필요한데 Q도메인은 Querydsl의 설정을 통해서 기존의 엔티티 클래스를 Querydsl에서 사용하기 위해서 별도의 코드로 생성하는 클래스입니다.

Querydsl을 사용하기 위한 프로젝트 설정 변경

Querydsl을 이용하기 위해서는 build.gradle 설정을 변경해 줄 필요가 있습니다.

build.gradle의 상단에 다음과 같은 부분을 추가합니다. buildscript는 Gradle이 특정 task를 실행할 때 사용하는 설정으로

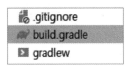

Querydsl의 버전을 지정합니다.

build.gradle 파일의 상단에는 buildscript 부분을 추가합니다.

```
buildscript {
    ext {
        queryDslVersion = "5.0.0"
    }
}
```

buidl.gradle의 dependencies 부분에는 Querydsl 관련 라이브러리들을 추가합니다.

```
dependencies {
    ...생략...

    implementation "com.querydsl:querydsl-jpa:${queryDslVersion}"

    annotationProcessor(

            "javax.persistence:javax.persistence-api",

            "javax.annotation:javax.annotation-api",

            "com.querydsl:querydsl-apt:${queryDslVersion}:jpa")

}
```

마지막으로 build.gradle의 마지막 부분에 sourceSets를 지정합니다.

```
sourceSets {
    main {
        java {
            srcDirs = ["$projectDir/src/main/java", "$projectDir/build/generated"]
        }
    }
}
```

· Querydsl의 설정 확인

Querydsl의 설정이 올바르게 되었는지를 확인하는 방법은 Q도메인 클래스가 정상적으로 만들어지는지 확인하는 것입니다.

프로젝트 내에 Gradle 메뉴를 열어서 'other' 부분을 살펴보면 compileJava task가 존재하는데 이를 실행합니다.

compileJava가 실행되면 build 폴더에 QBoard 클래스가 생성되는 것을 볼 수 있습니다.

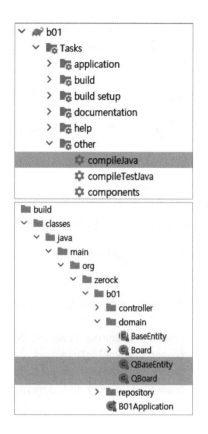

> **Tip** 좀 더 안전하게 하려면 build 부분의 clean을 먼저 실행하고 compileJava를 실행합니다. clean을 실행하면 build 폴더 자체가 지워지게 됩니다.

기존의 Repository와 Querydsl 연동하기

Querydsl을 기존 코드에 연동하기 위해서는 다음과 같은 과정으로 작성합니다.

- Querydsl을 이용할 인터페이스 선언
- '인터페이스 이름 + Impl'이라는 이름으로 클래스를 선언 - 이때 QuerydslRepositorySupport라는 부모 클래스를 지정하고 인터페이스를 구현
- 기존의 Repository에는 부모 인터페이스로 Querydsl을 위한 인터페이스를 지정

repository 패키지에 search 하위 패키지를 추가하고 BoardSearch라는 인터페이스를 선언해봅니다.

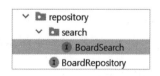

BoardSearch에는 단순히 페이지 처리 기능만을 선언해 봅니다.

```
package org.zerock.b01.repository.search;
```

```
import org.springframework.data.domain.Page;
import org.springframework.data.domain.Pageable;
import org.zerock.b01.domain.Board;

public interface BoardSearch {

    Page<Board> search1(Pageable pageable);

}
```

실제 구현 클래스는 반드시 '인터페이스 이름 + Impl'
로 작성합니다. 파일의 이름이 틀린 경우 제대로 동작하
지 않으므로 주의해야 합니다.

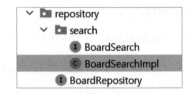

```
package org.zerock.b01.repository.search;

import org.springframework.data.domain.Page;
import org.springframework.data.domain.Pageable;
import org.springframework.data.jpa.repository.support.QuerydslRepositorySupport;
import org.zerock.b01.domain.Board;

public class BoardSearchImpl extends QuerydslRepositorySupport implements
BoardSearch {

    public BoardSearchImpl(){
        super(Board.class);
    }

    @Override
    public Page<Board> search1(Pageable pageable) {
        return null;
    }
}
```

마지막으로 기존의 BoardRepository의 선언부에 BoardSearch 인터페이스를 추가로 지
정합니다.

```
package org.zerock.b01.repository;

import org.springframework.data.jpa.repository.JpaRepository;
import org.springframework.data.jpa.repository.Query;
```

```java
import org.zerock.b01.domain.Board;
import org.zerock.b01.repository.search.BoardSearch;

public interface BoardRepository extends JpaRepository<Board, Long>, BoardSearch {

    @Query(value = "select now()", nativeQuery = true)
    String getTime();
}
```

· Q도메인을 이용한 쿼리 작성 및 테스트

Querydsl의 목적은 '타입' 기반으로 '코드'를 이용해서 JPQL 쿼리를 생성하고 실행하는 것입니다. 이때 코드를 만드는 대신 클래스가 Q도메인 클래스입니다.

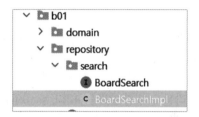

작성된 BoardSearchImpl에서 Q도메인을 이용하는 코드를 시작해 봅니다.

```java
package org.zerock.b01.repository.search;

import com.querydsl.jpa.JPQLQuery;
import org.springframework.data.domain.Page;
import org.springframework.data.domain.Pageable;
import org.springframework.data.jpa.repository.support.QuerydslRepositorySupport;
import org.zerock.b01.domain.Board;
import org.zerock.b01.domain.QBoard;

public class BoardSearchImpl extends QuerydslRepositorySupport implements
BoardSearch {

    public BoardSearchImpl(){
        super(Board.class);
    }

    @Override
    public Page<Board> search1(Pageable pageable) {

        QBoard board = QBoard.board; //Q도메인 객체

        JPQLQuery<Board> query = from(board); // select.. from board

        query.where(board.title.contains("1")); // where title like ...
```

```
        return null;
    }
}
```

search1( )은 아직 완성된 코드는 아니지만 간단하게 Q도메인을 어떻게 사용하고 JPQL-Query라는 타입을 어떻게 사용하는지 보여줍니다.

JPQLQuery는 @Query로 작성했던 JPQL을 코드를 통해서 생성할 수 있게 합니다. 이를 통해서 where나 group by 혹은 조인 처리 등이 가능합니다.

JPQLQuery의 실행은 fetch( )라는 기능을 이용하고, fetchCount( )를 이용하면 count 쿼리를 실행할 수 있습니다. search1( ) 코드에 이를 반영해 봅니다.

```
@Override
public Page<Board> search1(Pageable pageable) {

    QBoard board = QBoard.board;

    JPQLQuery<Board> query = from(board);

    query.where(board.title.contains("1"));

    List<Board> list = query.fetch();

    long count = query.fetchCount();

    return null;
}
```

아직은 null을 반환하지만 Querydsl을 이용해서 코드를 통한 JPQL을 작성해 보았으므로 BoardRepositoryTests 클래스에 테스트 코드를 통해서 확인하도록 합니다.

```
@Test
public void testSearch1() {

    //2 page order by bno desc
    Pageable pageable = PageRequest.of(1,10, Sort.by("bno").descending());

    boardRepository.search1(pageable);

}
```

search1( )이 실행되면 'title like …'가 처리된 쿼리들이 실행되는 것을 볼 수 있습니다.

```
select
    board0_.bno as bno1_0_,
    board0_.moddate as moddate2_0_,
    board0_.regdate as regdate3_0_,
    board0_.content as content4_0_,
    board0_.title as title5_0_,
    board0_.writer as writer6_0_
from
    board board0_
where
    board0_.title like ? escape '!'
```

```
select
    count(board0_.bno) as col_0_0_
from
    board board0_
where
    board0_.title like ? escape '!'
```

· Querydsl로 Pageable 처리 하기

Querydsl의 실행 시에 Pageable을 처리하는 방법은 BoardSearchImpl이 상속한 Querydsl-RepositorySupport라는 클래스의 기능을 이용합니다. search1( )의 코드 중간에 getQuerydsl( )과 applyPagination( )을 다음과 같이 적용합니다.

```
query.where(board.title.contains("1"));

//paging
this.getQuerydsl().applyPagination(pageable, query);

List<Board> list = query.fetch();

long count = query.fetchCount();
```

applyPagination( )이 적용된 후에 실행되는 쿼리의 마지막에는 MariaDB가 페이징 처리에 사용하는 MariaDB가 페이징 처리에 사용하는 'limit'가 적용되는 것을 볼 수 있습니다.

```
select
    board0_.bno as bno1_0_,
    board0_.moddate as moddate2_0_,
    board0_.regdate as regdate3_0_,
    board0_.content as content4_0_,
    board0_.title as title5_0_,
    board0_.writer as writer6_0_
from
    board board0_
where
    board0_.title like ? escape '!'
order by
    board0_.bno desc limit ?,
    ?
```

Querydsl로 검색 조건과 목록 처리

게시물에서 다양한 검색 조건이 있다면 이를 Querydsl을 이용해서 원하는 JPQL을 생성하고 실행할 수 있습니다.

검색의 경우 '제목(t), 내용(c), 작성자(w)'의 조합을 통해서 이루어진다고 가정하고 이를 페이징 처리와 함께 동작하도록 구성합니다.

· BooleanBuilder

예를 들어 '제목이나 내용'에 특정한 키워드(keyword)'가 존재하고 bno가 0보다 큰 데이터를 찾는다면 SQL에서는 다음과 같이 작성하게 됩니다.

```
select
        *
from
      board
where
    (title like concat('%','1','%')
    or
     content like concat('%','1','%'))

order by bno desc;
```

where 조건에 and와 or이 섞여 있을 때는 연산자의 우선 순위가 다르기 때문에 or 조건은 '( )'로 묶어서 하나의 단위를 만들어 주는 것이 좋습니다.

Querydsl을 이용할 때 '( )'가 필요한 상황이라면 BooleanBuilder를 이용해서 작성할수 있습니다.

```java
JPQLQuery<Board> query = from(board);

BooleanBuilder booleanBuilder = new BooleanBuilder(); // (

booleanBuilder.or(board.title.contains("11")); // title like ...

booleanBuilder.or(board.content.contains("11")); // content like ....

query.where(booleanBuilder);
query.where(board.bno.gt(0L));
```

앞의 코드에는 '제목 혹은(or) 내용'에 대한 처리를 BooleanBuilder에 or( )를 이용해서 추가하고 있고, 'bno가 0보다 큰' 조건은 바로 JPQLQuery 객체에 적용하고 있습니다. 앞의 코드를 실행하게 되면 다음과 같은 쿼리문이 실행되는데 '( )'가 생성되어서 or 조건들을 하나로 묶어서 처리하는 것을 볼 수 있습니다.

```
where
    (
        board0_.title like ? escape '!'
        or board0_.content like ? escape '!'
    )
    and board0_.bno>?
```

· **검색을 위한 메소드 선언과 테스트**

검색을 위해서는 적어도 검색 조건들과 키워드가 필요하므로 이를 types와 keyword로 칭하고 types은 여러 조건의 조합이 가능하도록 처리하는 메소드를 BoardSearch에 추가해 봅니다.

```
public interface BoardSearch {

    Page<Board> search1(Pageable pageable);

    Page<Board> searchAll(String[] types, String keyword, Pageable pageable);
}
```

BoardSearchImpl에서 searchAll의 반복문과 제어문을 이용한 처리가 가능합니다.

검색 조건을 의미하는 types는 '제목(t), 내용(c), 작성자(w)'로 구성된다고 가정하고 이를 반영해서 다음과 같은 코드를 작성합니다.

```
@Override
public Page<Board> searchAll(String[] types, String keyword, Pageable pageable) {

    QBoard board = QBoard.board;
    JPQLQuery<Board> query = from(board);

    if( (types != null && types.length > 0) && keyword != null ){ //검색 조건과 키워드가
                                                                        있다면

        BooleanBuilder booleanBuilder = new BooleanBuilder(); // (

        for(String type: types){

            switch (type){
                case "t":
                    booleanBuilder.or(board.title.contains(keyword));
                    break;
                case "c":
                    booleanBuilder.or(board.content.contains(keyword));
                    break;
                case "w":
                    booleanBuilder.or(board.writer.contains(keyword));
                    break;
            }
        }//end for
        query.where(booleanBuilder);
    }//end if

    //bno > 0
    query.where(board.bno.gt(0L));

    //paging
```

```
        this.getQuerydsl().applyPagination(pageable, query);

        List<Board> list = query.fetch();

        long count = query.fetchCount();

        return null;
}
```

아직 리턴 값은 null로 지정되어 있으므로 결과
는 반환되지 않지만 테스트 코드를 작성해서 원하
는 쿼리문이 실행되는지는 확인 가능합니다.

```
@Test
public void testSearchAll() {

    String[] types = {"t","c","w"};

    String keyword = "1";

    Pageable pageable = PageRequest.of(0,10, Sort.by("bno").descending());

    Page<Board> result = boardRepository.searchAll(types, keyword, pageable );

}
```

```
select
    board0_.bno as bno1_0_,
    board0_.moddate as moddate2_0_,
    board0_.regdate as regdate3_0_,
    board0_.content as content4_0_,
    board0_.title as title5_0_,
    board0_.writer as writer6_0_
from
    board board0_
where
    (
        board0_.title like ? escape '!'
        or board0_.content like ? escape '!'
        or board0_.writer like ? escape '!'
    )
    and board0_.bno>?
order by
    board0_.bno desc limit ?
```

```
select
    count(board0_.bno) as col_0_0_
from
    board board0_
where
    (
        board0_.title like ? escape '!'
        or board0_.content like ? escape '!'
        or board0_.writer like ? escape '!'
    )
    and board0_.bno>?
```

- **PageImpl을 이용한 Page<T> 반환**

페이징 처리의 최종 결과는 Page<T> 타입을 반환하는 것이므로 Querydsl에서는 이를 직접 처리해야 하는 불편함이 있습니다. Spring Data JPA에서는 이를처리를 위해서 PageImpl이라는 클래스를 제공해서 3 개의 파라미터로 Page<T> 를 생성할 수 있습니다.

- List<T>: 실제 목록 데이터
- Pageable: 페이지 관련 정보를 가진 객체
- long: 전체 개수

BoardSearchImpl 클래스 내 searchAll( )의 마지막 return null 부분에 이를 반영하면 다음과 같습니다.

```
//paging
this.getQuerydsl().applyPagination(pageable, query);

List<Board> list = query.fetch();

long count = query.fetchCount();

return new PageImpl<>(list, pageable, count);
```

BoardRepositoryTests 테스트 코드에서는 페이지 관련된 정보를 추출해 봅니다.

```
@Test
public void testSearchAll2() {

    String[] types = {"t","c","w"};

    String keyword = "1";

    Pageable pageable = PageRequest.of(0,10, Sort.by("bno").descending());

    Page<Board> result = boardRepository.searchAll(types, keyword, pageable );

    //total pages
    log.info(result.getTotalPages());

    //pag size
```

```
        log.info(result.getSize());

        //pageNumber
        log.info(result.getNumber());

        //prev next
        log.info(result.hasPrevious() +": " + result.hasNext());

        result.getContent().forEach(board -> log.info(board));
}
```

```
o.z.b01.repository.BoardRepositoryTests  : 2
o.z.b01.repository.BoardRepositoryTests  : 10
o.z.b01.repository.BoardRepositoryTests  : 0
o.z.b01.repository.BoardRepositoryTests  : false: true
o.z.b01.repository.BoardRepositoryTests  : Board(bno=100, title=update..title 100, content=update content 100, writer=user0)
o.z.b01.repository.BoardRepositoryTests  : Board(bno=91, title=title...91, content=content...91, writer=user1)
o.z.b01.repository.BoardRepositoryTests  : Board(bno=81, title=title...81, content=content...81, writer=user1)
o.z.b01.repository.BoardRepositoryTests  : Board(bno=71, title=title...71, content=content...71, writer=user1)
o.z.b01.repository.BoardRepositoryTests  : Board(bno=61, title=title...61, content=content...61, writer=user1)
o.z.b01.repository.BoardRepositoryTests  : Board(bno=51, title=title...51, content=content...51, writer=user1)
o.z.b01.repository.BoardRepositoryTests  : Board(bno=41, title=title...41, content=content...41, writer=user1)
o.z.b01.repository.BoardRepositoryTests  : Board(bno=31, title=title...31, content=content...31, writer=user1)
o.z.b01.repository.BoardRepositoryTests  : Board(bno=21, title=title...21, content=content...21, writer=user1)
o.z.b01.repository.BoardRepositoryTests  : Board(bno=19, title=title...19, content=content...19, writer=user9)
```

테스트 결과를 보면 키워드 '1'이라는 글자가 있는 총 페이지 수는 2이고, 이전 페이지(prev)는 없지만 다음 페이지(next)는 존재하는 것을 확인할 수 있습니다.

이로서 Querydsl을 이용한 모든 검색과 페이징 처리까지 완료되었습니다. 과거의 JDBC나 MyBatis와 비교하면 엄청난 생산성이 있다는 것을 알 수 있습니다.

게시물 관리 완성하기

이번 절에서는 앞에서 학습한 내용들을 결합해서 게시물 관리 프로젝트를 완성해 봅니다. 내용들은 다음과 같습니다.

- Spring Data JPA를 이용해서 영속 계층 처리
- Thymeleaf를 이용해서 화면 처리
- 스프링 부트를 이용한 컨트롤러와 서비스 처리

서비스 계층과 DTO의 구현

BoardRepository의 모든 메소드는 서비스 계층을 통해서 DTO로 변환되어 처리되도록 구성합니다. 엔티티 객체는 영속 컨텍스트에서 관리되므로 가능하면 많은 계층에서 사용되지 않는 것이 좋습니다.

예제는 서비스 계층에서 엔티티 객체를 DTO로 변환하거나 반대의 작업을 처리하려고 합니다. 이때 ModelMapper를 이용해 보도록 합니다.

ModelMapper 설정

DTO와 엔티티 간의 변환 처리를 간단히 처리하기 위해서 ModelMapper를 이용할 것이므로 build.gradle 파일에 ModelMapper 라이브러리가 존재하는지 우선 확인합니다.

build.gradle의 dependencies 항목 일부에 라이브러리를 추가합니다.

```
dependencies {


    implementation 'org.modelmapper:modelmapper:3.1.0'
}
```

프로젝트에 config 패키지를 구성하고 RootConfig 클래스를 구성합니다.

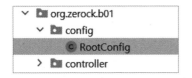

RootConfig에는 @Configuration을 이용해서 해당 클래스가 스프링의 설정 클래스임을 명시하고 ModelMapper를 스프링의 빈으로 설정합니다(@Bean을 이용).

```
package org.zerock.b01.config;


import org.modelmapper.ModelMapper;
import org.modelmapper.convention.MatchingStrategies;
import org.springframework.context.annotation.Bean;
import org.springframework.context.annotation.Configuration;

@Configuration
public class RootConfig {

    @Bean
    public ModelMapper getMapper() {
        ModelMapper modelMapper = new ModelMapper();
        modelMapper.getConfiguration()
                .setFieldMatchingEnabled(true)
                .setFieldAccessLevel(org.modelmapper.config.Configuration.
                                                    AccessLevel.PRIVATE)
                .setMatchingStrategy(MatchingStrategies.LOOSE);

        return modelMapper;
    }
}
```

CRUD 작업 처리

프로젝트에 dto 패키지를 추가하고 dto 패키지에 BoardDTO 클래스를 추가합니다.

```
package org.zerock.b01.dto;

import lombok.AllArgsConstructor;
import lombok.Builder;
import lombok.Data;
```

```
import lombok.NoArgsConstructor;

import java.time.LocalDateTime;

@Data
@Builder
@AllArgsConstructor
@NoArgsConstructor
public class BoardDTO {

    private Long bno;

    private String title;

    private String content;

    private String writer;

    private LocalDateTime regDate;

    private LocalDateTime modDate;
}
```

프로젝트에 service 패키지를 추가하고 BoardService 인
터페이스와 BoardServiceImpl 클래스를 추가합니다.

· **등록 작업 처리**

BoardService 인터페이스에는 register( )를 선언합니다.

```
package org.zerock.b01.service;

import org.zerock.b01.dto.BoardDTO;

public interface BoardService {

    Long register(BoardDTO boardDTO);
}
```

BoardServiceImpl은 ModelMapper와 BoardRepository를 주입받도록 구현합니다.

```
package org.zerock.b01.service;

import lombok.RequiredArgsConstructor;
import lombok.extern.log4j.Log4j2;
import org.modelmapper.ModelMapper;
import org.springframework.stereotype.Service;
import org.zerock.b01.domain.Board;
import org.zerock.b01.dto.BoardDTO;
import org.zerock.b01.repository.BoardRepository;

import javax.transaction.Transactional;


@Service
@Log4j2
@RequiredArgsConstructor
@Transactional
public class BoardServiceImpl implements BoardService{

    private final ModelMapper modelMapper;

    private final BoardRepository boardRepository;

    @Override
    public Long register(BoardDTO boardDTO) {

        Board board = modelMapper.map(boardDTO, Board.class);

        Long bno = boardRepository.save(board).getBno();

        return bno;
    }
}
```

BoardServiceImpl 클래스에는 의존성 주입 외에도 @Transactional 어노테이션을 적용합니다. @Transactional을 적용하면 스프링은 해당 객체를 감싸는 별도의 클래스를 생성해 내는데 간혹 여러 번의 데이터베이스 연결이 있을 수도 있으므로 트랙잭션 처리는 기본으로 적용해 두는 것이 좋습니다.

test 폴더에 service 패키지를 추가하고 Board-ServiceTests 클래스를 추가합니다.

```
package org.zerock.b01.service;

import lombok.extern.log4j.Log4j2;
import org.junit.jupiter.api.Test;
import org.springframework.beans.factory.annotation.Autowired;
import org.springframework.boot.test.context.SpringBootTest;

@SpringBootTest
@Log4j2
public class BoardServiceTests {

    @Autowired
    private BoardService boardService;

    @Test
    public void testRegister() {

        log.info(boardService.getClass().getName());

    }
}
```

BoardServiceTests에는 testRegister( )를 작성해서 등록 기능을 테스트 합니다. 앞의 코드에는 실제 boardService 변수가 가르키는 객체의 클래스명을 출력하는데 실행해 보면 BoardServiceImpl이 나오지 않고 스프링에서 BoardServceImpl을 감싸서 만든 클래스 정보가 출력됩니다.

```
o.zerock.b01.service.BoardServiceTests      : org.zerock.b01.service.BoardServiceImpl$$EnhancerBySpringCGLIB$$da1a6c27
j.LocalContainerEntityManagerFactoryBean : Closing JPA EntityManagerFactory for persistence unit 'default'
```

등록처리의 구현은 다음과 같이 작성합니다. 테스트 코드에서는 insert 문이 동작하는지 확인하고 최종적으로 데이터베이스에서 확인합니다.

```
@Test
public void testRegister() {

    log.info(boardService.getClass().getName());

    BoardDTO boardDTO = BoardDTO.builder()
            .title("Sample Title...")
```

```
            .content("Sample Content...")
            .writer("user00")
            .build();

    Long bno = boardService.register(boardDTO);

    log.info("bno: " + bno);
}
```

```
insert
into
    board
    (moddate, regdate, content, title, writer)
values
    (?, ?, ?, ?, ?)
```

	bno	moddate	regdate	content	title	writer
1	101	2022-03-12 10:53:39.001151	2022-03-12 10:53:39.001151	Sample Content...	Sample Title...	user00
2	100	2022-03-12 00:34:31.716713	2022-03-12 00:27:46.658438	update content 100	update..title 100	user0
3	99	2022-03-12 00:27:46.647434	2022-03-12 00:27:46.647434	content...99	title...99	user9
4	98	2022-03-12 00:27:46.644433	2022-03-12 00:27:46.644433	content...98	title...98	user8
5	97	2022-03-12 00:27:46.641435	2022-03-12 00:27:46.641435	content...97	title...97	user7
6	96	2022-03-12 00:27:46.637435	2022-03-12 00:27:46.637435	content...96	title...96	user6

• 조회 작업 처리

조회 작업 처리는 특정한 게시물의 번호를 이용하므로 BoardService와 BoardServiceImpl에 코드를 추가합니다.

```
public interface BoardService {

    ...

    BoardDTO readOne(Long bno);
}
```

BoardServiceImpl에서는 Optional<>나오는 결과를 처리해 주어야 합니다.

```
public class BoardServiceImpl implements BoardService{

    ...
    @Override
```

```
public BoardDTO readOne(Long bno) {

    Optional<Board> result = boardRepository.findById(bno);

    Board board = result.orElseThrow();

    BoardDTO boardDTO = modelMapper.map(board, BoardDTO.class);

    return boardDTO;
    }
}
```

· 수정 작업 처리

수정 작업은 기존의 엔티티 객체에서 필요한 부분만 변경하도록 작성해야 합니다.

```
public interface BoardService {

    ...

    void modify(BoardDTO boardDTO);
}
```

BoardServiceImpl에서는 Board의 change를 이용해서 필요한 부분만 수정하도록 작성합
니다.

```
@Override
public void modify(BoardDTO boardDTO) {

    Optional<Board> result = boardRepository.findById(boardDTO.getBno());

    Board board = result.orElseThrow();

    board.change(boardDTO.getTitle(), boardDTO.getContent());

    boardRepository.save(board);

}
```

조금이라도 동작 여부가 확실하지 않다면 반드시 테스트 코드를 작성해서 확인하도록 합니다. 테스트할 때는 반드시 실제 데이터베이스에 존재하는

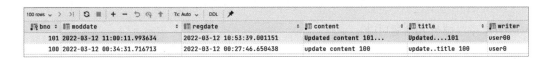

번호를 이용해서 확인하도록 합니다.

```java
@Test
public void testModify() {

    //변경에 필요한 데이터만
    BoardDTO boardDTO = BoardDTO.builder()
            .bno(101L)
            .title("Updated....101")
            .content("Updated content 101...")
            .build();

    boardService.modify(boardDTO);

}
```

정상적으로 update 문이 실행되고 데이터베이스를 확인해서 title,content,moddate 칼럼만 수정되었는지 확인합니다.

bno	moddate	regdate	content	title	writer
101	2022-03-12 11:00:11.993634	2022-03-12 10:53:39.801151	Updated content 101...	Updated....101	user00
100	2022-03-12 00:34:31.716713	2022-03-12 00:27:46.650438	update content 100	update..title 100	user0

• 삭제 작업 처리

삭제 처리에는 게시물의 번호(bno)만이 필요합니다.

```java
public interface BoardService {

    Long register(BoardDTO boardDTO);

    BoardDTO readOne(Long bno);

    void modify(BoardDTO boardDTO);

    void remove(Long bno);
}
```

BoardServiceImpl에서는 JpaRepository의 deleteById( )를 이용해서 처리합니다.

```
@Override
public void remove(Long bno) {

    boardRepository.deleteById(bno);

}
```

목록/검색 처리

목록과 검색 처리는 이전 예제와 같이 PageReq-
uestDTO, PageResponseDTO와 동일한 이름으로
클래스를 작성하고 검색 타입과 키워드를 처리할 수

있도록 구성합니다. 반환되는 타입은 PageResponseDTO를 리턴타입으로 활용합니다.

· PageRequestDTO

PageRequestDTO는 페이징 관련 정보(page/size) 외에 검색의 종류(type)와 키워드(key-
word)를 추가해서 지정합니다.

```
package org.zerock.b01.dto;

import lombok.AllArgsConstructor;
import lombok.Builder;
import lombok.Data;
import lombok.NoArgsConstructor;

@Builder
@Data
@AllArgsConstructor
@NoArgsConstructor
public class PageRequestDTO {

    @Builder.Default
    private int page = 1;

    @Builder.Default
```

```
    private int size = 10;

    private String type; // 검색의 종류t,c, w, tc,tw, twc

    private String keyword;
}
```

검색의 종류는 문자열 하나로 처리해서 나중에 각 문자를 분리하도록 구성합니다.

PageRequestDTO에는 몇 가지 필요한 기능들이 존재합니다. 우선은 현재 검색 조건들을 BoardRepository에서 String[]로 처리하기 때문에 type이라는 문자열을 배열로 반환해 주는 기능이 필요하고, 페이징 처리를 위해서 사용하는 Pageable 타입을 반환하는 기능도 있으면 편리하므로 메소드로 구현합니다.

```
public String[] getTypes(){
    if(type == null || type.isEmpty()){
        return null;
    }
    return type.split("");
}

public Pageable getPageable(String...props) {
    return PageRequest.of(this.page -1, this.size, Sort.by(props).descending());
}
```

마지막으로 검색 조건과 페이징 조건 등을 문자열로 구성하는 getLink( )를 추가합니다.

```
private String link;

public String getLink() {

    if(link == null){
        StringBuilder builder = new StringBuilder();

        builder.append("page=" + this.page);

        builder.append("&size=" + this.size);
```

```
        if(type != null && type.length() > 0){
            builder.append("&type=" + type);
        }

        if(keyword != null){
            try {
                builder.append("&keyword=" + URLEncoder.encode(keyword,"UTF-8"));
            } catch (UnsupportedEncodingException e) {
            }
        }
        link = builder.toString();
    }

    return link;
}
```

- **PageResponseDTO**

PageResponseDTO는 화면에 DTO의 목록과 시작 페이지/끝 페이지 등에 대한 처리를 담당하므로 다음과 같은 내용으로 구성합니다.

```
package org.zerock.b01.dto;

import lombok.Builder;
import lombok.Getter;
import lombok.ToString;

import java.util.List;

@Getter
@ToString
public class PageResponseDTO<E> {

    private int page;
    private int size;
    private int total;

    //시작 페이지 번호
    private int start;
    //끝 페이지 번호
    private int end;

    //이전 페이지의 존재 여부
```

```
        private boolean prev;
        //다음 페이지의 존재 여부
        private boolean next;

        private List<E> dtoList;

        @Builder(builderMethodName = "withAll")
        public PageResponseDTO(PageRequestDTO pageRequestDTO, List<E> dtoList, int
                                                                          total){

            if(total <= 0){
                return;
            }

            this.page = pageRequestDTO.getPage();
            this.size = pageRequestDTO.getSize();

            this.total = total;
            this.dtoList = dtoList;

            this.end =   (int)(Math.ceil(this.page / 10.0 )) *  10;//화면에서의 마지막 번호

            this.start = this.end - 9;//화면에서의 시작 번호

            int last =  (int)(Math.ceil((total/(double)size)));//데이터의 개수를 계산한 마지막
                                                                              페이지 번호

            this.end =  end > last ? last: end;

            this.prev = this.start > 1;

            this.next =  total > this.end * this.size;

        }

}
```

- **BoardService/BoardServiceImpl**

BoardService는 list( )라는 이름으로 목록/검색 기능을 선언합니다.

```
package org.zerock.b01.service;
```

```
import org.zerock.b01.dto.BoardDTO;
import org.zerock.b01.dto.PageRequestDTO;
import org.zerock.b01.dto.PageResponseDTO;

public interface BoardService {

    Long register(BoardDTO boardDTO);

    BoardDTO readOne(Long bno);

    void modify(BoardDTO boardDTO);

    void remove(Long bno);

    PageResponseDTO<BoardDTO> list(PageRequestDTO pageRequestDTO);
}
```

BoardServiceImpl은 우선 BoardRepository를 호출하는 기능부터 다음과 같이 작성합니다.

```
@Override
public PageResponseDTO<BoardDTO> list(PageRequestDTO pageRequestDTO) {

    String[] types = pageRequestDTO.getTypes();
    String keyword = pageRequestDTO.getKeyword();
    Pageable pageable = pageRequestDTO.getPageable("bno");

    Page<Board> result = boardRepository.searchAll(types, keyword, pageable);

    return null;
}
```

작성된 코드의 리턴 값은 null이므로 아직은 정상적으로 동작하지 않는 상태입니다.

Page<Board>는 List<BoardDTO>로 변환될 필요가 있습니다. 이 처리는 뒤에서 한 번에 DTO로 추출하는 기능을 사용하겠지만, 이번 예제에서는 직접 변환하는 코드를 작성해 봅니다.

```
@Override
public PageResponseDTO<BoardDTO> list(PageRequestDTO pageRequestDTO) {

    String[] types = pageRequestDTO.getTypes();
    String keyword = pageRequestDTO.getKeyword();
    Pageable pageable = pageRequestDTO.getPageable("bno");

    Page<Board> result = boardRepository.searchAll(types, keyword, pageable);

    List<BoardDTO> dtoList = result.getContent().stream()
            .map(board -> modelMapper.map(board,BoardDTO.class)).
                                            collect(Collectors.toList());


    return PageResponseDTO.<BoardDTO>withAll()
            .pageRequestDTO(pageRequestDTO)
            .dtoList(dtoList)
            .total((int)result.getTotalElements())
            .build();

}
```

· 테스트 코드로 목록/검색 기능 확인

BoardServiceTests에는 테스트 코드를 작성해
서 페이징 처리나 쿼리문이 정상적으로 동작하는
지를 확인합니다.

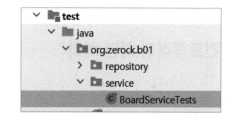

```
@Test
public void testList() {

    PageRequestDTO pageRequestDTO = PageRequestDTO.builder()
            .type("tcw")
            .keyword("1")
            .page(1)
            .size(10)
            .build();

    PageResponseDTO<BoardDTO> responseDTO = boardService.list(pageRequestDTO);

    log.info(responseDTO);

}
```

testList( )에서는 '제목 혹은 내용 혹은 작성자'가 '1'이라는 문자열을 가진 데이터를 검색하고 페이징 처리합니다. testList( )를 실행했을 때 다음과 같은 쿼리들이 실행되는지 확인합니다.

```
select
    board0_.bno as bno1_0_,
    board0_.moddate as moddate2_0_,
    board0_.regdate as regdate3_0_,
    board0_.content as content4_0_,
    board0_.title as title5_0_,
    board0_.writer as writer6_0_
from
    board board0_
where
    (
        board0_.title like ? escape '!'
        or board0_.content like ? escape '!'
        or board0_.writer like ? escape '!'
    )
    and board0_.bno>?
order by
    board0_.bno desc limit ?
```

```
select
    count(board0_.bno) as col_0_0_
from
    board board0_
where
    (
        board0_.title like ? escape '!'
        or board0_.content like ? escape '!'
        or board0_.writer like ? escape '!'
    )
    and board0_.bno>?
```

```
PageResponseDTO(page=1, size=10, total=20, start=1, end=2, prev=false, next=false, dtoList=[BoardDTO(bno=101,
```

컨트롤러와 화면 처리

Board에 대한 컨트롤러는 프로젝트에 controller 패키지를 추가하고 BoardController를 이용해서 처리하도록 구성합니다.

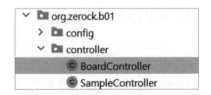

```java
package org.zerock.b01.controller;

import lombok.RequiredArgsConstructor;
import lombok.extern.log4j.Log4j2;
import org.springframework.stereotype.Controller;
import org.springframework.ui.Model;
import org.springframework.web.bind.annotation.GetMapping;
import org.springframework.web.bind.annotation.RequestMapping;
import org.zerock.b01.dto.PageRequestDTO;
import org.zerock.b01.service.BoardService;

@Controller
```

```
@RequestMapping("/board")
@Log4j2
@RequiredArgsConstructor
public class BoardController {

    private final BoardService boardService;

    @GetMapping("/list")
    public void list(PageRequestDTO pageRequestDTO, Model model){

    }

}
```

가장 우선적으로 구현해야 하는 기능은 목록 기능이므로 list( ) 메소드를 추가하고 Pag-
eRequestDTO를 이용해서 페이징 처리와 검색에 이용합니다.

화면 구성을 위한 준비

화면 구성은 Thymeleaf를 이용해서 레이아웃을 적용할 수 있도
록 준비합니다. build.gradle 파일에 Thymeleaf의 레이아웃 관련
라이브러리의 존재 여부를 먼저 확인합니다.

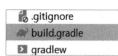

```
dependencies {
    implementation 'org.springframework.boot:spring-boot-starter-data-jpa'
    ...


    implementation 'nz.net.ultraq.thymeleaf:thymeleaf-layout-dialect:3.1.0'

}
```

템플릿 디자인 적용

Thymeleaf에는 레이아웃 기능을 적용할 수 있는 상황이므로 좀 더 본격적인 디자인을 사

용해 보도록 합니다. 예제에서는 부트스트랩의 여러 무료 디자인 템플릿 중에 'Simple Side-bar'를 이용하도록 합니다(https://startbootstrap.com/template/simple-sidebar가 공식 페이지이고 예제에서 사용하는 코드는 https://url.kr/zogpxh 혹은 https://cafe.naver.com/gugucoding/7885에서 내려받을 수 있습니다.).

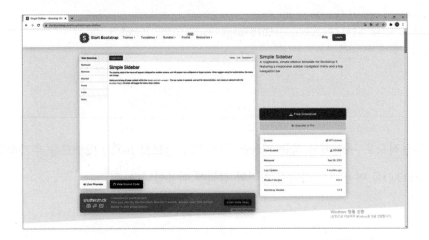

'Simple-Sidebar' 디자인은 무료로 사용할 수 있으므로 내려받은 후에 압축을 해제하고 모든 파일을 프로젝트의 static 폴더에 넣도록 합니다.

프로젝트를 실행하고 브라우저로 'http://local-host:8080'을 실행했을 때 index.html 파일이 실행되는

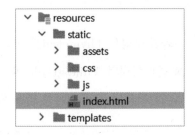

지 확인합니다. 적용한 템플릿은 반응형으로 브라우저의 크기에 따라 다음과 같이 메뉴가 보이거나 가려지도록 설계되어 있습니다.

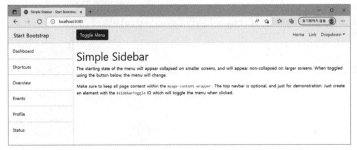

- **Thymeleaf 레이아웃으로 변경하기**

레이아웃을 적용하려면 layout 폴더에 basic.html을 추가하고 index.html 내용을 그대로 복사해서 추가합니다.

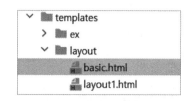

- **레이아웃 적용**

basic.html의 상단에는 Thymeleaf의 네임스페이스들을 추가합니다.

```
<!DOCTYPE html>
<html xmlns:layout="http://www.ultraq.net.nz/thymeleaf/layout"
      xmlns:th="http://www.thymeleaf.org">
<head>
```

\<head\> 태그에는 링크가 존재하므로 이를 Thymeleaf 스타일로 변경합니다. 경로를 '@{/..}'와 같은 형태로 처리합니다('/'로 경로를 시작하는 것을 주의).

```
<head>
  ....
  <link rel="icon" type="image/x-icon" th:href="@{/assets/favicon.ico}" />
  <!-- Core theme CSS (includes Bootstrap)-->
  <link th:href="@{/css/styles.css}" rel="stylesheet" />
</head>
```

파일의 중간(55라인 근처)에 'Page content' 부분에는 layout:fragment를 적용합니다.

```
<!-- Page content-->
<div class="container-fluid" layout:fragment="content">
</div>
```

파일의 마지막 부분에는 자바스크립트를 위한 \<th:block\>을 추가하고 링크를 수정합니다.

```
<!-- Core theme JS-->
<script th:src="@{/js/scripts.js}"></script>

<th:block layout:fragment="script">
```

```
</th:block>
```

• 컨트롤러를 통한 확인

BoardController에는 list( ) 기능을 작성해 두었으므로 이를 활용해서 레이아웃까지 적용
된 화면을 구성해 봅니다.

templates 폴더에 board 폴더를 생성하고 list.html을 추가합
니다.

list.html은 레이아웃 적용여부를 확인할 수 있도록 다음과 같이
작성합니다.

```
<!DOCTYPE html>
<html xmlns:th="http://www.thymeleaf.org"
    xmlns:layout="http://www.ultraq.net.nz/thymeleaf/layout"
    layout:decorate="~{layout/basic.html}">

<div layout:fragment="content">

  <h1>Board List</h1>

</div>

<script layout:fragment="script" th:inline="javascript">

  console.log("script.................")

</script>
```

프로젝트를 실행해서 '/board/list'를 호출했을 때 다음과 같은 모습으로 출력되는지 확인
합니다.

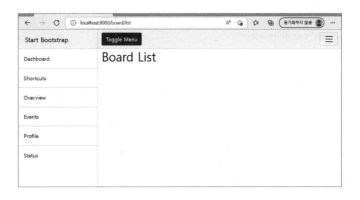

목록 화면 개발

BoardController의 list()를 추가로 개발해서 화면에 목록 데이터를 출력하도록 작성해 봅니다.

```
@GetMapping("/list")
public void list(PageRequestDTO pageRequestDTO, Model model){

    PageResponseDTO<BoardDTO> responseDTO = boardService.list(pageRequestDTO);

    log.info(responseDTO);

    model.addAttribute("responseDTO", responseDTO);
}
```

BoardController의 list( )가 실행되면 PageRequestDTO와 PageResponseDTO 객체가 화면으로 전달되게 됩니다.

화면 상단에는 여러 개의 <div>들을 이용해서 화면 구성을 처리합니다. 실제 내용물은 부트스트랩의 card를 이용하지만 이를 감싸는 여러 개의 <div>를 추가해 줍니다.

```
<div layout:fragment="content">
  <div class="row mt-3">
    <div class="col">
```

```
    <div class="card">
      <div class="card-header">
        Board List
      </div>
      <div class="card-body" >
        <h5 class="card-title">Board List </h5>

        <table class="table">
          <thead>
          <tr>
            <th scope="col">Bno</th>
            <th scope="col">Title</th>
            <th scope="col">Writer</th>
            <th scope="col">RegDate</th>
          </tr>
          </thead>
```

실제 내용물의 출력은 <tbody>를 이용하고 Thymeleaf의 반복문을 이용해서 처리합니다.

```
          <tbody>
          <tr th:each="dto:${responseDTO.dtoList}"  >
            <th scope="row">[[${dto.bno}]]</th>
            <td>
              [[${dto.title}]]
            </td>
            <td>[[${dto.writer}]]</td>
            <td>[[${dto.regDate}]]</td>
          </tr>

          </tbody>
        </table>

      </div><!--end card body-->
    </div><!--end card-->
  </div><!-- end col-->
  </div><!-- end row-->
</div>


<script layout:fragment="script" th:inline="javascript">

  console.log("script................")

</script>
```

브라우저로 '/board/list'를 실행해 보면 다음과 같이 목록이 출력되는 것을 확인할 수 있습니다.

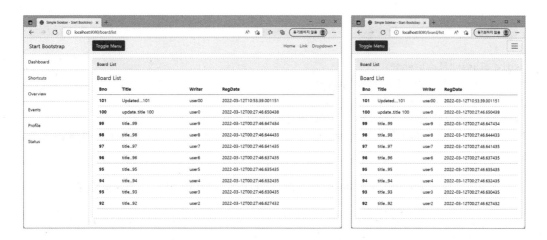

· 날짜 포맷팅 처리

앞의 화면을 보면 등록일(regDate)이 너무 길고 상세하게 나오는 것을 볼 수 있습니다. 이 부분은 Thymeleaf의 #temporals라는 유틸리티 객체를 이용해서 처리합니다.

```
<tr th:each="dto:${responseDTO.dtoList}"  >
  ...
  <td>[[${#temporals.format(dto.regDate, 'yyyy-MM-dd')}]]</td>
</tr>
```

#temporals가 적용되면 다음과 같은 모습으로 포맷팅 처리됩니다.

101	Updated....101	user00	2022-03-12
100	update..title 100	user0	2022-03-12
99	title...99	user9	2022-03-12
98	title...98	user8	2022-03-12

· 페이지 목록의 출력

<table> 태그가 끝나는 부분과 이어지게 <div>를 구성해서 페이지 번호들을 화면에 출력

하게 합니다. PageResponseDTO는 시작 번호(start)와 끝 번호(end)만을 가지고 있으므로 특정 범위의 숫자를 만들기 위해서 Thymeleaf의 numbers를 이용합니다.

```
</table>

<div class="float-end">
  <ul class="pagination flex-wrap">

    <li class="page-item" th:if="${responseDTO.prev}">
      <a class="page-link" th:data-num="${responseDTO.start -1}">Previous</a>
    </li>

    <th:block th:each="i: ${#numbers.sequence(responseDTO.start, responseDTO.
                                                                         end)}">
      <li th:class="${responseDTO.page == i}?'page-item active':'page-item'" >
        <a class="page-link"  th:data-num="${i}">[[${i}]]</a>
      </li>
    </th:block>

    <li class="page-item" th:if="${responseDTO.next}">
      <a class="page-link"  th:data-num="${responseDTO.end + 1}">Next</a>
    </li>
  </ul>
</div>
```

코드에서 중요한 부분은 #numbers.sequence( )로 특정한 범위의 연속된 숫자를 만드는 부분과 <a> 태그에 'data-num'이라는 속성으로 페이지 번호를 처리하는 부분입니다.

브라우저에는 목록 아래에 페이지 번호들이 출력되는 것을 확인할 수 있습니다.

| 93 | title...93 | user3 | 2022-03-12 |
| 92 | title...92 | user2 | 2022-03-12 |

| 1 | 2 | 3 | 4 | 5 | 6 | 7 | 8 | 9 | 10 |

브라우저에는 직접 URL을 변경하는 방식으로 '/board/list?page=4'와 같이 페이지 번호를 쿼리 스트링으로 추가해서 페이지가 변경되는 것을 확인할 수 있습니다.

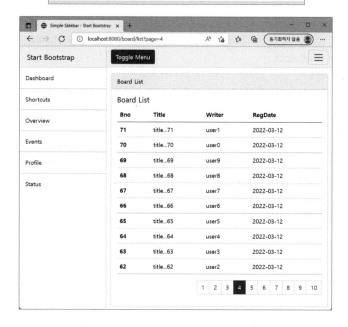

localhost:8080/board/list?page=4

· 검색 화면 추가

list.html 페이지에는 검색이 이루어질 수 있도록 <table> 위에 별도의 card 영역을 만들어서 검색 조건을 선택할 수 있도록 구성합니다. 검색 조건은 페이지 이동과 함께 처리될 수 있도록 <form> 태그로 감싸서 처리합니다.

```
<!--레이아웃용-->
  <div layout:fragment="content">

    <div class="row mt-3">
      <form action="/board/list" method="get">
      <div class="col">
          <input type="hidden" name="size" th:value="${pageRequestDTO.size}">
          <div class="input-group">
            <div class="input-group-prepend">
              <select class="form-select" name="type">
                <option value="">---</option>
<option value="t" th:selected="${pageRequestDTO.type =='t'}">제목</option>
                <option value="c" th:selected="${pageRequestDTO.type =='c'}">
                                                                내용</option>
                <option value="w" th:selected="${pageRequestDTO.type =='w'}">
```

```
                                                            작성자</option>
            <option value="tc" th:selected="${pageRequestDTO.type
                                    =='tc'}">제목 내용</option>
            <option value="tcw" th:selected="${pageRequestDTO.type
                                    =='tcw'}">제목 내용 작성자</option>
        </select>
      </div>
      <input type="text" class="form-control" name="keyword"
                            th:value="${pageRequestDTO.keyword}">
      <div class="input-group-append">
        <button class="btn btn-outline-secondary searchBtn"
                                    type="submit">Search</button>
        <button class="btn btn-outline-secondary clearBtn"
                                    type="button">Clear</button>
      </div>
    </div>
  </div>
  </form>
</div>
```

앞의 코드가 추가되면 화면 위에는 검색 조건을 선택할 수 있는 화면이 나오게 됩니다.

앞의 코드가 반영된 후에 브라우저에는 '/board/list' 뒤에 type과 keyword를 지정하면 화면에서 검색 항목과 키워드 부분으로 처리되는 것을 볼 수 있습니다.

실제 결과 데이터들도 정상적으로 출력되고 페이징 처리까지 완료되는 것을 확인할 수 있습니다. 다음 그림의 결과는 '제목'에 '1'이 포함된 게시물이 2페이지까지 있음을 알 수 있습

니다.

- **이벤트 처리**

페이지 번호를 클릭하거나 검색/필터링 조건을 눌렀을 때 이벤트 처리를 추가해 봅니다.
처리 방식은 다음과 같습니다.

- 페이지 번호를 클릭하면 검색 창에 있는 <form> 태그에 <input type='hidden'>으로 page를 추가한 후에 submit
- [Clear] 버튼을 누르면 검색 조건 없이 '/board/list' 호출

과거에는 JSP에서 자바스크립트의 문자열을 템플릿으로 적용하고자 EL과 구분하기 위해 '₩${ }'와 같은 방식을 이용했지만, Thymeleaf는 '₩' 없이 적용한다는 점을 제외하면 기존의 코드를 그대로 사용할 수 있습니다.

list.html의 마지막 부분에 <script> 영역은 다음과 같이 작성됩니다.

```
<script layout:fragment="script" th:inline="javascript">

document.querySelector(".pagination").addEventListener("click", function (e) {
    e.preventDefault()
    e.stopPropagation()
```

```
    const target = e.target

    if(target.tagName !== 'A') {
    return
    }

    const num = target.getAttribute("data-num")

    const formObj = document.querySelector("form")

    formObj.innerHTML += `<input type='hidden' name='page' value='${num}'>`

    formObj.submit();

},false)

document.querySelector(".clearBtn").addEventListener("click", function (e){
    e.preventDefault()
    e.stopPropagation()

    self.location ='/board/list'

},false)

</script>
```

브라우저로 페이지 이동과 검색 조건 초기화 등이 정상적으로 동작하는지 확인합니다.

http://localhost:8080/board/list

http://localhost:8080/board/list?size=10&type=tc&keyword=1

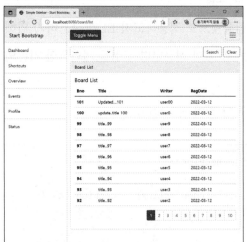

등록 처리와 화면 개발

등록 처리 시에는 @Valid를 이용해서 서버에서도 검증한 후에 등록하는 방식을 적용해 보도록 합니다.

@Valid를 위해서 build.gradle에 validation 관련 라이브러리를 추가합니다.

```
dependencies {
    ...

    implementation 'org.springframework.boot:spring-boot-starter-validation'

}
```

BoardDTO에는 제목이나 내용, 작성자 등이 비어 있지 않도록 어노테이션들을 처리합니다.

```
package org.zerock.b01.dto;

import lombok.AllArgsConstructor;
import lombok.Builder;
import lombok.Data;
import lombok.NoArgsConstructor;

import javax.validation.constraints.NotEmpty;
import javax.validation.constraints.Size;
import java.time.LocalDateTime;

@Data
@Builder
@AllArgsConstructor
@NoArgsConstructor
public class BoardDTO {

    private Long bno;

    @NotEmpty
    @Size(min = 3, max = 100)
    private String title;
```

```
    @NotEmpty
    private String content;

    @NotEmpty
    private String writer;

    private LocalDateTime regDate;

    private LocalDateTime modDate;
}
```

- **BoardController 처리**

등록 처리는 GET 방식으로 화면을 보고 POST 방식으로 처리하게 됩니다.

BoardController에 메소드들을 추가하면 다음과 같습니다.

```
@GetMapping("/register")
public void registerGET(){

}

@PostMapping("/register")
public String registerPost(@Valid BoardDTO boardDTO, BindingResult bindingResult,
RedirectAttributes redirectAttributes){

    log.info("board POST register.......");

    if(bindingResult.hasErrors()) {
        log.info("has errors.......");
        redirectAttributes.addFlashAttribute("errors", bindingResult.
                                                          getAllErrors() );
        return "redirect:/board/register";
    }

    log.info(boardDTO);

    Long bno  = boardService.register(boardDTO);

    redirectAttributes.addFlashAttribute("result", bno);

    return "redirect:/board/list";
}
```

실제 POST 방식으로 처리할 때 눈여겨 봐야하는 부분은 @Valid에서 문제가 발생했을 때 모든 에러를 'errors'라는 이름으로 RedirectAtrributes에 추가해서 전송하는 부분입니다.

• register.html처리

templates/board 폴더에는 register.html을 추가합니다.

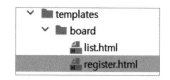

```html
<!DOCTYPE html>
<html xmlns:th="http://www.thymeleaf.org"
    xmlns:layout="http://www.ultraq.net.nz/thymeleaf/layout"
    layout:decorate="~{layout/basic.html}">

<head>
    <title>Board Register</title>
</head>

<div layout:fragment="content">
    <div class="row mt-3">
        <div class="col">
            <div class="card">
                <div class="card-header">
                    Board Register
                </div>
                <div class="card-body">



                </div><!--end card body-->
            </div><!--end card-->
        </div><!-- end col-->
    </div><!-- end row-->
</div>


<script layout:fragment="script" th:inline="javascript">


</script>
```

아직은 <form> 태그의 입력 부분은 나오지 않았지만 화면이 정상적으로 작동하는지는 브
라우저를 통해서 확인할 수 있습니다.

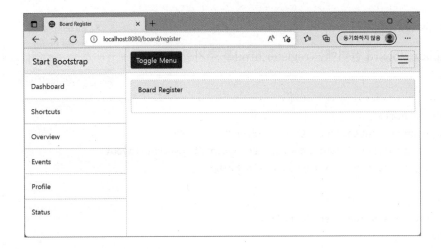

<div class="card-body"> 부분에는 <form> 태그를 이용해서 입력할 수 있는 부분들을 추
가합니다. 게시물 등록에는 제목(title), 내용(content), 작성자(writer)가 추가됩니다.

```
<div class="card-body">
    <form action="/board/register" method="post">
        <div class="input-group mb-3">
            <span class="input-group-text">Title</span>
            <input type="text" name="title" class="form-control"
                                                        placeholder="Title">
        </div>

        <div class="input-group mb-3">
            <span class="input-group-text">Content</span>
            <textarea class="form-control col-sm-5" rows="5" name="content"></
                                                                    textarea>
        </div>

        <div class="input-group mb-3">
            <span class="input-group-text">Writer</span>
            <input type="text" name="writer" class="form-control"
                                                        placeholder="Writer">

        </div>

        <div class="my-4">
```

```
            <div class="float-end">
                <button type="submit" class="btn btn-primary">Submit</button>
                <button type="reset" class="btn btn-secondary">Reset</button>
            </div>
        </div>
    </form>
</div><!--end card body-->
```

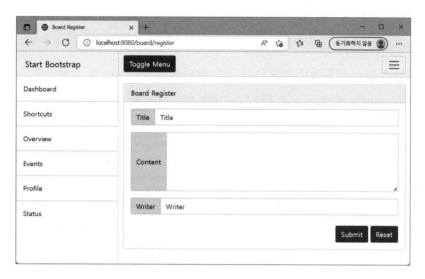

· @Valid의 에러 메시지 처리

등록은 @Valid를 통해서 검증하므로 검증에 실패하면 다시 앞의 화면으로 이동하게 됩니
다. 이때 addFlashAttribute( )를 통해서 'errors'라는 이름으로 에러 메시지들이 전송됩니
다. 이를 자바스크립트로 처리하면 다음과 같습니다.

```
<script layout:fragment="script" th:inline="javascript">

    const errors = [[${errors}]]
    console.log(errors)

    let errorMsg = ''

    if(errors){
        for (let i = 0; i < errors.length; i++) {
            errorMsg += `${errors[i].field}은(는) ${errors[i].code} \n`
        }
        alert(errorMsg)
```

```
        }

</script>
```

Thymeleaf의 인라인 기능을 이용하면 'errors'를 자바스크립트의 배열로 처리할 수 있기 때문에 이를 이용해서 앞의 메시지를 작성할 수 있습니다(예제에서는 경고창을 띄우지만 다양한 형태의 응용이 가능합니다.)

브라우저를 통해서 아무것도 입력하지 않은 상태에서 [submit]이 실행되면 다음 그림과 같이 경고창이 보여지게 되고, 콘솔창에는 배열로 만들어진 에러 메시지를 출력하게 됩니다.

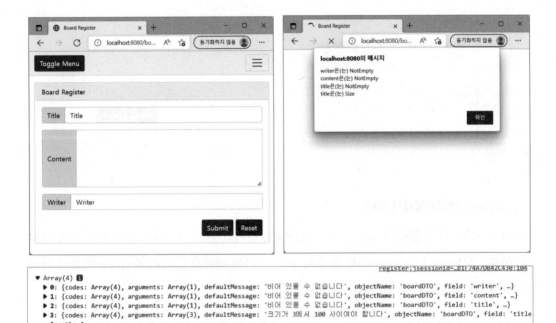

필요하다면 자바스크립트의 errors 변수를 이용해서 개발자가 원하는 방향으로 에러 처리가 가능합니다.

• 정상적인 처리와 모달창

등록 화면에서 필요한 내용들이 추가되면 정상적으로 '/board/list'로 이동하는 것을 확인할 수 있습니다.

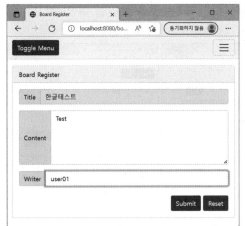
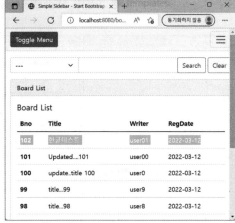

목록 화면으로 이동했을 때 BoardController에서 RedirectAttributes의 addFlashAttri-
bute( )를 이용해서 'result'라는 데이터를 추가적으로 전달했습니다.

addFlashAttribute( )로 전달된 데이터는 쿼리 스트링으로 처리되지 않기 때문에 브라우
저의 경로에는 보이지 않게 됩니다. 이때문에 일회성으로 데이터를 전송할 때 사용합니다.

list.html에서는 이렇게 전달된 result 변수를 이용해서 모달창을 처리해 보도록 합니다.

우선은 result 변수를 사용해서 경고창부터 확인합니다.
list.html의 <script> 태그의 마지막 부분에 다음과 같은 코드
를 추가합니다.

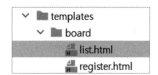

```
<script layout:fragment="script" th:inline="javascript">

  ...생략...

  //show modal
  const result = [[${result}]]

  if(result){
    alert(result)
  }

</script>
```

정상적으로 등록되면 경고창이 보인 후에 목록이 출력되는 것을 확인할 수 있습니다.

경고창이 동작하는 것을 확인했다면 모달창을 추가해 봅니다. 모달창의 코드는 부트스트랩의 Components 메뉴를 통해서 확인합니다.

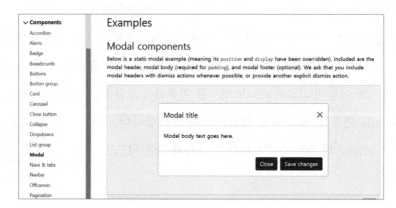

*https://getbootstrap.com/docs/5.1/components/modal/

list.html에 모달창 코드를 추가합니다. 모달창은 화면에 보이지 않기 때문에 위치는 그다지 중요하지 않습니다만 템플릿 처리 안에 존재해야만 하기 때문에 예제의 경우 layout:fragment="content"인 <div> 마지막 부근에 다음과 같은 코드를 추가합니다.

```
</div><!--end card body-->
    </div><!--end card-->
    </div><!-- end col-->
    </div><!-- end row-->

    <div class="modal" tabindex="-1">
        <div class="modal-dialog">
            <div class="modal-content">
                <div class="modal-header">
```

```
            <h5 class="modal-title">Modal title</h5>
            <button type="button" class="btn-close" data-bs-
                        dismiss="modal" aria-label="Close"></button>
        </div>
        <div class="modal-body">
            <p>Modal body text goes here.</p>
        </div>
        <div class="modal-footer">
            <button type="button" class="btn btn-secondary" data-bs-
                                dismiss="modal">Close</button>
            <button type="button" class="btn btn-primary">Save changes</
                                                            button>
        </div>
    </div>
  </div>
</div>


</div><!-- end layout fragment -->
```

자바스크립트에서는 부트스트랩의 함수를 이용해서 모달창을 보이도록 처리합니다.

```
//show modal
const result = [[${result}]]

const modal = new bootstrap.Modal(document.querySelector(".modal"))



if(result){
    modal.show()
}
```

변경된 코드가 적용되면 등록 후에는 모달창이 보이게 되고, 직접 '/board/list'로 접근할 때는 모달창이 보이지 않게 됩니다. 이를 이용해서 사용자에게 어떠한 처리가 완료되었는지에 대한 결과를 알려줄 수 있습니다.

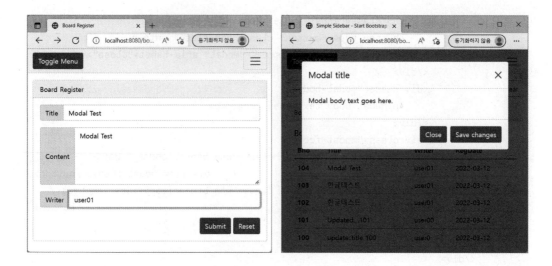

조회 처리와 화면 개발

BoardController에 특정한 번호의 게시물을 조회하는 기능을 추가합니다. 조회할 때는 PageRequestDTO를 같이 활용해서 나중에 목록 화면으로 이동이 가능하도록 구성합니다.

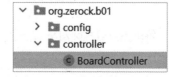

```java
@GetMapping("/read")
public void read(Long bno, PageRequestDTO pageRequestDTO, Model model){

    BoardDTO boardDTO = boardService.readOne(bno);

    log.info(boardDTO);

    model.addAttribute("dto", boardDTO);

}
```

templates의 board 폴더에는 read.html을 구성합니다.

read.html은 register.html과 유사하지만 <form> 태그 없이 읽기 전용으로 구성되는 부분이나 버튼에 추가적인 기능들이 붙는 점이 다릅니다.

```html
<!DOCTYPE html>
<html xmlns:th="http://www.thymeleaf.org"
      xmlns:layout="http://www.ultraq.net.nz/thymeleaf/layout"
      layout:decorate="~{layout/basic.html}">

<head>
    <title>Board Read</title>
</head>

<div layout:fragment="content">
    <div class="row mt-3">
        <div class="col">
            <div class="card">
                <div class="card-header">
                    Board Read
                </div>
                <div class="card-body">


                </div><!--end card body-->

            </div><!--end card-->
        </div><!-- end col-->
    </div><!-- end row-->
</div>

<script layout:fragment="script" th:inline="javascript">


</script>
```

브라우저에서는 '/board/read?bno=103'과 같이 존재하는 번호로 조회해 봅니다.

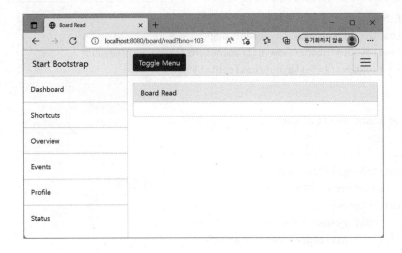

BoardController에서 Model에 'dto'라는 이름으로 전달되는 BoardDTO를 출력하는 부분은 <div class="card-body"> 내에 다음과 같이 작성합니다.

```
<div class="card-body">
    <div class="input-group mb-3">
        <span class="input-group-text">Bno</span>
        <input type="text" class="form-control" th:value="${dto.bno}" readonly>
    </div>
    <div class="input-group mb-3">
        <span class="input-group-text">Title</span>
        <input type="text" class="form-control" th:value="${dto.title}" readonly>
    </div>

    <div class="input-group mb-3">
        <span class="input-group-text">Content</span>
        <textarea class="form-control col-sm-5" rows="5" readonly>[[${dto.
                                                            content}]]
        </textarea>
    </div>

    <div class="input-group mb-3">
        <span class="input-group-text">Writer</span>
        <input type="text" class="form-control" th:value="${dto.writer}" readonly>
    </div>

    <div class="input-group mb-3">
        <span class="input-group-text">RegDate</span>
        <input type="text" class="form-control" th:value="${#temporals.format(dto.
                                regDate, 'yyyy-MM-dd HH:mm:ss')}" readonly>
    </div>
```

```
    <div class="input-group mb-3">
        <span class="input-group-text">ModDate</span>
        <input type="text" class="form-control" th:value="${#temporals.format(dto.
                                modDate, 'yyyy-MM-dd HH:mm:ss')}" readonly>
    </div>

    <div class="my-4">
        <div class="float-end">
            <button type="button" class="btn btn-primary ">List</button>
            <button type="button" class="btn btn-secondary ">Modify</button>
        </div>
    </div>

</div><!--end card body-->
```

브라우저에서 '/board/read?bno=103'과 같은 경로를 조회하면 다음과 같은 화면을 볼 수
있게 됩니다.

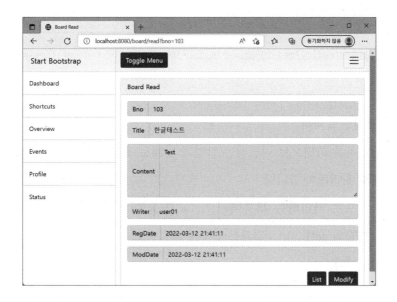

• 목록 페이지로 이동

read.html의 마지막 부분에는 버튼을 통해서 이동할 수 있는 부분이 존재합니다. 이에 대
한 처리는 각 버튼을 감싸는 <a> 태그를 이용해서 PageRequestDTO의 getLink( )를 활용
합니다.

```
<div class="my-4">
    <div class="float-end" th:with="link = ${pageRequestDTO.getLink()}">
        <a th:href="|@{/board/list}?${link}|" class="text-decoration-none">
            <button type="button" class="btn btn-primary">List</button>
        </a>
        <a th:href="|@{/board/modify(bno=${dto.bno})}&${link}|" class="text-
                                                    decoration-none">
            <button type="button" class="btn btn-secondary">Modify</button>
        </a>
    </div>
</div>
```

버튼에 필요한 링크는 th:with를 이용해서 변수로 미리 선언하고 필요할 때마다 재사용하는 방식을 이용할 수 있습니다.

브라우저에서는 앞의 코드를 통해서 생성된 링크는 소스코드로 확인할 수 있습니다.

```
▼<div class="float-end">
  ▼<a href="/board/list?page=1&size=10" class="text-decoration-none">
      <button type="button" class="btn btn-primary">List</button> == $0
   </a>
  ▶<a href="/board/modify?bno=103&page=1&size=10" class="text-decoration-none">…</a>
  </div>
```

• 목록에서 조회 링크 처리

조회 화면에서 목록 화면으로 이동하는 작업과 반대로 목록 화면에서 게시물을 선택해도 이동할 수 있도록 처리해야 합니다.

목록을 반복문으로 처리하는 부분에서 th:with를 이용해 PageRequestDTO의 getLink( ) 결과를 변수로 처리하고 나머지 링크를 완성합니다.

```
<tbody th:with="link = ${pageRequestDTO.getLink()}">
<tr th:each="dto:${responseDTO.dtoList}"  >
  <th scope="row">[[${dto.bno}]]</th>
  <td>
    <a th:href="|@{/board/read(bno =${dto.bno})}&${link}|"> [[${dto.title}]] </a>
  </td>
  <td>[[${dto.writer}]]</td>
  <td>[[${#temporals.format(dto.regDate, 'yyyy-MM-dd')}]]</td>
</tr>
```

완성된 후에는 페이지나 검색 조건이 유지된 채로 목록에서 조회, 조회에서 목록으로의 이동이 가능해 집니다.

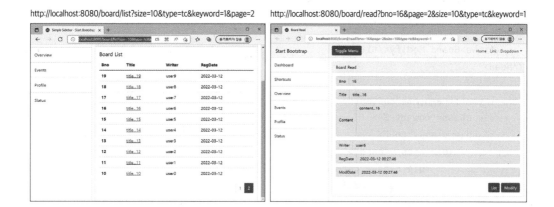

http://localhost:8080/board/list?size=10&type=tc&keyword=1&page=2   http://localhost:8080/board/read?bno=16&page=2&size=10&type=tc&keyword=1

게시물의 수정/삭제 처리

게시물 수정/삭제에 대한 처리는 GET 방식으로 게시물을 수정이나 삭제할 수 있는 화면을 보는 것으로 시작합니다.

BoardController의 read( )에는 @GetMapping을 다음과 같이 수정해서 '/board/modify'에도 적용되도록 수정합니다.

```java
@GetMapping({"/read", "/modify"})
public void read(Long bno, PageRequestDTO pageRequestDTO, Model model){

    BoardDTO boardDTO = boardService.readOne(bno);

    log.info(boardDTO);

    model.addAttribute("dto", boardDTO);

}
```

templates의 board 폴더에는 modify.html을 추가합니다. modify.html은 read.html과 유사하지만 <form> 태그를 이용하거나 필요한 내용을 추가합니다. ·

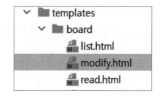

```
<!DOCTYPE html>
<html xmlns:th="http://www.thymeleaf.org"
      xmlns:layout="http://www.ultraq.net.nz/thymeleaf/layout"
      layout:decorate="~{layout/basic.html}">

<head>
    <title>Board Modify</title>
</head>

<div layout:fragment="content">
    <div class="row mt-3">
        <div class="col">
            <div class="card">
                <div class="card-header">
                    Board Modify
                </div>
                <div class="card-body">

                </div><!--end card body-->
            </div><!--end card-->
        </div><!-- end col-->
    </div><!-- end row-->
</div>

<script layout:fragment="script" th:inline="javascript">

</script>
```

modify.html의 <div class="card-body"> 부분에 <form> 태그를 추가하고 'dto'라는 이름으로 전달된 BoardDTO 객체를 출력합니다.

<form> 태그에는 '제목(title), 내용(content)'을 수정할 수 있도록 작성하고 전송할 때 필요한 name 속성들을 꼼꼼하게 지정합니다.

```
<form th:action="@{/board/modify}" method="post" id="f1">
<div class="input-group mb-3">
    <span class="input-group-text">Bno</span>
    <input type="text" class="form-control" th:value="${dto.bno}" name="bno"
                                                                    readonly>
</div>
<div class="input-group mb-3">
```

```
        <span class="input-group-text">Title</span>
        <input type="text" class="form-control" name="title" th:value="${dto.title}">
</div>

<div class="input-group mb-3">
    <span class="input-group-text">Content</span>
    <textarea class="form-control col-sm-5" rows="5" name="content">[[${dto.
                                                        content}]]
    </textarea>
</div>

<div class="input-group mb-3">
    <span class="input-group-text">Writer</span>
    <input type="text" class="form-control" th:value="${dto.writer}" name="writer"
                                                        readonly>
</div>

<div class="input-group mb-3">
    <span class="input-group-text">RegDate</span>
    <input type="text" class="form-control" th:value="${#temporals.format(dto.
                        regDate, 'yyyy-MM-dd HH:mm:ss')}" readonly>
</div>
<div class="input-group mb-3">
    <span class="input-group-text">ModDate</span>
    <input type="text" class="form-control" th:value="${#temporals.format(dto.
                        modDate, 'yyyy-MM-dd HH:mm:ss')}" readonly>
</div>

<div class="my-4">
    <div class="float-end">
        <button type="button" class="btn btn-primary listBtn">List</button>
        <button type="button" class="btn btn-secondary modBtn">Modify</button>
        <button type="button" class="btn btn-danger removeBtn">Remove</button>
    </div>
</div>
</form>
```

브라우저에는 '/board/modify?bno=103'과 같은 형태로 수정 화면에 접근할 수 있습니다.

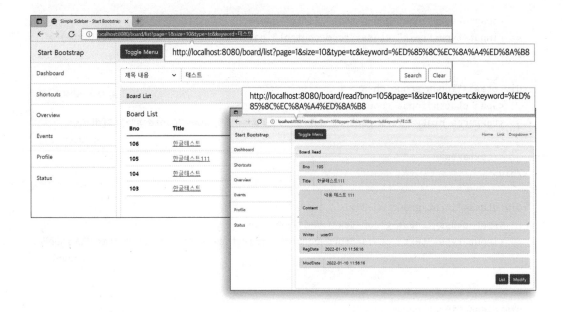

• 수정 처리

실제 수정 작업은 POST 방식으로 처리됩니다. 수정 후에는 다시 조회 화면으로 이동해서 수정된 내용을 확인할 수 있도록 구현합니다.

수정 후 조회 화면으로 이동했을 때 검색했던 조건들이 해당하지 않을 수도 있습니다. 예를 들어 '제목'을 수정하면 기존에는 검색 조건에 맞았을 수 있지만, 수정 후에는 검색 조건에 맞지 않을 수도 있습니다. 이때문에 안전하게 구현하려면 수정 후에는 검색 조건 없이 단순 조회 화면으로 이동하도록 구현합니다.

BoardController에는 POST 방식의 modify( )를 다음과 같이 구현합니다.

수정 작업 역시 @Valid를 이용하고 문제가 있다면 다시 수정 화면으로 돌려 보낼 필요가 있습니다.

```
@PostMapping("/modify")
public String modify( PageRequestDTO  pageRequestDTO,
                      @Valid BoardDTO boardDTO,
                      BindingResult bindingResult,
                      RedirectAttributes redirectAttributes){

    log.info("board modify post......." + boardDTO);
```

```
if(bindingResult.hasErrors()) {
    log.info("has errors.......");

    String link = pageRequestDTO.getLink();

    redirectAttributes.addFlashAttribute("errors", bindingResult.
                                                        getAllErrors() );

    redirectAttributes.addAttribute("bno", boardDTO.getBno());

    return "redirect:/board/modify?"+link;
}

boardService.modify(boardDTO);

redirectAttributes.addFlashAttribute("result", "modified");

redirectAttributes.addAttribute("bno", boardDTO.getBno());

return "redirect:/board/read";
}
```

modify( )에는 문제가 발생할 때 'errors'라는 이름으로 다시 수정 페이지로 이동할 수 있
도록 PageRequestDTO의 getLink( )를 통해서 기존의 모든 조건을 원래대로 붙여서 '/
board/modify'로 이동하게 구성합니다.

수정 작업에 문제가 없을 때는 아무런 검색이나 페이징 조건 없이 단순히 '/board/read' 경
로로 이동하게 됩니다.

modify.html에 문제가 있을 때는 등록과 마찬가지로 자바스크립트를 이용해서 처리하도
록 구성합니다.

```
<script layout:fragment="script" th:inline="javascript">


    const errors = [[${errors}]]
    console.log(errors)

    let errorMsg = ''
```

```
    if(errors){
        for (let i = 0; i < errors.length; i++) {
            errorMsg += `${errors[i].field}은(는) ${errors[i].code} \n`
        }
        history.replaceState({}, null, null)
        alert(errorMsg)
    }

</script>
```

modify.html에는 자바스크립트로 이벤트 처리를 작성합니다. 화면상에서는 'listBtn, modBtn'과 같은 class 속성값이 지정되어 있으므로 이를 이용합니다.

```
<script layout:fragment="script" th:inline="javascript">


    ...에러 처리 부분...

const link = [[${pageRequestDTO.getLink()}]]
const formObj = document.querySelector("#f1")

document.querySelector(".modBtn").addEventListener("click", function(e){
    e.preventDefault()
    e.stopPropagation()

    formObj.action = `/board/modify?${link}`
    formObj.method ='post'
    formObj.submit()


}, false)

</script>
```

수정 처리할 때는 나중에 잘못되는 상황을 대비해서 페이지/검색 정보도 같이 쿼리 스트링으로 전달합니다.

@Valid에 문제가 있을 때는 다음 그림처럼 경고창이 보인 후에 다시 수정 화면으로 돌아가게 됩니다. 정상적으로 수정될 때만 조회 화면으로 이동하게 됩니다.

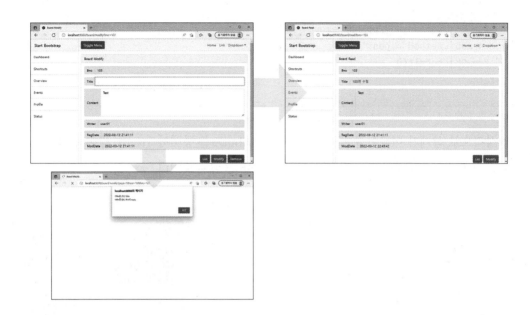

· 삭제 처리

삭제 처리는 BoardController에서 remove( )라는 메소드로 구성합니다. 삭제 후에는 목록으로 이동하도록 구성합니다.

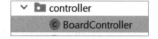

```java
@PostMapping("/remove")
public String remove(Long bno, RedirectAttributes redirectAttributes) {

    log.info("remove post.. " + bno);

    boardService.remove(bno);

    redirectAttributes.addFlashAttribute("result", "removed");

    return "redirect:/board/list";

}
```

modify.html에는 자바스크립트를 이용해서 '/board/remove'를 호출하도록 작성합니다.

```javascript
document.querySelector(".removeBtn").addEventListener("click", function(e){
    e.preventDefault()
    e.stopPropagation()
```

```
    formObj.action = `/board/remove`
    formObj.method ='post'
    formObj.submit()
}, false)
```

정상적으로 삭제가 이루어질 때는 RedirectAttributes를 통해서 'result' 값이 전달되므로 list.html에서는 모달창으로 삭제 처리가 된 것을 알 수 있게 됩니다.

목록으로 이동하는 버튼의 이벤트 처리는 페이지/검색 조건을 유지하도록 구성합니다.

```
document.querySelector(".listBtn").addEventListener("click", function(e){
    e.preventDefault()
    e.stopPropagation()

    formObj.reset()
    self.location =`/board/list?${link}`

}, false)
```

스프링 부트와 JPA를 이용하는 개발의 생산성은 기존의 스프링과 MyBatis를 이용하는 경우보다 월등히 좋습니다. 스프링 부트를 이용한다고 해도 스프링의 기본 개념은 동일하게 사용되므로 빠르게 구현한 후에 이론을 보충하는 방식으로 학습하는 방식도 도움이 됩니다.

다음 장에서는 Ajax를 이용해서 데이터를 주고받는 REST 방식의 서비스를 구성해 보도록 합니다.

AJAX와
JSON

최근 개발 동향에서 눈에 띄는 변화는 서버 역할의 변화입니다. 서버에서 모든 화면의 결과를 만들어내는 방식은 점차 줄어드는 반면에 서버에서 순수한 JSON 데이터만을 제공하고 앱과 웹에서 같은 데이터를 이용하는 방식이 인기를 끌고 있습니다.

이번 장에서는 이처럼 순수한 데이터를 제공하는 서버를 구성해서 스프링 부트를 이용하는 방법을 알아봅니다.

6.1 REST 방식의 서비스

브라우저만을 이용했던 과거의 웹과는 달리 최근의 웹은 모바일 환경에서 중요한 역할을 합니다. 모바일에서 웹으로 데이터를 받기 시작하면서 HTML을 구성하는 기존의 서버 사이드 프로그래밍은 순수한 데이터만 제공하고 나머지는 클라이언트 쪽에서 처리하는 방식으로 변화하고 있습니다.

REST 방식은 특정한 URI와 HTTP 메소드를 결합해서 '특정한 자원(resource)에 특정한 작업'을 지정하는 방식입니다. 이 절에서는 REST 방식을 이해하고 더불어 Swagger UI를 이용해서 테스트하고 문서화하는 방법을 학습합니다.

Ajax와 REST 방식의 이해

Ajax(Asynchronous JavaScript And XML)의 등장은 웹 개발 방식에 획기적인 변화를 가져왔습니다. Ajax 방식은 브라우저에서 서버를 호출하지만 모든 작업이 브라우저 내부에서 이루어지기 때문에 현재 브라우저의 브라우저 화면의 변화 없이 서버와 통신할 수 있습니다.

현재 우리가 사용하는 많은 서비스는 Ajax를 활용합니다. 가장 대표적으로 '자동 완성'이나 '지도 서비스' 등이 이에 속한다고 할 수 있습니다. Ajax가 적용되면서 자바스크립트를 중심으로 데이터를 다루는 기술의 수요가 점점 늘게 되었고, 최근에는 프론트 엔드 중심의 개발 방식이 자리 잡게 되었습니다.

Ajax의 약자에는 'JavaScript'와 'XML'이라는 단어가 들어가는 것처럼 실제 구현은 자바스크립트를 이용해서 XML을 주고받는 방식을 이용했습니다만, 최근에는 JSON(JavaScript Object Notation)을 이용하는 방식을 더 선호하고 있습니다(스프링 부트는 Spring-web을 추가했을 때 자동으로 관련 라이브러리를 내려받습니다).

클라이언트 중심의 개발

Ajax가 가져온 변화는 모바일에서도 Ajax 방식으로 데이터를 교환할 수 있다는 점 때문에 환영받았습니다. 모바일에서도 일반 웹과 마찬가지로 서버의 데이터가 필요한 데 이때 화면과 관련된 부분은 필요하지 않기 때문에 서버에서 순수한 데이터만 전송하는 방식이라면 클라이언트의 구현이 웹/앱에 관계없이 데이터를 재사용할 수 있게 됩니다.

일반 웹에서도 자바스크립트의 발전과 더불어 리액트(React), 뷰(Vue), 앵귤러(Angular)와 같은 대규모 웹 애플리케이션 개발을 지원하는 라이브러리나 프레임워크가 발전하면서 웹 개발은 클라이언트와 서버의 역할 분배가 이루어지는 중입니다.

JSON 문자열

'서버에서 순수한 데이터를 보내고 클라이언트가 적극적으로 이를 처리한다'라는 개발 방식에서 핵심은 우선 '문자열'입니다. '문자열'은 어떠한 프로그래밍 언어나 기술에 종속되지 않는다는 장점이 있습니다.

문자열을 이용하면 데이터를 주고받는 것에 신경 써야 하는 일은 없지만, 문자열로 복잡한 구조의 데이터를 표현하는 문제가 발생합니다. 문자열로 복잡한 데이터를 표현하기 위해서 고려되는 것이 XML과 JSON이라는 형태(포맷)입니다(https://www.json.org).

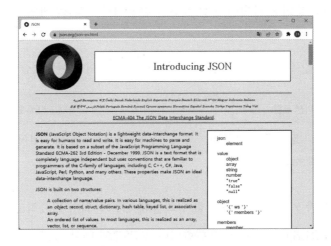

JSON은 자바스크립트에서 객체 리터럴과 유사합니다. 좀 더 극단적으로 설명하면 JSON

은 단순한 문자열이지만 자바스크립트에서 객체를 표현할 때 '{ }'에 '키(key):값(value)'의 형태로 객체를 표현하는 방식입니다.

자바는 데이터를 표현하기 위해 별도의 클래스를 만들고 인스턴스를 만드는 방식과 달리 JSON은 자바스크립트 문법에 맞는 문자열로 데이터를 표현하기 때문에 클라이언트에서 어떤 기술을 이용하든 공통적으로 인식할 수 있습니다(물론 이 문자열을 특정 언어로 처리하기 위한 라이브러리들도 무척 다양합니다).

스프링 부트 역시 JSON 관련 라이브러리(jackson-databind)가 이미 포함되어 있으므로 별도의 설정 없이 바로 JSON 데이터를 만들어 낼 수 있습니다. 잠시 후에 프로젝트를 생성해서 이를 알아보도록 합니다.

REST 방식

REST 방식은 클라이언트 프로그램인 브라우저나 앱이 서버와 데이터를 어떻게 주고받는 것이 좋을지에 대한 가이드라고 할 수 있습니다. 예전의 웹 개발 방식에서는 특정한 URL이 원하는 '행위나 작업'을 의미하고, GET/POST 등은 데이터를 전송하는 위치를 의미했습니다.

Ajax를 이용하면 브라우저의 주소가 이동할 필요 없이 서버와 데이터를 교환할 수 있기 때문에 URL은 '행위나 작업'이 아닌 '원하는 대상' 그 자체를 의미하고, GET/POST 방식과 PUT/DELETE 등의 추가적인 전송 방식을 활용해서 '행위나 작업'을 의미하게 되었습니다.

예를 들어 게시물을 수정한다고 하면 과거에는 다음과 같이 표현되었습니다.

이전 표현	REST 방식 표현
· /board/modify -> 게시물의 수정(행위/목적) · \<form\> -> 데이터의 묶음	· /board/123 -> 게시물 자원 자체 · PUT 방식 -> 행위나 목적

프로젝트의 규모가 커지기 전에 이러한 규칙들에 대한 논의가 필요하고 이런 방식으로 만들어진 서비스를 'RESTful'하다고 표현합니다. REST에 대한 공식 문서의 설명은 다음과 같습니다.

REST^{Representational State Transfer}는 효율적, 안정적이며 확장가능한 분산 시스템을 가져올

수 있는소프트웨어 아키텍처 디자인 제약의 모음을 나타냅니다. 그리고 그 제약들을

준수했을 때 그 시스템은 RESTful하다고 일컬어집니다.

뭔가 상당히 어려워 보이는 설명이지만 개발자의 입장에서 시작은 조금 단순합니다. 개발자의 입장에서 REST 방식이라고 하는 것은 'GET/POST..' 등으로 '어떤 일을 수행하고 싶은가를 표현'한다는 것입니다.

예를 들어 'GET' 방식은 '조회'의 용도로 사용하고 'POST'는 등록… 과 같이 전송 방식을 통해서 '작업'을 결정하고 URL은 '특정한 자원'을 의미하게 합니다.

최근 웹 페이지 주소의 마지막 부분이 번호로 끝나는 경우가 많은 것을 알 수 있습니다.

과거에 '?'를 이용하는 쿼리 스트링으로 해당 상품의 번호를 전송하는 방식과 달리 최근에는 직접 주소의 일부로 사용하는 방식도 REST 방식의 표현법입니다.

REST 방식은 '하나의 자원을 하나의 주소로 표현'이 가능하고 유일무이해야 합니다. 즉 REST 방식에서 URL 하나는 하나의 자원을 식별할 수 있는 고유한 값이고, GET/POST 등은 이에 대한 '작업'을 의미합니다.

REST 방식의 URL 설계

REST 방식은 특별히 표준으로 정해진 설계 원칙이 존재하지는 않습니다만, 일반적으로 많이 사용하는 방식으로 게시물 관리를 설계한다면 다음과 같이 작성할 수 있습니다.

Method	URI	의미	추가 데이터
GET	/boards/123	123번 게시물 조회	
POST	/boards/	새로운 게시물 등록	신규 게시물 데이터
PUT	/boards/123	123번 게시물 수정	수정에 필요한 데이터
DELETE	/boards/123	123번 게시물 삭제	

Tip   흔히 URL(Uniform Resource Locator)과 URI(Uniform Resource Identifier)를 같은 의미로 사용하는 경우가 많습니다. 엄밀하게는 URL은 URI의 하위 개념이기 때문에 혼용해도 무방합니다. URI는 '자원 식별자'라는 의미로 사용됩니다.

URL은 '이곳에 가면 당신이 원하는 것을 찾을 수 있습니다'와 같은 상징적인 의미가 좀 더 강하다면, URI는 '당신이 원하는 곳의 주소는 여기입니다.'와 같이 좀 더 현실적이고 구체적인 의미가 있습니다. URI의 'I'는 마치 데이터베이스의 PK와 같은 의미로 사용된다고 생각할 수 있습니다.

Swagger UI 준비

REST 방식의 테스트는 특별한 화면을 구성하는 것이 아니라 데이터를 전송하고 결과를 확인하는 방법이기 때문에 기존의 웹 개발 방식과는 조금 차이가 있습니다. 예를 들어 브라우저는 GET 방식의 데이터를 확인할 때 유용하지만 POST 방식으로 데이터를 처리할 때는 상당히 불편하고, 사용자도 특정한 경로를 어떻게 호출해야 하는지 알 수 없으므로 상세한 정보를 전달하기 어려운 단점이 있습니다.

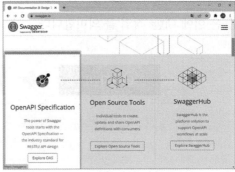

그러므로 REST 방식을 이용할 때는 전문적으로 API를 테스트할 수 있는 Postman이나 Swagger UI 등을 이용합니다.

예제는 Swagger UI를 이용한 REST 방식의 댓글 처리를 구현해 보도록 합니다. Swagger UI는 개발할 때 어노테이션 설정으로 API 문서와 테스트 할 수 있는 화면을 생성할 수 있으므로 개발자는 한번에 테스트 환경까지 구성할 수 있다는 장점이 있습니다.

• 프로젝트의 준비

예제는 이전 프로젝트를 이어서 작성해도 되고 https://github.com/ckck24/PART5 프로젝트를 내려받아서 사용하는 것도 가능합니다.

프로젝트의 build.gradle 파일에 'swagger ui maven'으로 검색한 라이브러리를 추가합니다. 예제에서는 '3.0.0' 버전을 이용하는데 버전에 따라서 차이가 있으므로 주의하도록 합니다(이 책은 집필 당시를 기준으로 최신 버전인 3.0.0으로 작성합니다.).

```
dependencies {

    ...

    implementation 'io.springfox:springfox-boot-starter:3.0.0'
    implementation 'io.springfox:springfox-swagger-ui:3.0.0'

}
```

프로젝트의 config 패키지에 SwaggerConfig 클래스를 추가합니다.

```
package org.zerock.b01.config;

import org.springframework.context.annotation.Bean;
import org.springframework.context.annotation.Configuration;
import org.springframework.web.servlet.config.annotation.EnableWebMvc;
import springfox.documentation.builders.ApiInfoBuilder;
import springfox.documentation.builders.PathSelectors;
import springfox.documentation.builders.RequestHandlerSelectors;
import springfox.documentation.service.ApiInfo;
```

```
import springfox.documentation.spi.DocumentationType;
import springfox.documentation.spring.web.plugins.Docket;

@Configuration

public class SwaggerConfig {

    @Bean
    public Docket api() {
        return new Docket(DocumentationType.OAS_30)
                .useDefaultResponseMessages(false)
                .select()
                .apis(RequestHandlerSelectors.basePackage("org.zerock.b01.
                                                            controller"))
                .paths(PathSelectors.any())
                .build()
                .apiInfo(apiInfo());

    }

    private ApiInfo apiInfo() {
        return new ApiInfoBuilder()
                .title("Boot 01 Project Swagger")
                .build();
    }
}
```

3버전은 SwaggerConfig를 추가한 후에 프로젝트를 실행하면 에러가 발생합니다.

```
org.springframework.context.ApplicationContextException Create breakpoint : Failed to start bean 'documentationPluginsBootstrapper'
    at org.springframework.context.support.DefaultLifecycleProcessor.doStart(DefaultLifecycleProcessor.java:181) ~[spring-cont
    at org.springframework.context.support.DefaultLifecycleProcessor.access$200(DefaultLifecycleProcessor.java:54) ~[spring-co
    at org.springframework.context.support.DefaultLifecycleProcessor$LifecycleGroup.start(DefaultLifecycleProcessor.java:356)
    at java.base/java.lang.Iterable.forEach(Iterable.java:75) ~[na:na]
    at org.springframework.context.support.DefaultLifecycleProcessor.startBeans(DefaultLifecycleProcessor.java:155) ~[spring-c
    at org.springframework.context.support.DefaultLifecycleProcessor.onRefresh(DefaultLifecycleProcessor.java:123) ~[spring-co
    at org.springframework.context.support.AbstractApplicationContext.finishRefresh(AbstractApplicationContext.java:935) ~[spr
    at org.springframework.context.support.AbstractApplicationContext.refresh(AbstractApplicationContext.java:586) ~[spring-co
    at org.springframework.boot.web.servlet.context.ServletWebServerApplicationContext.refresh(ServletWebServerApplicationCont
    at org.springframework.boot.SpringApplication.refresh(SpringApplication.java:740) ~[spring-boot-2.6.4.jar:2.6.4]
    at org.springframework.boot.SpringApplication.refreshContext(SpringApplication.java:415) ~[spring-boot-2.6.4.jar:2.6.4]
```

이 문제를 해결하려면 Spring Web 관련 설정을 추가해 주어야만 합니다. config 폴더에 CustomServletConfig 클래스를 추가합니다. 클래스에 @EnableWebMvc 어노테이션을 추가하는 것이 가장 중요합니다.

```
package org.zerock.b01.config;

import org.springframework.context.annotation.Configuration;
import org.springframework.web.servlet.config.annotation.EnableWebMvc;

@Configuration
@EnableWebMvc
public class CustomServletConfig {

}
```

앞의 설정을 추가한 후에 프로젝트를 실행하고 'http://localhost:8080/swagger-ui/index.html'을 호출하면 다음과 같은 화면을 볼 수 있습니다.

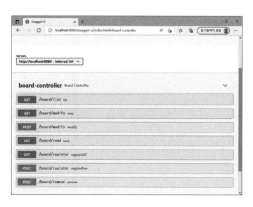

현재 설정은 기본적으로 가장 많이 사용하는 패키지를 기반으로 'org.zerock.b01.controller' 패키지의 모든 클래스에 대해서 API 테스트 환경을 만들어 냅니다.

화면의 'board-controller'를 선택하면 다음과 같이 메소드들을 선택할 수 있는 화면이 보입니다.

특정한 메소드를 선택하고 [Try it out] 버튼을 누르면 필요한 파라미터를 입력할 수 있는 화면이 나오고 화면 아래쪽에 필요한 값을 입력한 후에 [Execute]를 통해서 실행할 수 있습니다. 실행 후에는 결과를 바로 확인할 수 있습니다.

• 정적 파일 경로 문제

Swagger UI 설정이 완료되면 앞의 그림과 같은 화면을 볼 수 있지만 기존에 동작하던 '/board/list'는 문제가 발생합니다.

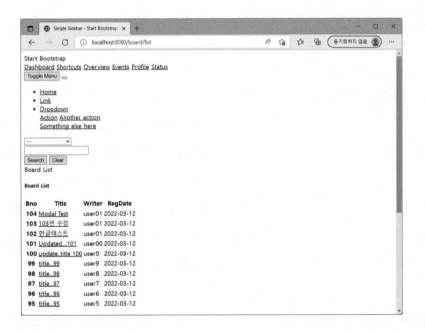

이것은 Swagger UI가 적용되면서 정적 파일의 경로가 달라졌기 때문인데 이를 CustomServletConfig로 Web-MvcConfigurer 인터페이스를 구현하도록 하고 addResourceHandlers를 재정의해서 수정합니다.

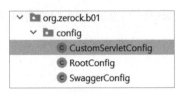

```
package org.zerock.b01.config;

import org.springframework.context.annotation.Configuration;
import org.springframework.web.servlet.config.annotation.EnableWebMvc;
import org.springframework.web.servlet.config.annotation.ResourceHandlerRegistry;
import org.springframework.web.servlet.config.annotation.WebMvcConfigurer;

@Configuration
@EnableWebMvc
public class CustomServletConfig implements WebMvcConfigurer {

    @Override
    public void addResourceHandlers(ResourceHandlerRegistry registry) {

        registry.addResourceHandler("/js/**")
                .addResourceLocations("classpath:/static/js/");
        registry.addResourceHandler("/fonts/**")
                .addResourceLocations("classpath:/static/fonts/");
        registry.addResourceHandler("/css/**")
                .addResourceLocations("classpath:/static/css/");
        registry.addResourceHandler("/assets/**").
                addResourceLocations("classpath:/static/assets/");

    }
}
```

앞의 설정이 완료되면 기존의 '/board/list'와 '/swagger-ui/index.html'이 모두 정상적으로 동작합니다.

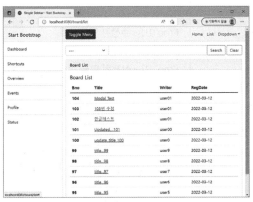
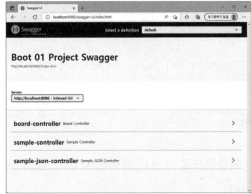

REST 방식의 댓글 처리 준비

REST 방식의 댓글 처리는 다음과 같은 단계로 진행합니다.

- URL의 설계와 데이터 포맷 결정
- 컨트롤러의 JSON/XML 처리
- 동작 확인
- 자바스크립트를 통한 화면 처리

URL 설계와 DTO 설계

REST 방식은 주로 XML이나 JSON 형태의 문자열을 전송하고 이를 컨트롤러에서 처리하는 방식을 많이 이용합니다.

예제에서는 JSON을 이용해서 DTO에 맞는 데이터를 전송하고 스프링을 이용해서 이를 DTO로 처리하도록 구성할 예정입니다.

댓글의 URL 설계는 다음과 같은 형태로 구성할 것입니다.

URL(Method)	설명	반환 데이터
/replies (POST)	특정한 게시물의 댓글 추가	{'rno':11 } - 생성된 댓글의 번호
/replies/list/:bno (GET)	특정 게시물(bno)의 댓글 목록 '?' 뒤에 페이지 번호를 추가해서 댓글 페이징 처리	PageResponseDTO를 JSON으로 처리
/replies/:rno (PUT)	특정한 번호의 댓글 수정	{'rno':11} - 수정된 댓글 번호
/replies/:rno (DELETE)	특정한 번호의 댓글 삭제	{'rno':11} - 삭제된 댓글 번호
/replies/:rno (GET)	특정한 번호의 댓글 조회	댓글 객체를 JSON으로 변환한 문자열

최종적으로 구현된 형태는 다음과 같고 Swagger UI를 통해서 실행이 가능하게 될 것입니다.

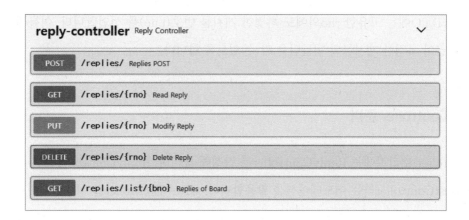

프로젝트의 dto 패키지에 ReplyDTO를 다음과
같이 추가합니다.

```
package org.zerock.b01.dto;

import lombok.AllArgsConstructor;
import lombok.Builder;
import lombok.Data;
import lombok.NoArgsConstructor;

import java.time.LocalDateTime;

@Data
@Builder
@AllArgsConstructor
@NoArgsConstructor
public class ReplyDTO {

    private Long rno;

    private Long bno;

    private String replyText;

    private String replyer;

    private LocalDateTime regDate, modDate;

}
```

ReplyDTO에는 고유한 rno외에도 특정한 게시물 번호(bno)를 선언합니다. 이를 통해서 현재 댓글이 특정한 게시물의 댓글임을 알 수 있도록 합니다.

ReplyController 준비

Controller 패키지에는 ReplyController를 작성해 줍니다. ReplyController는 기존과 달리 @RestController라는 어노테이션을 활용합니다. @RestController를 이용하게되면 메소드의 모든 리턴 값은 JSP나 Thymeleaf로 전송되는게 아니라 바로 JSON이나 XML 등으로 처리됩니다.

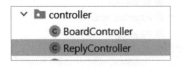

본격적인 개발 전에 약간의 테스트를 진행할 수 있도록 ReplyController에는 POST 방식을 처리하는 메소드를 추가해서 다음과 같이 작성합니다.

```java
package org.zerock.b01.controller;

import io.swagger.annotations.ApiOperation;
import lombok.extern.log4j.Log4j2;
import org.springframework.http.MediaType;
import org.springframework.http.ResponseEntity;
import org.springframework.web.bind.annotation.PostMapping;
import org.springframework.web.bind.annotation.RequestBody;
import org.springframework.web.bind.annotation.RequestMapping;
import org.springframework.web.bind.annotation.RestController;
import org.zerock.b01.dto.ReplyDTO;

import java.util.HashMap;
import java.util.Map;

@RestController
@RequestMapping("/replies")
@Log4j2
public class ReplyController {

    @ApiOperation(value = "Replies POST", notes = "POST 방식으로 댓글 등록")
    @PostMapping(value = "/", consumes = MediaType.APPLICATION_JSON_VALUE)
    public ResponseEntity<Map<String,Long>> register(@RequestBody ReplyDTO
                                                           replyDTO){
```

```
        log.info(replyDTO);

        Map<String, Long> resultMap = Map.of("rno", 111L);

        return ResponseEntity.ok(resultMap);
    }

}
```

register 메소드는 지금까지와는 조금 다른 점들이 있으므로 이를 살펴볼 필요가 있습니다. 우선 @ApiOperation이 추가되었는데 이는 Swagger UI에서 해당 기능의 설명으로 출력됩니다. http://localhost:8080/swagger-ui/index.html을 통해서 확인해 보면 다음 그림과 같이 어노테이션 내용들이 출력되는 것을 확인할 수 있습니다.

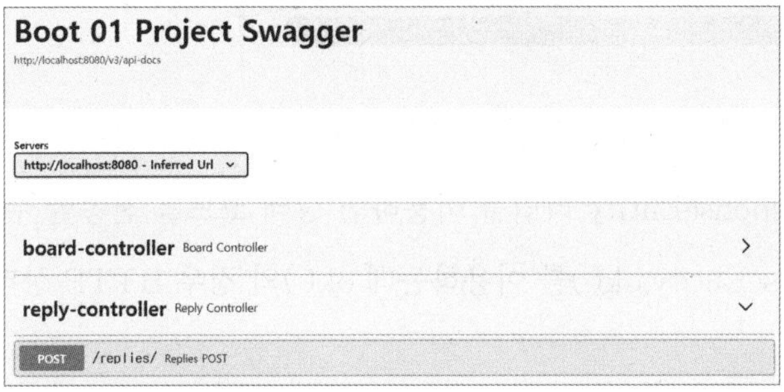

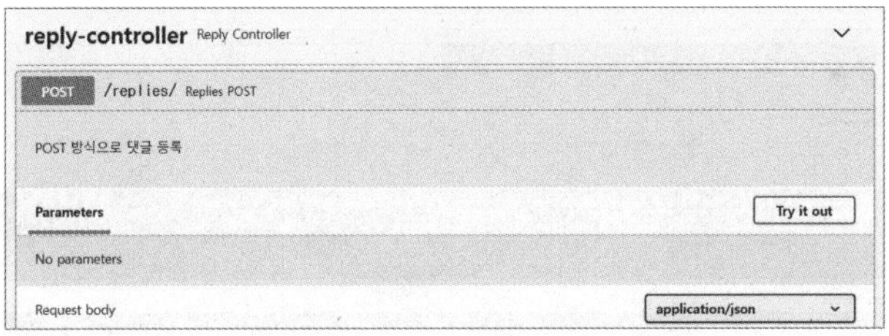

register( ) 파라미터에는 ReplyDTO를 이용해서 파라미터를 수집한다고 선언되어 있지만 앞에 @RequestBody라는 특별한 어노테이션이 존재합니다. @RequestBody는 JSON 문자열을 ReplyDTO로 변환하기 위해서 표시합니다.

@PostMapping에는 consumes라는 속성을 사용하고 있습니다. consumes는 해당 메소드를 받아서 소비(consume)하는 데이터가 어떤 종류인지 명시할 수 있습니다. 앞의 경우 JSON 타입의 데이터를 처리하는 메소드임을 명시하고 있습니다.

Swagger UI에서는 편리하게도 필요한 JSON 데이터를 미리 구성해서 사용할 수 있도록 작성됩니다. 다음 그림과 같은 화면에서 필요한 데이터들만 전송해 주면 결과를 확인할 수 있습니다.

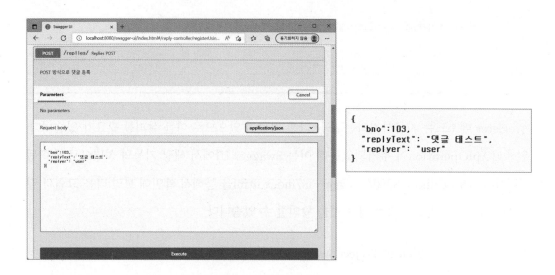

register( )의 리턴 값도 상당히 특별합니다. @RestController은 리턴 값 자체가 JSON으로 처리되는데 ResponseEntity 타입을 이용하면 상태 코드를 전송할 수 있습니다. 예를 들어 예제는 ResponseEntity.ok( )를 이용하는데 ok( )의 경우 HTTP 상태 코드 200(OK)이 전송됩니다.

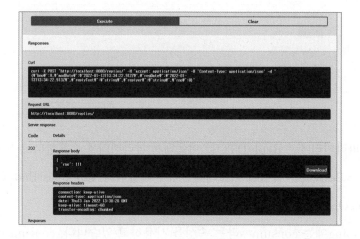

서버에는 정상적으로 필요한 파라미터가 수집된 것을 확인할 수 있습니다.

```
o.s.web.servlet.DispatcherServlet        : Completed initialization in 2 ms
o.zerock.b01.controller.ReplyController  : ReplyDTO(rno=null, bno=103, replyText=댓글 테스트, replyer=user, regDate=null, modDate=null)
```

@Valid와 @RestControllerAdvice

REST 방식의 컨트롤러는 대부분 Ajax와 같이 눈에 보이지 않는 방식으로 서버를 호출하고 결과를 전송하므로 에러가 발생하면 어디에서 어떤 에러가 발생했는지 알아 보기가 힘들 때가 많습니다.

이런 이유로 @Valid 과정에서 문제가 발생하면 처리할 수 있도록 @RestControllerAdvice를 설계해 두도록 합니다.

controller 패키지에 advice 패키지를 추가하고 Cus-tomRestAdvice 클래스를 추가합니다.

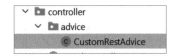

```
package org.zerock.b01.controller.advice;

import lombok.extern.log4j.Log4j2;
import org.springframework.http.HttpStatus;
import org.springframework.http.ResponseEntity;
import org.springframework.validation.BindException;
import org.springframework.validation.BindingResult;
import org.springframework.web.bind.annotation.ExceptionHandler;
import org.springframework.web.bind.annotation.ResponseStatus;
import org.springframework.web.bind.annotation.RestControllerAdvice;

import java.util.HashMap;
import java.util.Map;

@RestControllerAdvice
@Log4j2
public class CustomRestAdvice {

    @ExceptionHandler(BindException.class)
    @ResponseStatus(HttpStatus.EXPECTATION_FAILED)
    public ResponseEntity<Map<String, String>> handleBindException(BindException e) {

        log.error(e);

        Map<String, String> errorMap = new HashMap<>();

        if(e.hasErrors()){
```

```
        BindingResult bindingResult = e.getBindingResult();

        bindingResult.getFieldErrors().forEach(fieldError -> {
            errorMap.put(fieldError.getField(), fieldError.getCode());
        });
    }

    return ResponseEntity.badRequest().body(errorMap);
    }
}
```

@RestControllerAdvice를 이용하면 컨트롤러에서 발생하는 예외에 대해 JSON과 같은 순수한 응답 메시지를 생성해서 보낼 수가 있습니다.

handleBindException( )은 컨트롤러에서 BindException이 던져지는 경우 이를 이용해서 JSON 메시지와 400에러(Bad Request)를 전송하게 합니다.

댓글 등록 @Valid

@RestControllerAdvice를 이용하는 예제는 ReplyDTO를 검증해서 register( )를 처리하도록 변경해서 사용해 봅니다. ReplyDTO에 검증과 관련된 어노테이션을 추가합니다.

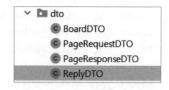

```
package org.zerock.b01.dto;

import lombok.AllArgsConstructor;
import lombok.Builder;
import lombok.Data;
import lombok.NoArgsConstructor;

import javax.validation.constraints.NotEmpty;
import javax.validation.constraints.NotNull;
import java.time.LocalDateTime;

@Data
@Builder
@AllArgsConstructor
@NoArgsConstructor
```

```
public class ReplyDTO {

    private Long rno;

    @NotNull
    private Long bno;

    @NotEmpty
    private String replyText;

    @NotEmpty
    private String replyer;

    private LocalDateTime regDate, modDate;

}
```

실제 동작 여부를 확인하기 위해서 ReplyController의
register( )는 다음과 같이 수정해 봅니다.

```
package org.zerock.b01.controller;

import io.swagger.annotations.ApiOperation;
import lombok.extern.log4j.Log4j2;
import org.springframework.http.MediaType;
import org.springframework.validation.BindException;
import org.springframework.validation.BindingResult;
import org.springframework.web.bind.annotation.PostMapping;
import org.springframework.web.bind.annotation.RequestBody;
import org.springframework.web.bind.annotation.RequestMapping;
import org.springframework.web.bind.annotation.RestController;
import org.zerock.b01.dto.ReplyDTO;

import javax.validation.Valid;
import java.util.HashMap;
import java.util.Map;

@RestController
@RequestMapping("/replies")
@Log4j2
public class ReplyController {

    @ApiOperation(value = "Replies POST", notes = "POST 방식으로 댓글 등록")
    @PostMapping(value = "/", consumes = MediaType.APPLICATION_JSON_VALUE)
```

```java
public Map<String,Long> register(
        @Valid @RequestBody ReplyDTO replyDTO,
        BindingResult bindingResult)throws BindException{

    log.info(replyDTO);

    if(bindingResult.hasErrors()){
        throw new BindException(bindingResult);
    }

    Map<String, Long> resultMap = new HashMap<>();
    resultMap.put("rno",111L);

    return resultMap;
  }

}
```

register( )는 다음과 같은 점들이 수정되었습니다.

- ReplyDTO를 수집할 때 @Valid를 적용

- BindingResult를 파라미터로 추가하고 문제가 있을 때는 BindException을 throw하도록 수정

- 메소드 선언부에 BindException을 throws하도록 수정

- 메소드 리턴값에 문제가 있다면 @RestControllerAdvice가 처리할 것이므로 정상적인 결과만
  리턴

프로젝트를 실행하고 ReplyDTO가 체크할 내용이 없는 데이터를 Swagger UI로 전송해
봅니다(다음 그림 화면은 아무 내용이 없는 {}를 전송하고 있습니다.).

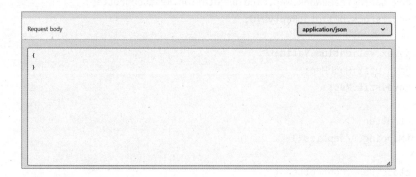

ReplyDTO는 bno나 replyText 등의 값이 반드시 있어야만 하므로 앞의 코드 실행 결과는 다음과 같이 문제가 있는 부분만 에러 메시지를 전송 받을 수 있습니다. 결과 상태 코드 역시 400으로 처리된 것을 확인할 수 있습니다.

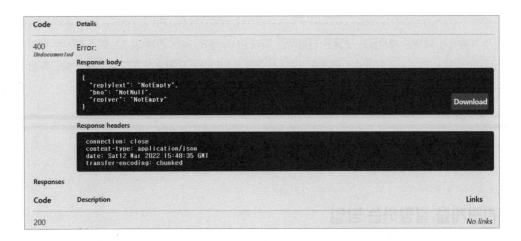

결과 메시지를 보면 @Valid 과정에 문제가 있는 필드들과 메시지를 JSON 문자열로 전송하는 것을 볼 수 있습니다.

Ajax를 이용하는 개발에는 에러의 발생 소지가 서버인 경우도 있고 브라우저나 자바스크립트일 때도 있기 때문에 서버에서 먼저 확실하게 문제가 없는 것을 확인하고 화면을 개발하는 것이 좋습니다.

다대일^{Many ToOne} 연관관계 실습

다대일^{Many ToOne} 연관관계 실습

현재 예제에서 다루는 게시글과 댓글은 전형적인 '다대일(ManyToOne)' 관계입니다. 이 절에서는 데이터베이스상에서 PK/FK로 처리되는 관계를 JPA에서 어떻게 처리하는지 학습하고 이를 실습해 보도록 합니다.

연관관계를 결정하는 방법

데이터베이스에서는 PK와 FK를 이용해서 엔티티 간의 관계를 표현합니다. 데이터베이스의 테이블을 설계하는 경우 PK를 가진 테이블을 먼저 설계하고, 이를 FK로 사용하는 테이블을 설계하는 방식이 일반적입니다. 이러한 방식으로 보면 데이터베이스의 설계 방식에는 우선 순위가 결정되고, 처리 방식 등도 일정한 규칙이 존재합니다.

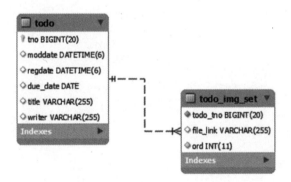

반면에 객체지향을 이용하는 JPA는 조금 얘기가 다릅니다. 객체지향은 우선 방향성을 결정하는 것이 어렵습니다.

예를 들어 '회원'이 여러 개의 '아이템'을 가지고 있다고 가정하면 '회원 객체가 아이템들을 참조할 것인지, 아이템이 회원을 참조하게 될 것인지' 판단해야 합니다.

JPA의 연관 관계의 판단 기준을 결정할 때는 다음과 같은 기준을 적용하는 것이 좋습니다.

- 연관 관계의 기준은 항상 변화가 많은 쪽을 기준으로 결정
- ERD의 FK를 기준으로 결정

변화가 많은 쪽을 기준

판단 기준은 '조금 더 자주 변화가 있는 쪽'을 선택하는 것이 편리합니다. 예를 들어 '회원'과 '게시물'의 관계를 보면 회원들의 활동을 통해서 여러 개의 게시물이 만들어지므로 연관관계의 핵심은 '게시물'로 판단하는 것이 편리합니다.

국어에서 주어는 대부분 '사람(생명체)'이 오기 때문에 이러한 발생이 조금 어색할 수도 있습니다. 예를 들어 '게시물은 회원에 의해서 작성된다'라는 문장보다는 '회원이 게시물을 작성한다'가 국어에서는 더 자연스럽습니다.

회원 데이터

아이디	이름	패스워드
user1	사용자1	111
user2	사용자2	111
user3	사용자3	111
user4	사용자4	111
user5	사용자5	111

게시글 데이터

번호	제목	작성자	내용
1	오늘 날씨가..	user1	
2	집에 오늘 길은..	user2	
3	차가 막혀서..	user3	
4	어이 없는 일이..	user4	
5	감기 조심하세요..	user1	
6	이번 개봉 영화..	user2	
7	오늘 점심에..	user1	

국어에서처럼 '회원'을 기준으로 시작하면 나중에는 엔티티 클래스 설계를 감당할 수 없을 만큼 많은 연관 관계가 필요하게 됩니다. 예를 들어 '회원이 게시물을 작성하고 게시물에 여러 개의 파일과 댓글이 있고, 각 게시글에 회원의 좋아요(like)가 있고...'와 같은 식으로 발전시키면 결국 모든게 회원을 중심으로만 이루어지는 비정상적인 시스템을 설계하게 됩니다.

· ERD 상에서 FK를 기준

간혹 연관 관계의 주어를 결정하기 애매할 때는 엔티티 관계 다이어그램(이하 ERD)를 그려서 확인하는 것이 확실합니다. 회원과 게시물의 관계를 ERD로 표현하면 다음과 같습니다.

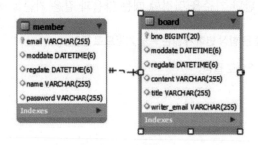

ERD에서 JPA의 연관 관계를 읽을 때는 FK를 판단해서 읽는 것이 하나의 해결책이 될 수 있습니다.

단방향과 양방향

객체지향이 관계형 데이터베이스와 다른 점 중의 하나는 객체가 다른 객체를 참조하는 방식의 차이가 있다는 점입니다. 데이터베이스에는 특정한 PK를 다른 테이블에서 FK로 참조해서 사용하지만, 객체지향에서는 'A가 B의 참조를 가질 수도 있고, B가 A의 참조를 가질 수' 있다는 점이 다릅니다.

예를 들어 'Player'와 'Item'을 객체지향으로 생각해 보면 Player 객체가 여러 개의 Item 객체들을 참조할 수 있지만 반대로 Item 역시 Player를 참조하도록 구성할 수도 있습니다.

JPA는 객체지향을 통해서 관계형 데이터베이스를 처리하므로 참조를 결정할 때 다양한 방식이 존재할 수 있습니다. 이 경우 A가 B를 참조하거나 B가 A를 참조하는 방식으로 한쪽만 참조를 유지하는 방식을 단방향(unidirectional)이라고 하고, 양쪽 모두를 참조하는 방식을 양방향(bidirectional)이라고 분류합니다.

- 양방향: 양쪽 객체 모두 서로 참조를 유지하기 때문에 모든 관리를 양쪽 객체에 동일하게 적용해야만 하는 불편함이 있지만 JPA에서 필요한 데이터를 탐색하는 작업에서는 편리함을 제공합니다.
- 단방향: 구현이 단순하고 에러 발생의 여지를 많이 줄일 수 있지만, 데이터베이스 상에서 조인 처리와 같이 다른 엔티티 객체의 내용을 사용하는 데 더 어렵다는 단점이 있습니다.

예제에서는 기본적으로 단방향으로 참조 관계를 유지하면서 다른 엔티티를 사용해야 할 때는 JPQL을 통한 조인 처리를 이용하도록 합니다.

다대일 연관 관계의 구현

다대일 연관 관계는 필요한 엔티티 클래스에 @Many ToOne을 이용해서 연관 관계를 작성합니다. 현재 프로젝트에 댓글의 엔티티 클래스를 domain 패키지에 추가합니다.

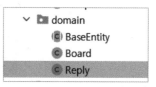

```java
package org.zerock.b01.domain;

import lombok.*;

import javax.persistence.*;

@Entity
@Getter
@Builder
@AllArgsConstructor
@NoArgsConstructor
@ToString(exclude = "board")
public class Reply extends BaseEntity{

    @Id
    @GeneratedValue(strategy = GenerationType.IDENTITY)
    private Long rno;

    @ManyToOne(fetch = FetchType.LAZY)
    private Board board;

    private String replyText;

    private String replyer;

}
```

Reply 클래스에는 Board 타입의 객체 참조를 board라는 변수를 이용해서 참조하는데 이 때 @ManyToOne을 이용해서 '다대일' 관계로 구성됨을 설명합니다.

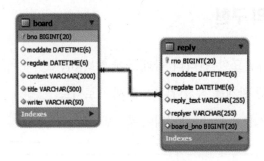

연관 관계를 구성할 때에는 다음과 같은 점들을 주의해서 작성합니다. 이에 대한 자세한 설명은 조금 뒤에서 테스트를 진행하면서 확인합니다.

- @ToString을 할 때 참조하는 객체를 사용하지 않도록 반드시 exclude 속성값을 지정합니다.
- @ManyToOne과 같이 연관 관계를 나타낼 때는 반드시 fetch 속성은 LAZY로 지정합니다.

프로젝트를 실행하면 Reply관련 테이블이 자동으로 생성되는 것을 확인할 수 있습니다. 생성된 테이블에서는 게시물(Board)과 관련된 속성으로 'board_bno'라는 이름의 칼럼이 생성되고, 자동으로 FK가 생성됩니다.

```
create table reply (
    rno bigint not null auto_increment,
    moddate datetime(6),
    regdate datetime(6),
    reply_text varchar(255),
    replyer varchar(255),
    board_bno bigint,
    primary key (rno)
) engine=InnoDB
```

```
alter table reply
    add constraint FKr1bmblqir7dalmh47ngwo7mcs
    foreign key (board_bno)
    references board (bno)
```

ReplyRepository 생성과 테스트

Reply는 Board와 별도로 CRUD가 일어 날 수 있기 때문에 별도의 Repository를 작성해서 관리하도록 구성합니다.

프로젝트의 repository 패키지에 ReplyRepository를 선언합니다.

```
package org.zerock.b01.repository;

import org.springframework.data.jpa.repository.JpaRepository;
import org.zerock.b01.domain.Reply;

public interface ReplyRepository extends JpaRepository<Reply, Long> {
}
```

• 테스트를 통한 insert 확인

test폴더에는 ReplyRepositoryTests클래스를 작성해서 작성된 ReplyRepository의 테스트 코드를 작성해 봅니다.

```
package org.zerock.b01.repository;

import lombok.extern.log4j.Log4j2;
import org.junit.jupiter.api.Test;
import org.springframework.beans.factory.annotation.Autowired;
import org.springframework.boot.test.context.SpringBootTest;
import org.zerock.b01.domain.Board;
import org.zerock.b01.domain.Reply;

@SpringBootTest
@Log4j2
public class ReplyRepositoryTests {

    @Autowired
    private ReplyRepository replyRepository;

    @Test
    public void testInsert() {

        //실제 DB에 있는 bno
        Long bno  = 100L;

        Board board = Board.builder().bno(bno).build();

        Reply reply = Reply.builder()
                .board(board)
                .replyText("댓글.....")
                .replyer("replyer1")
```

```
                .build();

        replyRepository.save(reply);

    }

}
```

testInsert( )에서 주의해야 할 부분은 Board 객체를 생성하는 부분입니다. JPA에서는 @ Id를 이용해서 엔티티 객체들을 구분하므로 실제 존재하는 @Id 값을 가지도록 구성하는 것 이 중요합니다.

testInsert( )를 실행하면 다음과 같은 SQL 문이 실행되는 것을 확인할 수 있습니다.

```
insert
into
    reply
    (moddate, regdate, board_bno, reply_text, replyer)
values
    (?, ?, ?, ?, ?)
```

데이터베이스의 reply 테이블도 확인해 주도록 합니다.

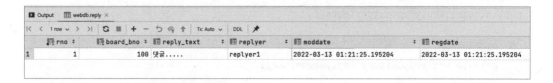

rno	board_bno	reply_text	replyer	moddate	regdate
1	100	댓글.....	replyer1	2022-03-13 01:21:25.195204	2022-03-13 01:21:25.195204

정상적으로 insert가 실행되는 것을 확인했다면 테스트 코드를 여러 번 실행해서 100번 게 시글만 여러 개의 댓글이 있는 구조로 생성하도록 합니다.

rno	board_bno	reply_text	replyer	moddate	regdate
1	100	댓글.....	replyer1	2022-03-13 01:21:25.195204	2022-03-13 01:21:25.195204
2	100	댓글.....	replyer1	2022-03-13 01:25:42.248339	2022-03-13 01:25:42.248339
3	100	댓글.....	replyer1	2022-03-13 01:25:51.183491	2022-03-13 01:25:51.183491
4	100	댓글.....	replyer1	2022-03-13 01:26:10.293790	2022-03-13 01:26:10.293790

• 특정 게시물의 댓글 조회와 인덱스

댓글이 사용되는 방식은 주로 게시물 번호를 통해서 사용되는 경우가 많습니다(게시물당 댓글의 수나 해당 게시물의 댓글 목록 등). 쿼리 조건으로 자주 사용되는 칼럼에는 인덱스를 생성해 두는 것이 좋은데 @Table 어노테이션에 추가적인 설정을 이용해서 인덱스를 지정할 수 있습니다. Reply 클래스에는 @Table 어노테이션을 추가해서 다음과 같이 구성합니다.

```
@Entity
@Table(name = "Reply", indexes = {
        @Index(name = "idx_reply_board_bno", columnList = "board_bno")
})
@Getter
@Builder
@AllArgsConstructor
@NoArgsConstructor
@ToString(exclude = "board")
public class Reply extends BaseEntity{

    ...

}
```

특정한 게시글의 댓글들은 페이징 처리를 할 수 있도록 Pageable 기능을 ReplyRepository에 @Query를 이용해서 작성합니다.

```
package org.zerock.b01.repository;

import org.springframework.data.domain.Page;
import org.springframework.data.domain.Pageable;
import org.springframework.data.jpa.repository.JpaRepository;
import org.springframework.data.jpa.repository.Query;
import org.zerock.b01.domain.Reply;

public interface ReplyRepository extends JpaRepository<Reply, Long> {

    @Query("select r from Reply r where r.board.bno = :bno")
    Page<Reply> listOfBoard(Long bno, Pageable pageable);
}
```

· 테스트 코드와 fetch 속성

테스트 코드를 통해서 listOfBoard( )의 동작을
확인합니다.

```
@Test
public void testBoardReplies() {

    Long bno = 100L;

    Pageable pageable = PageRequest.of(0,10, Sort.by("rno").descending());

    Page<Reply> result = replyRepository.listOfBoard(bno, pageable);

    result.getContent().forEach(reply -> {
        log.info(reply);
    });
}
```

```
select
    reply0_.rno as rno1_1_,
    reply0_.moddate as moddate2_1_,
    reply0_.regdate as regdate3_1_,
    reply0_.board_bno as board_bn6_1_,
    reply0_.reply_text as reply_te4_1_,
    reply0_.replyer as replyer5_1_
from
    reply reply0_
where
    reply0_.board_bno=?
order by
    reply0_.rno desc limit ?
```

```
Reply(rno=4, replyText=댓글....., replyer=replyer1)
Reply(rno=3, replyText=댓글....., replyer=replyer1)
Reply(rno=2, replyText=댓글....., replyer=replyer1)
Reply(rno=1, replyText=댓글....., replyer=replyer1)
```

Reply 객체를 출력할 때 조심해야 하는 부분은 @ToString( )입니다. JPA는 기본적으로
필요한 엔티티를 최소한의 자원으로 쓰는 방식을 선택합니다. 예를 들어 Reply를 출력할 때
Board를 같이 출력하도록 한다면 reply 테이블에서 쿼리를 실행하고 board 테이블에서 추
가적인 쿼리를 실행하게 됩니다.

Reply 클래스의 @ToString( )에서 exclude를 제거해 보면 이런 동작을 확인할 수 있습니다.

Reply 클래스를 다음과 같이 수정했다고 가정해 봅니다.

```
@ToString  //exclude 제거
public class Reply extends BaseEntity{

    ...

}
```

이 상태에서 testBoardReplies( )를 실행하면 다음과 같은 에러가 발생하게 됩니다.

```
Hibernate:
    select
        reply0_.rno as rno1_1_,
        reply0_.moddate as moddate2_1_,
        reply0_.regdate as regdate3_1_,
        reply0_.board_bno as board_bn6_1_,
        reply0_.reply_text as reply_te4_1_,
        reply0_.replyer as replyer5_1_
    from
        reply reply0_
    where
        reply0_.board_bno=?
    order by
        reply0_.rno desc limit ?
could not initialize proxy [org.zerock.b01.domain.Board#100] - no Session
org.hibernate.LazyInitializationException: could not initialize proxy [org.zerock.b01.domain.Board#100] - no Session
    at app//org.hibernate.proxy.AbstractLazyInitializer.initialize(AbstractLazyInitializer.java:176)
    at app//org.hibernate.proxy.AbstractLazyInitializer.getImplementation(AbstractLazyInitializer.java:322)
    at app//org.hibernate.proxy.pojo.bytebuddy.ByteBuddyInterceptor.intercept(ByteBuddyInterceptor.java:45)
    at app//org.hibernate.proxy.ProxyConfiguration$InterceptorDispatcher.intercept(ProxyConfiguration.java:95)
```

에러 메시지가 발생하는 상황을 생각해보면 reply 테이블에서 쿼리를 실행했지만, Board 객체를 같이 출력해야 하므로 다시 board 테이블에 쿼리를 추가로 실행해야만 하는 상황입니다. 그러므로 다시 한번 데이터베이스를 연결해야만 하는데 현재 테스트 코드는 한 번만 쿼리를 실행할 수 있기 때문에 발생하는 에러입니다(no session이라는 의미가 데이터베이스와 추가적인 연결이 필요해서 발생하는 문제입니다).

강제로 이를 실행하고 싶다면 테스트 코드에 @Transactional을 추가하면 가능합니다.

```
import org.springframework.transaction.annotation.Transactional;
```

```
@Transactional
@Test
public void testBoardReplies() {

    ...
}
```

@Transactional을 추가한 후에 테스트 코드를 실행하면 다음과 같이 reply 테이블에 쿼리가 실행되고 board 테이블에 추가 쿼리가 실행되는 것을 볼 수 있습니다.

```
select
    reply0_.rno as rno1_1_,
    reply0_.moddate as moddate2_1_,
    reply0_.regdate as regdate3_1_,
    reply0_.board_bno as board_bn6_1_,
    reply0_.reply_text as reply_te4_1_,
    reply0_.replyer as replyer5_1_
from
    reply reply0_
where
    reply0_.board_bno=?
order by
    reply0_.rno desc limit ?
```

```
select
    board0_.bno as bno1_0_0_,
    board0_.moddate as moddate2_0_0_,
    board0_.regdate as regdate3_0_0_,
    board0_.content as content4_0_0_,
    board0_.title as title5_0_0_,
    board0_.writer as writer6_0_0_
from
    board board0_
where
    board0_.bno=?
```

@ManyToOne에 보면 fetch 속성값이 FetchType.LAZY로 지정되어 있습니다. LAZY 속성값은 '지연 로딩'이라고 표현하는데 지연 로딩은 기본적으로 필요한 순간까지 데이터베이스와 연결하지 않는 방식으로 동작합니다.

FetchType.LAZY의 반대는 FetchType.EAGER입니다. EAGER는 '즉시 로딩'이라는 단어로 표현하는데 해당 엔티티를 로딩할 때 같이 로딩하는 방식입니다. EAGER는 성능에 영향을 줄 수 있으므로 우선은 LAZY 값을 기본으로 사용하고 필요에 따라서 EAGER를 고려해볼 수 있다고 생각하는 것이 좋습니다.

• 댓글 조회/수정/삭제

JPA에서 엔티티 간의 관계를 한쪽에서만 참조하는 '단방향'방식으로 구현하는 경우 장점은 관리가 편하다는 점일 것입니다. 양방향의 경우 양쪽 객체 모두를 변경해 주어야 하기 때문에 구현할 때도 주의해야 하지만 트랜잭션을 신경 써야만 합니다.

현재 예제와 같이 단방향으로 구현되는 경우 Board 객체는 Reply에 대해서 전혀 모르는 상태이므로 Reply의 CRUD 에 대해서 전혀 무관하게 되므로 단순하게 구현할 수 있습니다..

게시물 목록과 Projection

게시글과 댓글의 관계처럼 엔티티가 조금씩 확장되면 가장 문제가 되는 부분은 목록 화면 입니다. 기존의 목록 화면에서는 Board 객체를 BoardDTO로 변환시켜서 내용을 출력하면 충분했지만 댓글이 추가되면 상황이 달라집니다.

목록 화면에는 특정한 게시물에 속한 댓글의 숫자를 같이 출력해 주어야 하기 때문에 기존 의 코드를 사용할 수가 없고 다시 추가 개발이 필요합니다.

이러한 상황에서 우선 화면에 필요한 DTO를 먼저 구성 합니다. dto 패키지에 BoardListReplyCountDTO라는 이름의 클래스를 작성해 봅니다.

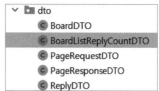

```java
package org.zerock.b01.dto;

import lombok.Data;

import java.time.LocalDateTime;

@Data
public class BoardListReplyCountDTO {

    private Long bno;
    private String title;
    private String writer;
    private LocalDateTime regDate;

    private Long replyCount;

}
```

목록 처리는 Querydsl을 이용하는 구조이므로 search의
BoardSearch에 추가 메소드를 다음과 같이 구현합니다.

```java
public interface BoardSearch {

    Page<Board> search1(Pageable pageable);

    Page<Board> searchAll(String[] types, String keyword, Pageable pageable);

    Page<BoardListReplyCountDTO> searchWithReplyCount(String[] types,
                                                      String keyword,
                                                      Pageable pageable);

}
```

· LEFT (OUTER) JOIN 처리

BoardSearchImpl에서 searchWithReplyCount( ) 구현에는 단방향 참조가 가지는 단점이
보이는데 그것은 바로 필요한 정보가 하나의 엔티티를 통해서 접근할 수 없다는 점입니다.

이 문제를 해결하기 위해서 가장 쉽게 사용할 수 있는 방법은 JPQL을 이용해서 'left (out-
er) join'이나 'inner join'과 같은 조인(join) 이용하는 것입니다.

게시물과 댓글의 경우 한쪽에만 데이터가 존재하는 상황이 발생할 수 있습니다. 예를 들어
특정 게시물은 댓글이 없는 경우가 발생하므로 outer join을 통해서 처리해야 합니다.

Querydsl 역시 다양한 조인 처리 기법을 지원하기 때문
에 이를 이용해서 searchWithReplyCount( ) 기능을 구현
할 수 있습니다.

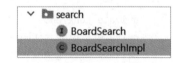

우선은 코드의 일부분으로 조인 처리만을 구성하면 다음과 같습니다.

```java
@Override
public Page<BoardListReplyCountDTO> searchWithReplyCount(String[] types, String
keyword, Pageable pageable) {

        QBoard board = QBoard.board;
        QReply reply = QReply.reply;
```

```
            JPQLQuery<Board> query = from(board);
            query.leftJoin(reply).on(reply.board.eq(board));

            query.groupBy(board);


            return null;
        }
}
```

JPQLQuery의 leftJoin( )을 이용할 때는 on( )을 이용해서 조인 조건을 지정합니다. 조인
처리 후에 게시물당 처리가 필요하므로 groupBy( )를 적용합니다.

· Projections.bean( )

JPA에서는 Projection(프로젝션)이라고 해서 JPQL의 결과를 바로 DTO로 처리하는 기
능을 제공합니다. Querydsl도 마찬가지로 이러한 기능을 제공합니다.

목록 화면에서 필요한 쿼리의 결과를 Projections.bean( )이라는 것을 이용해서 한번에
DTO로 처리할 수 있는데 이를 이용하려면 JPQLQuery 객체의 select( )를 이용합니다.

BoardSearchImpl클래스의 searchWithReplyCount( ) 내부는 다음과 같이 구현됩니다.

```
import com.querydsl.core.types.Projections;
import com.querydsl.jpa.JPQLQuery;

....

QBoard board = QBoard.board;
QReply reply = QReply.reply;

JPQLQuery<Board> query = from(board);
query.leftJoin(reply).on(reply.board.eq(board));

query.groupBy(board);

JPQLQuery<BoardListReplyCountDTO> dtoQuery = query.select(Projections.
bean(BoardListReplyCountDTO.class,
        board.bno,
        board.title,
        board.writer,
        board.regDate,
```

```
        reply.count().as("replyCount")
    ));

...
```

최종적으로 검색 조건까지 적용하고 applyPagination( )까지 적용하면 다음과 같은 형태
가 됩니다.

```
@Override
public Page<BoardListReplyCountDTO> searchWithReplyCount(String[] types, String
keyword, Pageable pageable) {

    QBoard board = QBoard.board;
    QReply reply = QReply.reply;

    JPQLQuery<Board> query = from(board);
    query.leftJoin(reply).on(reply.board.eq(board));

    query.groupBy(board);

    if( (types != null && types.length > 0) && keyword != null ){

        BooleanBuilder booleanBuilder = new BooleanBuilder(); // (

        for(String type: types){

            switch (type){
                case "t":
                    booleanBuilder.or(board.title.contains(keyword));
                    break;
                case "c":
                    booleanBuilder.or(board.content.contains(keyword));
                    break;
                case "w":
                    booleanBuilder.or(board.writer.contains(keyword));
                    break;
            }
        }//end for
        query.where(booleanBuilder);
    }

    //bno > 0
    query.where(board.bno.gt(0L));
```

```java
        JPQLQuery<BoardListReplyCountDTO> dtoQuery = query.select(Projections.
                                                bean(BoardListReplyCountDTO.class,
                board.bno,
                board.title,
                board.writer,
                board.regDate,
                reply.count().as("replyCount")
                ));

        this.getQuerydsl().applyPagination(pageable,dtoQuery);

        List<BoardListReplyCountDTO> dtoList = dtoQuery.fetch();

        long count = dtoQuery.fetchCount();

        return new PageImpl<>(dtoList, pageable, count);
}
```

최종적으로 테스트 코드를 작성해서 정상적으로 처리 되는지 확인하고 쿼리 실행에 있어서 페이징 처리(limit)가의 페이지 처리가 이루어지는지 확인합니다.

테스트 코드는 BoardRepositoryTests를 이용합니다.

```java
@Test
public void testSearchReplyCount() {

    String[] types = {"t","c","w"};

    String keyword = "1";

    Pageable pageable = PageRequest.of(0,10, Sort.by("bno").descending());

    Page<BoardListReplyCountDTO> result = boardRepository.
                            searchWithReplyCount(types, keyword, pageable );

    //total pages
    log.info(result.getTotalPages());
    //pag size
    log.info(result.getSize());
    //pageNumber
    log.info(result.getNumber());
    //prev next
```

```
        log.info(result.hasPrevious() +": " + result.hasNext());

        result.getContent().forEach(board -> log.info(board));
}
```

앞의 코드가 실행되었을 때 쿼리와 결과는 다음과 같습니다.

```
select
    board0_.bno as col_0_0_,
    board0_.title as col_1_0_,
    board0_.writer as col_2_0_,
    board0_.regdate as col_3_0_,
    count(reply1_.rno) as col_4_0_
from
    board board0_
left outer join
    reply reply1_
        on (
            reply1_.board_bno=board0_.bno
        )
where
    (
        board0_.title like ? escape '!'
        or board0_.content like ? escape '!'
        or board0_.writer like ? escape '!'
    )
    and board0_.bno>?
group by
    board0_.bno
order by
    board0_.bno desc limit ?
```

```
select
    count(distinct board0_.bno) as col_0_0_
from
    board board0_
left outer join
    reply reply1_
        on (
            reply1_.board_bno=board0_.bno
        )
where
    (
        board0_.title like ? escape '!'
        or board0_.content like ? escape '!'
        or board0_.writer like ? escape '!'
    )
    and board0_.bno>?
```

```
o.z.b01.repository.BoardRepositoryTests : 3
o.z.b01.repository.BoardRepositoryTests : 10
o.z.b01.repository.BoardRepositoryTests : 0
o.z.b01.repository.BoardRepositoryTests : false: true
o.z.b01.repository.BoardRepositoryTests : BoardListReplyCountDTO(bno=104, title=Modal Test, writer=user01, regDate=2022-03-12T21:44:43.869912, replyCount=0)
o.z.b01.repository.BoardRepositoryTests : BoardListReplyCountDTO(bno=103, title=103번 수정, writer=user01, regDate=2022-03-12T21:41:11.211164, replyCount=0)
o.z.b01.repository.BoardRepositoryTests : BoardListReplyCountDTO(bno=102, title=한글테스트, writer=user01, regDate=2022-03-12T21:38:29.115189, replyCount=0)
o.z.b01.repository.BoardRepositoryTests : BoardListReplyCountDTO(bno=101, title=Updated....101, writer=user00, regDate=2022-03-12T10:53:39.001151, replyCount=0)
o.z.b01.repository.BoardRepositoryTests : BoardListReplyCountDTO(bno=100, title=update..title 100, writer=user0, regDate=2022-03-12T00:27:46.650438, replyCount=4)
o.z.b01.repository.BoardRepositoryTests : BoardListReplyCountDTO(bno=91, title=title...91, writer=user1, regDate=2022-03-12T00:27:46.625433, replyCount=0)
o.z.b01.repository.BoardRepositoryTests : BoardListReplyCountDTO(bno=81, title=title...81, writer=user1, regDate=2022-03-12T00:27:46.600431, replyCount=0)
o.z.b01.repository.BoardRepositoryTests : BoardListReplyCountDTO(bno=71, title=title...71, writer=user1, regDate=2022-03-12T00:27:46.580431, replyCount=0)
o.z.b01.repository.BoardRepositoryTests : BoardListReplyCountDTO(bno=61, title=title...61, writer=user1, regDate=2022-03-12T00:27:46.559432, replyCount=0)
o.z.b01.repository.BoardRepositoryTests : BoardListReplyCountDTO(bno=51, title=title...51, writer=user1, regDate=2022-03-12T00:27:46.538435, replyCount=0)
j.LocalContainerEntityManagerFactoryBean : Closing JPA EntityManagerFactory for persistence unit 'default'
```

이 중에서 bno가 100인 게시물의 결과가 중요합니다.

```
BoardListReplyCountDTO(bno=100, title=update..title 100, writer=user0, regDate=2022-03-12T00:27:46.650438, replyCount=4)
```

실행 결과를 보면 Reply를 추가했던 100번 게시물은 replyCount가 4로 정상 처리되는 것을 볼 수 있습니다.

게시물 목록 화면 처리

BoardRepository와 BoardSearch(Impl)을 이용해서 BoardListReplyCountDTO 처리가 완료되었다면 화면까지 이를 반영해서 다음과 같이 댓글의 수가 반영되는 화면을 구성해 보도록 합니다.

우선 데이터를 가져오는 타입이 BoardDTO가 아닌 BoardListReplyCountDTO가 되었으므로 Board-Service와 BoardServiceImpl에는 listWithReply-Count( ) 메소드를 추가하고 구현합니다.

```java
public interface BoardService {

    Long register(BoardDTO boardDTO);

    BoardDTO readOne(Long bno);

    void modify(BoardDTO boardDTO);

    void remove(Long bno);

    PageResponseDTO<BoardDTO> list(PageRequestDTO pageRequestDTO);

    //댓글의 숫자까지 처리
    PageResponseDTO<BoardListReplyCountDTO> listWithReplyCount(PageRequestDTO
                                                          pageRequestDTO);

}
```

BoardServiceImpl에서는 listWithReplyCount( )를 다음과 같이 구현합니다.

```
@Override
public PageResponseDTO<BoardListReplyCountDTO> listWithReplyCount(PageRequestDTO
pageRequestDTO) {

    String[] types = pageRequestDTO.getTypes();
    String keyword = pageRequestDTO.getKeyword();
    Pageable pageable = pageRequestDTO.getPageable("bno");

    Page<BoardListReplyCountDTO> result = boardRepository.
                                searchWithReplyCount(types, keyword, pageable);

    return PageResponseDTO.<BoardListReplyCountDTO>withAll()
            .pageRequestDTO(pageRequestDTO)
            .dtoList(result.getContent())
            .total((int)result.getTotalElements())
            .build();
}
```

BoardController에서는 호출하는 메소드를 변경합니다.
기존에 BoardService의 list( )를 호출하는 대신에 listWi-
thReplyCount( )를 호출하도록 수정합니다.

```
@GetMapping("/list")
public void list(PageRequestDTO pageRequestDTO, Model model){

    //PageResponseDTO<BoardDTO> responseDTO = boardService.list(pageRequestDTO);

    PageResponseDTO<BoardListReplyCountDTO> responseDTO =
            boardService.listWithReplyCount(pageRequestDTO);

    log.info(responseDTO);

    model.addAttribute("responseDTO", responseDTO);
}
```

마지막으로 화면을 처리하는 list.html에는 replyCount라
는 속성을 출력하도록 수정합니다.

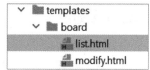

```html
<tbody th:with="link = ${pageRequestDTO.getLink()}">
<tr th:each="dto:${responseDTO.dtoList}"  >
  <th scope="row">[[${dto.bno}]]</th>
  <td>
    <a th:href="|@{/board/read(bno =${dto.bno})}&${link}|" class="text-decoration-none"> [[${dto.title}]] </a>
    <span class="badge progress-bar-success" style="background-color: #0a53be">[[${dto.replyCount}]]</span>
  </td>
  <td>[[${dto.writer}]]</td>
  <td>[[${#temporals.format(dto.regDate, 'yyyy-MM-dd')}]]</td>
</tr>
</tbody>
```

브라우저에 목록이 다음과 같이 출력되는지를 확인합니다.

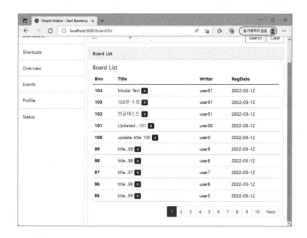

댓글 서비스 계층의 구현

댓글의 엔티티 처리가 끝났다면 서비스 계층을 구현하
도록 합니다. Service 패키지에 ReplyService 인터페이
스와 ReplyServiceImpl 클래스를 추가합니다.

댓글 등록 처리

댓글 등록은 게시물과 거의 비슷하게 구현됩니다. 우선은 ReplyService 인터페이스에 메소드에 정의합니다.

```java
package org.zerock.b01.service;

import org.zerock.b01.dto.ReplyDTO;

public interface ReplyService {

    Long register(ReplyDTO replyDTO);
}
```

ReplyServiceImpl은 ReplyRepository와 ModelMapper를 주입받아서 구현됩니다.

```java
package org.zerock.b01.service;

import lombok.RequiredArgsConstructor;
import lombok.extern.log4j.Log4j2;
import org.modelmapper.ModelMapper;
import org.springframework.stereotype.Service;
import org.zerock.b01.domain.Reply;
import org.zerock.b01.dto.ReplyDTO;
import org.zerock.b01.repository.ReplyRepository;


@Service
@RequiredArgsConstructor
@Log4j2
public class ReplyServiceImpl implements ReplyService{

    private final ReplyRepository replyRepository;

    private final ModelMapper modelMapper;

    @Override
    public Long register(ReplyDTO replyDTO) {

        Reply reply = modelMapper.map(replyDTO, Reply.class);
```

```
            Long rno = replyRepository.save(reply).getRno();

            return rno;
    }
}
```

· 댓글 등록 테스트

test 폴더의 service 패키지에 ReplyServiceTests 클래스를 추가해서 ReplyService 기능들의 동작에 문제가 없는지 확인하도록 합니다.

```
package org.zerock.b01.service;

import lombok.extern.log4j.Log4j2;
import org.junit.jupiter.api.Test;
import org.springframework.beans.factory.annotation.Autowired;
import org.springframework.boot.test.context.SpringBootTest;
import org.zerock.b01.dto.ReplyDTO;

@SpringBootTest
@Log4j2
public class ReplyServiceTests {

    @Autowired
    private ReplyService replyService;

    @Test
    public void testRegister() {

        ReplyDTO replyDTO = ReplyDTO.builder()
                .replyText("ReplyDTO Text")
                .replyer("replyer")
                .bno(100L)
                .build();

        log.info(replyService.register(replyDTO));
    }

}
```

실행 결과에 정상으로 SQL이 동작하고 새로운 댓글이 insert되는지 확인합니다.

```
insert
into
    reply
    (moddate, regdate, board_bno, reply_text, replyer)
values
    (?, ?, ?, ?, ?)
```

실행 로그에는 새로운 댓글의 rno 값이 출력됩니다.

```
[    Test worker] o.zerock.b01.service.ReplyServiceTests    : 5
```

댓글 조회/수정/삭제/목록

댓글을 수정하는 경우에는 Reply 객체에서 replyText만을 수정할 수 있으므로 Reply를
조금 수정해 두도록 합니다.

```java
public class Reply extends BaseEntity{

    @Id
    @GeneratedValue(strategy = GenerationType.IDENTITY)
    private Long rno;

    @ManyToOne(fetch = FetchType.LAZY)
    private Board board;

    private String replyText;

    private String replyer;

    public void changeText(String text){
        this.replyText = text;
    }
}
```

ReplyService 인터페이스는 CRUD 기능들을 다음과 같이 선언합니다.

```
public interface ReplyService {

    Long register(ReplyDTO replyDTO);

    ReplyDTO read(Long rno);

    void modify(ReplyDTO replyDTO);

    void remove(Long rno);
}
```

ReplyServiceImpl에서 register( )를 제외한 기능들은 다음과 같이 구현됩니다.

```
@Override
public ReplyDTO read(Long rno) {

    Optional<Reply> replyOptional = replyRepository.findById(rno);

    Reply reply = replyOptional.orElseThrow();

    return modelMapper.map(reply, ReplyDTO.class);
}

@Override
public void modify(ReplyDTO replyDTO) {

    Optional<Reply> replyOptional = replyRepository.findById(replyDTO.getRno());

    Reply reply = replyOptional.orElseThrow();

    reply.changeText(replyDTO.getReplyText()); //댓글의 내용만 수정 가능

    replyRepository.save(reply);

}

@Override
public void remove(Long rno) {
```

```
    replyRepository.deleteById(rno);


}
```

특정 게시물의 댓글 목록 처리

댓글 서비스의 가장 중요한 기능은 특정한 게시물의 댓글 목록을 페이징 처리하는 것입니다. ReplyService에 getListOfBoard( )를 추가합니다.

```
public interface ReplyService {

    ...

    PageResponseDTO<ReplyDTO> getListOfBoard(Long bno,
                                        PageRequestDTO pageRequestDTO);
}
```

ReplyServiceImpl에서는 PageRequestDTO를 이용해서 페이지 관련 정보를 처리하고 ReplyRespository를 통해서 특정 게시물에 속하는 Page<Reply>를 구합니다.

실제 반환되어야 하는 타입은 Reply가 아니라 ReplyDTO 타입이므로 ReplyServiceImpl에서는 이를 변환하는 작업이 필요합니다.

```
@Override
public PageResponseDTO<ReplyDTO> getListOfBoard(Long bno, PageRequestDTO
pageRequestDTO) {

    Pageable pageable = PageRequest.of(pageRequestDTO.getPage() <=0? 0:
pageRequestDTO.getPage() -1,
            pageRequestDTO.getSize(),
            Sort.by("rno").ascending());

    Page<Reply> result = replyRepository.listOfBoard(bno, pageable);

    List<ReplyDTO> dtoList =
```

```
            result.getContent().stream().map(reply -> modelMapper.map(reply,
                                                            ReplyDTO.class))
                    .collect(Collectors.toList());

    return PageResponseDTO.<ReplyDTO>withAll()
            .pageRequestDTO(pageRequestDTO)
            .dtoList(dtoList)
            .total((int)result.getTotalElements())
            .build();
}
```

컨트롤러 계층 구현

컨트롤러 영역에서는 Swagger UI를 이용해서 테스트 와 함께 필요한 기능들을 개발합니다. ReplyController는 ReplyService를 주입 받도록 설계합니다.

```
@RestController
@RequestMapping("/replies")
@Log4j2
@RequiredArgsConstructor    //의존성 주입을 위한
public class ReplyController {

    private final ReplyService replyService;


    ...
}
```

등록 기능 확인

ReplyController의 등록 기능은 이미 개발된 코드에 JSON 처리를 위해서 추가 코드가 필 요합니다.

```
@ApiOperation(value = "Replies POST", notes = "POST 방식으로 댓글 등록")
@PostMapping(value = "/", consumes = MediaType.APPLICATION_JSON_VALUE)
```

```
public Map<String,Long> register(
      @Valid @RequestBody ReplyDTO replyDTO,
      BindingResult bindingResult)throws BindException{

    log.info(replyDTO);

    if(bindingResult.hasErrors()){
        throw new BindException(bindingResult);
    }

    Map<String, Long> resultMap = new HashMap<>();

    Long rno = replyService.register(replyDTO);

    resultMap.put("rno",rno);

    return resultMap;
}
```

프로젝트를 실행하고 Swagger UI를 통해서 테스트를 진행합니다. 등록 작업에서 주의할 점은 bno가 실제 존재하는 게시물 번호여야 한다는 점입니다.

```
{
  "bno": 101,
  "replyText": "새로운 댓글 추가",
  "replyer": "replyer",
  "rno": 0
}
```

정상적으로 동작하면 다음과 같이 {'rno':6}와 같은 결과가 전송되는 것을 확인할 수 있습니다.

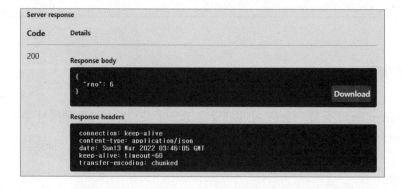

최종적으로는 데이터베이스에 한글이 문제 없이 처리되었는지 확인합니다.

#️⃣ rno	📋 moddate	📋 regdate	📋 reply_text	📋 replyer	📋 board_bno
1	2022-03-13 01:21:25.195204	2022-03-13 01:21:25.195204	댓글.....	replyer1	100
2	2022-03-13 01:25:42.248339	2022-03-13 01:25:42.248339	댓글.....	replyer1	100
3	2022-03-13 01:25:51.183491	2022-03-13 01:25:51.183491	댓글.....	replyer1	100
4	2022-03-13 01:26:10.293790	2022-03-13 01:26:10.293790	댓글.....	replyer1	100
5	2022-03-13 12:25:14.936661	2022-03-13 12:25:14.936661	ReplyDTO Text	replyer	100
6	2022-03-13 12:46:05.472534	2022-03-13 12:46:05.472534	새로운 댓글 추가	replyer	101

• 잘못되는 상황에 대한 처리

@Valid는 이미 처리를 했지만 연관 관계를 가진 엔티티를 처리할 때마다 항상 문제가 되는 것은 연관된 객체의 안정성을 확보하는 것입니다.

예를 들어 앞선 테스트에서 bno 값을 사용할 수 없는 번호로 작성하면 문제가 발생합니다. 존재하지 않는 게시글 번호를 이용해서 댓글을 추가해 봅니다

```
{
    "bno": 5101,
    "replyText": "새로운 댓글 추가",
    "replyer": "replyer",
    "rno": 0
}
```

실행 결과는 다음 그림과 같이 예외가 발생하는 것을 볼 수 있습니다.

서버에 기록된 로그를 보면 SQLException이긴 하지만, org.springframework.dao. DataIntegrityViolationException 예외가 발생하는 것을 볼 수 있습니다(SQL만으로 보면 없는 PK 값을 사용했으므로).

예외가 발생한다는 것은 분명 정상적인 결과지만 서버의 상태 코드는 500으로 '서버 내부의 오류'로 처리됩니다. 외부에서 Ajax로 댓글 등록 기능을 호출했을 때 500 에러가 발생한다면 호출한 측에서는 현재 서버의 문제라고 생각할 것이고 전송하는 데이터에 문제가 있다고 생각하지는 않을 것입니다.

클라이언트에 서버의 문제가 아니라 데이터의 문제가 있다고 전송하기 위해서는 @Rest-ControllerAdvice를 이용하는 CustomRestAdvice에 DataIntegrityViolationException를 만들어서 사용자에게 예외 메시지를 전송하도록 구성합니다.

```java
package org.zerock.b01.controller.advice;


import lombok.extern.log4j.Log4j2;
import org.springframework.dao.DataIntegrityViolationException;
import org.springframework.http.HttpStatus;
import org.springframework.http.ResponseEntity;
import org.springframework.validation.BindException;
import org.springframework.validation.BindingResult;
import org.springframework.web.bind.annotation.ExceptionHandler;
import org.springframework.web.bind.annotation.ResponseStatus;
import org.springframework.web.bind.annotation.RestControllerAdvice;

import javax.validation.ConstraintViolationException;
import java.util.HashMap;
import java.util.Map;

@RestControllerAdvice
@Log4j2
public class CustomRestAdvice {

    @ExceptionHandler(BindException.class)
    @ResponseStatus(HttpStatus.EXPECTATION_FAILED)
    public ResponseEntity<Map<String, String>> handleBindException(BindException e) {

        log.error(e);

        Map<String, String> errorMap = new HashMap<>();

        if(e.hasErrors()){

            BindingResult bindingResult = e.getBindingResult();
```

```
        bindingResult.getFieldErrors().forEach(fieldError -> {
            errorMap.put(fieldError.getField(), fieldError.getCode());
        });
    }

    return ResponseEntity.badRequest().body(errorMap);
}

@ExceptionHandler(DataIntegrityViolationException.class)
@ResponseStatus(HttpStatus.EXPECTATION_FAILED)
public ResponseEntity<Map<String, String>> handleFKException(Exception e) {

    log.error(e);

    Map<String, String> errorMap = new HashMap<>();

    errorMap.put("time", ""+System.currentTimeMillis());
    errorMap.put("msg",  "constraint fails");
    return ResponseEntity.badRequest().body(errorMap);
}

}
```

추가한 handleFKException( )는 DataIntegrityViolationException이 발생하면 'con-straint fails' 메세지를 클라이언트로 전송합니다.

프로젝트를 재실행한 후에 잘못된 게시물 번호가 전달되면 이전과 달리 400 상태 코드와 메시지가 전송되는 것을 확인할 수 있습니다.

특정 게시물의 댓글 목록

특정한 게시물의 댓글 목록 처리는 '/replies/list/{bno}' 경로를 이용하도록 구성해 봅니다. 이때 bno는 게시물의 번호를 의미합니다.

스프링에서는 @PathVariable이라는 어노테이션을 이용해서 호출하는 경로의 값을 직접 파라미터의 변수로 처리할 있는 방법을 제공합니다.

ReplyController에는 다음과 같은 형태로 메소드를 추가합니다.

```
@ApiOperation(value = "Replies of Board", notes = "GET 방식으로 특정 게시물의 댓글 목록")
@GetMapping(value = "/list/{bno}")
public PageResponseDTO<ReplyDTO> getList(@PathVariable("bno") Long bno,
                                         PageRequestDTO pageRequestDTO){

    PageResponseDTO<ReplyDTO> responseDTO = replyService.getListOfBoard(bno,
pageRequestDTO);

    return responseDTO;
}
```

getList( )에서 bno 값은 경로에 있는 값을 취해서 사용할 것이므로 @PathVariable을 이용하고, 페이지와 관련된 정보는 일반 쿼리 스트링을 이용합니다(결과가 달라질 수 있는 부분은 일반 쿼리 스트링을 쓰고 고정인 값은 URL로 고정하는 방식).

Swagger UI로 ReplyController를 호출해 보면 PageResponseDTO가 JSON으로 처리된 결과를 받아 볼 수 있습니다.

특정 댓글 조회

특정한 댓글을 조회할 때는 Reply의 rno를 경로로 이용
해서 GET 방식으로 처리합니다.

ReplyController에는 getReplyDTO( ) 메소드를 다음
과 같이 추가합니다.

```
@ApiOperation(value = "Read Reply", notes = "GET 방식으로 특정 댓글 조회")
@GetMapping("/{rno}")
public ReplyDTO getReplyDTO( @PathVariable("rno") Long rno ){

    ReplyDTO replyDTO = replyService.read(rno);

    return replyDTO;
}
```

정상적인 rno 값이 전달되면 다음과 같이 ReplyDTO가 JSON으로 처리된 결과를 볼 수
있습니다.

・ 데이터가 존재하지 않는 경우의 처리

getReplyDTO( )와 같이 특정한 번호를 이용해서 조회할 때 문제가 되는 부분은 해당 데이터가 존재하지 않는 경우입니다. 예를 들어 현재 데이터베이스에는 12300번이라는 rno가 존재하지 않기 때문에 문제가 생길 수 있습니다. 이런 경우에는 다음과 같이 500 에러가 발생하게 됩니다.

```
500          Error:
Undocumented
             Response body

{
  "timestamp": 1647161521750,
  "status": 500,
  "error": "Internal Server Error",
  "trace": "java.util.NoSuchElementException: No value present\r\n\tat
java.base/java.util.Optional.orElseThrow(Optional.java:382)\r\n\tat
org.zerock.b01.service.ReplyServiceImpl.read(ReplyServiceImpl.java:46)\r\n\tat
org.zerock.b01.controller.ReplyController.getReplyDTO(ReplyController.java:80)\r\n\tat
java.base/jdk.internal.reflect.NativeMethodAccessorImpl.invoke0(Native Method)\r\n\tat
java.base/jdk.internal.reflect.NativeMethodAccessorImpl.invoke(NativeMethodAccessorImpl.java:62)\r\n\tat
java.base/jdk.internal.reflect.DelegatingMethodAccessorImpl.invoke(DelegatingMethodAccessorImpl.java:43)\r\n\tat
java.base/java.lang.reflect.Method.invoke(Method.java:566)\r\n\tat
org.springframework.web.method.support.InvocableHandlerMethod.doInvoke(InvocableHandlerMethod.java:205)\r\n\tat
```

서비스 계층에서 조회 시에 Optional<T>을 이용했고 orElseThrow( )를 이용했기 때문에 컨트롤러에게 예외가 전달되고 다음과 같은 예외가 발생하는 것을 확인할 수 있습니다.

```
java.util.NoSuchElementException Create breakpoint : No value present
    at java.base/java.util.Optional.orElseThrow(Optional.java:382) ~[na:na]
    at org.zerock.b01.service.ReplyServiceImpl.read(ReplyServiceImpl.java:46) ~[main/:na]
    at org.zerock.b01.controller.ReplyController.getReplyDTO(ReplyController.java:80) ~[main/:na] <14 internal lines>
    at javax.servlet.http.HttpServlet.service(HttpServlet.java:655) ~[tomcat-embed-core-9.0.58.jar:4.0.FR] <1 internal line>
    at javax.servlet.http.HttpServlet.service(HttpServlet.java:764) ~[tomcat-embed-core-9.0.58.jar:4.0.FR] <25 internal lines>
```

이를 해결하기 위해서 CustomRestAdvice를 이용해서 예외처리를 추가해 주도록 합니다.

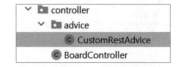

```java
@ExceptionHandler(NoSuchElementException.class)
@ResponseStatus(HttpStatus.EXPECTATION_FAILED)
public ResponseEntity<Map<String, String>> handleNoSuchElement(Exception e) {

    log.error(e);

    Map<String, String> errorMap = new HashMap<>();

    errorMap.put("time", ""+System.currentTimeMillis());
    errorMap.put("msg",  "No Such Element Exception");
    return ResponseEntity.badRequest().body(errorMap);
}
```

앞의 handleNoSuchElement( )를 추가하고 나서 잘못된 번호가 전달될 때는 다음과 같은 메시지를 전송할 수 있게 됩니다.

```
400          Error:
Undocumented
             Response body

             {
                "msg": "No Such Element Exception",
                "time": "1647162203539"
             }
```

특정 댓글 삭제

일반적으로 REST 방식에서 삭제 작업은 GET/POST가 아닌 DELETE 방식을 이용해서 처리합니다.

ReplyController에는 다음과 같이 remove( )를 추가합니다.

```java
@ApiOperation(value = "Delete Reply", notes = "DELETE 방식으로 특정 댓글 삭제")
@DeleteMapping("/{rno}")
public Map<String,Long> remove( @PathVariable("rno") Long rno ){

    replyService.remove(rno);

    Map<String, Long> resultMap = new HashMap<>();

    resultMap.put("rno", rno);

    return resultMap;
}
```

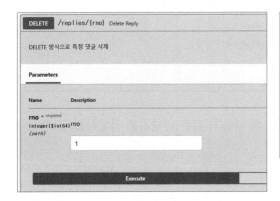

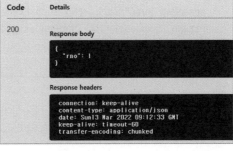

· 존재하지 않는 번호의 삭제 예외

만일 존재하지 않는 번호의 댓글을 삭제하려고 하면 다음과 같은 에러 메시지가 출력됩니다.

Code	Details
500 Undocumented	Error:
	Response body

```
{
    "timestamp": 1647162812176,
    "status": 500,
    "error": "Internal Server Error",
    "trace": "org.springframework.dao.EmptyResultDataAccessException: No class org.zerock.b01.domain.Reply entity with id 122
exists!\r\n\tat
org.springframework.data.jpa.repository.support.SimpleJpaRepository.lambda$deleteById$0(SimpleJpaRepository.java:169)\r\n\tat
java.base/java.util.Optional.orElseThrow(Optional.java:408)\r\n\tat
```

해당 번호의 엔티티가 존재하지 않는다는 점은 같지만 예외 클래스 자체는 조금 다릅니다.

```
org.springframework.dao.EmptyResultDataAccessException Create breakpoint : No class org.zerock.b01.domain.Reply entity with id 122 exists!
    at org.springframework.data.jpa.repository.support.SimpleJpaRepository.lambda$deleteById$0(SimpleJpaRepository.java:169) ~[spring
```

기존의 handleNoSuchElement( )에 처리 가능한 예외를 추가해서 처리하도록 합니다.

```java
@ExceptionHandler({
        NoSuchElementException.class,
        EmptyResultDataAccessException.class }) //추가
@ResponseStatus(HttpStatus.EXPECTATION_FAILED)
public ResponseEntity<Map<String, String>> handleNoSuchElement(Exception e) {

    log.error(e);

    Map<String, String> errorMap = new HashMap<>();

    errorMap.put("time", ""+System.currentTimeMillis());
    errorMap.put("msg",  "No Such Element Exception");
    return ResponseEntity.badRequest().body(errorMap);
}
```

변경된 후에는 존재하지 않는 댓글을 삭제할 때 다음과 같은 메시지를 전송하게 됩니다.

Code	Details
400 *Undocumented*	Error: **Response body**

```
{
  "msg": "No Such Element Exception",
  "time": "1647162928750"
}
```

특정 댓글 수정

댓글 수정은 PUT 방식으로 처리하도록 합니다. ReplyController에는 modify( )를 추가합니다. 조심해야 하는 점은 수정할 때도 등록과 마찬가지로 JSON 문자열이 전송되므로 이를 처리하도록 @RequestBody를 적용한다는 점입니다.

```java
@ApiOperation(value = "Modify Reply", notes = "PUT 방식으로 특정 댓글 수정")
@PutMapping(value = "/{rno}", consumes = MediaType.APPLICATION_JSON_VALUE )
public Map<String,Long> remove( @PathVariable("rno") Long rno, @RequestBody
ReplyDTO replyDTO ){

    replyDTO.setRno(rno); //번호를 일치시킴

    replyService.modify(replyDTO);

    Map<String, Long> resultMap = new HashMap<>();

    resultMap.put("rno", rno);

    return resultMap;
}
```

댓글을 수정하기 전에 데이터베이스에 있는 댓글 번호와 내용을 미리 확인해 둡니다.

rno	replyer	reply_text	board_bno
2	replyer1	댓글.....	100
3	replyer1	댓글.....	100
4	replyer1	댓글.....	100

Swagger UI를 이용해서 댓글을 수정할 때에 번호(rno)는 URL의 일부로 구성하고 변경될 내용은 JSON으로 다음과 같이 작성합니다.

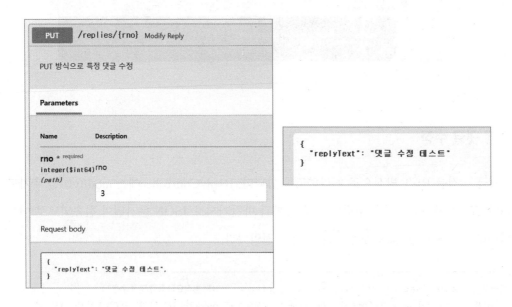

정상적으로 수정이 처리되면 데이터베이스를 통해서 변경된 내용을 확인할 수 있습니다.

rno	replyer	reply_text	
2	replyer1	댓글.....	
3	replyer1	댓글 수정 테스트	
4	replyer1	댓글.....	

이 책의 예제는 Swagger UI를 이용했지만 REST 방식의 개발은 Postman과 같은 도구도 많이 사용되고 있고, 크롬 확장 프로그램인 'Advanced Rest Client' 등도 무료로 사용 가능합니다.

REST 방식의 서비스는 브라우저에서 Ajax를 이용해서 처리됩니다. 예제는 특정한 게시물을 조회하는 화면에서 Ajax를 통해서 GET/POST/PUT/DELETE 방식으로 ReplyController를 호출하고 JSON 문자열을 처리해 보도록 합니다.

비동기 처리와 Axios

대부분 프로그래밍의 시작은 항상 동기화된 방식을 이용합니다. 동기화된 방식이라는 의미를 간단히 코드를 이용해서 알아보도록 합니다.

```
result1 = doA( );
result2 = doB(result1);
result3 = doC(result2);
```

앞의 코드는 흔하게 볼 수 있는 순차적으로 동기화된 코드입니다. doA( )를 실행해서 나온 결과로 result1을 이용해서 doB()를 호출하는 방식이므로 코드는 doA( ) -> doB( ) -> doC( )의 순서대로 호출될 것을 알 수 있습니다.

동기화된 방식의 단점은 doA( )의 실행이 완료되어야만 doB( )의 실행이 가능하다는 점입니다. 즉 doA( )가 결과를 반환할 때까지 다른 작업은 실행되지 않기 때문에 동시에 여러 작업을 처리할 수 없다는 단점이 있습니다.

동기화된 방식을 쉽게 예로 들면 '점원이 한 명뿐인 테이크아웃 커피가게'와 유사합니다. 점원이 한 명뿐이기 때문에 여러 명의 손님이 오면 첫 번째 손님이 끝날 때까지 다음 손님의 주문 처리는 불가능하게 됩니다.

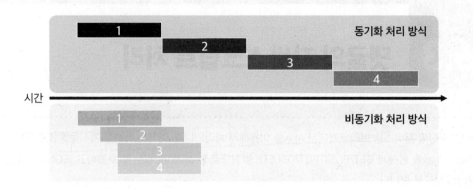

비동기 방식은 커피 가게에 여러 명의 점원이 있는 상황과 유사합니다. 점원이 여러 명이면 한 명은 주문을 계속 받고, 다른 점원은 계속해서 커피를 제조할 수 있게 됩니다. 손님들은 대기하고 있다가 자신이 주문한 음료가 나왔다는 사실을 '통보' 받고 음료를 가져가게 됩니다.

비동기 방식의 핵심은 '통보'에 있습니다. 비동기는 여러 작업을 처리하기 때문에 나중에 결과가 나오면 이를 '통보'해 주는 방식을 이용합니다. 이러한 방식을 전문용어로는 '콜백(callback)'이라고 합니다.

비동기 방식은 'doA( )'를 호출할 때 doB( )를 해 줄 것을 같이 파라미터로 전달합니다. 이를 그림으로 표현하면 다음과 같은 구조가 됩니다.

```
function doA( callback ){
    …
    result1 = …
    callback( result1 )
}
```

앞의 코드는 파라미터로 전달되는 콜백을 내부에서 호출하는데 자바 개발자들에게는 익숙하지 않은 코드입니다. 자바에서 함수를 파라미터로 전달하는 개념은 Java8에서 람다식이 도입되면서부터입니다.

반면에 자바스크립트에서 함수는 '일급 객체(first-class object)'로 일반 객체와 동일한 위상을 가지고 있으므로 파라미터가 되거나 리턴타입이 될 수 있어서 앞의 그림과 같은 코드가 가능합니다.

비동기 방식에서 콜백을 이용하는 것이 해결책이 되기는 하지만 동기화된 코드에 익숙한 개발자들에게는 조금만 단계가 많아져도 복잡한 코드를 만들어야 하는 불편함이 있습니다.

자바스크립트에서는 Promise라는 개념을 도입해서 '비동기 호출을 동기화된 방식'으로 작성할 수 있는 문법적인 장치를 만들어 주었는데 Axios는 이를 활용하는 라이브러리입니다(https://axios-http.com/kr/docs/intro). 다음 그림은 공식 문서의 Axios에 대한 설명입니다.

> ## Axios란?
>
> Axios는 node.js와 브라우저를 위한 *Promise 기반* HTTP 클라이언트 입니다. 그것은 <u>동형</u> 입니다(동일한 코드베이스로 브라우저와 node.js에서 실행할 수 있습니다). 서버 사이드에서는 네이티브 node.js의 `http` 모듈을 사용하고, 클라이언트(브라우저)에서는 XMLHttpRequests를 사용합니다.

Axios를 이용하면 Ajax를 호출하는 코드를 작성할 때 마치 동기화된 방식처럼 작성할 수 있어서 자바스크립트를 기반으로 하는 프레임워크(Angular)나 라이브러리들(React, Vue)에서 많이 사용되고 있습니다.

Axios를 위한 준비

Axios를 활용해 Ajax를 이용하기 위해서는 댓글 처리가 필요한 화면에 Axios 라이브러리를 추가해 주어야 합니다.

자바스크립트 코드의 경우 read.html에서는 주로 이벤트 관련된 부분을 처리하도록 하고 별도의 JS 파일을 작성해서 Axios를 이용하는 통신을 처리하도록 구성해 봅니다.

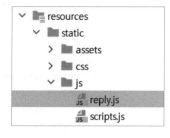

static 폴더에 있는 js 폴더에 reply.js 파일을 추가합니다. 별도의 내용이 없이 파일만을 추가합니다.

read.html의 <div layout:fragment="content">가 끝나기 전에 Axios 라이브러리를 다음과 같이 추가하고 reply.js 파일도 같이 추가합니다.

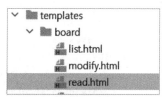

```
        <script src="https://cdn.jsdelivr.net/npm/axios/dist/axios.min.js"></script>

        <script src="/js/reply.js"></script>

    </div>


    <script layout:fragment="script" th:inline="javascript">



    </script>
```

read.html에는 댓글과 관련해 다음과 같이 화면을 구성하고자 <div>들을 추가합니다.

```
</div><!-- end row-->

    <div class="row mt-3">
        <div class="col-md-12">
            <div class="my-4 ">
                <button class="btn btn-info  addReplyBtn">ADD REPLY</button>
            </div>
            <ul class="list-group replyList">
            </ul>
        </div>
    </div>
    <div class="row mt-3">
        <div class="col">
            <ul class="pagination replyPaging">
            </ul>
        </div>
```

```
    </div>

    <script src="https://cdn.jsdelivr.net/npm/axios/dist/axios.min.js"></script>

    <script src="/js/reply.js"></script>

</div><!--end layout fragement -->

<script layout:fragment="script" th:inline="javascript">

</script>
```

아직은 구현된 내용이 없으므로 화면상에는 아래쪽에 [ADD REPLY] 버튼만 추가된 형태로 보입니다.

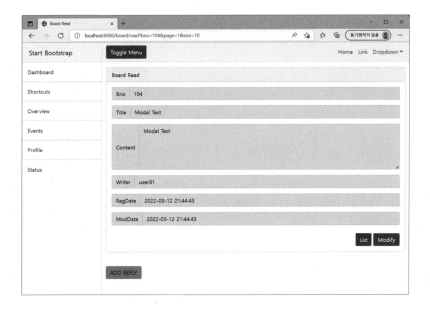

Axios 호출해 보기

reply.js에 간단하게 Axios를 이용하는 코드를 추가해 봅니다. Axios를 이용할 때 async/await를 같이 이용하면 비동기 처리를 동기화된 코드처럼 작성할 수 있습니다. async

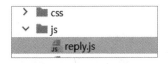

는 함수 선언 시에 사용하는데 해당 함수가 비동기 처리를 위한 함수라는 것을 명시하기 위

해서 사용하고 await는 async 함수 내에서 비동기 호출하는 부분에 사용합니다.

reply.js에 다음과 같이 간단한 함수를 선언해 봅니다.

```
async function get1(bno) {

    const result = await axios.get(`/replies/list/${bno}`)

    console.log(result)

}
```

read.html에서는 get1( )을 호출하는 코드를 작성합니다.

```
<script layout:fragment="script" th:inline="javascript">

    const bno = [[${dto.bno}]]

    get1(bno)

</script>
```

브라우저에는 '/board/read?bno=100'과 같이 가장 많은 댓글이 있는 게시물을 조회해 봅니다.

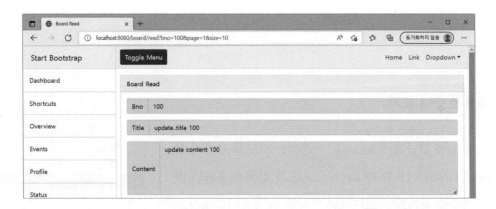

앞의 코드들이 정상적으로 동작하면 화면에는 아무것도 나타나지 않지만 콘솔창에는 다음과 같이 결과 데이터가 출력되는 것을 확인할 수 있습니다.

```
                                                                                  reply.js:5
▼ {data: {…}, status: 200, statusText: '', headers: {…}, config: {…}, …} ⓘ
  ▶ config: {transitional: {…}, transformRequest: Array(1), transformResponse: Array(1), timeout: 0, adapter: ƒ, …}
  ▶ data: {page: 0, size: 0, total: 0, start: 0, end: 0, …}
  ▶ headers: {connection: 'keep-alive', content-type: 'application/json', date: 'Sun, 13 Mar 2022 09:47:49 GMT', keep-alive: 'tim∈
  ▶ request: XMLHttpRequest {onreadystatechange: null, readyState: 4, timeout: 0, withCredentials: false, upload: XMLHttpRequestU
    status: 200
    statusText: ""
  ▶ [[Prototype]]: Object
```

Axios의 호출 결과는 결과 객체의 data 안에 있습니다.

```
▼ data:
  ▼ dtoList: Array(4)
    ▶ 0: {rno: 2, bno: 100, replyText: '댓글.....', replyer: 'replyer1', regDate: Array(7), …}
    ▶ 1: {rno: 3, bno: 100, replyText: '댓글 수정 테스트', replyer: 'replyer1', regDate: Array(7), …}
    ▶ 2: {rno: 4, bno: 100, replyText: '댓글.....', replyer: 'replyer1', regDate: Array(7), …}
    ▶ 3: {rno: 5, bno: 100, replyText: 'ReplyDTO Text', replyer: 'replyer', regDate: Array(7), …}
      length: 4
    ▶ [[Prototype]]: Array(0)
    end: 1
    next: false
    page: 1
    prev: false
    size: 10
    start: 1
    total: 4
```

· 비동기 함수의 반환

화면에서 결과가 필요하다면 Axios의 호출 결과를 반환받아야 하기 때문에 reply.js에서는 다음과 같이 작성할 것입니다.

```
async function get1(bno) {

    const result = await axios.get(`/replies/list/${bno}`)

    return result.data
}
```

get1( )을 호출하는 쪽에서는 호출 결과를 받기 위해서 다음과 같이 처리하려고 시도할 것입니다(read.html).

```
<script layout:fragment="script" th:inline="javascript">

    const bno = [[${dto.bno}]]

    console.log(get1(bno))

</script>
```

앞의 코드를 실행해 보면 예상과 달리 Promise가 반환되는 것을 볼 수 있습니다. 정작 실행 결과는 console.log(get1(bno)) 이후에 실행되는 것을 볼 수 있습니다.

```
▶ Promise {<pending>}
▶ {data: {…}, status: 200, statusText: '', headers: {…}, config: {…}, …}
>
```

이것은 get1( )이 비동기 함수이므로 get1( )을 호출한 시점에서는 반환할 것이 없지만 나중에 무언가를 반환할 것이므로 반환하기로 한 '약속'만을 반환하기 때문입니다(금융에서 약속어음과 비슷한 개념이라고 생각하면 쉽습니다).

만일 비동기 처리되는 결과를 반환해서 처리한다면 then( )과 catch( ) 등을 이용해서 작성합니다.

reply.js에서는 결과를 반환하도록 구성합니다.

```
async function get1(bno) {

    const result = await axios.get(`/replies/list/${bno}`)

    //console.log(result)

    return result;
}
```

read.html에서는 then()과 catch( )를 이용합니다.

```
<script layout:fragment="script" th:inline="javascript">

    const bno = [[${dto.bno}]]

    get1(bno).then(data => {
        console.log(data)
    }).catch(e => {
        console.error(e)
    })

</script>
```

| ⊡ ⊘ top ▼ ◉ 필터 | 기본 수준 ▼ ●7 | ⚙ |

▶ {data: {…}, status: 200, statusText: '', headers: {…}, config: {…}, …}   read?bno=100&page=1&size=10:148
>

- **비동기 처리 방식의 결정**

비동기 처리할 때는 앞선 방법처럼 일반적인 함수와 동작 방식이 다르므로 이를 어떻게 사용해서 일관성 있게 처리할 것인지를 결정해야 합니다.

비동기 함수를 이용해서 결과 데이터를 처리하는 방식은 크게 다음과 같습니다.

- 비동기 함수에서는 순수하게 비동기 통신만 처리하고 호출한 쪽에서 then( )이나 catch( ) 등을 이용해서 처리하는 방식
- 비동기 함수를 호출할 때 나중에 처리해야 하는 내용을 같이 별도의 함수로 구성해서 파라미터로 전송하는 방식

현재 예제에서 비동기 통신은 reply.js가 담당하고 화면은 read.html에서 처리하도록 예제를 구성합니다.

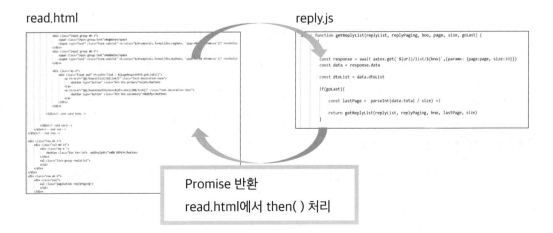

reply.js는 Axios를 이용해서 Ajax 통신하는 부분이므로 코드의 양이 많지는 않지만 통신하는 영역과 이벤트나 화면 처리 영역을 분리하기 위해서 사용합니다(이러한 방식의 개발은 Vue나 React에서도 많이 사용되는 방식이므로 미리 연습을 해 두면 좋습니다.).

댓글 처리와 자바스크립트

read.html과 reply.js의 역할을 결정했다면 본격적으로 댓글을 처리하는 기능들을 작성해 보도록 합니다.

댓글 목록 처리

가장 먼저 개발하려는 기능은 댓글 목록을 화면에 출력하는 기능입니다. 댓글도 페이징 처리가 가능하도록 구성할 것이므로 reply.js를 개발하기 전에 필요한 기능을 먼저 설계해 보도록 합니다.

reply.js에 개발하려는 함수의 이름은 getList()라 하고, 파라미터는 다음과 같이 결정합니다.

- bno: 현재 게시물 번호
- page: 페이지 번호
- size: 페이지당 사이즈
- goLast: 마지막 페이지 호출 여부

이 중에서 goLast는 조금 특별한 용도를 위해서 설계됩니다. 댓글의 경우 한 페이지에서 모든 동작이 이루어지므로 새로운 댓글이 등록되어도 화면에는 아무런 변화가 없다는 문제가 생깁니다. 또한 페이징 처리가 되면 새로 등록된 댓글이 마지막 페이지에 있기 때문에 댓글된 결과를 볼 수 없다는 문제가 생기게 됩니다. 예제에서는 goLast 변수를 이용해서 강제적으로 마지막 댓글 페이지를 호출하도록 합니다.

reply.js에는 getList 함수를 작성합니다.

```
async function getList({bno, page, size, goLast}){

    const result = await axios.get(`/replies/list/${bno}`, {params: {page, size}})

    return result.data
}
```

read.html에는 getList( )를 호출하는 함수와 현재 페이지가 로딩되면 해당 함수를 호출하도록 작성해 봅니다.

```
<script layout:fragment="script" th:inline="javascript">

    const bno = [[${dto.bno}]]

    function printReplies(page,size,goLast){

        getList({bno, page,size, goLast}).then(
            data => {console.log(data)}
        ).catch(e => {
            console.error(e)
        })
    }

    printReplies(1,10)printReplies(1,10)    // 무조건 호출

</script>
```

작성된 결과는 화면에서 console.log( )를 통해서 확인할 수 있습니다.

결과 데이터는 dtoList로 화면에 목록(replyList)을 처리하고, 나머지 정보들로 페이지 번호들을 출력해야 합니다. read.html에는 댓글 목록을 출력하는 printList( )와 페이지 번호를 출력하는 printPages( ) 함수를 작성하고 Axios의 결과를 출력하도록 수정합니다.

```
const bno = [[${dto.bno}]]

const replyList = document.querySelector('.replyList') //댓글 목록 DOM
const replyPaging = document.querySelector('.replyPaging') //페이지 목록 DOM

function printList(dtoList){ //댓글 목록 출력
    let str = '';

    if(dtoList && dtoList.length > 0){

        for (const dto of dtoList) {

            str += `<li class="list-group-item d-flex replyItem">
                <span class="col-2">${dto.rno}</span>
                <span class="col-6" data-rno="${dto.rno}">${dto.replyText}</span>
                <span class="col-2">${dto.replyer}</span>
                <span class="col-2">${dto.regDate} </span>
            </li>`
        }
    }
    replyList.innerHTML = str
}

function printPages(data){ //페이지 목록 출력

    //pagination
    let pageStr = '';

    if(data.prev) {
        pageStr +=`<li class="page-item"><a class="page-link" data-page="${data.
                                                start-1}">PREV</a></li>`
    }

    for(let i = data.start; i <= data.end; i++){
        pageStr +=`<li class="page-item ${i == data.page?"active":""} "><a
                            class="page-link" data-page="${i}">${i}</a></li>`
    }

    if(data.next) {
        pageStr +=`<li class="page-item"><a class="page-link" data-page="${data.
```

```
                                                   end +1}">NEXT</a></li>`
    }
    replyPaging.innerHTML = pageStr
}
```

Axios 결과를 가져오면 앞의 함수들에게 전달합니다.

```
function printReplies(page,size,goLast){

    getList({bno, page,size, goLast}).then(
        data => {
            printList(data.dtoList) //목록 처리
            printPages(data) //페이지 처리
        }
    ).catch(e => {
        console.error(e)
    })
}

printReplies(1,10)
```

브라우저에 댓글이 많은 게시글의 경우에는 자동으로 페이징 처리가 이루어지는 것을 볼수 있습니다.

- **@JsonFormat, @JsonIgnore**

출력된 댓글의 모양을 보면 댓글 등록 시간(regDate) 부분이 배열로 처리되어서 조금 지저분해 보이므로 ReplyDTO에 @JsonFormat을 이용해서 JSON 처리 시에 포맷팅을 지정해 봅니다.

또한 댓글 수정 시간(modDate)의 경우 화면에서 전혀 출력할 일이 없으므로 JSON으로 변환될 때 제외하도록 @JsonIgnore를 적용합니다.

```java
package org.zerock.b01.dto;

import com.fasterxml.jackson.annotation.JsonFormat;
import com.fasterxml.jackson.annotation.JsonIgnore;
import lombok.AllArgsConstructor;
import lombok.Builder;
import lombok.Data;
import lombok.NoArgsConstructor;

import javax.validation.constraints.NotEmpty;
import javax.validation.constraints.NotNull;
import java.time.LocalDateTime;


@Data
@Builder
@AllArgsConstructor
@NoArgsConstructor
public class ReplyDTO {

    private Long rno;

    @NotNull
    private Long bno;

    @NotEmpty
    private String replyText;

    @NotEmpty
    private String replyer;

    @JsonFormat(pattern="yyyy-MM-dd HH:mm:ss")
```

```
    private LocalDateTime regDate;

    @JsonIgnore
    private LocalDateTime modDate;

}
```

ReplyDTO가 수정된 후에 다시 결과를 확인하면 화면의 날짜 부분이 변경된 것을 확인할
수 있습니다.

ADD REPLY				
2	댓글.....		replyer1	2022-03-13 01:25:42
3	댓글 수정 테스트		replyer1	2022-03-13 01:25:51
4	댓글.....		replyer1	2022-03-13 01:26:10
5	ReplyDTO Text		replyer	2022-03-13 12:25:14
1				

• 마지막 페이지로 이동 처리

댓글 페이징은 새로 댓글이 추가되는 상황이 발생하면 마지막으로 등록되기 때문에 확인
이 어렵다는 문제가 있을 수 있습니다. 따라서 이를 처리하려면 댓글 목록 데이터의 total을
이용해서 다시 마지막 페이지를 호출해야 할 필요가 있습니다(서버를 다시 호출한다는 단점
이 있지만 시시각각으로 댓글의 숫자 등이 변할 수 있기 때문에 서버를 통해서 확인하고 다
시 호출하는 방식이 무난합니다. 실제 서비스에서는 댓글의 개수를 50, 100개씩 처리해서 다
시 호출해야 하는 경우의 수를 줄입니다).

SQL을 이용해서 reply 테이블의 댓글들을 복사해서 많은 댓글을 추가합니다.

```
insert into reply (moddate, regdate, reply_text, replyer, board_bno)
select moddate,regdate,reply_text,replyer,board_bno from reply;
```

특정 게시글을 보면 PageResponseDTO의 결과를 통해 여러 페이지가 존재하는 것을 확
인할 수 있습니다.

ADD REPLY				
2	댓글.....		replyer1	2022-03-13 01:25:42
3	댓글 수정 테스트		replyer1	2022-03-13 01:25:51
4	댓글.....		replyer1	2022-03-13 01:26:10
5	ReplyDTO Text		replyer	2022-03-13 12:25:14
11	댓글.....		replyer1	2022-03-13 01:25:42
12	댓글 수정 테스트		replyer1	2022-03-13 01:25:51
13	댓글.....		replyer1	2022-03-13 01:26:10
14	ReplyDTO Text		replyer	2022-03-13 12:25:14
18	댓글.....		replyer1	2022-03-13 01:25:42
19	댓글 수정 테스트		replyer1	2022-03-13 01:25:51

1 2 3 4 5 6 7 8 9 10 NEXT

문제는 여러 댓글의 페이징 처리가 있는 경우 최신 댓글을 볼 수 없다는 점입니다.

이를 해결하려면 현재 게시물의 댓글에 마지막 페이지를 알아낸 후, 마지막 페이지를 다시 호출하는 방식으로 동작시켜야 합니다. 마지막 페이지의 호출은 total 값과 size 값을 이용해서 마지막 페이지를 계산하고 다시 Axios로 호출하는 방식입니다.

이를 위해서 reply.js의 getList( )는 마지막 페이지로 호출할 수 있는 goLast 변수를 추가해서 다음과 같이 수정합니다.

```
async function getList({bno, page, size, goLast}){

    const result = await axios.get(`/replies/list/${bno}`, {params: {page, size}})

    if(goLast){
        const total = result.data.total
        const lastPage = parseInt(Math.ceil(total/size))
        return getList({bno:bno, page:lastPage, size:size})

    }

    return result.data
}
```

read.html에서 처음부터 댓글의 마지막 페이지를 보고 싶다면 printReplies( )를 호출할 때 true와 같이 값을 하나 더 추가하면 됩니다.

```
printReplies(1,10,true)
```

다음 화면의 경우 최종 페이지가 26 페이지입니다. 1페이지 댓글들을 가져온 후에 다시 26 페이지를 호출하는 것을 볼 수 있습니다.

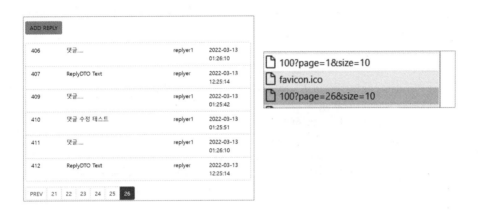

만일 댓글이 많지 않아서 새로 데이터를 가져올 필요가 없는 경우에는 추가적인 호출을 하지 않게 됩니다.

댓글 등록

댓글 추가는 모달창을 이용해서 처리합니다. 모달창을 이용해서 새로운 댓글에 필요한 replyText나 replyer를 입력하도록 구성하고, 자바스크립트의 객체로 POST 호출하도록 구성합니다.

우선은 reply.js에 새로운 댓글을 등록하는 기능을 추가합니다. 파라미터를 JS의 객체로 받아서 axios.post( )를 이용해서 전달해 줍니다.

```
async function addReply(replyObj) {
    const response = await axios.post(`/replies/`,replyObj)
    return response.data
}
```

addReply( )가 정상적으로 처리되면 서버에서는 '{'rno':11}'과 같은 JSON 데이터를 전송하게 됩니다. 이를 이용해서 댓글이 추가되면 경고창을 보여주고 마지막 페이지로 이동해서 등록된 댓글을 볼 수 있게 구성합니다.

우선은 read.html에는 댓글 등록을 위한 모달창을 <div layout:fragment="content">가 끝나기 전에 추가합니다.

```
<div class="modal registerModal" tabindex="-1">
    <div class="modal-dialog">
        <div class="modal-content">
            <div class="modal-header">
                <h5 class="modal-title">Register Reply</h5>
                <button type="button" class="btn-close" data-bs-dismiss="modal"
                                                    aria-label="Close"></button>
            </div>
            <div class="modal-body">
                <div class="input-group mb-3">
                    <span class="input-group-text">Reply Text</span>
                    <input type="text" class="form-control replyText" >
                </div>
                <div class="input-group mb-3">
                    <span class="input-group-text">Replyer</span>
                    <input type="text" class="form-control replyer" >
                </div>
            </div>
            <div class="modal-footer">
                <button type="button" class="btn btn-primary
                                                registerBtn">Register</button>
                <button type="button" class="btn btn-outline-dark
                                                closeRegisterBtn" >Close</button>
            </div>
        </div>
    </div>
</div>


<script src="https://cdn.jsdelivr.net/npm/axios/dist/axios.min.js"></script>
```

```
<script src="/js/reply.js"></script>
```

모달창의 class 속성값은 registerModal이라고 지정하고 <input> 태그들은 replyText
와 replyer 속성값을 지정합니다. 모달창의 버튼들도 구분하기 위해서 class 속성값을 regis-
terBtn, closeRegisterBtn 등으로 지정해서 사용합니다.

read.html의 <script> 부분에는 자주 사용하는 DOM 객체들을 미리 변수로 처리해 둡
니다.

```
//댓글 등록 모달
const registerModal = new bootstrap.Modal(document.querySelector(".
                                                    registerModal"))
//registerModel
const registerBtn = document.querySelector(".registerBtn")
const replyText = document.querySelector(".replyText")
const replyer = document.querySelector(".replyer")
const closeRegisterBtn = document.querySelector(".closeRegisterBtn")
```

먼저 화면상에서 [ADD REPLY] 버튼을 눌렀을 때 모달창을 보여주도록 이벤트 처리와
모달창의 [Close] 버튼에 대한 처리를 추가합니다.

```
document.querySelector(".addReplyBtn").addEventListener("click", function (e){
    registerModal.show()
},false)

closeRegisterBtn.addEventListener("click", function (e){
    registerModal.hide()
},false)
```

모달창 오른쪽 하단의 [Register] 버튼을 눌렀을 때 이벤트 처리를 추가합니다. reply.js의 addReply( )를 호출하고 경고창을 통해서 추가된 댓글의 번호를 보여줍니다. 경고창이 닫히면 마지막 페이지를 다시 호출해서 등록된 댓글이 화면에 보일 수 있도록 구성합니다.

```javascript
registerBtn.addEventListener("click", function(e){
    const replyObj = {
        bno:bno,
        replyText:replyText.value,
        replyer:replyer.value}

    addReply(replyObj).then(result => {
        alert(result.rno)
        registerModal.hide()
        replyText.value = ''
        replyer.value =''
        printReplies(1,10, true) //댓글 목록 갱신
    }).catch(e => {
        alert("Exception...")
    })
}, false)
```

새로운 댓글이 추가되면 댓글의 번호가 alert( )을 통해서 보여지고 새로운 댓글이 추가된 목록으로 갱신됩니다.

댓글 페이지 번호 클릭

새로운 댓글이 추가되면 자동으로 마지막 페이지로 이동하기는 하지만, 댓글의 페이지 번호를 누를 때도 이동할 수 있으므로 수정/삭제 전에 페이지 이동 처리를 먼저 진행합니다.

화면에서 페이지 번호를 구성하는 부분은 `<li>` 태그 내에 존재하는 `<a>` 태그이고 페이지 번호가 'data-page' 속성값으로 지정되어 있습니다.

페이지 번호는 매번 새로이 번호를 구성하므로 이벤트를 처리할 때는 항상 고정되어 있는 `<ul>`을 대상으로 이벤트 리스너를 등록하는 방식을 이용하도록 합니다.

read.html에 다음과 코드를 추가합니다.

```
let page = 1
let size = 10

replyPaging.addEventListener("click", function (e){

    e.preventDefault()
    e.stopPropagation()

    const target = e.target

    if(!target || target.tagName != 'A'){
        return
    }

    const pageNum = target.getAttribute("data-page")
    page = pageNum
    printReplies(page, size)
```

```
},false)
```

page와 size를 별도의 변수로 처리한 것은 나중에 댓글 수정과 같은 작업에서 현재 페이지 번호를 유지해야할 가능성이 있기 때문입니다. 이벤트 처리가 완료되면 댓글의 페이지 이동이 가능해 집니다.

댓글 조회와 수정

댓글을 조회한다는 것은 댓글을 수정하거나 삭제하기 위해서 입니다. 댓글 조회는 등록과 유사하게 모달창을 이용해서 수정이나 삭제가 가능한 버튼들을 보여주는 형태로 구성하도록 합니다.

• axios 통신 부분

reply.js에는 특정한 번호의 댓글을 조회하고 수정할 수 있는 기능을 다음과 같이 구성합니다. 댓글 조회는 GET 방식으로 처리되고, 댓글 수정은 PUT 방식으로 호출합니다.

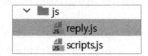

```
async function getReply(rno) {
    const response = await axios.get(`/replies/${rno}`)
    return response.data
}

async function modifyReply(replyObj) {
```

```
        const response = await axios.put(`/replies/${replyObj.rno}`, replyObj)
        return response.data
}
```

- **read.html의 모달창 처리**

모달창은 댓글 등록에 사용했던 모달창을 이용할 수도 있지만 예제를 간단하게 구성하기 위해 유사한 모달창을 새로 추가해서 사용하도록 합니다. 댓글 수정 후에는 다시 현재 페이지를 호출해서 최대한 목록에서 수정된 댓글을 확인할 수 있도록 합니다.

read.html에 모달창 영역을 새롭게 추가합니다. 등록 모달창 아래 추가합니다.

```
</div><!-- register modal -->

<div class="modal modifyModal" tabindex="-1">
    <div class="modal-dialog">
        <div class="modal-content">
            <div class="modal-header">
                <h5 class="modal-title replyHeader"></h5>
                <button type="button" class="btn-close" data-bs-dismiss="modal"
                                                    aria-label="Close"></button>
            </div>
            <div class="modal-body">
                <div class="input-group mb-3">
                    <span class="input-group-text">Reply Text</span>
                    <input type="text" class="form-control modifyText" >
                </div>
            </div>
            <div class="modal-footer">
                <button type="button" class="btn btn-info modifyBtn">Modify</
                                                                    button>
                <button type="button" class="btn btn-danger removeBtn">Remove</
                                                                    button>
                <button type="button" class="btn btn-outline-dark
                                        closeModifyBtn">Close</button>
            </div>
        </div>
    </div>
</div> <!--modifyModal -->

<script src="https://cdn.jsdelivr.net/npm/axios/dist/axios.min.js"></script>
```

<div class="modifyModal">의 경우 class 속성값이 replyHeader 영역을 이용해서 선택한 댓글의 번호를 보여주도록 하고, modifyText 부분에는 댓글의 내용을 수정할 수 있도록 구성합니다(댓글의 경우 다른 정보들은 수정할 수 없으므로).

read.html에 변수들을 추가해서 제어가 가능하도록 구성합니다.

```
//modifyModal
const modifyModal = new bootstrap.Modal(document.querySelector(".modifyModal"))

const replyHeader = document.querySelector(".replyHeader")
const modifyText = document.querySelector(".modifyText")
const modifyBtn = document.querySelector(".modifyBtn")
const removeBtn = document.querySelector(".removeBtn")
const closeModifyBtn = document.querySelector(".closeModifyBtn")
```

특정한 댓글을 눌렀을 때 모달창을 보여주도록 replyList에 이벤트 처리를 추가합니다. 댓글 목록 역시 매번 브라우저에서 새로 만들어지기 때문에 이벤트는 항상 존재하는 바깥쪽 <ul>을 대상으로 처리합니다.

```
replyList.addEventListener("click", function (e){

    e.preventDefault()
    e.stopPropagation()

    const target = e.target

    if(!target || target.tagName != 'SPAN'){
        return
    }

    const rno = target.getAttribute("data-rno")

    if(!rno){
        return
    }

    getReply(rno).then(reply => {  //댓글의 내용을 모달창에 채워서 보여주는

        console.log(reply)
        replyHeader.innerHTML = reply.rno
        modifyText.value = reply.replyText
```

```
        modifyModal.show()

    }).catch(e => alert('error'))

},false)
```

특정한 댓글의 내용을 누르면 모달창을 볼 수 있습니다.

· 댓글 수정과 화면 갱신

댓글 수정은 화면에 있는 댓글의 내용과 번호, 게시물의 번호를 이용해서 처리할 수 있습니다. 조금 신경 쓰이는 부분은 댓글의 수정 후 처리입니다. 수정된 댓글은 결국 목록에서 확인하게 되기 때문에 만일 사용자가 댓글을 수정하는 사이에 많은 댓글이 추가되면 확인할 방법이 없습니다.

현실적으로 타협하자면 최대한 자신이 보고 있었던 페이지를 유지하는 수준으로 구현하도록 합니다.

화면에서 [Modify] 버튼에 대한 이벤트 처리와 모달창의 [Close] 버튼의 이벤트 처리를 작성합니다.

```
modifyBtn.addEventListener("click", function(e) {

    const replyObj = {
        bno:bno,
        rno:replyHeader.innerHTML,
        replyText:modifyText.value}
```

```
    modifyReply(replyObj).then(result => {
        alert(result.rno+' 댓글이 수정되었습니다.')
        replyText.value = ''
        modifyModal.hide()
        printReplies(page, size)

    }).catch(e => {
        console.log(e)
    })
},false)

closeModifyBtn.addEventListener("click", function(e){

    modifyModal.hide()

}, false)
```

댓글이 수정된 후에는 다시 현재 페이지를 볼 수 있도록 printReplies( )를 호출하므로 수정 후에 현재 페이지를 다시 갱신하게 됩니다.

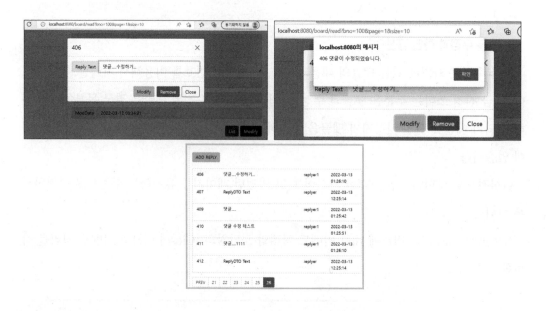

• 댓글 삭제

마지막으로 댓글의 삭제 처리를 reply.js에 추가합니다.

```
async function removeReply(rno) {
    const response = await axios.delete(`/replies/${rno}`)
    return response.data
}
```

read.html에는 모달창의 [Remove] 버튼을 눌러서 댓글을 삭제하게 됩니다. 삭제 후에는 경고창을 통해서 댓글이 삭제되었음을 알려주고 댓글의 1페이지로 이동시킵니다.

read.html에서의 이벤트 처리는 다음과 같습니다.

```
removeBtn.addEventListener("click", function(e) {

    removeReply(replyHeader.innerHTML).then(result => {

        alert(result.rno +' 댓글이 삭제되었습니다.')
        replyText.value = ''
        modifyModal.hide()

        page = 1 // 이 부분이 없다면 원래 페이지로

        printReplies(page, size)

    }).catch(e => {
        console.log(e)
    })
},false)
```

브라우저를 통해 댓글 삭제는 다음 그림과 같이 특정 댓글을 삭제한 후에 1페이지로 이동하게 됩니다.

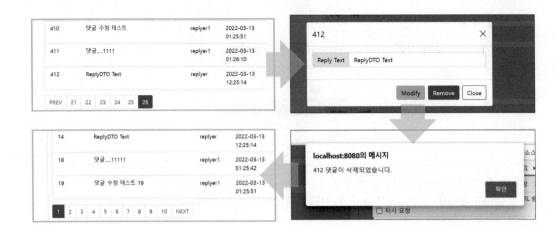

파일 업로드
처리

웹 개발에서 사용자가 가진 파일을 서버에 업로드하고 이를 처리하는 기능은
필수적으로 필요한 기능입니다. 파일 업로드는 기능 자체로도 신경 써야 하는
일이 많지만, JPA를 이용해서 처리할 때도 생각보다 많은 주의가 필요합니다.
이번 장에서는 @ManyToOne이 아닌 @OneToMany를 이용해서 특정 게시
물에 속한 파일들의 정보를 처리해 보도록 합니다.

7.1 첨부파일과 @OneToMany

첨부파일은 크게 브라우저에서 전송하는 데이터를 파일 형태로 서버에 보관하는 처리와 이에 해당하는 데이터의 부가적인 정보를 처리하는 것으로 나누어 볼 수 있습니다. 이 절의 앞에서는 브라우저와 서버 사이의 파일 업로드를 실습하고, 뒤에서는 @OneToMany와 양방향을 이용해 보도록 합니다.

파일 업로드를 위한 설정

기존에는 게시물 목록, 게시물 등록, 게시물 조회 화면에서 파일 업로드를 처리하려면 별도의 라이브러리들을 활용했지만, 서블릿 3이상 되면서 부터 서블릿 API 자체에 파일 업로드를 처리할 수 있는 API를 제공하므로 추가적인 라이브러리가 필요하지 않습니다.

첨부파일 처리는 화면상에서 다음과 같은 모습으로 활용하게 됩니다.

게시물 목록   게시물 등록   게시물 조회 화면

예제 프로젝트 구성

예제는 기존의 프로젝트 구조에 첨부파일을 추가하는 형태로 구성합니다. 이전 프로젝트는 https://github.com/ckck24/PART6.git의 코드를 클론(clone)하거나 새로운 스프링 부트

프로젝트를 생성해서 코드를 추가하는 방식으로 구성합니다.

스프링 부트는 application.properties 파일에 약간의 설정을 추가하는 것만으로 파일 업로드에 대한 기본 설정은 완료할 수 있습니다.

기존 application.properties 파일에 다음과 같은 설정을 추가합니다.

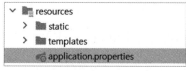

```
...생략...

spring.servlet.multipart.enabled=true
spring.servlet.multipart.location=C:\\upload
spring.servlet.multipart.max-request-size=30MB
spring.servlet.multipart.max-file-size=10MB

org.zerock.upload.path=C:\\upload
```

마지막 라인의 org.zerock.upload.path는 컨트롤러에서 필요한 변수의 값으로 뒤에서 사용할 예정입니다.

서버가 동작하는 운영체제의 C 드라이브에 upload 폴더를 미리 생성해 둡니다(Mac이나 Linux에서는 현재 사용자 계정에 있는 폴더를 이용하고 접근 권한을 주도록 합니다).

업로드 처리를 위한 DTO

파일 업로드는 MultipartFile이라는 API를 이용해서 처리합니다. 이 때문에 컨트롤러에서 파라미터를 MultipartFile로 지정해 주면 간단한 파일 업로드 처리는 가능하지만 Swagger UI와 같은 프레임워크로 테스트하기 불편하기 때문에 dto 패키지에 별도의 DTO로 선언해서 사용하는 것이 좋습니다. dto 패키지에 upload 하위 패키지를 생성하고 UploadFileDTO를 선언합니다.

```
package org.zerock.b01.dto.upload;

import lombok.Data;
import org.springframework.web.multipart.MultipartFile;

import java.util.List;

@Data
public class UploadFileDTO {

    private List<MultipartFile> files;
}
```

컨트롤러와 Swagger UI 테스트

실제 파일의 업로드 설정은 controller 패키지에 UpDown-Controller를 작성해서 처리합니다.

UpDownController는 파일 업로드와 파일을 보여주는 기능을 메소드로 처리할 것입니다. @RestController로 설정하고 파일의 업로드를 처리하기 위해서 upload( )를 다음과 같이 작성합니다.

```
package org.zerock.b01.controller;

import io.swagger.annotations.ApiOperation;
import lombok.extern.log4j.Log4j2;
import org.springframework.http.MediaType;
```

```
import org.springframework.web.bind.annotation.PostMapping;
import org.springframework.web.bind.annotation.RestController;
import org.zerock.b01.dto.upload.UploadFileDTO;

@RestController
@Log4j2
public class UpDownController {

    @ApiOperation(value = "Upload POST", notes = "POST 방식으로 파일 등록")
    @PostMapping(value = "/upload", consumes = MediaType.MULTIPART_FORM_DATA_
                                                                        VALUE)

    public String upload(UploadFileDTO uploadFileDTO){

        log.info(uploadFileDTO);

        return null;
    }

}
```

프로젝트를 실행하고 '/swagger-ui/index.html'을 실행해서 다음과 같이 파일 업로드가
가능한지 확인합니다(실제 파일 업로드는 files 항목을 이용해서 확인해 볼 수 있습니다).

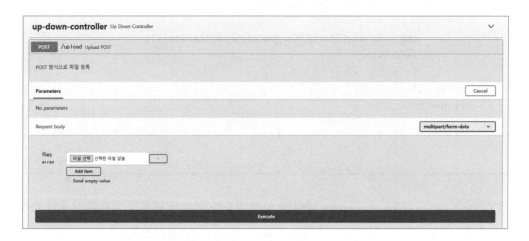

실제 파일을 처리할 때는 파일의 저장 경로가 필요하므로 application.properties의 설정
정보는 @Value를 이용해서 처리합니다.

```
package org.zerock.b01.controller;

import io.swagger.annotations.ApiOperation;
import lombok.extern.log4j.Log4j2;
import org.springframework.beans.factory.annotation.Value;
import org.springframework.http.MediaType;
import org.springframework.web.bind.annotation.PostMapping;
import org.springframework.web.bind.annotation.RestController;
import org.zerock.b01.dto.upload.UploadFileDTO;

@RestController
@Log4j2
public class UpDownController {

    @Value("${org.zerock.upload.path}")// import 시에 springframework으로 시작하는 Value
    private String uploadPath;

    @ApiOperation(value = "Upload POST", notes = "POST 방식으로 파일 등록")
    @PostMapping(value = "/upload", consumes = MediaType.MULTIPART_FORM_DATA_
                                                                        VALUE)
    public String upload(UploadFileDTO uploadFileDTO){

        log.info(uploadFileDTO);

        if(uploadFileDTO.getFiles() != null){

            uploadFileDTO.getFiles().forEach(multipartFile -> {

                log.info(multipartFile.getOriginalFilename());
            });//end each

        }//end if
        return null;
    }

}
```

@Value는 application.properties 파일의 설정 정보를 읽어서 변수의 값으로 사용할 수 있습니다. uploadPath는 나중에 파일을 업로드하는 경로로 사용합니다.

Swagger UI로 파일을 업로드하고 실행해 보면 서버에는 업로드된 파일의 이름이 출력되는 것을 확인할 수 있습니다.

```
files
array      [파일 선택] IMG_0051.jpg          [  -  ]

           [파일 선택] IMG_0050.jpg          [  -  ]

           [    Add item    ]
           ☐ Send empty value
```

```
: UploadFileDTO(files=[org.springframework.web.multipart.support.StandardMultipartHttpServlet
: IMG_0051.jpg
: IMG_0050.jpg
```

• 첨부파일 저장

실제로 파일을 저장할 때는 같은 이름의 파일이 문제가 됩니다. 이 문제를 해결하고자 가장 많이 사용하는 방법은 java.util.UUID를 이용해서 새로운 값을 만들어 내는 방법입니다 (UUID는 중복될 가능성이 거의 없는 코드 값을 생성합니다). 예제에서는 다음과 같은 방법을 이용하도록 합니다.

```
[ UUID(16자리) ] + [ _ ] + [ 원래 파일명 ]
```

```java
import java.io.IOException;
import java.nio.file.Path;
import java.nio.file.Paths;
import java.util.UUID;

...
@ApiOperation(value = "Upload POST", notes = "POST 방식으로 파일 등록")
@PostMapping(value = "/upload", consumes = MediaType.MULTIPART_FORM_DATA_VALUE)
public String upload(UploadFileDTO uploadFileDTO){

    log.info(uploadFileDTO);

    if(uploadFileDTO.getFiles() != null){

        uploadFileDTO.getFiles().forEach(multipartFile -> {

            String originalName = multipartFile.getOriginalFilename();
            log.info(originalName);
```

```
            String uuid = UUID.randomUUID().toString();

            Path savePath = Paths.get(uploadPath, uuid+"_"+ originalName);

            try {
                multipartFile.transferTo(savePath); //실제 파일 저장
            } catch (IOException e) {
                e.printStackTrace();
            }

        });//end each

    }//end if
    return null;
}
```

MultipartFile의 transfer( )를 이용하면 간단하게 파일 업로드가 완료됩니다. Upload 폴더에는 UUID 문자열을 포함한 파일들이 생성되는지 확인합니다. 업로드 결과를 확인할 때는 원본과 업로드 결과 파일의 크기가 같은지 확인하도록 합니다.

· **Thumbnail 파일 처리**

첨부파일이 이미지일 때는 용량을 줄여서 작은 이미지(이하 섬네일)를 생성하고 이를 나중에 사용하도록 구성해야만 합니다. 이를 처리하기 위해서 Thumbnailator 라이브러리를 이

용하도록 합니다.

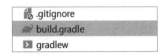

*https://mvnrepository.com/artifact/net.coobird/thumbnailator

build.gradle에 Thumbnailator 라이브러리를 추가합니다.

```
.gitignore
build.gradle
gradlew
```

```
dependencies {
    ...

    implementation 'net.coobird:thumbnailator:0.4.16'

}
```

섬네일 이미지는 업로드하는 파일이 이미지일 때만 처리하도록 구성해야 하고, 파일 이름은 맨 앞에 's_'로 시작하도록 구성합니다.

upload( ) 메소드 일부를 다음과 같이 수정해서 해당 파일이 이미지 파일이라면 섬네일을 생성하도록 구성합니다.

```
try {
    multipartFile.transferTo(savePath);

    //이미지 파일의 종류라면
    if(Files.probeContentType(savePath).startsWith("image")){

        File thumbFile = new File(uploadPath, "s_" + uuid+"_"+ originalName);

        Thumbnailator.createThumbnail(savePath.toFile(), thumbFile, 200,200);
    }
```

```
        } catch (IOException e) {
            e.printStackTrace();
        }
```

upload 폴더의 내용을 삭제하고 수정된 코드를 반영하면 다음과 같이 's_'로 시작하는 섬네일 파일들이 생성되는 것을 볼 수 있습니다.

· **업로드 결과의 반환 처리**

여러 개의 파일이 업로드 되면 업로드 결과도 여러 개 발생하게 되고 여러 정보를 반환해야 하므로 별도의 DTO를 구성해서 반환하도록 합니다. dto의 upload 패키지에 UploadResultDTO 클래스를 구성합니다.

UploadResultDTO는 업로드된 파일의 UUID 값과 파일 이름(fileName), 이미지 여부를 객체로 구성하고 getLink( )를 통해서 첨부파일의 경로 처리에 사용합니다.

```
package org.zerock.b01.dto.upload;

import lombok.AllArgsConstructor;
import lombok.Builder;
import lombok.Data;
import lombok.NoArgsConstructor;

@Data
@Builder
@AllArgsConstructor
@NoArgsConstructor
public class UploadResultDTO {
```

```
    private String uuid;

    private String fileName;

    private boolean img;

    public String getLink(){

        if(img){
            return "s_"+ uuid +"_"+fileName; //이미지인 경우 섬네일
        }else {
            return uuid+"_"+fileName;
        }
    }
}
```

UploadResultDTO의 getLink( )는 나중에 JSON으로 처리될 때는 link라는 속성으로 자동 처리됩니다.

UpDownController의 upload( )는 List<UploadResultDTO>를 반환하도록 수정합니다.

```
@ApiOperation(value = "Upload POST", notes = "POST 방식으로 파일 등록")
@PostMapping(value = "/upload", consumes = MediaType.MULTIPART_FORM_DATA_VALUE)
public List<UploadResultDTO> upload(UploadFileDTO uploadFileDTO){

    log.info(uploadFileDTO);

    if(uploadFileDTO.getFiles() != null){

        final List<UploadResultDTO> list = new ArrayList<>();

        uploadFileDTO.getFiles().forEach(multipartFile -> {

            String originalName = multipartFile.getOriginalFilename();
            log.info(originalName);

            String uuid = UUID.randomUUID().toString();

            Path savePath = Paths.get(uploadPath, uuid+"_"+ originalName);

            boolean image = false;
```

```
        try {
            multipartFile.transferTo(savePath);

            //이미지 파일의 종류라면
            if(Files.probeContentType(savePath).startsWith("image")){

                image = true;

                File thumbFile = new File(uploadPath, "s_" + uuid+"_"+
                                                originalName);

                Thumbnailator.createThumbnail(savePath.toFile(), thumbFile,
                                                200,200);
            }

        } catch (IOException e) {
            e.printStackTrace();
        }

        list.add(UploadResultDTO.builder()
                    .uuid(uuid)
                .fileName(originalName)
                .img(image).build()
        );

    });//end each

    return list;
}//end if

    return null;
}
```

Swagger UI로 업로드 결과를 확인하면 다음과 같이 JSON 데이터가 생성된 것을 확인할 수 있습니다(getLink( ) 대신에 link라는 속성이 생긴 것을 확인).

```
Code      Details

200       Response body

          [
            {
              "uuid": "6cc77699-b886-4957-922b-c91a3bb4f06a",
              "fileName": "XLb01.jpg",
              "img": true,
              "link": "s_6cc77699-b886-4957-922b-c91a3bb4f06a_XLb01.jpg"
            },
            {
              "uuid": "54814a56-cf54-435c-8da8-53fd4f9a123e",
              "fileName": "XLb02.jpg",
              "img": true,
              "link": "s_54814a56-cf54-435c-8da8-53fd4f9a123e_XLb02.jpg"
            }
          ]

          Response headers

          connection: keep-alive
          content-type: application/json
          date: Mon14 Mar 2022 07:07:46 GMT
          keep-alive: timeout=60
          transfer-encoding: chunked
```

첨부파일 조회

첨부파일 조회는 가능하면 GET 방식으로 바로 가능하도록 설정합니다. 첨부파일은 나중에 보안 문제가 발생하므로 코드를 통해서 접근 여부를 허용하도록 컨트롤러를 이용하는 것이 좋습니다.

첨부파일을 조회할 때는 '/view/파일이름'으로 동작하도록 UpDownController에 구성합니다. 조회 테스트를 좀 더 간단하게 하려면 upload 폴더에 aaa.jpg 파일을 하나 추가하도록 합니다(예제는 다음 그림의 오른쪽에 음식 사진을 이용했습니다).

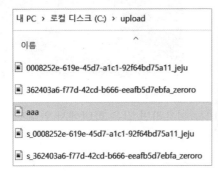

UpDownController에는 viewFileGET( ) 메소드를 다음과 같이 추가합니다.

```
import org.springframework.core.io.Resource;
import org.springframework.http.HttpHeaders;
import org.springframework.http.MediaType;
import org.springframework.http.ResponseEntity;

@ApiOperation(value = "view 파일", notes = "GET방식으로 첨부파일 조회")
@GetMapping("/view/{fileName}")
public ResponseEntity<Resource> viewFileGET(@PathVariable String fileName){

    Resource resource = new FileSystemResource(uploadPath+File.separator +
                                                                    fileName);

    String resourceName = resource.getFilename();
    HttpHeaders headers = new HttpHeaders();

    try{
        headers.add("Content-Type", Files.probeContentType( resource.getFile().
                                                                toPath() ));
    } catch(Exception e){
        return ResponseEntity.internalServerError().build();
    }
    return ResponseEntity.ok().headers(headers).body(resource);
}
```

Swagger UI에서는 'fileName'을 'aaa.jpg'로 지정해서 동작 여부를 확인할 수 있습니다.

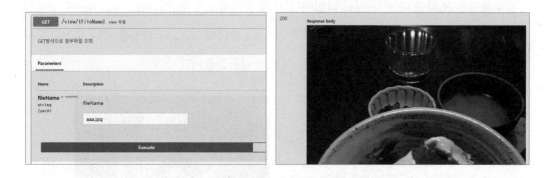

fileName에 업로드된 결과로 나온 링크(link)를 이용하면 같은 화면에서 업로드와 조회를
확인할 수 있습니다.

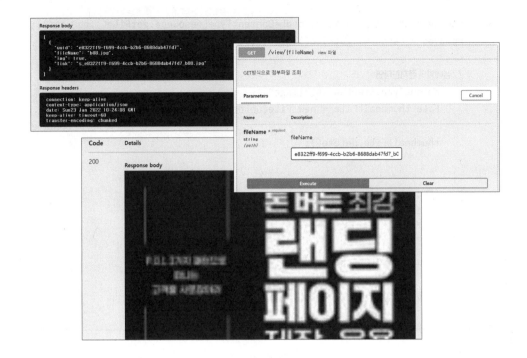

첨부파일 삭제

조회와 비슷한 DELETE 방식의 호출하는 형태로 첨부파일 삭제를 구현할 수 있습니다. 첨부파일을 삭제할 때 해당 파일이 이미지라면 섬네일이 존재할 수 있으므로 같이 삭제하도록 구현합니다.

UpDownController에는 removeFile( )을 다음과 같이 작성합니다.

```java
@ApiOperation(value = "remove 파일", notes = "DELETE 방식으로 파일 삭제")
@DeleteMapping("/remove/{fileName}")
public Map<String,Boolean> removeFile(@PathVariable String fileName){

    Resource resource = new FileSystemResource(uploadPath+File.separator +
                                                                        fileName);

    String resourceName = resource.getFilename();

    Map<String, Boolean> resultMap = new HashMap<>();
    boolean removed = false;

    try {
```

```
            String contentType = Files.probeContentType(resource.getFile().toPath());
            removed = resource.getFile().delete();

            //섬네일이 존재한다면
            if(contentType.startsWith("image")){
                File thumbnailFile = new File(uploadPath+File.separator +"s_" +
                                                                    fileName);

                thumbnailFile.delete();
            }

        } catch (Exception e) {
            log.error(e.getMessage());
        }

        resultMap.put("result", removed);

        return resultMap;
    }
```

삭제를 테스트할 때는 's_'가 없는 원본 파일을 테스트하도록 합니다.

프로젝트를 개발할 때 파일 업로드는 필수로 필요한 기능이고, 여러 곳에서 사용할 수 있어
야만 합니다. 예제에서는 UpDownController를 이미지 파일에 한정 지어서 구성했지만 일
반 파일에 맞게 커스터마이징할 수도 있을 것입니다.

 첨부파일을 일반 파일에도 사용하려면 이미지 파일이 아닐 때는 섬네일을 생성하지 않도록 해야 하
고 GET 방식으로 이미지를 전송하는 방식 대신에 파일을 내려받도록 처리되어야 합니다.

7.2 @OneToMany

게시물과 첨부파일의 관계는 연관 관계 중에서 @OneToMany를 이용해서 처리해 보도록 합니다. @ManyToOne을 이용해서 처리하는 것도 물론 가능하지만 @OneToMany를 이용하는 경우 추가 작업 없이 필요한 여러 종류의 엔티티 객체 처리가 가능하다는 장점이 있습니다.

@OneToMany 적용

게시물과 댓글, 게시물과 첨부파일의 관계를 테이블의 구조로 보면 완전히 같은 구조지만 이를 JPA에서는 게시글을 중심으로 해석하는지, 첨부파일을 중심으로 해석하는지에 따라서 다른 결과가 나올 수 있습니다.

앞에서 게시글과 댓글은 JPA에서 가장 많이 사용하는 @ManyToOne을 이용해서 처리했으므로 이 절에서는 게시물의 관점에서 첨부파일들을 바라보는 @OneToMany에 대해서 알아보도록 합니다.

@OneToMany는 기본적으로 상위 엔티티(게시물)와 여러 개의 하위 엔티티들(첨부파일)의 구조로 이루어집니다. @ManyToOne과 결정적으로 다른 점은 @ManyToOne은 다른 엔티티 객체의 참조로 FK를 가지는 쪽에서 하는 방식이고, @OneToMany는 PK를 가진 쪽에서 사용한다는 점입니다.

@OneToMany를 사용하는 구조는 다음과 같은 특징을 가집니다.

- 상위 엔티티에서 하위 엔티티들을 관리한다.
- JPA의 Repository를 상위 엔티티 기준으로 생성한다. 하위 엔티티에 대한 Repository의 생성이 잘못된 것은 아니지만 하위 엔티티들의 변경은 상위 엔티티에도 반영되어야 한다.
- 상위 엔티티 상태가 변경되면 하위 엔티티들의 상태들도 같이 처리해야 한다.
- 상위 엔티티 하나와 하위 엔티티 여러 개를 처리하는 경우 'N+1' 문제가 발생할수 있으므로 주의해야 한다.

BoardImage 클래스의 생성

첨부파일을 의미하는 BoardImage 엔티티 클래스를 domain 패키지에 다음과 같이 선언하고 @MnayToOne 연관 관계를 적용합니다. BoardImage는 첨부파일의 고유한 uuid 값과, 파일의 이름, 순번(ord)을 지정하고, @MnayToOne으로 Board 객체를 지정합니다. 엔티티 클래스 작성 시에 연관 관계를 적용할 때는 항상 @ToString( )에 exclude를 이용하는 점을 주의합니다.

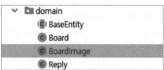

```java
package org.zerock.b01.domain;

import lombok.*;

import javax.persistence.Entity;
import javax.persistence.Id;
import javax.persistence.ManyToOne;

@Entity
@Getter
@Builder
@AllArgsConstructor
@NoArgsConstructor
@ToString(exclude = "board")
public class BoardImage implements Comparable<BoardImage> {

    @Id
    private String uuid;

    private String fileName;

    private int ord;

    @ManyToOne
    private Board board;


    @Override
    public int compareTo(BoardImage other) {
        return this.ord - other.ord;
    }
}
```

```
    public void changeBoard(Board board){
        this.board = board;
    }

}
```

BoardImage에는 특이하게도 Comparable 인터페이스를 적용하는데 이는 @OneToMany 처리에서 순번에 맞게 정렬하기 위함입니다.

BoardImage에는 changeBoard( )를 이용해서 Board 객체를 나중에 지정할 수 있게 하는데 이것은 나중에 Board 엔티티 삭제 시에 BoardImage 객체의 참조도 변경하기 위해서 사용합니다.

· Board 클래스에 @OneToMany 적용

예제에서는 Board에서도 BoardImage에 대한 참조를 가지는 방식으로 구조를 작성하도록 합니다(양방향 (bidirectiona) 참조). Board 클래스에 연관관계를 부여하면 다음과 같은 코드를 작성할 수 있습니다.

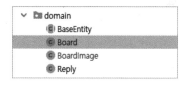

```
@Entity
@Getter
@Builder
@AllArgsConstructor
@NoArgsConstructor
@ToString(exclude = "imageSet")
public class Board extends BaseEntity{
    @Id
    @GeneratedValue(strategy = GenerationType.IDENTITY)
    private Long bno;

    ...

    @OneToMany
    @Builder.Default
    private Set<BoardImage> imageSet = new HashSet<>();
}
```

・ 테이블 생성 확인과 mappedBy

@OneToMany는 기본적으로 각 엔티티에 해당하는 테이블을 독립적으로 생성하고 중간에 매핑해 주는 테이블이 생성됩니다. 이를 확인하기 위해 기존의 데이터베이스에서 board 테이블과 reply 테이블을 삭제해 두도록 합니다.

BoardImage가 추가된 상태에서 프로젝트를 실행하면 Board와 BoardImage 엔티티에 해당하는 테이블 외에 추가적인 테이블이 생성되는 것을 확인할 수 있습니다.

```
create table board (
    bno bigint not null auto_increment,
    moddate datetime(6),
    regdate datetime(6),
    content varchar(2000) not null,
    title varchar(500) not null,
    writer varchar(50) not null,
    primary key (bno)
) engine=InnoDB
```

```
create table board_image (
    uuid varchar(255) not null,
    file_name varchar(255),
    ord integer not null,
    board_bno bigint,
    primary key (uuid)
) engine=InnoDB
```

```
create table board_image_set (
    board_bno bigint not null,
    image_set_uuid varchar(255) not null,
    primary key (board_bno, image_set_uuid)
) engine=InnoDB
```

```
create table reply (
    rno bigint not null auto_increment,
    moddate datetime(6),
    regdate datetime(6),
    reply_text varchar(255),
    replyer varchar(255),
    board_bno bigint,
    primary key (rno)
) engine=InnoDB
```

ERD로 표현해서 살펴보면 board와 board_image 테이블 중간에 board_image_set이라는 테이블이 @OneToMany를 처리하기 위해서 생성된 것을 확인할 수 있습니다.

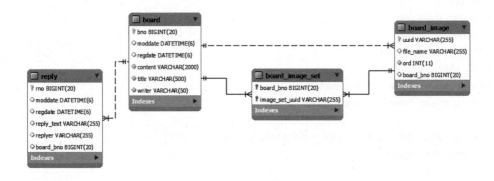

mappedBy를 이용한 구조 변경

앞과 같이 엔티티 테이블 사이에 생성되는 테이블을 흔히 '매핑 테이블'이라고 하는데 매핑

테이블을 생성하지 않는 방법으로 첫 번째는 단방향으로 @OneToMany를 이용하는 경우 @JoinColumn을 이용하거나, 두 번째로 mappedBy라는 속성을 이용하는 방법이 있습니다. 이 중 mappedBy의 경우 Board와 BoardImage가 서로 참조를 유지하는 양방향 참조 상황에서 사용하는데 mappedBy는 '어떤 엔티티의 속성으로 매핑되는지'를 의미합니다.

 흔히 mappedBy를 '연관 관계의 주인'이라고 해석하기도 합니다. 예를 들어 게시물 관점에서 보면 첨부파일은 완전히 별개의 존재로 하나의 첨부파일이 여러 개의 게시물에서 사용될 수 있는 구조를 가정하고 생성하게 됩니다. 반대로 첨부파일의 관점에서는 하나의 게시물을 참조하는 구조가 필요하므로 mappedBy를 이용해서 첨부파일쪽의 해석을 적용할 것임을 명시합니다.

mappedBy를 적용하기 전에 기존의 테이블들을 삭제합니다.

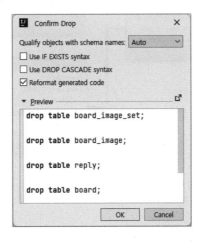

Board 클래스의 연관관계를 수정합니다.

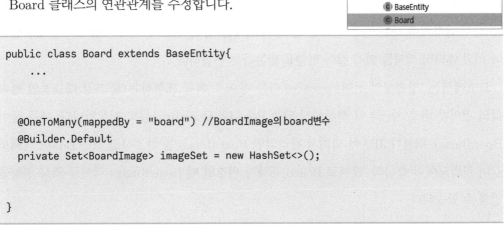

```java
public class Board extends BaseEntity{

    ...



    @OneToMany(mappedBy = "board") //BoardImage의 board변수
    @Builder.Default
    private Set<BoardImage> imageSet = new HashSet<>();



}
```

mappedBy를 적용한 후에 프로젝트를 실행하면 다음과 같은 테이블들이 생성되는데 BoardImage가 연관관계의 핵심이므로 @ManyToOne의 구조처럼 테이블이 생성된 것을 확인할 수 있습니다.

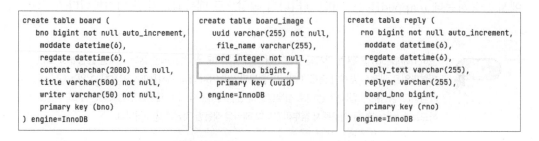

```
create table board (
    bno bigint not null auto_increment,
    moddate datetime(6),
    regdate datetime(6),
    content varchar(2000) not null,
    title varchar(500) not null,
    writer varchar(50) not null,
    primary key (bno)
) engine=InnoDB
```

```
create table board_image (
    uuid varchar(255) not null,
    file_name varchar(255),
    ord integer not null,
    board_bno bigint,
    primary key (uuid)
) engine=InnoDB
```

```
create table reply (
    rno bigint not null auto_increment,
    moddate datetime(6),
    regdate datetime(6),
    reply_text varchar(255),
    replyer varchar(255),
    board_bno bigint,
    primary key (rno)
) engine=InnoDB
```

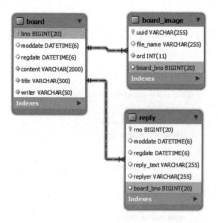

영속성의 전이(cascade)

상위 엔티티(Board)와 하위 엔티티(BoardImage)의 연관 관계를 상위 엔티티에서 관리하는 경우 신경써야 하는 가장 중요한 점 중에 하나는 상위 엔티티 객체의 상태가 변경되었을 때 하위 엔티티 객체들 역시 같이 영향을 받는다는 점입니다.

JPA에서는 '영속성의 전이(cascade)'라는 용어로 이를 표현하는데, 가장 대표적인 영속성의 전이가 바로 지금부터 작성하게 되는 Board와 BoardImage의 저장입니다. 예를 들어 BoardImage 객체가 JPA에 의해서 관리되면 BoardImage를 참조하고 있는 Board 객체도 같이 처리되어야 합니다. 반대로 Board 객체가 변경될 때 BoardImage 객체들 역시 영향을 받을 수 있습니다.

JPA에서는 이러한 경우 연관 관계에 cascade 속성을 부여해서 이를 제어하도록 합니다.

cascade속성값	설명
PERSIST REMOVE	상위 엔티티가 영속 처리될 때 하위 엔티티들도 같이 영속 처리
MERGE REFRESH DETACH	상위 엔티티의 상태가 변경될 때 하위 엔티티들도 같이 상태 변경 (merge, refresh, detach)
ALL	상위 엔티티의 모든 상태 변경이 하위 엔티티에 적용

Board와 BoardImage의 insert 테스트

현재 구조에서 BoardImage는 Board가 저장될 때 같이 저장되어야 하는 엔티티 객체입니다. 이처럼 상위 엔티티가 하위 엔티티 객체들을 관리하는 경우에는 별도의 JPARepository를 생성하지 않고, Board 엔티티에 하위 엔티티 객체들을 관리하는 기능을 추가해서 사용합니다.

```java
package org.zerock.b01.domain;

import lombok.*;

import javax.persistence.*;
import java.util.HashSet;
import java.util.Set;

...
public class Board extends BaseEntity{
    @Id
    @GeneratedValue(strategy = GenerationType.IDENTITY)
    private Long bno;

...

    @OneToMany(mappedBy = "board",
            cascade = {CascadeType.ALL},
            fetch = FetchType.LAZY)
    @Builder.Default
```

```
    private Set<BoardImage> imageSet = new HashSet<>();

    public void addImage(String uuid, String fileName){

        BoardImage boardImage = BoardImage.builder()
                .uuid(uuid)
                .fileName(fileName)
                .board(this)
                .ord(imageSet.size())
                .build();
        imageSet.add(boardImage);
    }

    public void clearImages() {

        imageSet.forEach(boardImage -> boardImage.changeBoard(null));

        this.imageSet.clear();
    }

}
```

@OneToMany의 cascade 속성값으로는 CascadeType.ALL을 지정해서 Board 엔티
티 객체의 모든 상태 변화에 BoardImage 객체들 역시 같이 변경되도록 구성합니다. 또한
Board 객체 자체에서 BoardImage 객체들을 관리하도록 addImage( )와 clearImages( )를
이용해서 Board 내에서 BoardImage 객체들을 모두 관리하도록 합니다.

addImage( )는 내부적으로 BoardImage 객체 내부의 Board에 대한 참조를 this를 이용해
서 처리합니다(양방향의 경우 참조 관계가 서로 일치하도록 작성해야만 합니다). clearImag-
es( )는 첨부파일들을 모두 삭제하므로 BoardImage 객체의 Board 참조를 null로 변경하게
합니다(필수적이지는 않지만 항상 상위 엔티티의 상태와 하위 엔티티의 상태를 맞추는 것이
좋습니다.).

상위 엔티티인 Board에서 BoardImage들을 관리하
므로 테스트 역시 BoardRepository 자체를 이용해서
처리할 수 있습니다. BoardRepositoryTests를 이용해
서 첨부파일이 있는 게시물을 등록해 보도록 합니다.

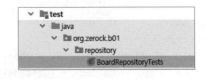

```
@Test
public void testInsertWithImages() {

    Board board = Board.builder()
            .title("Image Test")
            .content("첨부파일 테스트")
            .writer("tester")
            .build();

    for (int i = 0; i < 3; i++) {

        board.addImage(UUID.randomUUID().toString(), "file"+i+".jpg");

    }//end for

    boardRepository.save(board);
}
```

testInsertWithImages( )는 게시물 하나에 3개의 첨부파일을 추가하는 경우를 가정하고 작성되었습니다. 영속성 전이가 일어나기 때문에 다음과 같이 board 테이블에 1번, board_image 테이블에 3번 insert가 일어나게 됩니다.

```
insert
into
    board
    (moddate, regdate, content, title, writer)
values
    (?, ?, ?, ?, ?)
```

```
insert
into
    board_image
    (board_bno, file_name, ord, uuid)
values
    (?, ?, ?, ?)
```

board 테이블과 board_image 테이블의 결과를 확인해 보면 board_image의 board_bno 칼럼 값이 저장된 것을 확인할 수 있습니다.

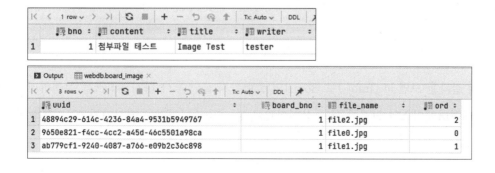

	bno	content	title	writer
1	1	첨부파일 테스트	Image Test	tester

▶ Output   webdb.board_image ×

	uuid	board_bno	file_name	ord
1	48894c29-614c-4236-84a4-9531b5949767	1	file2.jpg	2
2	9650e821-f4cc-4cc2-a45d-46c5501a98ca	1	file0.jpg	0
3	ab779cf1-9240-4087-a766-e09b2c36c898	1	file1.jpg	1

Lazy로딩과 @EntityGraph

@OneToMany의 로딩 방식은 기본적으로 지연(lazy) 로딩입니다. 게시물을 조회하는 경우 Board 객체와 BoardImage 객체들을 생성해야 하므로 2번의 select가 필요하게 됩니다. 테스트 코드를 통해서 이를 확인해 봅니다.

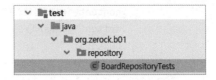

```java
@Test
public void testReadWithImages() {

    //반드시 존재하는 bno로 확인
    Optional<Board> result = boardRepository.findById(1L);

    Board board = result.orElseThrow();

    log.info(board);
    log.info("--------------------");
    log.info(board.getImageSet());
}
```

testReadWithImages( )를 실행하면 우선 board 테이블에 대한 select가 일어난 후에 에러가 발생하게 됩니다.

```
select
    board0_.bno as bno1_0_0_,
    board0_.moddate as moddate2_0_0_,
    board0_.regdate as regdate3_0_0_,
    board0_.content as content4_0_0_,
    board0_.title as title5_0_0_,
    board0_.writer as writer6_0_0_
from
    board board0_
where
    board0_.bno=?
```
```
o.z.b01.repository.BoardRepositoryTests  : Board(bno=1, title=Image Test, content=첨부파일 테스트, writer=tester)
o.z.b01.repository.BoardRepositoryTests  : --------------------
failed to lazily initialize a collection of role: org.zerock.b01.domain.Board.imageSet, could not initialize proxy - no Session
org.hibernate.LazyInitializationException: failed to lazily initialize a collection of role: org.zerock.b01.domain.Board.imageSet
    at app/org.hibernate.collection.internal.AbstractPersistentCollection.throwLazyInitializationException(AbstractPersistentCol
    at app/org.hibernate.collection.internal.AbstractPersistentCollection.withTemporarySessionIfNeeded(AbstractPersistentCollect
    at app/org.hibernate.collection.internal.AbstractPersistentCollection.initialize(AbstractPersistentCollection.java:591)
    at app/org.hibernate.collection.internal.AbstractPersistentCollection.read(AbstractPersistentCollection.java:149)
```

실행 결과를 보면 log.info( )로 Board의 출력까지 끝난 후에 다시 select를 실행하려고 하는데 데이터베이스와 연결이 끝난 상태이므로 'no session'이라는 메시지가 뜨는 것을 볼 수 있습니다.

앞의 에러를 해결하는 가장 간단한 방법은 테스트 코드에 @Trasactional을 추가하는 것입니다. @Transactional을 적용하면 필요할 때마다 메소드 내에서 추가적인 쿼리를 여러 번 실행하는 것이 가능해지기 때문입니다.

@EntityGraph와 조회 테스트

하위 엔티티를 로딩하는 가장 간단한 방법은 즉시(eager) 로딩을 적용하는 것이지만 가능하면 지연(lazy) 로딩을 이용하는 것이 기본적인 방식이므로 조금 특별한 @EntityGraph를 이용하도록 합니다. 지연(lazy) 로딩이라고 해도 한 번에 조인 처리해서 select가 이루어지도록 하는 방법을 이용해 보도록 합니다.

BoardRepository에 findByIdWithImages( )를 직접 정의하고 다음과 같이 @EntityGraph를 적용합니다.

```java
package org.zerock.b01.repository;

import org.springframework.data.jpa.repository.EntityGraph;
import org.springframework.data.jpa.repository.JpaRepository;
import org.zerock.b01.domain.Board;
import org.zerock.b01.repository.search.BoardSearch;

import java.util.Optional;

public interface BoardRepository extends JpaRepository<Board, Long>, BoardSearch {

    @EntityGraph(attributePaths = {"imageSet"})
    @Query("select b from Board b where b.bno =:bno")
    Optional<Board> findByIdWithImages(Long bno);

}
```

@EntityGraph에는 attributePaths라는 속성을 이용해서 같이 로딩해야 하는 속성을 명시할 수 있습니다. 테스트 코드에 findByIdWithImages( )를 이용하도록 수정합니다.

```
@Test
public void testReadWithImages() {

    //반드시 존재하는 bno로 확인
    Optional<Board> result = boardRepository.findByIdWithImages(1L);

    Board board = result.orElseThrow();

    log.info(board);
    log.info("--------------------");
    for (BoardImage boardImage : board.getImageSet()) {
        log.info(boardImage);
    }
}
```

```
select
    board0_.bno as bno1_0_0_,
    board0_.moddate as moddate2_0_0_,
    board0_.regdate as regdate3_0_0_,
    board0_.content as content4_0_0_,
    board0_.title as title5_0_0_,
    board0_.writer as writer6_0_0_,
    imageset1_.board_bno as board_bn4_1_1_,
    imageset1_.uuid as uuid1_1_1_,
    imageset1_.uuid a  uuid1_1_2
    imageset1_.board_        o.z.b01.repository.BoardRepositoryTests  : Board(bno=1, title=Image Test, content=첨부파일 테스트, writer=tester)
    imageset1_.file_n        o.z.b01.repository.BoardRepositoryTests  : --------------------
    imageset1_.ord as        o.z.b01.repository.BoardRepositoryTests  : BoardImage(uuid=6475b565-ef0f-4b94-a6de-8ea671cdbcfa, fileName=file2.jpg, ord=
from                        o.z.b01.repository.BoardRepositoryTests  : BoardImage(uuid=bf70458c-73a8-4105-a2f5-a5a6f39ced94, fileName=file1.jpg, ord=
    board board0_           o.z.b01.repository.BoardRepositoryTests  : BoardImage(uuid=ac7f5c18-d845-4420-bb80-57ac2c948401, fileName=file0.jpg, ord=
left outer join
    board_image imageset1_
        on board0_.bno=imageset1_.board_bno
where
    board0_.bno=?
```

실행 결과를 보면 board 테이블과 board_image 테이블의 조인 처리가 된 상태로 select가
실행되면서 Board와 BoardImage를 한 번에 처리할 수 있게 된 것을 확인할 수 있습니다.

 Tip @OneToMany 구조를 사용하는 경우에 얻을 수 있는 장점 중에 하나가 바로 이러한 하위 엔티티의
처리입니다.

게시물과 첨부파일 수정

게시물과 첨부파일 수정은 다른 엔티티들 간의 관계와는 조금 다른점이 있습니다. 실제 처
리 과정에서 첨부파일은 그 자체가 변경되는 것이 아니라 아예 기존의 모든 첨부파일들이 삭

제되고 새로운 첨부파일들로 추가되기 때문입니다.

Board에는 addImage()와 clearImages( )를 이용해 Board를 통해서 BoardImage 객체들을 처리하도록 설계되었습니다.

orphanRemoval 속성

테스트 코드를 통해서 특정 게시물의 첨부파일을 다른 파일들로 수정해 봅니다.

```
@Transactional
@Commit
@Test
public void testModifyImages() {

    Optional<Board> result = boardRepository.findByIdWithImages(1L);

    Board board = result.orElseThrow();

    //기존의 첨부파일들은 삭제
    board.clearImages();

    //새로운 첨부파일들
    for (int i = 0; i < 2; i++) {

        board.addImage(UUID.randomUUID().toString(), "updatefile"+i+".jpg");
    }

    boardRepository.save(board);

}
```

테스트 코드에서는 board.clearImages( )를 이용해서 Board 객체와 이것과 관련있는 BoardImage 객체들을 수정합니다. 테스트 코드를 실행하면 예상과 조금 다른 결과를 보게 됩니다.

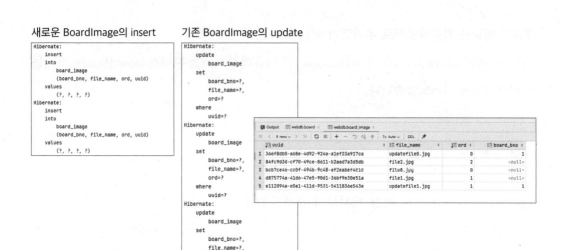

새로운 BoardImage의 insert   기존 BoardImage의 update

현재 cascade 속성이 ALL로 지정되었기 때문에 상위 엔티티(Board)의 상태 변화가 하위 엔티티(BoardImage)까지 영향을 주긴 했지만 삭제되지는 않았습니다. 만일 하위 엔티티의 참조가 더 이상 없는 상태가 되면 @OneToMany에 orphan-Removal 속성값을 true로 지정해 주어야만 실제 삭제가 이루어집니다.

Board 클래스의 @OneToMany 속성을 다음과 같이 조정합니다.

```
@OneToMany(mappedBy = "board",
        cascade = {CascadeType.ALL},
        fetch = FetchType.LAZY,
        orphanRemoval = true)
@Builder.Default
private Set<BoardImage> imageSet = new HashSet<>();
```

board_image 테이블의 잘못된 데이터는 삭제해 두도록 합니다.

```
delete from board_image where board_bno is null;
```

다시 테스트 코드를 실행해 보면 추가된 BoardImage가 insert되고, 기존의 BoardImage에 해당하는 데이터들은 delete되는 것을 확인할 수 있습니다.

새로운 BoardImage의 insert	기존 BoardImage의 delete
| ```
Hibernate:
    insert
    into
        board_image
        (board_bno, file_name, ord, uuid)
    values
        (?, ?, ?, ?)
Hibernate:
    insert
    into
        board_image
        (board_bno, file_name, ord, uuid)
    values
        (?, ?, ?, ?)
``` | ```
Hibernate:
    delete
    from
        board_image
    where
        uuid=?
Hibernate:
    delete
    from
        board_image
    where
        uuid=?
``` |

게시물과 첨부파일 삭제

게시물 삭제에는 게시물을 사용하는 댓글들을 먼저 삭제해야만 합니다. 다만 이 경우 다른 사용자가 만든 데이터를 삭제하는 것은 문제가 될 수 있으므로 주의할 필요가 있습니다.

우선 ReplyRepository에 특정한 게시물에 해당하는 데이터들을 삭제할 수 있도록 쿼리 메소드를 다음과 같이 추가할 수 있습니다.

```
public interface ReplyRepository extends JpaRepository<Reply, Long> {

    @Query("select r from Reply r where r.board.bno = :bno")
    Page<Reply> listOfBoard(Long bno, Pageable pageable);

    void deleteByBoard_Bno(Long bno);
}
```

BoardRepositoryTests에는 ReplyRepository를 주입합니다.

```
@SpringBootTest
@Log4j2
```

```
public class BoardRepositoryTests {

    @Autowired
    private BoardRepository boardRepository;

    @Autowired
    private ReplyRepository replyRepository;
...
```

테스트 코드를 작성해서 먼저 Reply 엔티티들을 삭제한 후에 Board를 삭제하도록 합니다.

```
@Test
@Transactional
@Commit
public void testRemoveAll() {

    Long bno = 1L;

    replyRepository.deleteByBoard_Bno(bno);

    boardRepository.deleteById(bno);

}
```

만일 게시물에 해당하는 댓글이 존재하는 경우에는 다음과 같은 SQL들이 실행됩니다.

Reply가 존재하는 경우 댓글 삭제   BoardImage 삭제   Board 삭제

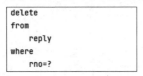

```
delete
from
    reply
where
    rno=?
```

```
Hibernate:
    delete
    from
        board_image
    where
        uuid=?
Hibernate:
    delete
    from
        board_image
    where
        uuid=?
```

```
Hibernate:
    delete
    from
        board
    where
        bno=?
```

'N+1' 문제와 @BatchSize

상위 엔티티에서 @OneToMany과 같은 연관 관계를 유지하는 경우 한번에 게시물과 첨부 파일을 같이 처리할 수 있다는 장점도 있기는 하지만 목록을 처리할 때는 예상하지 못한 문제를 만들어내기 때문에 주의해야 합니다.

테스트를 위한 더미 데이터의 추가

목록 데이터를 처리하기 전에 우선은 예제로 사용할 만한 충분한 Board와 BoardImage, Reply가 필요합니다. 정확한 테스트를 위해 기존의 테이블들을 모두 삭제하고 새로운 데이터들을 추가하도록 합니다.

BoardRepositoryTests에 다음과 같이 메소드를 작성해서 필요한 데이터들을 추가하도록 합니다.

```java
@Test
public void testInsertAll() {

    for (int i = 1; i <= 100; i++) {

        Board board  = Board.builder()
                .title("Title.."+i)
                .content("Content.." + i)
                .writer("writer.." + i)
                .build();

        for (int j = 0; j < 3; j++) {

            if(i % 5 == 0){
                continue;
```

```
        }
        board.addImage(UUID.randomUUID().toString(),i+"file"+j+".jpg");
      }
      boardRepository.save(board);

    }//end for
}
```

testInsertAll( )은 번호가 5,10,15..의 경우에는 첨부파일이 없는 게시물이 작성되고, 나머지는 3개의 첨부파일이 있는 상태가 되도록 구성합니다. 테스트 코드를 실행하고 board와 board_image 테이블에 많은 데이터가 생성된 것을 확인합니다.

board테이블(100개)

	bno	title	content	writer
1	1	Title..1	Content..1	writer..1
2	2	Title..2	Content..2	writer..2
3	3	Title..3	Content..3	writer..3
4	4	Title..4	Content..4	writer..4
5	5	Title..5	Content..5	writer..5
6	6	Title..6	Content..6	writer..6
7	7	Title..7	Content..7	writer..7
8	8	Title..8	Content..8	writer..8
9	9	Title..9	Content..9	writer..9
10	10	Title..10	Content..10	writer..10
11	11	Title..11	Content..11	writer..11
12	12	Title..12	Content..12	writer..12
13	13	Title..13	Content..13	writer..13

board_image테이블(5의배수의 게시글은 첨부파일이 없음

	uuid	board_bno	file_name	ord
1	f0013e33-6647-4aed-987d-54c917a625c8	99	99file0.jpg	0
2	7e4a843a-f9b5-4c05-a8f6-6045ee068776	99	99file1.jpg	1
3	d8068cb4-c8ff-419f-9151-d370dcdc8f06	99	99file2.jpg	2
4	420a0a31-a627-46d6-b6f3-58d5ab360d9f	98	98file0.jpg	0
5	92845fc2-a928-47b3-9407-f21d5e357ef1	98	98file1.jpg	1
6	ad57baa0-d7f9-4fcb-a435-a197997d24f7	98	98file2.jpg	2
7	7c620a16-6da0-411f-9085-e7728a193293	97	97file0.jpg	0
8	ff7f909b-e2ff-43ff-83fd-0a3a1c1c7744	97	97file1.jpg	1
9	aac5e7e6-48db-4c49-a2e6-23501a9c22dc	97	97file2.jpg	2
10	f496ea7d-ee4f-4f52-bafa-d7899445bd9f	96	96file0.jpg	0
11	99ba8e5d-3d21-4558-87ff-3d2c48821013	96	96file1.jpg	1
12	da2df5d7-1ef7-4b9f-876a-d458a7d1ec22	96	96file2.jpg	2
13	562db7c8-1be4-40e0-a241-35a99d12be8b	94	94file0.jpg	0
14	1940d040-63e4-4de8-a30f-2fe7949852d2	94	94file1.jpg	1
15	515cb23e-d78f-422a-9fb2-4ca3e7ef2f00	94	94file2.jpg	2
16	c3d1637d-2b05-492b-9272-9d914c3586cd	93	93file0.jpg	0

'N+1' 문제

목록 데이터를 처리하기 위해서 Querydsl을 이용하는 BoardSearch 인터페이스에 새로운 메소드를 추가합니다.

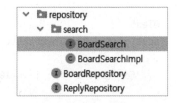

```
public interface BoardSearch {

  ...

  Page<BoardListReplyCountDTO> searchWithAll(String[] types,
                                             String keyword,
                                             Pageable pageable);

}
```

BoardSearchImpl 클래스에는 추가한 searchWithAll( )을 다음과 같이 구현합니다.

```java
@Override
public Page<BoardListReplyCountDTO> searchWithAll(String[] types, String keyword,
Pageable pageable) {

    QBoard board = QBoard.board;
    QReply reply = QReply.reply;

    JPQLQuery<Board> boardJPQLQuery = from(board);
    boardJPQLQuery.leftJoin(reply).on(reply.board.eq(board)); //left join

    getQuerydsl().applyPagination(pageable, boardJPQLQuery); //paging

    List<Board> boardList = boardJPQLQuery.fetch();

    boardList.forEach(board1 -> {
        System.out.println(board1.getBno());
        System.out.println(board1.getImageSet());
        System.out.println("----------------");
    });


    return null;
}
```

BoardSearchImpl의 searchWithAll( ) 내용은 Board와 Reply를 left join 처리하고 쿼리를 실행해서 내용을 확인하는 것입니다.

BoardRepositoryTests를 이용해서 다음과 같은 테스트 코드를 작성하고 실행해 봅니다.

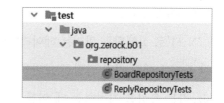

```java
@Transactional
@Test
public void testSearchImageReplyCount() {

    Pageable pageable = PageRequest.of(0,10,Sort.by("bno").descending());
```

```
    boardRepository.searchWithAll(null, null,pageable);

}
```

실행되는 쿼리들을 살펴보면 다음 그림과 같이 목록을 가져오는 쿼리 한 번과 하나의 게시물마다 board_image에 대한 쿼리가 실행되는 상황을 볼 수 있는데 이것을 'N +1' 문제라고 합니다(N은 게시물 마다 각각 실행되는 쿼리, 1은 목록을 가져오는 쿼리).

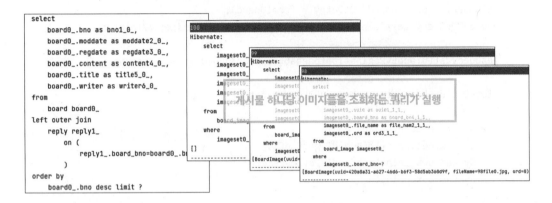

앞의 테스트 결과는 다음과 같은 구조로 실행됩니다.

1) Board에 대한 페이징 처리가 실행되면서 limit로 처리

2) System.out.println()을 통해 Board의 bno 값을 출력

3) Board 객체의 imageSet을 가져오기 위해서 board_image 테이블을 조회하는 쿼리 실행

4) 2,3의 과정이 반복적으로 실행

• @BatchSize

'N +1'로 실행되는 쿼리는 데이터베이스를 엄청나게 많이 사용하기 때문에 문제가 됩니다. 이 문제에 대한 가장 간단한 보완책은 @BatchSize를 이용하는 것입니다. @BatchSize에는 size라는 속성을 지정하는 데 이를 이용해서 'N 번'에 해당하는 쿼리를 모아서 한 번에 실행할 수 있습니다.

Board 클래스의 imageSet 부분에 다음과 같이 @Batch-Size를 적용합니다.

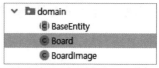

```
@OneToMany(mappedBy = "board",
        cascade = {CascadeType.ALL},
        fetch = FetchType.LAZY,
        orphanRemoval = true)
@Builder.Default
@BatchSize(size = 20)
private Set<BoardImage> imageSet = new HashSet<>();
```

@BatchSize의 size 속성값은 지정된 수만큼은 BoardImage를 조회할 때 한 번에 in 조건으로 사용됩니다. 변경된 코드의 테스트 결과는 이전과 많은 차이가 발생합니다.

 Tip in 조건은 조건의 범위를 지정하는 데 사용되며, 지정된 값 중에서 하나 이상과 일치하면 조건에 맞는 것으로 처리합니다.

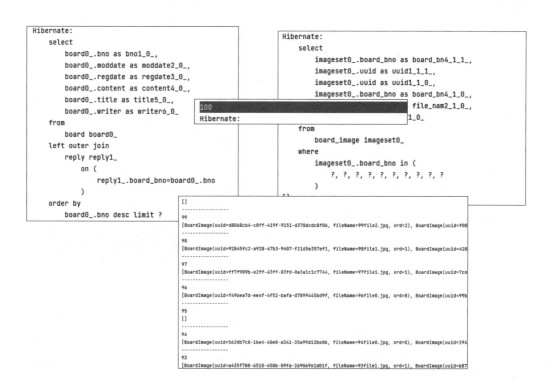

실행 결과를 보면 목록을 처리하는 쿼리(왼쪽상단)가 실행되고 Board 객체의 bno를 출력합니다(상단 가운데). Board의 imageSet을 출력할 때 @BatchSize가 지정되어 있으므로 목록에서 나온 10개의 Board 객체의 bno 값을 이용해서 board_image 테이블을 조회합니다(오른쪽 상단). BoardImage들이 모두 조회되었으므로 나머지 목록을 처리할 때는 별도의 쿼리가 실행되지 않고 처리되는 것을 볼 수 있습니다.

 목록과 관련된 처리는 반드시 limit와 같은 페이징 처리가 실행되는지 체크해야 합니다. limit가 없다면 테이블의 모든 데이터에 대한 처리가 이루어진다는 것을 의미하기 때문에 성능에 영향을 주게 됩니다. @EntityGraph를 이용해서 목록을 처리하지 않는 이유이기도 합니다.

댓글의 개수와 DTO 처리

추가로 한 번 더 쿼리가 실행되기는 하지만 Board와 BoardImage들을 한 번에 처리할 수 있다는 점은 분명히 장점이 될 수 있으므로 해당 결과에 댓글 개수를 처리하도록 수정해서 최종적으로 DTO를 구성하도록 합니다.

엔티티 객체를 DTO로 변환하는 방식은 ModelMapper를 이용하거나, Projections를 이용했지만 Board 객체 안에 Set과 같이 중첩된 구조를 처리할 경우에는 직접 튜플(Tuple)을 이용해서 DTO로 변환하는 방식을 사용하는 것이 편리합니다.

• BoardListAllDTO 클래스

dto 패키지에 Board와 BoardImage, 댓글 개수를 모두 반영할 수 있는 BoarListAllDTO 클래스와 BoardImage 엔티티를 처리하기 위한 BoardImageDTO 클래스를 추가합니다.

```
package org.zerock.b01.dto;

...

@Data
```

```java
@Builder
@AllArgsConstructor
@NoArgsConstructor
public class BoardImageDTO {

    private String uuid;

    private String fileName;

    private int ord;
}

package org.zerock.b01.dto;

...

@Data
@AllArgsConstructor
@NoArgsConstructor
@Builder
public class BoardListAllDTO {

    private Long bno;

    private String title;

    private String writer;

    private LocalDateTime regDate;

    private Long replyCount;

    private List<BoardImageDTO> boardImages;

}
```

• **BoardService 변경**

BoardService에 BoardListAllDTO를 이용할 수 있도록
새로운 listWithAll( ) 메소드를 다음과 같이 추가합니다.

```
public interface BoardService {

    ...

    //게시글의 이미지와 댓글의 숫자까지 처리
    PageResponseDTO<BoardListAllDTO> listWithAll(PageRequestDTO pageRequestDTO);
}
```

BoardServiceImpl 클래스에는 메소드 틀만 작성해 두도록 하고 Querydsl의 처리가 끝난 후에 수정하도록 합니다.

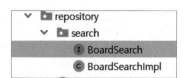

```
@Override
public PageResponseDTO<BoardListAllDTO> listWithAll(PageRequestDTO pageRequestDTO)
{
    return null;
}
```

Querydsl의 튜플 처리

Querydsl을 이용해서 동적 쿼리를 처리하는 Board-Search와 BoardSearchImpl 클래스의 리턴 타입은 Board-ListAllDTO 타입으로 수정합니다. 이 과정에서 임시로 데이터를 튜플 타입으로 추출해서 처리하도록 합니다.

```
public interface BoardSearch {

    ...

    Page<BoardListAllDTO> searchWithAll(String[] types,
                                        String keyword,
                                        Pageable pageable);
}
```

BoardSearchImpl에는 searchWithAll( )을 다음과 같이 구현합니다.

```java
@Override
public Page<BoardListAllDTO> searchWithAll(String[] types, String keyword,
Pageable pageable) {

    QBoard board = QBoard.board;
    QReply reply = QReply.reply;

    JPQLQuery<Board> boardJPQLQuery = from(board);
    boardJPQLQuery.leftJoin(reply).on(reply.board.eq(board)); //left join

    boardJPQLQuery.groupBy(board);

    getQuerydsl().applyPagination(pageable, boardJPQLQuery); //paging


    JPQLQuery<Tuple> tupleJPQLQuery = boardJPQLQuery.select(board, reply.
                                                            countDistinct());

    List<Tuple> tupleList = tupleJPQLQuery.fetch();

    List<BoardListAllDTO> dtoList = tupleList.stream().map(tuple -> {

        Board board1 = (Board) tuple.get(board);
        long replyCount = tuple.get(1,Long.class);

        BoardListAllDTO dto = BoardListAllDTO.builder()
                .bno(board1.getBno())
                .title(board1.getTitle())
                .writer(board1.getWriter())
                .regDate(board1.getRegDate())
                .replyCount(replyCount)
                .build();

        //BoardImage를 BoardImageDTO 처리할 부분

        return dto;
    }).collect(Collectors.toList());

    long totalCount = boardJPQLQuery.fetchCount();


    return new PageImpl<>(dtoList, pageable, totalCount);
}
```

List<Tuple>을 이용하는 방식은 Projections를 이용하는 방식보다 번거롭기는 하지만, 코드를 통해서 마음대로 커스터마이징 할 수 있다는 장점도 있습니다. 앞의 코드에서는 List<Tuple>의 결과를 List<BoardListAllDTO>로 변경하고 있습니다(아직 BoardImage에 대한 처리는 하지 않은 상태).

이전에 만든 테스트 코드를 통해서 search-WithAll( ) 동작을 확인해 봅니다.

```java
@Transactional
@Test
public void testSearchImageReplyCount() {

    Pageable pageable = PageRequest.of(0,10,Sort.by("bno").descending());

    //boardRepository.searchWithAll(null, null,pageable);

    Page<BoardListAllDTO> result = boardRepository.searchWithAll(null,null,pageable);

    log.info("---------------------------");
    log.info(result.getTotalElements());

    result.getContent().forEach(boardListAllDTO -> log.info(boardListAllDTO));

}
```

앞선 코드의 테스트 결과는 BoardDTO에서 boardImages를 제외한 모든 처리가 완료된 형태로 출력됩니다.

```
o.z.b01.repository.BoardRepositoryTests  : ---------------------------
o.z.b01.repository.BoardRepositoryTests  : 100
o.z.b01.repository.BoardRepositoryTests  : BoardListAllDTO(bno=100, title=Title..100, writer=writer..100, regDate=2022-06-07T00:08:40.132822, replyCount=0, boardImages=null)
o.z.b01.repository.BoardRepositoryTests  : BoardListAllDTO(bno=99, title=Title..99, writer=writer..99, regDate=2022-06-07T00:08:40.129821, replyCount=0, boardImages=null)
o.z.b01.repository.BoardRepositoryTests  : BoardListAllDTO(bno=98, title=Title..98, writer=writer..98, regDate=2022-06-07T00:08:40.125638, replyCount=0, boardImages=null)
o.z.b01.repository.BoardRepositoryTests  : BoardListAllDTO(bno=97, title=Title..97, writer=writer..97, regDate=2022-06-07T00:08:40.121636, replyCount=0, boardImages=null)
o.z.b01.repository.BoardRepositoryTests  : BoardListAllDTO(bno=96, title=Title..96, writer=writer..96, regDate=2022-06-07T00:08:40.118635, replyCount=0, boardImages=null)
o.z.b01.repository.BoardRepositoryTests  : BoardListAllDTO(bno=95, title=Title..95, writer=writer..95, regDate=2022-06-07T00:08:40.116635, replyCount=0, boardImages=null)
o.z.b01.repository.BoardRepositoryTests  : BoardListAllDTO(bno=94, title=Title..94, writer=writer..94, regDate=2022-06-07T00:08:40.112607, replyCount=0, boardImages=null)
o.z.b01.repository.BoardRepositoryTests  : BoardListAllDTO(bno=93, title=Title..93, writer=writer..93, regDate=2022-06-07T00:08:40.110196, replyCount=0, boardImages=null)
o.z.b01.repository.BoardRepositoryTests  : BoardListAllDTO(bno=92, title=Title..92, writer=writer..92, regDate=2022-06-07T00:08:40.108196, replyCount=0, boardImages=null)
o.z.b01.repository.BoardRepositoryTests  : BoardListAllDTO(bno=91, title=Title..91, writer=writer..91, regDate=2022-06-07T00:08:40.106195, replyCount=0, boardImages=null)
```

- **BoardImage 처리**

Board에 대한 처리 결과를 확인했다면 Board 객체 내 BoardImage 들을 추출해서 BoardImageDTO로 변환하는 코드를 추가합니다.

BoardSearchImpl내 searchWithAll() 내 List<Tuple>을 처리하는 부분은 다음과 같이 작성합니다.

```
List<BoardListAllDTO> dtoList = tupleList.stream().map(tuple -> {

    Board board1 = (Board) tuple.get(board);
    long replyCount = tuple.get(1,Long.class);

    BoardListAllDTO dto = BoardListAllDTO.builder()
            .bno(board1.getBno())
            .title(board1.getTitle())
            .writer(board1.getWriter())
            .regDate(board1.getRegDate())
            .replyCount(replyCount)
            .build();

    //BoardImage를 BoardImageDTO 처리할 부분
    List<BoardImageDTO> imageDTOS = board1.getImageSet().stream().sorted()
            .map(boardImage -> BoardImageDTO.builder()
                    .uuid(boardImage.getUuid())
                    .fileName(boardImage.getFileName())
                    .ord(boardImage.getOrd())
                    .build()
            ).collect(Collectors.toList());

    dto.setBoardImages(imageDTOS); //처리된 BoardImageDTO들을 추가

    return dto;
}).collect(Collectors.toList());
```

테스트 코드를 이용해서 다음과 같은 쿼리들이 정상적으로 실행되는지 확인합니다.

페이징 처리 쿼리

```
Hibernate:
    select
        board0_.bno as col_0_0_,
        count(distinct reply1_.rno) as col_1_0_,
        board0_.bno as bno1_0_,
        board0_.moddate as moddate2_0_,
        board0_.regdate as regdate3_0_,
        board0_.content as content4_0_,
        board0_.title as title5_0_,
        board0_.writer as writer6_0_
    from
        board board0_
    left outer join
        reply reply1_
            on (
                reply1_.board_bno=board0_.bno
            )
    group by
        board0_.bno
    order by
        board0_.bno desc limit ?
```

이미지 처리 쿼리

```
Hibernate:
    select
        imageset0_.board_bno as board_bn4_1_1_,
        imageset0_.uuid as uuid1_1_1_,
        imageset0_.uuid as uuid1_1_0_,
        imageset0_.board_bno as board_bn4_1_0_,
        imageset0_.file_name as file_nam2_1_0_,
        imageset0_.ord as ord3_1_0_
    from
        board_image imageset0_
    where
        imageset0_.board_bno in (
            ?, ?, ?, ?, ?, ?, ?, ?, ?, ?
        )
```

카운트 처리 쿼리

```
Hibernate:
    select
        count(distinct board0_.bno) as col_0_0_
    from
        board board0_
    left outer join
        reply reply1_
            on (
                reply1_.board_bno=board0_.bno
            )
```

실행 결과에는 BoardListAllDTO 안에 BoardImageDTO들이 존재하는 것을 확인할 수 있습니다.

```
----------------------------
100
BoardListAllDTO(bno=100, title=Title..100, writer=writer..100, regDate=2022-06-07T00:08:40.132822, replyCount=0, boardImages=[])
BoardListAllDTO(bno=99, title=Title..99, writer=writer..99, regDate=2022-06-07T00:08:40.129821, replyCount=0, boardImages=[BoardImageDTO(uuid=f0013e33-6647-4aed-987d-54c917a625c8,
BoardListAllDTO(bno=98, title=Title..98, writer=writer..98, regDate=2022-06-07T00:08:40.125638, replyCount=0, boardImages=[BoardImageDTO(uuid=420a0a31-a627-46d6-b6f3-58d5ab360d9f,
BoardListAllDTO(bno=97, title=Title..97, writer=writer..97, regDate=2022-06-07T00:08:40.121636, replyCount=0, boardImages=[BoardImageDTO(uuid=7c620a16-4da0-411f-9085-e7728a193293,
BoardListAllDTO(bno=96, title=Title..96, writer=writer..96, regDate=2022-06-07T00:08:40.118635, replyCount=0, boardImages=[BoardImageDTO(uuid=f496ea7d-ee4f-4f52-bafa-d7899445bd9f,
BoardListAllDTO(bno=95, title=Title..95, writer=writer..95, regDate=2022-06-07T00:08:40.116635, replyCount=0, boardImages=[])
BoardListAllDTO(bno=94, title=Title..94, writer=writer..94, regDate=2022-06-07T00:08:40.112607, replyCount=0, boardImages=[BoardImageDTO(uuid=5d2db7c8-1be4-40e0-a241-35a99d12be8b,
BoardListAllDTO(bno=93, title=Title..93, writer=writer..93, regDate=2022-06-07T00:08:40.110196, replyCount=0, boardImages=[BoardImageDTO(uuid=c3d1637d-2b05-492b-9272-9d914c3586cd,
BoardListAllDTO(bno=92, title=Title..92, writer=writer..92, regDate=2022-06-07T00:08:40.108196, replyCount=0, boardImages=[BoardImageDTO(uuid=5ea1e77b-2316-424a-9249-ebc04ebd43d7,
BoardListAllDTO(bno=91, title=Title..91, writer=writer..91, regDate=2022-06-07T00:08:40.106195, replyCount=0, boardImages=[BoardImageDTO(uuid=ee73c740-d8ff-4f4e-abef-e8bd2ad809f8,
```

· 검색 조건 추가

최종적으로 Querydsl을 이용해서 페이징 처리하기 전에 검색 조건과 키워드를 사용하는 부분의 코드를 추가해서 searchWithAll( )을 완성합니다.

```
@Override
public Page<BoardListAllDTO> searchWithAll(String[] types, String keyword,
Pageable pageable) {

    QBoard board = QBoard.board;
    QReply reply = QReply.reply;

    JPQLQuery<Board> boardJPQLQuery = from(board);
    boardJPQLQuery.leftJoin(reply).on(reply.board.eq(board)); //left join

    if( (types != null && types.length > 0) && keyword != null ){
```

```
    BooleanBuilder booleanBuilder = new BooleanBuilder(); // (

    for(String type: types){

        switch (type){
            case "t":
                booleanBuilder.or(board.title.contains(keyword));
                break;
            case "c":
                booleanBuilder.or(board.content.contains(keyword));
                break;
            case "w":
                booleanBuilder.or(board.writer.contains(keyword));
                break;
        }
    }//end for
    boardJPQLQuery.where(booleanBuilder);
}


boardJPQLQuery.groupBy(board);

getQuerydsl().applyPagination(pageable, boardJPQLQuery); //paging



JPQLQuery<Tuple> tupleJPQLQuery = boardJPQLQuery.select(board, reply.
                                                       countDistinct());

List<Tuple> tupleList = tupleJPQLQuery.fetch();

List<BoardListAllDTO> dtoList = tupleList.stream().map(tuple -> {

    Board board1 = (Board) tuple.get(board);
    long replyCount = tuple.get(1,Long.class);

    BoardListAllDTO dto = BoardListAllDTO.builder()
            .bno(board1.getBno())
            .title(board1.getTitle())
            .writer(board1.getWriter())
            .regDate(board1.getRegDate())
            .replyCount(replyCount)
            .build();

    //BoardImage를 BoardImageDTO 처리할 부분
    List<BoardImageDTO> imageDTOS = board1.getImageSet().stream().sorted()
            .map(boardImage -> BoardImageDTO.builder()
                    .uuid(boardImage.getUuid())
```

```
                                   .fileName(boardImage.getFileName())
                                   .ord(boardImage.getOrd())
                                   .build()
                        ).collect(Collectors.toList());

            dto.setBoardImages(imageDTOS);

            return dto;
    }).collect(Collectors.toList());

    long totalCount = boardJPQLQuery.fetchCount();


    return new PageImpl<>(dtoList, pageable, totalCount);
}
```

서비스 계층과 DTO

첨부파일이 있는 게시물은 각 작업에 따라서 엔티티 설계와 다르게 처리될 부분이 많습니다. 엔티티 클래스와 달리 DTO 클래스는 상황에 따라 여러 개의 클래스를 작성해서 처리하도록 합니다.

게시물 등록 처리

게시물 등록 시에 첨부파일은 이미 업로드된 파일의 정보를 문자열로 받아서 처리할 것입니다. 따라서 등록에 사용할 Board-DTO에는 파일 이름을 리스트로 처리하도록 구성합니다.

```
public class BoardDTO {

    private Long bno;

    ...
    //첨부파일의 이름들
    private List<String> fileNames;
}
```

BoardDTO의 List<String> fileNames는 Board에서 Set<BoardImage> 타입으로 변환
되어야만 합니다.

· DTO를 엔티티로 변환하기

기존의 ModelMapper는 단순한 구조의 객체를 다른 타입의 객체로 만드는 데는 편리하지
만 다양한 처리가 필요한 경우에는 오히려 더 복잡하기 때문에 DTO 객체를 엔티티 객체로
변환하는 메소드를 작성하도록 합니다.

BoardService 인터페이스가 DTO와 엔티티를 모두 처리하는
경우가 많으므로 BoardService 인터페이스의 default 메소드를
이용해서 이를 처리해 보도록 합니다.

```java
default Board dtoToEntity(BoardDTO boardDTO){

    Board board = Board.builder()
            .bno(boardDTO.getBno())
            .title(boardDTO.getTitle())
            .content(boardDTO.getContent())
            .writer(boardDTO.getWriter())

            .build();

    if(boardDTO.getFileNames() != null){
        boardDTO.getFileNames().forEach(fileName -> {
            String[] arr = fileName.split("_");
            board.addImage(arr[0], arr[1]);
        });
    }
    return board;
}
```

· 등록 처리와 테스트

추가된 dtoToEntity( )를 이용해서 BoardServiceImpl의
register( )를 수정하고 테스트 코드를 이용해서 확인합니다.

```
@Override
public Long register(BoardDTO boardDTO) {

    Board board = dtoToEntity(boardDTO);

    Long bno = boardRepository.save(board).getBno();

    return bno;
}
```

변경된 register( )는 테스트 코드를 이용해서 동작여부를
확인합니다.

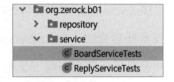

```
@Test
public void testRegisterWithImages() {

    log.info(boardService.getClass().getName());

    BoardDTO boardDTO = BoardDTO.builder()
            .title("File...Sample Title...")
            .content("Sample Content...")
            .writer("user00")
            .build();

    boardDTO.setFileNames(
            Arrays.asList(
                    UUID.randomUUID()+"_aaa.jpg",
                    UUID.randomUUID()+"_bbb.jpg",
                    UUID.randomUUID()+"_bbb.jpg"
            ));

    Long bno = boardService.register(boardDTO);

    log.info("bno: " + bno);
}
```

testRegisterWithImages( )는 하나의 게시물에 3개의 이미지 파일이 추가된 경우를 테스
트합니다. 실행 결과에는 board 테이블과 board_image 테이블에 insert 문이 실행되는지 확
인합니다.

```
Hibernate:
    insert
    into
        board
        (moddate, regdate, content, title, writer)
    values
        (?, ?, ?, ?, ?)
```

```
Hibernate:

  Hibernate:

    Hibernate:
        insert
        into
            board_image
            (board_bno, file_name, ord, uuid)
        values
            (?, ?, ?, ?)
```

게시물 조회 처리

Board 엔티티 객체를 BoardDTO 타입으로 변환하는 처리
역시 BoardService 인터페이스의 default 메소드를 이용해서
처리하도록 합니다.

```java
default BoardDTO entityToDTO(Board board) {

    BoardDTO boardDTO = BoardDTO.builder()
            .bno(board.getBno())
            .title(board.getTitle())
            .content(board.getContent())
            .writer(board.getWriter())
            .regDate(board.getRegDate())
            .modDate(board.getModDate())
            .build();

    List<String> fileNames =
    board.getImageSet().stream().sorted().map(boardImage ->
            boardImage.getUuid()+"_"+boardImage.getFileName()).collect(Collectors.
toList());

    boardDTO.setFileNames(fileNames);

    return boardDTO;
}
```

BoardServiceImpl에서는 entityToDTO( )를 이용해서
BoardDTO를 반환하도록 수정합니다.

```java
@Override
public BoardDTO readOne(Long bno) {

    //board_image까지 조인 처리되는 findByWithImages()를 이용
    Optional<Board> result = boardRepository.findByIdWithImages(bno);

    Board board = result.orElseThrow();

    BoardDTO boardDTO = entityToDTO(board);

    return boardDTO;
}
```

readOne( )에서는 @EntityGraph를 이용하는 findByIdWithImages( )를 이용합니다.

테스트 코드를 통해서 조회 시에 Board와 BoardIm-age들을 같이 처리하는지 확인합니다.

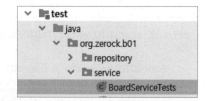

```java
@Test
public void testReadAll() {

    Long bno = 101L;

    BoardDTO boardDTO = boardService.readOne(bno);

    log.info(boardDTO);

    for (String fileName : boardDTO.getFileNames()) {
        log.info(fileName);
    }//end for

}
```

testReadAll( ) 테스트 시에 첨부파일이 있는 게시물의 번호를 이용해서 게시물과 첨부파
일의 정보가 한번에 처리되는지를 확인하도록 합니다.

```
select
    board0_.bno as bno1_0_0_,
    imageset1_.uuid as uuid1_1_1_,
    board0_.moddate as moddate2_0_0_,
    board0_.regdate as regdate3_0_0_,
    board0_.content as content4_0_0_,
    board0_.title as title5_0_0_,
    board0_.writer as writer6_0_0_,
    imageset1_.board_bno as board_bn4_1_1_,
    imageset1_.file_name as file_nam2_1_1_,
    imageset1_.ord as ord3_1_1_,
    imageset1_.board_bno as board_bn4_1_0__,
    imageset1_.uuid as uuid1_1_0__
from
    board board0_
left outer join
    board_image imageset1_
        on board0_.bno=imageset1_.board_bno
where
    board0_.bno=?
```

```
BoardDTO(bno=101, title=File...Sample Title..., content=Sample Content..., writer=user00,
f6bf916c-dda4-4fb5-b2a5-9b609c10c74b_aaa.jpg
f48edfd2-d796-41cc-9107-5a28cd031909_bbb.jpg
e1be4c31-b4b9-4b2c-9f4b-f38d0bda7127_bbb.jpg
```

게시물 수정 처리

게시물 수정 시 첨부파일은 아예 새로운 파일들로 대체
되기 때문에 Board의 clearImages( )를 실행한 후에 새
로운 파일들의 정보를 추가하도록 구성합니다.

```
✓ 📁 service
    ⓘ BoardService
    ⓒ BoardServiceImpl
    ⓘ ReplyService
```

```java
@Override
public void modify(BoardDTO boardDTO) {

    Optional<Board> result = boardRepository.findById(boardDTO.getBno());

    Board board = result.orElseThrow();

    board.change(boardDTO.getTitle(), boardDTO.getContent());

    //첨부파일의 처리
    board.clearImages();

    if(boardDTO.getFileNames() != null){
        for (String fileName : boardDTO.getFileNames()) {
            String[] arr = fileName.split("_");
            board.addImage(arr[0], arr[1]);
        }
    }

    boardRepository.save(board);

}
```

테스트 코드는 첨부파일이 있는 게시물을 대상으로 첨부
파일을 변경해 봅니다.

```
@Test
public void testModify() {

    //변경에 필요한 데이터
    BoardDTO boardDTO = BoardDTO.builder()
            .bno(101L)
            .title("Updated....101")
            .content("Updated content 101...")
            .build();

    //첨부파일을 하나 추가
    boardDTO.setFileNames(Arrays.asList(UUID.randomUUID()+"_zzz.jpg"));

    boardService.modify(boardDTO);

}
```

testModify( )는 Board 객체의 BoardImage들을 삭제하고 새로운 첨부파일 하나만을 가
지도록 변경됩니다. testModify( )를 실행한 후에 testReadAll( )을 이용해서 수정된 게시물
을 조회해 봅니다.

수정 전(첨부파일 3개)

```
BoardDTO(bno=101, title=File...Sample Title..., content=Sample Content..., writer=user00,
19ffac94-0ca5-46c2-80e2-e9dfbc169891_aaa.jpg
aa869159-e28b-4f01-a93b-050a411f4da7_bbb.jpg
11d3766d-77f0-43fc-81cf-a3dbdbea9f45_bbb.jpg
```

수정 후(첨부파일 1개)

```
BoardDTO(bno=101, title=Updated....101, content=Updated content 101..., writer=user00,
15169e25-cf09-4efd-bced-f623711c3027_zzz.jpg
```

게시물 삭제 처리

게시물의 삭제 처리는 '댓글'이 존재하지 않는 경우만을 고려해서 작성합니다. 만일 댓글이
있는 경우에도 삭제하려면 ReplyRepository를 BoardService에 주입하고 특정한 게시물의
모든 댓글을 삭제한 후에 게시물을 삭제하도록 작성해야 합니다.

Board 클래스에는 CascadeType.ALL과 orphanRemoval 속성값이 true로 지정되어 있으므로 게시물이 삭제되면 자동으로 해당 게시물의 Board-Image 객체들도 같이 삭제되도록 구성되어 있습니다.

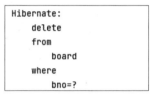

```
@Test
public void testRemoveAll() {

    Long bno = 1L;

    boardService.remove(bno);

}
```

테스트 코드의 1번 게시글은 2개의 첨부파일이 있으므로 먼저 board_image 테이블에서 2번의 delete가 실행되고 board 테이블에서 삭제가 일어나게 됩니다.

```
Hibernate:
    delete
    from
        board_image
    where
        uuid=?
Hibernate:
    delete
    from
        board_image
    where
        uuid=?
```

```
Hibernate:
    delete
    from
        board
    where
        bno=?
```

게시물 목록 처리

BoardService의 마지막은 검색과 페이징 처리가 필요한 목록을 처리하는 기능의 구현입니다. Querydsl을 적용하기 전에 이미 BoardService에 listWithAll( )을 정의해 둔 상태입니다.

```
public interface BoardService {

    ...
```

```
//게시글의 이미지와 댓글의 숫자까지 처리
PageResponseDTO<BoardListAllDTO> listWithAll(PageRequestDTO pageRequestDTO);

...

}
```

BoardServiceImpl에서는 BoardListAllDTO 타입으로 반환되는 게시물 목록을 PageRe-sponseDTO로 처리합니다.

```
@Override
public PageResponseDTO<BoardListAllDTO> listWithAll(PageRequestDTO pageRequestDTO)
{
    String[] types = pageRequestDTO.getTypes();
    String keyword = pageRequestDTO.getKeyword();
    Pageable pageable = pageRequestDTO.getPageable("bno");

    Page<BoardListAllDTO> result = boardRepository.searchWithAll(types, keyword,
                                                                pageable);

    return PageResponseDTO.<BoardListAllDTO>withAll()
            .pageRequestDTO(pageRequestDTO)
            .dtoList(result.getContent())
            .total((int)result.getTotalElements())
            .build();
}
```

목록 데이터를 테스트하는 코드는 다음과 같이 작성합니다.

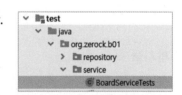

```
@Test
public void testListWithAll() {

    PageRequestDTO pageRequestDTO = PageRequestDTO.builder()
            .page(1)
            .size(10)
            .build();

    PageResponseDTO<BoardListAllDTO> responseDTO =
```

```
            boardService.listWithAll(pageRequestDTO);

    List<BoardListAllDTO> dtoList = responseDTO.getDtoList();

    dtoList.forEach(boardListAllDTO -> {
        log.info(boardListAllDTO.getBno()+":"+boardListAllDTO.getTitle());

        if(boardListAllDTO.getBoardImages() != null) {
            for (BoardImageDTO boardImage : boardListAllDTO.getBoardImages()) {
                log.info(boardImage);
            }
        }

        log.info("------------------------------");
    });
}
```

테스트 코드를 실행한 결과를 보면 게시물의 첨부파일이 존재하는 경우 모든 첨부파일의 순번(ord)대로 출력하는 것을 확인할 수 있습니다(다음 결과는 지면 관계상 일부만 사용하였습니다.).

```
: 101:Updated....101
: BoardImageDTO(uuid=15169e25-cf09-4efd-bced-f623711c3027, fileName=zzz.jpg, ord=0)
: ------------------------------
: 100:Title..100
: ------------------------------
: 99:Title..99
: BoardImageDTO(uuid=f0013e33-6647-4aed-987d-54c917a625c8, fileName=99file0.jpg, ord=0)
: BoardImageDTO(uuid=7e4a843a-f9b5-4c05-a8f6-6045ee068776, fileName=99file1.jpg, ord=1)
: BoardImageDTO(uuid=d8068cb4-c8ff-419f-9151-d370dcdc8f06, fileName=99file2.jpg, ord=2)
: ------------------------------
: 98:Title..98
: BoardImageDTO(uuid=420a0a31-a627-46d6-b6f3-58d5ab360d9f, fileName=98file0.jpg, ord=0)
: BoardImageDTO(uuid=92845fc2-a928-47b3-9407-f21d5e357ef1, fileName=98file1.jpg, ord=1)
: BoardImageDTO(uuid=ad57baa0-d7f9-4fcb-a435-a197997d24f7, fileName=98file2.jpg, ord=2)
: ------------------------------
: 97:Title..97
```

7.3 컨트롤러와 화면 처리

첨부파일과 관련해서 가장 많은 코드를 작성하게 되는 부분은 화면쪽의 자바스크립트 코드입니다. 각 기능을 어떻게 동작하게 작성할 것인지 정리하면 다음과 같습니다.

기능	설명
게시물 등록	모달창을 이용해서 첨부파일을 등록하고, 추가된 첨부파일은 섬네일로 표시 첨부파일의 삭제 기능까지 적용, 첨부파일의 삭제 시에는 업로드된 파일도 같이 삭제
게시물 목록	게시물과 함께 첨부파일을 목록상에 출력
게시물 조회	해당 게시물에 속한 모든 첨부파일을 같이 출력
게시물 수정	게시물 조회 기능 첨부파일 삭제는 우선 화면에서만 안 보이도록 처리하고 실제로 수정 작업 처리 시에 첨부파일들도 같이 처리
게시물 삭제	해당 게시물 삭제 + 업로드된 모든 첨부파일 삭제

게시물과 첨부파일 등록 처리

게시물 등록 화면을 담당하는 register.html은
<form> 태그의 submit( )만으로 처리가 되었지만
Ajax를 이용하는 방식이 되면 자바스크립트를 이
용하도록 수정되어야 합니다.

register.html에는 <form> 태그에 첨부파일을
추가할 수 있는 버튼을 추가하도록 수정합니다.

기존의 코드에서 달라진 점은 다음과 같습니다.

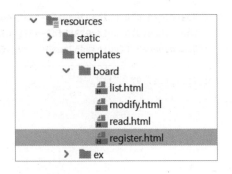

1. <form> 태그 자체에 id 속성을 부여해서 자바스크립트를 처리할 때 사용하도록 수정

2. 파일 업로드를 위한 모달창을 띄우고자 class 속성값으로 uploadFileBtn, uploadHidden 등을 추가

3. 버튼에 class 속성값으로 submitBtn 지정

register.html의 <form> 태그에 writer 부분에 이어서 첨부파일을 업로드하기 위한 버튼을 추가합니다.

```html
<div class="input-group mb-3">
  <span class="input-group-text">Writer</span>
  <input type="text" name="writer" class="form-control" placeholder="Writer">

</div>

<div class="input-group mb-3">
  <span class="input-group-text">Images</span>
  <div class="float-end uploadHidden">
    <button type="button" class="btn btn-primary uploadFileBtn">ADD Files</button>
  </div>
</div>

<div class="my-4">
  <div class="float-end">
    <button type="submit" class="btn btn-primary submitBtn">Submit</button>
    <button type="reset" class="btn btn-secondary">Reset</button>
  </div>
</div>
```

프로젝트를 실행하고 '/board/ register'를 호출해서 첨부파일의 추가 버튼을 확인합니다.

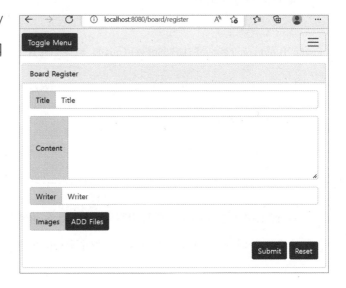

Axios 처리를 위한 준비

    register.html이 정상적으로 동작하기 위해서는
Axios를 이용해서 서버에 업로드 처리가 되어야 하므로
이를 위한 별도의 자바스크립트 파일을 upload.js 파일
로 작성해서 처리하도록 구성해 봅니다.

    upload.js에는 첨부파일을 서버에 업로드 하는 기능
과 서버에 특정 파일을 삭제하는 기능만을 다음과 같이
추가합니다.

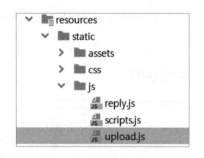

```javascript
async function uploadToServer (formObj) {

    console.log("upload to server......")
    console.log(formObj)

    const response = await axios({
        method: 'post',
        url: '/upload',
        data: formObj,
        headers: {
            'Content-Type': 'multipart/form-data',
        },
    });

    return response.data
}

async function removeFileToServer(uuid, fileName){

    const response = await axios.delete(`/remove/${uuid}_${fileName}`)

    return response.data

}
```

    register.html에는 Axios 라이브러리와 upload.js 파일을 이용하기 위해서 <script> 코드
를 추가해야 합니다. 또한 업로드 결과를 보여줄 <div>와 실제 파일 업로드를 처리할 모달창

도 같이 구성하도록 합니다.

```
</form>
      </div><!--end card body-->

    </div><!--end card-->
  </div><!-- end col-->
</div><!-- end row-->

<!-- 첨부파일 섬네일을 보여줄 부분 -->
<div class="row mt-3">
  <div class="col ">
    <div class="container-fluid d-flex uploadResult" style="flex-wrap: wrap;">
    </div>
  </div>
</div>

<!-- 첨부파일 추가를 위한 모달창 -->
<div class="modal uploadModal" tabindex="-1">
  <div class="modal-dialog">
    <div class="modal-content">
      <div class="modal-header">
        <h5 class="modal-title">Upload File</h5>
        <button type="button" class="btn-close" data-bs-dismiss="modal" aria-
                                                  label="Close"></button>
      </div>
      <div class="modal-body">
        <div class="input-group mb-3">
          <input type="file" name="files" class="form-control" multiple >
        </div>
      </div>
      <div class="modal-footer">
        <button type="button" class="btn btn-primary uploadBtn">Upload</button>
        <button type="button" class="btn btn-outline-dark closeUploadBtn"
                                                  >Close</button>
      </div>
    </div>
  </div>
</div><!-- register modal -->

<script src="https://cdn.jsdelivr.net/npm/axios/dist/axios.min.js"></script>

<script src="/js/upload.js"></script>

</div><!-- layout fragment end -->
```

기존의 <script> 태그 내에는 <form> 태그의 [ADD Files] 버튼을 눌렀을 때 모달창이 보이도록 이벤트 처리를 추가합니다.

```html
<script layout:fragment="script" th:inline="javascript">

  const errors = [[${errors}]]
  console.log(errors)

  let errorMsg = ''

  if(errors){
    for (let i = 0; i < errors.length; i++) {
      errorMsg += `${errors[i].field}은(는) ${errors[i].code} \n`
    }
    alert(errorMsg)
  }

  //업로드 모달
  const uploadModal = new bootstrap.Modal(document.querySelector(".uploadModal"))

  document.querySelector(".uploadFileBtn").addEventListener("click", function(e){

    e.stopPropagation()
    e.preventDefault()
    uploadModal.show()

  }, false)


</script>
```

브라우저에서 [ADD Files]를 선택하면 다음 그림의 화면과 같이 첨부파일을 업로드할 수 있는 모달창을 보여주게 됩니다.

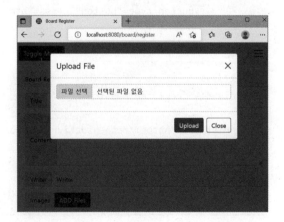

• 모달창의 파일 업로드와 섬네일 출력

모달창에는 [Upload]라는 버튼이 있으므로 이를 이용해서 Axios로 파일 업로드를 할 수 있습니다. 이에 대한 이벤트 처리는 다음과 같이 작성합니다.

```javascript
document.querySelector(".uploadBtn").addEventListener("click", function(e){

    const formObj = new FormData();

    const fileInput = document.querySelector("input[name='files']")

    console.log(fileInput.files)

    const files = fileInput.files

    for (let i = 0; i < files.length; i++) {
        formObj.append("files", files[i]);
    }


    uploadToServer(formObj).then(result => {
        console.log(result)
        uploadModal.hide()
    }).catch(e => {
        uploadModal.hide()
    })

},false)
```

[Upload] 버튼에 대한 이벤트 처리는 자바스크립트의 FormData 객체를 이용해서 파일 정보들을 추가하고 이를 upload.js에 정의한 uploadToServer( )를 호출하는 방식으로 구성합니다.

브라우저를 실행하면 여러 개의 파일을 한꺼번에 업로드하고 console.log( )를 통해서 업로드된 결과를 JSON 파일로 보여주게 됩니다.

업로드가 성공적으로 처리되는 것을 확인했다면 <div class="container-fluid d-flex up-loadResult" style="flex-wrap: wrap;"> 부분에 업로드된 결과를 부트스트랩 card를 만들어 출력해 줍니다.

우선 Axios를 호출한 후에 결과는 다른 함수를 통해서 출력하도록 다음과 같이 showUp-loadFile( )을 호출하도록 수정합니다.

```
uploadToServer(formObj).then(result => {
    //console.log(result)
    for (const uploadResult of result) {
        showUploadFile(uploadResult)
    }
    uploadModal.hide()
}).catch(e => {
    uploadModal.hide()
})
```

showUploadFile( )은 다음과 같이 구성합니다.

```
const uploadResult = document.querySelector(".uploadResult")

function showUploadFile({uuid, fileName, link}){
```

```
const str =`<div class="card col-4">
        <div class="card-header d-flex justify-content-center">
            ${fileName}
            <button class="btn-sm btn-danger" onclick="javascript:removeFile('${
                                uuid}', '${fileName}', this)" >X</button>
        </div>
        <div class="card-body">
            <img src="/view/${link}" data-src="${uuid+"_"+fileName}" >
        </div>
    </div><!-- card -->`

  uploadResult.innerHTML += str
}
```

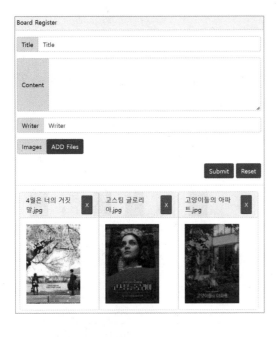

showUploadFile( )이 동작하면 다음과 같은 섬네일이 보여지고 첨부파일을 삭제할 수 있는 버튼도 보이게 됩니다.

각 이미지 태그는 'data-src'라는 속성값으로 'uuid값_파일이름'의 값을 가지게 됩니다. 이 정보는 게시물을 등록할 때 첨부파일의 값으로 전달하게 됩니다.

· 첨부파일의 삭제

만일 잘못된 첨부파일을 추가했다면 화면에서 [x] 버튼을 누르면 서버에서도 삭제하고 화면에서도 삭제할 수 있어야 합니다. 이 부분은 각 [x] 버튼을 누르면 동작하게 되는 remove-File( )이라는 함수를 작성해서 처리합니다.

```
function removeFile(uuid,fileName, obj){

    console.log(uuid)
    console.log(fileName)
```

```
        console.log(obj)

        const targetDiv = obj.closest(".card")

        removeFileToServer(uuid, fileName).then(data => {
            targetDiv.remove()
        })
}
```

removeFile( )은 removeFileToServer( )를 이용해 서버에서 삭제하고 현재 섬네일을 감싸는 card를 찾아 화면에서 삭제합니다. 이때 실제 저장된 파일도 같이 삭제됩니다(섬네일 파일도 포함).

브라우저에서 파일을 삭제하면 실제 저장된 폴더에서도 같이 삭제되는 것을 확인할 수 있습니다.

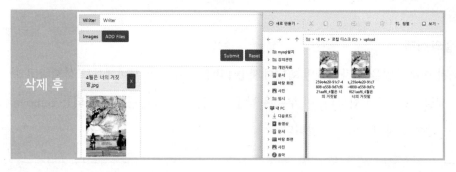

게시물 등록 과정 처리

첨부파일의 처리가 완료되었다면 최종적으로 <form> 태그의 submit( ) 동작 시에 업로드된 파일들의 정보를 <form> 태그에 추가해서 같이 submit( )하도록 수정해야 합니다.

```javascript
document.querySelector(".submitBtn").addEventListener("click", function(e){

  e.preventDefault()
  e.stopPropagation()

  const target = document.querySelector(".uploadHidden")

  const uploadFiles = uploadResult.querySelectorAll("img")

  let str = ''

  for (let i = 0; i < uploadFiles.length ; i++) {
    const uploadFile = uploadFiles[i]
    const imgLink = uploadFile.getAttribute("src")

    str += `<input type='hidden' name='fileNames' value="${imgLink}">`
  }

  target.innerHTML = str;

  //document.querySelector("form").submit();
}, false)
```

[Submit] 버튼을 누르면 현재 남아있는 첨부파일의 정보들을 읽어서 <input type='hidden'> 태그들을 생성해서 <form> 태그 내에 추가하고 submit( )을 수행하도록 작성합니다. 마지막 submit( )의 실행은 먼저 정상적으로 태그들이 생성되는지를 확인한 후에 주석을 해제하도록 합니다.

최종적으로 document.querySelector("form").submit()을 실행하도록 주석 처리를 해제하면 BoardController에서 BoardDTO로 데이터를 수집/처리하게 됩니다.

· BoardController의 처리

BoardController는 BoardDTO로 정상적으로 데이터들이 수집되었는지 확인하고, BoardService를 호출하도록 구성합니다.

```
@PostMapping("/register")
public String registerPost(@Valid BoardDTO boardDTO, BindingResult bindingResult,
RedirectAttributes redirectAttributes){

    log.info("board POST register.......");

    if(bindingResult.hasErrors()) {
        log.info("has errors.......");
        redirectAttributes.addFlashAttribute("errors", bindingResult.
                                                    getAllErrors() );

        return "redirect:/board/register";
    }

    log.info(boardDTO);

    Long bno  = boardService.register(boardDTO);

    redirectAttributes.addFlashAttribute("result", bno);
```

```
        return "redirect:/board/list";
    }
```

등록에 대한 최종 결과는 데이터베이스와 화면에서 확인할 수 있습니다.

게시물 목록과 첨부파일 처리

현재 게시물 목록은 게시물과 해당 게시물의 첨부파일들을 같이 처리할 수 있으므로 화면 목록에서 하나가 아닌 여러 개의 파일들을 같이 화면에 보여줄 수 있습니다.

데이터 정리와 BoardController 수정

현재 board_image 테이블에는 테스트용으로 생성된 데이터들이 추가되어 있으므로 등록 작업이 완료되기 전에 이전 첨부파일 데이터들은 삭제하고 등록 화면을 통해서 만들어진 첨부파일 데이터들만 남겨두록 합니다.

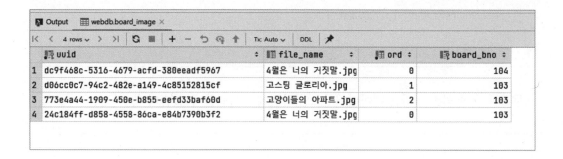

BoardController는 BoardService의 listWithAll( ) 메소드 를 호출하도록 수정하고 BoardListAllDTO들을 반환하도록 수정합니다.

```
@GetMapping("/list")
public void list(PageRequestDTO pageRequestDTO, Model model){

    //PageResponseDTO<BoardDTO> responseDTO = boardService.list(pageRequestDTO);

    PageResponseDTO<BoardListAllDTO> responseDTO =
            boardService.listWithAll(pageRequestDTO);

    log.info(responseDTO);

    model.addAttribute("responseDTO", responseDTO);
}
```

list.html의 수정

list.html에는 BoardListAllDTO 객체의 boardImages를 이용해서 목록을 출력할 때 첨부파일들을 보여주도록 수정합니다.

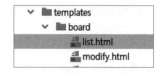

```
<tbody th:with="link = ${pageRequestDTO.getLink()}">
<tr th:each="dto:${responseDTO.dtoList}"  >
    <td>[[${dto.bno}]]</td>
    <td>
       <a th:href="|@{/board/read(bno =${dto.bno})}&${link}|" class="text-
```

```
decoration-none"> [[${dto.title}]] </a>
        <span class="badge progress-bar-success" style="background-color:
                                    #0a53be">[[${dto.replyCount}]]</span>
        <div th:if="${dto.boardImages != null && dto.boardImages.size() > 0}">
            <img style="width:100px" th:each="boarImage: ${dto.boardImages}"
                    th:src="|/view/s_${boarImage.uuid}_${boarImage.fileName}|">
        </div>
    </td>
    <td>[[${dto.writer}]]</td>
    <td>[[${#temporals.format(dto.regDate, 'yyyy-MM-dd')}]]</td>
</tr>
</tbody>
```

브라우저는 모든 첨부파일의 섬네일 이미지가 출력되는 것을 볼 수 있습니다.

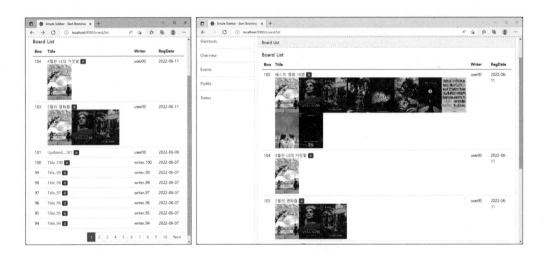

게시물 조회와 첨부파일

조회화면에는 게시물과 첨부파일들이 같이 BoardDTO 타입의 객체로 전달되므로 이들을 출력하도록 구성합니다.

BoardDTO의 첨부파일에는 uuid와 fileName이 결합된 fileNames 리스트가 존재하므로 이를 이용해서 화면에 원본 이미지들을 보여주도록 수정합니다.

```
public class BoardDTO {

    ...

    //첨부파일의 이름들
    private List<String> fileNames;
}
```

read.html에는 버튼 아래쪽에 원본 이미지들을 출력하도록
구성합니다.

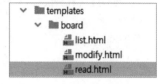

```
<div class="my-4">
        <div class="float-end" th:with="link = ${pageRequestDTO.getLink()}">
            <a th:href="|@{/board/list}?${link}|" class="text-decoration-none">
                <button type="button" class="btn btn-primary">List</button>
            </a>
            <a th:href="|@{/board/modify(bno=${dto.bno})}&${link}|" class="text-
decoration-none">
                <button type="button" class="btn btn-secondary">Modify</button>
            </a>
        </div>
    </div>

    </div><!--end card body-->

    <div class="col">

        <div class="card" th:if="${dto.fileNames != null && dto.fileNames.size() >
0}">

            <img class="card-img-top"
                th:each="fileName: ${dto.fileNames}"
                th:src="|/view/${fileName}|">

        </div>

    </div><!--end card-->
  </div><!-- end col-->
</div><!-- end row-->
```

게시물 수정과 삭제

게시물 수정과 삭제는 모두 GET 방식으로 동작하는 '/board/modify'에서 이루어집니다. '/board/modify'의 경우 조회 화면과 달리 첨부파일의 섬네일 이미지만 보여주도록 합니다.

첨부파일 출력

modify.html에서 첨부파일의 출력은 등록과 상당히 유사하므로 첨부파일들을 보여주는 영역과 첨부파일을 수정할 때 사용하는 모달창을 추가하도록 합니다.

```
</div><!--end card body-->
        </div><!--end card-->
    </div><!-- end col-->
  </div><!-- end row-->

  <!-- 첨부파일 섬네일을 보여줄 부분 -->
  <div class="row mt-3">
      <div class="col ">
          <div class="container-fluid d-flex uploadResult" style="flex-wrap:
                                                          wrap;">
```

```
            </div>
        </div>
    </div>

    <!-- 첨부파일 추가를 위한 모달창 -->
    <div class="modal uploadModal" tabindex="-1">
        <div class="modal-dialog">
            <div class="modal-content">
                <div class="modal-header">
                    <h5 class="modal-title">Upload File</h5>
                    <button type="button" class="btn-close" data-bs-
                                dismiss="modal" aria-label="Close"></button>
                </div>
                <div class="modal-body">
                    <div class="input-group mb-3">
                        <input type="file" name="files" class="form-control"
                                                                multiple >
                    </div>
                </div>
                <div class="modal-footer">
                    <button type="button" class="btn btn-primary
                                                uploadBtn">Upload</button>
                    <button type="button" class="btn btn-outline-dark
                                            closeUploadBtn" >Close</button>
                </div>
            </div>
        </div>
    </div><!-- register modal -->


</div><!--end layout fragement-->
```

섬네일을 보여주는 부분에는 BoardDTO가 가진 첨부파일(fileNames)들을 보여주도록 수
정합니다.

```
<!-- 첨부파일 섬네일을 보여줄 부분 -->
<div class="row mt-3">
    <div class="col ">
        <div class="container-fluid d-flex uploadResult" style="flex-wrap: wrap;">
            <th:block th:each="fileName:${dto.fileNames}">
            <div class="card col-4" th:with = "arr = ${fileName.split('_')}">
                <div class="card-header d-flex justify-content-center">
```

```
                [[${arr[1]}]]
                <button class="btn-sm btn-danger"
                        th:onclick="removeFile([[${arr[0]}]], [[${arr[1]}]],
                                                        this)">X</button>
            </div>
            <div class="card-body">
                <img th:src="|/view/s_${fileName}|" th:data-src="${fileName}" >
            </div>
        </div><!-- card -->
        </th:block>
    </div>
  </div>
</div>
```

브라우저에는 첨부파일들의 이름과 섬네일을 확인할 수 있습니다.

첨부파일 삭제

첨부파일 삭제는 등록과 조금 다르게 삭제 시에는 화면에서 보이지 않도록만 처리하고, 최종적으로 [Modify] 버튼을 눌렀을 때 서버에서 파일을 삭제하도록 구성합니다.

첨부파일의 [x] 버튼을 누르면 동작하는 removeFile( ) 함수를 추가합니다.

```
//최종적으로 삭제될 파일들의 목록
const removeFileList = []

function removeFile(uuid,fileName, obj){
```

```
if(!confirm("파일을 삭제하시겠습니까?")){
    return
}

console.log(uuid)
console.log(fileName)

console.log(obj)

removeFileList.push({uuid,fileName})

const targetDiv = obj.closest(".card")
targetDiv.remove()
}
```

서버에서의 최종삭제전까지는 removeFileList라는 배열에 삭제할 파일의 정보들을 보관하도록 합니다.

새로운 첨부파일 추가

게시물을 수정할 때는 새로운 첨부파일을 추가하는 경우도 있으므로 게시물 등록과 마찬가지로 첨부파일을 추가할 수 있는 버튼과 업로드를 위한 upload.js 파일이 필요합니다.

게시물의 작성자(writer) 아래에 첨부파일을 추가를 위한 버튼을 추가합니다.

```
<div class="input-group mb-3">
    <span class="input-group-text">Writer</span>
```

```
            <input type="text" class="form-control" th:value="${dto.writer}" name="writer"
                                                                            readonly>
</div>

<div class="input-group mb-3">
    <span class="input-group-text">Images</span>
    <div class="float-end uploadHidden">
        <button type="button" class="btn btn-primary uploadFileBtn">ADD Files</
                                                                            button>
    </div>
</div>
```

axios와 upload.js를 추가합니다.

```
</div><!-- register modal -->

    <script src="https://cdn.jsdelivr.net/npm/axios/dist/axios.min.js"></script>

    <script src="/js/upload.js"></script>

</div><!--end layout fragement-->
```

첨부파일을 추가하기 위한 버튼의 이벤트 처리와 첨부된 파일을 출력하는 자바스크립트 코드를 추가합니다.

```
//업로드 모달
const uploadModal = new bootstrap.Modal(document.querySelector(".uploadModal"))

document.querySelector(".uploadFileBtn").addEventListener("click", function(e){

  e.stopPropagation()
  e.preventDefault()
  uploadModal.show()

}, false)

document.querySelector(".uploadBtn").addEventListener("click", function(e){

  const formObj = new FormData();
```

```javascript
const fileInput = document.querySelector("input[name='files']")

console.log(fileInput.files)

const files = fileInput.files

for (let i = 0; i < files.length; i++) {
  formObj.append("files", files[i]);
}


uploadToServer(formObj).then(result => {
  console.log(result)
  //console.log(result)
  for (const uploadResult of result) {
    showUploadFile(uploadResult)
  }
  uploadModal.hide()
}).catch(e => {
  uploadModal.hide()
})

},false)

const uploadResult = document.querySelector(".uploadResult")

function showUploadFile({uuid, fileName, link}){

  const str =`<div class="card col-4">
        <div class="card-header d-flex justify-content-center">
            ${fileName}
            <button class="btn-sm btn-danger" onclick="javascript:removeFile('${
                                uuid}', '${fileName}', this)" >X</button>
        </div>
        <div class="card-body">
            <img src="/view/${link}" data-src="${uuid+"_"+fileName}" >
        </div>
    </div><!-- card -->`

  uploadResult.innerHTML += str
}
```

앞의 코드가 적용되면 브라우저에서 새로운 첨부파일을 추가하거나 삭제하고 싶은 첨부파일을 화면에서 사라지게 할 수 있게 됩니다.

게시물 수정

   게시물 수정은 등록과 유사하지만 삭제하려고 했던 첨부파일을 삭제하도록 호출하는 과정이 하나 더 필요합니다. 기존 <form>태그의 submit( ) 이벤트 처리 전에 현재의 첨부파일들을 <input type='hidden'..>으로 추가하는 appendFileData( ) 함수와 삭제하기로 결정한 파일들을 Ajax로 호출하는 callRemoveFiles( )를 추가적으로 작성합니다.

```
document.querySelector(".modBtn").addEventListener("click", function(e){
    e.preventDefault()
    e.stopPropagation()

    formObj.action = `/board/modify?${link}`

    //첨부파일을 <input type='hidden..>으로 추가
    appendFileData()

    //삭제대상 파일들의 삭제
    callRemoveFiles()

    formObj.method ='post'
    formObj.submit()
```

```
}, false)

function appendFileData(){

    const target = document.querySelector(".uploadHidden")
    const uploadFiles = uploadResult.querySelectorAll("img")

    let str = ''

    for (let i = 0; i < uploadFiles.length ; i++) {
        const uploadFile = uploadFiles[i]
        const imgLink = uploadFile.getAttribute("data-src")

        str += `<input type='hidden' name='fileNames' value="${imgLink}">`
    }

    target.innerHTML = str;

}

function callRemoveFiles(){

    removeFileList.forEach( ({uuid,fileName}) => {
        removeFileToServer({uuid, fileName})
    })
}
```

게시물 삭제

게시물 삭제는 우선 다른 사용자들이 추가한 댓글이 없다는 상황에서 이루어진다고 가정하고 작성하도록 합니다(현재 게시물 조회에서는 댓글의 수를 가져오지 않은 상황).

게시글 삭제에서 주의해야 하는 점은 데이터베이스상에서 게시글이나 첨부파일 데이터를 삭제하기도 해야 하지만, 해당 게시물이 가진 첨부파일들도 같이 삭제해 주어야 한다는 점입니다.

이를 위해서 BoardController에 삭제를 요구할 때 게시물의 번호(bno)만 전송하는 방식 대신에 현재 화면에 있는 첨부파일들과 게시물 수정 과정에서 안 보이게 처리된 파일들의 목록도 같이 전송해서 서버에서 게시물이 성공적으로 삭제된 후에 첨부파일들을 삭제하도록 합니다.

화면에서 [Remove] 버튼을 눌렀을 때의 이벤트 처리는 다음과 같이 수정합니다.

```
document.querySelector(".removeBtn").addEventListener("click", function(e){
    e.preventDefault()
    e.stopPropagation()

    //화면에 보이는 파일들을 form 태그에 추가
    appendFileData()
    //화면에서 안 보이도록 처리된 파일들을 form 태그에 추가
    appendNotShownData()

    formObj.action = `/board/remove`
    formObj.method ='post'
    //formObj.submit() //테스트 이후에 주석 해제
}, false)
```

appendFileData( )는 이미 게시물 수정 단계에서 작성된 함수이고, appendNotShown-Data( )는 화면에 안 보이도록 처리된 첨부파일들(removeFileList)을 <form> 태그에 추가하는 부분입니다.

```
function appendNotShownData(){

    if(removeFileList.length == 0){
        return
```

```
    }

    const target = document.querySelector(".uploadHidden")
    let str = ''

    for (let i = 0; i < removeFileList.length ; i++) {

        const {uuid, fileName} = removeFileList[i];

        str += `<input type='hidden' name='fileNames'
value="${uuid}_${fileName}">`
    }
    target.innerHTML += str;
}
```

formObj.submit()이 주석 처리되어 있으므로 화면상에서 기존 파일들을 삭제하거나 새로운 첨부파일을 삭제하면 다음 그림과 같이 삭제해야 하는 모든 파일의 정보가 <form> 태그에 만들어지는 것을 확인할 수 있습니다.

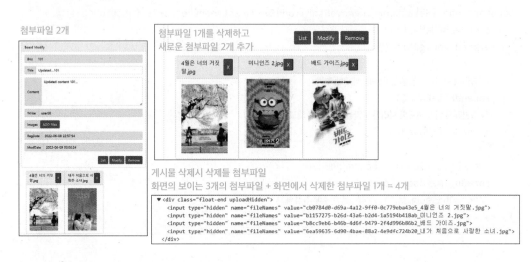

- **BoardController 삭제 처리**

formObj.submit()이 실행되면 BoardController가 호출되는데 이때 기존과 달리 BoardDTO를 이용해서 게시물 삭제 이후에 첨부파일들을 삭제하도록 구성합니다.

BoardController에는 실제 파일 삭제도 이루어지므로 첨부파일 경로를 주입받습니다.

```
...
public class BoardController {

    @Value("${org.zerock.upload.path}")// import 시에 springframework으로 시작하는 Value
    private String uploadPath;

    private final BoardService boardService;

    ...
```

기존에 bno 파라미터만 수집하는 remove( ) 메소드를 BoardDTO를 파라미터로 변경하고
BoardDTO에 수집된 fileNames를 이용해서 파일들을 삭제하는 메소드를 추가합니다.

```
@PostMapping("/remove")
public String remove(BoardDTO boardDTO, RedirectAttributes redirectAttributes) {

    Long bno  = boardDTO.getBno();
    log.info("remove post.. " + bno);

    boardService.remove(bno);

    //게시물이 데이터베이스상에서 삭제되었다면 첨부파일 삭제
    log.info(boardDTO.getFileNames());
    List<String> fileNames = boardDTO.getFileNames();
    if(fileNames != null && fileNames.size() > 0){
        removeFiles(fileNames);
    }

    redirectAttributes.addFlashAttribute("result", "removed");

    return "redirect:/board/list";

}
```

```
public void removeFiles(List<String> files){

    for (String fileName:files) {

        Resource resource = new FileSystemResource(uploadPath + File.separator +
                                                        fileName);
```

```
            String resourceName = resource.getFilename();

            try {
                String contentType = Files.probeContentType(resource.getFile().
                                                              toPath());

                resource.getFile().delete();

                //섬네일이 존재한다면
                if (contentType.startsWith("image")) {
                    File thumbnailFile = new File(uploadPath + File.separator + "s_" +
                                                   fileName);

                    thumbnailFile.delete();
                }

            } catch (Exception e) {
                log.error(e.getMessage());
            }

    }//end for
}
```

최종적으로 게시물의 삭제는 다음과 같은 과정으로 동작하게 됩니다.

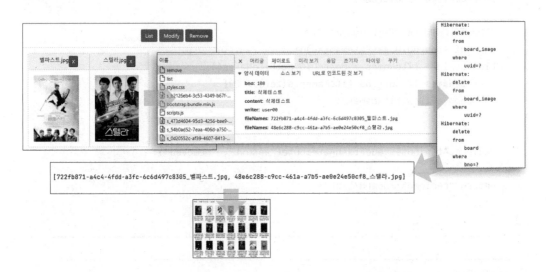

게시물을 삭제할 때는 fileNames라는 이름의 파라미터로 삭제해야 하는 모든 파일들의 정보를 전달하고 BoardService에서 삭제가 성공적으로 이루어 진다면 BoardController에서는 업로드 되어 있는 파일들을 삭제하게 됩니다.

스프링
시큐리티

사용자의 로그인과 세션 트래킹은 웹 애플리케이션에서 필수적인 기능입니다.
과거에는 이를 HttpSession과 Cookie를 이용해서 처리했지만 스프링을 적용
할 때는 스프링 시큐리티(Spring Security)와 약간의 설정을 적용하는 것 만으
로도 구현이 가능합니다.

8.1 스프링 시큐리티 적용하기

스프링 시큐리티(Spring Security)는 원래는 별도의 프레임워크로 시작되었지만 스프링으로 프로젝트가 통합되었습니다. 보안이라는 분야가 상당히 넓어 이 책에서 다루는 내용상 정확하게는 Spring Web Security라는 표현이 맞지만, 이 책에서는 스프링 시큐리티라는 용어를 이용합니다.

스프링 시큐리티를 이용하면 개발자는 약간의 코드와 설정만으로 로그인 처리와 자동 로그인, 로그인 후에 페이지 이동 등을 처리할 수 있기 때문에 개발의 생산성을 높일 수 있습니다. HttpSession이나 Cookie 등에 대해서도 자동으로 처리하는 부분이 많기 때문에 직접 이들을 다루는 일 또한 줄일 수 있습니다.

스프링 시큐리티 기본 설정

스프링 시큐리티를 적용하려면 추가적인 라이브러리가 필요하므로 개발에 앞서 이를 적용하도록 합니다. 이 장의 예제는 이전 예제에 추가로 개발하거나 https://github.com/ckck24/PART7.git을 클론(clone)해서 개발할 수 있습니다.

프로젝트 내 build.gradle 파일의 dependencies에 스프링 시큐리티 관련 라이브러리를 추가합니다.

```
dependencies {
    ...

    implementation 'org.springframework.boot:spring-boot-starter-security'
}
```

스프링 시큐리티 관련 설정 추가

스프링 시큐리티의 경우 단순히 application.properties를 이용하는 설정보다 코드를 이용해서 설정을 조정하는 경우가 더 많기 때문에 별도의 클래스를 이용해서 설정을 조정합니다.

기존의 config 패키지에 CustomSecurityConfig 클래스를 추가합니다.

```
package org.zerock.b01.config;

import lombok.RequiredArgsConstructor;
import lombok.extern.log4j.Log4j2;
import org.springframework.context.annotation.Configuration;

@Log4j2
@Configuration
@RequiredArgsConstructor
public class CustomSecurityConfig {


}
```

작성한 클래스는 @Configuration 어노테이션을 적용해 둡니다. 설정이 완료된 후에 프로젝트를 실행하면 다음과 같이 알 수 없는 password가 생성되서 출력되는 것을 확인할 수 있습니다(값은 매번 다르게 생성됩니다. 반면에 기본적으로 생성되는 사용자의 아이디는 'user'입니다.).

```
Using generated security password: 7d8cf477-dc21-4a93-b507-58db49f39d4d
```

실행된 프로젝트를 보면 기존에 아무 문제 없이 접근할 수 있는 '/board/list'에 로그인 처리가 필요한 것을 알 수 있습니다. 스프링 시큐리티는 별도의 설정이 없을 땐 모든 자원에 필요한 권한이나 로그인 여부 등을 확인합니다.

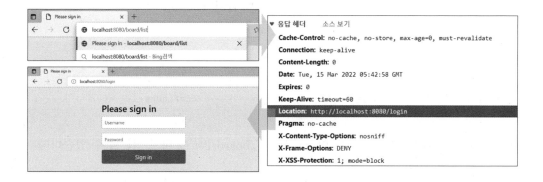

처리 과정을 살펴보면 '/board/list'를 호출했지만 '/login' 경로로 리다이렉트 되는 것을 볼 수 있습니다(이때 'user'라는 아이디와 생성된 패스워드로 로그인할 수 있습니다).

로그인하지 않아도 볼 수 있도록 설정하고 싶다면 개발자가 직접 설정하는 코드가 반드시 있어야만 합니다. CustomSecurityConfig에 다음 코드와 같이 SecurityFilterChain이라는 객체를 반환하는 메소드를 작성합니다.

```java
package org.zerock.b01.config;

import lombok.RequiredArgsConstructor;
import lombok.extern.log4j.Log4j2;
import org.springframework.context.annotation.Bean;
import org.springframework.context.annotation.Configuration;
import org.springframework.security.config.annotation.web.builders.HttpSecurity;
import org.springframework.security.web.SecurityFilterChain;


@Log4j2
@Configuration
@RequiredArgsConstructor
public class CustomSecurityConfig {

    @Bean
    public SecurityFilterChain filterChain(HttpSecurity http) throws Exception {

        log.info("------------configure--------------------");

        return http.build();
    }
}
```

중간에 log.info( )를 이용해서 동작 여부를 확인해 봅니다.

```
f3-8206a41ed7a6

o.z.b01.config.CustomSecurityConfig      : ------------configure--------------------
```

filterChain( ) 메소드가 동작하면 이전과 달리 '/board/list'에 바로 접근할 수 있습니다.

앞선 결과로 짐작할 수 있는 것은 CustomSecurityConfig의 filterChain( ) 메소드 설정으로 모든 사용자가 모든 경로에 접근할 수 있게 됩니다. 예제에서는 filterChain( )의 내부 코드를 이용해 최소한의 설정으로 필요한 자원의 접근을 제어할 것입니다.

로그 레벨 조정

미리 말하자면 스프링 시큐리티의 동작은 웹에서 사용하는 필터(Filter)를 통해서 동작하고 상당히 많은 수의 필터들이 단계별로 동작하게 됩니다. 따라서 문제가 발생하면 어떤 필터에서 어떤 문제가 생겼는지 알 수 있도록 application.properties의 로그 설정을 최대한 낮게 설정해서 관련된 에러를 볼 수 있도록 설정하는 것이 좋습니다.

application.properties 파일의 로그 레벨에 다음과 같은 내용을 추가합니다.

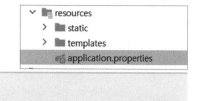

```
logging.level.org.springframework=info
logging.level.org.zercok=debug

logging.level.org.springframework.security=trace
```

변경된 설정을 반영하고 '/board/list'를 호출해보면 상당히 많은 로그가 출력되는 것을 볼 수 있습니다.

```
o.s.security.web.FilterChainProxy         : Invoking HeaderWriterFilter (3/10)
o.s.security.web.FilterChainProxy         : Invoking CsrfFilter (4/10)
o.s.security.web.csrf.CsrfFilter          : Did not protect against CSRF since request did not match CsrfNotRequired [TRACE, HEAD, GET, OPTIONS]
o.s.security.web.FilterChainProxy         : Invoking LogoutFilter (5/10)
o.s.s.w.a.logout.LogoutFilter             : Did not match request to Ant [pattern='/logout', POST]
o.s.security.web.FilterChainProxy         : Invoking RequestCacheAwareFilter (6/10)
o.s.s.w.s.HttpSessionRequestCache         : No saved request
o.s.security.web.FilterChainProxy         : Invoking SecurityContextHolderAwareRequestFilter (7/10)
o.s.security.web.FilterChainProxy         : Invoking AnonymousAuthenticationFilter (8/10)
o.s.s.w.a.AnonymousAuthenticationFilter   : Set SecurityContextHolder to AnonymousAuthenticationToken [Principal=anonymousUser, Credentials=[PROTECTED]
o.s.security.web.FilterChainProxy         : Invoking SessionManagementFilter (9/10)
o.s.security.web.FilterChainProxy         : Invoking ExceptionTranslationFilter (10/10)
o.s.security.web.FilterChainProxy         : Secured GET /assets/favicon.ico
```

출력되는 로그 내용을 보면 (5/10)과 같이 하나의 자원을 호출할 때마다 약 10개 이상의 필터들이 동작하는 것을 확인할 수 있습니다.

• 정적 자원의 처리

앞의 로그들을 보면 단순한 css 파일이나 js 파일 등에도 필터가 적용되고 있는 것을 확인할 수 있습니다. 프로젝트에서 완전히 정적으로 동작하는 파일들에는 굳이 시큐리티를 적용할 필요가 없으므로 CustomSecurityConfig에 webSecurityCustomizer( ) 메소드 설정을 추가합니다.

```java
package org.zerock.b01.config;

import lombok.RequiredArgsConstructor;
import lombok.extern.log4j.Log4j2;
import org.springframework.boot.autoconfigure.security.servlet.PathRequest;
import org.springframework.context.annotation.Bean;
import org.springframework.context.annotation.Configuration;
import org.springframework.security.config.annotation.web.builders.HttpSecurity;
import org.springframework.security.config.annotation.web.configuration.
WebSecurityCustomizer;
import org.springframework.security.web.SecurityFilterChain;

@Log4j2
@Configuration
@RequiredArgsConstructor
public class CustomSecurityConfig {

    @Bean
    public SecurityFilterChain filterChain(HttpSecurity http) throws Exception {

        log.info("------------configure-------------------");
```

```
        return http.build();
    }

    @Bean
    public WebSecurityCustomizer webSecurityCustomizer() {

        log.info("-----------web configure------------------");

        return (web) -> web.ignoring().requestMatchers(PathRequest.
                                        toStaticResources().atCommonLocations());

    }
}
```

configure(WebSecurity web)를 앞의 코드와 같이 설정하면 정적 자원들은 스프링 시큐리티 적용에서 제외시킬 수 있습니다. 예를 들어 다음과 같이 '/css/styles.css'를 호출할 때는 필터가 동작하지 않습니다.

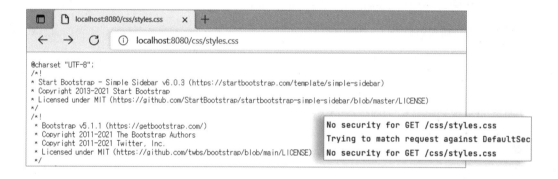

인증과 인가/권한

스프링 시큐리티 전체를 관통하는 가장 중요한 개념은 인증(Authentication)과 인가(Authorization)라는 개념입니다.

- 인증(Authentication): '스스로를 증명하다'라는 뜻이며 흔히 말하는 로그인 개념입니다. 인증을 위해서 사용자는 자신이 알고 있는 자신의 정보를 제공하는데 아이디와 패스워드가 이에 속합니다.

- 인가(Authorization): '허가나 권한'이라는 개념과 같습니다. 인증이 된 사용자라고 해도 이에 접근할 수 있는 권한이 있는지를 확인하는 과정을 의미합니다.

웹 애플리케이션에서 스프링 시큐리티를 적용하면 로그인을 통해서 '인증'을 수행하고 컨트롤러의 경로에 시큐리티 설정으로 특정한 권한이 있는 사용자들만 접근할 수 있도록 설정하게 됩니다.

· 인증(Authentication)과 username

스프링 시큐리티에서 로그인에 해당하는 인증 단계는 과거의 웹과 다르게 동작하는 부분이 있으므로 주의해야 합니다. 인증 처리는 다음과 같은 단계를 거쳐 동작합니다.

- 사용자의 아이디(username)만으로 사용자의 정보를 로딩(흔히 아이디라고 하는 존재는 스프링 시큐리티에서는 username이라는 용어를 쓰므로 주의해야 합니다.)
- 로딩된 사용자의 정보를 이용해서 패스워드를 검증

스프링 시큐리티의 동작 방식은 웹에서 로그인 처리로 아이디와 패스워드를 한번에 조회하는 방식과 달리 아이디(username)만을 이용해서 사용자 정보를 로딩하고 나중에 패스워드를 검증하는 방식입니다.

인증 처리는 '인증 제공자(Authentication Provider)'라는 존재를 이용해서 처리되는데 인증 제공자와 그 이하의 흐름은 일반적으로 커스터마이징해야 하는 경우가 거의 없으므로 실제 인증 처리를 담당하는 객체만을 커스터마이징하는 경우가 대부분입니다.

인증 처리를 위한 UserDetailsService

스프링 시큐리티에서 가장 중요한 객체는 실제로 인증을 처리하는 UserDetailsService라는 인터페이스의 구현체입니다. UserDetailsService 인터페이스는 loadUserByUsername()이라는 단 하나의 메소드를 가지는데 이것이 실제 인증을 처리할 때 호출되는 부분입니다. 실제 개발 작업은 UserDetailsService 인터페이스를 구현해서 username이라고 부르는 사용자의 아이디 인증을 코드로 구현하는 것입니다.

Config 패키지의 CustomSecurityConfig에는 로그인 화면에서 로그인을 진행한다는 설정을 다음과 같이 추가합니다.

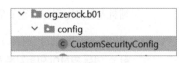

```
@Bean
public SecurityFilterChain filterChain(HttpSecurity http) throws Exception {

    log.info("------------configure------------------");

    http.formLogin();

    return http.build();
}
```

프로젝트에 security 패키지를 추가하고 CustomUser-
DetailsService 클래스를 추가해 봅니다.

```
package org.zerock.b01.security;

import lombok.RequiredArgsConstructor;
import lombok.extern.log4j.Log4j2;
import org.springframework.security.core.userdetails.UserDetails;
import org.springframework.security.core.userdetails.UserDetailsService;
import org.springframework.security.core.userdetails.UsernameNotFoundException;
import org.springframework.stereotype.Service;

@Log4j2
@Service
@RequiredArgsConstructor
public class CustomUserDetailsService implements UserDetailsService {


    @Override
    public UserDetails loadUserByUsername(String username) throws
                                                    UsernameNotFoundException {

        log.info("loadUserByUsername: " + username);

        return null;

    }
}
```

프로젝트를 실행하고 '/login' 경로를 호출해서 아무 내용으로 로그인을 처리하면 아직 정

상적으로 로그인 처리가 되는 것은 아니지만(null이 반환되므로) 추가한 CustomUserDe-
tailsService의 loadUserByUsername( )가 실행되는 것을 확인할 수 있습니다.

UserDetails라는 반환 타입

loadUserByUsername( )의 반환 타입은 org.springframework.security.core.userdetails
패키지의 UserDetails라는 인터페이스 타입으로 지정되어 있습니다. UserDetails는 사용자
인증(Authentication)과 관련된 정보들을 저장하는 역할을 합니다.

스프링 시큐리티는 내부적으로 UserDetails 타입의 객체를 이용해서 패스워드를 검사하
고, 사용자 권한을 확인하는 방식으로 동작합니다. UserDetails 인터페이스의 추상 메소드들
은 다음과 같습니다.

Modifier and Type	Method	Description
java.util.Collection<? extends GrantedAuthority>	getAuthorities()	Returns the authorities granted to the user.
java.lang.String	getPassword()	Returns the password used to authenticate the user.
java.lang.String	getUsername()	Returns the username used to authenticate the user.
boolean	isAccountNonExpired()	Indicates whether the user's account has expired.
boolean	isAccountNonLocked()	Indicates whether the user is locked or unlocked.
boolean	isCredentialsNonExpired()	Indicates whether the user's credentials (password) has expired.
boolean	isEnabled()	Indicates whether the user is enabled or disabled.

여러 메소드들 중에서 getAuthorities( ) 메소드는 사용자가 가진 모든 인가(Authority)
정보를 반환해야 합니다.

여기까지의 내용을 정리해보면 개발 단계에서 UserDetails라는 인터페이스 타입에 맞는

객체가 필요하고 이를 CustomUserDetailsService에서 반환하는 일이 필요합니다.

스프링 시큐리티의 API에는 UserDetails 인터페이스를 구현한 User라는 클래스를 제공하므로 이를 임시로 만들어서 간단한 로그인 처리를 하도록 합니다.

Package org.springframework.security.core.userdetails

Class User

java.lang.Object
    org.springframework.security.core.userdetails.User

All Implemented Interfaces:
java.io.Serializable, CredentialsContainer, UserDetails

User 클래스는 빌더 방식을 지원하므로 loadUserByUsername( )에 약간의 코드를 추가해 봅니다.

```java
package org.zerock.b01.security;

import lombok.RequiredArgsConstructor;
import lombok.extern.log4j.Log4j2;
import org.springframework.security.core.userdetails.User;
import org.springframework.security.core.userdetails.UserDetails;
import org.springframework.security.core.userdetails.UserDetailsService;
import org.springframework.security.core.userdetails.UsernameNotFoundException;
import org.springframework.stereotype.Service;

@Log4j2
@Service
@RequiredArgsConstructor
public class CustomUserDetailsService implements UserDetailsService {
    @Override
    public UserDetails loadUserByUsername(String username) throws
            UsernameNotFoundException {
        log.info("loadUserByUsername: " + username);


        UserDetails userDetails = User.builder()
                .username("user1")
                .password("1111")
                .authorities("ROLE_USER")
                .build();

        return userDetails;
    }
}
```

- **PasswordEncoder**

CustomUserDetailsService가 반영된 상태에서 '/login'을 수행하면 뭔가 문제가 발생하는 것을 알 수 있습니다. 실행 자체가 되기는 하지만 다음과 같이 PasswordEncoder가 없어서 문제가 발생하게 됩니다.

```
java.lang.IllegalArgumentException Create breakpoint : There is no PasswordEncoder mapped for the id "null"
    at org.springframework.security.crypto.password.DelegatingPasswordEncoder$UnmappedIdPasswordEncoder.matches(DelegatingPasswordEncoder.java:289)
    at org.springframework.security.crypto.password.DelegatingPasswordEncoder.matches(DelegatingPasswordEncoder.java:237) ~[spring-security-crypto-
    at org.springframework.security.authentication.dao.DaoAuthenticationProvider.additionalAuthenticationChecks(DaoAuthenticationProvider.java:76)
    at org.springframework.security.authentication.dao.AbstractUserDetailsAuthenticationProvider.authenticate(AbstractUserDetailsAuthenticationProv
    at org.springframework.security.authentication.ProviderManager.authenticate(ProviderManager.java:182) ~[spring-security-core-5.7.2.jar:5.7.2]
    at org.springframework.security.authentication.ProviderManager.authenticate(ProviderManager.java:201) ~[spring-security-core-5.7.2.jar:5.7.2]
```

스프링 부트 2.7 버전에서는 화면과 서버쪽에서 모두 'There is no PasswordEncoder ...' 라는 메시지가 출력되면서 문제가 발생합니다.

스프링 시큐리티는 기본적으로 PasswordEncoder라는 존재를 필요로 합니다. PasswordEncoder 역시 인터페이스로 제공하는데 이를 구현하거나 스프링 시큐리티 API에서 제공하는 클래스를 지정할 수 있습니다.

여러 PasswordEncoder 타입의 클래스 중에서 가장 무난한 것은 BCryptPasswordEncoder라는 클래스입니다. BCryptPasswordEncoder는 해시 알고리즘으로 암호화 처리되는데 같은 문자열이라고 해도 매번 해시 처리된 결과가 다르므로 패스워드 암호화에 많이 사용됩니다.

CustomeUserDetailsService가 정상적으로 동작하려면 config 패키지의 CustomSecurityConfig에 PasswordEncoder를 @Bean으로 지정하고 CustomUserDetailsService에 PasswordEncoder를 주입해야만 합니다.

CustomSecurityConfig에서는 다음과 같이 PasswordEncoder 설정을 추가합니다.

```
package org.zerock.b01.config;

...생략...
import org.springframework.security.crypto.bcrypt.BCryptPasswordEncoder;
import org.springframework.security.crypto.password.PasswordEncoder;



@Configuration
@Log4j2
public class CustomSecurityConfig {

    @Bean
    public PasswordEncoder passwordEncoder() {
        return new BCryptPasswordEncoder();
    }

    ...생략...
}
```

CustomUserDetailsService에서는 PasswordEncoder를 잠깐 테스트 하는 용도로 사용할 것이므로 코드를 통해서 BCryptPasswordEncoder를 생성해 임시로 동작하도록 설계합니다.

```
package org.zerock.b01.security;

import lombok.extern.log4j.Log4j2;
import org.springframework.security.core.userdetails.User;
import org.springframework.security.core.userdetails.UserDetails;
import org.springframework.security.core.userdetails.UserDetailsService;
import org.springframework.security.core.userdetails.UsernameNotFoundException;
import org.springframework.security.crypto.bcrypt.BCryptPasswordEncoder;
import org.springframework.security.crypto.password.PasswordEncoder;
import org.springframework.stereotype.Service;

@Log4j2
@Service
public class CustomUserDetailsService implements UserDetailsService {

    private PasswordEncoder passwordEncoder;

    public CustomUserDetailsService() {
        this.passwordEncoder = new BCryptPasswordEncoder();
    }
```

```
    @Override
    public UserDetails loadUserByUsername(String username) throws
UsernameNotFoundException {
        log.info("loadUserByUsername: " + username);

        UserDetails userDetails = User.builder().username("user1")
                //.password("1111")
                .password(passwordEncoder.encode("1111")) //패스워드 인코딩 필요
                .authorities("ROLE_USER")
                .build();

        return userDetails;

    }

}
```

프로젝트를 재실행하고 '/login'에서 'user1/1111' 값으로 로그인을 진행하면 다음과 같이 '/'경로로 이동합니다.

컨트롤러의 '/'에 대한 페이지가 없으므로 에러가 나긴 하지만 서버에는 아무 문제가 없이 로그인이 된 것을 확인할 수 있습니다.

어노테이션을 이용한 권한 체크

로그인 처리가 되는 것을 확인했다면 특정한 경로에 시큐리티를 적용해 보도록 합니다. 예

를 들어 게시물 목록은 로그인 여부에 관계없이 볼 수 있지만 게시물의 글쓰기는 로그인한 사용자만 접근할 수 있어야만 합니다.

이처럼 특정 경로에 접근할 수 있는 권한을 설정하는 작업은 코드로 설정할 수도 있고, 어노테이션을 이용해서 지정할 수도 있습니다. 코드로 설정하는 경우 매번 컨트롤러의 메소드를 작성한 후에 다시 설정을 조정해야 하는 불편함이 있으므로 예제에서는 바로 어노테이션을 이용하는 방식을 알아보도록 합니다.

・ @EnableGlobalMethodSecurity

어노테이션으로 권한을 설정하려면 설정 관련 클래스에 @EnableGlobalMethodSecurity 어노테이션을 추가해 주어야 합니다.

config 패키지의 CustomSecurityConfig 클래스 내 위쪽에 @EnableGlobalMethodSecurity를 다음과 같이 추가합니다.

```
import org.springframework.security.config.annotation.method.configuration.
                                              EnableGlobalMethodSecurity;



@Configuration
@Log4j2
@EnableGlobalMethodSecurity(prePostEnabled = true)
public class CustomSecurityConfig {
...
}
```

@EnableGlobalMethodSecurity의 prePostEnabled 속성은 원하는 곳에 @PreAuthorize 혹은 @PostAuthorize 어노테이션을 이용해서 사전 혹은 사후의 권한을 체크할 수 있습니다.

예제에서는 '/board/register'라는 경로로 접근할 때 'USER'라는 권한을 사전에 체크할 수 있도록 BoardController의 registerGET( )을 수정해 봅니다.

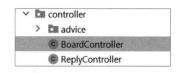

```
import org.springframework.security.access.prepost.PreAuthorize;

@PreAuthorize("hasRole('USER')")
@GetMapping("/register")
public void registerGET(){

}
```

registerGET( )에는 @PreAuthorize 어노테이션을 적용합니다. @PreAuthorize 안에는
표현식을 이용해서 특정한 권한을 가진 사용자만이 접근 가능하도록 지정합니다(표현식에
대한 자세한 내용은 조금 뒤에 다루도록 합니다).

다음 그림들은 앞의 코드가 반영되었을 때 어떻게 동작하게 되는지를 보여줍니다.

그림 ❶에서는 '/board/register'를 호출해서 게시물 작성 페이지를 보려고 하지만 @Pre-
Authorize에 막혀서 그림 ❷와 같이 로그인 페이지로 이동하게 됩니다. 스프링 시큐리티는
로그인이 필요해서 로그인 페이지로 리다이렉트하는 경우 어디에서부터 로그인 페이지로 이
동했는지를 저장하기 때문에 로그인 후에는 해당 경로로 자동 이동합니다.

그림 ❷에서는 'user1/1111'로 로그인을 시도합니다. CustomUserDetailsService에서는
'ROLE_USER'라는 인가(Authority)를 가지도록 코드가 작성되어 있으므로 로그인이 처
리되면 해당 사용자는 @PreAuthorize에서 'hasRole('USER')'라는 표현식 값은 true가 됩
니다.

- **@PreAuthorize/@PostAuthorize 접근 제한 표현식**

@PreAuthorize/@PostAuthorize의 ( ) 안에 들어가는 문자열은 예전에 별도의 메소드로 지정하는 내용을 표현식으로 사용하게 된 형태입니다. 따라서 다음 표와 같은 형식에 맞게 작성해야만 합니다.

이러한 권한 설정에서 주로 사용하는 문자열(사실은 메소드 이름) 몇 가지를 정리하면 다음과 같습니다.

표현식(메소드)	설명
authenticated()	인증된 사용자들만 허용
permitAll( )	모두 허용
anonymous()	익명의 사용자 허용
hasRole(표현식)	특정한 권한이 있는 사용자 허용
hasAnyRole(표현식)	여러 권한 중 하나만 존재해도 허용

커스텀 로그인 페이지

스프링 시큐리티는 별도의 페이지를 생성하지 않아도 자동으로 로그인 페이지를 제공하기는 하지만 화면의 디자인을 반영할 수 없기 때문에 별도의 로그인 페이지를 만들어서 사용하는 것이 더 일반적입니다. 이에 대한 설정은 CustomSecurityConfig를 수정해서 처리합니다.

```
@Log4j2
@Configuration
@RequiredArgsConstructor
@EnableGlobalMethodSecurity(prePostEnabled = true)
public class CustomSecurityConfig {

    ...생략...

    @Bean
    public SecurityFilterChain filterChain(HttpSecurity http) throws Exception {
```

```
            log.info("------------configure------------------");

            http.formLogin().loginPage("/member/login");

            return http.build();
        }

        ...생략...
}
```

HttpSecurity의 formLogin( ) 관련해서 loginPage( )를 지정하면 로그인이 필요한 경우에 '/member/login' 경로로 자동 리다이렉트 됩니다. 브라우저를 종료하고, 프로젝트를 재시작 해서 '/board/register'를 호출하면 다음과 같이 경로를 찾을 수 없다는 화면을 보게됩니다.

· MemberController와 로그인 처리

'/member/login'을 처리하려면 controller 패키지에 MemberController를 추가하고 메소드를 추가합니다.

```
package org.zerock.b01.controller;

import lombok.RequiredArgsConstructor;
import lombok.extern.log4j.Log4j2;
import org.springframework.stereotype.Controller;
import org.springframework.web.bind.annotation.GetMapping;
import org.springframework.web.bind.annotation.RequestMapping;

@Controller
@RequestMapping("/member")
@Log4j2
@RequiredArgsConstructor
public class MemberController {
```

```
    @GetMapping("/login")
    public void loginGET(String error, String logout) {
        log.info("login get.............");
        log.info("logout: " + logout);
    }

}
```

MemberController에 추가된 loginGET( )에는 error와 logout이라는 이름의 파라미터를 지정하는데 이는 나중에 로그인 과정에 문제가 생기거나 로그아웃 처리할 때 사용하기 위해서 입니다(조금 뒤에 데이터베이스 처리할 때 사용).

templates 폴더에는 member 폴더를 추가하고 login.html 을 추가합니다.

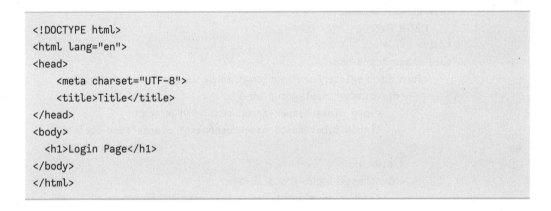

```
<!DOCTYPE html>
<html lang="en">
<head>
    <meta charset="UTF-8">
    <title>Title</title>
</head>
<body>
  <h1>Login Page</h1>
</body>
</html>
```

이제 프로젝트를 실행하고 로그인이 필요한 경로로 이동하면 작성된 login.html 페이지를 볼 수 있습니다.

로그인 페이지인 login.html의 화면 구성은 부트스트랩으로 다음과 같이 구현합니다.

```
<!DOCTYPE html>
<html xmlns:th="http://www.thymeleaf.org">

<head>
    <meta charset="utf-8" />
    <meta name="viewport" content="width=device-width, initial-scale=1, shrink-to-
                                                    fit=no" />
    <meta name="description" content="" />
    <meta name="author" content="" />
    <title>Simple Sidebar - Login</title>
    <!-- Favicon-->
    <link rel="icon" type="image/x-icon" th:href="@{/assets/favicon.ico}" />
    <!-- Core theme CSS (includes Bootstrap)-->
    <link th:href="@{/css/styles.css}" rel="stylesheet" />
</head>
<body class="align-middle" >
    <div class="container-fluid d-flex justify-content-center" style="height:
                                                    100vh">

        <div class="card align-self-center">
            <div class="card-header">
                LOGIN Page
            </div>
            <div class="card-body">
                <form id="registerForm" action="/member/login" method="post">
                    <div class="input-group mb-3">
                        <span class="input-group-text">아이디</span>
                        <input type="text" name="username" class="form-control"
                                                    placeholder="USER ID">
                    </div>
                    <div class="input-group mb-3">
                        <span class="input-group-text">패스워드</span>
                        <input type="text" name="password" class="form-control"
                                                    placeholder="PASSWORD">
                    </div>
                    <div class="my-4">
                        <div class="float-end">
                            <button type="submit" class="btn btn-primary
                                                    submitBtn">LOGIN</button>
                        </div>
                    </div>
                </form>
            </div><!--end card body-->
        </div><!--end card-->
    </div>
</body>
```

```
</html>
```

login.html에서 주의 깊게 봐야 하는 부분들은 다음과 같습니다.

- <form> 태그의 action 속성값은 '/member/login'으로 동일한 경로를 지정하고 POST 방식으로 전송
- <input> 태그들의 name 속성값은 username과 password로 지정된 점(password는 type 속성값을 이용하는 것이 맞지만 예제에서는 패스워드를 보여주기 위해서 'text'로 지정했습니다.).

앞의 코드를 브라우저에서 실행하면 다음과 같이 로그인에 필요한 항목들을 입력하고 전송할 수 있습니다.

· CSRF 토큰 비활성화

앞의 코드를 실행하고 로그인을 시도하면 403(Forbidden) 에러가 발생하는데 스프링 시큐리티는 기본적으로 GET 방식을 제외한 POST/PUT/DELETE 요청에 CSRF 토큰을 요구하기 때문입니다.

정확한 에러 메시지는 서버에서 기록되는 메시지를 통해서 확인할 수 있습니다.

Tip CSRF 토큰이란, 'Cross-Site Request Forgery(크로스 사이트 간 요청 위조)'의 약어로 권한이 있는 사용자가 자신도 모르게 요청을 전송하게 하는 공격 방식입니다.

예를 들어 다음 그림과 같이 사용자 A(피해자)가 있고 A 사이트와 B 사이트를 이용할 수 있다고 가정해 봅니다. 사용자 A는 오른쪽 그림처럼 브라우저 내에서 A와 B 사이트 모두를 볼 수 있습니다.

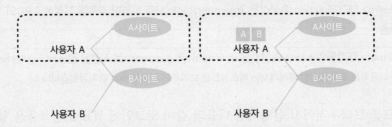

사용자 B(공격자)는 사용자 A가 보는 B 사이트에 A 사이트에 무언가를 요청하는 악성 코드를 심어 놓습니다. 만일 사용자 A가 악성 코드를 포함한 B 사이트를 보고 있다면 다음 그림과 같은 구조가 됩니다. 이런 상황에서 사용자 A가 본인의 판단과 무관하게 실제로는 A 사이트에 특정한 작업을 수행할 수 있습니다.

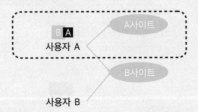

CSRF 토큰은 사용자가 사이트를 이용할 때 매번 변경되는 문자열을 생성하고 이를 요청 시에 검증하는 방식입니다. 문자열이 변경되기 때문에 해당 문자열을 알지 못하면 A에서는 요청을 처리하지 않도록 합니다.

일반적으로 세션이 생성될 때 CSRF 토큰을 같이 발행하기 때문에 CSRF 토큰은 매번 변경되는데 스프링 시큐리티의 경우 GET 방식을 제외한 모든 요청에 CSRF 토큰을 전송하도록 되어 있습니다.

커스텀 로그인으로 전환하기 전에 기본으로 만들어지는 '/login' 화면 내부에는 '_csrf'라는 이름으로 CSRF 토큰을 사용하고 있었습니다.

스프링 시큐리트의 기본 설정은 브라우저에서 새로운 사용자가 로그인할 때 앞의 그림과 같이 CSRF 관련 문자열을 생성하는 방식입니다. 브라우저를 종료하고 '/member/login'을 다시 실행해서 살펴보면 '_csrf' 이름을 가진 값이 변경되는 것을 확인할 수 있습니다.

CSRF 토큰을 이용하는 것이 보안상 조금 더 안전하긴 하지만 기존의 POST/PUT/DELETE를 이용하는 모든 코드를 수정해야 한다는 단점이 있습니다. 특히 Ajax으로 POST 방식을 이용하는 경우에도 추가적인 작업이 필요하기 때문에 이 책의 예제에서는 CSRF 토큰을 비활성화하는 방식을 이용하도록 합니다.

CustomSecurityConfig 클래스에 다음과 같은 코드를 추
가합니다.

org.zerock.b01
config
  CustomSecurityConfig

```java
@Bean
public SecurityFilterChain filterChain(HttpSecurity http) throws Exception {

    log.info("------------configure------------------");

    http.formLogin().loginPage("/member/login");

    http.csrf().disable();

    return http.build();
}
```

CSRF 토큰을 비활성화하면 username과 password라는 파라미터만으로 로그인이 가능해
집니다. 새롭게 '/board/register'로 접근하면 '/member/login'이 동작하고 로그인이 된 후
에 이동하는 것을 확인할 수 있습니다.

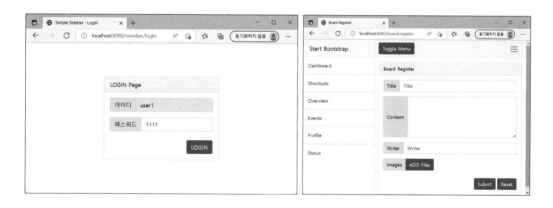

앞의 동작 방식에서 중요한 점은 실제 로그인 처리를 수행하는 POST 방식에 대한 코드를
작성하지 않았다는 점입니다. CustomSecurityConfig에 로그인의 처리 경로를 http.form-
Login().loginPage("/member/login")와 같이 지정하면 POST 방식 처리 역시 같은 경로로
스프링 시큐리티 내부에서 처리됩니다.

만일 로그인의 처리를 다르게 하고 싶다면 로그인 성공 혹은 실패 등에 대해서 별도로 지정
하고 이를 구현할 수 있습니다(이에 대한 예제는 조금 뒤쪽에서 다루도록 합니다).

로그인 작업과 마찬가지로 POST 방식으로 처리되는 로그아웃 역시 스프링 시큐리티가 처리하고 개발자는 간단하게 GET 방식으로 동작하는 로그아웃 화면을 구성하기만 하면 됩니다.

로그아웃 처리 설정

스프링 시큐리티는 기본적으로는 HttpSession을 이용해서 처리되기 때문에 로그아웃은 세션을 유지하는데 사용하는 쿠키(톰캣의 경우 JSESSIONID 쿠키)를 삭제하면 자동으로 로그아웃이 됩니다.

다음 그림과 같이 '/board/register'를 실행하는 상황에서 개발자 도구 'Application' 항목에서 JSESSIONID 쿠키를 삭제한 후에 새로고침 해보면 다시 '/member/login'으로 이동하는 것을 볼 수 있습니다.

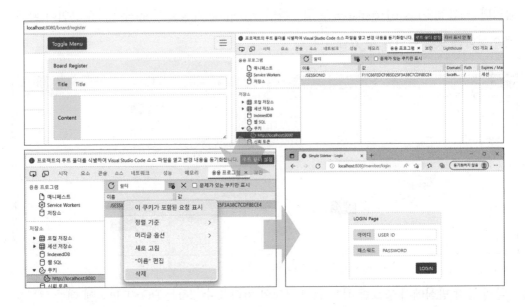

스프링 시큐리티 설정을 통해서도 로그아웃과 관련된 작업을 처리할 수 있습니다. 기본적으로 '/logout'이라는 경로를 제공하는데 CSRF 토큰이 비활성화 되는 경우에는 GET 방식으로도 로그아웃이 가능합니다.

만일 현재 로그인한 사용자가 '/logout'이라는 경로를 호출하면 다음 그림과 같이 로그인 경로로 이동하는 것을 볼 수 있습니다.

http://localhost:8080/member/login?logout

/logout

MemberController의 loginGET( )은 '?logout'을 이용해서 사용자의 로그아웃 여부를 확인할 수 있습니다.

```
@GetMapping("/login")
public void loginGET(String errorCode, String logout) {
    log.info("login get.............");
    log.info("logout: " + logout);

    if(logout != null){
        log.info("user logout........");
    }
}
```

login.html에서는 '/member/login?logout'인 경우에는 th:if를 이용해서 다른 메시지를 보여주도록 처리합니다.

```
<div class="card-body">
    <th:block th:if="${param.logout != null}">
        <h1>Logout........</h1>
    </th:block>
    <form id="registerForm" action="/member/login" method="post" th:if="${param.
                                                                logout == null}">
        <div class="input-group mb-3">
            <span class="input-group-text">아이디</span>
            <input type="text" name="username" class="form-control"
                                                        placeholder="USER ID">
        </div>
```

브라우저에서 '/member/login/logout'을 호출하면 다음과 같은 화면을 볼 수 있게 됩니다.

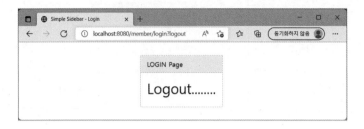

remember-me 기능 설정

스프링 시큐리티의 'remember-me(로그인 기억하기 혹은 자동 로그인)'기능은 쿠키를 이용해서 브라우저에 로그인 했던 정보를 유지하기 때문에 매번 로그인을 실행할 필요가 없어집니다.

모바일 환경에서는 로그인 자체가 상당히 불편하기 때문에 최근에 유행하는 대부분의 서비스에는 'remember-me'라는 기능을 많이 사용합니다. 기존의 로그인 유지 방법이 HttpSession을 이용했던 것과 달리 remember-me는 쿠키에 유효 기간을 지정해서 쿠키를 브라우저가 보관하게 하고 쿠키의 값인 특정한 문자열을 보관시켜서 로그인 관련 정보를 유지하는 방식입니다.

스프링 시큐리티의 remember-me를 이용하는 방법은 설정을 변경하는 것만으로 가능한데 지금 상황과 같이 커스텀 로그인 페이지를 만드는 경우에는 약간의 추가 설정이 필요합니다.

· 테이블 생성

remember-me의 쿠키값을 생성할 때 필요한 정보들을 보관하기 위해서 여러 방법이 존재하겠지만 가장 무난한 방식은 데이터베이스를 이용하는 것입니다. 현재 프로젝트가 사용하는 데이터베이스에 다음과 같은 persistent_logins라는 이름의 테이블을 생성해 둡니다. 이 테이블의 이름은 스프링 시큐리티의 내부에서 사용하기 때문에 변경하지 않도록 주의합니다.

```
create table persistent_logins (
    username varchar(64) not null,
    series varchar(64) primary key,
    token varchar(64) not null,
    last_used timestamp not null
);
```

・자동 로그인을 위한 설정 변경

remember-me 기능의 설정은 쿠키를 발행하도록 CustomSecurityConfig의 내용을 수정

해서 처리할 수 있습니다. 이때 쿠키와 관련된 정보를 테이블로 보관하도록 지정하는데 DataSource가 필요하고 UserDetailsService 타입의 객체가 필요합니다.

```
package org.zerock.b01.config;

import lombok.RequiredArgsConstructor;
import lombok.extern.log4j.Log4j2;
import org.springframework.boot.autoconfigure.security.servlet.PathRequest;
import org.springframework.context.annotation.Bean;
import org.springframework.context.annotation.Configuration;
import org.springframework.security.config.annotation.method.configuration.
EnableGlobalMethodSecurity;
import org.springframework.security.config.annotation.web.builders.HttpSecurity;
import org.springframework.security.config.annotation.web.configuration.
WebSecurityCustomizer;
import org.springframework.security.crypto.bcrypt.BCryptPasswordEncoder;
import org.springframework.security.crypto.password.PasswordEncoder;
import org.springframework.security.web.SecurityFilterChain;
import org.springframework.security.web.authentication.rememberme.
JdbcTokenRepositoryImpl;
import org.springframework.security.web.authentication.rememberme.
PersistentTokenRepository;
import org.zerock.b01.security.CustomUserDetailsService;

import javax.sql.DataSource;

@Log4j2
@Configuration
@RequiredArgsConstructor
@EnableGlobalMethodSecurity(prePostEnabled = true)

public class CustomSecurityConfig {
```

```java
//주입 필요
private final DataSource dataSource;
private final CustomUserDetailsService userDetailsService;

@Bean
public PasswordEncoder passwordEncoder() {
    return new BCryptPasswordEncoder();
}


@Bean
public SecurityFilterChain filterChain(HttpSecurity http) throws Exception {

    log.info("------------configure-------------------");

    //커스텀 로그인 페이지
    http.formLogin().loginPage("/member/login");
    //CSRF 토큰 비활성화
    http.csrf().disable();

    http.rememberMe()
            .key("12345678")
            .tokenRepository(persistentTokenRepository())
            .userDetailsService(userDetailsService)
            .tokenValiditySeconds(60*60*24*30);

    return http.build();
}

@Bean
public WebSecurityCustomizer webSecurityCustomizer() {

    log.info("------------web configure-------------------");

    return (web) -> web.ignoring().requestMatchers(PathRequest.
                                toStaticResources().atCommonLocations());

}
@Bean
public PersistentTokenRepository persistentTokenRepository() {
    JdbcTokenRepositoryImpl repo = new JdbcTokenRepositoryImpl();
    repo.setDataSource(dataSource);
    return repo;
}
}
```

remember-me 쿠키를 생성할 때는 쿠키의 값을 인코딩하기 위한 키(key)값과 필요한 정보를 저장하는 tokenRepository를 지정합니다. 코드상에서는 persistentTokenRepository()라는 메소드를 이용해서 이를 처리합니다.

• 자동 로그인을 위한 화면 설정

remember-me를 활성화 하기 위해서는 로그인 화면에서 'remember-me'라는 이름(name)의 값이 같이 전달되어야 합니다. 따라서 기존의 login.html 파일에 체크박스를 추가합니다.

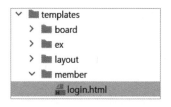

```html
<div class="input-group mb-3">
    <span class="input-group-text">패스워드</span>
    <input type="text" name="password" class="form-control"
                                            placeholder="PASSWORD">
</div>
<div class="input-group mb-3 ">
    <input class="form-check-input" type="checkbox" name="remember-me">
    <label class="form-check-label">
        자동 로그인
    </label>
</div>
```

앞의 설정이 반영된 후에 사용자가 로그인하면 'remember-me'라는 이름의 쿠키가 30일의 유효 기간을 가지고 생성된 것을 확인할 수 있습니다(브라우저의 시크릿 모드에서는 쿠키가 유지되지 않으므로 일반 브라우저 화면에서 테스트하도록 합니다.).

쿠키가 정상적으로 생성된 것을 확인했다면 브라우저를 종료한 후에 다시 '/board/register'를 호출해서 자동으로 로그인된 것을 확인할 수 있습니다(현재 화면에서 JSESSIONID 쿠키만 삭제해도 가능합니다).

데이터베이스에 persistent_logins를 조회하면 다음과 같이 user1 계정의 'remember-me' 쿠키가 유지되고 있다는 것을 확인할 수 있습니다.

로그아웃의 경우 기본 설정은 'remember-me' 쿠키의 삭제입니다. 별도의 처리를 하지 않아도 다음과 같이 'Set-Cookie' 헤더에 remember-me 쿠키의 value가 없고 Expires의 값이 '1970-01-01'로 지정되는 것을 볼 수 있습니다(시간이 지정되지 않으면 기본으로 '1970-01-01'입니다).

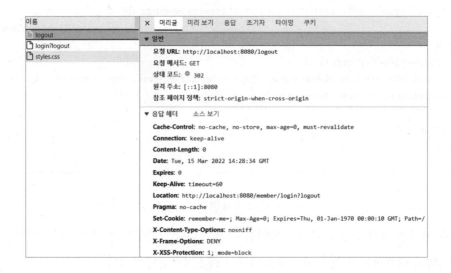

데이터베이스 역시 로그아웃이 수행되면 persistent_logins 테이블에 username을 기준으로 데이터가 삭제됩니다.

화면에서 인증 처리하기와 컨트롤러

인증 처리된 사용자의 세밀한 처리는 컨트롤러와 화면에서도 다음과 같이 처리되어야 합니다.

- 화면상에서 로그인 혹은 특정 권한별 제어
- 컨트롤러상에서 인증된 정보를 활용하는 경우

예를 들어 화면에서는 게시물의 작성자만 '수정/삭제'로 이동할 수 있는 버튼이 보이거나 게시물 작성 시에 현재 로그인한 사용자의 아이디 등을 미리 세팅하는 작업이 필요할 수도 있고, 컨트롤러에는 현재 로그인한 사용자 정보와 게시물 작성자가 같은 사용자일 때 만 삭제 처리하는 등의 작업이 필요합니다.

Thymeleaf에서 인증 정보 활용

Thymeleaf에서 인증 정보를 처리하기 위해서는 Thymeleaf에서 스프링 시큐리티를 사용하기 위한 라이브러리를 이용하도록 합니다.

build.gradle 파일에 Thymeleaf Extras Springsecurity5 라이브러리를 추가합니다.

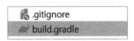

```
dependencies {
    ...

    implementation 'org.thymeleaf.extras:thymeleaf-extras-springsecurity5'

}
```

라이브러리를 추가한 후에 board 폴더의 register.html <script>에 다음과 같이 코드를 추가해 봅니다.

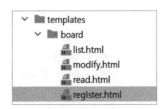

```
<script layout:fragment="script" th:inline="javascript">


    const auth = [[${#authentication}]]


    const errors = [[${errors}]]
    console.log(errors)
```

프로젝트를 실행하고 로그인된 상황에서 '/board/register' 경로를 호출하면 다음과 같이 인증 정보가 생성된 것을 확인할 수 있습니다.

```
▼<script>
    const auth = {"authorities":[{"authority":"ROLE_USER"}],"details":
{"remoteAddress":"0:0:0:0:0:0:0:1","sessionId":"52C1C94011ECCF3E107A5203469F32D4"},"authenticated":true,"principal":
{"password":null,"username":"user1","authorities":
[{"authority":"ROLE_USER"}],"accountNonExpired":true,"accountNonLocked":true,"credentialsNonExpired":true,"enabled":true},
```

만일 자바스크립트로로 현재 사용자 정보를 이용해야 한다면 ${#authentication.principal}을 이용해서 필요한 정보를 활용합니다.

```
const auth = [[${#authentication.principal}]]
```

```
    const auth = {"password":null,"username":"user1","authorities":
[{"authority":"ROLE_USER"}],"accountNonExpired":true,"accountNonLocked":true,"credentialsNonExpired":true,"enabled":true}
```

· 게시물 등록 작업

게시물 등록에서는 게시물 작성자 부분을 현재 로그인한 사용자 아이디로 처리해야 합니다. register.html 코드 위에 추가된 Thymeleaf Extras Springsecurity5의 네임스페이스를 추가합니다.

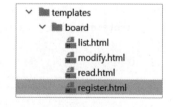

```
<!DOCTYPE html>
<html xmlns:th="http://www.thymeleaf.org"
      xmlns:sec="http://www.thymeleaf.org/thymeleaf-extras-springsecurity5"
      xmlns:layout="http://www.ultraq.net.nz/thymeleaf/layout"
      layout:decorate="~{layout/basic.html}">
```

작성자 부분에는 현재 사용자 아이디(스프링 시큐리티에서는 username)을 출력하고 읽기 전용으로 처리합니다.

```html
<div class="input-group mb-3">
    <span class="input-group-text">Writer</span>
    <input type="text" name="writer" class="form-control" placeholder="Writer"
           th:value="${#authentication.principal.username}" readonly>

</div>
```

브라우저에서 작성자(writer) 부분은 다음과 같이 처리되는지 확인합니다.

· 게시물 조회 작업

게시물 조회는 BoardController에서 로그인한 사용자만 조회할 수 있도록 수정해야 합니다. @PreAuthorize와 'isAuthenticated()' 표현식으로 로그인한 사용자만으로 제한해 봅니다.

```java
@PreAuthorize("isAuthenticated()")
@GetMapping({"/read", "/modify"})
public void read(Long bno, PageRequestDTO pageRequestDTO, Model model){

    BoardDTO boardDTO = boardService.readOne(bno);

    log.info(boardDTO);

    model.addAttribute("dto", boardDTO);
}
```

브라우저에서는 로그인 여부에 따라서 목록 화면에서 로그인 페이지로 이동하거나 조회
페이지로 이동하게 됩니다.

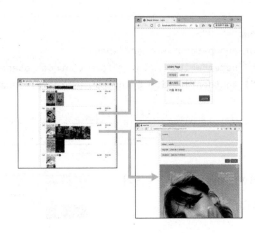

- **read.html 처리**

게시물 조회를 출력하는 read.html에는 다음과 같은 작업이 필요합니다.

- 현재 로그인한 사용자와 게시물 작성자가 같은 경우에만 화면 아래쪽에 [Modify] 버튼이 활성화
  되어야 합니다.
- 댓글 관련된 작업에도 현재 사용자 정보를 활용해야 합니다.

read.html 코드 위에 네임스페이스를 추가합니다.

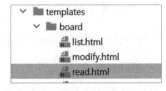

```
<!DOCTYPE html>
<html xmlns:th="http://www.thymeleaf.org"
      xmlns:layout="http://www.ultraq.net.nz/thymeleaf/layout"
      xmlns:sec="http://www.thymeleaf.org/thymeleaf-extras-springsecurity5"
      layout:decorate="~{layout/basic.html}">
```

화면에서 버튼을 처리하는 부분에는 'th:if'를 이용합니다. ${#authentication.principal.
username}는 th:with를 이용해서 변수를 선언하고 이를 이용해서 [Modify] 버튼을 보여줄
것인지 판단합니다.

```
<div class="my-4" th:with="user=${#authentication.principal}">
    <div class="float-end" th:with="link = ${pageRequestDTO.getLink()}">
        <a th:href="|@{/board/list}?${link}|" class="text-decoration-none">
            <button type="button" class="btn btn-primary">List</button>
        </a>
        <a th:if="${user != null && user.username == dto.writer}" th:href="|@{/
            board/modify(bno=${dto.bno})}&${link}|" class="text-decoration-none">
            <button type="button" class="btn btn-secondary">Modify</button>
        </a>
    </div>
</div>
```

관련 처리가 끝나면 현재 로그인한 사용자가 작성한 게시글에 [Modify] 버튼이 보이게 됩니다.

현재 로그인한 user1이 작성한 게시글의 경우

다른 사용자가 작성한 게시글의 경우

read.html에서는 댓글 처리가 이루어지기 때문에 화면에서 댓글 관련 기능을 수정할 필요가 있습니다.

댓글을 추가할 때는 댓글의 작성자가 현재 로그인한 사용자가 되도록 고정해야 합니다. 댓글을 작성하는 모달창 일부를 다음과 같이 수정해 주어야 합니다.

```
<div class="modal-body">
    <div class="input-group mb-3">
        <span class="input-group-text">Reply Text</span>
        <input type="text" class="form-control replyText" >
    </div>
    <div class="input-group mb-3"  th:with="user=${#authentication.principal}">
        <span class="input-group-text">Replyer</span>
        <input type="text" class="form-control replyer" th:value="${user.
                                                    username}"  readonly>
    </div>
</div>
```

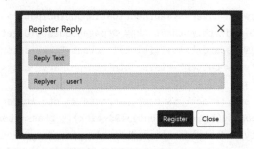

댓글의 수정과 삭제는 자바스크립트를 이용해서 모달창을 보여주게 됩니다. 이때 로그인한 사용자의 정보를 활용해서 자신이 작성한 댓글만 수정/삭제가 가능하도록 조정합니다.

자바스크립트에 현재 로그인한 사용자의 아이디를 변수로 지정합니다.

```
<script layout:fragment="script" th:inline="javascript">

    const currentUser = [[${#authentication.principal.username}]]
```

댓글의 수정/삭제는 Ajax로 댓글을 가져온 후에 이루어 지므로 이때 댓글의 작성자(이하 replyer)와 currentUser가 일치하는지를 확인해서 댓글의 수정/삭제를 제어합니다.

```
const modifyBtn = document.querySelector(".modifyBtn")
const removeBtn = document.querySelector(".removeBtn")
const closeModifyBtn = document.querySelector(".closeModifyBtn")

let hasAuth = false // 댓글의 작성자와 currentUser의 일치 여부

replyList.addEventListener("click", function (e){

    ...생략..

    getReply(rno).then(reply => {

        console.log(reply)
        replyHeader.innerHTML = reply.rno
        modifyText.value = reply.replyText
        modifyModal.show()

        hasAuth = currentUser === reply.replyer //댓글의 작성자와 현재 사용자 일치 여부 확인

    }).catch(e => alert('error'))
```

```
},false)
```

댓글의 수정/삭제 버튼을 눌렀을 때 이벤트에서 hasAuth 변수를 이용해서 제어합니다.

수정

```
modifyBtn.addEventListener("click", function(e) {

    if(!hasAuth){
        alert("댓글 작성자만 수정이 가능합니다.")
        modifyModal.hide()
        return
    }

    ...생략...
},false)
```

삭제

```
removeBtn.addEventListener("click", function(e) {

    if(!hasAuth){
        alert("댓글 작성자만 삭제가 가능합니다.")
        modifyModal.hide()
        return
    }

    ...생략...
},false)
```

자바스크립트의 hasAuth라는 변수값을 이용해서 제어하면 화면상에서 버튼 자체를 보여주거나 감추는 일보다는 간단하게 제어가 가능합니다. 현재 사용자가 작성하지 않은 댓글에 대한 작업을 할 때는 다음과 같은 경고창이 보이게 됩니다.

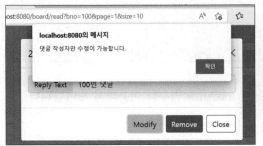 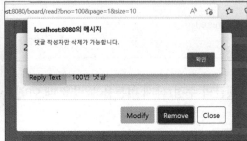

Ajax로 호출되는 ReplyController의 처리에 대한 부분은 조금 뒤쪽에서 다루도록 합니다.

· 게시물 수정 처리

게시물 수정 작업은 현재 로그인한 사용자와 게시물의 작성자 정보가 일치할 때만 삭제할 수 있어야 합니다. 이를 위해서는 @PreAuthorize의 표현식을 조금 조정해서 처리할 수 있습니다.

BoardController의 modify( )에는 다음과 같이 @PreAu-
thorize를 적용합니다.

```java
@PreAuthorize("principal.username == #boardDTO.writer")
@PostMapping("/modify")
public String modify( @Valid BoardDTO boardDTO,
                      BindingResult bindingResult,
                      PageRequestDTO pageRequestDTO,
                      RedirectAttributes redirectAttributes){

    ...
}
```

principal.username은 현재 로그인된 사용자의 아이디이고 #boardDTO는 현재 파라미터가 수집된 BoardDTO를 의미합니다.

만일 현재 로그인한 user1 사용자가 강제로 '/board/modify?bno=100'과 같이 다른 사용자가 작성한 게시글을 수정하는 화면에서 POST 방식으로 요청하게 되면 다음 그림의 아래와 같이 403(Forbidden) 에러가 발생하는 것을 볼 수 있습니다.

user1이 작성한 게시글의 경우 정상적으로 수정 후 조회로 이동

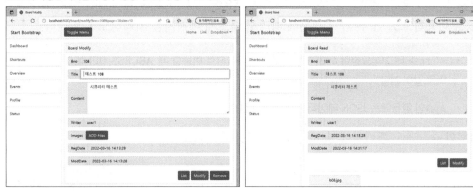

다른 사용자가 작성한 게시글을 강제로 수정하려는 경우

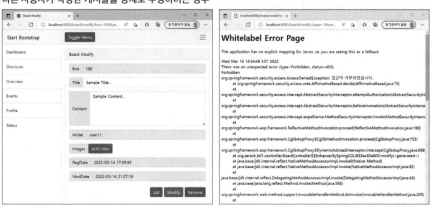

- **AccessDeniedHandler**

403(Forbidden) 에러는 서버에서 사용자의 요청을 거부했다는 의미로 예제에서는 현재 사용자가 로그인은 되었지만 해당 작업을 수행할 수 없는 경우에 해당합니다.

스프링 시큐리티에서 @PreAuthorize("isAuthenticated()")인 경우 사용자 로그인이 안 되었다면 302 메시지와 함께 로그인 경로로 이동하지만 403 에러는 앞의 그림과 같이 에러가 발생하게 됩니다.

문제는 403 에러가 생각보다 많다는 점입니다. 예를 들어 현재 사용자가 권한이 없는 경우일 수도 있고 예제와 같이 특정 조건이 맞지 않는 경우일 수도 있습니다. 이때 에러 페이지를 보여주는 방식 대신에 AccessDeniedHandler 인터페이스를 구현해서 상황에 맞게 처리해 보도록 합니다.

예제에서 요청은 <form> 태그를 통해서 전송된 결과를 처리하거나 Axios를 이용해서 Ajax를 이용하므로 이 두 가지 경우에 따라서 다르게 메시지를 처리하도록 합니다.

- <form> 태그의 요청이 403인 경우 로그인 페이지로 이동할 때 'ACCESS_DENIED' 값을 파라미터로 같이 전달
- Ajax인 경우에는 JSON 데이터를 만들어서 전송

예제의 security 패키지에 handler 패키지를 추가하고 Custom403Handler 클래스를 추가합니다.

```java
package org.zerock.b01.security.handler;

import lombok.extern.log4j.Log4j2;
import org.springframework.http.HttpStatus;
import org.springframework.security.access.AccessDeniedException;
import org.springframework.security.web.access.AccessDeniedHandler;

import javax.servlet.ServletException;
import javax.servlet.http.HttpServletRequest;
import javax.servlet.http.HttpServletResponse;
import java.io.IOException;

@Log4j2
public class Custom403Handler implements AccessDeniedHandler {
    @Override
    public void handle(HttpServletRequest request, HttpServletResponse response,
AccessDeniedException accessDeniedException) throws IOException, ServletException
{

        log.info("--------ACCESS DENIED--------------");

        response.setStatus(HttpStatus.FORBIDDEN.value());

        //JSON 요청이었는지 확인
        String contentType = request.getHeader("Content-Type");

        boolean jsonRequest = contentType.startsWith("application/json");

        log.info("isJOSN: " + jsonRequest);

        //일반 request
        if (!jsonRequest) {
```

```
                response.sendRedirect("/member/login?error=ACCESS_DENIED");
        }

    }

}
```

추가한 Custom403Handler 클래스는 AccessDeniedHandler 인터페이스를 구현해서 403
에러를 처리하기 위해서 사용합니다. 앞의 코드는 우선 <form> 방식으로 데이터가 처리되
는 경우 로그인 페이지로 리다이렉트하게 처리됩니다(JSON으로 처리하는 경우는 뒤쪽에서
API 서버를 생성할 때 다루도록 합니다).

Custom403Handler가 동작하기 위해서 스프링 시큐
리티의 설정을 담당하는 CustomSecurityConfig에 빈
(bean) 처리와 예외 처리를 지정해 주어야 합니다.

```
@Log4j2
@Configuration
@RequiredArgsConstructor
@EnableGlobalMethodSecurity(prePostEnabled = true)

public class CustomSecurityConfig {

    ...

    @Bean
    public SecurityFilterChain filterChain(HttpSecurity http) throws Exception {

        log.info("------------configure-------------------");

        //커스텀 로그인 페이지
        http.formLogin().loginPage("/member/login");
        //CSRF 토큰 비활성화
        http.csrf().disable();

        http.rememberMe()
                .key("12345678")
                .tokenRepository(persistentTokenRepository())
                .userDetailsService(userDetailsService)
                .tokenValiditySeconds(60*60*24*30);
```

```
        http.exceptionHandling().accessDeniedHandler(accessDeniedHandler()); //403

        return http.build();
    }

    @Bean
    public AccessDeniedHandler accessDeniedHandler() {
        return new Custom403Handler();
    }

    ...

}
```

앞의 코드가 반영되면 403 메시지가 화면에 출력되는 대신에 로그인 페이지로 이동하고 'error=ACCESS_DENIED'와 같은 파라미터가 전달됩니다. 필요하다면 error 파라미터의 값을 이용해서 로그인 화면에 좀 더 자세한 메시지를 처리하는 작업이 가능합니다.

다른 사용자가 작성한 게시글 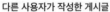　　　　http://localhost:8080/member/login?error=ACCESS_DENIED

• 게시물의 삭제 처리

과거에 게시물 삭제는 단순히 게시물 번호(bno)만을 전송해서 처리했지만 스프링 시큐리티를 조금 더 활용하려면 작성자(writer)를 추가로 설정하고 BoardController에서는 이를 이용해서 @PreAuthorize에서 활용하도록 구성합니다.

BoardController의 remove( )는 다음과 같이 수정합니다.
기존과 달리 writer 파라미터도 하나 추가합니다.

```
@PreAuthorize("principal.username == #boardDTO.writer")
@PostMapping("/remove")
public String remove(BoardDTO boardDTO, RedirectAttributes redirectAttributes) {

    ...

    return "redirect:/board/list";

}
```

만일 다른 사용자가 작성한 게시물을 삭제하려고 한다면 AccessDeniedHandler가 작성되어 있으므로 로그인 페이지로 리다이렉트 됩니다.

회원 데이터 처리

스프링 시큐리티에서 실제 사용자의 정보 로딩은 UserDetailsService를 이용해서 처리됩니다. 이 절에서는 Spring Data JPA를 이용해서 실제 사용할 수 있는 회원 데이터를 구성하도록 합니다.

회원 데이터는 가능하면 여러 개의 권한을 가지도록 구성하는 것이 좋기 때문에 별도의 엔티티를 구성하는 방식 대신에 하나의 엔티티 객체에 여러 값을 표현할 수 있는 @ElementCollection을 이용하도록 구성하고, enum 타입을 사용해 보도록 합니다.

회원 도메인과 Repository

데이터베이스에 회원 데이터를 생성하려면 회원 데이터를 어떤 식으로 구성할 것인지 결정해야 합니다. 예제에서 다루는 회원 데이터는 다음과 같은 속성들로 구성하도록 합니다.

- 회원 아이디(mid)
- 패스워드(mpw)
- 이메일 (email)

- 탈퇴여부(del)
- 등록일/수정일(regDate, modDate)
- 소셜 로그인 자동 회원 가입 여부(social)

소셜 로그인의 경우 별도의 회원 가입 없이 소셜 서비스에서 인증된 사용자의 이메일을 회원 아이디로 간주하고 회원 데이터를 추가하도록 구성합니다(나중에 회원 수정에서 패스워드 등을 수정하도록 구성).

각 회원은 'USER' 혹은 'ADMIN' 권한을 가질 수 있도록 @ElementCollection으로 처리합니다.

domain 패키지에 Member 엔티티 클래스와 Member-Role를 선언합니다(엔티티와 테이블의 이름을 결정할 때는 데이터베이스의 예약어가 아닌 이름을 지정하도록 주의해야 합니다).

MemberRole은 2가지 종류만이 존재하도록 enum으로 처리합니다. MemberRole은 특별한 속성을 가질 필요가 없기 때문에 enum 자체로만 선언하고 @Embeddable이 필요하지 않습니다.

```java
package org.zerock.b01.domain;

public enum MemberRole {

    USER, ADMIN;

}
```

```java
package org.zerock.b01.domain;


import lombok.*;

import javax.persistence.ElementCollection;
import javax.persistence.Entity;
import javax.persistence.FetchType;
import javax.persistence.Id;
import java.util.HashSet;
import java.util.Set;

@Entity
@Getter
@Builder
@AllArgsConstructor
@NoArgsConstructor
@ToString(exclude = "roleSet")
public class Member extends BaseEntity{

    @Id
    private String mid;

    private String mpw;
    private String email;
    private boolean del;

    private boolean social;

    @ElementCollection(fetch = FetchType.LAZY)
    @Builder.Default
```

```
    private Set<MemberRole> roleSet = new HashSet<>();

    public void changePassword(String mpw ){
        this.mpw = mpw;
    }

    public void changeEmail(String email){
        this.email = email;
    }

    public void changeDel(boolean del){
        this.del = del;
    }

    public void addRole(MemberRole memberRole){
        this.roleSet.add(memberRole);
    }

    public void clearRoles() {
        this.roleSet.clear();
    }

    public void changeSocial(boolean social){
    this.social = social;
}
```

MemberRepository와 테스트 코드

repository 패키지에는 MemberRepository 인터페이스를 선언하고 로그인 시에 Mem-
berRole을 같이 로딩할 수 있도록 메소드를 하나 추가합니다. 다만 직접 로그인할 때는 소셜
서비스를 통해서 회원 가입된 회원들이 같은 패스워드를 가지
므로 일반 회원들만 가져오도록 social 속성값이 false인 사용
자들만을 대상으로 처리합니다.

```
package org.zerock.b01.repository;

import org.springframework.data.jpa.repository.EntityGraph;
import org.springframework.data.jpa.repository.JpaRepository;
import org.springframework.data.jpa.repository.Query;
```

```
import org.zerock.b01.domain.Member;

import java.util.Optional;

public interface MemberRepository extends JpaRepository<Member, String> {

  @EntityGraph(attributePaths = "roleSet")
  @Query("select m from Member m where m.mid = :mid and m.social = false")
  Optional<Member> getWithRoles(String mid);

}
```

· 일반 회원 추가 테스트

test 폴더에는 MemberRepositoryTests 클래스를 추가하고 일반 회원 데이터를 추가하는 코드를 작성합니다. 이때는 PasswordEncoder를 같이 이용해서 mpw를 처리해 주도록 합니다.

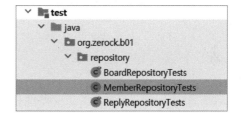

```
package org.zerock.b01.repository;

import lombok.extern.log4j.Log4j2;
import org.junit.jupiter.api.Test;
import org.springframework.beans.factory.annotation.Autowired;
import org.springframework.boot.test.context.SpringBootTest;
import org.springframework.security.crypto.password.PasswordEncoder;
import org.zerock.b01.domain.Member;
import org.zerock.b01.domain.MemberRole;

import java.util.stream.IntStream;

@SpringBootTest
@Log4j2
public class MemberRepositoryTests {

    @Autowired
    private MemberRepository memberRepository;

    @Autowired
    private PasswordEncoder passwordEncoder;
```

```
@Test
public void insertMembers(){

    IntStream.rangeClosed(1,100).forEach(i -> {

        Member member = Member.builder()
                .mid("member"+i)
                .mpw(passwordEncoder.encode("1111"))
                .email("email"+i+"@aaa.bbb")
                .build();

        member.addRole(MemberRole.USER);

        if(i >= 90){
            member.addRole(MemberRole.ADMIN);
        }
        memberRepository.save(member);

    });

}
```

insertMembers( )를 실행하고 나면 member 테이블과 member_role_sets 테이블이 생성
됩니다. Member 테이블에는 100개의 사용자 데이터가 생성됩니다.

mid	email	del	mpw	social
member1	email1@aaa.bbb	false	$2a$10$Qj3tedQjyqJkioQzR8cUXOVIK7wtmy21mEPjzUpD3Qx3AbYcjMEy.	false
member10	email10@aaa.bbb	false	$2a$10$S7mUmhZOR5w8hvL.QahpMO93zYwn.WcQiOSe8LVDFnVJYfB.d1EOW	false
member100	email100@aaa.bbb	false	$2a$10$dKbe8lt3vYGvqPtOAnk4UuNMD.1ehiAwEqRWU6kFcRJfnhANyFQ.m	false
member11	email11@aaa.bbb	false	$2a$10$6LfDFBqOoa4RvOWQzxeFnOAScCEjXN2sHAIbY2Ylod6I1JzaBA85W	false
member12	email12@aaa.bbb	false	$2a$10$K5x0Vm8gf7etMzBQi0ZdFOdKz767n4zd8Wgptj75SpZU4rK0kBEIO	false
member13	email13@aaa.bbb	false	$2a$10$LhKwoSDvDj6JUm48IECiGuJiU/o58Vg1q/8PRR/ADGnZ3Qz/SUqFi	false
member14	email14@aaa.bbb	false	$2a$10$chq6usM95.5m.61S9iRf.OX8cjVY4iq.tae8rz8uoIZnyYIln1Oyu	false
member15	email15@aaa.bbb	false	$2a$10$zyRmmgF8/G9WdgSpT4xWaOUpf.rb9WW.U/vn48mUsRUWd0DLazrkO	false
member16	email16@aaa.bbb	false	$2a$10$DhEotjcjid9mmVtp6t9Li.QBcLkvi2Hw2tKsUepJlD5KxOI/xrBxi	false
member17	email17@aaa.bbb	false	$2a$10$FVYZa9LDKwu1mrgVlguhlOvvsRf/KDGgQp8vO5aHeyaa/NE/FhItq	false
member18	email18@aaa.bbb	false	$2a$10$GvzWrlHoKF0UrhdypKC1oeMZP83CETjvQyZvxCUroGVLr7cq.4RTy	false
member19	email19@aaa.bbb	false	$2a$10$v3VqdRxRPruUyobAfVYEA.3x/F/uWyGiqnpJb2q3sTgsi/i6nLfs2	false
member2	email2@aaa.bbb	false	$2a$10$waqKmMX88aVkWPzqijvFG.W0PQ8b8LYSTY9SbBBJu4SgxIDeOrlWm	false
member20	email20@aaa.bbb	false	$2a$10$t3AsfoZ9gPOP1s4diTCnQeBF7N7yH/9LPp9AL.bF9yQnEgwkDunRO	false
member21	email21@aaa.bbb	false	$2a$10$irn3EIQi743c5PmOTk/.XuTqam.s7kEiPJ894zEX1kw4GL1zpHeCS	false
member22	email22@aaa.bbb	false	$2a$10$NG8HmVZ.D7Jpz.dA0LOgpeD1U0DVMSQkFbRI4b1ngeFBg9cblDAKq	false
member23	email23@aaa.bbb	false	$2a$10$YcyJbyAc11BLUU8I/q0QwuR655D7ZwO2Y3rmOuvTNVP.IjHduw0cq	false
member24	email24@aaa.bbb	false	$2a$10$JDSg81D3Q8GBGXiniJozub/BAS94Y0OL.esBNe5zrhaFVWp76Vvm	false
member25	email25@aaa.bbb	false	$2a$10$jClOHFTBoMUzo5vA/oA70eH3efqXn8ZQPGscM/3ksqngIjv8TTSka	false

Member 테이블의 mpw 값을 보면 동일하게 '1111'이라는 값을 인코딩했지만 매번 다른
문자열이 생성되는 것을 확인할 수 있습니다.

member_role_sets 테이블에 member90이상인 계정들은 0과 1이라는 값을 가지게 됩니다(단순 enum의 경우 숫자로 처리됩니다).

member_mid	role_set
member1	0
member2	0
member3	0
member4	0
member5	0
member6	0
member7	0
member8	0
member9	0
member10	0
member11	0
member12	0
member13	0
member14	0
member15	0

• 회원 조회 테스트

회원 조회는 MemberRole과 같이 로딩하는지 확인합니다. MemberRepositoryTests에 테스트 메소드를 추가합니다.

```
@Test
public void testRead() {

    Optional<Member> result = memberRepository.getWithRoles("member100");

    Member member = result.orElseThrow();

    log.info(member);
    log.info(member.getRoleSet());

    member.getRoleSet().forEach(memberRole -> log.info(memberRole.name()));

}
```

mid가 'member100'인 사용자는 USER와 ADMIN 권한을 모두 가지고 있으므로 이에 대한 처리가 정상인지 확인합니다.

```
select
    member0_.mid as mid1_2_,
    member0_.moddate as moddate2_2_,
    member0_.regdate as regdate3_2_,
    member0_.del as del4_2_,
    member0_.email as email5_2_,
    member0_.mpw as mpw6_2_,
    member0_.social as social7_2_,
    roleset1_.member_mid as member_m1_3_0__,
    roleset1_.role_set as role_set2_3_0__
from
    member member0_
left outer join
    member_role_set roleset1_
        on member0_.mid=roleset1_.member_mid
where
    member0_.mid=?
    and member0_.social=0
```

```
Member(mid=member100, mpw=$2a$10$dKbe8lt3vYGvqPtOAnk4UuNMD.1ehiAwEqRWU6kFcRJfnhANyFQ.m, email=email100@aaa.bbb, del=false, social=false)
[USER, ADMIN]
USER
ADMIN
```

회원 서비스와 DTO처리

도메인으로 회원은 특별한 점이 없지만 시큐리티를 이용하는 경우 회원 DTO는 해당 API
에 맞게 작성되어야 하기 때문에 달라지는 부분이 많아집니다. 스프링 시큐리티에서는 User-
Details라는 타입을 이용하기 때문에 일반적인 DTO와 조금 다르게 처리해야 할 필요가 있
습니다.

예제에서는 일반적인 DTO들과 달리 security 패키지에 dto 패키지를 구성하고 Member-
SecurityDTO라는 클래스를 정의해서 스프링 시큐리
티에서 사용하는 UserDetails 타입을 만족하도록 구성
합니다.

```
package org.zerock.b01.security.dto;

import lombok.Getter;
import lombok.Setter;
import lombok.ToString;
import org.springframework.security.core.GrantedAuthority;
import org.springframework.security.core.userdetails.User;


import java.util.Collection;
```

```
@Getter
@Setter
@ToString
public class MemberSecurityDTO extends User {

    private String mid;
    private String mpw;
    private String email;
    private boolean del;
    private boolean social;


    public MemberSecurityDTO(String username, String password, String email,
                            boolean del, boolean social,
                            Collection<? extends GrantedAuthority> authorities) {

        super(username, password, authorities);

        this.mid = username;
        this.mpw = password;
        this.email = email;
        this.del = del;
        this.social = social;

    }
}
```

MemberSecurityDTO 클래스는 org.springframework.security.core.userdetails.User라는 클래스를 부모 클래스로 사용합니다. User 클래스는 UserDetails 인터페이스를 구현한 클래스로 최대한 간단하게 UserDetails 타입을 생성할 수 있는 방법을 제공합니다.

CustomUserDetailsService의 수정

실제 로그인 처리를 담당하는 CustomeUserDetials-Service는 MemberRepository를 주입 받아서 로그인에 필요한 MemberSecurityDTO를 반환하도록 수정되어야 합니다.

```
package org.zerock.b01.security;

import lombok.RequiredArgsConstructor;
import lombok.extern.log4j.Log4j2;
import org.springframework.security.core.authority.SimpleGrantedAuthority;
import org.springframework.security.core.userdetails.UserDetails;
import org.springframework.security.core.userdetails.UserDetailsService;
import org.springframework.security.core.userdetails.UsernameNotFoundException;
import org.springframework.stereotype.Service;
import org.zerock.b01.domain.Member;
import org.zerock.b01.repository.MemberRepository;
import org.zerock.b01.security.dto.MemberSecurityDTO;

import java.util.Optional;
import java.util.stream.Collectors;

@Log4j2
@Service
@RequiredArgsConstructor //추가
public class CustomUserDetailsService implements UserDetailsService {

    private final MemberRepository memberRepository;


    @Override
    public UserDetails loadUserByUsername(String username) throws
                                                UsernameNotFoundException {

        log.info("loadUserByUsername: " + username);

        Optional<Member> result = memberRepository.getWithRoles(username);

        if(result.isEmpty()){ //해당 아이디를 가진 사용자가 없다면
            throw new UsernameNotFoundException("username not found...");
        }

        Member member = result.get();

        MemberSecurityDTO memberSecurityDTO =
                new MemberSecurityDTO(
                        member.getMid(),
                        member.getMpw(),
                        member.getEmail(),
                        member.isDel(),
                        false,
```

```
                    member.getRoleSet()
                            .stream().map(memberRole -> new SimpleGrantedAutho
                                    rity("ROLE_"+memberRole.name()))
                            .collect(Collectors.toList())
        );

    log.info("memberSecurityDTO");
    log.info(memberSecurityDTO);

    return memberSecurityDTO;
    }

}
```

변경된 CustomUserDetailsService가 반영되면 로그인 시에 데이터베이스에 존재하는 mid와 패스워드를 이용해서 실제 로그인 처리가 가능해 집니다. 만일 로그인 과정에 문제가 있다면 '/member/login?error'의 경로로 이동하게 됩니다.

회원 도메인과 연관관계

예제에서 Member 도메인을 Board나 Reply와 연결해서 @ManyToOne으로 처리하는 것도 가능하지만 연관 관계를 설정하지 않은 이유는 최근 유행하는 마이크로 서비스 아키텍처(이하 MSA)를 염두에 두기 때문입니다.

MSA는 쉽게 말해서 '여러 개의 독립 서비스들을 연계해서 하나의 큰 서비스를 구성한다'

라는 단순한 아이디어입니다(MSA의 반대 개념은 모든 서비스가 통합되는 모놀리식 아키텍처입니다). 모놀리식은 하나의 서비스에 회원과 주문 등이 모두 같은 컨텍스트로 구성되지만, MSA는 다음 그림과 같이 별개의 서비스로 운영됩니다.

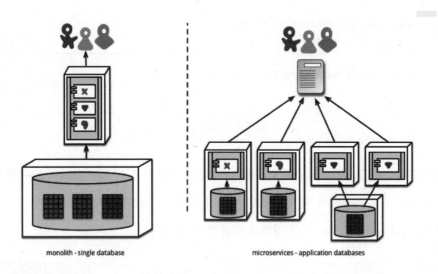

monolith - single database

microservices - application databases

*출처: https://martinfowler.com/articles/microservices.html

회원 데이터를 모든 서비스에 참조해서 사용하는 구조로 설계하면 별도의 서비스로 분리하는 것이 어려워지므로 예제에서는 연관 관계 설정 없이 처리합니다.

회원 가입 처리

지금까지 작성된 예제는 데이터베이스에 이미 추가된 계정으로만 로그인이 가능하므로 회원 가입을 통해서 사용자가 직접 계정을 생성할 수 있도록 구성해 봅니다.

예제에서 회원 가입을 처리하는 또 다른 이유는 조금 뒤쪽에서 이루어지는 소셜 로그인 기능과 관련이 있기 때문입니다. 소셜 로그인은 해당 서비스에 로그인한 후에 약간의 사용자 정보를 넘겨주는데 주로 이메일을 제공합니다. 만일 해당 이메일이 기존에 존재하는 사용자라면 현재 서비스에서 로그인 처리를 진행하면 되지만 그렇지 않을 때에는 주로 회원 가입 페이지로 이동하는 경우가 많습니다.

회원 가입은 '/member/join' 경로를 이용해서 처리하고 GET 방식으로는 회원 가입 페이지를 볼 수 있도록 구성하고 POST 방식으로 데이터베이스에 추가하도록 구성합니다.

회원 가입을 위한 DTO

스프링 시큐리티가 사용하는 DTO와는 별개로 회원 가입에 사용하는 DTO는 Member-JoinDTO라는 이름의 클래스를 구성해서 처리합니다. 일반적인 회원의 경우 'ADMIN'이 아닌 단순 'USER'이므로 이에 대해서는 별도의 화면 구성이 필요하지 않습니다.

프로젝트내 dto 패키지에 MemberJoinDTO를 작성합니다. 직접 회원 가입을 하는 경우는 소셜 회원을 의미하는 so-cial 값은 false입니다.

```java
package org.zerock.b01.dto;

import lombok.Data;

@Data
public class MemberJoinDTO {

    private String mid;
    private String mpw;
    private String email;
    private boolean del;
    private boolean social;

}
```

MemberController에는 GET 방식과 POST 방식에 대한 메소드를 다음과 같이 추가합니다.

```java
@GetMapping("/join")
public void joinGET(){

    log.info("join get...");
```

```
}

@PostMapping("/join")
public String joinPOST(MemberJoinDTO memberJoinDTO){

    log.info("join post...");
    log.info(memberJoinDTO);


    return "redirect:/board/list";
}
```

MemberController는 아직 서비스 계층이 작성되지 않았으므로 단순히 파라미터의 수집을 확인하고 이동하는데 중점을 두고 작성합니다.

templates 내 member 폴더에 join.html을 작성합니다.

```
<!DOCTYPE html>
<html xmlns:th="http://www.thymeleaf.org"
      xmlns:sec="http://www.thymeleaf.org/thymeleaf-extras-springsecurity4"
      xmlns:layout="http://www.ultraq.net.nz/thymeleaf/layout"
      layout:decorate="~{layout/basic.html}">


<head>
    <title>Member Join Page</title>
</head>

<div layout:fragment="content">
    <div class="row mt-3">
        <div class="col">
            <div class="card">
                <div class="card-header">
                    JOIN
                </div>
                <div class="card-body">
                    <form id="registerForm" action="/member/join" method="post">
                        <div class="input-group mb-3">
                            <span class="input-group-text">MID</span>
                            <input type="text" name="mid" class="form-control">
                        </div>
```

```
                    <div class="input-group mb-3">
                        <span class="input-group-text">MPW</span>
                        <input type="password" name="mpw" class="form-
                                                        control">
                    </div>

                    <div class="input-group mb-3">
                        <span class="input-group-text">EMAIL</span>
                        <input type="email" name="email" class="form-control">
                    </div>

                    <div class="my-4">
                        <div class="float-end">
                            <button type="submit" class="btn btn-primary
                                                    submitBtn">Submit</button>
                            <button type="reset" class="btn btn-
                                                    secondary">Reset</button>
                        </div>
                    </div>
                </form>
            </div><!--end card body-->

        </div><!--end card-->
    </div><!-- end col-->
  </div><!-- end row-->


</div>

<script layout:fragment="script" th:inline="javascript">


</script>
```

프로젝트를 실행해서 '/member/join'을 호출하면 다음과 같이 회원 가입 화면을 볼 수 있고 POST 방식 처리 후에는 '/board/list'로 이동하게 됩니다.

```
o.s.security.web.FilterChainProxy      : Secured POST /member/join
o.z.b01.controller.MemberController    : join post...
o.z.b01.controller.MemberController    : MemberJoinDTO(mid=m1, mpw=1111, email=m1@aaa.com, del=false, social=false)
o.s.s.w.header.writers.HstsHeaderWriter : Not injecting HSTS header since it did not match request to [Is Secure]
```

회원 가입 서비스 계층 처리

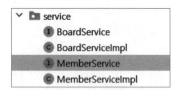

회원 가입 서비스 계층은 기존과 큰 차이가 없으므로 service 패키지에 MemberService 인터페이스와 MemberServiceImpl 클래스를 추가합니다.

회원 가입에서 신경써야 하는 것은 이미 해당 아이디가 존재하는 경우 MemberRepository의 save( )는 insert가 아니라 update로 실행됩니다. 만일 같은 아이디가 존재하면 예외를 발생하도록 처리합니다. 발생하는 예외는 인터페이스 내부에 선언해서 사용합니다.

```java
package org.zerock.b01.service;

import org.zerock.b01.dto.MemberJoinDTO;

public interface MemberService {

    static class MidExistException extends Exception {

    }

    void join(MemberJoinDTO memberJoinDTO)throws MidExistException ;

}
```

MemberService에는 MidExistException이라는 예외를 static 클래스로 선언해서 필요한 곳에서 사용하도록 합니다.

MemberServiceImpl에서는 mid가 존재하는 경우에는 MidExistException을 발생하도록 작성합니다. 정상적으로 회원 가입되는 경우에는 PasswordEncoder를 이용해서 입력된 패스워드를 인코딩하도록 합니다.

```java
package org.zerock.b01.service;

import lombok.RequiredArgsConstructor;
import lombok.extern.log4j.Log4j2;
import org.modelmapper.ModelMapper;
import org.springframework.security.crypto.password.PasswordEncoder;
import org.springframework.stereotype.Service;
import org.zerock.b01.domain.Member;
import org.zerock.b01.domain.MemberRole;
import org.zerock.b01.dto.MemberJoinDTO;
import org.zerock.b01.repository.MemberRepository;


@Log4j2
@Service
@RequiredArgsConstructor
public class MemberServiceImpl implements MemberService{

    private final ModelMapper modelMapper;

    private final MemberRepository memberRepository;

    private final PasswordEncoder passwordEncoder;

    @Override
    public void join(MemberJoinDTO memberJoinDTO) throws MidExistException{

        String mid = memberJoinDTO.getMid();

        boolean exist = memberRepository.existsById(mid);

        if(exist){
            throw new MidExistException();
        }
```

```
        Member member = modelMapper.map(memberJoinDTO, Member.class);
        member.changePassword(passwordEncoder.encode(memberJoinDTO.getMpw()));
        member.addRole(MemberRole.USER);

        log.info("=======================");
        log.info(member);
        log.info(member.getRoleSet());

        memberRepository.save(member);

    }
}
```

MemberServiceImpl에서는 Repoisotry에서 제공하는 existsById( )를 이용해서 mid 값
이 유일한지 체크하고 문제가 생기면 MidExistException을 발생시킵니다.

· MemberController의 변경

MemberController의 POST 처리에서 MidExistExcep-
tion 발생 시에는 다시 회원 가입 페이지를 볼 수 있도록 처리
합니다.

```
package org.zerock.b01.controller;

import lombok.RequiredArgsConstructor;
import lombok.extern.log4j.Log4j2;
import org.springframework.stereotype.Controller;
import org.springframework.web.bind.annotation.GetMapping;
import org.springframework.web.bind.annotation.PostMapping;
import org.springframework.web.bind.annotation.RequestMapping;
import org.springframework.web.servlet.mvc.support.RedirectAttributes;
import org.zerock.b01.dto.MemberJoinDTO;
import org.zerock.b01.service.MemberService;

@Controller
@RequestMapping("/member")
@Log4j2
@RequiredArgsConstructor
public class MemberController {
    //의존성 주입
    private final MemberService memberService;
```

```java
@GetMapping("/login")
public void loginGET(String errorCode, String logout) {
    log.info("login get..............");
    log.info("logout: " + logout);

    if(logout != null){
        log.info("user logout........");
    }
}

@GetMapping("/join")
public void joinGET(){

    log.info("join get...");

}

@PostMapping("/join")
public String joinPOST(MemberJoinDTO memberJoinDTO, RedirectAttributes
                                                    redirectAttributes){

    log.info("join post...");
    log.info(memberJoinDTO);

    try {
        memberService.join(memberJoinDTO);
    } catch (MemberService.MidExistException e) {

        redirectAttributes.addFlashAttribute("error", "mid");
        return "redirect:/member/join";
    }

    redirectAttributes.addFlashAttribute("result", "success");

    return "redirect:/member/login"; //회원 가입 후 로그인
}

}
```

join.html에서는 'error'로 전달된 데이터가 있는 경우 이를 출력하도록 처리합니다.

```html
<script layout:fragment="script" th:inline="javascript">
```

```
    const error = [[${error}]]

    if(error && error === 'mid'){
        alert("동일한 MID를 가진 계정이 존재합니다.")
    }

</script>
```

프로젝트를 실행한 후에는 '/member/join'을 통해서 회원 가입을 시도하고 데이터베이스에 정상적으로 입력되는지 확인합니다.

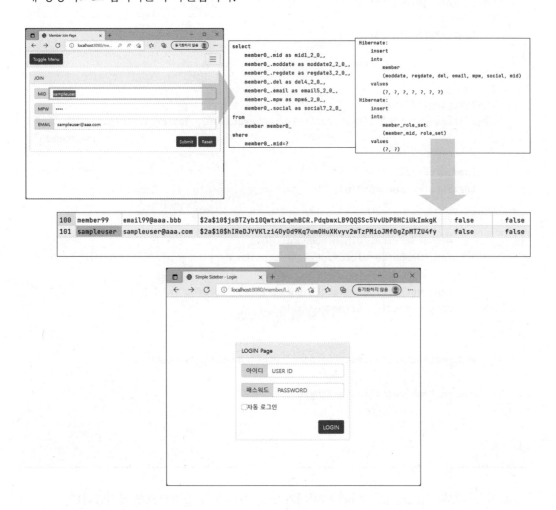

8.3 소셜 로그인 처리

이 절에서는 흔히 소셜 로그인이라고 불리는 외부 서비스로 사용자 연동을 처리하도록 합니다. 대부분의 소셜 로그인은 OAuth2라는 방식을 이용해서 데이터를 주고 받아 사용자의 정보를 전달하는 방식으로 처리됩니다.

스프링 부트는 OAuth2를 쉽게 이용할 수 있는 라이브러리를 제공하고 있어 개발 시간을 많이 단축할 수 있습니다. 예제에서는 국내에서 많이 사용되는 카카오(kakao) 서비스를 이용해서 처리하도록 구성합니다.

프로젝트를 위한 설정

소셜 로그인 예제로 카카오를 이용해서 로그인을 대신할 수 있는 방법을 고민할 것이므로 우선은 카카오 서비스에 현재 프로젝트를 설정해서 연동할 수 있도록 준비하는 작업과 프로젝트에 라이브러리를 추가하고 설정하는 작업이 필요합니다.

카카오 로그인 설정

카카오 로그인을 이용하기 위해서는 우선 'kakao developers(https://developers.kakao.com/)'에서 애플리케이션을 등록해야만 합니다(로그인을 위해서 카카오 계정이 있어야만 합니다).

'kakao developers'의 상단의 [내 애플리케이션] 메뉴를 이용해서 새로운 애플리케이션을 추가하도록 합니다(개인은 최대 10개까지의 애플리케이션 등록이 가능합니다.).

애플리케이션이 추가되면 연동에 필요한 여러 종류의 키가 생성되는데 이 중에서 REST API 키는 뒤에서 사용할 일이 있으므로 따로 보관해 두도록 합니다.

화면 아래쪽에는 플랫폼을 지정하는 부분이 있는데 'Web'을 지정하고 '사이트 도메인'은 'http://loclahost:8080'을 지정합니다(나중에 호스팅을 이용할 때는 변경).

화면 왼쪽 메뉴의 '카카오 로그인' 항목을 살펴보면 '카카오 로그인'은 'OFF' 상태로 되어 있는 것을 볼 수 있습니다. 다음 그림의과 같이 '활성화 설정'에는 아직 설정된 항목들이 없으므로 [취소]를 선택합니다.

카카오 로그인을 진행하려면 '동의항목'을 지정합니다. '닉네임'과 '카카오 계정'을 지정합니다.

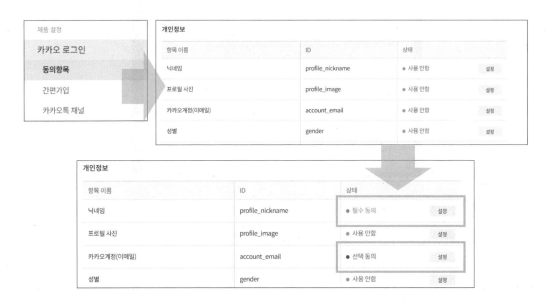

'동의 항목'을 지정한 후에 변경 사항을 반영하기 위해서 '카카오 로그인'이 활성화 되어 있다면 한번 [OFF] 한 후에 다시 [ON] 상태로 만들어 주도록 합니다(확인 차원에서 진행해 주도록 합니다).

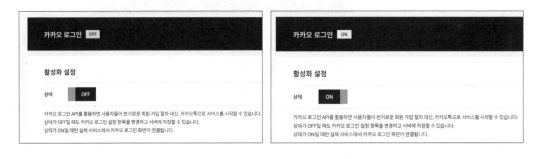

로그인을 활성화한 후에 가장 중요한 부분은 'Redirect URI'를 지정하는 것입니다. 이 부분의 값은 'http://localhost:8080/login/oauth2/code/kakao'로 지정합니다.

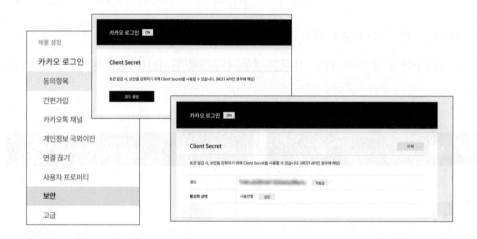

Redirect URI

Redirect URI

카카오 로그인에서 사용할 OAuth Redirect URI를 설정합니다.
여러개의 URI를 줄바꿈으로 추가해주세요. (최대 10개)
REST API로 개발하는 경우 필수로 설정해야 합니다.
예시: (O) https://example.com/oauth (X) https://www.example.com/oauth

http://localhost:8080/login/oauth2/code/kakao

취소　　　저장

로그인을 활성화한 후에는 '카카오 로그인'의 '보안' 항목에서 'Client Secret'으로 '키 (key)'를 생성해야 합니다. 이때 생성된 키(key)는 나중에 다시 사용해야 하므로 따로 보관해 두는 것이 좋습니다.

프로젝트를 위한 설정

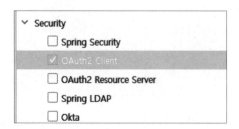

프로젝트에서 소셜 로그인을 이용하려면 OAuth2 Client라는 라이브러리를 이용해야 합니다. 프로젝트 생성 시에 Security 항목에서 선택할 수 있습니다.

예제와 같이 이미 프로젝트가 생성된 이후라면 build.gradle 파일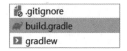
에 직접 라이브러리를 추가합니다.

```
dependencies {
    ...

    implementation 'org.springframework.boot:spring-boot-starter-security'

    implementation 'org.springframework.boot:spring-boot-starter-oauth2-client'
...
```

소셜 로그인이 처리되는 과정 OAuth2

대부분의 소셜 로그인은 OAuth2(https://oauth.net/2/) 방식으로 데이터를 처리합니다.
OAuth2는 문자열로 구성된 '토큰(token)'을 주고받는 방식으로 토큰을 발행하거나 검사하
는 방식을 통해서 서비스 간 데이터를 교환합니다.

OAuth2는 기존의 OAuth보다 조금은 더 단순해진 형태로 데이터를 주고받습니다. 예제
에서 사용하는 카카오의 경우에만 집중해서 살펴보면 크게 3단계로 구성될 수 있습니다(다
음 첫 번째 그림은 공식 문서 목차. 두 번째 그림은 공식 문서의 REST API를 참고해서 요약
한 것입니다).

다음 그림에서 ①의 과정은 놀이 공원에서 '입장권'을 사는 것과 유사합니다. 설정할 때 받은 'REST API 키'를 이용해서 인가 코드를 받습니다.

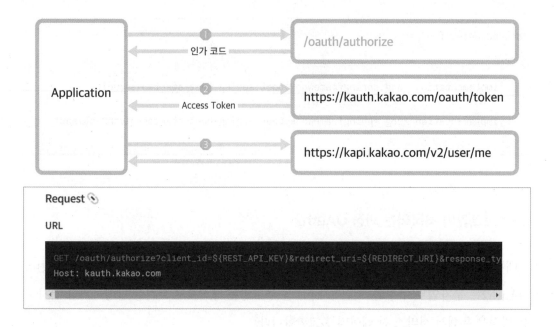

인가 코드는 '리다이렉트 URI'로 지정된 곳으로 전달됩니다. 스프링 부트의 OAuth2 Client를 이용하는 경우에는 '리다이렉트 URI'는 정해진 패턴을 사용하게 됩니다.

①에서 받은 인가 코드는 ②에서 자신의 비밀키(Client Secret)와 같이 이용되어 Access Token을 생성할 때 사용됩니다.

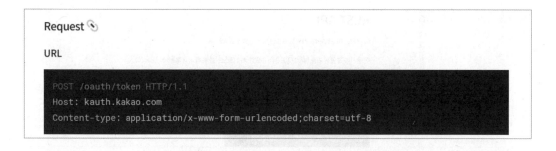

Access Token은 놀이공원에 있는 특정한 놀이 기구를 타기 위한 승차권과 같습니다. Acess Token은 말 그대로 '원하는 데이터에 접근할 수 있는 권한' 역할을 합니다. 'Access Token'이 외부에 탈취당하면 위험하기 때문에 유효 기간은 짧게 설정하는 것이 일반적입니다.

Access Token을 얻으면 이를 이용해서 그림 ③과 같이 사용자 정보를 요청합니다. 이때 사용자가 동의했던 정보들을 얻어오는데 주로 이메일을 얻어오는 경우가 대부분입니다.

스프링 부트에서 로그인 연동 설정

카카오 로그인은 REST 방식으로 호출하고 결과를 직접 단계별로 처리하는 것이 그다지 어려운 일은 아니지만 스프링 부트에서는 약간의 설정만으로 구현이 가능합니다.

우선 build.gradle 파일에 spring-boot-starter-oauth2-client 라이브러리를 추가하고 application.properties에 다음과 같은 내용들을 추가합니다.

```
spring.security.oauth2.client.provider.kakao.authorization-uri=https://kauth.kakao.com/oauth/authorize
spring.security.oauth2.client.provider.kakao.user-name-attribute=id
spring.security.oauth2.client.provider.kakao.token-uri=https://kauth.kakao.com/oauth/token
spring.security.oauth2.client.provider.kakao.user-info-uri=https://kapi.kakao.com/v2/user/me

spring.security.oauth2.client.registration.kakao.client-name=kakao
spring.security.oauth2.client.registration.kakao.authorization-grant-type=authorization_code
spring.security.oauth2.client.registration.kakao.redirect_uri=http://localhost:8080/login/oauth2/code/kakao
spring.security.oauth2.client.registration.kakao.client-id=REST키

spring.security.oauth2.client.registration.kakao.client-secret=설정된 비밀키
spring.security.oauth2.client.registration.kakao.client-authentication-method=POST
spring.security.oauth2.client.registration.kakao.scope=profile_nickname,account_email
```

앞의 설정 정보에서 주의해야 하는 점들은 다음과 같습니다.

1. client-id는 카카오 설정 과정에서 만들어진 REST API 키 값

2. cleint-secret 값은 보안 설정과 관련된 메뉴에서 생성된 값

3. scope는 동의 항목의 ID 값을 지정(변경이 잦으므로 주의)

개인정보			
항목 이름	ID	상태	
닉네임	profile_nickname	● 필수 동의	설정
프로필 사진	profile_image	● 사용 안함	설정
카카오계정(이메일)	account_email	● 선택 동의	설정
성별	gender	● 사용 안함	설정
연령대	age_range	● 사용 안함	설정

• CustomSecurityConfig설정 변경

스프링 부트의 OAuth2 Client를 이용할 때는 설정 관련 코드에 OAuth2 로그인을 사용한다는 설정을 추가해 주어야 합니다.

CustomSecurityConfig 설정에 oauth2Login( )을 추가합니다.

```java
@Bean
public SecurityFilterChain filterChain(HttpSecurity http) throws Exception {

    log.info("------------configure--------------------");

    //커스텀 로그인 페이지
    http.formLogin().loginPage("/member/login");
    //CSRF  토큰 비활성화
    http.csrf().disable();

    ...생략

    http.oauth2Login().loginPage("/member/login");

    return http.build();
}
```

· login.html에서 적용

login.html에는 카카오 로그인을 위한 링크를 처리합니다.
이 링크는 OAuth2 Client 라이브러리를 통해서 자동으로 생
성되는 링크이므로 다른 값을 사용하지 않도록 주의합니다.

login.html에 다음과 같은 링크를 추가합니다.

```
</form>

<div>
    <a href="/oauth2/authorization/kakao">KAKAO</a>
</div>
```

앞선 설정이 모두 반영되면 로그인 화면 링크로 카카오의 로그인 서비스와 연동이 가능해
집니다.

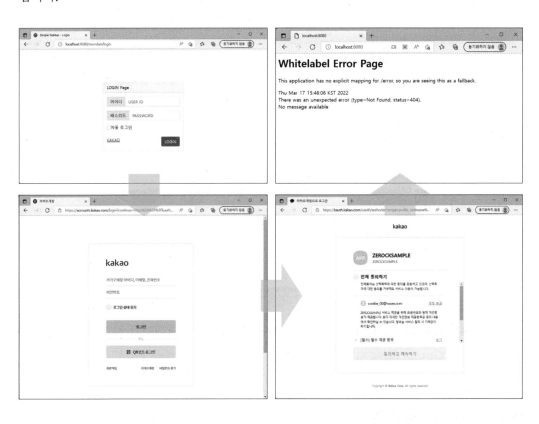

로그인 연동 후 이메일 구하기

앞선 과정을 통해서 카카오 서비스의 로그인까지 성공해도 실제 게시물 작성에는 문제가 생기게 됩니다.

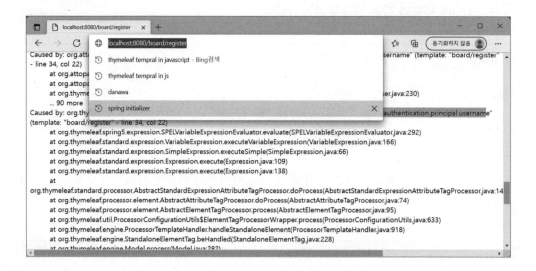

이것은 로그인된 후에 전달하는 정보가 UserDetails 타입이 아니기 때문에 발생하는 문제입니다. 이를 처리하려면 UserDetailsService 인터페이스를 구현하듯이 OAuth2UserSer-vice 인터페이스를 구현해야 합니다.

OAuth2UserService 인터페이스는 그 자체를 구현할 수도 있겠지만 하위 클래스인 De-faultOAuth2UserService를 상속해서 구현하는 방식이 가장 간단합니다.

프로젝트의 security 패키지에 CustomOAu-th2UserService 클래스를 선언합니다.

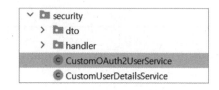

```
package org.zerock.b01.security;

import lombok.RequiredArgsConstructor;
import lombok.extern.log4j.Log4j2;
import org.springframework.security.oauth2.client.userinfo.
DefaultOAuth2UserService;
import org.springframework.security.oauth2.client.userinfo.OAuth2UserRequest;
import org.springframework.security.oauth2.core.OAuth2AuthenticationException;
import org.springframework.security.oauth2.core.user.OAuth2User;
import org.springframework.stereotype.Service;

@Log4j2
@Service
@RequiredArgsConstructor
public class CustomOAuth2UserService extends DefaultOAuth2UserService {

    @Override
    public OAuth2User loadUser(OAuth2UserRequest userRequest) throws
                                                OAuth2AuthenticationException {

        log.info("userRequest....");
        log.info(userRequest);

        return super.loadUser(userRequest);
    }
}
```

DefaultOAuth2UserService의 loadUser( )의 리턴 타입은 OAuth2User로 앞의 코드를
작성한 후에 로그인 처리가 되면 다음과 같은 로그가 출력되는 것을 볼 수 있습니다(로그 메
시지가 많으므로 검색을 통해서 찾는것이 편리합니다).

```
o.s.s.authentication.ProviderManager        : Authenticating request with OAuth2LoginAuthenticationProvider (1/4)
o.z.b.security.CustomOAuth2UserService       : userRequest....
o.z.b.security.CustomOAuth2UserService       : org.springframework.security.oauth2.client.userinfo.OAuth2UserRequest@62c72d5c
s.CompositeSessionAuthenticationStrategy     : Preparing session with ChangeSessionIdAuthenticationStrategy (1/1)
.s.ChangeSessionIdAuthenticationStrategy     : Changed session id from 6E5E27B82A91034D8985282C50687469
```

loadUser( )에서는 카카오 서비스와 연동된 결과를 OAuth2UserRequest로 처리하기 때
문에 이를 이용해서 원하는 정보(이메일)를 추출해야 합니다.

우선 카카오 로그인 후에 어떤 정보들이 전달되었는지 확인하도록 코드를 수정합니다.

```
@Override
public OAuth2User loadUser(OAuth2UserRequest userRequest) throws
OAuth2AuthenticationException {

    log.info("userRequest....");
    log.info(userRequest);

    log.info("oauth2 user...................................");

    ClientRegistration clientRegistration = userRequest.getClientRegistration();
    String clientName = clientRegistration.getClientName();

    log.info("NAME: "+clientName);


    OAuth2User oAuth2User = super.loadUser(userRequest);
    Map<String, Object> paramMap = oAuth2User.getAttributes();

    paramMap.forEach((k,v) -> {
        log.info("------------------------------------");
        log.info(k +":" + v);
    });

    return oAuth2User;
}
```

카카오 서비스의 경우 kakao_account라는 키(key)로 접근하는 정보 중에 이메일 관련 정보를 가지고 있습니다.

```
o.z.b.security.CustomOAuth2UserService   : oauth2 user...................................
o.z.b.security.CustomOAuth2UserService   : NAME: kakao
o.z.b.security.CustomOAuth2UserService   : ------------------------------------
o.z.b.security.CustomOAuth2UserService   : id:█████████
o.z.b.security.CustomOAuth2UserService   : ------------------------------------
o.z.b.security.CustomOAuth2UserService   : connected_at:2022-03-17T06:46:06Z
o.z.b.security.CustomOAuth2UserService   : ------------------------------------
o.z.b.security.CustomOAuth2UserService   : properties:{nickname=████████}
o.z.b.security.CustomOAuth2UserService   : ------------------------------------
```

DefaultOAuth2UserService는 카카오뿐 아니라 구글이나 페이스북 등의 다양한 소셜 로그인에서 사용 가능하므로 이를 각각의 소셜 서비스에 맞게 clientRegistration.getClient-Name()를 통해 처리하도록 CustomOAuth2UserService를 다음과 같이 수정합니다.

```
package org.zerock.b01.security;

import lombok.RequiredArgsConstructor;
import lombok.extern.log4j.Log4j2;
import org.springframework.security.oauth2.client.registration.ClientRegistration;
import org.springframework.security.oauth2.client.userinfo.
                                                DefaultOAuth2UserService;
import org.springframework.security.oauth2.client.userinfo.OAuth2UserRequest;
import org.springframework.security.oauth2.core.OAuth2AuthenticationException;
import org.springframework.security.oauth2.core.user.OAuth2User;
import org.springframework.stereotype.Service;

import java.util.LinkedHashMap;
import java.util.Map;

@Log4j2
@Service
@RequiredArgsConstructor
public class CustomOAuth2UserService extends DefaultOAuth2UserService {


    @Override
    public OAuth2User loadUser(OAuth2UserRequest userRequest) throws
                                            OAuth2AuthenticationException {

        log.info("userRequest....");
        log.info(userRequest);

        log.info("oauth2 user...................................");

        ClientRegistration clientRegistration = userRequest.
                                                getClientRegistration();
        String clientName = clientRegistration.getClientName();

        log.info("NAME: "+clientName);
        OAuth2User oAuth2User = super.loadUser(userRequest);
        Map<String, Object> paramMap = oAuth2User.getAttributes();

        String email = null;

        switch (clientName){
            case "kakao":
                email = getKakaoEmail(paramMap);
                break;
        }

        log.info("===============================");
```

```
            log.info(email);
            log.info("==============================");

            return oAuth2User
    }

    private String getKakaoEmail(Map<String, Object> paramMap){

        log.info("KAKAO-----------------------------------------");

        Object value = paramMap.get("kakao_account");

        log.info(value);

        LinkedHashMap accountMap = (LinkedHashMap) value;

        String email = (String)accountMap.get("email");

        log.info("email..." + email);

        return email;
    }

}
```

• 소셜 로그인 후처리

소셜 로그인 처리 자체는 약간의 설정이 추가되는 수준이지만 정작 복잡한 결정은 소셜 로그인한 사용자에 대한 처리입니다. 소셜 로그인에 사용한 이메일이 존재하는 경우와 그렇지 않은 경우에 어떻게 처리할 것인지 결정이 필요합니다.

만일 소셜 로그인에 사용한 이메일과 같은 이메일을 가진 회원이 있다면 소셜 로그인만으로 로그인 자체가 완료되어야만 합니다. 이에 대한 처리는 MemberSecurityDTO를 User-Details 인터페이스뿐만 아니라 OAuth2User 인터페이스도 같이 사용할 수 있도록 구성하면 됩니다.

해당 이메일을 가진 사용자가 없을 때는 어떻게 처리해야 하는지가 문제가 됩니다. 이때는 새로운 회원으로 간주하고 Member 도메인 객체를 직접 생성해서 저장한 후에 MemberSecurityDTO를 생성해서 반환합니다. 이때 가장 중요한 속성이 social 속성입니다. 자동으로 회원 데이터가 추가될 때는 social 속성값을 true로 지정합니다.

만일 악의적인 사용자가 현재 사용자의 이메일을 안다고 해도 직접 로그인을 할 때는 Member의 social 설정이 false인 경우만 조회되므로 로그인이 되지 않습니다. 대신에 소셜 서비스를 통해서 로그인한 사용자의 경우 일반 로그인을 하기 위해서는 일반 회원으로 전환할 수 있는 화면이 제공되어야 합니다.

MemberRepository에는 email을 이용해서 회원 정보를 찾을 수 있도록 메소드를 추가합니다.

```java
public interface MemberRepository extends JpaRepository<Member, String> {

    @EntityGraph(attributePaths = "roleSet")
    @Query("select m from Member m where m.mid = :mid and m.social = false")
    Optional<Member> getWithRoles(String mid);

    @EntityGraph(attributePaths = "roleSet")
    Optional<Member> findByEmail(String email);

}
```

• MemberSecurityDTO의 수정

MemberSecurityDTO는 UserDetails 타입만을 구현했지만 소셜 로그인에서도 사용할 수 있도록 OAuth2User 인터페이스를 구현을 추가합니다.

```java
package org.zerock.b01.security.dto;


import lombok.Getter;
import lombok.Setter;
import lombok.ToString;
import org.springframework.security.core.GrantedAuthority;
import org.springframework.security.core.userdetails.User;
import org.springframework.security.oauth2.core.user.OAuth2User;
```

```java
import java.util.Collection;
import java.util.Map;

@Getter
@Setter
@ToString
public class MemberSecurityDTO extends User implements OAuth2User {

    private String mid;

    private String mpw;

    private String email;

    private boolean del;

    private boolean social;

    private Map<String, Object> props; //소셜로그인정보

    public MemberSecurityDTO(String username, String password, String email,
                                            boolean del, boolean social,
                    Collection<? extends GrantedAuthority> authorities) {
                                        super(username, password, authorities);

        this.mid = username;
        this.mpw = password;
        this.email = email;
        this.del = del;
        this.social = social;
    }

    @Override
    public Map<String, Object> getAttributes() {
        return this.getProps();
    }

    @Override
    public String getName() {
        return this.mid;
    }
}
```

MemberSecurityDTO가 OAuth2User 인터페이스를 추가로 구현해도 실제로 필요한 메

소드는 getAttributes( )와 getName( )정도 입니다. 소셜 로그인 정보를 props라는 멤버변수로 선언해서 이를 처리하도록 구성합니다.

• CustomOAuth2UserService 수정

CustomOAuth2UserService는 카카오 서비스에서 얻어온 이메일을 이용해 같은 이메일을 가진 사용자를 찾아보고 없는 경우에는 자동으로 회원가입을 하고 MemberSecurityDTO를 반환하도록 구성합니다.

```
package org.zerock.b01.security;

import lombok.RequiredArgsConstructor;
import lombok.extern.log4j.Log4j2;
import org.springframework.security.core.authority.SimpleGrantedAuthority;
import org.springframework.security.crypto.password.PasswordEncoder;
import org.springframework.security.oauth2.client.registration.ClientRegistration;
import org.springframework.security.oauth2.client.userinfo.
                                                DefaultOAuth2UserService;
import org.springframework.security.oauth2.client.userinfo.OAuth2UserRequest;
import org.springframework.security.oauth2.core.OAuth2AuthenticationException;
import org.springframework.security.oauth2.core.user.OAuth2User;
import org.springframework.stereotype.Service;
import org.zerock.b01.domain.Member;
import org.zerock.b01.domain.MemberRole;
import org.zerock.b01.repository.MemberRepository;
import org.zerock.b01.security.dto.MemberSecurityDTO;

import java.util.Arrays;
import java.util.LinkedHashMap;
import java.util.Map;
import java.util.Optional;
import java.util.stream.Collectors;

@Log4j2
@Service
@RequiredArgsConstructor
public class CustomOAuth2UserService extends DefaultOAuth2UserService {

    private final MemberRepository memberRepository;
    private final PasswordEncoder passwordEncoder;

    @Override
    public OAuth2User loadUser(OAuth2UserRequest userRequest) throws
```

```
                                                    OAuth2AuthenticationException {

    log.info("userRequest....");
    log.info(userRequest);


    log.info("oauth2 user....................................");


    ClientRegistration clientRegistration = userRequest.
                                                    getClientRegistration();
    String clientName = clientRegistration.getClientName();

    log.info("NAME: "+clientName);
    OAuth2User oAuth2User = super.loadUser(userRequest);
    Map<String, Object> paramMap = oAuth2User.getAttributes();


    String email = null;

    switch (clientName){
        case "kakao":
            email = getKakaoEmail(paramMap);
            break;
    }

    log.info("================================");
    log.info(email);
    log.info("================================");


    return generateDTO(email, paramMap);
}

private MemberSecurityDTO generateDTO(String email, Map<String, Object>
                                                    params){

    Optional<Member> result = memberRepository.findByEmail(email);

    //데이터베이스에 해당 이메일을 사용자가 없다면
    if(result.isEmpty()){
        //회원 추가 -- mid는 이메일 주소/ 패스워드는 1111
        Member member = Member.builder()
                .mid(email)
                .mpw(passwordEncoder.encode("1111"))
                .email(email)
                .social(true)
                .build();
        member.addRole(MemberRole.USER);
        memberRepository.save(member);
```

```java
        //MemberSecurityDTO 구성 및 반환
        MemberSecurityDTO memberSecurityDTO =
                new MemberSecurityDTO(email, "1111",email,false, true, Arrays.
                        asList(new SimpleGrantedAuthority("ROLE_USER")));
        memberSecurityDTO.setProps(params);

        return memberSecurityDTO;
    }else {
        Member member = result.get();
        MemberSecurityDTO memberSecurityDTO =
                new MemberSecurityDTO(
                        member.getMid(),
                        member.getMpw(),
                        member.getEmail(),
                        member.isDel(),
                        member.isSocial(),
                        member.getRoleSet()
                                .stream().map(memberRole -> new SimpleGrantedA
                                        uthority("ROLE_"+memberRole.name()))
                                .collect(Collectors.toList())
                );

        return memberSecurityDTO;
    }
}


private String getKakaoEmail(Map<String, Object> paramMap){

    log.info("KAKAO----------------------------------------");

    Object value = paramMap.get("kakao_account");

    log.info(value);

    LinkedHashMap accountMap = (LinkedHashMap) value;

    String email = (String)accountMap.get("email");

    log.info("email..." + email);

    return email;
}
}
```

generateDTO( )는 이미 회원 가입이 된 회원에 대해서는 기존 정보를 반환하고 새롭게 소셜 로그인된 사용자는 자동으로 회원 가입을 처리하게 됩니다. 어떤 상황이든 MemberSecurityDTO를 반환하기 때문에 사용자는 추가적인 작업없이 서비스를 이용할 수 있게 됩니다.

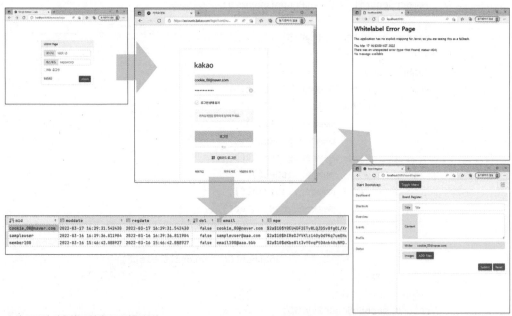

소셜 로그인 사용자는 일반 로그인은 불가

소셜 로그인 사용자의 패스워드가 '1111'로 고정되기는 하지만 일반 로그인을 통해서는 소셜 사용자는 로그인이 제한 됩니다. 그러므로 소셜 로그인 사용자는 소셜 로그인으로 로그인한 후에 사용자 정보를 일반 회원으로 수정하도록 해야 합니다.

- **AuthenticationSuccessHandler를 이용한 로그인 후처리**

스프링 시큐리티는 로그인 성공과 실패를 커스터마이징할 수 있도록 AuthenticationSuccessHandler와 AuthenticationFaileHandler 인터페이스를 제공합니다.

예제에서는 소셜 로그인 성공 후에 현재 사용자의 패스워드에 따라서 사용자 정보를 수정하거나 특정한 페이지로 이동하는 방법을 처리해야 하는 데 AuthenticationSuccessHandler를 이용해서 이를 처리하도록 합니다.

security의 handler 패키지에 CustomSocialLoginSuccessHandler 클래스를 선언합니다.

CustomSocialLoginSuccessHandler는 소셜 로그인 사용자의 패스워드가 '1111'로 처리된 경우를 구분해서 처리하도록 다음과 같이 구성합니다.

```java
package org.zerock.b01.security.handler;


import lombok.RequiredArgsConstructor;
import lombok.extern.log4j.Log4j2;
import org.springframework.security.core.Authentication;
import org.springframework.security.crypto.password.PasswordEncoder;
import org.springframework.security.web.authentication.
AuthenticationSuccessHandler;
import org.zerock.b01.security.dto.MemberSecurityDTO;

import javax.servlet.ServletException;
import javax.servlet.http.HttpServletRequest;
import javax.servlet.http.HttpServletResponse;
import java.io.IOException;



@Log4j2
@RequiredArgsConstructor
public class CustomSocialLoginSuccessHandler implements
AuthenticationSuccessHandler {

    private final PasswordEncoder passwordEncoder;

    @Override
    public void onAuthenticationSuccess(HttpServletRequest request,
HttpServletResponse response, Authentication authentication) throws IOException,
ServletException {

        log.info("-----------------------------------------------------------");
        log.info("CustomLoginSuccessHandler onAuthenticationSuccess ..........");
        log.info(authentication.getPrincipal());
```

```
        MemberSecurityDTO memberSecurityDTO = (MemberSecurityDTO) authentication.
                                                              getPrincipal();

        String encodedPw = memberSecurityDTO.getMpw();

        //소셜 로그인이고 회원의 패스워드가 1111

        if (memberSecurityDTO.isSocial()
              && (memberSecurityDTO.getMpw().equals("1111")
                    || passwordEncoder.matches("1111", memberSecurityDTO.getMpw())
        )) {
            log.info("Should Change Password");

            log.info("Redirect to Member Modify ");
            response.sendRedirect("/member/modify");

            return;
        } else {

            response.sendRedirect("/board/list");
        }
    }
}
```

자동 가입된 회원도 PasswordEncoder를 이용해서 '1111'을 인코딩한 상태이므로 match-
es( )를 이용해서 검사하고 결과에 따라서 '/member/modify'로 보내거나 '/board/list'로 리
다이렉트 시키도록 합니다.

시큐리티 설정에 CustomSocialLoginSuccessHandler
를 추가해야 하므로 CustomSecurityConfig를 수정해야
만 합니다.

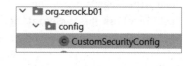

CustomSecurityConfig의 수정 내용은 OAuth2 로그인 관련해서 CustomSocialLogin-
SuccessHandler를 로그인 성공 처리 시 이용하도록 하는 부분입니다.

```
@Bean
public AuthenticationSuccessHandler authenticationSuccessHandler() {
    return new CustomSocialLoginSuccessHandler(passwordEncoder());
}
```

```
@Bean
public SecurityFilterChain filterChain(HttpSecurity http) throws Exception {

    log.info("-----------configure------------------");

    //커스텀 로그인 페이지
    http.formLogin().loginPage("/member/login");
    ...
        http.oauth2Login()
          .loginPage("/member/login")
          .successHandler(authenticationSuccessHandler());;

    return http.build();
}
```

프로젝트를 실행하고 소셜 로그인으로 로그인하면 '/member/modify' 경로로 이동하는 것을 볼 수 있습니다.

• MemberRepository의 패스워드 업데이트

소셜 로그인으로 로그인하면 무조건 패스워드가 '1111'을 인코딩한 값으로 저장되므로 패스워드가 변경된 상황에서의 테스트가 불가능합니다. 이를 위해서 MemberRepository에 사용자의 패스워드를 수정할 수 있는 기능을 추가합니다.

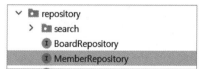

```
public interface MemberRepository extends JpaRepository<Member, String> {

    ...
```

```
    @Modifying
    @Transactional
    @Query("update Member m set m.mpw =:mpw where m.mid = :mid ")
    void updatePassword(@Param("mpw") String password, @Param("mid") String mid);

}
```

@Query는 주로 select할 때 이용하지만 @Modifying과 같이 사용하면 DML(insert/update/delete) 처리도 가능합니다.

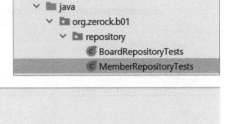

MemberRepositoryTests를 이용해서 추가한 updatePassword( )를 실행해 봅니다.

```
@Commit
@Test
public void testUpdate() {

    String mid ="cookie_00@naver.com"; //소셜로그인으로 추가된 사용자로 현재 DB에 존재하는 이메일
    String mpw = passwordEncoder.encode("54321");

    memberRepository.updatePassword(mpw, mid);

}
```

테스트 코드를 실행해서 패스워드 값을 변경하고 다시 소셜 로그인을 시도하면 '/board/list'로 이동하게 됩니다.

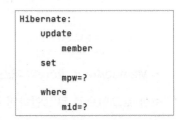

API 서버와
JWT

최근 웹 개발 방식의 가장 큰 변화는 서버와 클라이언트 개발의 분리에서 시작 합니다. 기존과 달리 서버는 클라우드 환경에서 필요한 데이터만 제공하고, 클 라이언트는 브라우저나 앱과 같이 다양하게 구현되는 방식입니다. 브라우저는 리액트나 Vue.js와 같은 자바스크립트 라이브러리를 이용하고, Ajax를 이용해 서 REST 방식으로 API를 호출하고 결과를 받아서 처리하게 됩니다. 이를 위해 서는 기존 방식과 다른 접근이 필요하게 되는데 예제를 통해서 이러한 구조와 흐름을 알아보도록 합니다.

JWT 인증

화면 없이 Ajax와 JSON을 이용해서 데이터를 주고받는 구조에서는 HttpSession이나 쿠키를 이용하는 기존의 인증 방식에 제한받게 됩니다. 이를 해결하기 위해서 인증받은 사용자들은 특정한 문자열(토큰)을 이용하게 되는데 이때 많이 사용하는 것이 JWT(JSON Web Token)입니다.

이 절부터는 API 서버를 구성하기 위해 별도의 프로젝트를 만들고 스프링 시큐리티로 이를 처리해 보도록 합니다.

API 서버

API 서버는 쉽게 말해서 '필요한 데이터만 제공하는 서버'를 의미합니다. API 서버는 화면을 제공하는 것이 아니라 필요한 데이터를 호출하고 결과를 반환 받는 방식으로 동작합니다. 따라서 API 서버에서 가장 먼저 눈에 띄는 특징은 '화면을 제공하지 않는다'가 됩니다.

브라우저에 필요한 화면의 모든 코드(HTML)를 서버에서 만들어 전송하는 방식을 '서버 사이드 렌더링(Server Side Rendering 이하 SSR)'이라고 하는데 JSP와 Thymeleaf가 이에 해당합니다.

API 서버는 화면 구성은 별도의 클라이언트 프로그램에서 처리하고 서버에서는 순수한 데이터만을 전송하게 됩니다. 이러한 구성을 '클라이언트 사이드 렌더링(Client Side Rendering 이하 CSR)'이라고 합니다.

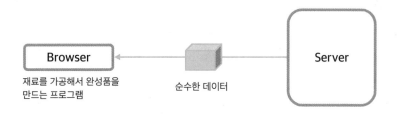

CSR 방식은 클라이언트에서 데이터를 가공해서 화면에 보여주기 때문에 데이터를 어떻게 구성해서 주고받을 것인지가 중요한데, 주로 JSON/XML 포맷으로 데이터를 구성하고 호출 방식은 REST 방식을 이용하는 경우가 많습니다.

API 서버는 화면을 구성하지 않는다는 특징 외에도 '무상태(stateless)'라는 특징도 있습니다. 이것은 사실 API 서버의 특징이라기보다는 REST나 HTTP의 특징이지만 개발에 약간의 차이가 있기 때문에 주의가 필요합니다.

전통적인 SSR 방식의 서비스는 쿠키와 세션을 이용해서 서버에서 사용자 정보를 추적할 수 있었습니다. 쿠키의 경우 쿠키를 발행한 서버를 호출할 때에만 전달되는 방식이고, 세션의 경우 서버 내부에서 JSESSIONID와 같은 이름의 쿠키를 통해서 사용자 정보를 보관하고 처리할 수가 있습니다.

반면 API 서버는 쿠키를 이용해서 데이터를 교환하는 방식이 아닙니다. API 서버는 단순히 '요청(request)'과 '응답(response)'에서 발생한 부수적인 결과를 유지하지 않습니다. 예를 들어 API 서버는 JSESSIONID 이름의 쿠키를 발행하거나 개발자가 직접 쿠키를 생성하지는 않습니다. API 서버는 순수하게 데이터를 요청하고 응답받는 방식으로 구성됩니다.

토큰 기반의 인증

API 서버가 단순히 데이터만을 주고받을 때 외부에서 누구나 호출하는 URI를 알게 되면 문제가 생기게 됩니다. 당연히 API 서버에는 다양한 방법으로 특정한 사용자나 프로그램에서만 API 서버를 호출할 수 있도록 제한하는 방법이 필요합니다.

초창기 API 서버는 주로 API를 호출하는 프로그램의 IP 주소를 이용했습니다. API 서버를 호출하는 쪽의 IP와 API 서버 내에 보관된 IP를 비교해서 허용된 IP에서만 API 서버에서 결과를 만들어주는 방식입니다. IP와 더불어서 정해진 키(key) 값을 같이 사용하는 것이 일반적인 형태입니다.

예제에서 사용할 방식은 토큰(token)을 이용하는 방식입니다. 토큰은 일종의 '표식'과 같은 역할을 하는 데이터입니다. 현실적으로 토큰은 서버와 클라이언트가 주고받는 '문자열'에 불과한데 API 서버를 이용하고자 하는 사람들은 API 서버에서 토큰을 받아 보관하고 호출할 때 자신이 가지고 있는 토큰을 같이 전달해서 API 서버에서 이를 확인하는 방식입니다. 이런 방식은 실생활에서 흔히 사용되는 입장권(ticket)과 유사한 개념입니다. API 서버에서는 입장권을 발행해 주고 클라이언트는 입장권을 가지고 방문하게 하는 원리입니다.

• Access Token / Refresh Token의 의미

입장권에 해당하는 토큰(token)을 API 서버에서는 'Access Token'이라고 합니다. Access Token은 말 그대로 '특정한 자원에 접근할 권한이 있는지를 검사'하기 위한 용도입니다. Access Token은 입장권과 같기 때문에 외부에서 API 서버를 호출할 때 Access Token을 함께 전달하면 이를 이용해서 검증하고 그 결과에 따라서 요청을 처리합니다.

만일 Access Token을 악의적인 사용자에게 탈취당한다면 문제가 발생합니다. 따라서 Access Token을 이용할 때는 최대한 유효 시간을 짧게 지정하고 사용자에게는 Access Token을 새로 발급받을 수 있는 Refresh Token이라는 것을 같이 생성해 주어서 필요할 때 다시 Access Token을 발급 받을 수 있도록 구성합니다(Refresh Token이 반드시 필수라고 할 수는 없습니다. 다시 Access Token을 발급 받기만 한다면 다른 방법도 고려할 수 있습니다).

Access Token, Refresh Token을 이용하는 정상적인 시나리오는 다음과 같습니다.

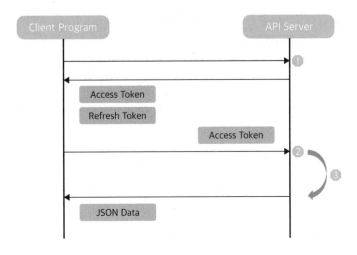

① 사용자는 API 서버로부터 Access Token과 Refresh Token을 받습니다. 예를 들어 Access Token의 유효 기간은 1일, Refresh Token의 유효 기간은 10일이라고 가정합니다.

② 사용자가 특정한 작업을 하기 위해서 Access Token을 전달합니다.

③ 서버는 우선 Access Token을 검사하고 해당 토큰이 유효한지 확인해서 작업을 처리합니다. 예를 들어 Access Token을 발행 받은 당일이라면 문제없이 작업이 처리될 수 있습니다.

토큰(token) 방식에서 걸림돌이 되는 것은 실제로는 단순한 문자열인 토큰의 보안 문제입니다. 누군가 토큰을 탈취해서 서버에 요청하게 된다면 서버에서 정상적인 사용자로 간주하기 때문입니다. 따라서 Access Token을 작성할 때는 기본적으로 암호화나 인코딩 처리가 필요하고 Access Token 내부에 유효 시간을 지정해서 짧은 시간 동안만 토큰을 사용할 수 있도록 처리해야 합니다.

Access Token이 만료되는 상황을 생각해 봅니다.

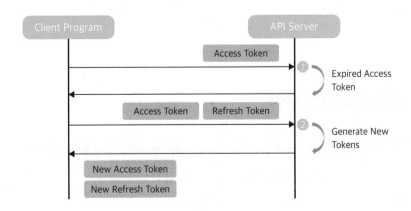

❶ 사용자가 Access Token을 전달합니다. API 서버에서는 Access Token을 검증하는데 이 과정에서 '만료된(expired)' 토큰임을 확인하고 사용자에게 만료된 토큰임을 알려줍니다.

❷ 사용자는 자신이 가지고 있는 Refresh Token을 전송해서 새로운 Access Token을 요구합니다. API 서버에서는 Refresh Token에 문제가 없다면 새로운 Access Token을 생성해서 전달합니다. 이 과정에서 Refresh Token이 거의 만료된 상황이라면 새로운 Refresh Token을 같이 전송할 수도 있습니다.

토큰을 이용하는 방식은 네트워크로 데이터를 주고받기 때문에 항상 보안 문제가 있습니다. Access Token과 마찬가지로 Refresh Token 역시 탈취될 때는 문제가 될 수 있습니다. 만일 Access Token과 Refresh Token 모두를 탈취당하면 API 서버에서는 사용자를 구분할 수 없는 문제가 생깁니다(이를 해결하기 위해 비밀키를 지정할 수도 있겠지만, 비밀키가 탈취당하면 같은 문제가 발생하므로 근본적인 해결책은 아닙니다). 그나마 현실적인 해결책은 Refresh Token으로 새로운 Access Token이 생성되는 것을 원래의 사용자가 알 수 있도록 하는 것입니다.

 예를 들어 구글이나 네이버 로그인을 평소와 다른 장소에서 하면 본인 스스로 한 것이 맞는지 확인하는 메일이나 핸드폰 알림 등이 발송되는 것을 본 적이 있을 것입니다. Access Token과 Refresh Token 역시 이처럼 원래의 사용자에게 활동 여부를 알려주거나 특정한 IP에서만 사용할 수 있도록 하는 방법 등을 사용해서 조금 더 안전하게 만들 수 있습니다.

Refresh Token은 유효 시간을 조금 길게 주는데 Access Token이 짧을수록 Refresh Token이 자주 사용되게 됩니다. 하지만 Refresh Token에도 유효 시간이 있으므로 오랜 시간 동안 사용하지 않는다면 언젠가는 만료됩니다. 따라서 새로운 Access Token을 생성할 때 Refresh Token의 유효 시간이 얼마 남지 않았다면 Refresh Token도 같이 생성해서 전달하는 방식이 많이 사용됩니다.

인증을 위한 프로젝트 구성

예제 프로젝트를 작성하기 전에 앞에서 설명한 구조를 어떻게 구현할 것인지 간단히 살펴보도록 합니다. 기존 프로젝트와 달라지는 점들은 다음과 같습니다.

- 스프링 시큐리티의 필터를 이용해서 토큰들을 검사 – 서블릿의 필터(Filter)와 유사하지만 스프링의 빈들을 사용할 수 있다는 장점이 있습니다.

- 화면 구성이 필요하지 않으므로 Thymeleaf를 사용하지 않음

- 자동으로 세션/쿠키를 생성하지 않음(무상태로 처리)

- JWT 문자열을 생성해서 토큰으로 사용

예제 프로젝트 생성

예제 프로젝트에서 구현해야 하는 내용은 크게 다음과 같습니다.

- Access Token과 Refresh Token의 생성 처리

- Access Token이 만료되었을 때의 처리

- Refresh Token의 검사와 만료가 얼마 남지 않은 Refresh Token의 갱신, 새로운 Access Token의 생성

새롭게 생성하는 프로젝트의 이름은 'api01'로 지정하고 Gradle을 이용하도록 구성합니다. 새로운 프로젝트를 구성할 때 Thymeleaf는 필요하지 않으므로 제외하고 프로젝트를 구성합니다.

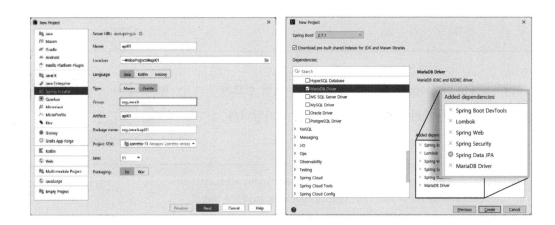

생성된 프로젝트가 실행 중에 자동 갱신될 수 있도록 설정하고 데이터베이스를 지정 합니다.

 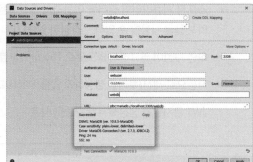

build.gradle의 dependencies에는 Swagger-UI와 Model-
Mapper 라이브러리를 추가하고 테스트 환경에 Lombok을
활성하하는 설정도 추가합니다.

```
dependencies {
    ...생략...

    testCompileOnly 'org.projectlombok:lombok'
    testAnnotationProcessor 'org.projectlombok:lombok'

    implementation 'org.modelmapper:modelmapper:3.1.0'

    implementation 'io.springfox:springfox-boot-starter:3.0.0'
    implementation 'io.springfox:springfox-swagger-ui:3.0.0'

}
```

application.properties에는 데이터베이스 관련 정보와
Spring Data JPA관련 설정, 로그 설정 등을 추가합니다.

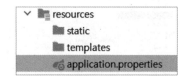

```
spring.datasource.driver-class-name=org.mariadb.jdbc.Driver
spring.datasource.url=jdbc:mariadb://localhost:3306/webdb
spring.datasource.username=webuser
spring.datasource.password=webuser


spring.jpa.hibernate.ddl-auto=update
spring.jpa.properties.hibernate.format_sql=true
```

```
spring.jpa.show-sql=true


logging.level.org.springframework=info
logging.level.org.zercok=debug
logging.level.org.springframework.security=debug
```

- **ModelMapper/Swagger UI/Security 설정**

프로젝트에서는 이전 예제에서 다루었던 여러 설정이
필요하므로 config 패키지를 추가해서 필요한 설정 클래
스들을 작성하도록 합니다.

추가하려는 클래스는 이전 예제에서 다루었던 Custom-
SecurityConfig, RootConfig, CustomServletConfig,
SwaggerConfig 입니다(기존 코드를 추가하기 때문에
CustomSecurityConfig 클래스는 에러가 발생하게 됩
니다).

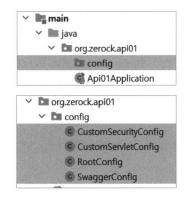

CustomSecurityConfig 클래스에서는 ①CSRF 토큰의 비활성화와 ②세션을 사용하지 않
을 것을 지정합니다.

```
package org.zerock.api01.config;

import lombok.RequiredArgsConstructor;
import lombok.extern.log4j.Log4j2;
import org.springframework.boot.autoconfigure.security.servlet.PathRequest;
import org.springframework.context.annotation.Bean;
import org.springframework.context.annotation.Configuration;
import org.springframework.security.config.annotation.method.configuration.
                                               EnableGlobalMethodSecurity;
import org.springframework.security.config.annotation.web.builders.HttpSecurity;
import org.springframework.security.config.annotation.web.configuration.
                                               EnableWebSecurity;
import org.springframework.security.config.annotation.web.configuration.
                                               WebSecurityCustomizer;
import org.springframework.security.config.http.SessionCreationPolicy;
import org.springframework.security.crypto.bcrypt.BCryptPasswordEncoder;
import org.springframework.security.crypto.password.PasswordEncoder;
```

```
import org.springframework.security.web.SecurityFilterChain;


@Configuration
@Log4j2
@EnableWebSecurity
@EnableGlobalMethodSecurity(prePostEnabled = true)
@RequiredArgsConstructor
public class CustomSecurityConfig {

    @Bean
    public PasswordEncoder passwordEncoder() {
        return new BCryptPasswordEncoder();
    }

    @Bean
    public WebSecurityCustomizer webSecurityCustomizer() {

        log.info("------------web configure-------------------");

        return (web) -> web.ignoring()
                .requestMatchers(
                        PathRequest.toStaticResources().atCommonLocations());

    }

    @Bean
    public SecurityFilterChain filterChain(final HttpSecurity http) throws
                                                                Exception {

        log.info("------------configure-------------------");

        http.csrf().disable();   ←——— ①CSRF 토큰의 비활성화
        http.sessionManagement().sessionCreationPolicy(SessionCreationPolicy.
                                         STATELESS);  ←——— ②세션을 사용하지 않음

        return http.build();

    }

}
```

RootConfig에는 ModelMapper 설정만을 추가합니다.

```
package org.zerock.api01.config;


import lombok.extern.log4j.Log4j2;
import org.modelmapper.ModelMapper;
import org.modelmapper.convention.MatchingStrategies;
import org.springframework.context.annotation.Bean;
import org.springframework.context.annotation.Configuration;

@Configuration
@Log4j2
public class RootConfig {

    @Bean
    public ModelMapper getMapper() {

        ModelMapper modelMapper = new ModelMapper();
        modelMapper.getConfiguration()
                .setFieldMatchingEnabled(true)
                .setFieldAccessLevel(org.modelmapper.config.Configuration.
                                                        AccessLevel.PRIVATE)
                .setMatchingStrategy(MatchingStrategies.LOOSE);

        return modelMapper;
    }
}
```

CustomServletConfig에 별다른 내용은 없지만 나중에 파라미터 타입의 변환을 추가할 수 있도록 클래스를 생성합니다(작성하는 프로젝트의 실행은 이 단계까지 설정되어야 에러가 발생하지 않습니다).

```
package org.zerock.api01.config;

import org.springframework.context.annotation.Configuration;
import org.springframework.web.servlet.config.annotation.EnableWebMvc;
import org.springframework.web.servlet.config.annotation.WebMvcConfigurer;

@Configuration
@EnableWebMvc
public class CustomServletConfig implements WebMvcConfigurer {
}
```

SwaggerConfig는 @RestController 어노테이션이 있는 컨트롤러들에 대해서 API 문서를
생성하도록 작성합니다.

```java
package org.zerock.api01.config;

import org.springframework.context.annotation.Bean;
import org.springframework.context.annotation.Configuration;
import org.springframework.web.bind.annotation.RestController;
import springfox.documentation.builders.ApiInfoBuilder;
import springfox.documentation.builders.PathSelectors;
import springfox.documentation.builders.RequestHandlerSelectors;
import springfox.documentation.service.ApiInfo;
import springfox.documentation.spi.DocumentationType;
import springfox.documentation.spring.web.plugins.Docket;

@Configuration
public class SwaggerConfig{

    @Bean
    public Docket api() {
        return new Docket(DocumentationType.OAS_30)
                .useDefaultResponseMessages(false)
                .select()
                .apis(RequestHandlerSelectors.withClassAnnotation(RestController.
                                                                  class))
                .paths(PathSelectors.any())
                .build()
                .apiInfo(apiInfo());

    }

    private ApiInfo apiInfo() {
        return new ApiInfoBuilder()
                .title("Boot API 01 Project Swagger")
                .build();
    }

}
```

· **Swagger UI 설정 확인**

추가된 설정들이 문제없이 동작하는지 확인하기 위해서 간단한 컨트롤러를 구성하고 이를
확인합니다.

프로젝트에 controller 패키지를 작성하고 Sample-
Controller를 추가합니다.

SampleController는 단순하게 문자열의 배열을 반환
하는 기능을 다음과 같이 작성합니다.

```
package org.zerock.api01.controller;


import io.swagger.annotations.ApiOperation;
import org.springframework.web.bind.annotation.GetMapping;
import org.springframework.web.bind.annotation.RequestMapping;
import org.springframework.web.bind.annotation.RestController;

import java.util.Arrays;
import java.util.List;

@RestController
@RequestMapping("/api/sample")
public class SampleController {

    @ApiOperation("Sample GET doA")
    @GetMapping("/doA")
    public List<String> doA() {
        return Arrays.asList("AAA","BBB","CCC");
    }
}
```

SampleController의 doA( )는 '/api/sample/doA' 경로로 호출이 가능하므로 프로젝트를
실행해서 이를 확인하고 '/swagger-ui/index.html'에서 Swagger UI가 동작하는지 확인합
니다.

· Ajax 호출 확인

REST 방식으로 동작하게될 예제 프로젝트는 별도의 클라이언트에서 API를 호출해서 사용하기 때문에 별도의 서버를 구성하고 Ajax를 이용해서 서버를 호출하는 것이 일반적입니다. 다만 현재 예제에서는 별도의 서버를 구성하는 일을 최소화하고자 프로젝트에 html 파일을 생성하고 이를 이용해서 API 서버를 사용하도록 구성해 봅니다. 별도의 서버에서 API 서버를 호출하는 작업은 조금 더 뒤쪽에서 다루도록 합니다.

프로젝트의 static 폴더에 sample.html 파일을 생성합니다.

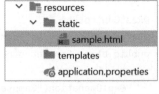

```html
<!DOCTYPE html>
<html lang="en">
<head>
    <meta charset="UTF-8">
    <title>Title</title>
</head>
<body>
<h1>Sample Client</h1>
<script src="https://unpkg.com/axios/dist/axios.min.js"></script>
<script>
  //나중에 Ajax호출
</script>
</body>
</html>
```

프로젝트를 실행하고 예전처럼 '/sample.html'을 호출하면 정상적으로 처리되지 못한 에러 화면을 보게 됩니다. 에러의 원인은 Thymeleaf가 없는 환경에서 스프링 MVC의 모든 경로를 스프링에서 처리하려고 시도하기 때문입니다.

예제를 이전과 달리 중간에 '/files/'로 시작하는 경로는 스프링 MVC에서 일반 파일 경로로 처리하도록 지정해서 사용하도록 구성해 봅니다.

config 패키지의 CustomServletConfig 클래스를 다음과 같이 수정합니다.

```java
package org.zerock.api01.config;

import org.springframework.context.annotation.Configuration;
import org.springframework.web.servlet.config.annotation.EnableWebMvc;
import org.springframework.web.servlet.config.annotation.ResourceHandlerRegistry;
import org.springframework.web.servlet.config.annotation.WebMvcConfigurer;

@Configuration
@EnableWebMvc
public class CustomServletConfig implements WebMvcConfigurer {

    @Override
    public void addResourceHandlers(ResourceHandlerRegistry registry) {
        registry
                .addResourceHandler("/files/**")
                .addResourceLocations("classpath:/static/");
    }

}
```

브라우저에는 'files' 경로가 추가된 '/files/sample.html'을 호출했을 때 정상적인 결과를 확인할 수 있습니다.

sample.html에서는 Axios를 이용해서 작성되어 있는 'http://localhost:8080/api/sample/doA'를 호출해 봅니다.

```html
<script src="https://unpkg.com/axios/dist/axios.min.js"></script>
<script>

    async function callTest(){
        const response = await axios.get("http://localhost:8080/api/sample/doA")
        return response.data
    }

    callTest()
        .then(data => console.log(data))
        .catch(e => console.log(e));


</script>
```

호출 결과는 다음과 같이 console.log( )를 이용해서 브라우저에 출력한 것을 확인합니다.

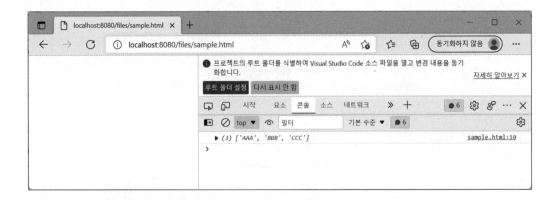

API 사용자 처리

Ajax를 이용해서 API 서버를 호출하는 처리에 문제가 없고 @RestController의 동작을 확인했다면 API 서버를 통해서 토큰들을 얻을 수 있는 사용자들에 대한 처리를 진행합니다. 이 부분은 이전 예제에서 로그인 처리가 된 사용자를 그대로 이용할 수 있겠지만 현재 예제에서는 사용자들을 직접 생성해서 처리하도록 합니다.

추가하려는 사용자는 스프링 시큐리티를 통해서 처리되는 것이 아니기 때문에 간단히 아이디와 패스워드를 이용해서 토큰 생성을 요청한다고 가정하고 예제를 작성하도록 합니다.

API 사용자는 별도의 domain 패키지를 구성해서 엔티티 클래스를 추가하고 Repository와 서비스 계층을 구성합니다. API 사용자는 APIUser라는 이름으로 클래스를 생성합니다.

```
package org.zerock.api01.domain;

import lombok.*;

import javax.persistence.Entity;
import javax.persistence.Id;

@Entity
@Getter
@Builder
@AllArgsConstructor
@NoArgsConstructor
@ToString
public class APIUser {

    @Id
    private String mid;
    private String mpw;

    public void changePw(String mpw){
        this.mpw = mpw;
    }
}
```

APIUser는 일반 웹 서비스와 달리 Access Key를 발급받을 때 자신의 mid와 mpw를 이용

하므로 다른 정보들 없이 구성하였습니다(스프링 시큐리티에서 사용하는 권한으로 예제에서
는 'ROLE_USER'를 추가해서 사용할 것입니다).

repository 패키지를 생성하고 APIUserRepository 인터
페이스를 추가합니다.

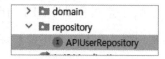

```
package org.zerock.api01.repository;

import org.springframework.data.jpa.repository.JpaRepository;
import org.zerock.api01.domain.APIUser;

public interface APIUserRepository extends JpaRepository<APIUser, String> {
}
```

· APIUser 데이터 생성과 확인

APIUser를 이용하기 위해서 테스트 코드로 여러 명의 API 사용자를 미리 생성해 두도록
합니다.

test 폴더에 repository 패키지와 APIUserRepository-
Tests 클래스를 추가합니다.

작성된 테스트 클래스에는 PasswordEncoder와 APIUs-
erRepository를 @Autowired로 주입합니다.

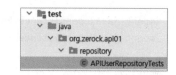

```
package org.zerock.api01.repository;

import lombok.extern.log4j.Log4j2;
import org.junit.jupiter.api.Test;
import org.springframework.beans.factory.annotation.Autowired;
import org.springframework.boot.test.context.SpringBootTest;
import org.springframework.security.crypto.password.PasswordEncoder;
import org.zerock.api01.domain.APIUser;

import java.util.stream.IntStream;

@SpringBootTest
@Log4j2
public class APIUserRepositoryTests {
```

```
    @Autowired
    private PasswordEncoder passwordEncoder;

    @Autowired
    private APIUserRepository apiUserRepository;

    @Test
    public void testInserts() {
        IntStream.rangeClosed(1,100).forEach(i -> {
            APIUser apiUser = APIUser.builder()
                    .mid("apiuser"+i)
                    .mpw( passwordEncoder.encode("1111") )
                    .build();

            apiUserRepository.save(apiUser);
        });
    }
}
```

testInserts( )를 실행해서 데이터베이스에 insert 합니다. 'apiuser..'로 100개의 데이터가 생성되는 것을 확인합니다.

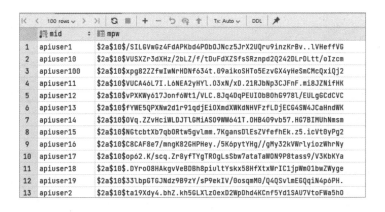

• 스프링 시큐리티의 UserDetailsService와 DTO

사용자들의 인증 자체는 스프링 시큐리티의 기능을 그대로 활용하도록 구성해 봅니다. 프로젝트에 security 패키지를 추가하고 스프링 시큐리티의 UserDetailsService 인터페이스를 구현하는 APIUserDetailsService 클래스를 추가합니다.

```
package org.zerock.api01.security;

import lombok.RequiredArgsConstructor;
import lombok.extern.log4j.Log4j2;
import org.springframework.security.core.userdetails.UserDetails;
import org.springframework.security.core.userdetails.UserDetailsService;
import org.springframework.security.core.userdetails.UsernameNotFoundException;
import org.springframework.stereotype.Service;
import org.zerock.api01.repository.APIUserRepository;

@Service
@Log4j2
@RequiredArgsConstructor
public class APIUserDetailsService implements UserDetailsService {

    //주입
    private final APIUserRepository apiUserRepository;

    @Override
    public UserDetails loadUserByUsername(String username) throws
UsernameNotFoundException {
        return null;
    }
}
```

loadUserByUsername( )의 결과를 처리하기 위해서 dto 패키
지와 APIUserDTO 클래스를 추가합니다. APIUserDTO 클래
스는 스프링 시큐리티의 User 클래스를 상속해서 구성합니다.

```
package org.zerock.api01.dto;
import lombok.Data;
import lombok.Getter;
import lombok.Setter;
import lombok.ToString;
import org.springframework.security.core.GrantedAuthority;
import org.springframework.security.core.userdetails.User;

import java.util.Collection;



@Getter
@Setter
@ToString
```

```
public class APIUserDTO extends User {

    private String mid;
    private String mpw;

    public APIUserDTO(String username, String password,
                                    Collection<GrantedAuthority> authorities) {
        super(username, password, authorities);
        this.mid = username;
        this.mpw = password;
    }
}
```

APIUserDetailsService의 loadUserByUsername( ) 내부에는 해당 사용자가 존재할 때 APIUserDTO를 반환하도록 코드를 완성합니다(이 과정에서 모든 사용자는 'ROLE_USER' 권한을 가지도록 구성합니다).

```
@Override
public UserDetails loadUserByUsername(String username) throws
UsernameNotFoundException {

    Optional<APIUser> result = apiUserRepository.findById(username);

    APIUser apiUser = result.orElseThrow(() -> new UsernameNotFoundException("Cann
ot find mid"));

    log.info("APIUserDetailsService apiUser----------------------------------");

    APIUserDTO dto =  new APIUserDTO(
            apiUser.getMid(),
            apiUser.getMpw(),
            List.of(new SimpleGrantedAuthority("ROLE_USER")));

    log.info(dto);

    return dto;
}
```

토큰 인증을 위한 시큐리티 필터

스프링 시큐리티는 수많은 필터로 구성되어 있고, 이를 이용해서 컨트롤러에 도달하기 전에 필요한 인증 처리를 진행할 수 있습니다. 예제에서는 다음과 같은 기능 구현에 필터를 이용하도록 합니다.

- 사용자가 자신의 아이디(mid)와 패스워드(mpw)를 이용해서 Access Token과 Refresh Token을 얻으려는 단계를 구현
- 사용자가 Access Token을 이용해서 컨트롤러를 호출하고자 할 때 인증과 권한을 체크하는 기능을 구현

인증과 JWT 발행 처리

사용자의 아이디(mid)와 패스워드(mpw)를 이용해서 JWT 문자열을 발행하는 기능은 컨트롤러를 이용할 수도 있지만 스프링 시큐리티의 AbstractAuthenticationProcessingFilter 클래스를 이용하면 좀 더 완전한 분리가 가능합니다.

예제에서는 APILoginFilter라는 필터를 이용해서 인증 단계를 처리하고 인증에 성공했을 때는 Access Token과 Refress Token을 전송하도록 구성해 봅니다.

security 패키지에 filter 패키지를 추가하고 AbstractAuthenticationProcessingFilter 클래스를 상속받는 APILoginFilter를 작성합니다. APILoginFilter는 부모 클래스 Abstract-AuthenticationProcessingFilter의 영향으로 생성자와 추상 메소드를 오버라이드 해주어야만 합니다(설정을 위해서 생성자는 public으로 변경해 두도록 합니다).

```
package org.zerock.api01.security.filter;

import lombok.extern.log4j.Log4j2;
import org.springframework.security.core.Authentication;
import org.springframework.security.core.AuthenticationException;
import org.springframework.security.web.authentication.AbstractAuthenticationProce
ssingFilter;

import javax.servlet.ServletException;
import javax.servlet.http.HttpServletRequest;
import javax.servlet.http.HttpServletResponse;
import java.io.IOException;

@Log4j2
public class APILoginFilter extends AbstractAuthenticationProcessingFilter {

    public APILoginFilter(String defaultFilterProcessesUrl) {
        super(defaultFilterProcessesUrl);
    }

    @Override
    public Authentication attemptAuthentication(HttpServletRequest request,
                    HttpServletResponse response) throws AuthenticationException,
                                        IOException, ServletException {

        log.info("APILoginFilter-----------------------------------");

        return null;
    }
}
```

· **AbstractAuthenticationProcessingFilter 설정**

AbstractAuthenticationProcessingFilter는 로그인 처리를 담당하기 때문에 다른 필터들과 달리 로그인을 처리하는 경로에 대한 설정과 실제 인증 처리를 담당하는 Authentication-Manager 객체의 설정이 필수로 필요합니다. 이에 대한 설정  은 CustomSecurityConfig를 이용해서 처리합니다.

CustomSecurityConfig에는 APIUserDetailsService를 주입하도록 설정합니다. 이를 이용해서 AuthenticationManager를 생성하고 APILoginFilter를 설정합니다.

```
package org.zerock.api01.config;

import lombok.RequiredArgsConstructor;
import lombok.extern.log4j.Log4j2;
import org.springframework.boot.autoconfigure.security.servlet.PathRequest;
import org.springframework.context.annotation.Bean;
import org.springframework.context.annotation.Configuration;
import org.springframework.security.authentication.AuthenticationManager;
import org.springframework.security.config.annotation.authentication.builders.
                                                  AuthenticationManagerBuilder;
import org.springframework.security.config.annotation.method.configuration.
                                                  EnableGlobalMethodSecurity;
import org.springframework.security.config.annotation.web.builders.HttpSecurity;
import org.springframework.security.config.annotation.web.configuration.
                                                  EnableWebSecurity;
import org.springframework.security.config.annotation.web.configuration.
                                                  WebSecurityCustomizer;
import org.springframework.security.config.http.SessionCreationPolicy;
import org.springframework.security.crypto.bcrypt.BCryptPasswordEncoder;
import org.springframework.security.crypto.password.PasswordEncoder;
import org.springframework.security.web.SecurityFilterChain;
import org.springframework.security.web.authentication.UsernamePasswordAuthenticat
ionFilter;
import org.zerock.api01.security.APIUserDetailsService;
import org.zerock.api01.security.filter.APILoginFilter;


@Configuration
@Log4j2
@EnableWebSecurity
@EnableGlobalMethodSecurity(prePostEnabled = true)
@RequiredArgsConstructor
public class CustomSecurityConfig {

    //주입
    private final APIUserDetailsService apiUserDetailsService;

    @Bean
    public PasswordEncoder passwordEncoder() {
        return new BCryptPasswordEncoder();
    }

    @Bean
    public WebSecurityCustomizer webSecurityCustomizer() {

        log.info("------------web configure-------------------");
```

```
        return (web) -> web.ignoring()
                .requestMatchers(
                        PathRequest.toStaticResources().atCommonLocations());

    }

    @Bean
    public SecurityFilterChain filterChain(final HttpSecurity http) throws
                                                                    Exception {

        // AuthenticationManager설정
        AuthenticationManagerBuilder authenticationManagerBuilder =
                http.getSharedObject(AuthenticationManagerBuilder.class);

        authenticationManagerBuilder
                .userDetailsService(apiUserDetailsService)
                .passwordEncoder(passwordEncoder());

        // Get AuthenticationManager
        AuthenticationManager authenticationManager =
                authenticationManagerBuilder.build();

        // 반드시 필요
        http.authenticationManager(authenticationManager);

        // APILoginFilter
        APILoginFilter apiLoginFilter = new APILoginFilter("/generateToken");
        apiLoginFilter.setAuthenticationManager(authenticationManager);

        // APILoginFilter의 위치 조정
        http.addFilterBefore(apiLoginFilter, UsernamePasswordAuthenticationFilter.
                                                                        class);

        http.csrf().disable();

        http.sessionManagement()
                .sessionCreationPolicy(SessionCreationPolicy.STATELESS);

        return http.build();

    }

}
```

앞의 코드에서 APILoginFilter는 '/generateToken'이라는 경로로 지정되었고, 스프링 시큐리티에서 username과 password를 처리하는 UsernamePasswordAuthenticationFilter의 앞쪽으로 동작하도록 설정되었습니다.

프로젝트를 실행하고 브라우저를 '/generateToken' 경로를 호출하면 APILoginFilter가 실행되는 것을 확인할 수 있습니다.

```
o.s.security.web.FilterChainProxy              : Securing GET /generateToken
s.s.w.c.SecurityContextPersistenceFilter : Set SecurityContextHolder to empty SecurityContext
o.z.a.security.filter.APILoginFilter          : APILoginFilter----------------------------------|
s.s.w.c.SecurityContextPersistenceFilter : Cleared SecurityContextHolder to complete request
o.s.web.servlet.PageNotFound                  : No mapping for GET /favicon.ico
```

APILoginFilter의 JSON 처리

APILoginFilter는 사용자의 아이디(mid)와 패스워드(mpw)를 이용해서 JWT 문자열을 생성하는 기능을 수행하기 위해서 사용자가 전달하는 mid, mpw 값을 알아낼 수 있어야만 합니다. API 서버는 POST 방식으로 JSON 문자열을 이용하는 것이 일반적이므로 이를 APILoginFilter에 반영하도록 합니다.

· 인증 정보 JSON 문자열 처리

JWT 문자열들을 얻기 위해서 전송되는 mid, mpw는 JSON 문자열로 전송되므로 HttpServletRequest로 처리하려면 JSON 처리를 쉽게 할 수 있는 라이브러리를 활용하도록 합니다.

build.gradle 파일에 Gson 라이브러리를 추가합니다.

```
dependencies {
    ...

    implementation 'com.google.code.gson:gson:2.8.9'

}
```

APILoginFilter는 POST 방식으로 요청이 들어올 때 JSON 문자열을 처리하는 parseRequestJSON( ) 메소드를 구성하고 mid와 mpw를 확인할 수 있도록 합니다.

```java
package org.zerock.api01.security.filter;

import com.google.gson.Gson;
import lombok.extern.log4j.Log4j2;
import org.springframework.security.core.Authentication;
import org.springframework.security.core.AuthenticationException;
import org.springframework.security.web.authentication.AbstractAuthenticationProcessingFilter;

import javax.servlet.ServletException;
import javax.servlet.http.HttpServletRequest;
import javax.servlet.http.HttpServletResponse;
import java.io.IOException;
import java.io.InputStreamReader;
import java.io.Reader;
import java.util.Map;

@Log4j2
public class APILoginFilter extends AbstractAuthenticationProcessingFilter {

    public APILoginFilter(String defaultFilterProcessesUrl) {
        super(defaultFilterProcessesUrl);
    }

    @Override
    public Authentication attemptAuthentication(HttpServletRequest request,
        HttpServletResponse response) throws AuthenticationException, IOException,
                                                            ServletException {

        log.info("APILoginFilter----------------------------------");

        if(request.getMethod().equalsIgnoreCase("GET")){
            log.info("GET METHOD NOT SUPPORT");
            return null;
        }

        Map<String, String> jsonData = parseRequestJSON(request);

        log.info(jsonData);
```

```
            return null;
    }


    private Map<String,String> parseRequestJSON(HttpServletRequest request) {

        //JSON 데이터를 분석해서 mid, mpw 전달 값을 Map으로 처리
        try(Reader reader = new InputStreamReader(request.getInputStream())){

            Gson gson = new Gson();

            return gson.fromJson(reader, Map.class);

        }catch(Exception e){
            log.error(e.getMessage());
        }
        return null;
    }
}
```

변경된 APILoginFilter는 POST 방식으로 동작해야 전송된
JSON 데이터를 처리하므로 static 폴더에 apiLogin.html 파일
을 다음과 같이 추가합니다.

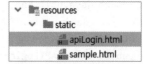

```
<!DOCTYPE html>
<html lang="en">
<head>
    <meta charset="UTF-8">
    <title>Title</title>
</head>
<body>

<button class="btn1">generateToken</button>

<script src="https://unpkg.com/axios/dist/axios.min.js"></script>
<script>

    document.querySelector(".btn1").addEventListener("click",()=> {

        const data = {mid:"apiuser10", mpw:"1111"}

        axios.post("http://localhost:8080/generateToken", data)
```

```
    }, false)
</script>

</body>
</html>
```

apiLogin.html은 화면상의 [generateToken] 버튼을 클릭하면 Axios를 이용해서 POST 방식으로 '/generateToken'을 호출하고 이때 JSON 문자열을 전송하게 됩니다. 서버에는 다음과 같이 전송된 JSON을 파싱해서 mid와 mpw 값을 알아낼 수 있습니다.

```
o.z.a.security.filter.APILoginFilter     : APILoginFilter----------------------------------
o.z.a.security.filter.APILoginFilter     : {mid=apiuser10, mpw=1111}
```

Map으로 처리된 mid, mpw를 이용해서 로그인을 처리하는 부분은 UsernamePassword-AuthenticationToken 인증 정보를 만들어서 다음 필터(UsernamePasswordAuthenticationFilter)에서 하도록 구성합니다.

```java
@Override
public Authentication attemptAuthentication(HttpServletRequest request,
HttpServletResponse response) throws AuthenticationException, IOException,
ServletException {

    log.info("APILoginFilter------------------------------------");

    if(request.getMethod().equalsIgnoreCase("GET")){
        log.info("GET METHOD NOT SUPPORT");
        return null;
    }

    Map<String, String> jsonData = parseRequestJSON(request);

    log.info(jsonData);

    UsernamePasswordAuthenticationToken authenticationToken
            = new UsernamePasswordAuthenticationToken(
            jsonData.get("mid"),
            jsonData.get("mpw"));

    return getAuthenticationManager().authenticate(authenticationToken);
}
```

정상적인 mid와 mpw 값이 전달되면 다음과 같이 SQL이 실행되고 APIUserDetailsSer-vice를 이용한 인증 처리가 되는 것을 확인할 수 있습니다.

```
Hibernate:
    select
        apiuser0_.mid as mid1_0_0_,
        apiuser0_.mpw as mpw2_0_0_
    from
        apiuser apiuser0_
    where
        apiuser0_.mid=?
```

```
o.z.a.security.APIUserDetailsService     : APIUserDetailsService apiUser-------------------------------------
o.z.a.security.APIUserDetailsService     : APIUserDTO(mid=apiuser10, mpw=$2a$10$VUSXZr3dXHz/2bLZ/f/tDuFdXZSfsS
o.s.s.a.dao.DaoAuthenticationProvider    : Authenticated user
o.s.s.web.DefaultRedirectStrategy        : Redirecting to /
```

· 인증 성공 처리

인증 처리되기는 했지만, 기존의 스프링 시큐리티처럼 로그인 후 '/'와 같이 화면을 이동하는 방식으로 동작하는 것을 확인할 수 있습니다. 원하는 작업은 JWT 문자열을 생성하는 것이므로 이에 대한 처리를 위해서 인증 성공 후 처리 작업을 담당하는 AuthenticationSuc-cessHandler를 이용해서 후처리를 진행합니다.

security 패키지에 handler라는 패키지를 추가하고 APILoginSuccessHandler를 추가합니다.

```
package org.zerock.api01.security.handler;

import lombok.RequiredArgsConstructor;
import lombok.extern.log4j.Log4j2;
import org.springframework.security.core.Authentication;
import org.springframework.security.web.authentication.
AuthenticationSuccessHandler;

import javax.servlet.ServletException;
import javax.servlet.http.HttpServletRequest;
import javax.servlet.http.HttpServletResponse;
import java.io.IOException;

@Log4j2
@RequiredArgsConstructor
public class APILoginSuccessHandler implements AuthenticationSuccessHandler {
```

```
    @Override
    public void onAuthenticationSuccess(HttpServletRequest request,
                                        HttpServletResponse response,
                                        Authentication authentication) throws
                                                    IOException, ServletException {

        log.info("Login Success Handler.....................");

    }
}
```

APILoginSuccesHandler의 동작은 APILoginFilter
와 연동되어야 하므로 CustomSecurityConfig 내부에서
이를 설정합니다.

기존에 APILoginFilter를 적용한 부분에 다음과 같이 APILoginSuccessHandler를 추가
합니다.

```
//APILoginFilter
APILoginFilter apiLoginFilter = new APILoginFilter("/generateToken");
apiLoginFilter.setAuthenticationManager(authenticationManager);

//APILoginSuccessHandler
APILoginSuccessHandler successHandler = new APILoginSuccessHandler();
//SuccessHandler 세팅
apiLoginFilter.setAuthenticationSuccessHandler(successHandler);
```

프로젝트를 실행하고 '/files/apiLogin.html'을 통해서 실행해 보면 APILoginSuc-
cessHandler가 동작하는 것을 확인할 수 있습니다.

```
o.z.a.security.APIUserDetailsService      : APIUserDetailsService apiUser-------------------------------------
o.z.a.security.APIUserDetailsService      : APIUserDTO(mid=apiuser10, mpw=$2a$10$VUSXZr3dXHz/2bLZ/f/tDuFdXZSfsSRznpd2Q242DLrDLtt/oIzcm)
o.s.s.a.dao.DaoAuthenticationProvider     : Authenticated user
o.z.a.s.handler.APILoginSuccessHandler    : Login Success Handler.....................
s.s.w.c.SecurityContextPersistenceFilter  : Cleared SecurityContextHolder to complete request
```

토큰 생성 과정에서 남은 작업은 APILoginSuccessHandler에서 Access Token과 Refresh
Token을 생성해서 전송하는 작업입니다. 이를 위해서는 JWT 문자열을 처리하는 방법을 학

습할 필요가 있습니다.

JWT 문자열의 생성과 검증

JWT는 엄밀히 말해서 '인코딩된 문자열'입니다. JWT는 크게 '헤더(header), 페이로드 (payload), 서명(signature)' 부분으로 작성되어 있는데 각 부분은 '.'을 이용해서 구분됩니다. 세 부분 중에 페이로드에는 클레임(claim)이라고 부르는 키(key)/값(value)으로 구성된 정보들을 저장합니다.

JWT 문자열이 어떤 형태인지 가장 쉽게 알 수 있는 방법은 'https://jwt.io' 사이트에서 만들어진 예제를 활용하는 방법입니다.

앞의 화면과 같이 JWT 문자열은 각 부분에 정해진 속성을 가지고 있는데 마지막 서명 부분에 비밀키를 지정해서 인코딩합니다. 오른쪽 아래에 문자열을 변경하면 Encoded 결과가 달라지는 것을 확인할 수 있습니다.

JWT 문자열의 각 부분은 다음과 같이 구성됩니다.

부분	속성	설명
Header	typ	토큰 타입
	alg	해싱 알고리즘
Payload	iss	토큰 발급자
	sub	토큰 제목
	exp	토큰 만료 시간
	iat	토큰 발급 시간
	aud	토큰 대상자
	nbf	토큰 활성 시간
	jti	JWT 고유 식별자
signature		Header의 인코딩 + Payload의 인코딩값을 해싱 + 비밀키

개발자의 고민은 '어떻게 JWT를 생성하고 넘겨받은 JWT를 확인할 수 있는가'입니다. 이 부분은 JWT와 관련된 라이브러리를 이용해서 처리하는데 여러 종류의 라이브러리가 존재하므로 해당 라이브러리의 문서를 확인하면서 개발해야 합니다.

예제에서는 가장 흔히 사용하는 io.jsonwebtoken(이하 jjwt) 라이브러리를 이용하도록 합니다. 인터넷에서 가장 쉽게 찾을 수 있는 버전은 0.9.1이므로 이를 이용해서 JWT를 생성하고 검증하도록 합니다(io.jsonwebtoken의 공식 문서 버전은 0.11.1이지만 비밀키의 길이나 기타 메소드들이 조금 다르므로 가장 많이 사용되는 0.9.1 버전을 이용하도록 합니다).

build.gradle에 라이브러리를 추가합니다.

```
dependencies {

    ...

    implementation 'io.jsonwebtoken:jjwt:0.9.1'

}
```

JWT를 쉽게 이용하기 위해서 프로젝트에 util 패키지를 생성
하고 JWTUtil 클래스를 추가합니다.

```java
package org.zerock.api01.util;

import io.jsonwebtoken.JwtException;
import lombok.extern.log4j.Log4j2;
import org.springframework.beans.factory.annotation.Value;
import org.springframework.stereotype.Component;

import java.util.Map;

@Component
@Log4j2
public class JWTUtil {

    @Value("${org.zerock.jwt.secret}")
    private String key;

    public String generateToken(Map<String, Object> valueMap, int days){

        log.info("generateKey..." + key);

        return null;
    }

    public Map<String, Object> validateToken(String token)throws JwtException {

        Map<String, Object> claim = null;



        return claim;
    }
}
```

JWTUtil에서 필요한 기능은 크게 JWT 문자열을 생성하는 기능인 generateToken( )과 토큰을 검증하는 validateTOken( ) 기능입니다.

JWTUtil에서 서명을 처리하기 위해서 비밀키가 필요한
데 이 부분은 application.properties에 추가해서 사용합
니다.

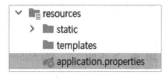

```
//JWT에서 사용할 비밀키

org.zerock.jwt.secret=hello1234567890
```

- **JWTUtil의 테스트 환경 구성**

JWT를 테스트 하는 방법은 다음과 같은 단계를 통해서 확인하도록 합니다.

- JWTUtil을 이용해서 JWT 문자열 생성
- 생성된 문자열을 https://jwt.io 사이트를 통해서 정상적인지 검사
- JWTUtil의 validateToken( )을 통해서 jwt.io 사이트의 검사결과와 일치하는지 확인

test 폴더에는 util 패키지를 추가하고 JWTUtilTests라
는 테스트 클래스를 작성합니다.

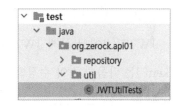

```
package org.zerock.api01.util;

import lombok.extern.log4j.Log4j2;
import org.junit.jupiter.api.Test;
import org.springframework.beans.factory.annotation.Autowired;
import org.springframework.boot.test.context.SpringBootTest;

import java.util.Map;

@SpringBootTest
@Log4j2
public class JWTUtilTests {
```

```
    @Autowired
    private JWTUtil jwtUtil;

    @Test
    public void testGenerate() {

        Map<String, Object> claimMap = Map.of("mid","ABCDE");

        String jwtStr = jwtUtil.generateToken(claimMap,1);

        log.info(jwtStr);
    }

}
```

아직까지 JWT 생성 자체는 안 되지만 application.properties 파일에 설정된 비밀키가 정상적으로 로딩되는지 확인할 수 있습니다.

```
o.z.api01.config.CustomSecurityConfig    : -----------configure------------------
o.s.s.web.DefaultSecurityFilterChain     : Will not secure any request
org.zerock.api01.util.JWTUtilTests       : Started JWTUtilTests in 4.578 seconds (JVM running for 5.603)
org.zerock.api01.util.JWTUtil            : generateKey...hello1234567890
org.zerock.api01.util.JWTUtilTests       : null
```

· JWT 생성과 확인

JWTUtil에서 실제 JWT를 생성하기 위해서 generateToken( )는 다음과 같이 수정합니다.

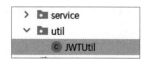

```
package org.zerock.api01.util;

import io.jsonwebtoken.JwtException;
import io.jsonwebtoken.Jwts;
import io.jsonwebtoken.SignatureAlgorithm;
import lombok.extern.log4j.Log4j2;
import org.springframework.beans.factory.annotation.Value;
import org.springframework.stereotype.Component;

import java.time.ZonedDateTime;
import java.util.Date;
import java.util.HashMap;
```

```java
import java.util.Map;

@Component
@Log4j2
public class JWTUtil {

    @Value("${org.zerock.jwt.secret}")
    private String key;

    public String generateToken(Map<String, Object> valueMap, int days){

        log.info("generateKey..." + key);

        //헤더 부분
        Map<String, Object> headers = new HashMap<>();
        headers.put("typ","JWT");
        headers.put("alg","HS256");

        //payload 부분 설정
        Map<String, Object> payloads = new HashMap<>();
        payloads.putAll(valueMap);

        //테스트 시에는 짧은 유효 기간
        int time = (1) * days; //테스트는 분단위로 나중에 60*24 (일)단위변경

        String jwtStr = Jwts.builder()
                .setHeader(headers)
                .setClaims(payloads)
                .setIssuedAt(Date.from(ZonedDateTime.now().toInstant()))
                .setExpiration(Date.from(ZonedDateTime.now().plusMinutes(time).
                                                                    toInstant()))
                .signWith(SignatureAlgorithm.HS256, key.getBytes())
                .compact();

        return jwtStr;
    }


    public Map<String, Object> validateToken(String token)throws JwtException {

        Map<String, Object> claim = null;


        return claim;
    }
}
```

특별히 주의 깊게 봐야 하는 부분은 JWT 생성 시 유효 기간을 days라는 파라미터로 처리했지만 실제로는 plusMinutes( )를 이용했으므로 분 단위로 처리되도록 작성된 부분입니다. 이는 짧은 유효 기간이 테스트 시에 유용하기 때문인데 개발이 완료되면 plusDays( )로 변경해 줄 필요가 있습니다.

Jwts.builder( )를 이용해서 Header 부분과 Payload 부분 등을 지정하고 발행 시간과 서명을 이용해서 compact( )를 수행하면 JWT 문자열이 생성됩니다. 테스트 코드를 실행하면 매번 새로운 문자열이 생성된 것을 확인할 수 있습니다.

```
------------configure-----------------
Will not secure any request
Started JWTUtilTests in 4.927 seconds (JVM running for 5.891)
generateKey...hello1234567890
eyJ0eXAiOiJKV1QiLCJhbGciOiJIUzI1NiJ9.eyJleHAiOjE2NDc3NjMxNDQsIm1pZCI6IkFCQ0RFIiwiaWF0IjoxNjQ3NzYzMDg0fQ.YufuGl8T0rXUnZdyQxewVzrUh9mbb5QKLHanwIXKi9A
Closing JPA EntityManagerFactory for persistence unit 'default'
```

생성된 문자열은 기록을 위해 별도의 메모장을 이용해서 복사해 두도록 합니다(잠시 후에 JWT 검증 테스트 시에 사용).

생성된 JWT 문자열이 정상적인지 확인하기 위해서 https://jwt.io 사이트 기능을 이용합니다. 우선 비밀키(key) 값을 먼저 입력합니다. 비밀키가 변경되면 JWT 문자열이 변경되므로 반드시 비밀키를 먼저 입력해 두고 이후에 생성된 JWT 문자열을 입력합니다.

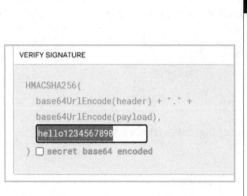

화면의 Decoded에서 가장 중요한 결과는 PAYLOAD 항목에 있는 'exp' 값입니다. 마우스를 오버하면 시간이 변환되어서 나오는데 현재 JWT 토큰의 유효 시간은 1분으로 지정되므로 이를 확인하도록 합니다.

다음 그림은 생성 시간(iat)이 16시 58분이지만 만료 시간(exp)은 16시 59분으로 지정된 것을 확인할 수 있습니다.

유효 시간은 다음 내용인 JWT 문자열 검증 단계에서 날짜 단위로 처리할 예정이지만 테스트 단계에서는 분 단위로 확인하도록 합니다.

· **JWT문자열 검증**

JWTUtil을 이용해서 JWT 문자열을 검증할 때 가장 중요한 부분은 여러 종류의 예외가 발생하고 발생하는 예외를 JwtException이라는 상위 타입의 예외로 던지도록 구성하는 점입니다.

검증은 JWT 문자열 자체의 구성이 잘못되었거나, JWT 문자열의 유효 시간이 지났거나, 서명에 문제가 있는 등의 여러 문제가 발생할 수 있습니다. 이 검증은 추가된 라이브러리의 Jwts.parser( )를 이용해서 처리됩니다.

JWTUtil의 validateToken( )은 다음과 같이 수정합니다.

```
public Map<String, Object> validateToken(String token)throws JwtException {

    Map<String, Object> claim = null;

    claim = Jwts.parser()
            .setSigningKey(key.getBytes()) // Set Key
            .parseClaimsJws(token) // 파싱 및 검증, 실패 시 에러
```

```
            .getBody();
        return claim;
    }
```

테스트 코드는 이미 유효 기간이 지난 JWT 문자열(이전 테
스트 결과)을 이용해서 validateToken( )을 실행해 봅니다.

```
@Test
public void testValidate() {

    //유효 시간이 지난 토큰
    String jwtStr = "eyJ0eXAiOiJKV1QiLCJhbGciOiJIUzI1NiJ9.eyJleHAiOjE2NDQxNTU5Njcs
                     Im1pZCI6IkFCQ0RFIiwiaWF0IjoxNjQ0MTU1OTA3fQ.pBxpu1uS4DUGnwMxjmDS4g-
                                                            xAZ-t0AEpVPMvRR3I0Ds";

    Map<String, Object> claim = jwtUtil.validateToken(jwtStr);

    log.info(claim);

}
```

앞선 코드의 토큰은 이미 유효 시간이 지났으므로 다음과 같이 ExpiredJwtException 예
외가 발생하는 것을 알 수 있습니다.

```
ed at 2022-03-20T16:59:04Z. Current time: 2022-03-20T17:04:40Z, a difference of 336747 milliseconds.  Allowed clock skew: 0 mill
btoken.ExpiredJwtException: JWT expired at 2022-03-20T16:59:04Z. Current time: 2022-03-20T17:04:40Z, a difference of 336747 mill
p//io.jsonwebtoken.impl.DefaultJwtParser.parse(DefaultJwtParser.java:385)
p//io.jsonwebtoken.impl.DefaultJwtParser.parse(DefaultJwtParser.java:481)
p//io.jsonwebtoken.impl.DefaultJwtParser.parseClaimsJws(DefaultJwtParser.java:541)
```

만일 고의로 문자열의 마지막 부분에 임의의 문자를 추가하면 서명(마지막 부분)에서 Sig-
natureException 예외가 발생하는 것을 확인할 수 있습니다.

```
JWT signature does not match locally computed signature. JWT validity cannot be asserted and should not be trusted.
io.jsonwebtoken.SignatureException: JWT signature does not match locally computed signature. JWT validity cannot be asserted and should not be trusted
    at app//io.jsonwebtoken.impl.DefaultJwtParser.parse(DefaultJwtParser.java:354)
    at app//io.jsonwebtoken.impl.DefaultJwtParser.parse(DefaultJwtParser.java:481)
    at app//io.jsonwebtoken.impl.DefaultJwtParser.parseClaimsJws(DefaultJwtParser.java:541)
```

• JWTUtil의 유효 기간

정상적인지를 확인하기 위해 JWTUtil에서 유효 기간을 일(day) 단위로 변경합니다.

```java
public String generateToken(Map<String, Object> valueMap, int days){

    log.info("generateKey..." + key);

    ...

    //테스트 시에는 짧은 유효 기간
    int time = (60 * 24) * days; //테스트는 분단위로 나중에 60*24 (일)단위변경

    String jwtStr = Jwts.builder()
        .setHeader(headers)
        .setClaims(payloads)
        .setIssuedAt(Date.from(ZonedDateTime.now().toInstant()))
        .setExpiration(Date.from(ZonedDateTime.now().plusMinutes(time).
                                                        toInstant()))
        .signWith(SignatureAlgorithm.HS256, key.getBytes())
        .compact();

    return jwtStr;
}
```

테스트 코드에는 JWT 문자열을 생성해서 이를 검증하는 작업
을 같이 수행하는 테스트 메소드를 작성해 봅니다.

```java
@Test
public void testAll() {

    String jwtStr = jwtUtil.generateToken(Map.of("mid","AAAA","email","aaaa@bbb.
                                                        com"),1);

    log.info(jwtStr);

    Map<String, Object> claim = jwtUtil.validateToken(jwtStr);

    log.info("MID: " + claim.get("mid"));

    log.info("EMAIL: " + claim.get("email"));

}
```

testAll( )에서는 mid와 email을 이용해서 JWT 문자열을 생성하고 validateToken( )을
실행합니다. validateToken( )의 리턴값에는 mid와 email이 그대로 들어있는 것을 확인할
수 있습니다.

```
generateKey...hello1234567890
eyJ0eXAiOiJKV1QiLCJhbGciOiJIUzI1NiJ9.eyJtaWQiOiJBQUFBIiwiZXhwIjoxNjQ3ODU2ODkyLCJpYXQiOjE2NDc3NzA0OTMrImVtYWlsIjoiYWFhYUBiYmIuY29tIn0
MID: AAAA
EMAIL: aaaa@bbb.com
```

Access Token 발행

JWTUtil을 이용해서 JWT 관련 문자열(토큰)을 만들거나 검증할 수 있다는 사실을 알았
다면 이제는 이를 언제 어떻게 활용해야 하는지를 다시 점검하고 구현해야 합니다.

사용자가 '/generateToken'을 POST 방식으로 필요한 정보(mid,mpw)를 전달하면 API-
LoginFilter가 동작하고 인증 처리가 된 후에는 APILoginSuccessHandler가 동작하게 됩
니다.

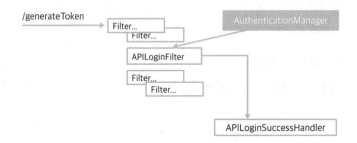

APILoginSuccessHandler의 내부에서는 인증된 사용자에게 Access Token/Refresh
Token을 발행해 주기 위해서 JWTUtil을 이용해야 합니다.

JWTUtil 주입

APILoginSuccessHandler는 다음과 같이 JWTUtil을 주입받고 필요한 토큰들을 생성하
도록 수정합니다.

```
package org.zerock.api01.security.handler;

import com.google.gson.Gson;
import lombok.RequiredArgsConstructor;
import lombok.extern.log4j.Log4j2;
import org.springframework.http.MediaType;
import org.springframework.security.core.Authentication;
import org.springframework.security.web.authentication.
AuthenticationSuccessHandler;
import org.zerock.api01.util.JWTUtil;

import javax.servlet.ServletException;
import javax.servlet.http.HttpServletRequest;
import javax.servlet.http.HttpServletResponse;
import java.io.IOException;
import java.util.Map;

@Log4j2
@RequiredArgsConstructor
public class APILoginSuccessHandler implements AuthenticationSuccessHandler {

    private final JWTUtil jwtUtil;

    @Override
    public void onAuthenticationSuccess(HttpServletRequest request,
                                        HttpServletResponse response,
                                        Authentication authentication) throws
                                                    IOException, ServletException {

        log.info("Login Success Handler.....................");

        response.setContentType(MediaType.APPLICATION_JSON_VALUE);

        log.info(authentication);
        log.info(authentication.getName()); //username

        Map<String, Object> claim = Map.of("mid", authentication.getName());
        //Access Token 유효기간 1일
        String accessToken = jwtUtil.generateToken(claim, 1);
        //Refresh Token 유효기간 30일
        String refreshToken = jwtUtil.generateToken(claim, 30);

        Gson gson = new Gson();

        Map<String,String> keyMap = Map.of(
                "accessToken", accessToken,
```

```
                        "refreshToken", refreshToken);

        String jsonStr = gson.toJson(keyMap);

        response.getWriter().println(jsonStr);

    }
}
```

config 패키지의 CustoemScurityConfig에 우선 JW-
TUtil을 주입하고 APILoginSuccessHandler에 이를 주입
합니다.

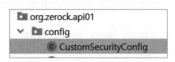

```
public class CustomSecurityConfig {

    //주입
    private final APIUserDetailsService apiUserDetailsService;

    private final JWTUtil jwtUtil;

    ...생략...

    @Bean
    public SecurityFilterChain filterChain(final HttpSecurity http) throws
                                                                    Exception {

        log.info("------------configure------------------");

        ...생략...

        //APILoginSuccessHandler
        APILoginSuccessHandler successHandler = new APILoginSuccessHandler(jwtUtil);
        //SuccessHandler 세팅
        apiLoginFilter.setAuthenticationSuccessHandler(successHandler);


        ...생략..

    }
}
```

생성된 토큰의 확인

설정이 완료되었다면 '/files/apiLogin.html'을 이용해서 토큰들이 정상적으로 생성되는지 확인합니다.

생성된 토큰은 https://jwt.io를 통해서 정상적인지 확인합니다(반드시 비밀키를 먼저 입력합니다). 생성된 Acces Token과 Refresh Token의 만료 시간이 원하는 대로 생성되었는지 확인합니다.

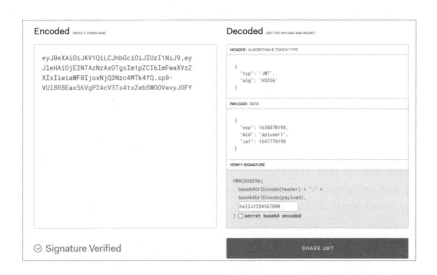

Access Token 검증 필터

Access Token과 Refresh Token의 발행이 가능해 졌다면 특정한 경로를 호출할 때 이 토큰들을 검사하고 문제가 없을 때만 접근 가능하도록 구성해볼 필요가 있습니다. 이 작업은 스프링 시큐리티에서 필터를 추가해 처리하도록 구성합니다.

　스프링 시큐리티가 웹 환경에서 동작할 때는 여러 종류의 필터를 통해서 동작합니다. 필터를 구성하는 일은 기존의 서블릿 기반 필터를 이용할 수도 있지만 스프링 시큐리티는 다른 빈들을 연동해서 동작하는게 가능하다는 장점이 있습니다.

TokenCheckFilter의 생성

　프로젝트의 security/filter 패키지에 Token-CheckFilter 클래스를 추가합니다. TokenCheck-Filter는 현재 사용자가 로그인한 사용자인지 체크하는 로그인 체크용 필터와 유사하게 JWT 토큰을 검사하는 역할을 위해서 사용합니다.

　TokenCheckFilter는 org.springframework.web.filter.OncePerRequestFilter를 상속해서 구성하는데 OncePerRequestFilter는 하나의 요청에 대해서 한번씩 동작하는 필터로 서블릿 API의 필터와 유사합니다.

　구성하려는 TokenCheckFilter는 JWTUtil의 validateToken( ) 기능을 활용해야 합니다.

```
package org.zerock.api01.security.filter;

import lombok.RequiredArgsConstructor;
import lombok.extern.log4j.Log4j2;
import org.springframework.web.filter.OncePerRequestFilter;
import org.zerock.api01.util.JWTUtil;

import javax.servlet.FilterChain;
import javax.servlet.ServletException;
import javax.servlet.http.HttpServletRequest;
import javax.servlet.http.HttpServletResponse;
import java.io.IOException;


@Log4j2
@RequiredArgsConstructor
public class TokenCheckFilter extends OncePerRequestFilter {

    private final JWTUtil jwtUtil;
```

```
@Override
protected void doFilterInternal(HttpServletRequest request,
                                HttpServletResponse response,
                                FilterChain filterChain) throws
                                              ServletException, IOException {

    String path = request.getRequestURI();

    if (!path.startsWith("/api/")) {
        filterChain.doFilter(request, response);
        return;
    }

    log.info("Token Check Filter.........................");
    log.info("JWTUtil: " + jwtUtil);

    filterChain.doFilter(request, response);

}

}
```

　　TokenCheckFilter의 설정은 CustomSecurityConfig를
이용해서 지정합니다.

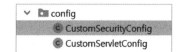

```
@Bean
public SecurityFilterChain filterChain(final HttpSecurity http) throws Exception {

    log.info("------------configure-------------------");

    ...

    //api로 시작하는 모든 경로는 TokenCheckFilter 동작
    http.addFilterBefore(
            tokenCheckFilter(jwtUtil),
            UsernamePasswordAuthenticationFilter.class
    );

    http.csrf().disable();
    http.sessionManagement().sessionCreationPolicy(SessionCreationPolicy.STATELESS);
    return http.build();
```

```
}

private TokenCheckFilter tokenCheckFilter(JWTUtil jwtUtil){
    return new TokenCheckFilter(jwtUtil);
}
```

TokenCheckFilter의 동작은 프로젝트를 실행한 후에 '/api/sample/doA'를 실행해서 로그를 확인해 보도록 합니다.

```
b.s.security.web.FilterChainProxy              : Securing GET /api/sample/doA
s.s.w.c.SecurityContextPersistenceFilter       : Set SecurityContextHolder to empty SecurityContext
b.z.a.security.filter.TokenCheckFilter         : Token Check Filter........................
b.z.a.security.filter.TokenCheckFilter         : JWTUtil: org.zerock.api01.util.JWTUtil@5a8c586f
b.s.s.w.a.AnonymousAuthenticationFilter        : Set SecurityContextHolder to anonymous SecurityContext
b.s.security.web.FilterChainProxy              : Secured GET /api/sample/doA
```

TokenCheckFilter 내 토큰 추출

TokenCheckFilter는 '/api/..'로 시작하는 모든 경로의 호출에 사용될 것이고, 사용자는 해당 경로에 다음과 같은 상황으로 접근하게 됩니다.

- Access Token이 없는 경우 - 토큰이 없다는 메시지 전달 필요

- Access Token이 잘못된 경우(서명 혹은 구성, 기타 에러) - 잘못된 토큰이라는 메시지 전달 필요

- Access Token이 존재하지만 오래된(expired) 값인 경우 - 토큰을 갱신하라는 메시지 전달 필요

이처럼 다양한 상황을 처리하기 위해서 TokenCheckFilter는 JWTUtil에서 발생하는 예외에 따른 처리를 세밀하게 처리해야 합니다.

· Access Token의 추출과 검증

토큰 검증 단계에서 가장 먼저 할 일은 브라우저가 전송하는 Access Token을 추출하는 것입니다. 일반적으로 Access Token의 값은 HTTP Header 중에 'Authorization'을 이용해

서 전달됩니다. Authorization 헤더는 'type + 인증값'으로 작성되는데 type 값들은 'Basic, Bearer, Digest, HOBA, Mutual' 등을 이용합니다. 이 중에서 OAuth나 JWT는 'Bearer'라는 타입을 이용합니다.

TokenCheckFilter에서는 별도의 메소드를 이용해서 Authorization 헤더를 추출하고 Access Token을 검사하도록 합니다.

AccessToken에 문제가 있는 경우를 대비해서 security 패키지에 별도로 exception 패키지를 구성해서 AccessTokenException이라는 예외 클래스를 미리 정의하도록 합니다.

AccessTokenException은 발생하는 예외의 종류를 미리 enum으로 구분해 두고, 나중에 에러 메시지를 전송할 수 있는 구조로 작성합니다.

```java
package org.zerock.api01.security.exception;

import com.google.gson.Gson;
import org.springframework.http.MediaType;

import javax.servlet.http.HttpServletResponse;
import java.io.IOException;
import java.util.Date;
import java.util.Map;

public class AccessTokenException extends RuntimeException {

    TOKEN_ERROR token_error;

    public enum TOKEN_ERROR {
        UNACCEPT(401,"Token is null or too short"),
        BADTYPE(401, "Token type Bearer"),
        MALFORM(403, "Malformed Token"),
        BADSIGN(403, "BadSignatured Token"),
        EXPIRED(403, "Expired Token");

        private int status;
        private String msg;

        TOKEN_ERROR(int status, String msg){
```

```java
            this.status = status;
            this.msg = msg;
        }

        public int getStatus() {
            return this.status;
        }

        public String getMsg() {
            return this.msg;
        }
    }

    public AccessTokenException(TOKEN_ERROR error){
        super(error.name());
        this.token_error = error;
    }

    public void sendResponseError(HttpServletResponse response){

        response.setStatus(token_error.getStatus());
        response.setContentType(MediaType.APPLICATION_JSON_VALUE);

        Gson gson = new Gson();

        String responseStr = gson.toJson(Map.of("msg", token_error.getMsg(),
                                                "time", new Date()));

        try {
            response.getWriter().println(responseStr);
        } catch (IOException e) {
            throw new RuntimeException(e);
        }
    }
}
```

　　TokenCheckFilter에는 Access Token을 검증하는 vali-
dateAccessToken( ) 메소드를 추가하고 예외 종류에 따라
서 AccessTokenException으로 처리합니다.

```java
private Map<String, Object> validateAccessToken(HttpServletRequest request) throws
AccessTokenException {
```

```
String headerStr = request.getHeader("Authorization");

if(headerStr == null  || headerStr.length() < 8){
    throw new AccessTokenException(AccessTokenException.TOKEN_ERROR.UNACCEPT);
}

//Bearer 생략
String tokenType = headerStr.substring(0,6);
String tokenStr =  headerStr.substring(7);

if(tokenType.equalsIgnoreCase("Bearer") == false){
    throw new AccessTokenException(AccessTokenException.TOKEN_ERROR.BADTYPE);
}

try{
    Map<String, Object> values = jwtUtil.validateToken(tokenStr);

    return values;
}catch(MalformedJwtException malformedJwtException){
    log.error("MalformedJwtException----------------------");
    throw new AccessTokenException(AccessTokenException.TOKEN_ERROR.MALFORM);
}catch(SignatureException signatureException){
    log.error("SignatureException---------------------");
    throw new AccessTokenException(AccessTokenException.TOKEN_ERROR.BADSIGN);
}catch(ExpiredJwtException expiredJwtException){
    log.error("ExpiredJwtException---------------------");
    throw new AccessTokenException(AccessTokenException.TOKEN_ERROR.EXPIRED);
}
}
```

   validateAccessToken( )에는 JWTUtil의 validateToken( )을 실행해서 문제가 생기면 발
생하는 JwtException을 이용해서 예외 내용을 출력하고 AccessTokenException을 던지도
록 설계합니다.

   TokenCheckFilter에 doFilterInternal( )의 내용을 다음과 같이 수정해서 Acess Token에
문제가 있을 때는 자동으로 브라우저에 에러 메시지를 상태 코드와 함께 전송하도록 처리합
니다.

```
@Override
protected void doFilterInternal(HttpServletRequest request,
                                HttpServletResponse response,
                                FilterChain filterChain) throws ServletException,
                                                                IOException {

    String path = request.getRequestURI();
    if (!path.startsWith("/api/")) {
        filterChain.doFilter(request, response);
        return;
    }

    log.info("Token Check Filter........................");
    log.info("JWTUtil: " + jwtUtil);

    try{
        validateAccessToken(request);
        filterChain.doFilter(request,response);
    }catch(AccessTokenException accessTokenException){
        accessTokenException.sendResponseError(response);
    }
}
```

TokenCheckFilter에는 아직 모든 기능이 구현되지 않았지만 적어도 Access Token에 대
해서는 파악이 가능하므로 테스트 환경을 구성하고 이를 확인하도록 합니다.

Swagger UI에서 헤더 처리

Swagger UI는 'Authorization'과 같이 보안과 관련된
헤더를 추가하기 위해서 config 패키지에 SwaggerCon-
fig를 수정해 주어야 합니다(import할 때 스프링이 아닌
Swagger 관련 API를 이용해야 하므로 주의가 필요합
니다).

```
package org.zerock.api01.config;

import org.springframework.context.annotation.Bean;
import org.springframework.context.annotation.Configuration;
import org.springframework.web.bind.annotation.RestController;
```

```
import springfox.documentation.builders.ApiInfoBuilder;
import springfox.documentation.builders.PathSelectors;
import springfox.documentation.builders.RequestHandlerSelectors;
import springfox.documentation.service.ApiInfo;
import springfox.documentation.service.ApiKey;
import springfox.documentation.service.AuthorizationScope;
import springfox.documentation.service.SecurityReference;
import springfox.documentation.spi.DocumentationType;
import springfox.documentation.spi.service.contexts.SecurityContext;
import springfox.documentation.spring.web.plugins.Docket;

import java.util.List;

@Configuration

public class SwaggerConfig {

    @Bean
    public Docket api() {
        return new Docket(DocumentationType.OAS_30)
                .useDefaultResponseMessages(false)
                .select()
                .apis(RequestHandlerSelectors.withClassAnnotation(RestController.
                                                                    class))
                .paths(PathSelectors.any())
                .build()
                .securitySchemes(List.of(apiKey())) //추가된 부분
                .securityContexts(List.of(securityContext())) //추가된 부분
                .apiInfo(apiInfo());

    }

    private ApiInfo apiInfo() {
        return new ApiInfoBuilder()
                .title("Boot API 01 Project Swagger")
                .build();
    }

    private ApiKey apiKey() {
        return new ApiKey("Authorization", "Bearer Token", "header");
    }

    private SecurityContext securityContext() {
        return SecurityContext.builder().securityReferences(defaultAuth())
                .operationSelector(selector -> selector.requestMappingPattern().
                                                startsWith("/api/")).build();
```

```
    }
    private List<SecurityReference> defaultAuth() {
        AuthorizationScope authorizationScope = new AuthorizationScope("global",
                                                           "global access");
        return List.of(new SecurityReference("Authorization", new
                                      AuthorizationScope[] {authorizationScope}));
    }
}
```

변경된 SwaggerConfig에서는 '/api/' 로 시작하는 경로들에 대해서 Authorization 헤더를
지정하도록 설정합니다.

앞의 설정이 반영되면 '/swagger-ui/index.html'에서는 상단에 [Authorize] 버튼이 생성
되고 Authorization 헤더의 값을 입력할 수 있는 모달창이 보이게 됩니다.

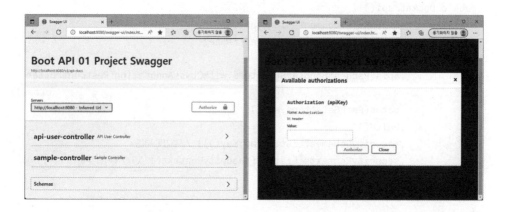

SwaggerConfig 경로에는 '/api/'로 시작하는 경로에서만 인증 처리가 필요하기 때문에
기존의 '/generateToken'에는 영향을 받지 않습니다. 다음 화면을 보면 '/api/'로 시작하는
sample-controller 항목에 자물쇠가 걸려 있는 것을 확인할 수 있습니다.

• Access Token이 없는 경우

'/api/sample/doA'를 Authorization이 지정되지 않은 상태에서 호출하면 서버에서는 다음과 같은 에러 메시지가 전송되게 됩니다.

• 잘못된(Malformed, BadSignatured) Access Token

화면에서 모달창을 열고 'Bearer 1111'과 같이 'Bearer'로 시작하는 문자열을 입력하고 [close] 버튼을 눌러 저장합니다.

다시 '/api/sample/doA'를 호출하면 다음과 같이 'Malformed Token' 메시지를 확인할 수 있습니다.

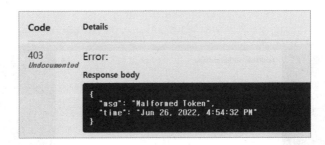

- **정상적인 Access Token**

만일 정상적인 동작을 확인하고 싶다면 '/files/apiLogin.html'의 실행 결과에서 발행된 Access Token 값을 복사해서 'Bearer 복사한 문자열'로 다시 저장하고 실행하면 됩니다.

apiLogin.html에는 응답된 내용을 쉽게 복사할 수 있도록 <script> 코드를 수정합니다.

```
<script>

    document.querySelector(".btn1").addEventListener("click",()=> {

        const data = {mid:"apiuser10", mpw:"1111"}

        axios.post("http://localhost:8080/generateToken", data).then(res => {
            console.log(res.data.accessToken)
        })

    }, false)
</script>
```

브라우저에서 버튼을 클릭하면 다음 화면과 같이 Access Token이 출력되는 것을 확인하고 이를 복사해서 테스트에 활용합니다.

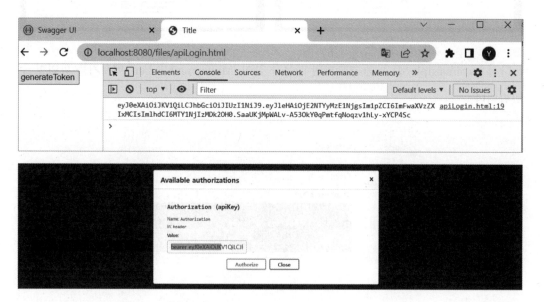

Access Token이 정상이라면 다음과 같이 정상적인 결과를 볼 수 있습니다.

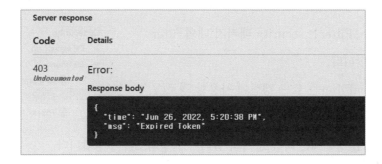

· 만료된 Access Token

만료된 Access Token은 예외 메시지의 내용이 'Expired Token'으로 전송되는 것을 확인할 수 있습니다.

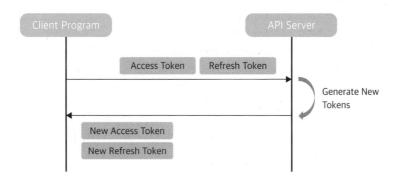

Refresh Token 처리

만료된 토큰이 전송되는 경우에 사용자는 다시 서버에 Access Token을 갱신해 달라고 요구해야 합니다. 예제에서는 '/refreshToken'이라는 경로를 이용해서 사용자가 다시 현재의 Access Token과 Refresh Token을 전송해 주면 이를 처리하도록 구성합니다.

```
Client Program                    API Server

         Access Token   Refresh Token
                                        ↻  Generate New
                                           Tokens
         New Access Token
         New Refresh Token
```

'/refreshToken'에는 주어진 토큰이 다음과 같은 검증 과정으로 동작하도록 작성합니다.

- Access Token이 존재하는지 확인

- Refresh Token의 만료 여부 확인

- Refresh Token의 만료 기간이 지났다면 다시 인증을 통해서 토큰들을 발급받아야 함을 전달

Refresh Token을 이용하는 과정에서는 다음과 같은 상황들이 발생할 수 있습니다.

- Refresh Token의 만료 기간이 충분히 남아 있으므로 Access Token만 새로 만들어지는 경우

- Refresh Token 자체도 만료 기간이 얼마 안 남아서(예제에서는 3일 이내) Acess Token과 Refresh Token 모두 새로 만들어야 하는 경우

RefreshTokenFilter 의 생성

RefreshTokenFilter는 security 패키지 내의 filter 패키지에 추가합니다.

RefreshTokenFilter는 토큰 갱신에 사용할 경로('/refreshToken')와 JWTUtil을 주입받도록 설계하고, 해당 경로가 아닌 경우에는 다음 순서의 필터가 실행되도록 구성합니다.

```
package org.zerock.api01.security.filter;


import lombok.RequiredArgsConstructor;
import lombok.extern.log4j.Log4j2;
import org.springframework.web.filter.OncePerRequestFilter;
import org.zerock.api01.util.JWTUtil;

import javax.servlet.FilterChain;
import javax.servlet.ServletException;
import javax.servlet.http.HttpServletRequest;
import javax.servlet.http.HttpServletResponse;
import java.io.IOException;

@Log4j2
@RequiredArgsConstructor
public class RefreshTokenFilter  extends OncePerRequestFilter {
```

```
    private final String refreshPath;

    private final JWTUtil jwtUtil;

    @Override
    protected void doFilterInternal(HttpServletRequest request,
HttpServletResponse response, FilterChain filterChain) throws ServletException,
                                                                    IOException {

        String path = request.getRequestURI();

        if (!path.equals(refreshPath)) {
            log.info("skip refresh token filter.....");
            filterChain.doFilter(request, response);
            return;
        }

        log.info("Refresh Token Filter...run.............1");
    }

}
```

- **RefreshTokenFilter 설정**

RefreshTokenFilter 설정은 CustomSecurityFilter를 통해서 설정합니다. RefreshTokenFilter는 다른 JWT 관련 필터들의 동작 이전에 할 수 있도록 TokenCheckFilter 앞으로 배치합니다.

```
//api로 시작하는 모든 경로는 TokenCheckFilter 동작
http.addFilterBefore(
        tokenCheckFilter(jwtUtil),
        UsernamePasswordAuthenticationFilter.class
);

//refreshToken 호출 처리
http.addFilterBefore(new RefreshTokenFilter("/refreshToken", jwtUtil),
        TokenCheckFilter.class);

http.csrf().disable();
http.sessionManagement().sessionCreationPolicy(SessionCreationPolicy.STATELESS);
return http.build();
```

프로젝트를 실행하고 '/refreshToken' 경로를 호출해서 서버에서 동작하는지 확인합니다.

```
o.s.s.w.a.logout.LogoutFilter        : Did not match request to Or [Ant [pattern='/logout', GET]
o.s.security.web.FilterChainProxy    : Invoking RefreshTokenFilter (6/13)
o.z.a.s.filter.RefreshTokenFilter    : Refresh Token Filter...run.............1
```

화면을 통한 RefreshTokenFilter 확인

RefreshTokenFilter를 호출하는 작업을 좀 더 간단하게 하기 위해서 html 파일들을 조금 수정해서 테스트가 가능하도록 수정해 봅니다.

우선 apiLogin.html에서는 인증 후에 전송되는 accessToken과 refreshToken 값을 Local Storage를 이용해서 저장하도록 합니다.

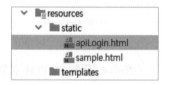

 Local Storage는 HTML5의 여러 기능 중 하나로 브라우저에서 데이터를 보관할 수 있는 기능으로 쿠키와 같이 문자열을 보관할 수 있습니다(쿠키의 대체제로 시작되었습니다). Local Storage는 window 객체를 통해서 접근할 수 있으며 setItem(키, 값), getItem(키) 메소드를 이용할 수 있습니다.

```html
<script src="https://unpkg.com/axios/dist/axios.min.js"></script>
<script>

    document.querySelector(".btn1").addEventListener("click",()=> {

        const data = {mid:"apiuser10", mpw:"1111"}

        axios.post("http://localhost:8080/generateToken", data).then(res => {
            const accessToken = res.data.accessToken
            const refreshToken = res.data.refreshToken

            localStorage.setItem("accessToken", accessToken)
```

```
            localStorage.setItem("refreshToken", refreshToken)

      })

   }, false)
</script>
```

 브라우저에서 수정된 apiLogin.html을 실행하고 개발자 도구를 이용해서 'Application'
항목의 Local Storage를 확인해 봅니다.

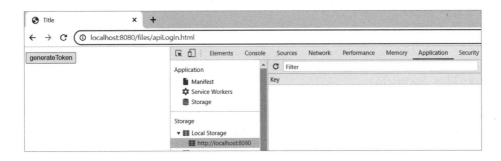

 화면에서 [generate Token] 버튼을 누르면 Local Storage 안에 토큰들이 저장되는 것을
확인할 수 있습니다.

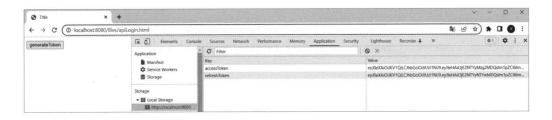

• '/refreshToken' 호출하기

 토큰들은 브라우저의 Local Storage에 보관되어 있으므
로 이를 이용해서 '/refreshToken'을 호출하는 화면을 제작
해 봅니다. static 폴더에 refreshTest.html 파일을 추가합
니다.

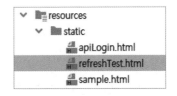

```html
<!DOCTYPE html>
<html lang="en">
<head>
    <meta charset="UTF-8">
    <title>Title</title>
</head>
<body>

<h1>ACCESS TOKEN</h1>

<h3 class="accessOld"></h3>

<h3 class="accessResult"></h3>

<hr/>

<h1>REFRESH TOKEN</h1>

<h3 class="refreshOld"></h3>

<h3 class="refreshResult"></h3>

<button class="btn1">Refresh</button>

<script src="https://unpkg.com/axios/dist/axios.min.js"></script>
<script>

    const oldAccessToken = localStorage.getItem("accessToken")
    const oldRefreshToken = localStorage.getItem("refreshToken")

    document.querySelector(".accessOld").innerHTML = oldAccessToken
    document.querySelector(".refreshOld").innerHTML = oldRefreshToken

    document.querySelector(".btn1").addEventListener("click", () => {

        axios.post('http://localhost:8080/refreshToken',
            {accessToken: oldAccessToken, refreshToken: oldRefreshToken})
            .then(res => {
                console.log(res.data)

                const newAccessToken = res.data.accessToken
                const newRefreshToken = res.data.refreshToken

                document.querySelector(".accessResult").innerHTML =
```

```
                oldAccessToken !== newAccessToken?newAccessToken:'OLD'
            document.querySelector(".refreshResult").innerHTML =
                oldRefreshToken !== newRefreshToken?newRefreshToken:'OLD'



        })
        .catch(error => {
            console.error(error)
        }
    )


    },false)



</script>

</body>
</html>
```

refreshTest.html의 내용은 처음에는 Local Storage에 저장되어 있는 기존의 accessToken 과 refreshToken을 화면에 보여줍니다. (현재 상황에서 [Refresh] 버튼을 누르면 undefined 만 출력됩니다)

화면에서 [Refresh] 버튼을 누르면 '/refreshToken' 경로를 호출하는 데 이때 기존의 토큰 들은 JSON 데이터로 전송하게 됩니다.

'/refreshToken'의 구현이 완료되면 화면에서 기존의 토큰들 아래에 새로운 토큰 혹은 기존의 토큰이 출력될 것입니다(현재 상황에서 [Refresh] 버튼을 누르면 undefined만 출력됩니다).

Refresh Token 구현과 예외 처리

RefreshTokenFilter의 내부 구현은 다음과 같은 순서로 처리됩니다.

- 전송된 JSON 데이터에서 accessToken과 refreshToken을 추출
- accessToken을 검사해서 토큰이 없거나 잘못된 토큰인 경우 에러 메시지 전송
- refreshToken을 검사해서 토큰이 없거나 잘못된 토큰 혹은 만료된 토큰인 경우 에러 메시지 전송
- 새로운 accessToken 생성
- 만료 기한이 얼마 남지 않은 경우 새로운 refreshToken 생성
- accessToken과 refreshToken 전송

· RefreshTokenException

RefreshTokenFilter의 동작 과정 중에서 여러 종류의 예외 사항이 발생하므로 이를 별도의 예외 클래스로 분리해 주도록 합니다. security/exception 패키지에 RefreshTokenException 클래스를 추가합니다.

RefreshTokenException은 AccessTokenException과 유사하게 토큰들이 없거나 문제있는 경우와 Refresh Token이 오랜된 경우를 구분해서 사용합니다.

```
package org.zerock.api01.security.exception;

import com.google.gson.Gson;
import org.springframework.http.HttpStatus;
import org.springframework.http.MediaType;

import javax.servlet.http.HttpServletResponse;
import java.io.IOException;
import java.util.Date;
import java.util.Map;
```

```
public class RefreshTokenException extends RuntimeException{

    private ErrorCase errorCase;

    public enum ErrorCase {
        NO_ACCESS, BAD_ACCESS, NO_REFRESH, OLD_REFRESH, BAD_REFRESH
    }

    public RefreshTokenException(ErrorCase errorCase){
        super(errorCase.name());
        this.errorCase = errorCase;
    }

    public void sendResponseError(HttpServletResponse response){

        response.setStatus(HttpStatus.UNAUTHORIZED.value());
        response.setContentType(MediaType.APPLICATION_JSON_VALUE);

        Gson gson = new Gson();

        String responseStr = gson.toJson(Map.of("msg", errorCase.name(), "time",
                                                                    new Date()));

        try {
            response.getWriter().println(responseStr);
        } catch (IOException e) {
            throw new RuntimeException(e);
        }
    }
}
```

· **토큰 검사**

RefrechTokenFilter의 doFilterInternal( ) 내부에서는 우선 JSON 데이터들을 처리해서
accessToken과 refreshToken을 확인합니다.

```
@Override
protected void doFilterInternal(HttpServletRequest request,
                    HttpServletResponse response, FilterChain filterChain)
                                        throws ServletException, IOException {

    String path = request.getRequestURI();
```

```
            if (!path.equals(refreshPath)) {
                log.info("skip refresh token filter.....");
                filterChain.doFilter(request, response);
                return;
            }

            log.info("Refresh Token Filter...run..............1");

            //전송된 JSON에서 accessToken과 refreshToken을 얻어온다.
            Map<String, String> tokens = parseRequestJSON(request);

            String accessToken = tokens.get("accessToken");
            String refreshToken = tokens.get("refreshToken");

            log.info("accessToken: " + accessToken);
            log.info("refreshToken: " + refreshToken);

        }

    private Map<String,String> parseRequestJSON(HttpServletRequest request) {

        //JSON 데이터를 분석해서 mid, mpw 전달 값을 Map으로 처리
        try(Reader reader = new InputStreamReader(request.getInputStream())){

            Gson gson = new Gson();

            return gson.fromJson(reader, Map.class);

        }catch(Exception e){
            log.error(e.getMessage());
        }
        return null;
    }
```

브라우저에서 '/files/refreshTest.html'을 이용해서 '/refreshToken'을 호출하면 서버에서
는 다음과 같이 토큰들을 추출하는 것을 확인할 수 있습니다.

```
o.z.a.s.filter.RefreshTokenFilter          : Refresh Token Filter...run..............1
o.z.a.s.filter.RefreshTokenFilter          : accessToken: eyJ0eXAiOiJKV1QiLCJhbGciOiJIUzI1NiJ9.eyJleHAiOjE2NTYyMzg2MDQsIm
o.z.a.s.filter.RefreshTokenFilter          : refreshToken: eyJ0eXAiOiJKV1QiLCJhbGciOiJIUzI1NiJ9.eyJleHAiOjE2NTYyNTYwMDQsI
o.s.s.w.header.writers.HstsHeaderWriter    : Not injecting HSTS header since it did not match request to [Is Secure]
```

accessToken의 검증은 checkAccessToken( )이라는 별도의 메소드로 처리합니다. 문제가 생기면 RefreshTokenException을 전달합니다. Access Token은 만료 기간이 지난 상황은 당연한 것이므로 로그만 출력해 주도록 합니다.

```java
private void checkAccessToken(String accessToken) throws RefreshTokenException {
    try{
        jwtUtil.validateToken(accessToken);
    }catch (ExpiredJwtException expiredJwtException){
        log.info("Access Token has expired");
    }catch(Exception exception){
        throw new RefreshTokenException(RefreshTokenException.ErrorCase.NO_
ACCESS);
    }
}
```

doFilterInternal( )에서는 예외 발생 시 메시지를 전송하고 메소드의 실행을 종료합니다.

```java
log.info("accessToken: " + accessToken);
log.info("refreshToken: " + refreshToken);

try{
    checkAccessToken(accessToken);
}catch(RefreshTokenException refreshTokenException){
    refreshTokenException.sendResponseError(response);
return; //더이상 실행할 필요 없음
}
```

Refresh Token의 경우도 검사가 필요합니다. Refresh Token이 존재하는지와 만료일이 지났는지를 확인하고, 새로운 토큰 생성을 위해서 mid 값을 얻어두도록 합니다.

RefreshTokenFilter 내부에 checkRefreshToken( )을 생성해서 문제가 생기면 RefreshTokenException을 발생하고, 정상이라면 토큰 내용물들을 Map으로 반환하도록 구성합니다.

```java
private Map<String, Object> checkRefreshToken(String refreshToken)throws
        RefreshTokenException{
    try {
        Map<String, Object> values = jwtUtil.validateToken(refreshToken);
        return values;
```

```
        }catch(ExpiredJwtException expiredJwtException) {
            throw new RefreshTokenException(RefreshTokenException.ErrorCase.OLD_
REFRESH);
        }catch(MalformedJwtException malformedJwtException){
            log.error("MalformedJwtException--------------------");
            throw new RefreshTokenException(RefreshTokenException.ErrorCase.NO_
REFRESH);
        }catch(Exception exception){
            new RefreshTokenException(RefreshTokenException.ErrorCase.NO_REFRESH);
        }
        return null;
}
```

RefreshTokenFilter의 doFilterInternal( ) 내부에는 checkRefrshToken( )을 처리하는 부
분을 추가합니다.

```
try{
    checkAccessToken(accessToken);
}catch(RefreshTokenException refreshTokenException){
    refreshTokenException.sendResponseError(response);
}

Map<String, Object> refreshClaims = null;

try {

    refreshClaims = checkRefreshToken(refreshToken);
    log.info(refreshClaims);

}catch(RefreshTokenException refreshTokenException){
    refreshTokenException.sendResponseError(response);
return; //더 이상 실행할 코드가 없음
}
```

브라우저를 이용해서 오래된 accessToken과 refreshToken을 전송해보면 'OLD_RE-
FRESH'라는 메시지가 전송되는 것을 확인할 수 있습니다.

• 새로운 Access Token 발행

토큰들의 검증 단계가 끝났다면 이제 새로운 토큰들을 발행해 주어야 합니다.

- Access Token은 무조건 새로 발행합니다.
- Refresh Token은 만료일이 얼마 남지 않은 경우에 새로 발행합니다.

RefreshTokenFilter의 doFilterInternal( ) 내부에는 Refresh Token의 내용물(claims)들을 이용해 앞의 로직을 구현합니다. try 내부에 다음과 같은 코드를 추가합니다.

```
refreshClaims = checkRefreshToken(refreshToken);
log.info(refreshClaims);

//Refresh Token의 유효 시간이 얼마 남지 않은 경우
Integer exp = (Integer)refreshClaims.get("exp");

Date expTime = new Date(Instant.ofEpochMilli(exp).toEpochMilli() * 1000);

Date current = new Date(System.currentTimeMillis());

//만료 시간과 현재 시간의 간격 계산
//만일 3일 미만인 경우에는 Refresh Token도 다시 생성
long gapTime = (expTime.getTime() - current.getTime());

log.info("------------------------------------");
log.info("current: " + current);
log.info("expTime: " + expTime);
log.info("gap: " + gapTime );

String mid = (String)refreshClaims.get("mid");

//이 상태까지 오면 무조건 AccessToken은 새로 생성
String accessTokenValue = jwtUtil.generateToken(Map.of("mid", mid), 1);
```

```
String refreshTokenValue = tokens.get("refreshToken");

//RefrshToken이 3일도 안 남았다면..
if(gapTime < (1000 * 60 * 60 * 24 * 3  ) ){
    log.info("new Refresh Token required...  ");
    refreshTokenValue = jwtUtil.generateToken(Map.of("mid", mid), 30);
}


log.info("Refresh Token result....................");
log.info("accessToken: " + accessTokenValue);
log.info("refreshToken: " + refreshTokenValue);
```

최종적으로 만들어진 토큰들을 전송하는 sendTokens( )를 작성하고 토큰들을 이용해서 메시지를 전송합니다.

```
private void sendTokens(String accessTokenValue, String refreshTokenValue,
HttpServletResponse response) {


    response.setContentType(MediaType.APPLICATION_JSON_VALUE);

    Gson gson = new Gson();

    String jsonStr = gson.toJson(Map.of("accessToken", accessTokenValue,
            "refreshToken", refreshTokenValue));

    try {
        response.getWriter().println(jsonStr);
    } catch (IOException e) {
        throw new RuntimeException(e);
    }
}
```

doFilterInternal( )의 새로운 토큰들을 생성한 후에 sendTokens( )를 호출합니다.

```
log.info("Refresh Token result....................");
log.info("accessToken: " + accessTokenValue);
log.info("refreshToken: " + refreshTokenValue);

sendTokens(accessTokenValue, refreshTokenValue, response);
```

· '/refreshToken' 확인

브라우저로 '/refreshToken'의 동작을 확인해 봅니다. 브라우저에서 '/apiLogin.html'로 새로운 토큰들을 받아 Local Storage에 저장합니다.

'/files/refreshTest.html'을 이용해서 '/refreshToken'을 호출하게 되면 기존의 Access Token 대신에 새로운 Access Token이 만들어지는 것을 확인할 수 있고, Refresh Token은 유효 기간에 따라 새로 생성되는 것을 확인할 수 있습니다.

Refresh Token의 만료일까지 시간이 충분히 남은 경우에 RefreshToken은 새로 발행되지 않습니다.

JWT의 한계

JWT를 이용해서 자원을 보호하는 방식은 태생적으로 문자열이라는 한계가 존재합니다. 예를 들어 Refresh Token을 이용하는 부분만 생각해 보아도 외부의 공격자가 Refresh Token을 탈취한 상황이라면 얼마든지 새로운 Access Token을 생성할 수 있기 때문에 안전하지 않습니다.

이런 상황을 조금이라도 보완하기 위해서 Access Token과 Refresh Token을 데이터베이스에 보관하고 토큰을 갱신할 때 데이터베이스의 값과 비교하는 방법을 이용할 수 있습니다. 이 경우 정상적인 사용자가 Refresh Token을 갱신하게 되면 공격자가 탈취한 Refresh Token이 쓸모없게 됩니다.

이런 방식과 유사하게 새로운 Access Token이 발행될 때 아예 Refresh Token도 새로 발급하고 데이터베이스에 이를 저장하는 방법도 있습니다. 이렇게 되면 탈취된 Refresh Token의 유효 기간이 짧아지기 때문에 조금 더 안전해지긴 하지만 Access Token과 Refresh Token의 유효 시간이 같아지게 되므로 원래의 취지와는 조금 다른 형태가 됩니다.

JWT를 안전하게 하기 위한 대부분의 방법들이 근본적으로 공격자가 Access Token과 Refresh Token을 탈취한 경우 최소한 1회 이상은 작업이 가능하다는 점에서 모든 보완책이 완벽할 수는 없습니다(엄밀하게 따지면 인터넷에서 공격자가 사용자의 아이디와 패스워드를 탈취하는 상황과 큰 차이가 없습니다).

브라우저에서 JWT 확인

API 서버를 이용하는 구조에서는 브라우저에서 HTTP로 JWT 토큰을 전송하고 필요한 자원에 접근하는 방식을 이용합니다. 예제에서는 Access Token과 Refresh Token 등의 활용을 우선적으로 같은 서버 환경에서 먼저 체크하고 이후에 별도의 서버를 구축해서 확인하도록 합니다.

JWT를 이용하는 시나리오

현재 static 폴더의 sample.html에서는 'http://local-
host:8080/api/sample/doA'를 호출하고 있는 상황입니다.

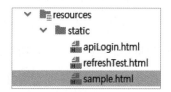

```
<script>

    async function callTest(){
        const response = await axios.get("http://localhost:8080/api/sample/doA")
        return response.data
    }

    callTest()
        .then(data => console.log(data))
        .catch(e => console.log(e));

</script>
```

현재 예제에서는 '/api/'로 시작하는 모든 경로는 TokenCheckFilter를 거치기 때문에
sample.html은 Access Token이 없는 상태로 호출되므로 다음 그림과 같은 에러가 발생하게
됩니다(크롬 브라우저의 경우 다음과 같습니다).

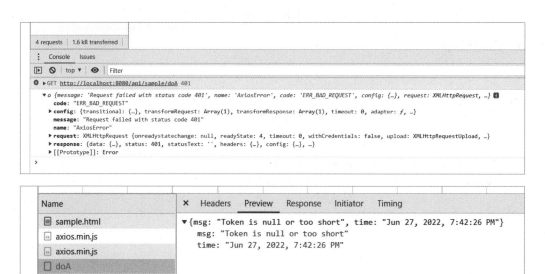

브라우저에서 JWT를 이용하는 시나리오를 정리하면 다음과 같습니다.

1단계 당연히 '/generateToken'을 호출해서 서버에서 발행한 Access Token과 Refresh Token을 받는 단계입니다. 브라우저는 받은 토큰들을 저장해 두고 필요할 때마다 토큰들을 찾아서 사용하도록 구성해야 합니다.

2단계 브라우저에서 '/api/sample/doA'를 호출할 때 가지고 있는 Access Token을 같이 전달했을 때 정상적인 결과가 나오는지를 확인합니다.

3단계 Access Token의 유효 기간이 만료되는 상황에 대한 처리입니다. Access Token의 유효 기간이 만료되면 서버에서는 에러 메시지를 전송하게 되는데, 이 메시지를 판단해서 브라우저는 Refresh Token으로 다시 새로운 Access Token을 받고 원래 의도했던 작업을 수행해야 합니다(이 과정은 사용자가 참여하지 않고 자동으로 처리되어야 하기 때문에 'slient refreshing'이라고 하기도 합니다).

4단계 Refresh Token 마저도 만료된 상황에 대한 처리입니다. Refresh Token이 만료되면 새로운 Access Token을 발행할 수 없기 때문에 사용자에게 1단계부터 다시 시작해야 함을 알려주어야 합니다.

- 1단계 - **토큰 생성과 저장**

1단계는 apiLogin.html에서 구현되었습니다.

apiLogin.html에서 생성된 토큰들은 다음 코드를 통해서 보관됩니다.

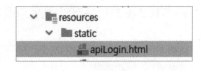

```
axios.post("http://localhost:8080/generateToken", data).then(res => {
    const accessToken = res.data.accessToken
    const refreshToken = res.data.refreshToken

    localStorage.setItem("accessToken", accessToken)
    localStorage.setItem("refreshToken", refreshToken)

})
```

- **2단계 - Access Token을 이용한 접근**

토큰들을 생성하고 보관했다면 다른 html에서 이를 이용해서 서버를 호출해 보도록 합니다. static 폴더에 만들어진 sample.html은 Access Token을 이용하지 않는 예제이므로 별도의 sendJWT.html 파일을 추가해서 이를 구현해 보도록 합니다.

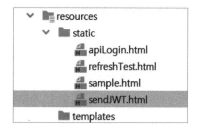

sendJWT.html 파일은 Axios 라이브러리를 추가하고 버튼을 누르면 동작할 수 있도록 구성합니다.

```html
<!DOCTYPE html>
<html lang="en">
<head>
    <meta charset="UTF-8">
    <title>Title</title>
</head>
<body>

<div class="result">

</div>

<button class="btn1">CALL SERVER</button>
<script src="https://unpkg.com/axios/dist/axios.min.js"></script>
<script>

    const callServer = async() => {
        console.log("call server 1...")
    }

    const resultDiv = document.querySelector(".result")

    document.querySelector(".btn1").addEventListener("click", () => {

        callServer().then(result => {
            console.log(result)
        })
    },false)

</script>

</body>
</html>
```

브라우저를 통해서 '/files/sendJWT.html'을 실행하고 버튼을 눌렀을 때 다음과 같이 동작하는지 확인합니다.

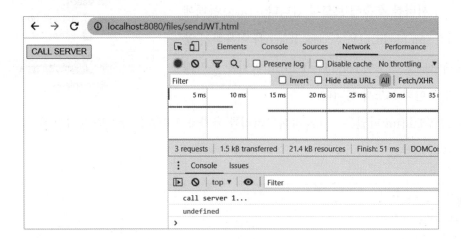

callServer( ) 함수 내부에서는 Local Storage에 보관된 Access Token을 이용하도록 수정합니다. 만일 Access Token이 없다면 경고창을 통해서 알 수 있게 예외를 발생하도록 구성합니다.

```
<script>

    const callServer = async() => {
        console.log("call server 1...")

        const accessToken = localStorage.getItem("accessToken")

        if(!accessToken) {
            throw 'Cannot Find Access Token'
        }

    }

    const resultDiv = document.querySelector(".result")

    document.querySelector(".btn1").addEventListener("click", () => {

        callServer().then(result => {
            console.log(result)
        }).catch(error => {
            alert(error)
        })
```

```
},false)

</script>
```

브라우저에 토큰들이 없도록 Local Storage를 지운 상태에서 버튼을 누르면 'Cannot Find Access Token' 에러가 발생하게 됩니다.

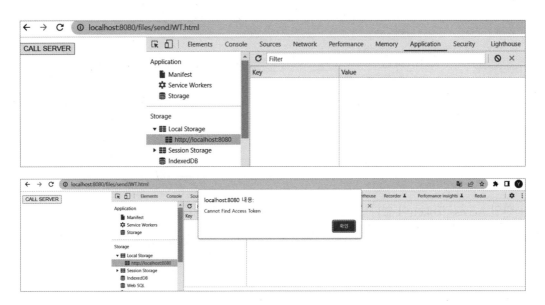

만일 Access Token이 존재한다면 '/api/sample/doA'를 호출하도록 코드를 수정합니다. Access Token은 HTTP의 'Authorziation' 헤더로 전송해야 하므로 다음과 같이 작성합니다.

```
const callServer = async() => {
    console.log("call server 1...")

    const accssToken = localStorage.getItem("accessToken")

    if(!accssToken) {
        throw 'Cannot Find Access Token'
    }

    const authHeader = {"Authorization": `Bearer ${accessToken}`}

    const res = await axios.get("http://localhost:8080/api/sample/doA",
                                                    {headers:authHeader})
```

```
    return res.data
}
```

유효한 Access Token이 전달되면 다음과 같이 서버를 호출하고 sendJWT.html까지 전달되는 결과를 확인할 수 있습니다(Access Token의 만료 기한이 충분한 경우라면).

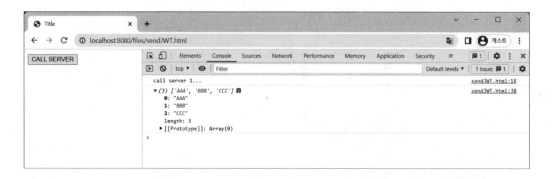

만일 Access Token이 없다면 다음과 같은 객체가 전달됩니다.

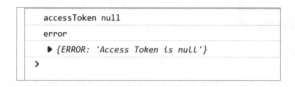

만일 Acces Token이 잘못되었다면 API 서버에서 TokenCheckFilter가 생성해 내는 예외 객체를 받게 됩니다. 다음과 같은 화면은 고의로 브라우저에 Access Token의 마지막에 이상한 문자열을 추가해서 SignatureException이 발생하도록 한 경우입니다.

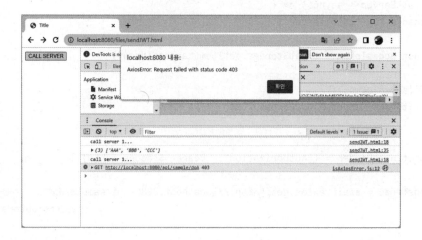

- **3단계** **- Refresh 처리**

만료일이 지난 Access Token을 전송하게 되면 현재 코드의 sendJWT.html에서 403 예외가 발생하게 됩니다.

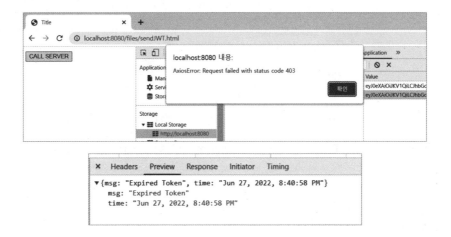

서버를 호출할 때 'Expired Token' 예외가 전달되면 별도의 처리가 필요하므로 예외 관련된 코드를 추가합니다.

```
const callServer = async() => {
    console.log("call server 1...")

    const accessToken = localStorage.getItem("accessToken")

    if(!accessToken) {
        throw 'Cannot Find Access Token'
    }

    const authHeader = {"Authorization": `Bearer ${accessToken}`}
    try {
        const res = await axios.get("http://localhost:8080/api/sample/doA",
                                                    {headers: authHeader})
        return res.data
    }catch(err) {

        if(err.response.data.msg === 'Expired Token'){
            console.log("Refresh Your Token")
            throw err.response.data.msg
        }//end if
    }
}
```

변경된 코드를 실행하고 'Access Token'이 만료된 경우에는 다음과 같은 메시지가 보이게
됩니다.

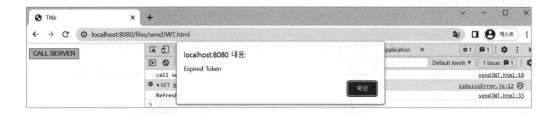

'Expired Token' 메시지가 발생하는 경우에 반드시 한번은 '/refreshToken'을 호출하도
록 수정합니다. '/refreshToken'을 호출하는 함수를 추가하고 예외 발생 시에 호출하도록 합
니다.

```javascript
const callServer = async() => {
    console.log("call server 1...")

    const accessToken = localStorage.getItem("accessToken")

    if(!accessToken) {
        throw 'Cannot Find Access Token'
    }

    const authHeader = {"Authorization": `Bearer ${accessToken}`}
    try {
        const res = await axios.get("http://localhost:8080/api/sample/doA",
            {headers: authHeader})
        return res.data
    }catch(err) {

        if(err.response.data.msg === 'Expired Token'){ //오래된 Access Token
            console.log("Refresh Your Token")

            try{
                await callRefresh() //refreshToken 호출
                console.log("new tokens....saved..") //새로운 토큰 저장후 다시 원래 기능 호출
                return callServer()

            }catch(refreshErr){
                throw refreshErr.response.data.msg
            }
        }//end if
    }
```

```
}

const callRefresh = async () => {

    const accessToken = localStorage.getItem("accessToken")
    const refreshToken = localStorage.getItem("refreshToken")

    const tokens = {accessToken, refreshToken}
    const res = await axios.post("http://localhost:8080/refreshToken", tokens)
    localStorage.setItem("accessToken", res.data.accessToken)
    localStorage.setItem("refreshToken", res.data.refreshToken)
}
```

추가된 callRefresh( )는 'Expired Token' 메시지가 전송되면 기존의 토큰들을 전송해서 새로운 'Access Token'을 받아 다시 Local Storage에 저장합니다. 저장된 후에 원래의 함수를 다시 호출해서 정상적으로 호출되는지 확인할 수 있습니다.

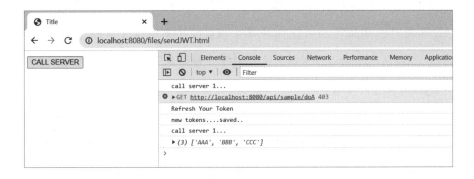

앞의 실행 결과를 보면 '/api/sample/doA'를 호출했을 때 오래된 Access Token을 가지고 접근했기 때문에 Refresh Token을 이용해서 토큰을 갱신하고 저장한 후에 다시 '/api/sample/doA'를 호출한 결과를 반환하고 있습니다.

- 4단계 - **만료된 Refresh Token**

만일 Access Token과 Refresh Token이 모두 만료된 상황이라면 브라우저에서는 'OLD_REFRESH' 에러 메시지가 전송됩니다.

이런 경우에는 사용자가 다시 '/files/apiLogin.html'로 인증 작업을 하고 새로운 토큰들을 발행 받아야만 합니다.

Ajax와 CORS 설정

API 서버에서는 JSON 데이터만 주고받는 방식이기 때문에 실제로 화면이 존재하지 않습니다. 실제 화면은 별도의 서버를 이용해서 처리하거나 리액트, Vue.js 등을 이용하는 SPA(Single Page Application) 방식으로 구현해서 물리적으로 분리되어 있는 서버나 프로그램에서 Ajax로 호출하게 됩니다.

이처럼 다른 서버에서 Ajax를 호출하면 '동일 출처 정책(same-origin policy)'을 위반하게 되면서 Ajax 호출은 정상적으로 이루어지지 않습니다. '동일 출처 정책'은 웹 브라우저 보안을 위해 프로토콜, 호스트, 포트가 같은 서버로만 ajax 요청을 주고 받을 수 있도록 한 정책으로 Ajax를 이용해서 다른 서버의 자원들을 마음대로 사용하는 것을 막기 위한 보안 조치입니다.

Ajax 호출이 '동일 출처 정책'으로 인해서 제한 받기 때문에 이를 해결하려면 'CORS(Cross Origin Resosource Sharing)' 처리가 필요합니다. CORS 처리를 하게 되면 Ajax 호출 서버와 API 서버가 다른 경우에도 접근과 처리를 허용할 수 있습니다.

CORS 처리가 필요한 상태 확인

실제로 어떤 문제가 있는지 확인하기 위해서 현재의 프로젝트가 실행되는 환경(API 서버)

에서 다른 포트로 별도의 서버(웹 서버)를 구성하고 어떤 문제가 생기는지 확인해 보도록 합니다. 작성하려는 새로운 프로젝트는 현재 실행되고 있는 API 서버가 실행되는 상황에서 추가로 프로젝트를 구성하는 방식입니다.

Nginx 웹 서버의 설치

별도의 서버를 구성하려는 방법은 여러 가지가 있을 수 있지만 최근에 많이 사용되는 Nginx 서버를 세팅해서 html 파일들을 서비스하고 Ajax를 이용해서 JWT를 사용해 보도록 합니다.

Nginx의 설치는 https://nginx.org/en/download.html에서 오픈소스로 제공되는 웹 서버를 내려받을 수 있습니다.

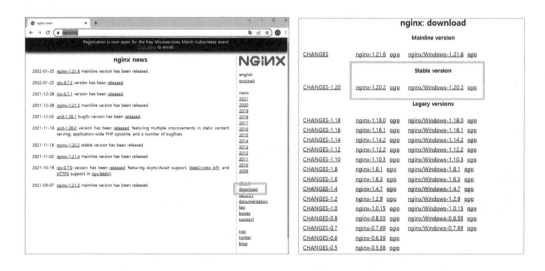

윈도우를 이용하는 경우 목록 중간 Stable version에 'Windows'가 있는 링크를 이용해서 내려받도록 합니다.

C 드라이브 아래에 webserver 폴더를 생성하고 내려받은 nginx 파일의 압축을 풀어줍니다.

압축을 풀어둔 경로에는 nginx-xxx 폴더가 생성되고 내부에 다음 그림과 같은 폴더와 파일이 생성된 것을 확인할 수 있습니다.

• Nginx의 시작과 종료

폴더들 중에서 html 폴더를 살펴보면 내부에 index.
html과 50x.html이 존재하는 것을 볼 수 있습니다.

Nginx가 시작되면 80 포트를 기본으로 동작하는데
이때 가장 먼저 사용할 수 있는 파일이 index.html입니다.

Nginx의 시작과 종료는 해당 폴더에서 'nginx.exe' 파일을 이용해서 처리합니다.

start nginx	서버 시작
nginx -s stop	서버 즉시 종료
nginx -s quit	서버 종료(완만한 종료)
nginx -s reload	설정 변경과 같은 작업 후 재시작
nginx -s reopen	로그 파일 재오픈

명령 프롬프트를 이용해서 해당 폴더로 이동하고 'start nginx'를 이용해서 서버를 실행합
니다. 서버 실행 후에는 브라우저로 'http://localhost'를 호출해서 index.html이 서비스 되
는 것을 확인합니다.

서버의 종료는 'nginx -s quit'으로 실행합니다.

· **html 폴더 편집**

실제 HTML 파일들의 내용은 html 폴더에 위치하므로 예제에서 작성했던 파일들을 html
폴더에 넣고 편집할 필요가 있습니다(예제에서는 VSCode를 이용해서 폴더를 열고 작업했
습니다).

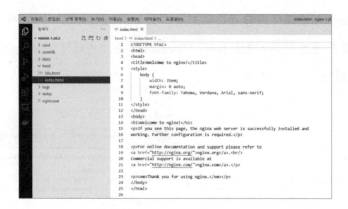

예제 파일 동작 확인

인텔리제이 예제 내에 static 폴더의 내용을 복사해서 html 폴더로 이동시킵니다.

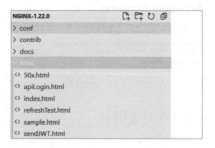

Nginx 서버를 실행하고 http://localhost/apiLogin.html을 실행해서 [generate Token]
버튼을 누르면 문제가 발생하는 것을 볼 수 있습니다.

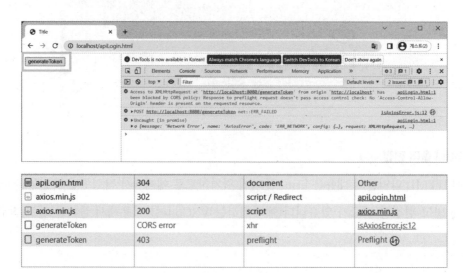

apiLogin.html	304	document	Other
axios.min.js	302	script / Redirect	apiLogin.html
axios.min.js	200	script	axios.min.js
generateToken	CORS error	xhr	isAxiosError.js:12
generateToken	403	preflight	Preflight

발생하는 문제는 Ajax 호출에 사용하는 CORS 문제와 GET 방식이 아닌 POST 방식을 이용할 때 발생하는 Preflight 문제입니다.

Preflight 요청(사전 요청)
Ajax는 GET/POST/HEAD 방식의 요청을 'Simple Request'라고 하고, 여기에 서버로 전송하는 Content-Type이 'application/x-www-form-urlencoded, multipart/form-data, text/plain'인 경우에는 Ajax의 호출을 허용합니다.
반면 현재 예제와 같이 '커스텀 헤더'를 이용하거나 Content-Type이 다른 경우에는 'Preflight Request'라는 것을 실행합니다.

CORS 문제 해결

Ajax의 '동일 출처 정책'을 해결하는 방법에는 여러 가지 방식이 있습니다. 예를 들어 브라우저에서 직접 서버를 호출하는 대신에 현재 서버 내 다른 프로그램을 이용해서 API 서버를 호출하는 프록시(proxy – 대리자) 패턴을 이용하거나 JSONP와 같이 JSON이 아니라 순수한 JS 파일을 요청하는 방식 등이 있습니다.

가장 권장되는 해결책은 당연히 서버에서 CORS 관련 설정으로 해결하는 것입니다. 서버에서 CORS 설정은 주로 필터(Filter)를 이용해서 브라우저의 응답 메시지에 해당 호출이 문제 없었다는 헤더 정보들을 같이 전송하는 방식입니다. 스프링 부트는 이러한 상황을 처리하기 위해서 웹 관련 설정을 약간 조정하는 방식을 이용하거나 컨트롤러는 @CrossOrigin 어노테이션을 이용해서 처리할 수 있습니다. 스프링 시큐리티 필터들의 설정은 config 폴더의 CustomSecurityConfig에 설정을 추가하는 방식으로 작성해 봅니다.

• CustomSecurityConfig 수정

프로젝트에서 config 내 CustomSecurityConfig에 cors( ) 관련 설정을 객체로 생성하고 이를 HttpSecurity 객체에 반영합니다(다음 코드를 작성할 때 import는 org.springframework.web.cors로 시작하는 타입들을 사용합니다).

```
@Bean
public SecurityFilterChain filterChain(final HttpSecurity http) throws Exception {
```

```
    log.info("------------configure-------------------");

        ...생략...
    http.cors(httpSecurityCorsConfigurer -> {
        httpSecurityCorsConfigurer.configurationSource(corsConfigurationSource());
    });

    return http.build();

}

@Bean
public CorsConfigurationSource corsConfigurationSource() {
    CorsConfiguration configuration = new CorsConfiguration();
    configuration.setAllowedOriginPatterns(Arrays.asList("*"));
    configuration.setAllowedMethods(Arrays.asList("HEAD", "GET", "POST", "PUT",
                                                            "DELETE"));
    configuration.setAllowedHeaders(Arrays.asList("Authorization", "Cache-
                                                Control", "Content-Type"));
    configuration.setAllowCredentials(true);
    UrlBasedCorsConfigurationSource source = new UrlBasedCorsConfigurationSour
                                                                        ce();
    source.registerCorsConfiguration("/**", configuration);
    return source;
}
```

프로젝트를 재시작하고 Nginx 서버의 'apiLogin.html'을 이용해서 API 서버의 '/genera-teToken'을 호출했을 때 정상적으로 호출되는지 확인합니다.

Name	Status	Type	Initiator
apiLogin.html	304	document	Other
axios.min.js	302	script / Redirect	apiLogin.html
axios.min.js	200	script	axios.min.js
generateToken	200	preflight	Preflight
generateToken	200	xhr	isAxiosError.js:12

마지막으로 정상적인 토큰들이 발행되었다면 'sendJWT.html'을 이용해서 정상으로 호출이 가능한지 살펴봅니다. 만일 Refresh Token이 만료되었다면 다음 그림과 같이 '/refresh-Token'의 호출도 같이 확인할 수 있습니다.

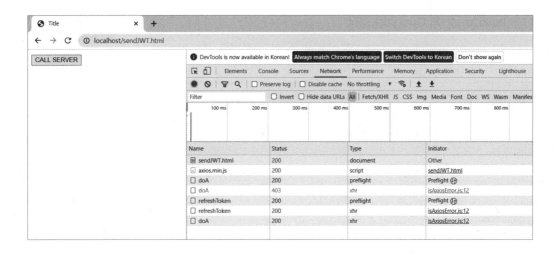

Todo API 서비스

Ajax로 JSON 데이터를 교환하고 JWT로 인증 정보를 처리할 수 있게 되었다면 이를 활용하는 간단한 Todo 서비스를 작성해 보도록 합니다.

Todo 서비스는 다음과 같은 경로와 메소드를 이용하도록 구성합니다. 모든 경로의 호출에는 JWT를 이용하도록 합니다.

경로	메소드	파라미터	설명
/api/todo/	POST	JSON	신규 Todo 입력
/api/todo/list	GET	size,page,from,to,keyword	PageResponseDTO를 JSON으로 만든 결과
/api/todo/{tno}	GET		특정 Todo 조회
/api/todo/{tno}	PUT	JSON	특정 Todo 수정
/api/todo/{tno}	DELETE		특정 Todo 삭제

Todo 엔티티/DTO와 Repository

Todo API 서비스는 검색 기능과 페이징 처리 등을 지원하기 위해서 가장 먼저 도메인 관련 처리를 작성하도록 합니다.

· build.gradle의 Querydsl 설정

build.gradle 파일에 Querydsl을 이용할 수 있는 설정을 추가합니다.

```
buildscript {
    ext {
        queryDslVersion = "5.0.0"
    }
}

...
dependencies {

    ...

    implementation "com.querydsl:querydsl-jpa:${queryDslVersion}"

    annotationProcessor(

            "javax.persistence:javax.persistence-api",

            "javax.annotation:javax.annotation-api",

            "com.querydsl:querydsl-apt:${queryDslVersion}:jpa")
}

...

sourceSets {
    main {
        java {
            srcDirs = ["$projectDir/src/main/java", "$projectDir/build/generated"]
        }
    }
}
```

· Todo 엔티티 클래스

Todo 엔티티는 domain 패키지에 Todo 클래스로 작성합니다.

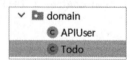

```
package org.zerock.api01.domain;

import lombok.*;
import javax.persistence.*;
```

```
import java.time.LocalDate;


@Entity
@Builder
@NoArgsConstructor
@AllArgsConstructor
@Getter
@ToString
@Table(name = "tbl_todo_api")
public class Todo {

    @Id
    @GeneratedValue(strategy = GenerationType.IDENTITY)
    private Long tno;
    private String title;
    private LocalDate dueDate;
    private String writer;
    private boolean complete;

    public void changeComplete(boolean complete){
        this.complete = complete;
    }
    public void changeDueDate(LocalDate dueDate){
        this.dueDate = dueDate;
    }
    public void changeTitle(String title){
        this.title = title;
    }

}
```

작성된 Todo에 대해서 Querydsl이 사용하는 QTodo가 생성되는지를 확인하도록 합니다. gradle 메뉴의 other에 complileJava를 실행하고 build 폴더에 생성된 결과를 확인합니다.

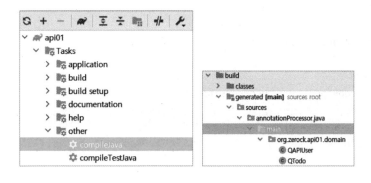

• TodoRepository와 테스트

reepository 패키지에 TodoRepository 인터페이스를 추
가합니다.

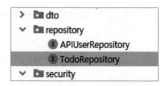

```
package org.zerock.api01.repository;

import org.springframework.data.jpa.repository.JpaRepository;
import org.zerock.api01.domain.Todo;

public interface TodoRepository extends JpaRepository<Todo, Long> {
}
```

테스트 폴더에는 TodoRepositoryTests를 추가합
니다.

테스트 코드를 이용해서 100여개의 더미 데이터
를 추가하도록 합니다.

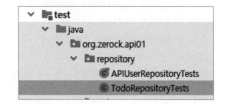

```
package org.zerock.api01.repository;


import lombok.extern.log4j.Log4j2;
import org.junit.jupiter.api.Test;
import org.springframework.beans.factory.annotation.Autowired;
import org.springframework.boot.test.context.SpringBootTest;
import org.zerock.api01.domain.Todo;

import java.time.LocalDate;
import java.util.stream.IntStream;

@SpringBootTest
@Log4j2
public class TodoRepositoryTests {

    @Autowired
    private TodoRepository todoRepository;

    @Test
    public void testInsert() {
```

```
        IntStream.rangeClosed(1,100).forEach(i -> {

            Todo todo = Todo.builder()
                    .title("Todo..."+i)
                    .dueDate(LocalDate.of(2022, (i%12)+1, (i%30)+1 ))
                    .writer("user"+(i % 10))
                    .complete(false)
                    .build();

            todoRepository.save(todo);

        });
    }//end method
}
```

데이터베이스에 추가된 결과를 확인합니다.

tno	complete	due_date	title	writer
1	false	2022-02-02	Todo...1	user1
2	false	2022-03-03	Todo...2	user2
3	false	2022-04-04	Todo...3	user3
4	false	2022-05-05	Todo...4	user4
5	false	2022-06-06	Todo...5	user5
6	false	2022-07-07	Todo...6	user6
7	false	2022-08-08	Todo...7	user7
8	false	2022-09-09	Todo...8	user8
9	false	2022-10-10	Todo...9	user9
10	false	2022-11-11	Todo...10	user0
11	false	2022-12-12	Todo...11	user1
12	false	2022-01-13	Todo...12	user2
13	false	2022-02-14	Todo...13	user3
14	false	2022-03-15	Todo...14	user4
15	false	2022-04-16	Todo...15	user5
16	false	2022-05-17	Todo...16	user6
17	false	2022-06-18	Todo...17	user7
18	false	2022-07-19	Todo...18	user8

· TodoDTO 클래스

dto 패키지에는 Todo를 위한 TodoDTO를 작성합니다.

```
package org.zerock.api01.dto;

import com.fasterxml.jackson.annotation.JsonFormat;
import lombok.AllArgsConstructor;
import lombok.Builder;
import lombok.Data;
import lombok.NoArgsConstructor;

import java.time.LocalDate;

@Data
@Builder
@AllArgsConstructor
@NoArgsConstructor
```

```
public class TodoDTO {

    private Long tno;
    private String title;

    @JsonFormat(shape = JsonFormat.Shape.STRING, pattern = "yyyy-MM-dd", timezone
                                                          = "Asia/Seoul")

    private LocalDate dueDate;

    private String writer;
    private boolean complete;
}
```

TodoDTO는 LocalDate와 boolean을 이용하기 때문에 JSON 처리 시에 주의할 필요가 있습니다.

TodoService/TodoServiceImpl

서비스 계층은 service 패키지를 생성하고, TodoService 인터페이스와 TodoServiceImpl 클래스만 작성해 두고 우선 등록에 대한 처리만을 구현하도록 합니다.

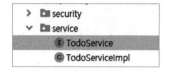

```
package org.zerock.api01.service;

import org.zerock.api01.dto.TodoDTO;

import javax.transaction.Transactional;

@Transactional
public interface TodoService {

    Long register(TodoDTO todoDTO);

}
```

```
package org.zerock.api01.service;

import lombok.RequiredArgsConstructor;
```

```
import lombok.extern.log4j.Log4j2;
import org.modelmapper.ModelMapper;
import org.springframework.stereotype.Service;
import org.zerock.api01.domain.Todo;
import org.zerock.api01.dto.TodoDTO;
import org.zerock.api01.repository.TodoRepository;

@Service
@RequiredArgsConstructor
@Log4j2
public class TodoServiceImpl implements TodoService{

    private final TodoRepository todoRepository;
    private final ModelMapper modelMapper;

    @Override
    public Long register(TodoDTO todoDTO) {

        Todo todo = modelMapper.map(todoDTO, Todo.class);

        Long tno = todoRepository.save(todo).getTno();

        return tno;
    }
}
```

TodoController 처리

controller 패키지에는 TodoController 클래스를 추가하
는데 API 서비스의 경우에는 @RestController를 이용해서
데이터를 처리하도록 구성합니다.

```
package org.zerock.api01.controller;

import lombok.RequiredArgsConstructor;
import lombok.extern.log4j.Log4j2;
import org.springframework.http.MediaType;
import org.springframework.web.bind.annotation.PostMapping;
import org.springframework.web.bind.annotation.RequestBody;
import org.springframework.web.bind.annotation.RequestMapping;
import org.springframework.web.bind.annotation.RestController;
```

```java
import org.zerock.api01.dto.TodoDTO;
import org.zerock.api01.service.TodoService;

import java.util.Map;

@RestController
@RequestMapping("/api/todo")
@Log4j2
@RequiredArgsConstructor
public class TodoController {

    private final TodoService todoService;

    @PostMapping(value = "/", consumes = MediaType.APPLICATION_JSON_VALUE)
    public Map<String, Long> register(@RequestBody TodoDTO todoDTO){

        log.info(todoDTO);

        return Map.of("tno", 12L);
    }

}
```

TodoController는 우선 JSON 문자열을 TodoDTO로 문제없이 받아들이는지를 먼저 확인하도록 합니다.

프로젝트를 시작하고 Swagger-UI를 이용해서 확인합니다. 이 과정에서 Access Token이 필요하므로 미리 '/files/apiLogin.html'을 이용해서 생성하고 이를 복사해서 사용합니다.

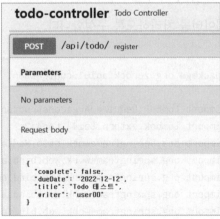

JSON으로 전송된 데이터가 정상적으로 서버에 도달했는지 확인합니다.

```
Mapped to org.zerock.api01.controller.TodoController#register(TodoDTO)
Read "application/json;charset=UTF-8" to [TodoDTO(tno=null, title=크리스마스 선물, dueDate=2022-12-25, writer=zerock,
TodoDTO(tno=null, title=크리스마스 선물, dueDate=2022-12-25, writer=zerock, complete=false)
Using 'application/json', given [*/*] and supported [application/json, application/*+json]
Writing [{tno=12}]
```

앞에서 같이 JSON 문자열의 처리가 문제가 없는지 확인했다면 TodoService의 register( )
를 이용해서 결과를 만들어 냅니다.

```java
@PostMapping(value = "/", consumes = MediaType.APPLICATION_JSON_VALUE)
public Map<String, Long> register(@RequestBody TodoDTO todoDTO){

    log.info(todoDTO);

    Long tno = todoService.register(todoDTO);

    return Map.of("tno", tno);
}
```

Swagger UI를 이용해서 최종적인 테스트를 진행합니다.

```
Hibernate:
    insert
    into
        tbl_todo_api
        (complete, due_date, title, writer)
    values
        (?, ?, ?, ?)
```

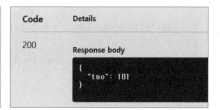

조회와 목록 처리

조회는 서비스 계층에서 Todo 엔티티 객체를 TodoD-
TO로 변환해서 처리하도록 구성합니다.

```java
public interface TodoService {

    Long register(TodoDTO todoDTO);
```

```
    TodoDTO read(Long tno);

}
```

TodoServiceImpl에서의 구현은 다음과 같습니다.

```
@Override
public TodoDTO read(Long tno) {

    Optional<Todo> result = todoRepository.findById(tno);

    Todo todo = result.orElseThrow();

    return modelMapper.map(todo, TodoDTO.class);
}
```

TodoController에서는 @PathVariable을 이용해서 '/api/todo/111'과 같은 경로를 처리합니다.

```
@GetMapping("/{tno}")
public TodoDTO read(@PathVariable("tno") Long tno){

    log.info("read tno: " + tno);

    return todoService.read(tno);
}
```

GET 방식이지만 API 서비스이므로 Access Token을 지정해야만 정상으로 동작합니다.

· 페이징 처리를 위한 준비

목록을 처리하기 위해서는 이전 예제에서 작성했던 PageReq-
uestDTO와 PageResponseDTO를 이용하는 것이 편리합니다.

dto 패키지에 PageRequestDTO와 PageResponseDTO 클
래스를 추가해 둔 상태에서 개발을 시작합니다.

PageRequestDTO는 Todo의 검색 조건을 고려해서 다음과 같은 항목들을 추가합니다.

- 기간별 검색 조건을 고려해서 LocalDate로 from,to

- 완료 여부를 고려해서 complete

```java
package org.zerock.api01.dto;

import lombok.AllArgsConstructor;
import lombok.Builder;
import lombok.Data;
import lombok.NoArgsConstructor;
import org.springframework.data.domain.PageRequest;
import org.springframework.data.domain.Pageable;
import org.springframework.data.domain.Sort;

import java.io.UnsupportedEncodingException;
import java.net.URLEncoder;
import java.time.LocalDate;

@Builder
@Data
@AllArgsConstructor
@NoArgsConstructor
public class PageRequestDTO {
    @Builder.Default
    private int page = 1;
    @Builder.Default
    private int size = 10;
    private String type; // 검색의 종류t,c, w, tc,tw, twc
    private String keyword;

    //추가된 내용들
    private LocalDate from;
    private LocalDate to;
    private Boolean completed;

    public String[] getTypes(){
```

```
        if(type == null || type.isEmpty()){
            return null;
        }
        return type.split("");
    }

    public Pageable getPageable(String...props) {
        return PageRequest.of(this.page -1, this.size, Sort.by(props).descending());
    }

    private String link;

    public String getLink() {

        if(link == null){
            StringBuilder builder = new StringBuilder();

            builder.append("page=" + this.page);

            builder.append("&size=" + this.size);


            if(type != null && type.length() > 0){
                builder.append("&type=" + type);
            }

            if(keyword != null){
                try {
                    builder.append("&keyword=" + URLEncoder.encode(keyword,"UTF-8"));
                } catch (UnsupportedEncodingException e) {
                }
            }
            link = builder.toString();
        }

        return link;
    }

}
```

PageResponseDTO는 기존의 코드를 그대로 사용합니다.

```
package org.zerock.api01.dto;
import lombok.Builder;
```

```java
import lombok.Getter;
import lombok.ToString;

import java.util.List;

@Getter
@ToString
public class PageResponseDTO<E> {

    private int page;
    private int size;
    private int total;

    // 시작 페이지 번호
    private int start;
    // 끝 페이지 번호
    private int end;

    // 이전 페이지의 존재 여부
    private boolean prev;
    // 다음 페이지의 존재 여부
    private boolean next;

    private List<E> dtoList;

    @Builder(builderMethodName = "withAll")
    public PageResponseDTO(PageRequestDTO pageRequestDTO, List<E> dtoList, int
total){

        if(total <= 0){
            return;
        }

        this.page = pageRequestDTO.getPage();
        this.size = pageRequestDTO.getSize();

        this.total = total;
        this.dtoList = dtoList;

        this.end =   (int)(Math.ceil(this.page / 10.0 )) *  10;

        this.start = this.end - 9;

        int last =  (int)(Math.ceil((total/(double)size)));

        this.end =  end > last ? last: end;
```

```
        this.prev = this.start > 1;

        this.next =  total > this.end * this.size;

    }
}
```

· Querydsl을 이용한 검색 조건 처리

PageRequestDTO의 내용을 고려해서 검색 조건에 따라
동적으로 검색 조건이 만들어지므로 Querydsl을 이용하기
위해서 추가적인 개발을 준비합니다.

repository 패키지에 search 패키지를 추가하고 Todo-

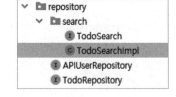

Search 인터페이스와 TodoSearchImpl(클래스 이름 주의)클래스를 작성합니다.

```
package org.zerock.api01.repository.search;

import org.springframework.data.domain.Page;
import org.zerock.api01.dto.PageRequestDTO;
import org.zerock.api01.dto.TodoDTO;

public interface TodoSearch {

    Page<TodoDTO> list(PageRequestDTO pageRequestDTO);
}
```

TodoSearchImpl은 QuerydslRepositorySupport를 부모 클래스로 지정하고 TodoSearch
인터페이스를 구현하도록 선언합니다.

```
package org.zerock.api01.repository.search;

import lombok.extern.log4j.Log4j2;
import org.springframework.data.domain.Page;
import org.springframework.data.jpa.repository.support.QuerydslRepositorySupport;
import org.zerock.api01.domain.Todo;
import org.zerock.api01.dto.PageRequestDTO;
import org.zerock.api01.dto.TodoDTO;
```

```
@Log4j2
public class TodoSearchImpl extends QuerydslRepositorySupport implements
TodoSearch {

    public TodoSearchImpl() {
        super(Todo.class);
    }

    @Override
    public Page<TodoDTO> list(PageRequestDTO pageRequestDTO) {
        return null;
    }
}
```

기존의 TodoRepository에는 TodoSearch 인터페이스를
추가합니다.

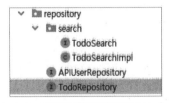

```
package org.zerock.api01.repository;

import org.springframework.data.jpa.repository.JpaRepository;
import org.zerock.api01.domain.Todo;
import org.zerock.api01.repository.search.TodoSearch;

public interface TodoRepository extends JpaRepository<Todo, Long>, TodoSearch {
}
```

TodoSearchImpl에는 QTodo를 이용해서 from,to를 이용하는 검색 조건이나 complete에
해당하는 검색 조건을 다음과 같이 구현합니다.

```
@Override
public Page<TodoDTO> list(PageRequestDTO pageRequestDTO) {

    QTodo todo = QTodo.todo;

    JPQLQuery<Todo> query = from(todo);

    if(pageRequestDTO.getFrom() != null && pageRequestDTO.getTo() != null){

        BooleanBuilder fromToBuilder = new BooleanBuilder();
        fromToBuilder.and(todo.dueDate.goe(pageRequestDTO.getFrom()));
```

```
        fromToBuilder.and(todo.dueDate.loe(pageRequestDTO.getTo()));
        query.where(fromToBuilder);
    }


    if(pageRequestDTO.getCompleted() != null){
        query.where(todo.complete.eq(pageRequestDTO.getCompleted()));
    }


    if(pageRequestDTO.getKeyword() != null){
        query.where(todo.title.contains(pageRequestDTO.getKeyword()));
    }


    this.getQuerydsl().applyPagination(pageRequestDTO.getPageable("tno"), query);

    JPQLQuery<TodoDTO> dtoQuery = query.select(Projections.bean(TodoDTO.class,
            todo.tno,
            todo.title,
            todo.dueDate,
            todo.complete,
            todo.writer
    ));

    List<TodoDTO> list = dtoQuery.fetch();

    long count = dtoQuery.fetchCount();


    return new PageImpl<>(list, pageRequestDTO.getPageable("tno"), count);
}
```

검색 조건에 대한 테스트는 TodoRepository-
Tests를 이용해서 작성합니다.

```
@Test
public void testSearch(){

    PageRequestDTO pageRequestDTO = PageRequestDTO.builder()
            .from(LocalDate.of(2022,10,01))
            .to(LocalDate.of(2022,12,31))
            .build();
```

```
    Page<TodoDTO> result = todoRepository.list(pageRequestDTO);

    result.forEach(todoDTO -> log.info(todoDTO));

}
```

testSearch( )를 실행하면 다음과 같이 Todo의 dueDate를 기준으로 쿼리가 작성되는 것을 확인할 수 있습니다(count 쿼리 결과는 생략).

```
select
    todo0_.tno as col_0_0_,
    todo0_.title as col_1_0_,
    todo0_.due_date as col_2_0_,
    todo0_.complete as col_3_0_,
    todo0_.writer as col_4_0_
from
    tbl_todo_api todo0_
where
    todo0_.due_date>=?
    and todo0_.due_date<=?
order by
    todo0_.tno desc limit ?
```

```
TodoDTO(tno=101, title=크리스마스 선물, dueDate=2022-12-25, writer=zerock, complete=false)
TodoDTO(tno=95, title=Todo...95, dueDate=2022-12-06, writer=user5, complete=false)
TodoDTO(tno=94, title=Todo...94, dueDate=2022-11-05, writer=user4, complete=false)
TodoDTO(tno=93, title=Todo...93, dueDate=2022-10-04, writer=user3, complete=false)
TodoDTO(tno=83, title=Todo...83, dueDate=2022-12-24, writer=user3, complete=false)
TodoDTO(tno=82, title=Todo...82, dueDate=2022-11-23, writer=user2, complete=false)
TodoDTO(tno=81, title=Todo...81, dueDate=2022-10-22, writer=user1, complete=false)
TodoDTO(tno=71, title=Todo...71, dueDate=2022-12-12, writer=user1, complete=false)
TodoDTO(tno=70, title=Todo...70, dueDate=2022-11-11, writer=user0, complete=false)
TodoDTO(tno=69, title=Todo...69, dueDate=2022-10-10, writer=user9, complete=false)
```

• 서비스 계층 구현

TodoService와 TodoServiceImpl에서는 TodoRepository의 Page<TodoDTO>를 PageResponseDTO 타입으로 변환합니다.

```
public interface TodoService {

    Long register(TodoDTO todoDTO);

    TodoDTO read(Long tno);

    PageResponseDTO<TodoDTO> list(PageRequestDTO pageRequestDTO);
}
```

TodoServiceImpl 구현은 다음과 같습니다.

```java
@Override
public PageResponseDTO<TodoDTO> list(PageRequestDTO pageRequestDTO) {

    Page<TodoDTO> result = todoRepository.list(pageRequestDTO);

    return PageResponseDTO.<TodoDTO>withAll()
            .pageRequestDTO(pageRequestDTO)
            .dtoList(result.toList())
            .total((int)result.getTotalElements())
            .build();
}
```

· 컨트롤러 구현과 확인

TodoController에서는 list( ) 메소드를 작성해서 검색과
페이징을 처리합니다.

```java
@GetMapping(value = "/list", produces = MediaType.APPLICATION_JSON_VALUE)
public PageResponseDTO<TodoDTO> list(PageRequestDTO pageRequestDTO){

    return todoService.list(pageRequestDTO);
}
```

Swagger UI에서는 Access Token을 지정한 후에 확인 가능합니다.

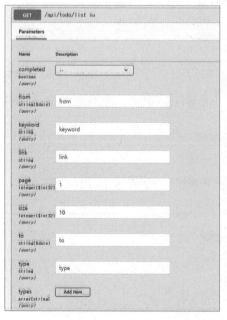

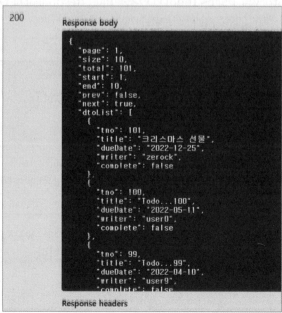

Todo 수정과 삭제

Todo 삭제와 달리 수정 가능한 부분은 '제목(title), 완료 여부(complete), 만료일(due-Date)'만 가능합니다.

TodoService와 TodoServiceImpl에서는 수정과 삭제 기능을 다음과 같이 구현합니다.

```java
public interface TodoService {

    Long register(TodoDTO todoDTO);

    TodoDTO read(Long tno);

    PageResponseDTO<TodoDTO> list(PageRequestDTO pageRequestDTO);

    void remove(Long tno);

    void modify(TodoDTO todoDTO);
}
public class TodoServiceImpl implements TodoService{


    ...

    @Override
    public void remove(Long tno) {

        todoRepository.deleteById(tno);

    }

    @Override
    public void modify(TodoDTO todoDTO) {

        Optional<Todo> result = todoRepository.findById(todoDTO.getTno());

        Todo todo = result.orElseThrow();

        todo.changeTitle(todoDTO.getTitle());
        todo.changeDueDate(todoDTO.getDueDate());
        todo.changeComplete(todoDTO.isComplete());
```

```
            todoRepository.save(todo);
    }
}
```

· 컨트롤러에서의 수정/삭제

TodoController에서 삭제는 Delete 방식으로 처리하고, 수
정은 PUT 방식으로 처리하도록 구현합니다.

```
@DeleteMapping(value= "/{tno}")
public Map<String, String> delete(@PathVariable Long tno){

    todoService.remove(tno);
    return Map.of("result", "success");
}
```

```
@PutMapping(value="/{tno}", consumes = MediaType.APPLICATION_JSON_VALUE)
public Map<String, String> modify(@PathVariable("tno") Long tno,@RequestBody
TodoDTO todoDTO ){

    //잘못된 tno가 발생하지 못하도록
    todoDTO.setTno(tno);

    todoService.modify(todoDTO);

    return Map.of("result", "success");
}
```

수정과 삭제 테스트

삭제 테스트는 현재 데이터베이스에 존재하는 번호를 이용해서 테스트를 진행합니다(Ac-
cess Token을 지정한 후에 테스트해야 합니다).

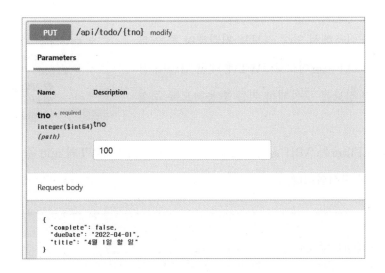

삭제가 제대로 되었는지는 데이터베이스를 통해서 확인합니다.

🔑tno ÷	📰 complete	÷	📰 due_date	÷	📰 title	÷	📰 writer	÷
100	false		2022-05-11		Todo...100		user0	
99	false		2022-04-10		Todo...99		user9	
98	false		2022-03-09		Todo...98		user8	
97	false		2022-02-08		Todo...97		user7	
96	false		2022-01-07		Todo...96		user6	
95	false		2022-12-06		Todo...95		user5	

수정 작업은 JSON 문자열을 작성해서 전송해야 합니다.

최종적으로 데이터베이스를 확인해 보면 다음과 같이 변경된 값들을 확인할 수 있습니다.

🔑tno ÷	📰 complete	÷	📰 due_date	÷	📰 title	÷	📰 writer	÷
100	false		2022-04-01		4월 1일 할 일		user0	
99	false		2022-04-10		Todo...99		user9	
98	false		2022-03-09		Todo...98		user8	

JWT와 @PreAuthorize

JWT 기반의 인증 작업은 일반적인 세션 기반의 인증과 다르기 때문에 스프링 시큐리티에서 사용하는 @PreAuthorize를 이용할 수 없다는 단점이 있습니다. 게다가 API 서버에서 CSRF 토큰을 사용하지 않는 경우가 많고, CustomSecurityConfig 설정과 같이 세션을 생성하지 않고, 기존에 만들어진 세션을 사용하지도 않는 SessionCreationPolicy.STATELESS 설정하는 경우가 대부분입니다.

따라서 JWT 인증을 이용하는 때는 JWT 안에 아이디(username, 예제에서는 mid)를 이용해서 인증 정보를 직접 처리해서 스프링 시큐리티에서 활용할 수 있도록 지정하는 방법을 생각할 수 있습니다.

스프링 시큐리티에서는 SecurityContextHolder라는 객체로 인증과 관련된 정보를 저장해서 컨트롤러 등에서 이를 활용할 수 있는데 이를 이용하면 @PreAuthorize를 이용할 수 있다는 장점이 있습니다.

TokenCheckFilter 수정

JWT 토큰을 이용해서 인증 정보를 처리해야 하는 부분은 TokenCheckFilter이므로 JWT에 대한 검증이 끝난 이후에 인증 정보를 구성해서 이를 활용하도록 구성합니다.

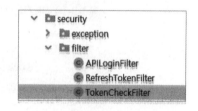

TokenCheckFilter는 APIUserDetailsService를 이용해서 JWT의 mid 값으로 사용자 정보를 얻어오도록 구성합니다.

```
@Log4j2
@RequiredArgsConstructor
public class TokenCheckFilter extends OncePerRequestFilter {

    private final APIUserDetailsService apiUserDetailsService;
    private final JWTUtil jwtUtil;

    ...이하 생략...
```

TokenCheckFilter를 설정하는 CustomSecurityConfig의 설정 역시 변경해 주어야 합니다.

filterChain( )에서는 TokenCheckFilter 생성 부분을 수정합니다.

```
//APILoginFilter의 위치 조정
http.addFilterBefore(apiLoginFilter, UsernamePasswordAuthenticationFilter.class);

//api로 시작하는 모든 경로는 TokenCheckFilter 동작
http.addFilterBefore(
        tokenCheckFilter(jwtUtil, apiUserDetailsService),
        UsernamePasswordAuthenticationFilter.class
);
```

TokenCheckFilter를 생성하는 부분 역시 수정합니다.

```
private TokenCheckFilter tokenCheckFilter(JWTUtil jwtUtil, APIUserDetailsService
apiUserDetailsService){

    return new TokenCheckFilter(apiUserDetailsService, jwtUtil);
}
```

TokenCheckFilter 내부에는 JWT의 mid 값을 이용해서 UserDetails를 구하고 이를 활용해서 UsernamePasswordAuthenticationToken 객체를 구성합니다.

```
try{

    Map<String, Object> payload = validateAccessToken(request);

    //mid
    String mid = (String)payload.get("mid");

    log.info("mid: " + mid);

    UserDetails userDetails = apiUserDetailsService.loadUserByUsername(mid);

    UsernamePasswordAuthenticationToken authentication =
            new UsernamePasswordAuthenticationToken(
                userDetails, null, userDetails.getAuthorities());
```

```
    SecurityContextHolder.getContext().setAuthentication(authentication);

    filterChain.doFilter(request,response);
}catch(AccessTokenException accessTokenException){
    accessTokenException.sendResponseError(response);
}
```

변경된 코드에서 가장 핵심적인 부분은 UsernamePasswordAuthenticationToken 객체를
구성해서 SecurityContextHolder.getContext().setAuthentication(authentication)를 통
해 스프링 시큐리티에서 사용할 수 있도록 하는 부분입니다.

@PreAuthorize 적용

변경된 TokenCheckFilter가 정상적으로 동작하는지 확
인하기 위해서 SampleController에 @PreAuthorize를 적
용해 봅니다.

```
package org.zerock.api01.controller;


import io.swagger.annotations.ApiOperation;
import org.springframework.security.access.prepost.PreAuthorize;
import org.springframework.web.bind.annotation.GetMapping;
import org.springframework.web.bind.annotation.RequestMapping;
import org.springframework.web.bind.annotation.RestController;

import java.util.Arrays;
import java.util.List;

@RestController
@RequestMapping("/api/sample")
public class SampleController {

    @GetMapping("/doA")
    @PreAuthorize("hasRole('ROLE_USER')")
    public List<String> doA() {
        return Arrays.asList("AAA","BBB","CCC");
```

```
    }

    @PreAuthorize("hasRole('ROLE_ADMIN')")
    @GetMapping("/doB")
    public List<String> doB() {
        return Arrays.asList("AdminAAA","AdminBBB","AdminCCC");
    }
}
```

JWT로 인증하는 사용자(APIUser)는 모두 'ROLE_USER' 권한만을 가지고 있으므로 SampleController에 추가된 '/api/sample/doB'를 호출할 때는 권한이 없으므로 호출이 불가능하게 됩니다.

Access Token을 구하고 Swagger UI를 이용해서 '/api/sample/doA'와 '/api/sample/doB'를 확인해 봅니다.

'/api/sample/doA'의 경우 정상적으로 호출이 가능합니다.

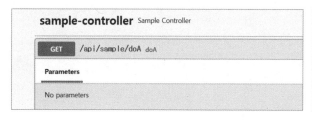
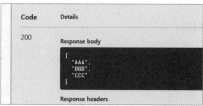

'/api/sample/doB'의 경우 403 에러가 발생하게 됩니다.

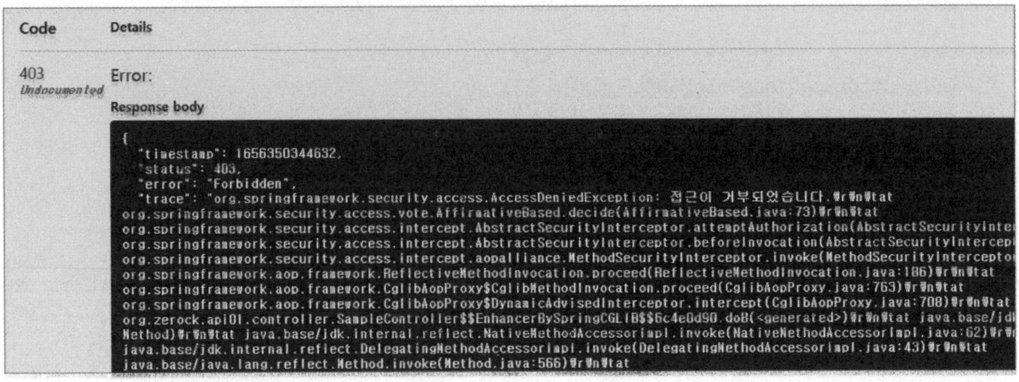
Code
Details
403
Undocumented
Error:
Response body
{
"timestamp": 1656350344632,
"status": 403,
"error": "Forbidden",
"trace": "org.springframework.security.access.AccessDeniedException: 접근이 거부되었습니다.\r\n\tat
org.springframework.security.access.vote.AffirmativeBased.decide(AffirmativeBased.java:73)\r\n\tat
org.springframework.security.access.intercept.AbstractSecurityInterceptor.attemptAuthorization(AbstractSecurityInte
org.springframework.security.access.intercept.AbstractSecurityInterceptor.beforeInvocation(AbstractSecurityIntercep
org.springframework.security.access.intercept.aopalliance.MethodSecurityInterceptor.invoke(MethodSecurityIntercepto
org.springframework.aop.framework.ReflectiveMethodInvocation.proceed(ReflectiveMethodInvocation.java:186)\r\n\tat
org.springframework.aop.framework.CglibAopProxy$CglibMethodInvocation.proceed(CglibAopProxy.java:763)\r\n\tat
org.springframework.aop.framework.CglibAopProxy$DynamicAdvisedInterceptor.intercept(CglibAopProxy.java:708)\r\n\tat
org.zerock.api01.controller.SampleController$$EnhancerBySpringCGLIB$$6c4e0d90.doB(<generated>)\r\n\tat java.base/jd
Method)\r\n\tat java.base/jdk.internal.reflect.NativeMethodAccessorImpl.invoke(NativeMethodAccessorImpl.java:62)\r\
java.base/jdk.internal.reflect.DelegatingMethodAccessorImpl.invoke(DelegatingMethodAccessorImpl.java:43)\r\n\tat
java.base/java.lang.reflect.Method.invoke(Method.java:566)\r\n\tat

JWT 인증과 @PreAuthorize를 이용하는 경우 매번 호출할 때마다 APIUserDetailsService를 이용해서 사용자 정보를 다시 로딩해야 하는 단점이 있습니다. 이 과정에서 데이터베이스 호출 역시 피할 수 없습니다.

```
Hibernate:
    select
        apiuser0_.mid as mid1_0_0_,
        apiuser0_.mpw as mpw2_0_0_
    from
        apiuser apiuser0_
    where
        apiuser0_.mid=?
```

JWT를 이용하는 의미는 이미 적절한 토큰의 소유자가 인증 완료되었다고 가정해야 하므로 가능하다면 다시 인증 정보를 구성하는 것은 성능상 좋은 방식은 아니라고 할 수 있습니다.

스프링 부트를
AWS에서

스프링 부트를 이용해서 구성되는 웹 관련 프로그램은 단독으로 실행이 가능하므로 새로운 환경에서도 쉽게 실행이 가능합니다. 이 파트에서는 Amazon의 AWS를 이용해서 데이터베이스나 파일 업로드, 실제 배포를 진행해 보도록 합니다.

10.1 자바 웹 개발 환경 만들기

AWS의 가장 대표적인 서비스 중에 하나는 EC2라는 가상 머신 서비스입니다. EC2는 다양한 운영체제를 가진 서비스를 제공하여 원하는 서버 환경을 구성할 수 있습니다.

EC2 생성과 접속

AWS의 EC2를 이용하기 위해서는 EC2 서비스에 인스턴스를 생성해 주어야 합니다.

신규 생성은 [인스턴스 시작] 메뉴에서 원하는 운영체제를 선택할 수 있습니다. 이때 EC2는 항상 비용이 발생할 수 있으므로 간단한 실습은 처음 가입할 때 사용할 수 있는 '프리티어'로 이용 가능한 항목을 선택하도록 합니다(AWS를 이용할 때 제공하는 프리티어는 무료라고 하지만 지정된 사용량을 초과하는 순간부터 많은 비용이 발생하므로 항상 주의해야 합니다).

예제에서는 'Amazon Linux ..'를 이용할 것입니다.

다음 단계에서 '인스턴스 유형'을 지정하고 [검토 및 시작]을 선택합니다.

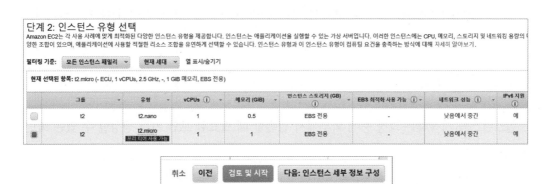

[검토 및 시작]을 누르면 마지막 단계로 이동하고, 외부 연결이 가능해지므로 위험하다는 메시지가 출력되는 것을 볼 수 있습니다.

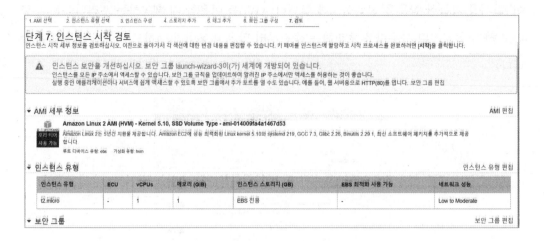

앞선 경고 메시지는 '6. 보안 그룹 구성'에서 보면 22번 포트로 SSH 연결을 어디서든 사용할 수 있도록 설정되어 있기 때문에 위험할 수 있다는 경고입니다.

만일 외부에서 AWS를 접속해 개발하는 상황이라면 그대로 [검토 및 시작]을 지정합니다.

키(key) 생성과 발급

인스턴스를 시작하는 과정 중에 외부에서 접속할 때 필요한 보안 키를 생성할 수 있는 화면이 보이게 됩니다.

[새 키 페어 생성]을 선택하면 '키 페어 이름'을 지정하는 부분이 나오는데 이는 나중에 파일 이름이 되므로 기억해 두어야 합니다. 예제에서는 'zerockawskey'라는 이름으로 지정하고 생성하는 키는 반드시 내려받아 두도록 합니다(터미널 환경으로 연결할 때 이 파일을 이용합니다).

계속해서 [인스턴스 시작]을 진행하면 EC2 인스턴스트가 생성됩니다(가상 머신 생성까지 약간의 시간이 걸릴 수 있습니다).

API 서비스를 위한 보안 정책 변경

API 서비스를 제공하기 위해서는 외부에서 호출 가능한 80이나 8080 포트 등을 열어 두어

야만 접속이 가능하게 됩니다. 이를 위해서 생성한 인스턴스의 상세 정보 중에 보안 부분을
수정해야 합니다.

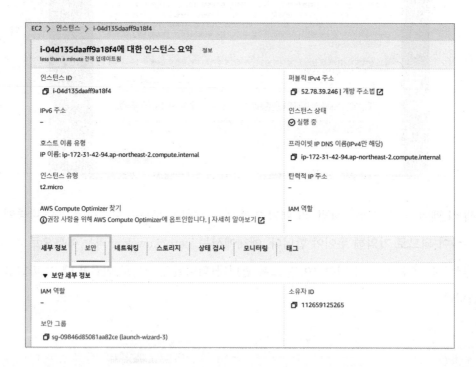

보안그룹 정보를 보면 '인바운드(외부에서 들어오는 연결) 규칙'과 '아웃바운드(외부로 나
가는 연결) 규칙'으로 구성되어 있는데 기본적으로 22번 포트(SSH 터미널 연결)만이 존재합
니다.

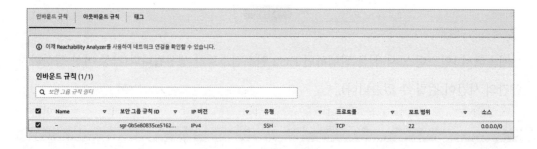

인바운드 규칙을 편집해서 80 포트와 8080 포트를 외부에서 사용할 수 있도록 지정합니다.

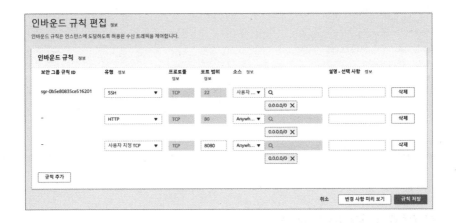

규칙을 저장하고 나면 다음과 같이 추가된 규칙을 볼 수 있습니다.

외부에서 데이터를 보내는 '아웃바인드 규칙'도 마찬가지로 수정해 주어야 합니다. 아웃바운드는 기본적으로 서버에서 모든 포트나 프로토콜로 전송할 수 있도록 기본 설정되어 있습니다. 80 포트와 8080 포트를 추가합니다.

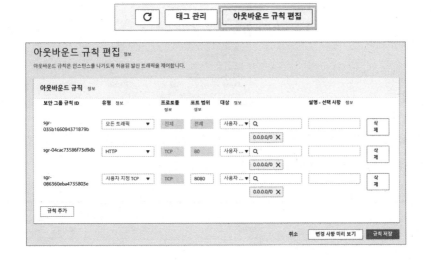

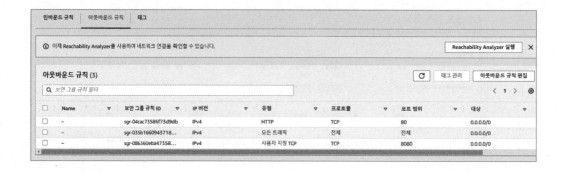

	Name	보안그룹 규칙 ID	IP 버전	유형	프로토콜	포트 범위	대상
	-	sgr-04cac73586f73d9db	IPv4	HTTP	TCP	80	0.0.0.0/0
	-	sgr-035b1660943718...	IPv4	모든 트래픽	전체	전체	0.0.0.0/0
	-	sgr-086360eba47358...	IPv4	사용자 지정 TCP	TCP	8080	0.0.0.0/0

Putty를 이용한 터미널 연결

EC2에 만들어둔 Linux를 이용하려면 Putty와 같은 Windows용 SSH 연결 프로그램을 이용하는 것이 편리합니다. Putty 프로그램은 https://www.putty.org에서 무료로 내려받을 수 있습니다.

설치된 프로그램에서 PuTTYgen을 실행하고 내려받은 '키 파일'은 [Load]를 통해서 로딩합니다.

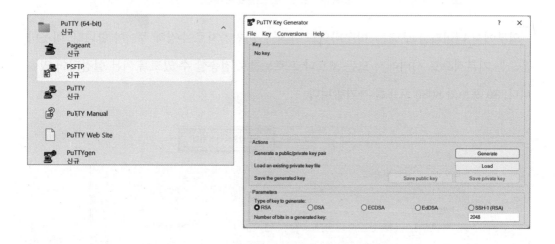

'키 파일'을 찾을 때 파일 확장자로 '.ppk'를 기본값으로 찾기 때문에 다음과 같이 모든 확장자를 검색하도록 변경해야만 찾을 수 있으므로 주의합니다.

정상적으로 로딩된 후에는 [Save private key] 버튼을 눌러 'zerockawskey.ppk'란 이름으로 파일을 저장합니다.

Putty를 이용한 연결

Putty 프로그램을 통해서 EC2에 연결하려면 EC2 인스턴스의 퍼블릭 IPv4 DNS를 지정합니다.

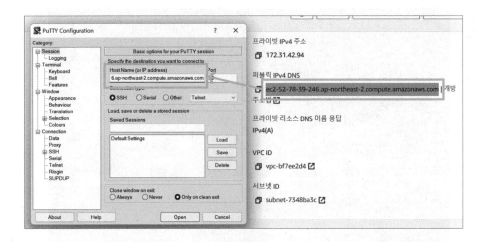

연결할 때는 카테고리의 [Connection - SSH - Auth] 항목으로 이동해서 가지고 있는 'zerockawskey.ppk'를 이용하도록 지정합니다.

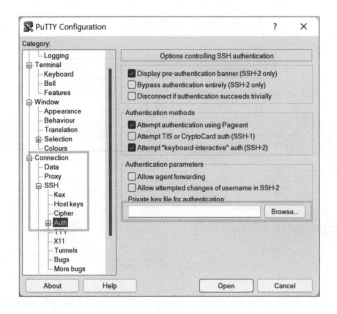

연결이 된 후에 EC2 환경의 계정인 'ec2-user'라는 이름으로 로그인 합니다.

정상적으로 로그인이 되면 다음과 같은 화면을 보게 됩니다.

JDK11 설치

만들어진 EC2 환경에는 JDK가 없거나 있더라도 JDK 8인 경우가 많으므로 개발 환경과 동일하게 Amazon의 Coretto JDK11 버전을 설치하도록 합니다. 기존에 JDK 버전이 있는지 확인하고 필요하다면 'yum remove..'를 이용해서 삭제하도록 합니다.

[yum list java*11*] 명령어를 이용해서 설치가 가능한 JDK 11 목록을 확인합니다.

```
[ec2-user@ip-172-31-42-94 ~]$ yum list java*11*
Loaded plugins: extras_suggestions, langpacks, priorities, update-motd
Available Packages
java-1.7.0-openjdk.x86_64                      1:1.7.0.211-2.6.17.1.amzn2.0.1
java-1.7.0-openjdk-accessibility.x86_64        1:1.7.0.211-2.6.17.1.amzn2.0.1
java-1.7.0-openjdk-demo.x86_64                 1:1.7.0.211-2.6.17.1.amzn2.0.1
java-1.7.0-openjdk-devel.x86_64                1:1.7.0.211-2.6.17.1.amzn2.0.1
java-1.7.0-openjdk-headless.x86_64             1:1.7.0.211-2.6.17.1.amzn2.0.1
java-1.7.0-openjdk-javadoc.noarch              1:1.7.0.211-2.6.17.1.amzn2.0.1
java-1.7.0-openjdk-src.x86_64                  1:1.7.0.211-2.6.17.1.amzn2.0.1
java-11-amazon-corretto.x86_64                 1:11.0.13+8-2.amzn2
java-11-amazon-corretto-headless.x86_64        1:11.0.13+8-2.amzn2
java-11-amazon-corretto-javadoc.x86_64         1:11.0.13+8-2.amzn2
java_cup.noarch                                1:0.11a-16.1.amzn2
java_cup-javadoc.noarch                        1:0.11a-16.1.amzn2
java_cup-manual.noarch                         1:0.11a-16.1.amzn2
```

[sudo yum install java-11-amazon-corretto.x86_64] 명령어로 JDK11을 설치합니다. 설치 후에는 [java -version] 명령어로 설치된 정보를 확인할 수 있습니다.

```
[ec2-user@ip-172-31-42-94 ~]$ java -version
openjdk version "11.0.13" 2021-10-19 LTS
OpenJDK Runtime Environment Corretto-11.0.13.8.2 (build 11.0.13+8-LTS)
OpenJDK 64-Bit Server VM Corretto-11.0.13.8.2 (build 11.0.13+8-LTS, mixed mode)
```

프로젝트 실행 확인

EC2 서버에 JDK 설치가 완료되었다면 최대한 간단하게 스프링 부트를 이용하는 프로젝트를 작성해 봅니다. 그리고 이를 EC2에서 실행해보고 문제가 발생하지 않는지 확인하도록 합니다.

새로운 프로젝트를 'appEC2'라는 이름으로 생성합니다. 기존과 같이 Gradle을 이용하도록 지정하고, appEC2는 간단한 html 파일과 @RestController의 동작을 확인하는 용도로 사용될 것이므로 Thymeleaf나 데이터베이스 관련 라이브러리는 추가하지 않도록 주의합니다.

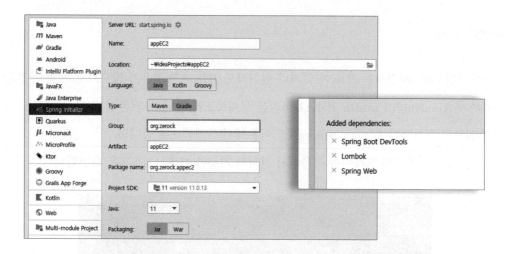

생성된 프로젝트의 static 폴더에는 index.html을 작성
합니다.

index.html의 내용은 단순히 동작 여부를 확인할 수 있
도록 문자열을 추가한 정도로 작성합니다.

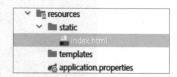

```html
<!DOCTYPE html>
<html lang="en">
<head>
    <meta charset="UTF-8">
    <title>Title</title>
</head>
<body>
  <h1>INDEX PAGE</h1>
</body>
</html>
```

단순한 html 파일뿐 아니라 실제 컨트롤러의 동작 여부
도 확인하기 위해서 controller 패키지를 추가하고 Sam-
pleController 클래스를 추가합니다.

```java
package org.zerock.appec2.controller;

import org.springframework.web.bind.annotation.GetMapping;
import org.springframework.web.bind.annotation.RequestMapping;
import org.springframework.web.bind.annotation.RestController;
```

```java
@RestController
@RequestMapping("/api/sample")
public class SampleController {


    @GetMapping("/getArr")
    public String[] getArr() {

        return new String[]{"AAA","BBB","CCC"};
    }

}
```

SampleController는 '/api/sample/getArr'이라는 경로에서 배열이 JSON 데이터로 처리되는 경과를 확인할 수 있도록 구성합니다. 작성된 코드들은 1차적으로 로컬 환경에서 실행해서 동작여부를 다음과 같이 확인합니다.

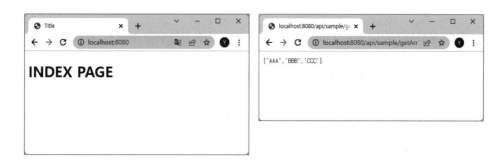

AWS에서 프로젝트 실행 확인

AWS에서 스프링 부트로 작성된 프로젝트를 실행하는 가장 기본적인 방식은 프로젝트를 실행가능한 jar 파일로 빌드해서 실행하는 방식입니다.

이를 위해 로컬 환경에서 작성하는 프로젝트를 jar 파일로 빌드하고 해당 파일을 EC2에서 가져다가 실행하거나, 프로젝트의 빌드 자체를 EC2 환경에서 진행하는 방법을 사용할 수 있습니다(빌드한 jar 파일을 실행하는 방식은 컴파일 환경 등이 모두 맞아야 하므로 좀 더 안전하게 하려면 EC2 서버에서 빌드하고 실행하는 방식을 이용하는 것이 좋습니다).

예제에서는 깃허브로 프로젝트를 인터넷으로 올리고 EC2에서는 이 깃(git)을 이용해서 내려받은 후에 빌드해서 실행하는 기초적인 방법을 이용해 보도록 합니다.

해당 프로젝트를 인텔리제이의 [VCS] 메뉴를 이용해서 깃허브에 공유합니다(최초 설정 시에는 깃허브 계정이 필요합니다.).

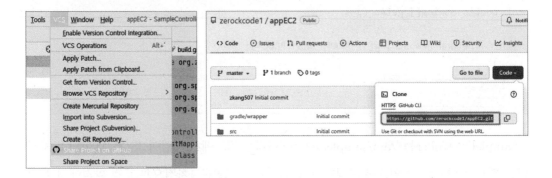

깃허브에 공유된 프로젝트의 주소를 클론(clone)해서 사용할 수 있도록 보관해 둡니다.

EC2 환경에서는 [sudo yum install git]을 통해서 깃 프로그램을 설치합니다.

```
[ec2-user@ip-172-31-42-94 ~]$ sudo yum install git
Loaded plugins: extras_suggestions, langpacks, priorities, update-motd
amzn2-core                                          | 3.7 kB  00:00:00
Resolving Dependencies
```

깃 설치 후에 프로젝트를 실행할 수 있는 폴더를 다음 그림과 같이 mkdir로 생성하고 해당 폴더로 이동합니다. 예제에서는 webtest라는 폴더를 생성하도록 합니다.

```
[ec2-user@ip-172-31-42-94 ~]$ mkdir webtest
[ec2-user@ip-172-31-42-94 ~]$ cd webtest
[ec2-user@ip-172-31-42-94 webtest]$ pwd
/home/ec2-user/webtest
```

깃을 이용해 프로젝트를 클론하고 코드를 EC2로 복사합니다(깃 클론 프로젝트 주소).

```
git clone https://github.com/zerockcodel/appEC2.git
```

복사하면 깃허브상의 프로젝트 이름으로 폴더가 생성됩니다. 복사한 후에는 gradlew 파일을 실행하기 위해 프로젝트 폴더 내부로 이동합니다.

```
[ec2-user@ip-172-31-42-94 webtest]$ ls
appEC2
[ec2-user@ip-172-31-42-94 webtest]$ cd appEC2
[ec2-user@ip-172-31-42-94 appEC2]$ ls
build.gradle  gradle  gradlew  gradlew.bat  settings.gradle  src
[ec2-user@ip-172-31-42-94 appEC2]$ █
```

앞선 그림과 같이 gradlew 파일이 있는 위치에서 './gradlew build'를 실행해 보면 실행 권한이 없어서 문제가 생기는 것을 볼 수 있습니다.

```
[ec2-user@ip-172-31-42-94 appEC2]$ ./gradlew build
-bash: ./gradlew: Permission denied
[ec2-user@ip-172-31-42-94 appEC2]$ █
```

권한을 강제로 다음과 같이 변경합니다.

```
sudo chmod 777 ./gradlew
█
```

변경된 후에는 정상적으로 프로젝트가 빌드됩니다. 최초 실행 시에는 Gradle 을 실행하기 위한 내려받기가 다음과 같이 이루어집니다.

```
[ec2-user@ip-172-31-42-94 appEC2]$ ./gradlew build
Downloading https://services.gradle.org/distributions/gradle-7.4-bin.zip
...........10%...........20%...........30%...........40%...........50%...........60%...
......70%...........80%...........90%...........100%

Welcome to Gradle 7.4!
```

최초 실행에는 몇 분 정도의 시간이 소요되지만 이후에는 './gradlew jar'와 같이 jar 파일만을 생성해서 시간을 단축할 수 있습니다. 빌드할 때 테스트를 생략하고 싶다면 ./gradlew build --exclude-task test로 지정해서 시간을 단축할 수 있습니다.

빌드가 실행된 후에는 다음 그림과 같이 'build' 폴더 아래 'libs' 폴더로 이동합니다.

```
[ec2-user@ip-172-31-42-94 build]$ cd libs
[ec2-user@ip-172-31-42-94 libs]$ pwd
/home/ec2-user/webtest/appEC2/build/libs
```

```
[ec2-user@ip-172-31-42-94 appEC2]$ cd build
```

libs 폴더에는 다음 그림과 같이 2개의 파일이 존재하는 것을 볼 수 있습니다.

```
[ec2-user@ip-172-31-42-94 libs]$ ls
appEC2-0.0.1-SNAPSHOT.jar  appEC2-0.0.1-SNAPSHOT-plain.jar
```

[java -jar jar파일명]으로 프로젝트를 실행합니다.

프로젝트가 정상적으로 실행되는 결과는 로컬 환경에서 브라우저를 통해 확인하도록 합니다.

브라우저에서 EC2 인스턴스의 퍼블릭 IPv4 DNS 값과 포트 번호를 통해서 확인하도록 합니다.

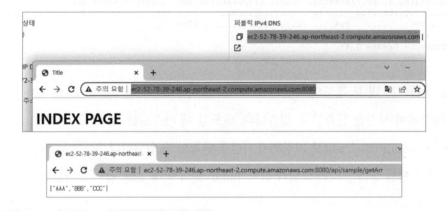

프로젝트 종료는 Putty에서 [Ctrl] + [C]를 이용해서 종료할 수 있습니다(좀 더 안전한 방법은 프로세스를 찾아서 종료하는 방법이지만 실습 단계에서는 크게 문제가 되지 않습니다). 종료 후에 다시 브라우저로 연결할 때는 정상적으로 서비스가 되지 않는 것을 확인합니다.

반대로 Putty의 연결이 종료되면 프로젝트도 같이 종료되는데 만일 Putty 연결이 끊기더라도 계속해서 실행해야 한다면 [nohup] 명령어를 이용해야 합니다.

10.2 AWS의 RDS 서비스

EC2 자체가 가상 서버를 제공하고 있으므로 해당 운영체제에 MariaDB를 설치해서 운용하는 방식도 가능하긴 하지만 AWS에는 다양한 관계형 데이터베이스를 제공해주는 RDS가 존재합니다. RDS를 이용하면 EC2와 독립적으로 데이터베이스만 구성하고 서비스를 이용할 수 있습니다.

이번 절에서는 RDS를 구성해서 로컬 환경에서 사용해보고, 프로젝트를 EC2로 옮겨서 EC2와 RDS를 연동하는 서비스를 테스트하도록 합니다.

RDS 서비스 구성

RDS는 AWS의 여러 서비스들 중에서 '데이터베이스' 항목에 존재합니다.

필요한 데이터베이스를 생성하기 위해 [데이터베이스] 메뉴에서 [데이터베이스 생성]을 선택합니다.

데이터베이스의 생성은 [MariaDB]를 선택하고 [프리 티어]용으로 생성하도록 합니다(최대한 과금의 문제를 미리 피할 수 있도록 설정해 주어야 합니다. RDS의 경우 사용자가 중지해도 7일후에는 다시 재시작되기 때문에 자동 백업이나 개발용으로 설정하는 경우 많은 과금이 발생할 수도 있습니다).

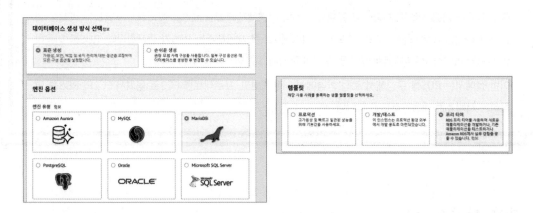

데이터베이스 관련 정보는 원하는 이름을 지정합니다(예제에서는 'zerock-database1'으로 지정). 자격 증명에서 계정의 이름과 패스워드를 지정할 수 있습니다(admin이라는 이름보다는 직접 지정하는 편이 조금 더 안전합니다).

외부에서 사용하기 위해서 [연결 -> 퍼블릭 엑세스]로 지정하도록 합니다(나중에 3306 포트를 사용할 수 있게 되더라도 이 설정은 필요합니다).

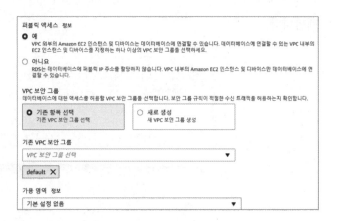

데이터베이스 생성에는 몇 분의 시간이 소요됩니다. 추가적인 설정은 데이터베이스 생성까지 기다렸다가 진행해 주어야 합니다(생성 중에 변경된 설정이 제대로 반영되지 않을 수 있으므로 주의해야 합니다).

데이터베이스가 생성된 후에는 보안 그룹에서 '3306' 포트가 외부 아이피에서 자유롭게 연결할 수 있도록 수정해 주어야 합니다.

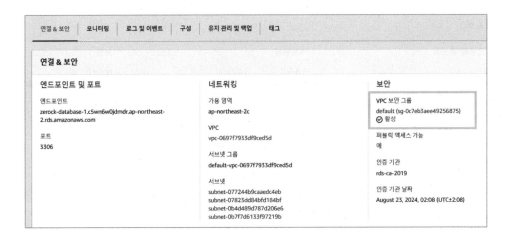

생성된 데이터베이스를 선택하고 보안 그룹 규칙을 선택합니다.

보안 규칙에서는 인바운드 규칙/아웃바운드 규칙 모두 외부에서 사용 가능한지 확인합니다(어떤 항목을 선택해도 상관없습니다).

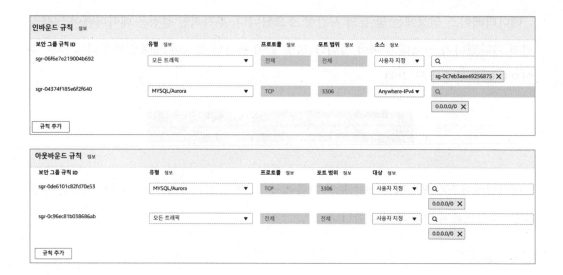

데이터베이스 연결 확인과 시간 설정

RDS의 인스턴스 구성이 완료되었다면 외부에서 데이터베이스 연결이 가능한지 확인하도록 합니다. 이 작업을 위해서 우선 현재 구성된 인스턴스의 엔드포인트를 파악합니다.

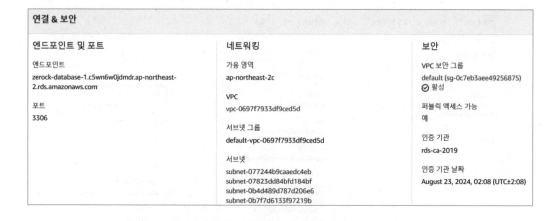

데이터베이스 연결은 개발 중인 프로젝트의 [DataSource] 메뉴를 이용해서 확인할 수 있습니다.

- Host에는 엔드포인트 값을 입력
- User/Password는 인스턴스 생성 시에 작성된 계정 정보를 입력
- Database는 MariaDB의 경우 mysql로 작성

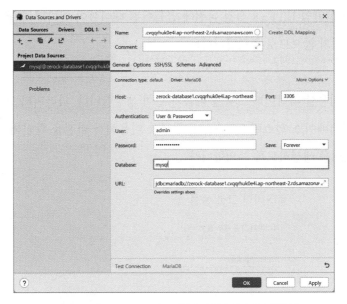

데이터베이스 연결이 완료된 후에는 'select now()'를 이용해서 데이터베이스의 현재 시간을 확인합니다.

• time_zone과 UTF-8 설정

데이터베이스의 시간을 보면 기준 시간이 다를 수 있는데 이런 경우 서울을 기준시로 했을 때 9시간 차이가 나게 됩니다. 이것은 서울이 UTC(Universal Time Coordinated- 협정 세계시)와 9시간 차이가 나기 때문인데 데이터베이스를 서울 시간에 맞추어 두는 것이 시간 관련된 문제를 예방할 수 있습니다.

데이터베이스 옵션을 조정하는 김에 한글 저장에 문제가 없도록 UTF-8 세팅도 같이해두는 것이 좋습니다(만일 UTF-8 설정 이전에 만들어진 테이블이 있다면 해당 테이블은 변경 된 설정이 반영되지 않으므로 주의합니다).

우선 RDS에 적용할 파라미터 그룹을 다음과 같이 생성합니다. 파라미터 그룹을 생성할 때 는 생성한 데이터베이스 인스턴스의 '구성' 정보를 이용해서 버전을 확인해 주고 해당 버전 에 맞는 파라미터를 생성하도록 주의합니다.

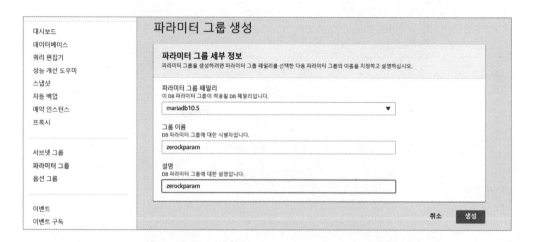

생성된 파라미터 그룹에서 검색으로 'time_zone'을 찾아 'Asia/Seoul'로 지정합니다. time_zone을 수정한 후에 [변경 사항 저장]을 실행합니다.

한글 처리를 위해서 파라미터의 이름을 'char'로 검색하고 다음 목록들을 'utf8'로 지정합 니다.

- [ ] character_set_client
- [ ] character_set_connection
- [ ] character_set_database
- [ ] character_set_filesystem
- [ ] character_set_results
- [ ] character_set_server

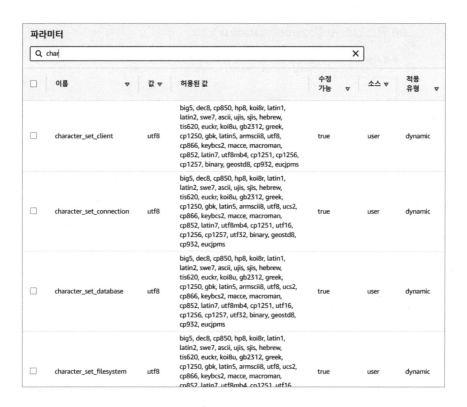

생성된 파라미터 그룹은 RDS 인스턴스의 수정 단계에서 처리할 수 있습니다.

수정의 마지막 단계에서는 [즉시 적용]을 선택해서 수정 내용을 반영할 수 있습니다.

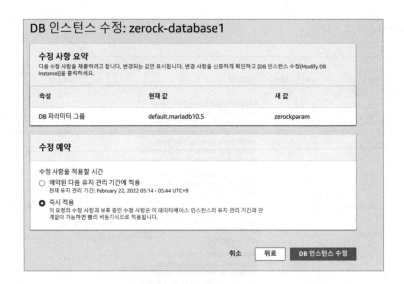

즉시 적용 하더라도 확실하게 하기 위해서는 RDS 인스턴스(데이터베이스)를 [재부팅] 하도록 합니다.

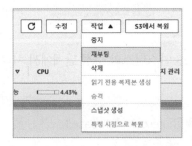

프로젝트의 [DataSource] 연결 정보에는 [options] 항목의 'Time zone'을 지정합니다.

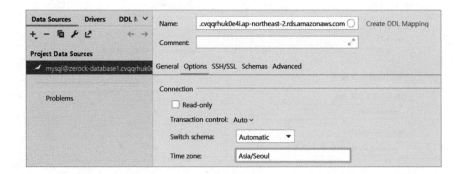

설정을 변경한 후에는 반드시 [Disconnect]를 실행해서 변경된 설정이 반영될 수 있도록 합니다.

설정 변경 후에는 현재 시간이 정상적으로 반영되는지 확인해 주도록 합니다.

RDS에 새 계정 추가

RDS 인스턴스에 연결된 계정은 RDS 인스턴스를 생성할 때 작성한 admin(혹은 직접 지정한) 계정이고 인스턴스에 데이터베이스 스키마는 mysql로 지정되어 있습니다.

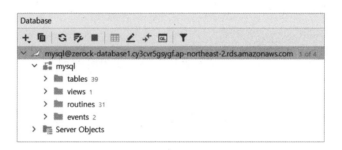

연결된 계정을 살펴보면 이미 많은 테이블이 생성되어 있어서 원하는 대로 실습하기에는 적합하지 않으므로 이전 예제들과 같이 webdb를 생성하고 새로운 사용자 webuser를 생성해서 사용하는 것이 안전합니다.

계정 추가

우선은 'create database webdb'라는 SQL을 실행해서 새로운 데이터베이스를 생성합니다.

webuser 계정을 생성합니다.

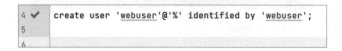

생성된 webuser 계정을 사용하려면 webdb 내에 권한을 주어야만 합니다. 로컬 환경과 달리 RDS를 이용할 때는 현재 접속한 admin 조차도 권한의 제한이 있으므로 기존과 같이 권한을 부여하면 에러가 발생합니다.

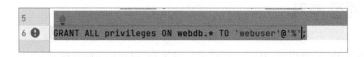

앞의 SQL을 실행하면 'Access denied for user 'admin'@'%' to database 'webdb''라는 에러 메시지가 출력됩니다.

이를 해결하려면 전체 권한이 아닌 개별 권한을 다음과 같이 부여해 주어야 합니다.

DataSource 연결 정보의 계정과 데이터베이스를 다음과 같이 변경해서 사용합니다.

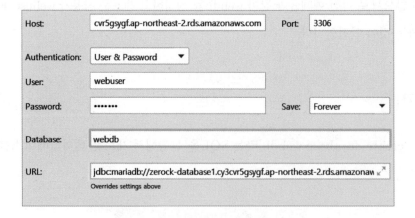

EC2와 RDS 연동 확인

로컬 개발 환경에서 RDS 연동을 확인했다면 EC2 환경에서도 프로젝트가 문제없이 연동되고 동작하는지 확인할 필요가 있습니다. 이를 위해서 별도의 프로젝트를 하나 작성해 두고 필요할 때마다 사용할 수 있도록 합니다.

새로운 프로젝트는 'appRDS'라는 이름으로 지정하고 API 연동에 필요한 의존성 항목들 (Web, Spring Data JPA, MariaDB Driver, Spring Security)을 선택합니다.

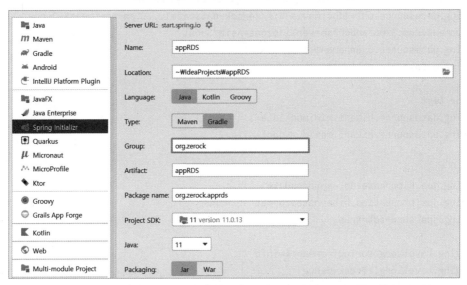

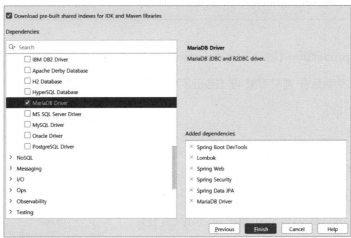

application.properties

　프로젝트의 설정 정보를 보관하는 application.properties에서는 DataSource를 구성할 때
RDS를 이용하도록 수정합니다. DataSource의 url 정보에
RDS 정보와 serverTimezone 파라미터를 추가해 주어야
합니다(파라미터의 이름을 작성할 때 대소문자 주의).

```
spring.datasource.driver-class-name=org.mariadb.jdbc.Driver
spring.datasource.url=jdbc:mariadb://zerock-database1.....ap-northeast-2.rds.
amazonaws.com:3306/webdb?serverTimezone=Asia/Seoul
spring.datasource.username=webuser
spring.datasource.password=webuser

//for test
spring.datasource.hikari.minimum-idle=1
spring.datasource.hikari.maximum-pool-size=2


spring.jpa.hibernate.ddl-auto=update
spring.jpa.properties.hibernate.format_sql=true
spring.jpa.show-sql=true

logging.level.org.springframework=info
logging.level.org.zercok=debug
logging.level.org.springframework.security=trace
```

　application.properties에는 spring.datasource.hikari.minimum-idle을 지정했는데 이는
개발 중간에 프로젝트를 재시작할 때 HikariCP가 최소한의 데이터베이스 연결을 하기 위해
서 지정한 것입니다.

・ DataSource를 통한 시간 확인

　application.properties 설정이 완료되었다면 정상
적으로 개발이 가능한 상황인지 확인해 봐야 합니다.
이를 위해서 test 폴더에 있는 테스트 코드를 이용해
서 확인합니다.

```
package org.zerock.apprds;

import org.junit.jupiter.api.Test;
import org.springframework.beans.factory.annotation.Autowired;
import org.springframework.boot.test.context.SpringBootTest;

import javax.sql.DataSource;
import java.sql.Connection;
import java.sql.PreparedStatement;
import java.sql.ResultSet;

@SpringBootTest
class AppRdsApplicationTests {

    @Autowired
    private DataSource dataSource;

    @Test
    void contextLoads() {

        try(Connection connection = dataSource.getConnection();
            PreparedStatement preparedStatement = connection.
                                            prepareStatement("select now()");
            ResultSet resultSet = preparedStatement.executeQuery();
        ){
            resultSet.next();

            System.out.println(resultSet.getString(1));

        }catch(Exception e){
            e.printStackTrace();
        }

    }

}
```

테스트 실행 결과가 현재 서울 시간과 같은지 확인합니다.

• TimeController 작성

EC2에서 프로젝트 배포 및 실행 결과를 확인하기 위해
서 컨트롤러를 작성해 두면 프로젝트의 실행 여부를 외부
에서 브라우저로 확인할 수 있습니다.

프로젝트에 controller 패키지를 추가하고 TimeCon-
troller를 추가합니다.

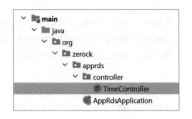

```java
package org.zerock.apprds.controller;

import lombok.RequiredArgsConstructor;
import lombok.extern.log4j.Log4j2;
import org.springframework.web.bind.annotation.GetMapping;
import org.springframework.web.bind.annotation.RequestMapping;
import org.springframework.web.bind.annotation.RestController;

import javax.sql.DataSource;
import java.sql.Connection;
import java.sql.PreparedStatement;
import java.sql.ResultSet;
import java.util.Map;

@RestController
@RequestMapping("/api/time")
@Log4j2
@RequiredArgsConstructor
public class TimeController {

    private final DataSource dataSource;

    @GetMapping("/now")
    public Map<String, String> getNow(){

        String now = "";

        try(Connection connection = dataSource.getConnection();
            PreparedStatement preparedStatement = connection.
                                        prepareStatement("select now()");
            ResultSet resultSet = preparedStatement.executeQuery();
        ){
            resultSet.next();
```

```
            now = resultSet.getString(1);

            log.info("NOW: " + now);

        }catch(Exception e){
            e.printStackTrace();
        }

        return Map.of("NOW", now);
    }

}
```

프로젝트 실행 후에 브라우저를 통해서 '/api/time/now'를 호출하면 스프링 시큐리티로
인해 로그인이 필요한 화면이 보이게 됩니다.

· 시큐리티 설정

시큐리티 설정은 기존의 API 서버 예제를 구성했
을 때 config 패키지 내용을 이용합니다. CustomSe-
curityConfig 클래스와 CustomSevletConfig를 복
사해서 현재 프로젝트에 포함시킵니다.

이후 프로젝트를 재시작해서 '/api/time/now'를 호출하면 RDS를 통해 정상적인 현재 시
간 결과를 확인할 수 있습니다.

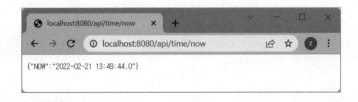

깃허브에 배포 후 테스트

프로젝트 실행에 문제가 없는지 로컬 개발 환경에서 확인이 끝났다면 현재 프로젝트를 깃허브에 올리고 EC2에서 클론해서 실행해 보도록 합니다.

EC2에는 rdstest라는 이름의 폴더를 생성하고 프로젝트를 클론합니다.

```
[ec2-user@ip-172-31-42-94 ~]$ mkdir rdstest
[ec2-user@ip-172-31-42-94 ~]$ cd rdstest
[ec2-user@ip-172-31-42-94 rdstest]$ git clone https://github.com/zerockcode1/app
RDS.git
```

프로젝트를 클론하면 appRDS 폴더로 이동해서 gradlew 파일에 실행 권한을 부여한 후에 './gradlew build'를 실행합니다.

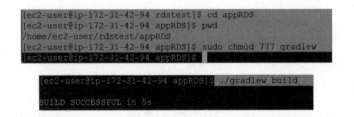

```
[ec2-user@ip-172-31-42-94 appRDS]$ ./gradlew build

BUILD SUCCESSFUL in 5s
```

프로젝트의 build/libs 폴더로 이동해서 빌드된 jar 파일을 실행합니다.

```
[ec2-user@ip-172-31-42-94 appRDS]$ cd build/libs
[ec2-user@ip-172-31-42-94 libs]$ ls

[ec2-user@ip-172-31-42-94 libs]$
[ec2-user@ip-172-31-42-94 libs]$ java -jar appRDS-0.0.1-SNAPSHOT.jar
```

```
  .   ____          _            __ _ _
 /\\ / ___'_ __ _ _(_)_ __  __ _ \ \ \ \
( ( )\___ | '_ | '_| | '_ \/ _` | \ \ \ \
 \\/  ___)| |_)| | | | | || (_| |  ) ) ) )
  '  |____| .__|_| |_|_| |_\__, | / / / /
 =========|_|==============|___/=/_/_/_/
 :: Spring Boot ::                (v2.6.3)
```

프로젝트가 정상적으로 실행되는 것을 확인했다면 브라우저로 EC2 서버에 접근해서 '/api/time/now'의 동작을 확인합니다.

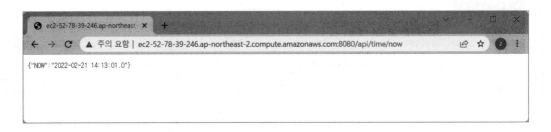

10.3 AWS의 S3 서비스

AWS의 S3 서비스는 스토리지 서비스로 다양한 종류의 데이터를 업로드하거나 내려받을 수 있습니다. S3로 콘텐츠를 배포하고 이를 운용하게 되면 서버에서 파일에 대한 관리 부담을 줄일 수 있습니다. 실제 운영 중인 서비스들은 S3로 파일이나 정적 데이터를 서비스하고 EC2는 동적인 리소스를 처리하는 방식으로 구성하는 데 이 절에서는 스프링 부트를 이용해서 S3에 파일을 업로드하고 EC2와 RDS를 이용해서 S3에 업로드된 경로를 보관하는 형태의 서비스를 제작합니다.

S3 서비스 구성

S3 서비스를 구성하기 위해서는 버킷(bucket)이라는 객체를 먼저 생성하고 버킷에 권한을 부여해서 파일을 올리고 내려받을 수 있습니다.

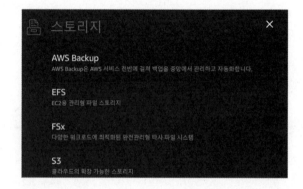

S3 서비스에서 가장 우선으로는 [버킷 – 버킷 만들기]를 이용해서 버킷을 생성합니다.

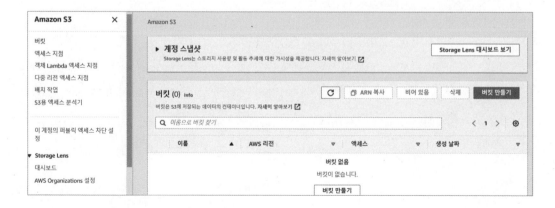

생성하는 버킷의 이름은 'zerock-s3-bucket'으로 지정하고, 엑세스 설정은 외부에서 사용 가능하도록 구성합니다.

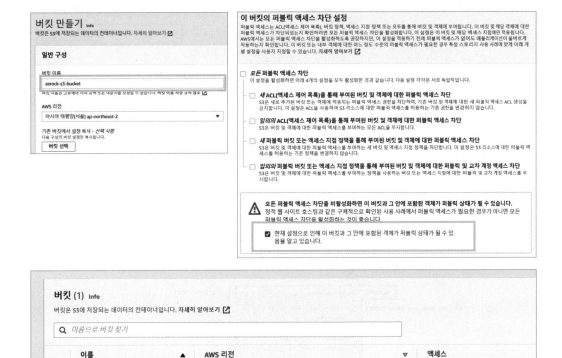

버킷 생성 시 가장 중요한 작업은 '권한' 설정입니다. 생성된 버킷을 선택하고 [권한] 항목을 선택합니다. 권한에서는 '버킷 정책'의 [편집]을 선택합니다.

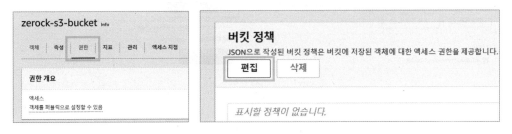

버킷 정책을 문자열로 작성하는 것은 번거롭기 때문에 [정책 생성기]를 이용합니다.

'정책 생성기'는 별도의 페이지로 동작하는 데 첫 단계에서는 [S3 Bucket Policy]를 선택합니다.

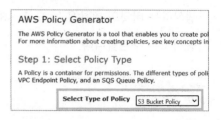

정책을 생성할 때는 다음과 같은 부분을 주의해서 작성합니다.

- Principal 항목에는 '*'를 입력합니다.
- Actions 항목에는 'GetObject'와 'PutObject' 'DeleteObject'를 선택합니다.

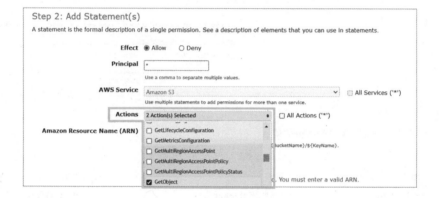

앞의 그림에서 'Amazon Resource Name' 항목은 이전 단계에서 생성된 버킷의 'ARN' 값에 반드시 '/*'를 추가해 주어야 합니다.

다음 단계로 [Generate Policy]를 실행합니다.

실행된 결과는 다음과 같은 JSON이 만들어지게 됩니다. 생성된 JSON 문자열을 복사해서 버킷 정책으로 지정하고 [변경 사항 저장]을 눌러 완료합니다.

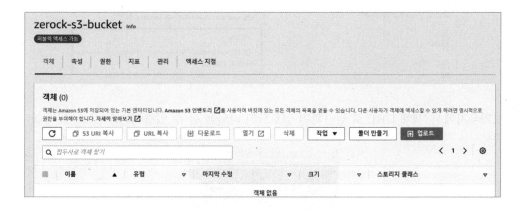

생성된 버킷 테스트

버킷 생성이 완료되면 버킷에 파일을 업로드하는 테스트가 가능합니다.

간단한 이미지 파일을 업로드 합니다.

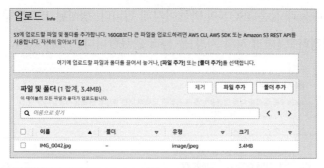

업로드된 파일을 선택하면 나중에 사용할 수 있는 URL이 출력됩니다(객체 URL, 다음 그림의 오른쪽 하단).

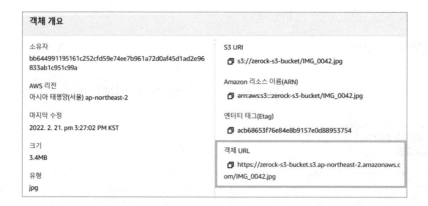

브라우저에서 '객체 URL'로 접근하면 업로드된 파일을 볼 수 있습니다.

프로그램을 통한 S3 제어 설정

실제 프로젝트에서는 스프링 부트와 같은 프로그램으로 S3에 접근해서 파일 업로드를 진행하므로 이를 위한 추가적인 보안 설정이 필요합니다.

AWS의 여러 서비스 중에 [보안, 자격 증명 및 규정 준수]에서 [IAM] 항목을 선택합니다.

IAM 서비스의 [사용자] 항목을 선택하고 [사용자 추가]를 선택합니다.

사용자 추가는 여러 단계를 통해서 작성되는 데 1단계에서는 [프로그래밍 방식 엑세스]를 선택합니다.

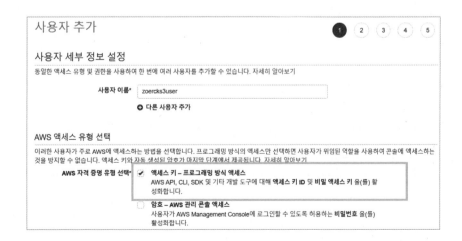

사용자의 정책은 'AmazonS3FullAccess'를 검색해서 지정합니다.

사용자의 태그 추가 단계는 건너뛰어도 무방합니다.

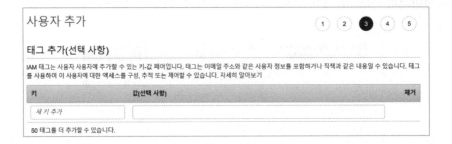

검토 단계에서는 'AmazonS3FullAccess'가 지정되어 있는지 확인합니다.

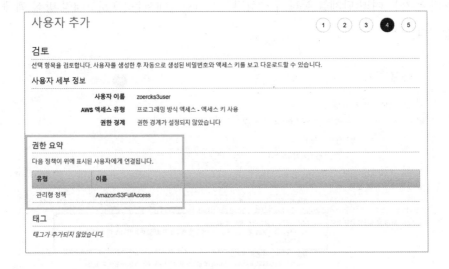

마지막 단계는 가장 중요한 단계로 '엑세스 키'와 '비밀 엑세스 키'가 생성됩니다. 생성된 키를 .csv 파일로 내려받아 저장해두고 2개의 키를 나중에 스프링 부트 설정에서 사용합니다.

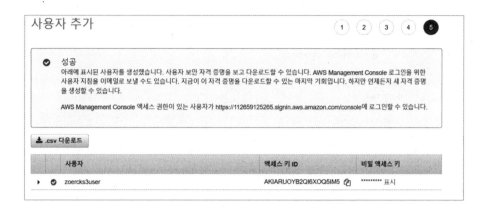

사용자 생성이 완료되었다면 다시 S3 서비스 항목으로 돌아와서 생성된 버킷의 '권한'을 확인합니다.

프로그램을 이용해서 S3에 접근하기 위해서는 '버킷 정책' 바로 밑의 '객체 소유권'을 [ACL 활성화됨]으로 편집해 주어야 합니다.

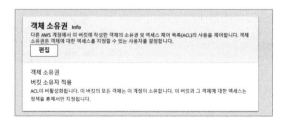

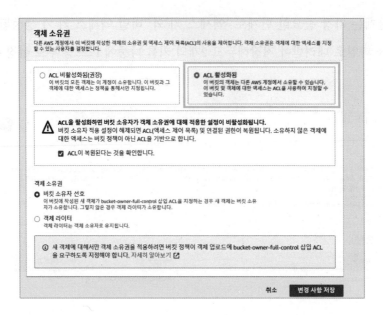

프로그램을 통한 S3 업로드 확인

최종적으로 원하는 모습은 프로젝트를 통해서 S3에 업로드가 가능한지 확인하고 EC2로 실행하는 것이므로 우선 S3를 이용하는 새로운 프로젝트를 생성합니다.

생성하는 프로젝트의 이름는 'appS3'로 지정하고 'Spring Web' 관련 기능과 Lombok 등을 추가합니다.

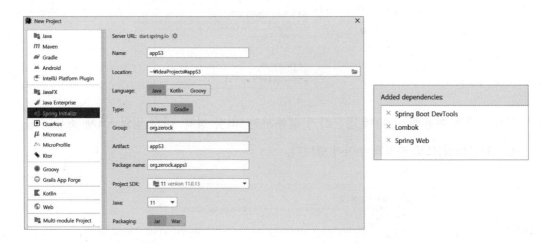

생성된 프로젝트는 AWS와 스프링 부트를 연동할 때 사용하는 'Spring Cloud AWS

Starter' 라이브러리를 build.gradle에 추가하도록 합니다(스프링 부트를 이용할 때는 항상 중간에 starter 단어가 있는 라이브러리를 사용합니다).

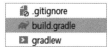

build.gradle 파일에 해당 라이브러리와 Thumbnailator 라이브러리를 다음과 같이 추가합니다.

```
dependencies {
    implementation 'org.springframework.boot:spring-boot-starter-web'
    compileOnly 'org.projectlombok:lombok'
    developmentOnly 'org.springframework.boot:spring-boot-devtools'
    annotationProcessor 'org.projectlombok:lombok'
    testImplementation 'org.springframework.boot:spring-boot-starter-test'

    testCompileOnly 'org.projectlombok:lombok'
    testAnnotationProcessor 'org.projectlombok:lombok'

    implementation 'org.springframework.cloud:spring-cloud-starter-
                                                 aws:2.2.6.RELEASE'
    implementation 'net.coobird:thumbnailator:0.4.16'
}
```

프로젝트의 application.properties 파일에는 S3의 엑세스 키와 비밀 엑세스 키를 지정하고 파일 업로드와 관련된 설정을 추가합니다.

```
cloud.aws.credentials.access-key=AKIARUOYB2QI6XOQ5IM5
cloud.aws.credentials.secret-key=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

cloud.aws.s3.bucket=zerock-s3-bucket

cloud.aws.region.static=ap-northeast-2
cloud.aws.stack.auto=false

org.zerock.upload.path=C:\\upload
```

```
spring.servlet.multipart.enabled=true
spring.servlet.multipart.location=C:\\upload
spring.servlet.multipart.max-request-size=30MB
spring.servlet.multipart.max-file-size=10MB
```

프로젝트에 util이라는 패키지를 추가하고 S3Uploader
클래스를 다음과 같이 작성합니다.

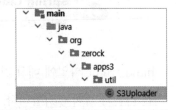

```java
package org.zerock.apps3.util;


import com.amazonaws.services.s3.AmazonS3Client;
import com.amazonaws.services.s3.model.CannedAccessControlList;
import com.amazonaws.services.s3.model.DeleteObjectRequest;
import com.amazonaws.services.s3.model.PutObjectRequest;
import lombok.RequiredArgsConstructor;
import lombok.extern.log4j.Log4j2;
import org.springframework.beans.factory.annotation.Value;
import org.springframework.stereotype.Component;

import java.io.File;
import java.util.UUID;

@Component
@RequiredArgsConstructor
@Log4j2
public class S3Uploader {

    private final AmazonS3Client amazonS3Client;

    @Value("${cloud.aws.s3.bucket}")
    public String bucket;  // S3 버킷 이름

    // S3로 파일 업로드하기
    public String upload(String filePath)throws RuntimeException {

        File targetFile = new File(filePath);

        String uploadImageUrl = putS3(targetFile, targetFile.getName()); // s3로
                                                                          업로드

        removeOriginalFile(targetFile);
```

```
            return uploadImageUrl;
    }


    // S3로 업로드
    private String putS3(File uploadFile, String fileName)throws RuntimeException
{

        amazonS3Client.putObject(new PutObjectRequest(bucket, fileName,
                                                              uploadFile)
            .withCannedAcl(CannedAccessControlList.PublicRead));
        return amazonS3Client.getUrl(bucket, fileName).toString();
    }

    //S3 업로드 후 원본 파일 삭제
    private void removeOriginalFile(File targetFile) {
        if (targetFile.exists() && targetFile.delete()) {
            log.info("File delete success");
            return;
        }
        log.info("fail to remove");
    }

    public void removeS3File(String fileName){
        final DeleteObjectRequest deleteObjectRequest = new
                                       DeleteObjectRequest(bucket, fileName);
        amazonS3Client.deleteObject(deleteObjectRequest);
    }
}
}
```

S3Uploader는 upload( ) 메소드를 이용해서 원하는 파일의 경로를 지정하면 해당 파일은 putS3( )를 통해서 S3로 업로드하고 removeOriginalFile( )로 업로드된 이후의 파일은 삭제하도록 합니다.

작성된 S3Uploader는 테스트 코드를 통해서 동작 여부를 확인해 보도록 합니다. test 폴더에도 util 패키지를 추가하고 S3UploaderTest 클래스를 추가합니다.

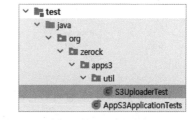

```
package org.zerock.apps3.util;

import lombok.extern.log4j.Log4j2;
import org.junit.jupiter.api.Test;
import org.springframework.beans.factory.annotation.Autowired;
import org.springframework.boot.test.context.SpringBootTest;

@SpringBootTest
@Log4j2
public class S3UploaderTest {

    @Autowired
    private S3Uploader s3Uploader;

    @Test
    public void testUpload() {

        try{
            String filePath ="C:\\zzz\\test.jpg";

            String uploadName = s3Uploader.upload(filePath);

            log.info(uploadName);

        }catch(Exception e){
            log.error(e.getMessage());
        }
    }
}
```

testUpload( )는 C: \\zzz 폴더의 test.jpg 파일을 S3Uploader를 통해서 업로드합니다.

테스트 코드를 실행해보면 프로젝트 시작 단계에서 예외가 발생하긴 하지만 이후 정상적
으로 실행되는 것을 확인할 수 있습니다.

```
com.amazonaws.SdkClientException Create breakpoint : Failed to connect to service endpoint:
    at com.amazonaws.internal.EC2ResourceFetcher.doReadResource(EC2ResourceFetcher.java:100) ~[aws-java-sdk-core-1.11.792.jar:na]
    at com.amazonaws.internal.EC2ResourceFetcher.doReadResource(EC2ResourceFetcher.java:70) ~[aws-java-sdk-core-1.11.792.jar:na]
    at com.amazonaws.internal.InstanceMetadataServiceResourceFetcher.readResource(InstanceMetadataServiceResourceFetcher.java:75)
    at com.amazonaws.internal.EC2ResourceFetcher.readResource(EC2ResourceFetcher.java:66) ~[aws-java-sdk-core-1.11.792.jar:na]
    at com.amazonaws.util.EC2MetadataUtils.getItems(EC2MetadataUtils.java:402) ~[aws-java-sdk-core-1.11.792.jar:na]
    at com.amazonaws.util.EC2MetadataUtils.getData(EC2MetadataUtils.java:371) ~[aws-java-sdk-core-1.11.792.jar:na]
```

```
org.zerock.apps3.util.S3UploaderTest      : Started S3UploaderTest in 10.278 seconds (JVM running for 11.153)
org.zerock.apps3.util.S3Uploader          : File delete success
org.zerock.apps3.util.S3UploaderTest      : https://zerock-s3-bucket.s3.ap-northeast-2.amazonaws.com/test.jpg
```

실행된 결과의 링크를 브라우저로 확인해 보면 정상적으로 업로드된 것을 확인할 수 있고 원래 폴더에서는 파일이 삭제되는 것을 확인할 수 있습니다.

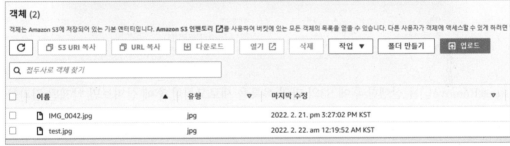

프로젝트 시작 단계에서 발생하는 에러는 EC2에서 정보를 읽어낼 수 없어서 발생하는 에러이므로 로컬 환경에서 신경쓸 필요는 없지만 에러 메시지를 조금이라도 줄이고 싶다면 프로젝트의 application.properties에서 로그 레벨을 error 수준으로 조정합니다.

```
logging.level.com.amazonaws.util.EC2MetadataUtils=error
```

S3의 파일 삭제 테스트

S3에 업로드된 파일의 삭제 테스트는 S3UploadTests에 별도의 테스트를 작성해서 진행합니다.

```java
@Test
public void testRemove() {

    try {

        s3Uploader.removeS3File("test.jpg");

    }catch(Exception e){
        log.error(e.getMessage());
    }
}
```

testRemove( )를 실행한 후에 S3의 파일 목록을 새로고침한 후에 살펴보면 삭제된 결과를 확인할 수 있습니다.

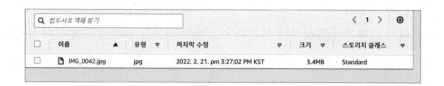

컨트롤러를 통한 업로드 처리와 S3 연동

스프링 부트 프로젝트를 통해서 S3에 업로드 할 수 있는것을 확인했다면 최종적으로는 컨트롤러를 통해서 파일 업로드와 섬네일 처리, S3 업로드가 가능해야 합니다.

업로드 과정은 다음과 같습니다.

1. MultipartFile 객체를 가지는 DTO를 작성합니다.
2. 컨트롤러에서는 MultipartFile을 이용해서 서버의 특정한 폴더에 업로드합니다. 이 과정에서 UUID를 이용해서 고유한 파일 이름을 생성합니다.
3. 이미지 파일은 섬네일 파일도 같이 특정 폴더에 생성합니다.
4. 특정 폴더에 생성된 파일의 이름을 이용해서 해당 파일들을 S3로 업로드하고 기존 파일들은 삭제합니다.

LocalUploader 작성

파일 업로드 과정에는 경우에 따라 섬네일이 생성되어야 하므로 MultipartFile을 특정한 로컬 폴더에 저장하고 섬네일을 생성하는 LocalUploader 클래스를 util 패키지에 작성합니다.

```
package org.zerock.apps3.util;

import lombok.extern.log4j.Log4j2;
import net.coobird.thumbnailator.Thumbnailator;
import org.springframework.beans.factory.annotation.Value;
import org.springframework.stereotype.Component;
import org.springframework.web.multipart.MultipartFile;

import java.io.File;
import java.nio.file.Files;
import java.nio.file.Path;
import java.nio.file.Paths;
import java.util.ArrayList;
import java.util.List;
import java.util.UUID;

@Component
@Log4j2
public class LocalUploader {
```

```java
@Value("${org.zerock.upload.path}")// import 시에 springframework
private String uploadPath;

public List<String> uploadLocal(MultipartFile multipartFile){

    if(multipartFile == null || multipartFile.isEmpty()){
        return null;
    }

    String uuid = UUID.randomUUID().toString();
    String saveFileName = uuid+"_"+ multipartFile.getOriginalFilename();

    Path savePath = Paths.get(uploadPath, saveFileName);

    List<String> savePathList = new ArrayList<>();

    try{
        multipartFile.transferTo(savePath);

        savePathList.add(savePath.toFile().getAbsolutePath());

        if(Files.probeContentType(savePath).startsWith("image")){
            File thumbFile = new File(uploadPath, "s_" + saveFileName);
            savePathList.add(thumbFile.getAbsolutePath());
            Thumbnailator.createThumbnail(savePath.toFile(), thumbFile,
                                                              200,200);
        }

    }catch (Exception e){
        log.error("ERROR: " + e.getMessage());
        e.printStackTrace();
    }
    return savePathList;
    }

}
```

LocalUploader의 uploadLocal( )은 MultipartFile 타입의 객체를 받아서 실제로 로컬 폴더에 파일을 저장하고 이미지 파일일 경우에는 섬네일을 생성합니다. uploadLocal( )의 리턴 값은 UUID 값이 붙은 실제 업로드된 파일의 절대 경로입니다. 만일 이미지 파일이 업로드되면 원본 파일의 경로와 섬네일 파일의 경로 2개가 List로 반환됩니다.

DTO와 컨트롤러의 작성

첨부파일을 가지는 DTO는 프로젝트에 dto 패키지를 구성해서 SampleDTO 클래스로 작성합니다.

SampleDTO는 단순히 MultipartFile[ ]을 가지는 형태로 구성되지만, 나중에 문자열이나 숫자 등을 이용하는 형태로 변환할 수 있도록 별도의 클래스로 구성합니다.

```java
package org.zerock.apps3.dto;

import lombok.AllArgsConstructor;
import lombok.Builder;
import lombok.Data;
import lombok.NoArgsConstructor;
import org.springframework.web.multipart.MultipartFile;

@Data
@AllArgsConstructor
@NoArgsConstructor
@Builder
public class SampleDTO {

    private MultipartFile[] files;

}
```

프로젝트에 controller 패키지를 추가하고 SampleController를 추가합니다. SampleController는 내부적으로 LocalUploader와 S3Uploader를 이용하도록 구성합니다.

```java
package org.zerock.apps3.controller;

import lombok.RequiredArgsConstructor;
import lombok.extern.log4j.Log4j2;
import org.springframework.web.bind.annotation.PostMapping;
import org.springframework.web.bind.annotation.RequestMapping;
import org.springframework.web.bind.annotation.RestController;
```

```java
import org.springframework.web.multipart.MultipartFile;
import org.zerock.apps3.dto.SampleDTO;
import org.zerock.apps3.util.LocalUploader;
import org.zerock.apps3.util.S3Uploader;

import java.util.ArrayList;
import java.util.List;
import java.util.stream.Collectors;

@RestController
@Log4j2
@RequiredArgsConstructor
@RequestMapping("/api/sample")
public class SampleController {

    private final LocalUploader localUploader;

    private final S3Uploader s3Uploader;

    @PostMapping("/upload")
    public List<String> upload(SampleDTO sampleDTO){

        MultipartFile[] files = sampleDTO.getFiles();

        if(files == null || files.length <= 0){
            return null;
        }

        List<String> uploadedFilePaths = new ArrayList<>();

        for(MultipartFile file:files){

            uploadedFilePaths.addAll(localUploader.uploadLocal(file));

        }
        log.info("---------------------------");
        log.info(uploadedFilePaths);

        List<String> s3Paths =
                uploadedFilePaths.stream().map(fileName -> s3Uploader.
                                    upload(fileName)).collect(Collectors.toList());

        return s3Paths;
    }

}
```

SampleController는 '/api/sample/upload' 경로를 이용해 POST 방식으로 파일들을 업로드할 수 있습니다. 업로드된 파일들은 로컬에 우선 저장되었다가(이미지일 경우에는 섬네일 처리가 끝나고) 해당 파일들은 모두 S3로 업로드되고 원본 파일들은 삭제됩니다.

upload( )의 리턴값은 S3에 업로드된 파일들의 경로로 브라우저에 확인이 가능한 경로입니다.

• 로컬 환경에서의 테스트

우선 파일 업로드 테스트를 로컬 환경에서 확인하려면 POST 방식으로 호출할 수 있어야 합니다. 현재 예제에서는 Swagger UI를 사용하지 않으므로 크롬 브라우저의 확장 프로그램으로 사용할 수 있는 Advanced Rest Client를 이용하거나 Postman과 같은 별도의 프로그램을 이용해서 확인합니다.

프로젝트를 실행한 후 POST 방식으로 'multipart/form-data'를 지정하고 파일들을 업로드 합니다.

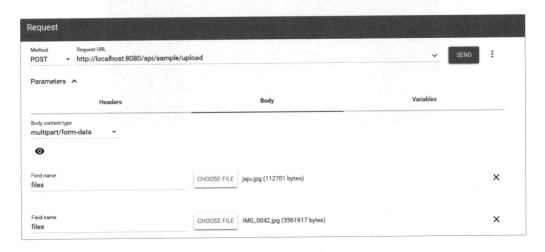

실행 결과로는 배열이 생성되는 것을 확인할 수 있고, S3 내에 업로드 결과를 확인할 수 있습니다.

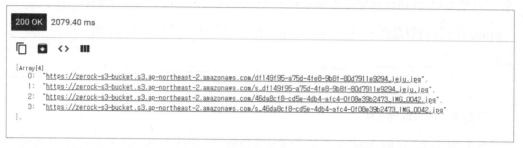

결과로 출력된 파일 경로는 브라우저로 접근할 수 있습니다.

EC2에서 업로드 확인

EC2에서 파일 업로드와 S3의 연동을 확인하려면 로컬 환경에서 업로드되는 경로를 EC2 서버 경로로 변경해 주어야 합니다. 예제의 경우 C:\\upload 폴더에 파일들을 업로드하는데

EC2 환경은 현재 Linux 환경이므로 현재 사용자(ec2-user) 폴더 내에 upload 폴더를 생성합니다.

```
[ec2-user@ip-172-31-42-94 ~]$ pwd
/home/ec2-user
[ec2-user@ip-172-31-42-94 ~]$ mkdir upload
[ec2-user@ip-172-31-42-94 ~]$ ls

[ec2-user@ip-172-31-42-94 ~]$
```

```
[ec2-user@ip-172-31-42-94 upload]
/home/ec2-user/upload
[ec2-user@ip-172-31-42-94 upload]
```

application.properties 파일에 업로드 경로는 '/home/ec2-user/upload'로 변경합니다.

```
##org.zerock.upload.path=C:\\upload
org.zerock.upload.path=/home/ec2-user/upload
##spring.servlet.multipart.location=D:\\upload
spring.servlet.multipart.location=/home/ec2-user/upload
```

프로젝트를 깃허브에 올리고 EC2에서 클론합니다.

```
[ec2-user@ip-172-31-42-94 ~]$ mkdir s3test
[ec2-user@ip-172-31-42-94 ~]$ cd s3test
[ec2-user@ip-172-31-42-94 s3test]$ git clone https://github.com/zerockcodel/app
3.git
Cloning into 'appS3'...
```

프로젝트 빌드와 실행은 기존과 같습니다. 테스트 코드의 실행을 생략하고 싶은 경우에는 ./gradlew build --exclude-task test로 빌드합니다.

테스트할 때는 반드시 'http'로 시작합니다(https로 시작하는 경우 Note: further occurrences of HTTP request parsing errors will be logged at DEBUG level. java.lang. IllegalArgumentException: Invalid character...와 같은 에러 메시지만 출력되므로 주의합

니다).

Request URL
http://ec2-52-78-39-246.ap-northeast-2.compute.amazonaws.com:8080/api/sample/upload

테스트 실행 결과가 정상적인지 확인합니다.

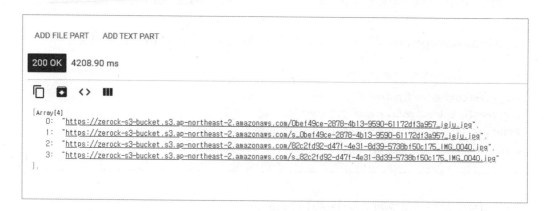

스프링 부트와 AWS를 이용하는 방식은 생각보다 상당히 다양합니다.

예제에서 다룬 방식은 가장 기초적인 방식이만 실무에서는 Docker를 이용하거나 Jenkins 등을 이용해서 지속적인 통합(이하 CI-Continuous Integration)환경을 구축합니다.

CI 환경을 구축한다고 하더라도 자신이 작성한 프로젝트의 기본적인 사용법을 익히는 것은 중요하므로 추가적인 학습을 통해 CI 환경에 대해서 학습하는 것을 권장합니다.